Ostdeutsche Jugendliche

Uta Schlegel
Peter Förster (Hrsg.)

Ostdeutsche Jugendliche

Vom DDR-Bürger zum Bundesbürger

Leske + Budrich, Opladen 1997

Gedruckt auf säurefreiem und altersbeständigem Papier.

ISBN 3-8100-1680-2

Satz: Leske + Budrich
Druck: Druck Partner Rübelmann, Hemsbach
Printed in Germany

Inhalt

Editorial

Dies ist ein – im direktesten Sinne – merkwürdiger Band insofern, als er Transformationsprozesse in den neuen Bundesländern im zwiefachen Sinne widerspiegelt: Nicht nur der Forschungsgegenstand – die ostdeutsche Jugend – ist betroffen von Transformationsprozessen, sondern auch die ForscherInnen/AutorInnen sind alle persönlich in vielfältiger Weise in sie eingebunden. Sie haben schon vor und während der „Wende“ die gesellschaftlichen Prozesse in der DDR sozialwissenschaftlich-empirisch begleitet und waren an ihnen (als meist Leipziger in Leipzig) teilweise direkt beteiligt; für alle folgten Brüche in ihrem Lebenszusammenhang/in ihrer Berufsbiographie[1] sowie intensive Lernprozesse im Alltag und in der Wissenschaftsorganisation; fast alle haben hohe Anstrengungen unternommen (wie könnte es anders sein als SozialwissenschaftlerInnen in dieser historisch beispiellosen Situation), gesellschaftliche und individuelle Prozesse in Ostdeutschland weiter zu analysieren – letzteres unter unterschiedlichen persönlichen Voraussetzungen und Möglichkeiten, aber in vielen Fällen mit Erfolg. Denn sicher muß man es als Erfolg werten, auch in den neuen Wissenschaftsstrukturen und in einer anderen scientific community mehr oder weniger – wenn auch teilweise mit großen Verletzungen, unter deutlichen Statusverlusten, aber auch mit Chancen beruflichen Aufstiegs – behaupten zu können, weiterhin in seinem „alten“ Forschungs- oder doch dessen Umfeld zu arbeiten.

Hartmut Griese prognostizierte Ende 1990 angesichts der bevorstehenden Schließung des Zentrums der ostdeutschen Jugendsoziologie, des ZIJ, aus der Sicht seiner damaligen Kenntnis deren Themen, Methodologie/Methodik und WissenschaftlerInnen[2]: „Das ZIJ muß, als typische DDR-Institution, ebenso wie die DDR selbst, aufhören zu existieren. Es ist jedoch zu vermuten, daß vieles davon, wie auch von der DDR, faktisch bestehen bleiben wird – und primär für die Jugendforschung erhoffe ich das auch.“ (Griese 1991: 222)

Er sollte unter mindestens dreifacher Perspektive recht behalten:

Zum ersten: Nach vielen Gesprächen und Anregungen in den letzten Jahren – vor allem zu Begegnungen auf Fachkonferenzen, aber auch auf den

1 Insofern sind die Vitae am Schluß des Bandes ein eigenes Dokument für den Verlauf von Berufsbiographien von ostdeutschen SozialwissenschaftlerInnen.

2 siehe dazu auch sein Beitrag in diesem Band

jährlichen Treffen der ZIJlerInnen in Leipzig und anläßlich der Untersuchung 1993/94 über ihren professionellen Verbleib[3] entstand und verdichtete sich die Idee einer Publikation. Erscheinungsanlaß und -zeitpunkt sollte der *30. Jahrestag der Institutionalisierung der DDR-Jugendforschung – die Gründung des ZIJ* – sein. Fünf Jahre nach seiner Auflösung fanden sich für dieses Projekt die meisten WissenschaftlerInnen der DDR-Jugendforschung noch einmal zu einer gemeinsamen Publikation zusammen.

Zum zweiten betrifft dies – wie aus den meisten Beiträgen dieses Bandes ablesbar ist – auch und vor allem *die methodologisch-methodischen Prinzipien der Jugendforschung*, die sich in fast 25 Jahren bewährt haben und sich heute – in anbetracht der sozialwissenschaftlichen Analyse des tiefgreifenden Wandels in der (insbesondere, aber nicht ausschließlich ostdeutschen) Gesellschaft und seinen Folgen für die in ihr lebenden Individuen und sozialen Gruppen – durchaus als positives Erbe erweisen. Gemeint sind in erster Linie

- der methodisch aufwendige und anpruchsvolle *Längsschnittansatz*, dessen breite und konsequente Anwendung sich in immerhin 19 Längsschnittstudien des ZIJ widerspiegelt.[4] Die Fortsetzung einiger von ihnen über die „Wende" hinweg bietet die einzigartige Möglichkeit, Wandlungsprozesse unter Jugendlichen in den 80er Jahren in die Analyse einzubeziehen;
- die konzeptionell festgeschriebene und *realisierte Interdisziplinarität* in der Bearbeitung der Themen und in der Herkunft der WissenschaftlerInnen sowie
- *die Methodenvielfalt*, d.h. über die dominanten anonymen schriftlichen Befragungen per standardisiertem Fragebogen im Gruppenverband hinaus auch qualitative Forschungstechniken (wie z.B. Tiefeninterviews, Gruppendiskussionen, Expertenbefragungen, Aufsatzmethode, teilnehmende Beobachtung, Dokumentenanalyse).

Drittens und vor allem bezieht sich dies auf die Lebenszusammenhänge der Ostdeutschen, die sich noch in einer „Übergangsgesellschaft" von der DDR zur Bundesrepublik befinden.

Vom ursprünglichen Konzept des Readers (das neben Forschungsergebnissen über ostdeutsche Jugend noch andere Themen für die Beiträge intendierte, z.B. die Transformation der Wissenschaft/der Wissenschaftsdiziplin, die eigene Biographie über die „Wende" hinweg, Praxisberichte) sind die Herausgeber – zahlreichen Gesprächen mit den und Vorschlägen der Autoren folgend – abgegangen und haben letztendlich Analysen zur ostdeutschen Jugend präferiert: möglichst im zeitlichen Bogen DDR – Wende – Gegenwart und im besten Falle längsschnittlich. Diese weite Zeit- und damit „Wandlungs"perspektive ist für die meisten Beiträge charakteristisch, ob nun auf eher konkret-empirischer oder eher auf theoretisch-verallgemeinender Ebene.

3 vgl. dazu den Beitrag von Schlegel in diesem Band
4 vgl. dazu die Übersicht von Kuhnke/Spichale in diesem Band

Natürlich kann und will der Band trotz dieser Fokussierung – und das ist den Herausgebern bewußt – weder ein vollständiges Abbild der ostdeutschen Jugend zeichnen noch eine lineare Fortschreibung der DDR-Jugendforschung (und ihrer Forschungsfelder) darstellen. Dies hat vor allem folgende Gründe:

Einerseits waren bestimmte Forschungsfelder der DDR-Jugendforschung nicht kompatibel mit denen der west- und damit gesamtdeutschen (als prägnantes Beispiel dafür kann die Kreativitäts- und Hochbegabungsforschung gelten), so daß solche nach der Vereinigung nicht fortgeführt wurden.

Zudem sind einige JugendforscherInnen – trotz anfangs spontaner Zusage zur Mitarbeit – schließlich nicht als AutorInnen in den Band eingegangen

- einige (die das selbst sehr bedauern) aus Gründen familiärer Belastungen oder mangelnder Arbeitskapazitäten;
- einige, weil sie mit der „Wende" (freiwillig oder unfreiwillig) aus der Wissenschaft ausgestiegen sind;
- einige, weil sie es – obwohl direkt oder indirekt in der Forschung geblieben – aus pragmatischen und den Herausgebern verständlichen Gründen (Sorge um Arbeitsplatz und Aufstiegschancen) für besser halten, nicht mehr im Kontext ihrer wissenschaftlichen Herkunft in Erscheinung zu treten.[5]

5 Wenn auch zunehmend sachlich-differenziert, wurde und wird die Jugendforschung der DDR bzw. der neuen Bundesländer noch immer sehr kontrovers beurteilt und behandelt (z.B. auch bei der Vergabe von Fördermitteln und bei Personalentscheidungen) – in einer Palette
- von primitiver Verleumdung: Bei der Besetzung der Leipziger Außenstelle des Hauses der Deutschen Geschichte bekam 1994 „den 'Zuschlag' ein ehemaliger, langjähriger Mitarbeiter des Leipziger SED-Jugendforschungs-Institutes, einer statistisch-moralischen Lügenbastion der DDR-Diktatoren". (Mey 1995: 10)
- über Ignoranz: „Forschungsarbeiten und -berichte von Forschungsinstituten und Forschern der ehemaligen DDR (die auch jetzt noch in den 5 neuen Bundesländern arbeiten)" sind „als Aussagen über die Wirklichkeit noch nicht einmal das Papier wert." (Niermann 1991: 2)
- bis hin zu sachlich-analytischer Einordnung unter zeitgeschichtlicher Perspektive: „Die Arbeiten und Studien des Leipziger Zentralinstituts für Jugendforschung im allgemeinen und in der zweiten Hälfte der achtziger Jahre im speziellen stellen eine wichtige Quelle für die sozialwissenschaftliche Forschung über die DDR" dar und „liefern ein authentisches Bild von quantitativen und qualitativen Entwicklungen, wie es durch andere Unterlagen nicht wiedergegeben werden kann". „Die Symptome und z. T. die Ursachen der tiefgreifenden gesellschaflichen Krise in der DDR, die 1989/90 zum Zusammenbruch des realsozialistischen Systems führten, waren durch das ZIJ im Lebensbereich der Jugendlichen ... mit zunehmender Schärfe bewertet worden." Jedoch: Die politischen Akteure reagierten mit „Realitätsverweigerung", charakteristisch für „die Agonie des Systems". (Stephan 1995: 733)
- und die Aufbereitung und Sicherung eines Teils der ZIJ-Daten durch das Zentralarchiv zur sozialwissenschaftlichen Nachnutzung (vgl. z.B. ZA 1995) sowie deren Vorstellung durch eine Veranstaltungsreihe unter Einbeziehung der PrimärforscherInnen (z.B. „Jugend im Osten – Studienkollektionen und Sekundäranalysepotentiale für die Transformationsforschung". Workshop des Zentralarchivs und des Deutschen Jugendinstituts 25.-27.10.1995 in Berlin. Konferenzband i. D.)

Und last but not least „fehlen" selbstverständlich die zahlreichen SozialwissenschaftlerInnen mit ihren Forschungsfeldern zur (ostdeutschen) Jugend, die sich sowohl in Ostdeutschland dem Thema (verstärkt) erst seit der Vereinigung in kompetenter Weise zugewandt haben, als auch ausgewiesene JugendsoziologInnen aus den alten Bundesländern, die nach der Vereinigung nunmehr in der Lage waren, die ostdeutsche Jugend in ihre Forschungen einzubeziehen.

Trotz aller dieser deutlichen Einschränkungen sind im Band allemal Aussagen zu wichtigen Gruppen und Lebensbereichen ostdeutscher Jugendwirklichkeit heute zu finden – Mosaiksteine, Ansätze und Angebote zum Nachdenken, Streiten und nicht zuletzt zum Weiterforschen, die ihre eigene Spezifik darin haben, als sie – generell auf dem Hintergrund sozialwissenschaftlicher Jugendforschung bereits in der DDR und in vielen Fällen sogar aufgrund von Längsschnittanalysen bis heute – Transformationsprozesse unter Jugendlichen schon in den 80er Jahren einzubeziehen in der Lage sind.

Gleichwohl kann das nicht in gleichem Maße für alle Beiträge und AutorInnen gelten – nicht zuletzt angesichts der aktuellen beruflichen Verankerung letzerer: von ihrem theoretischen Anspruch, ihrer Reichweite, ihren empirischen Grundlagen sind sie durchaus unterschiedlich gewichtet: von synoptischen bzw. verallgemeinerbaren Aussagen über die Wege ostdeutscher Jugendlicher in die neue Gesellschaft bis hin zu spezifischen Teilaussagen (wie sie beispielsweise aus marktorientierten Auftragsforschungen ableitbar sind).

In jedem Fall zeigt sich: (Auch) Jugend ist noch unterwegs auf einem langen Weg in das vereinte Deutschland, nicht ohne Steine, Hindernisse, jedenfalls länger, als 1990 gedacht und erhofft. Der Zeithorizont der inneren, der sozialen Einheit ist weiter in die Zukunft verschoben; die neue Gesellschaft wird aufgrund nunmehr eigener Erfahrungen (und wie sich erweist, darüber hinaus auch der (mit)erlebten der Eltern und insbesondere der Mütter) realistischer – sprich kritischer – gesehen, hinsichtlich ihrer Vor- und Nachteile sowie der Chancen und Risiken für die eigene Entwicklung hinterfragt. Ursachen dafür werden in fast allen Beiträgen thematisiert, was den Band – über SozialwissenschaftlerInnen hinaus – auch für Politiker und für in der beruflichen, sozialpädagogischen u.a. Praxis direkt mit Jugendlichen Arbeitende lesenswert macht.

Der erste Teil befaßt sich mit verschiedenen *Entwicklungsbedingungen der ostdeutschen Jugend* in der neuen Gesellschaft.

Bernd Lindner geht in seinem Beitrag davon aus, daß die Vielzahl der vorliegenden Ergebnisse der Transformationsforschung und der zeitliche Abstand zum Ende der DDR darauf drängen, Hauptlinien des sozialen und kulturellen Wandels im Osten Deutschlands seit 1945 näher zu bestimmen. Als ein mögliches Erklärungsmodell diskutiert er den Generationenansatz, macht einen Vorschlag zur Periodisierung der DDR-Geschichte und untersucht, inwieweit bestimmte Generationen – politisch sozialisiert in bestimmten Perioden – unterschiedlich agier(t)en z.B. hinsichtlich des DDR-Exodus, der Beteiligung an der „Wende“ und ihrer Fähigkeit/Bereitschaft einer Umorientierung nach der „Wende“. Ausführlich wendet er sich jugendkulturellen Entwicklungen in der DDR und ihren Reaktionen auf die Einflüsse der westlichen Jugendkultur zu.

Auf der Grundlage von Ergebnissen verschiedener größerer Jugendstudien der letzten Jahre diskutiert *Walter Friedrich* Thesen zum Wandel der politischen Mentalität bei ostdeutschen Jugendlichen. Dabei wird besonders auf relevante Trendprozesse – sowohl Trendverstärkungen als auch Trendwenden – im politischen und sozialen Wertebewußtsein der Jugendlichen und jungen Erwachsenen seit 1992/93 hingewiesen.

Monika Reißig beschreibt zunächst die Genese der Leipziger Längsschnittforschung als eine Forschungsstrategie zur Erfassung der Entwicklung der Persönlichkeit Jugendlicher im Kontext sich verändernder Entwicklungsbedingungen. Bis zur Schließung des ZIJ Ende 1990 wurden dank günstiger Voraussetzungen (stabile Forscherteams, gesicherte Finanzierung) insgesamt 19 Intervall-/Längsschnittstudien unter verschiedenen Populationen Jugendlicher und junger Erwachsener durchgeführt. Im zweiten Teil stellt sie Ergebnisse der Längsschnittstudie „Chancen und Risiken des Erwachsenwerdens“ zu Auswirkungen des Wandels von Familienstrukturen und familiären Lebenslagen auf die Sozialisationsfunktion der Familie vor.

Otmar Kabat vel Job skizziert theoretische Ansätze und wesentliche Ergebnisse der familienbezogenen Sozialisationsforschung am ZIJ vor der Wende (einschließlich der langjährigen Zwillingsforschung). Er informiert über Ergebnisse neuerer – z. T. gesamtdeutscher – Untersuchungen zu aktuellen Problemen der Familiensozialisation, wie zum Einfluß der Familie als psychosoziale Bezugsgruppe bzw. ihrer Bedeutung als Ressource für die Bewältigung kritischer Lebensereignisse. Die Forschungen belegen u.a., daß ostdeutsche Schüler erheblichen Belastungen ausgesetzt sind, für deren Bewältigung hohe Anpassungs- und Lernleistungen erforderlich sind.

Im Mittelpunkt des zweiten Teils des Readers stehen Forschungsergebnisse und Betrachtungen zu *ausgewählten sozialen Gruppen der ostdeutschen Jugend.*

Wilfried Schubarth beschäftigt sich mit den Konsequenzen der deutschen Vereinigung für das Schulsystem in Ostdeutschland und mit der Sicht der Schuljugend auf diese Prozesse. Die Forschungsergebnisse verweisen auf eine überwiegend ambivalente Bewertung der schulischen Veränderungen (Hierarchie der Schultypen, Leistungsanforderungen, Schüler-Schüler- und Schüler-Lehrer-Verhältnis). An den Schulen besteht ein erhebliches Problem- und Konfliktpotential, dessen Bearbeitung umfassende Unterstützung erfordert.

Detlev Wächter informiert über eine im Frühsommer 1990 unter allen StudienanfängerInnen der Universität Jena durchgeführte Untersuchung zur

Widerspiegelung des gesellschaftlichen Umbruchs in der DDR in deren Wertorientierungen, politischen Haltungen, Bedrohungsgefühlen und Verhaltensmustern. Ein bemerkenswertes Ergebnis der Studie war, daß sich die StudienanfängerInnen der Chancen und Risiken der gesellschaftlichen Veränderungen bewußt waren und mit dem Streben nach Selbstverwirklichung im persönlichen/beruflichen Leben reagierten bzw. hedonistische Bestrebungen – in der DDR bereits begonnen – fortsetzten.

Auf der Grundlage einer bundesweit repräsentativen Befragung von StudienabbrecherInnen geht *Ulrich Heublein* den Ursachen und Tendenzen des Studienabbruchs nach. Differenziert werden die dem Abbruch zugrundeliegenden Motivationsstrukturen betrachtet, für die bei den betreffenden Studierenden in den alten wie in den neuen Ländern generelle Umschichtungen zu beobachten sind. Zu korrigieren sei das alte Bild vom Studienabbrecher als Leistungsversager. Den Abschluß bilden Überlegungen zur Verantwortung der Hochschulen für die Studienabbrecher.

Jochen Schreiber befaßt sich mit dem Wandel studentischer Wohnverhältnisse vor und nach der Wende. Er belegt, daß sich der durch die Wende ausgelöste gravierende Strukturwandel deutlich auf die Wohnverhältnisse und die Wohnansprüche ausgewirkt hat. Zwar geht aus dem Ost-West-Vergleich hervor, daß bei den Studierenden in den neuen Ländern überkommene Ansprüche an gemeinschaftliches Wohnen noch verbreitet sind, die Angleichung der Wohnformen und Wohnwünsche an die Studierenden in den alten Ländern jedoch dominiert. Schreiber belegt so einen Aspekt der Individualisierung des Studiums.

Gustav-Wilhelm Bathke analysiert auf der Grundlage von zwischen 1982 und 1991/92 gewonnenen Längsschnittdaten die berufliche Integration von DDR-HochschulabsolventInnen. Generell bestätigt sich, daß der berufliche Transformationsprozeß in den neuen Ländern ungleiche Chancen und Risiken für verschiedene Bevölkerungsgruppen impliziert und nicht geschlechtsneutral verläuft. Die Langzeitanalyse der Lebensorientierungen der AbsolventInnen verweist darauf, daß sich ihr Gewicht unter dem Einfluß der veränderten Rahmenbedingungen modifiziert hat, grundlegende Lebensziele pragmatisch umbewertet wurden.

Thomas Gericke befaßt sich mit verschiedenen Aspekten der Lebensbedingungen und deren Bewertung bei Landjugendlichen im Osten Deutschlands vor und nach der Wende und im Vergleich mit Jugendlichen in der Stadt. Er belegt u.a., daß der nach der Wende einsetzende wirtschaftliche Strukturwandel für die Landjugendlichen tiefgreifendere und umfassendere Folgen hat als für Jugendliche in Ballungsgebieten mit ihren Kompensationsmöglichkeiten. Die ohnehin bestehenden Unterschiede in den Lebensbedingungen und Perspektiven erfuhren damit eine Verschärfung. Hinsichtlich wesentlicher Lebensbedingungen (finanzielle Situation, Ausbildungsmöglichkeiten, Freizeitgestaltung) äußern sich Landjugendliche deutlich kritischer als Jugendliche in der Stadt.

Am Beispiel des Freistaats Sachsen – im Vergleich mit Sachsen-Anhalt und Mecklenburg-Vorpommern – bestätigt *Uta Starke*, daß es für die Sozialisation Jugendlicher in Ostdeutschland nach wie vor viele Gemeinsamkeiten (DDR-Vergangenheit und Transformationsprozeß in den neuen Bundesländern) gibt, aber auch eine Vielzahl regionaler Unterschiede. Beide – Gemeinsamkeiten wie Unterschiede – haben offensichtlich historische Wurzeln.

Uta Schlegel geht – auf dem Hintergrund der Normalbiographie weiblicher Jugendlicher in der DDR und von Aspekten deren Stabilität und Wandels bis heute (bei weitgehender Kontinuität ihrer Lebensentwürfe) – den makrosoziologischen Perspektiven für die Realisierung „moderner" Frauenbiographien nach. Sie kommt zu dem Schluß, daß in diesem Bereich gegenwärtig ein roll back im Gange ist und daß es beim aktuellen dringlichen politischen Handlungsbedarf (besonders hinsichtlich des dramatisch verengten Arbeitsmarkts) geschlechtssymmetrischer Konzepte bedarf – gesellschaftsgestaltend im Sinne des Geschlechterverhältnisses.

Der Beitrag von *Matthias Trier* gibt Aufschluß über die berufliche Weiterbildung im Erleben jüngerer Arbeitsloser. Die Auswertung von Interviews mit Teilnehmern an Umschulungs- und Fortbildungskursen zu den Entscheidungen für eine konkrete berufliche Weiterbildung, zum Nutzen vorhandenen beruflichen Wissens und Könnens, zu ihrer Lernfähigkeit und zur Unterrichtsgestaltung münden in Überlegungen dazu, wie das Lernen in der Weiterbildung effektiver gestaltet werden kann.

Der dritte Teil des Readers steht unter der Thematik: *Soziale und politische Sozialisation, Einstellungen und Verhaltensmuster ostdeutscher Jugendlicher – Wandel und Kontinuität.*

Peter Förster stellt eine der ZIJ-Längsschnittstudien bei Jugendlichen vor, die bereits vor der Wende (1987) gestartet wurde und nun über die Wende und die Vereinigung hinweg fortgesetzt wird. Er informiert über einige Aspekte des politischen Einstellungswandels bei den gegenwärtig 23jährigen PanelteilnehmerInnen auf ihrem Weg aus dem Gesellschaftssystem der DDR in das der vereinten Bundesrepublik, vom DDR-Bürger zum Bundesbürger. Im Mittelpunkt des Beitrages steht die Untersuchung des Zusammenhanges zwischen der heutigen und der früheren Systembindung der jungen Erwachsenen.

Ralf Kuhnke und *Hartmut Mittag* teilen Ergebnisse zur Entwicklung von Lebenszielen bei Jugendlichen in der Altersspanne von 12 bis 18 Jahren in unterschiedlichen Kohorten mit. Datenbasis für den Kohortenvergleich bilden zwei Schülerlängsschnittstudien, von denen eine von 1980 bis 1985 lief, die andere 1985/86 gestartet wurde und über die Wende hinweg weitergeführt wird. Eingeordnet in allgemeine historische Wandlungsprozesse, berichten die Autoren über generelle Tendenzen in der Werteentwicklung Leipziger Jugendlicher seit Anfang der 80er Jahre. Besonders ausführlich werden längsschnittliche Veränderungen bei 15- bis 16jährigen SchülerInnen zwischen 1991 und 1992 betrachtet.

Anhand von quantitativen und qualitativen Daten diskutiert *Karin Fobe* den Wandel von Lebensentwürfen ostdeutscher Jugendlicher – differenziert nach Geschlecht – an der Schwelle in die berufliche Ausbildung zwischen 1989 und 1993. Schwerpunkte ihres Beitrages bilden die Strukturiertheit der entworfenen Zukunftskonzepte (Differenzierung in Wunsch- bzw. Idealkonzepte einerseits und Realkonzepte andererseits), die Motivation der Berufswahlentscheidung, das Verhältnis beruflicher und persönlicher Lebensvorstellungen sowie der Einfluß der Herkunftsfamilie auf die Planung der Berufsbiographie u.a. Lebensvorstellungen.

Der Beitrag von *Kurt Starke* zu Partnerschaft und Sexualität Jugendlicher faßt Ergebnisse sozialwissenschaftlich-sexuologischer Untersuchungen bei Jugendlichen und Erwachsenen in der DDR bzw. Ostdeutschland seit 1970 sowie einer Ost-West-Vergleichsstudie zusammen. An eine Einordnung von Partnerschaft und Sexualität in das Verhalten insgesamt schließen sich acht synoptische Aussagen zu folgenden Schwerpunkten an: Geschlechtsreife, Pubertät, Verliebtsein, Kohabitarche, Verhäuslichung der Jugendsexualität, Begehren, Geschlechtsverkehr, sexuelle Interaktion. Durchgängig werden Gemeinsamkeiten und Unterschiede zwischen ost- und westdeutschen Jugendlichen erörtert. Generell wird sichtbar, daß sich das Sexualverhalten der ostdeutschen Jugendlichen in den letzten Jahren nicht grundlegend verändert hat. Für die Zukunft schließt der Autor Veränderungen als Folge der Übernahme westlicher Konsumgewohnheiten und Lebensstile jedoch nicht aus.

Bei seiner Betrachtung des Wandels der partnerschaftlichen und familiären Verhältnisse in Ostdeutschland charakterisiert *Konrad Weller* anhand der amtlichen Sozialstatistik (Heiraten, Scheidungen, Geburten, Schwangerschaftsabbrüche) im Ost-West-Vergleich die Auswirkungen des marktwirtschaftlichen Umbaus in Ostdeutschland auf die „Privatsphäre“. Ausführlich geht er auf die unterschiedlichen Modelle junger Ost- bzw. Westdeutscher zur Vereinbarkeit von Familie und Beruf ein. Den Abschluß bilden Überlegungen zu Konsequenzen für die Sexualpädagogik.

Mit der Rolle des Umweltbewußtseins als Potential von Gesellschaftskritik in der DDR befaßt sich *Elenor Volprich* in ihrem Beitrag anhand von Forschungsergebnissen bei Technikstudenten. Wachsendes Mißtrauen gegenüber den umweltpolitischen Initiativen des Regimes signalisierte bereits Mitte der 80er Jahre Systemkritik. Die hochgradige Sensibilisierung des Umweltbewußtseins ist nach Auffassung der Autorin mit als geistiger Wegbereiter des gesellschaftlichen Umbruchs vom Herbst 89 anzusehen.

Leo Kasek zieht eine Bilanz des Verhältnisses junger Ostdeutscher zur Umwelt. Er skizziert Entwicklungstendenzen des Umweltbewußtseins in den 70er und 80er Jahren sowie nach dem Zusammenbruch der DDR. Auf der Grundlage neuerer Untersuchungen geht er der Frage nach, welche Umweltprobleme die Ostdeutschen besonders bewegen, wie Umweltängste mit anderen Zukunftsängsten verflochten sind, welche typischen Lebensstile in der

Zuwendung zur Umwelt existieren. Er bietet Erklärungen für die bestehende Kluft zwischen dem vorhandenen Umweltbewußtsein und einem entsprechenden Umwelthandeln an.

Heinz Schauer betrachtet die Entwicklung des Umweltbewußtseins und Umwelthandelns junger Ostdeutscher vor und nach der Wende unter dem Blickwinkel wesentlicher Informationsquellen und Einflußfaktoren (Eltern, Schule bzw. Lehrer, Massenmedien, Freunde, Umweltgruppen). Anhand von Ergebnissen der Studentenforschung vor der Wende werden die engen Zusammenhänge zwischen der zunehmenden Kritik an der Umweltpolitik der SED und dem Verfall der politischen Wertorientierungen rekonstruiert.

Auf der Grundlage von Daten zweier Längsschnittstudien zwischen 1982 und 1986 bzw. 1988 und 1993 geht *Wolfgang Otto* Veränderungen in den Einstellunger Chemnitzer Schuljugendlicher zum wissenschaftlich-technischen Fortschritt nach. Aus dem Vergleich von Ergebnissen vor und nach der Wende schließt der Autor, daß sich das Verhältnis Schuljugendlicher zur Technik merklich abgekühlt hat.

Ute Karig und *Hans-Jörg Stiehler* werten Ergebnisse von Längsschnittuntersuchungen zwischen 1985 und 1995 zum Umgang von Kindern und Jugendlichen mit dem Fernsehen vor und nach der Wende aus, u.a. zu den Dimensionen des Mediengebrauchs, zur Nutzung des DDR- bzw. BRD-Fernsehens für die politische Information vor der Wende. Anhand neuerer Daten erfolgt eine differenzierte Betrachtung von Jugendlichen mit unterschiedlicher Fernsehhäufigkeit hinsichtlich ihrer soziodemographischen Merkmale und ihrer Freizeitgestaltung. Die Autoren stellen u.a. fest, daß Vereinzelungstendenzen nicht zwangsläufig die Folge von übermäßigem Fernsehkonsum sein müssen.

Harald Schmidt stellt Untersuchungsergebnisse zum Freizeittourismus ost- und westdeutscher Jugendlicher in den 90er Jahren dar, u.a. zur Ausprägung des Reiseinteresses, zur Reisemotivstruktur, zur Häufigkeit von Ferienreisen, zu den bevorzugten Reisezielen im In- und Ausland, zu den Reisepartnern und den Transportmitteln – differenziert nach Alter und Geschlecht. Generell konstatiert der Autor ein nach wie vor starkes Reiseinteresse, das konträr zur Einkommensentwicklung der Jugendlichen steht.

Im Beitrag von *Winfried Haas* geht es um einige Aspekte interkultureller Beziehungen zwischen Deutschen und Polen aus der Sicht von Jugendlichen. Ergebnisse einer empirischen Studie bei jungen (Ost- und West-) Deutschen und Polen lassen u.a. erhebliche Defizite in bezug auf die Kenntnisse über die Lebenssituation im benachbarten Land sowie die Existenz klischeehafter Vorurteile erkennen. Zugleich belegen die Daten den positiven Einfluß von Reisen zum Nachbarn auf die Vorstellungen vom anderen.

Gisela Thiele zieht einen sozio-kulturellen Vergleich zwischen Jugendgangs in den USA und Jugendkulturen in Deutschland. Nach einer Betrachtung der Entstehungsgründe der Jugendgangs in den USA, ihrer Organisationsformen und Typen (Scavenger, Territorial, Corporate Gangs) beschreibt sie die Entstehungsgeschichte der Jugendkulturen in Deutschland sowie Gemeinsamkeiten und Unterschiede zwischen Gangs in den USA und Jugendkulturen in Deutschland. Sie benennt gesellschaftliche Bedingungen der beginnenden Entwicklung von Jugendgangs in Deutschland, verstärkt auch in Ostdeutschland.

Gegenstand des Beitrages von *Manfred Rochlitz* ist die Ausländerfeindlichkeit von ostdeutschen Jugendlichen und jungen Erwachsenen nach der Wende. Schwerpunkte bilden zeitgeschichtliche Aspekte (Auswirkungen der unmittelbaren Wendezeit) sowie Zusammenhänge mit Rassismus und Nationalismus.

Rückblicke auf und Ausblicke für 30 Jahre ostdeutsche Jugendforschung sind das Thema des vierten Teiles.

Rolf Ludwig verweist auf dem Hintergrund jahrzehntelanger ZIJ-Erfahrungen bei der Organisation und Auswertung von Längsschnittstudien auf Möglichkeiten der Ergebnisdarstellung solcher Untersuchungen. Er stellt Methoden bzw. Koeffizienten dar, die es erlauben, dem speziellen Anliegen gerecht zu werden, Entwicklungsverläufe über zwei oder mehrere Untersuchungswellen zu kennzeichnen.

Ralf Kuhnke und *Friderike Spichale* geben eine tabellarische Übersicht aller 18 ZIJ-Längsschnittstudien unter Berücksichtigung ihrer Laufzeit (einschließlich der in einigen Fällen zutreffenden Fortführung nach der Wende), der Anzahl der Untersuchungswellen, der Zusammensetzung und Größe der Ausgangsstichprobe, der erfaßten Altersspanne und der Verfügbarkeit der Daten.

Dieter Wiedemann reflektiert die kino- und filmsoziologischen Forschungen am ZIJ vor der Wende. Nach einer Betrachtung der Gründe für die hohe quantitative und qualitative Bedeutung des Kinos als multifunktionelles Freizeitmedium skizziert er Ziele, Anlage, Analysemodelle und Ergebnisse der zahlreichen rezeptionssoziologischen Studien, teilweise anhand konkreter Filme. Ausführlich setzt er sich mit der Frage nach der Funktion und dem Nutzen dieser Forschungen auseinander.

Kerstin Schreier informiert über die Ausgangssituation, die Vorgehensweise, den aktuellen Stand und auftretende Probleme bei der Datensicherung und Dokumentation von ZIJ-Studien. Bis Ende 1995 wurden über 140 empirische Studien (von insgesamt über 400), für die ein allgemeines wissenschaftliches Interesse vorlag, an das Zentralarchiv für Empirische Sozialforschung in Köln übergeben; sie nehmen mit 40% den Hauptanteil an archivierten DDR-Studien ein. Exemplarisch demonstriert die Autorin die großen Möglichkeiten der sekundäranalytischen Bearbeitung von ZIJ-Studien anhand eines von der DFG geförderten Projektes zum Rollenverständnis junger Frauen in Beruf und Familie.

Hans-Georg Mehlhorn – ein Vertreter der Kreativitäts- und Hochbegabungsforschung in der DDR, die nach der „Wende" nicht fortgeführt werden konnte – gibt einen ambitionierten Bericht über seine wissenschaftlich-praktischen Aktivitäten zur Früherkennung (im Vorschulalter) von Begabungen, Begabungsförderung im Jugendalter und über die von ihm installierten Kreativitätsschulen.

Bei dem Beitrag von *Hartmut Griese* handelt es sich um den 1990 vom Autor verfaßten, jedoch nicht publizierten Originaltext des Vorworts zu dem von ihm und Walter Friedrich herausgegebenen Reader „Jugend und Jugendforschung in der DDR". Dieser Text dokumentiert aus einer sehr persönlichen Perspektive das letzte Kapitel der DDR-Jugendforschung und insbesondere des ZIJ sowie Entstehungshintergründe des erwähnten Readers. (vgl. dazu Griese 1991)

Uta Schlegel berichtet in einem abschließenden Beitrag über die Ergebnisse ihrer Untersuchung zum Verbleib der Forschungsfelder und WissenschaftlerInnen der DDR-Jugendforschung.

Last but not least ist es den beiden Herausgebern des Bandes ein Bedürfnis, sich herzlich zu bedanken

- bei den AutorInnen für die konstruktive und vor allem sehr vertrauensvolle Zusammenarbeit bei der Vorbereitung dieser Publikation, die zudem unter Bedingungen „enger" Arbeitszusammenhänge und Zeitstrukturen verlief;
- bei Kurt Starke, der anfangs als Herausgeber mitverantwortlich war, dann aus Kapazitätsgründen „aussteigen" mußte und trotzdem noch eine Reihe von Aktivitäten wahrgenommen hat;
- beim Verleger, Herrn Budrich, der dieses Vorhaben mit Rat und Tat begleitet und unterstützt hat.

Leipzig, im Mai 1996

Uta Schlegel
Peter Förster

Literatur:

Griese, H. M.: Das ZIJ und seine Forschung in der DDR. In: Friedrich, W./Griese, H. (Hrsg.): Jugend und Jugendforschung in der DDR – Gesellschaftspolitische Situationen, Sozialisation und Mentalitätsentwicklung in den 80er Jahren. Opladen: Leske + Budrich, 1991, S. 211-224

Mey, R.: In Ehren gehaltene Ehemalige der Karl-Marx-Universität. In: FAZ v. 7.9.1995

Niermann, J.: Identitätsfindung von Jugendlichen in den neuen Bundesländern. Schriftliche Stellungnahme anläßlich der Anhörung durch den Deutschen Bundestag/Ausschuß für Frauen und Jugend am 18.9.1991 in Bonn

Stephan, G.-R.: „Wir brauchen Perestroika und Glasnost für die DDR." Zur Reflexion des Zustands der Gesellschaft durch die Leipziger Jugendforschung 1987 – 1989. In: Deutschland Archiv 7/1995, S. 721-733

ZA-Information 36/1995 („Jugendstudien aus ostdeutschen Instituten"), S. 11-24

Teil 1

Ostdeutsche Jugend: Entwicklungsbedingungen in die neue Gesellschaft

Sozialisation und politische Kultur junger Ostdeutscher vor und nach der Wende – ein generationsspezifisches Analysemodell

Bernd Lindner

Soziologische Studien wie auch Erhebungen der Meinungsforschung über den Transformationsprozeß haben nach wie vor Konjunktur. Über sechs Jahre nach dem entscheidenden Herbst '89 und über fünf Jahre nach der nominell vollzogenen Wiedervereinigung beider deutscher Staaten liegt eine *Vielzahl empirischer Einzelergebnisse* darüber vor, wie die Deutschen aller Altersgruppen in Ost und West diesen Umbruch erlebt haben. Zur Erklärung der latenten Schwierigkeiten im Vereinigungsprozeß werden zugleich auch immer stärker Daten früherer Untersuchungen bemüht. Ein besonders reichhaltiges Reservoir für die Analyse östlicher Verlaufsformen stellt die wissenschaftliche Hinterlassenschaft der Jugendforschung der DDR, insbesondere des Zentralinstitutes für Jugendforschung Leipzig, dar.

Die Vielzahl der Einzelbefunde drängt auf eine Verdichtung. Der zeitliche Abstand zum Ende der DDR hat zudem genügend Distanz geschaffen, um in Zusammenfassung bisheriger Ergebnisse Modelle zu entwerfen, die es ermöglichen, Hauptlinien des sozialen und kulturellen Wandels im Osten Deutschlands seit 1945 näher zu bestimmen.

1. Der Generationenansatz als Erklärungsmodell

Bereits Karl Mannheim hat die Grundlegung seines Generationsbegriffes (1928) eng an das Jugendalter gekoppelt, weil es sich dabei um *den* Lebensabschnitt handelt, von dem besonders nachhaltige Prägungen für die Entwicklung jedes Einzelnen und darüber vermittelt der Gesellschaft ausgehen. Heute auf diesen generationsspezifischen Ansatz zurückzugreifen ist durchaus nicht unproblematisch. Die Diskussion darüber, inwieweit im Zeitalter der Individualisierung – dieses „neuen Modus der Vergesellschaftung" (Beck 1986: 205) – und der immensen Beschleunigung des Generationsumschlages ein solches Konzept überhaupt noch als Erklärungsmodell gesellschaftlicher Prozesse geeignet sei, beschäftigt die Jugendforschung seit geraumer Zeit. Zunehmend distanzierenden Haltungen von Griese (1982), Fend (1988), Jaide (1988), Ferchhoff (1993) u.a. stehen jedoch immer wieder neue Versuche gegenüber, mit Generationsmodellen „die Zusammenhänge zwischen Jugendalter und Gesellschaftsstruktur deutlich zu machen" (Schäfers 1994: 5).

Die Bandbreite reicht dabei von kulturzentrierten Ansätzen (Zinnecker 1987, Göschel 1991) über biografiegeleitete Analysemodelle (Lenz 1988, Niethammer u.a. 1991) bis hin zu einer mehr feuilletonistischen Aufbereitung von Generationstrends (zuletzt Bude 1995 und Leggewie 1995). Zunehmend findet ein generationsgeleiteter Ansatz jedoch auch Eingang in die soziologische und historische Analyse der vergangenen DDR (wie etwa bei Geulen 1993 und Zwahr 1994).[1]

Die Anwendung des Generationsmodelles für die Erklärung von Erlebenszusammenhängen und Handlungsweisen Jugendlicher in der DDR liegt nahe. Ein politisches System von der Stringenz und Dauer der DDR prägte nachhaltig jegliche Lebensformen der darin lebenden Jugendlichen. Zumal deren ideologische Beeinflussung vordringlicher Auftrag aller staatlichen Instanzen und Institutionen – von den Schulen, Kultur- und Bildungseinrichtungen über die Medien bis hin zu den Parteien und Massenorganisationen – war. Wer deshalb aber glaubt, das Leben in der DDR im nachhinein als einen monolithischen Block betrachten zu können, dem Abweichungen von der Norm, gar Freiheitsgrade, weitgehend fremd waren, wird ihm nur bedingt gerecht. Dies zu erhellen, ist m.E. der Generationsansatz ebenfalls geeignet. Die allgegenwärtige (Über-)Ideologisierung brachte zwar einerseits einen erheblichen Anpassungsdruck mit sich, andererseits resultierte daraus aber auch ein hoher Grad an Politisierung des alltäglichen Denkens und Handelns. Dies erfuhr zudem durch die – über die Medien der Bundesrepublik gegebene – Möglichkeit der Contra-Information eine weitere Zuspitzung (vgl. Stiehler 1991: 19f). So im Feld widerstreitender Meinungen verortet (die öffentlich auszutragen nur bedingt möglich war), hatten die DDR-Bürger täglich außerordentliche Vermittlungsleistungen zu vollbringen. Eine adäquate Betrachtung sozialer Prozesse in der DDR verlangt daher unbedingt ein *zeit- und generationsspezifisches Vorgehen.* Denn nicht nur, daß die von den politischen und kulturellen Sozialisationsinstanzen der DDR vermittelten Inhalte und der Nachdruck, mit dem ihre Umsetzung vorangetrieben wurde, in der 40jährigen Geschichte dieses Staates variierten: Sie wurden zudem innerhalb der verschiedenen Generationen, aber auch sozialen Schichten und Gruppen, durchaus unterschiedlich angenommen und verarbeitet. Wollen wir das historische Gewordensein Jugendlicher unter wechselnden gesellschaftlichen Umständen (einschließlich daraus resultierender Folgerungen für ihr aktuelles Verhalten) mittels eines generationsspezifischen Ansatzes erklären, gilt es, die gegenseitige Durchdringung der Einflußebenen im Blick zu behalten und die zeitgeschichtlichen Determinanten und Brüche so exakt wie möglich zu benennen.

1 Hier ist leider nicht der Raum, um diese unterschiedlichen Ansätze hinreichend diskutieren zu können.

2. Politische und soziale Verläufe

Die Diskussion um eine angemessene Periodisierung der DDR-Geschichte ist noch nicht abgeschlossen. Auffällig ist dennoch, daß die Trennlinien zum Übergang in eine neue Periode in der frühen Phase der DDR-Geschichte oft bis auf den Tag genau festzumachen sind. Nach dem 17. Juni 1953 oder dem 13. August 1961 war in diesem Land im wahrsten Sinne des Wortes nichts mehr so, wie es zuvor war. Später handelte es sich eher um diffuse Übergänge, die sich über längere Zeiträume hin erstreckten. Sich verstärkt auf die innenpolitischen Paradigmawechsel konzentrierend[2], wird folgende Periodisierung ab 1945 vorgeschlagen (vgl. Abbildung 1):

1. Etappe 1945-1953: hoffnungsvoller antifaschistischer „Neu"-Anfang nach Kriegsende, der jedoch rasch durch den Aufbau stalinistischer Strukturen in der SBZ und nach 1949 in der DDR konterkariert wurde. Die Entwicklung lief immer stärker auf eine Alleinherrschaft der SED zu, die notfalls auch mit Waffengewalt gegen die eigene Bevölkerung verteidigt wurde (17. Juni 1953 als endscheidende Bruchstelle).

2. Etappe 1953-1961: Konsolidierung der Herrschaftsstrukturen der SED in Politik, Wirtschaft und Kultur bei gleichzeitiger Einengung der geistigen und persönlichen Freiheiten sowie einer schleppenden Entwicklung des Lebensniveaus. Anwachsen der Massenflucht gen Westen, die mit dem Mauerbau am 13. August 1961 gewaltsam unterbunden wurde.

3. Etappe 1961-1970: Spätära Ulbricht, die von zeitweiser ökonomischer Stabilisierung und begrenztem individuellem Wohlstand geprägt war. Der Weg in den Westen war abgeschnitten; man richtete sich ein in der DDR. Widerspruch hielt sich in Grenzen. Anfängliche Hoffnungen auf Demokratisierung (vor allem in der Intelligenz) wurden ab Mitte der 60er Jahre wieder enttäuscht.

4. Etappe 1971-1981: Führungswechsel zu Honecker, der anfangs vermeintliche innenpolitische Lockerungen versprach, die jedoch ab Mitte der 70er Jahre in neue Begrenzungen mündeten (Höhepunkt: die Ausbürgerung Wolf Biermanns). Für die Mehrzahl der Bürger waren dies dennoch Jahre relativen Wohlstands und der Übereinstimmung mit der DDR. Dies wurde durch die wachsende staatliche Anerkennung der DDR von außen noch potenziert.

2 Würde man hier verstärkt auch außenpolitische Ereignisse – wie etwa die Volkserhebung in Ungarn 1956, den Prager Frühling 1968, die Helsinki-Konferenz 1975 oder die Ausrufung des Kriegsrechtes in Polen 1981 – als Zäsuren für die DDR-Geschichte berücksichtigen, könnte die Periodisierung partiell auch anders erfolgen bzw. würde sich in mehr als fünf Zeiteinheiten gliedern.

Abbildung 1:

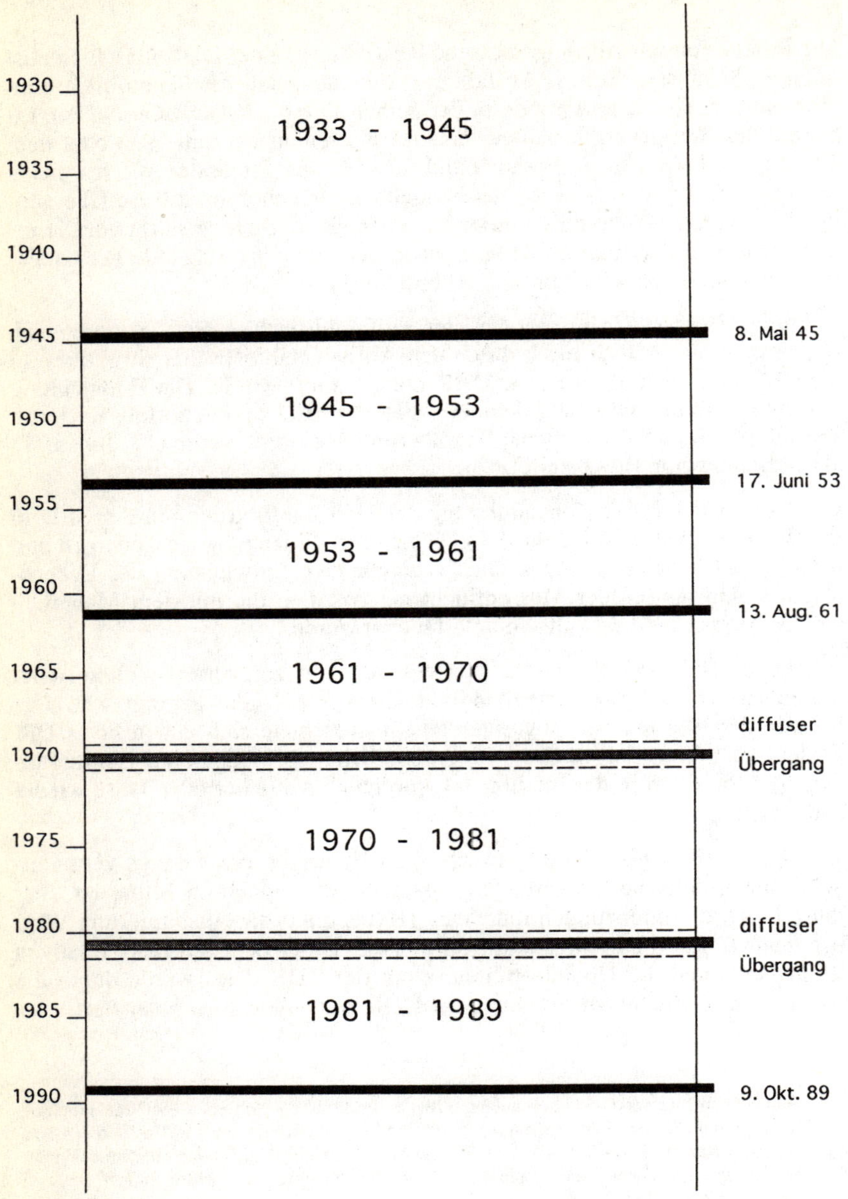
1930
1935
1940
1945
1950
1955
1960
1965
1970
1975
1980
1985
1990
1933 - 1945
1945 - 1953
1953 - 1961
1961 - 1970
1970 - 1981
1981 - 1989
8. Mai 45
17. Juni 53
13. Aug. 61
diffuser Übergang
diffuser Übergang
9. Okt. 89

5. Etappe 1981-1989: Innenpolitische Erstarrung des Systems macht ein produktives Aufgreifen von Reformansätzen aus dem eigenen Lager (Polen, UdSSR, Ungarn) ebenso unmöglich wie die Bewältigung der eigenen wirtschaftlichen Krisenerscheinungen. Die Bevölkerung reagiert mit Desillusionierung und wachsendem Ausreisebegehren, vereinzelt auch mit Auflehnung. Höhepunkt dieser Entwicklung ist die kollektive Überwindung der DDR durch ihre eigene Bevölkerung im Herbst '89 (Demonstrationen und Massenflucht) und Frühjahr '90 (Wahlen).

Auffällig an all diesen Phasen der DDR-Geschichte ist, daß sie in politische Krisensituationen mündeten, die von der politischen Führung selbst herbeigeführt und oft durch außenpolitische Entwicklungen noch verstärkt wurden. Die *politische Sozialisation aller Generationen*, die die DDR durchliefen, wurde also in starkem Maße *durch Krisenerfahrungen geprägt*. Zudem herrschte in der Politik der DDR, von Beginn ihrer Entwicklung an, das reaktive Moment vor.

Generationsspezifische Relevanz für eine massenhafte politische Sozialisation Jugendlicher[3] unter den Bedingungen der DDR erlangten vor allem *drei Generationen* (vgl. Abbildung 2):

- *Die Generation der zwischen 1930 und 1949 Geborenen*, die im wesentlichen – neben dem partiellen Erlebnis des Nationalsozialismus – durch die 1. und 2. Etappe geprägt worden ist. Je nach den konkreten Lebensumständen und deren individueller Verarbeitung führte das bei den Beteiligten zu einer *relativ stabilen Verankerung in der Aufbaugeneration oder* zu einem *frühen Ausstieg* aus der DDR-Gesellschaft (Flucht oder innere Emigration). Die Krisen jener Jahre wurden noch als Alternativ-Ereignisse zum Weiterbestehen des sozialistischen Gesellschaftssystems bzw. einem individuellen Verbleiben darin erlebt (vgl. Zwahr 1994: 438f).[4] Allerdings gelang der DDR-Führung die Vereinnahmung der Jugend für ihr System in weitaus stärkerem Maße als bei anderen Alterskohorten.
- *Die Generation der zwischen 1950 und 1960 Geborenen,* deren Jugend vor allem in die Phase relativen Wohlstands und zunehmender Anerkennung der DDR fielen (3. und 4. Etappe). Das führte bei der Mehrzahl von ihnen – trotz durchaus wahrgenommener, partieller Krisensymptome (CSSR 1968, Biermann 1976) – zu einer *relativ stabilen Bindung an die DDR bis weit in die 80er Jahre hinein*. Sie glaubten lange an eine Reformier-

3 Sie können hier nur in ihren „Mainstream“-Ausprägungen beschrieben werden. Soziale Differenzierungen können daher – obwohl empirisch belegbar – nicht mitdiskutiert werden. In jeder der folgend beschriebenen Jugendgenerationen kamen aber selbstverständlich auch stets Abweichungen von der Norm vor.

4 Die empirische Untersetzung der Kennzeichnung der einzelnen Generationen ist sehr unterschiedlicher Art. Während zur Kennzeichnung der 1. Generation überwiegend biografische und andere qualitative Quellen herangezogen werden mußten, steht für die nähere Beschreibung der 2. und 3. Generation auch ausführliches quantitatives Datenmaterial repräsentativen Zuschnitts zur Verfügung – ein Sachverhalt, der auch für die westdeutsche Jugendforschung weitgehend zutrifft (vgl. Zinnecker 1985: 39f).

Abbildung 2:

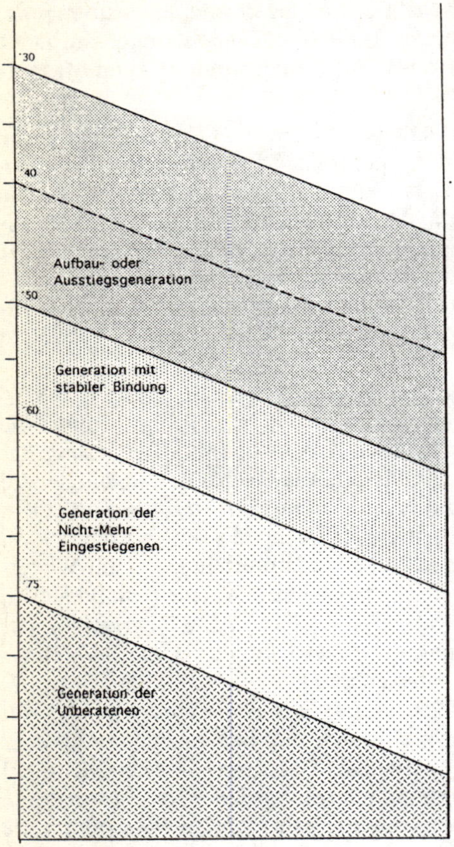

barkeit der DDR, weil sie diese verstärkt in den Phasen ihrer tatsächlichen Prosperität erfahren hatten. Diese Generation hat „die politischen und insbesondere moralischen Ansprüche des Sozialismus als Ideologie besonders stark verinnerlicht"; ihre „emotionale Beziehung zur DDR als Heimat" war sehr stark ausgeprägt (Geulen 1993: 43).

- *Die Generation der zwischen 1961 und 1975 Geborenen,* für die der schmale DDR-Wohlstand nicht mehr eine Errungenschaft, sondern etwas Vorgefundenes und selbstverständlich In-Anspruch-Genommenes war. Von daher vermochten sie auch eher dessen Brüchigkeit zu erkennen und den dafür zu entrichtenden Preis an politischer Anpassung – den ihre Eltern- und Vorgängergeneration zu großen Teilen noch zu zahlen bereit war – in Frage zu stellen. Bei ihnen handelt es sich um die *Generation der Nicht- Mehr-Eingestiegenen.* Ihre Grundhaltung zur DDR war die des „Protestes durch Verweigerung" (Lange/Stiehler 1990: 62). Der bereits mehrfach beschriebene Mentalitätswandel in der DDR-Jugend (vgl. Friedrich 1990 u.a.) verbindet sich vor allem mit dem Eintritt *dieser* Generation in das Feld politischer Sozialisation. Sie stellte dementsprechend auch einen überdurchschnittlich hohen Anteil jener, die im Sommer 1989 über Ungarn/ Österreich in die Bundesrepublik gingen. Als sie sich entschlossen, der DDR den Rücken zu kehren, verließen sie kaum mehr „ihr Land", sondern eher ein jeweils konkretes soziales Umfeld aus Familie und Freundeskreis.

Die *politische Kultur der DDR* (und damit der sich in ihr vollziehende soziale Wandel) war zu den unterschiedlichen Zeitpunkten ihrer Existenz also stets *ein Konglomerat aus spezifischen Ausprägungen der jeweils daran beteiligten Generationen.*

Mit dem Herbst '89 wurden dann Formen politischer Kultur in einer Vielfalt sichtbar, die zuvor kaum jemand in der DDR vermutet hätte. Dennoch wäre es falsch anzunehmen, daß die gesamte ostdeutsche Bevölkerung in diesen stürmischen Wochen auf der Straße gewesen sei. Das stimmt weder nominell noch geographisch. Am Höhepunkt der Protestwelle – Ende Oktober/Anfang November 1989 – kam es in ca. 210 Städten und Gemeinden des Landes zu Demonstrationen. Das bedeutet, daß in der Woche vom 30.10. bis 5.11.89 in jeder 36. Gemeinde des Landes demonstriert worden ist. Teilgenommen haben daran insgesamt über 1,35 Millionen Menschen. Dennoch: Die meisten DDR-Bürger erlebten die entscheidenden Ereignisse der Wende nur über die Medien. Sie selbst waren nie auf der Straße[5], auch wenn ihre Einstellung zu den Demonstrationen überwiegend positiv war. So sind die politischen Ergebnisse des Herbst '89 (Sturz Honeckers und der SED-Herrschaft, Erringung von Meinungs- und Reisefreiheit etc.) zwar *von vielen erhofft, aber nicht von allen erkämpft worden.* Das hatte Folgen! Denn aufgefordert, die neuen Freiheiten zu gebrauchen und auszufüllen, waren alle Bürger – Demonstranten wie Nicht-Demonstranten – in gleichem Maße. Hiervon fühlten sich viele von ihnen – auch angesichts der massiv umbrechenden Lebensverhältnisse – schlichtweg überfordert. Daher reagierten sie schon bald – bei den ersten freien Wahlen – mit einer *Rückdelegierung der* gerade erhaltenen *Freiheiten an die Berufspolitiker* (dazu ausführlicher Lindner 1992: 6f und 1994a: 167f). Das trifft vor allem für die älteren und mittleren Jahrgänge zu. Die jüngeren übten sich schon wieder in (politischer) Enthaltsamkeit.

Zwei Prämissen sind für die Beurteilung der sozialen und kulturellen Prozesse in der unmittelbaren *Nach-Wendezeit* (aber auch aktueller Vorgänge) von besonderer Bedeutung:

5 Insgesamt kam es – nach heutigem Stand vergleichender Auswertung unterschiedlichster Übersichten und Protokolle von Sicherheitsapparat, Bürgerbewegungen, Medien etc. – im Zeitraum von August 1989 bis April 1990 in 511 verschiedenen Orten der DDR zu 2.987 Demonstrationen, Kundgebungen, Streiks und anderen Protestveranstaltungen. Die meisten Einzelaktivitäten dieser Art gab es in den Bezirken Karl-Marx-Stadt (539), Erfurt (308), Gera (254), Halle (225) und Dresden (214). Gemessen an den damaligen Einwohnerzahlen der Bezirke, waren im Bezirk Leipzig 14,5 %, im Bezirk Karl-Marx-Stadt 13,0 %, im Bezirk Neubrandenburg 9,5% und im Bezirk Erfurt 9,3 % der Bevölkerung mindestens einmal auf der Straße. In allen anderen Bezirken lag der Grad der Beteiligung deutlich darunter – mit dem Schlußlicht Berlin mit 1,6% (vgl. Schwabe 1995). (Daß Leipzig bei der Anzahl der Protestaktivitäten keinen der vorderen Plätze einnimmt, demgegenüber aber bei der Beteiligung seiner Bürger an der Spitze steht, ist kein Widerspruch: Die Leipziger Demos waren im Vergleich weniger zahlreich, jedoch Massendemonstrationen.)

1. In der DDR lebten weitgehend nur noch jene, die sich – aus welchen Gründen auch immer – zum Bleiben entschlossen hatten. Wer wirklich gehen wollte, hatte dies bis spätestens bis zum Frühjahr 1990 getan.
2. Für kurze Zeit herrschte im Osten eine soziologisch und sozialpsychologisch einmalige Situation. Nahezu alle Bürger – ob Kinder oder Eltern, Noch-Lernende oder gestandene Berufstätige, Akademiker oder Hilfsarbeiter – fanden sich plötzlich in einer vergleichbaren Lage wieder: auf der Stufe von „Grundschülern". Sie alle standen vor der Aufgabe, sich im Schnellkurs ein Gesellschaftssystem und seine eingespielten Regeln aneignen zu müssen, das sie bisher überwiegend nur aus den Medien, kaum aber aus eigenem praktischen Erleben kannten. Dieses millionenfache Learning by doing unter extremen, in ihrer weiteren Entwicklung nur partiell voraussagbaren Bedingungen ist wohl die eigentliche politische und soziale Leistung der Menschen in den neuen Bundesländern.

Es entspricht der Logik des dargestellten Generationenmodells, daß auch die *nach 1975 Geborenen* die Wendezeit bereits als einen deutlichen Einschnitt in ihre Sozialisation erlebten. Allerdings hatten sie gegenüber allen anderen beteiligten Generationen den *Vorteil, die wenigste Vergangenheit bewältigen zu müssen.* Sie konnten sich also unbelasteter den Wendeprozessen stellen. Von daher sind sie neben ihrer Vorgängergeneration – den Nicht-mehr-Eingestiegenen also – „vielleicht am besten in der Lage... sich mit den neuen Verhältnissen pragmatisch zu arrangieren" (Geulen 1993: 44).

Zugleich befinden sie sich aber in einer Lebensphase, in der sie als Heranwachsende verstärkt auf die Hilfestellung von Erziehungsautoritäten – Personen wie Institutionen – angewiesen sind. Allerdings: Ob Eltern und Verwandte, Schule, Jugendorganisationen oder Medien – sie alle fielen/fallen weitgehend dafür aus, nicht nur, weil sie selbst mit den ihnen fremden Lebensumständen zu kämpfen haben (also schon faktisch nicht in der Lage waren/sind, kompetente Ratschläge zu erteilen), sondern vor allem auch, weil ihre Glaubwürdigkeit in den Augen vieler Jugendlicher in hohem Maße diskreditiert war. Dementsprechend waren (und sind) die Heranwachsenden im Osten heute weitgehend auf sich selbst verwiesen. Wir haben es bei ihnen mit einer in hohem Maße *unberatenen Generation* zu tun. Die perspektivischen Folgen diese Sachverhaltes sind heute allerdings nur bedingt zu übersehen, ansatzweise allenthalben aber schon zu spüren: Distanzierung und soziale Entwurzelung, Zuwachs an Aggressivität und Gewalt, politische Polarisierung an rechten und linken Rändern, wachsende DDR-Nostalgie gerade in diesen Altersgruppen etc. (vgl. Förster u.a. 1993, Bien u.a. 1994).

Trotz aller Abgehobenheit der einzelnen Generationen voneinander ist zugleich zu berücksichtigen, daß sich *Teile der Entwicklungen über mehrere Generationen hinweg* – wenn auch nicht linear und kontinuierlich – vollziehen. „Jede Generation wird demnach Normen und Einstellungen aus einer Generationslage entwickeln, in die als wesentliches Element die Beziehungen zu anderen und vor allem zu der oder den vorausgehenden Generationen mit eingehen.“ (Göschel 1991: 19) Dies ist auch ein Grund dafür, daß es in jeder Generation partiell stets auch zu Abweichungen von der „Norm“ kommt. Die Vielzahl der Erbebezüge zu vorausgegangenen Generationen wird besonders im kulturellen Bereich wirksam.

3. Kultureller Wandel

Parallel zu den beschriebenen sozialen und politischen Verläufen wurde der Wandel der ostdeutschen Gesellschaft in sehr nachhaltigem Maße auch von kulturellen Prozessen und Brüchen geprägt. In diesem Bereich machte sich das Konkurrenzverhalten der politischen Systeme besonders nachhaltig bemerkbar. Die Entwicklung der (Jugend-)Kultur in der DDR fand stets auf dem Hintergrund einer Folie statt, die sich etwas pathetisch als Kulturkampf der Systeme beschreiben ließe (vgl. Lindner 1995: 128f). Dabei besaß die DDR, was die Voraussetzungen für die Befriedigung kultureller Bedürfnisse der Jugendlichen betraf, gegenüber der Bundesrepublik von Anfang an die schlechteren Karten.

Nachdem die *HJ-Generation – „die Jugend ohne Jugend“* – dem Krieg gerade noch entronnen war, wartete auf sie in allen alliierten Zonen eine kaum attraktivere *„Jugend-Not-Kultur“* (Zinnecker 1987: 39f). Eingespannt in die Aufbauarbeit und die damit verbundenen primären Regenerationsprozesse der Nachkriegsgesellschaft, wurden den Heranwachsenden kaum Möglichkeiten für eine kulturelle Selbstverwirklichung eingeräumt. In den westlichen Zonen (ab 1949 dann in der Bundesrepublik) ging dieser Zustand jedoch relativ schnell in eine von einer starken Bewahrhaltung geprägten *„Jugend-Schutz-Kultur“* (Heinritz 1985) über.

In der SBZ/DDR (vgl. Abbildung 3) hielt die Phase der „Jugend-Not-Kultur“ dagegen länger an und war zugleich auch durch stärkere Entbehrungen und staatliche Anforderungen an die Jugendlichen (organisierte Aufbauinitiativen etc.) geprägt. Sie überlappte sich ab Anfang der 50er Jahre mit der „Jugend-Schutz-Kultur“, die im Osten zudem stärker als im Westen (vgl. Maase 1992: 41f) als ideologisches Abwehrinstrument gegen einen möglichen Einfluß amerikanischer Kulturtrends auf die eigene Entwicklung diente.

So war der Mauerbau 1961 nicht allein ein Versuch, den Strom der Flüchtlinge gen Westen zu stoppen, er war auch der Beginn eines verstärkten kulturellen Einigelungsprozesses Ostdeutschlands – eine Strategie der SED, die auch im eigenen Lande nicht unwidersprochen blieb. Offen dagegen aufzutreten wagten nur wenige, Künstler vornehmlich. Stillschweigend das Verdikt gegen westliche Kultur zu unterlaufen, versuchten dagegen eher die Jugendlichen. Über die Medien (anfangs vor allem der Rundfunk, später immer

Abbildung 3:

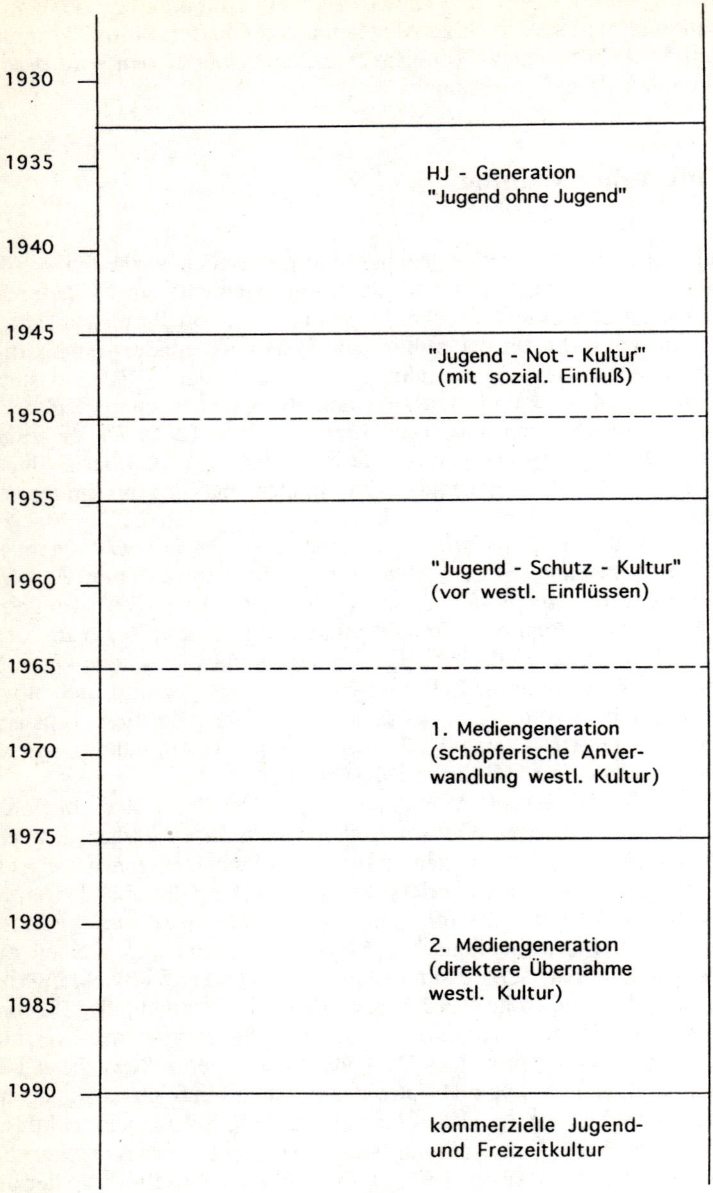
1930
1935
1940
1945
1950
1955
1960
1965
1970
1975
1980
1985
1990
HJ - Generation
"Jugend ohne Jugend"
"Jugend - Not - Kultur"
(mit sozial. Einfluß)
"Jugend - Schutz - Kultur"
(vor westl. Einflüssen)
1. Mediengeneration
(schöpferische Anverwandlung westl. Kultur)
2. Mediengeneration
(direktere Übernahme westl. Kultur)
kommerzielle Jugend- und Freizeitkultur

stärker das Fernsehen) mit der Welt „verbunden“, waren für sie stets auch die neuesten Trends der westlichen Jugendkultur seh- und hörbar. Von ihnen gingen Impulse aus, die gerade von den jungen Leuten im besonderen Maße aufgegriffen wurden, um sie *in anverwandelter Form* in ihren Alltag zu transformieren. Partei, Jugendverband und staatlich gelenkte Kulturinstitutionen konnten diesen Prozeß stets nur be-, jedoch nicht verhindern (vgl. Wierling 1994). Ob „Nietenhosen“, „Beatmusik“, lange Haare oder später Elemente der Punk- und Skinkultur – ihre *Integration* in die Jugendkultur des Ostens *verlief stets nach einem analogen Muster:*

- Zuerst *kopierten einzelne Jugendliche* im Westen aufkommende Trends und waren daraufhin den Schikanen der staatlichen Kontrollinstanzen der DDR (von Schule bis Polizei) ausgesetzt.
- Dann folgte ein verstärktes Aufgreifen und *produktives Aneignen* des Trends durch eine wachsende Zahl von Jugendlichen, die in dieser Größenordnung nicht mehr zu isolieren waren.
- Parallel dazu kam es auch zur *Herausbildung eigenständiger (Ost-) Varianten,* die anfangs ebenfalls verfolgt wurden, später aber als Kompromißlösung für eine stillschweigende Akzeptanz durch den Staat und seine Institutionen dienten.
- Dieser nachholenden Tolerierung folgte dann (zeitversetzt) meist eine *Okkupation durch die staatlichen Instanzen*, was in der Folge zu einem relativ raschen Nachlassen des Interesses der Jugendlichen an diesen Kulturformen führte.

Die jugendkulturelle Entwicklung in der DDR kann also in weiten Teilen als *selektive (wenn auch verzögerte) Modernisierung* beschrieben werden. Zudem wurde sie durch überspitzte Reaktionen von Partei und Staat allzuoft unnötig politisch aufgeladen, Kleidungsstücke und Musikrichtungen wurden zu Weltanschauungsfragen hochstilisiert. Die Kultur – insbesondere die über die (West-)Medien vermittelte Massenkultur – wurde ab Mitte der 60er Jahre für die Herrschenden zu einer unberechenbaren Restgröße im Kampf um Einflußnahme auf die Jugendlichen. Insofern haben wir es bei letzteren erstmals mit einer (im doppelten Sinne) *mediengeprägten Generation* zu tun.

Sichtbar wird, daß sich Konsum und Mediennutzung Jugendlicher in der DDR – und darüber vermittelt ihre kulturellen Ausdrucksformen – auch im nachhinein nicht ohne Bezug auf westliche Jugendkulturmuster hinreichend erklären lassen. Diese intensive kulturelle Beziehung über die Grenzen hinweg erklärt auch, warum gerade im Bereich der Kultur wesentliche Momente des Vereinigungsprozesses von den Jugendlichen bereits vorweggenommen wurden (vgl. Krüger/Lindner1991: 188f).

Dennoch wäre es sicher falsch, diesen Prozeß allein als eine „Verwestlichung des Ostens“ zu interpretieren: Zum einen handelte es sich um eine schöpferische Anverwandlung westlicher Kulturmuster auf die eigenen Lebensverhältnisse; zum anderen haben in diesem produktiven Reibungsprozeß Jugendliche der DDR eigenständige kulturelle Leistungen (wie die Rockmusik mit deutschen Texten oder eine breite Palette selbstorganisierter Jugendclubs) hervorgebracht. Sie haben das kulturelle Selbstverständnis ihrer Produzenten nachhaltig mitgeprägt – selbst dann, wenn diese Leistungen später von der FDJ bzw. dem Staat vereinnahmt wurden.

Ab Mitte der 70er Jahre übernahmen Jugendliche in der DDR die westlichen Kulturmuster schneller und direkter. Es kam zu immer „nachhaltigeren Internationalisierungsschüben“ (Lange/Stiehler 1990: 59). Der Einfluß der (West-)Medien auf die nachwachsende Jugendgeneration stieg weiter an. Die hochentwickelten Industriestaaten des Westens konnten im letzten Viertel des 20. Jahrhunderts mit ihrer effektiveren Marktwirtschaft kulturelle Lebensformen und -muster herausbilden, denen sich schwächere Staatsgebilde – und ein solches war die DDR! – auf Dauer nicht zu entziehen vermochten. Es ist also schwer begrifflich zu fassen, was da – bezogen auf die Jugendkultur – bis zur Wende im Osten Deutschlands herangewachsen ist. Die Bezeichnung „2. Mediengeneration“ faßt dies nur annähernd.

Festgestellt werden kann dennoch, daß *die kulturelle Identität Jugendlicher in der DDR immer schon eine Mischidentität war* – von Elementen des Ostens ebenso geprägt wie von denen des Westens, und zwar mit wechselnden Dominanzen. Deshalb war sie nicht weniger originell, sondern es handelte sich bei ihr um eine besondere Identitätsform, wie sie in diesem Zuschnitt nur hier entstehen konnte: ein *Unikat mit vielen Anleihen* (vgl. Lindner 1994c: 90f) – ein Umstand, der die Jugendkultur in den neuen Bundesländer in hohem Maße kompatibel sein läßt.

Verliefen damit viele kulturelle Prozesse in West und Ost – wenn auch zeitverschoben – in ähnlicher Weise, so ist doch ein gravierender Unterschied zu vermerken. Während in der Bundesrepublik die „Jugend-Schutz-Kultur“ bereits Mitte der 50er Jahre relativ nahtlos in eine kommerzielle Jugend- und Freizeitkultur überging, hat es diese in der DDR bis zu ihrem Ende (allen Jugendmode- und Jugendmedienversuchen zum Trotz) nie gegeben! Während die nach 1960 geborenen Altbundesbürger bereits „als selbständig urteilende Konsumenten eines ausdifferenzierten Systems von Freizeitwaren und Institutionen“ (Göschel 1991: 111) heranwuchsen, nahmen die gleichaltrigen Ostdeutschen erst nach 1990 – also mit ca. 30 Jahren – ihre individuelle Erkundung der Warengesellschaft auf. Vorteil oder Nachteil? Daß die kommerzielle Jugend- und Freizeitkultur erst mit der Wende über den Osten hereinbrach, macht sie zumindest für alle Beteiligten nicht einfacher beherrschbar.

4. Die Folgen

Die Flexibilität, die gewaltigen politischen und sozialen Umbrüche, die im Osten Deutschlands seit 1989 stattgefunden haben, zu meistern nimmt mit der Generationenfolge deutlich ab. Bereits die *mittlere* (in den 50er Jahren geborene) *Generation* hat deutlich mehr Schwierigkeiten, sich in den neuen Kontexten einzuleben und zu behaupten. Sie traf die Wende in der Mitte ihres Lebens; die Bereitschaft für eine prinzipielle Neuorientierung im Berufsleben mußte bei vielen von ihnen erst langsam reifen. „Sozialer und kultureller Wandel wird vom Individuum ja nicht nur als wünschenswert, progressiv ..., sondern auch als Verunsicherung“ erlebt. (Schäfers 1994: 116) Erst unter dem wachsenden sozialen Druck stieg die Bereitschaft zur individuellen Veränderung bei ihnen in den Folgejahren an – Jahre, die bei dieser Generation heute gegenüber den Jüngeren doppelt als Verlust zählen.

Das schwieriger gewordene Erwerbsleben führt – ab dieser Generation bereits – zu einer steigenden Bedeutung des familialen Nahraumes. Dieser *Rückzug ins Private* betrifft auch das soziale und kulturelle Engagement. Zwar liegt in dieser Altersgruppe das Interesse an Politik noch deutlich über dem der Jüngeren, doch ist es hier zugleich enger gekoppelt mit dem Gefühl des Enttäuscht-Seins über die Entwicklung seit der Wende. Bei nicht wenigen dieser, mit den „guten Zeiten“ der DDR-Entwicklung besonders eng verbundenen Generation schlägt dies mittlerweile auch in Nostalgie um – doch halten sich die Zuversichtlichen und Enttäuschten insgesamt noch die Waage.

Das Gefühl, zu den *Verlierern der Wende* zu gehören, ist dagegen besonders häufig unter den zwischen 1930 und 1950 Geborenen zu finden. Sie haben ihr ganzes Berufsleben in der DDR verbracht; „die geschlossene Gesellschaft umschloß sie, als sie im leistungsfähigen Alter waren“. (Zwahr 1994: 450) In der DDR in ihrem jetzigen Alter als Arbeitskraft mit langer Berufserfahrung überall noch gefragt, erleben sie nun in der freien Marktwirtschaft überproportional häufig ein Gefühl des Nicht-Mehr-Gebrauchtwerdens – für die Umschulung zu alt, für die Rente noch zu jung. Dennoch ist ihre Bindung an das vereinte Deutschland, das sie vor dem 13. August 1961 noch persönlich beidseitig erfahren konnten, stärker ausgeprägt als bei den Jüngeren.

Arbeit war im Leben der Ostdeutschen immer ein zentraler Definitionspunkt ihres Lebens: tägliches Öffentlichkeitspodium, Informations- und Kommunikationsbörse, *auch* Erwerbsquelle und Ort persönlicher Bestätigung. Das In-Frage-Stellen dieser Ebene wird als zentraler Mangel erlebt. Und auch viele von denen, die Arbeit haben, beklagen die veränderten Kommunikationszusammenhänge dort. Privates wird daraus in immer stärkerem Maße ausgeblendet. Aber auch der direkt politikorientierte Austausch ist geringer geworden. *Politische Kultur ist heute stärker denn je im Singular zu definieren,* als private Angelegenheit. Das ist – wenn man aus einem totalitären System kommt – durchaus als Gewinn an persönlicher Freiheit zu erleben. Es individuell zu verarbeiten ist etwas anders.

Entscheidend für die weitere Entwicklung des sozialen und kulturellen Wandels in den neuen Bundesländern ist m.E., wie schnell es gelingt, neue Freiräume neben den ungewohnten, alle Kraft verschlingenden Formen der Existenzsicherung zu schaffen. Dies scheint (wieder einmal) zuerst im Feld der *Kultur* möglich! In Zeiten staatlicher Einsparungszwänge im Sozialbereich sind es – neben den Massenangeboten der Kulturindustrie und der Medien – vor allem von Jugendlichen selbst kreierte kulturelle Stile und Strömungen, die hier (Ab-)Hilfe versprechen. Vom Vorhandensein solcher Freiräume hängt in starkem Maße mit ab, inwieweit die jetzige Jugendgeneration (im Osten) das Gesellschaftssystem der Bundesrepublik für sich akzeptiert und auf Dauer annimmt.

Literatur:

Beck, U.: Risikogesellschaft. Auf dem Wege in eine andere Moderne. Frankfurt/M.: Suhrkamp, 1986

Bien, W./Karig, U., u.a.: Cool bleiben – erwachsen werden im Osten. München: DJI Verlag, 1994

Bude, H.: Das Altern einer Generation. Die Jahrgänge 1938 bis 1948. Frankfurt/M.: Suhrkamp, 1995

Fend, H.: Sozialgeschichte des Aufwachsens. Frankfurt/M.: Suhrkamp, 1988

Ferchhoff, W.: Jugend an der Wende des 20. Jahrhunderts. Lebensformen und Lebensstile. Opladen: Leske + Budrich, 1993

Förster, P./Friedrich, W., u.a.: Jugend Ost: Zwischen Hoffnung und Gewalt. Opladen: Leske + Budrich, 1993

Friedrich, W.: Mentalitätswandel der Jugend in der DDR. In: Aus Politik und Zeitgeschichte. Beilage zur Wochenzeitung Das Parlament 16-17/1990, S. 25-37

Geulen, D.: Typische Sozialisationsverläufe in der DDR. Einige qualitative Befunde über vier Generationen. In: Aus Politik und Zeitgeschichte. Beilage zur Wochenzeitung Das Parlament 26-27/1993, S. 37-44

Göschel, A.: Die Ungleichzeitigkeit in der Kultur. Wandel des Kulturbegriffes in vier Generationen. Stuttgart/Berlin/Köln: Kohlhammer 1991

Griese, H.: Sozialwissenschaftliche Jugendtheorien. Weinheim: Juventa 1982

Heinritz, Ch.: Bedrohte Jugend – drohende Jugend? Jugend der fünfziger Jahre im Blick des Jugendschutzes. In: Fischer, A./Fuchs, W./ Zinnecker, S.: Jugendliche und Erwachsene '85. Generationen im Vergleich. (Hrsg. vom Jugendwerk der Deutschen Shell). Band 2. Opladen: Leske + Budrich, 1985, S. 293-319

Jaide, W.: Generationen eines Jahrhunderts. Wechsel der Generationen im Jahrhunderttrend. Opladen: Leske + Budrich, 1988

Krüger, H.-H./Lindner, B.: Distanz und Nähe – Jugendkulturen im Prozeß der deutschen Vereinigung . In: Gegenwartskunde 2/1991, S. 187-200

Lange, G./Stiehler, H.-J.: Abschied von der Utopie? Jugend in der DDR im sozialen Wandel der achtziger Jahre. In: Burkart, G. (Hrsg.): Sozialisation im Sozialismus. Zeitschrift für Sozialisationsforschung und Erziehungssoziologie. 1. Beiheft 1990, S. 55-69

Leggewie, C.: Die 89er. Portrait einer Generation. Hamburg: Hoffmann und Campe, 1995

Lenz, K.: Die vielen Gesichter der Jugend: Jugendliche Handlungstypen in biographischen Portraits. Frankfurt/New York: Campus, 1988

Lindner, B.: Kulturelle Dimensionen biographischer Wenden: Leipzig – Herbst 89. In: Kultursoziologie. Ambitionen-Aspekte-Analysen 3/1992, S. 4-20

Lindner, B. (1994a): Sprung durch die geschlossene Tür. (Nach-)Bemerkungen zum Herbst '89. In: Lindner, B. (Hrsg.): Zum Herbst '89. Demokratische Bewegung in der DDR. Begleitbuch zur gleichnamigen Ausstellung. Leipzig: Forum 1994, S. 167-172

Lindner, B. (1994b): Von der Kopie zum Original? – Ostdeutsche Jugendkultur und kulturelle Bildung im Spannungsfeld der Medienwelten. In: Notwendigkeit oder Luxus – Perspektiven kultureller Bildung. Hrsg. vom Deutschen Kulturrat. Essen: Klartext Verlag 1994, S. 53-64

Lindner, B. (1994c): Verlorene Identität – Gefundene Identität? Kulturelle Quellen jugendlichen Selbstverständnisses. In: Bundesvereinigung Kulturelle Jugendbildung e.V. (Hrsg.): Zukunft Jugendkulturarbeit. Gesellschaftliche Herausforderung und kulturelle Bildung. Remscheid: BKJ-Schriftenreihe, 1994, S. 89-95

Lindner, B.: „Die sind ja so wie wir!" – Jugendkultur in Ost und West. In: Lay, C./Potting, Ch. (Hrsg.): Gemeinsam sind wir unterschiedlich. Deutsch-deutsche Annäherungen. Bonn: Bundeszentrale für politische Bildung 1995, S. 125-144

Maase, K.: BRAVO Amerika. Erkundungen zur Jugendkultur der Bundesrepublik in den fünfziger Jahren. Hamburg: Junius, 1992

Mannheim, K.: Das Problem der Generationen. In: Kölner Vierteljahreshefte für Soziologie 6(1928)2, S. 157-185

Niethammer, L./von Plato, A./Wierling, D.: Die volkseigene Erfahrung. Eine Archäologie des Lebens in der Industrieprovinz der DDR. Reinbek: Rowohlt, 1991

Schäfers, B.: Soziologie des Jugendalters. Opladen: Leske + Budrich, 1994

Schwabe, U.: Wir waren doch das Volk! Oder? Leipzig 1995 (unveröff. Manuskript)

Stiehler, H.-J.: Am Anfang waren die Medien? Am Ende auch? In: Schorb, B./Stiehler, H.-J. (Hrsg.): Neue Lebenswelt – neue Medienwelt? Jugendliche aus der Ex- und Post-DDR im Transfer zu einer vereinten Medienkultur. Opladen: Leske + Budrich, 1991, S. 11-28

Wierling, D.: Die Jugend als innerer Feind. Konflikte in der Erziehungsdiktatur der sechziger Jahre. In: Kaelble, H./Kocka, J./Zwahr, H. (Hrsg.): Sozialgeschichte der DDR. Stuttgart: Klett-Cotta, 1994, S. 404-425

Zinnecker, J.: Jugendkultur 1940-1985. Opladen: Leske + Budrich, 1987

Zwahr, H.: Umbruch durch Ausbruch und Aufbruch: Die DDR auf dem Höhepunkt der Staatskrise 1989. Mit Exkursen zu Ausreise und Flucht sowie einer ostdeutschen Generationenübersicht. In: Kaelble, H./Kocka, J./Zwahr, H. (Hrsg.): Sozialgeschichte der DDR. Stuttgart: Klett-Cotta, 1994, S. 426-465

Zur Mentalität der ostdeutschen Jugend[1]

Walter Friedrich

Nach der Wende und Wiedervereinigung hat sich die Lebenswelt der ostdeutschen Bevölkerung schnell und grundlegend verändert, was massive und sehr dynamisch verlaufende Wandlungen ihres Denkens, Wertens und Verhaltens, ihrer Mentalität und Lebensweise nach sich zog. Davon sind junge Menschen nicht weniger betroffen als ältere, auch wenn ihnen die Anpassung an bzw. die aktive Bewältigung von neuen Lebenslagen im allgemeinen leichter gelingt als Erwachsenen.

Fünf Jahre nach der Vereinigung gibt es zwar eine Menge empirischer Jugendstudien, die eine Vielzahl interessanter und wichtiger Ergebnisse über diese Wandlungsprozesse zutage gefördert haben, dessenungeachtet fällt es derzeit noch schwer, allgemeine Aussagen zur Psychologie der ostdeutschen Jugend daraus abzuleiten. Es ist bisher auch kaum versucht worden, die allgemeinen Züge und Merkmale, den Mentalitätstyp junger Ostdeutscher zu beschreiben, einen Typ, der einerseits sehr weit weg vom früheren DDR-Jugendtyp ist, andererseits aber auch noch längst nicht mit dem Persönlichkeitstyp der westdeutschen Jugend von heute identisch ist.

Diese Spezifik auf zuverlässiger empirischer Grundlage exakt und konkret genug herauszuarbeiten ist – trotz der zu erwartenden weiteren Annäherung zwischen ost-und westdeutschen Jugendmentalitäten – für die nächsten Jahre unumgänglich. Abstrakte, empirisch nur vage begründete Vorstellungen mancher Autoren bieten dafür keinen hinreichenden Ersatz.

Nun erscheint es allerdings leicht, solche Defizite zu benennen, dagegen aber sehr schwierig, sie zu beseitigen, zumal die Hauptursache dafür offensichtlich in der gegenwärtigen Forschungssituation und nicht bei einzelnen Forschern zu suchen ist: Sie liegt m.E. in der völlig unzureichenden Kompatibilität der Studien, die sich nach 1990 mit der ostdeutschen Jugendentwicklung befaßt haben.

Bei unserer Analyse der Wandlungen der politischen Mentalität der ostdeutschen Jugend haben wir uns einen Überblick über relevante empirische

[1] Dieser Beitrag ist eine erweiterte Fassung des Einleitungsabschnitts der Expertise „Politische Orientierungen ostdeutscher Jugendlicher und junger Erwachsener im Transformationsprozeß", die im Auftrage der KSPW von W. Friedrich und P. Förster 1995 erarbeitet worden ist (s. dazu: Friedrich/Förster 1996 und Friedrich/Förster 1997).

Jugendstudien der letzten Jahre verschafft und stießen dabei auf folgende kritikwürdige *Mängel:*

- Großangelegte Jugendstudien sind (ebenso wie Meinungsumfragen) untereinander *kaum oder überhaupt nicht vergleichbar.* Selbst bei gleicher Zielstellung, bei auf gleiche Merkmalsbereiche gerichteten Forschungen ist ein Minimum an Vergleichbarkeit selten gegeben – eher dominiert ein Streben nach „maximaler Inkompatibilität" der Methoden. Mitunter hat man geradezu den Eindruck, daß einzelne Forscher ihren Ehrgeiz darin sehen, sich methodisch von anderen abzugrenzen, um originell zu bleiben, das gilt selbst den erprobten ZUMA-Skalen gegenüber. Von Ausnahmen abgesehen (z.B. IPOS 1995, Schmidtchen 1994, Fend 1991, Hurrelmann/Pollmer 1994) betrifft das oft sogar Untersuchungen einund derselben Forschungseinrichtung zu verschiedenen Zeitpunkten. Hinzu kommt, daß die Untersuchungspopulationen infolge unterschiedlicher Altersbegrenzungen vielfach nicht oder nur eingeschränkt miteinander verglichen werden können. Hintergrund dafür sind offensichtlich nach wie vor divergente Auffassungen darüber, welche Altersgruppen zur Jugend zu rechnen sind und wie das Jugendalter gegliedert werden kann. Die DDR-Jugendforschung hatte demgegenüber schon in den 70er/80er Jahren eine *weit höhere Konsistenz* in der Zielstellung ihrer Forschungsprojekte, der Bestimmung der sozialen/mentalen Merkmalsbereiche sowie der Standardisierung der Befragungs-und Testmethodik erreicht (das belegen anschaulich die 135 im Kölner Zentralarchiv für empirische Sozialforschung archivierten Studien des ZIJ).
- Ergebnisse aus *West-Ost-Vergleichen* werden von manchen repräsentativen Umfragen gar nicht oder nur am Rande ausgewertet und diskutiert. Die gerade bei politisch relevanten Sachverhalten nach wie vor bestehenden West-Ost-Unterschiede werden dadurch in unzulässiger Weise nivelliert bzw. kaschiert. So sind systematische Vergleiche, ist eine verallgemeinernde Zusammenschau der Forschungsdaten zur Lage der jungen Ostdeutschen erheblich erschwert.
- Die ostdeutsche Jugend wird nicht ausreichend aus ihrer *spezifischen Sozialisationsgeschichte*, insbesondere nicht aus den jüngsten generationsprägenden Erfahrungen und aus ihrer gegenwärtigen Lebenswelt erfaßt, sondern oft pauschal nach dem vorherrschenden Bild von der westdeutschen Jugend interpretiert. Häufig ist die Tendenz zu beobachten, ein Porträt von der ostdeutschen Jugend anhand einmaliger Erhebungen festzuschreiben, ohne die gerade für die Zeit unmittelbar nach der Wende charakteristische Dynamik und Widersprüchlichkeit der Persönlichkeitsentwicklung genügend zu beachten.
- Von wenigen Studien abgesehen (z.B. dem DJI-Jugendsurvey, vgl. Hoffmann-Lange 1995), werden die verschiedenen demographischen, aber auch politisch-weltanschaulichen *Subpopulationen* zu wenig berück-

sichtigt. Aussagen über die Jugend bewegen sich so vielfach nur an der Oberfläche der Gesamtpopulation, sie bleiben damit zwangsläufig globalisierend, teilweise trivial. Die interessanteren Erkenntnisse verbergen sich ja meist darunter, kommen erst mit der Analyse der *verschiedenartigen* Merkmalsausprägungen der Subpopulationen zum Vorschein, bedürfen also einer differenzierenden Betrachtung. Auch die Analyse von Zusammenhängen zwischen den untersuchten Persönlichkeitsmerkmalen oder mit verschiedenen Faktoren der Lebenslage ist noch zu selten anzutreffen.

- Auffällig ist das Fehlen größerer *Längsschnittstudien* im Jugendalter, mit ihren spezifischen Möglichkeiten der Erfassung individueller Entwicklungsprozesse. Auch hier sind leider die Forschungserfahrungen des Leipziger ZIJ ungenügend ausgewertet und neuere Daten (etwa Entwicklungsprozesse aus Intervallkorrelationen) in Publikationen bisher kaum vorgestellt worden.
- Man kann daher durchaus der Stellungnahme der Bundesregierung zum Neunten Jugendbericht zustimmen, in der kritisch vermerkt wird, daß bei der Beschreibung der ostdeutschen Jugendentwicklung im Transformationsprozeß der Mangel breit angelegter empirischer Forschungen besonders schwer wiegt und so in vielen Fällen verallgemeinerungsfähige Schlußfolgerungen kaum zuläßt (1994: XIII).
- Mein Versuch, folgende allgemeine Thesen zur Mentalität der ostdeutschen Jugend und ihren Wandlungsprozessen nach 1990 zu formulieren, kann nur im Rahmen dieser begrenzten Möglichkeiten bewertet werden. Die Thesen sollen und können nur als ein Angebot zur Diskussion aufgefaßt werden. Schon die hohe Veränderungsdynamik des Mentalitätswandels im Osten verbietet – ebenso wie der Mangel an theoretischem Vorlauf – dogmatische Festschreibungen und setzt eine ständige Präzisierung und Neubestimmung der Lage der Nachwende-Generation auf die Tagesordnung der Jugendforschung.

Zu den Thesen:

- Die geistigen Strukturen, die Mentalität der Jugend unterliegen einem historischen Wandlungsprozeß. Das Denken und Verhalten junger Menschen wird durch die spezifische gesellschaftliche Lage, in der sie aufwachsen, und durch deren zeitgeschichtliche Veränderungen wesentlich beeinflußt. Das fällt natürlich in Zeiten intensiven gesellschaftlichen Wandels oder gar von Systemumbrüchen besonders ins Gewicht.
  Die ostdeutsche Jugend ist durch den radikalen gesellschaftlichen Umbruch 1989/90 sowie durch die komplizierten Umgestaltungs- und Mo-

dernisierungsprozesse der Transformationsphase, die zu fundamentalen Veränderungen ihrer Lebenswelt geführt haben, entscheidend geprägt. Daher kann nicht verwundern, daß in Ostdeutschland eine Jugendgeneration heranwächst, die sich in grundlegenden Merkmalen von denen aus DDR-Zeiten unterscheidet, die aber auch ganz spezifische (ostdeutsche) Züge, ihre eigene Charakteristik (psychische Generationsgestalt) besitzt. Dieses spezielle Persönlichkeitsprofil wird sich – darauf deuten viele Forschungsdaten hin – auch künftig noch in zahlreichen Einstellungen, Ansprüchen, anderen Persönlichkeitsmerkmalen weiter entwickeln.

– Die Folgen der politischen, wirtschaftlichen, sozialen, kulturellen Umbrüche in diesen Jahren mußten vom Großteil der Bevölkerung als „kollektive Grenzsituation", als Sturz in eine fremde Lebenswelt empfunden werden.
  So haben sich die Prozesse der Individualisierung und der Pluralisierung der Lebenslagen – die durchaus auch bereits zu DDR-Zeiten im Gange waren! – nach der Wende/Vereinigung in rasantem Tempo verschärft, zugespitzt noch durch den plötzlichen Verlust der als selbstverständlich erlebten sozialen und kollektiven Sicherheiten sowie der persönlichen Lebensorientierungen in der DDR.
  Diese Folgen waren und sind ambivalent: Einerseits ergibt sich daraus eine Zunahme des individuellen Entscheidungs- und Handlungsspielraums, andererseits aber auch der damit verbundenen Gefährdungs-und Risikolagen sowie der Zwänge, diese ohne die gewohnten sozialen Rückhalte/Absicherungen zu bewältigen. Diese Ambivalenz wird zum zentralen Lebensparadigma (Hoffmann-Nowotny 1988: 66, vgl. Beck 1986, Heitmeyer/Olk 1990, Kühnel 1993).
  Allerdings kann die Jugendforschung bei dieser allgemeinen Charakteristik des gesellschaftlichen Wandels nicht stehenbleiben. Es müssen speziellere und konkretere Einflußfaktoren/Lebensbedingungen definiert und operationalisiert werden, um sie vor allem in ihren Wirkungen auf die Mentalität und Lebensweise der jungen Menschen empirisch zu testen. Auf den empirischen Nachweis solcher Zusammenhänge kommt es an.
– Ausgehend von dem sozialpsychologischen Prozeß des Mentalitätswandels der ostdeutschen Jugend, sollten u.E. folgende Etappen dieses Überganges von der Jugendforschung beachtet und auf ihre jugendspezifischen Ausdrucksformen geprüft werden:
  - Endzeit des DDR-Systems – etwa von 1987 bis Ende 1989
  - politischer Zusammenbruch und Auflösung des alten Systems – Herbst 1989 bis Ende 1990
  - staatliche Vereinigung, Konstituierung des neuen politischen, wirtschaftlichen und Rechtssystems, kompletter Umbau der Institutionen; Hineinwachsen in die neue Lebenswelt – Ende 1990 bis etwa 1992

- beginnende Konsolidierung der gesellschaftlichen Strukturen und zunehmend auch der Lebensverhältnisse der Menschen – etwa seit 1992/93

  Mit der genannten Periodisierung wird angedeutet, daß sich 1992/93 ein Ende des akut-kritischen Überganges (besonders auch im wirtschaftlichen und sozialen Bereich) abzeichnet, eine Stabilisierung der neuen Lebenslagen und -orientierungen der Menschen eingesetzt hat (allerdings mit erheblichen Unterschieden in den verschiedenen Bevölkerungsgruppen und mit einer zunehmenden Polarisierung in Oben und Unten).

  Für unsere Betrachtung ist wichtig, ob und in welchen Merkmalsbereichen diese Etappen der Systemumgestaltung (besonders nach der Vereinigung) im Bewußtsein, in der Mentalität der ostdeutschen Jugend einen Ausdruck finden.

– Ostdeutsche Jugend 1995 – das ist eine sehr differenzierte Population, mit einer komplexen Binnenstruktur.

  Als Jugendliche (im engeren Sinne) bezeichnen wir die 14- bis 18jährigen, als junge Erwachsene die 18- bis 25jährigen. Das ist eine pragmatische Abgrenzung. Die heute 14- bis 25jährigen wurden in den Jahren 1970 bis 1981 in der DDR geboren. Sie sind also in den ersten 9 bis 18 Jahren ihres Lebens unter DDR-Bedingungen aufgewachsen, sozialisiert worden. Für ihre Persönlichkeitsentwicklung ist es selbstverständlich von großer Bedeutung, ob sie die Wendeereignisse, die radikalen Veränderungen ihrer Lebenswelt als Kinder oder aber als jugendliche Schüler bzw. schon als Lehrlinge/ Studenten erlebt haben.

  - Die heute 14- bis 18jährigen Schüler haben Wende und Vereinigung als Heranwachsende in der Vorpubertätsphase erfahren. Sie waren daher im Vergleich mit älteren Jahrgängen nur auf einem eingeschränkten subjektiven Reflexions- und Aktivitätsniveau mit den Problemen und Konflikten des späten DDR-Systems, aber auch des folgenden Systemwechsels konfrontiert und belastet. Die Integration, das Einleben in die neue Gesellschaft und Alltagswelt ist ihnen daher *vergleichsweise leichter gefallen.* Das ist wohl die Grundlage dafür, daß sie heute so selbstbewußt und resolut den veränderten Lebensverhältnissen zugewandt sind, diese schon als selbstverständlich empfinden, aber gerade deshalb auch so nüchtern und kritisch bewerten.
  - Junge Erwachsene von heute besaßen demgegenüber als Jugendliche in der Wendezeit bereits einen bedeutend breiteren und differenzierteren Erfahrungshorizont. Sie verfügten damals schon über reifere psychische Strukturen, über weitaus stabilere Wertvorstellungen und politische (oft DDR-kritische) Anschauungen. Daraus resultierten

meist sehr hohe Erwartungen an die neue Gesellschaft, die jedoch oft nicht erfüllt werden konnten und dann zu Enttäuschungen und Frustrationen führten. Die Jugendlichen von damals waren auf einem höheren Niveau als die jüngeren Jahrgänge fähig, sich mit den anstehenden Problemen, Anforderungen, Neuorientierungen auseinanderzusetzen, was in der Regel große persönliche Anstrengungen erforderte, um sie im Alltag zu bewältigen. Sie haben sich infolgedessen ihren Standpunkt, die Neuorientierung ihres Lebens aktiv und weitgehend selbständig erarbeiten müssen. Daher sind sie auch gegenwärtig besser in der Lage, Vergleiche zu früheren Lebensverhältnissen (vor 1989) herzustellen, beurteilen die Gegenwart kritischer – ohne politisch nostalgisch zu sein.

– Die Mehrheit der Jugendlichen/jungen Erwachsenen ist in der neuen Gesellschaft angekommen, *sie hat sich mit ihr arrangiert, aber sie engagiert sich nicht für sie!*
  Junge Ostdeutsche haben eher ein zunehmend kritisches Verhältnis zu ihrer Gesellschaft, sie sehen zahlreiche Mängel und Schwächen, mit denen sie unzufrieden sind – aber sie protestieren nicht aktiv und schon gar nicht in aggressiver Form gegen sie. Ihre Kritik verbleibt in den Köpfen bzw. in den informellen Freundschaftskreisen. Von einer kleinen Minderheit abgesehen, lehnen sie die neue Gesellschaft auch nicht als Ganzes ab, denn sie sehen keine Alternative und suchen deshalb auch keine!
  Politisch-soziale Werte verlieren bei ihnen weiter an persönlicher Bedeutsamkeit und handlungsaktivierendem Interesse. Probleme der eigenen Lebensgestaltung, egozentrische Orientierungen geraten immer mehr in den Vordergrund ihres Zukunftsdenkens.
– Neben dem Alterskriterium, den verschiedenen Alterskohorten spielen auch andere sozial-demographische Kriterien für die heutige Jugendpopulation eine große Rolle. Diese Teilgruppen der Jugend sind durch mehr oder weniger große Unterschiede des Denkens, Wertens und Verhaltens charakterisiert, die auf verschiedenartige Sozialisationsbedingungen/Biographien und auf gruppenspezifische Formen ihrer Erfahrungsverarbeitung zurückgehen.
  Aus vielen Jugendstudien und Umfragen geht hervor, daß folgende Kriterien bei der (ostdeutschen) Jugend einen signifikanten persönlichkeitsdeterminierenden Einfluß haben:

  • Geschlechterposition
  • Bildungsabschlüsse (bei Schülern die Schultypen)
  • soziale Herkunftspositionen (Bildungsgrad/Qualifikation, Erwerbsstatus, Einkommen/Vermögen der Eltern, Familienstruktur u.a. Merkmale)
  • regionale Herkunft, auch Ortsgröße

- konfessionelle Positionen
- politisch-weltanschauliche Grundpositionen

Der Einflußgrad dieser Kriterien hängt naturgemäß stark von den untersuchten Merkmalen ab. Davon abgesehen, müssen jedoch die besonders hoch differenzierenden Wirkungen der Geschlechterposition sowie der politisch-weltanschaulichen Positionen hervorgehoben werden.

– Die vor Jahrzehnten in vielen mentalen Merkmalsbereichen noch extrem ausgeprägten *Geschlechterunterschiede* haben sich bereits zu DDR-Zeiten erheblich nivelliert. Mädchen und junge Frauen waren schon damals sehr selbstbewußt, kritisch und auch politisch engagiert (vgl. Schlegel 1983, Bertram/Friedrich u.a. 1988, Schenk/Schlegel 1993, Schröter 1995).
Nach der Wende hat sich unter dem Eindruck der Benachteiligungen und Chancendefizite das Kritikpotential der Mädchen und jungen Frauen in den NBL noch erheblich verstärkt. Nicht selten sind in bestimmten Lebensbereichen die Werte, Ziele und Anschauungen der weiblichen Jugendlichen heute so ausgeprägt, wie das früher als männertypisch galt. Die geistigen Orientierungen erscheinen mitunter geradezu nach den alten Geschlechterstereotypen vertauscht, z.B. bei gewissen politischen Einstellungen und Protestformen.
– Eine noch größere Differenzierungskraft besitzen die *politischen Positionen/ Grundorientierungen* der Jugendlichen, etwa die Parteienpräferenz oder der Standort im Links-Rechts-Spektrum bei zahlreichen Einstellungen oder anderen Persönlichkeitsmerkmalen.
Die bei ostdeutschen Jugendlichen sehr populäre und weit verbreitete Form der politischen Standpunktbestimmung ist die Selbstzuordnung auf der Links-Rechts-Achse. Diese Selbstdefinition als Linker oder Rechter führt in der Regel schon nach kurzer Zeit zu starken Differenzen und unterschiedlichen Mentalitätsstrukturen. Diese gehen weiter auseinander als die zwischen den Sympathisanten verschiedener politischer Parteien.
Die politische Grundorientierung (politische Identität) – im frühen Jugendalter durch spezielle Sozialisationseinflüsse entstanden – erweist sich jedenfalls als ein ganz wichtiges *typenprägendes Kriterium*.
Unsere Studien, die für 14- bis 18jährige Schüler in Sachsen repräsentativ sind, belegen:

- Die Zahl derjenigen Schüler, die sich auf der Links-Rechts-Achse nicht einordnen konnten oder wollten, ist von 1990 bis 1994 stark zurückgegangen: von 25% auf 6%.
- Die Zahl der Vertreter der Mitte (weder links noch rechts) ist in diesem Zeitraum von 38% auf 50% gestiegen.
- Die Zahl der Linksorientierten hat sich ebenfalls kontinuierlich erhöht, von 15% im Jahre 1990 auf 28% im Jahre 1994, wobei sich der größere Zuwachs nach 1992 vollzogen hat.

- Seit 1992 geht die Zahl der Rechtsorientierten bei sächsischen Schülern zurück. Die Gruppe der „Rechtsaußen“ hat sich von 1992 zu 1994 nahezu halbiert.

Das sind sehr bemerkenswerte Wandlungsprozesse der politischen Grundorientierungen.

– Der Einfluß *weltanschaulich/konfessioneller Positionen* ist zwar erheblich geringer als der der politischen, aber doch auch in typischen mentalen Erscheinungsformen nachweisbar.
Religiöse Jugendliche besitzen im Osten ein überdurchschnittlich hohes politisches Engagement und eine sehr entschieden vertretene politische Haltung. Im Vergleich zu atheistisch Eingestellten sind sie insgesamt etwas häufiger linksorientiert, haben ein positiveres Verhältnis zu Ausländern und Juden, treten mehr für Toleranz und soziale Werte ein, sind weniger aggressiv und gewaltbereit, weniger auf materielle Werte gerichtet.

– *Regionale Faktoren* fallen für die Mentalitätsentwicklung der ostdeutschen Jugend nach der Wende stärker ins Gewicht. Die Unterschiede im Denken und Verhalten zwischen jungen Leuten verschiedener Ortsklassen (kleinere Gemeinden, mittlere Städte, Großstädte), zwischen einzelnen Ländern, aber auch zwischen bestimmten Regionen (wie Erzgebirge, Vogtland, ostsächsischer, nordwest-sächsischer Raum...) haben zweifellos nach der Wende zugenommen.
Nach den ZIJ-Forschungen geurteilt, herrschte zu DDR-Zeiten eine erheblich größere Homogenität in den geistig-kulturellen Wertvorstellungen und Anschauungen der jungen Menschen in den verschiedenen Regionen/ Bezirken/ Ortsklassen vor.

– Auch die *sozial-familiäre Herkunft* prägt gegenwärtig noch stark die geistigen, vor allem die politisch-weltanschaulichen Orientierungen.
Ostdeutsche Jugendliche, deren Eltern höhere Bildungsabschlüsse besitzen, gehören beispielsweise viel häufiger zu den politisch Linksorientierten als diejenigen, deren Eltern geringere Abschlüsse haben. Sie sind ebenfalls weitaus toleranter gegenüber Fremden und gewaltablehnender eingestellt.
Künftig dürften sich diese Unterschiede, die auf die Stellung und Biographie der Intelligenz in der DDR zurückgehen, weiter nivellieren. Dafür werden aber mit Sicherheit anders verursachte soziale und mentale Unterschiede in den Vordergrund rücken, die sich aus den rasch ausbreitenden sozial-materiellen Ungleichheiten und Lebenslagen, aus der schnellen Formierung neuer Besitzklassen und Bildungsschichten rekrutieren.

– Mindestens seit Anfang der 70er Jahre setzte bei DDR-Jugendlichen ein Mentalitätswandel ein, der in seiner Grundrichtung – dem Streben nach Eigenständigkeit/unabhängiger Lebensgestaltung sowie nach Lebensge-

nuß/Erlebnisdrang – dem Wertewandel in hochindustrialisierten Gesellschaften entsprach, aber auch eine Reihe DDR-spezifischer Merkmale aufwies.
Dadurch kam es schon längere Zeit vor der Wende zu einer zunehmenden Konvergenz der Werte, Interessen, Lebensorientierungen mit denen der westdeutschen/-europäischen Jugendlichen, was nach 1989 vielfach Erstaunen auslöste.
Ursachen dieses Mentalitätswandels lagen vor allem:

- im stark angewachsenen *Bildungsniveau* der DDR-Jugend, besonders auf naturwissenschaftlich-mathematischen Gebieten;
- in den erheblichen Fortschritten im Selbstbewußtsein, in der aktiven Lebenseinstellung und der intellektuellen Befähigung der *weiblichen Jugend*, ihren immer nachdrücklicher vertretenen Souveränitäts- und Gleichstellungsansprüchen;
- im rasch wachsenden Zugang und in zunehmender Nutzung elektronischer Medien, insbesondere auch der Westmedien, ebenso der Urlaubskommunikation (Ungarn);
- in einer schnell an Umfang und Einfluß gewinnenden informellen Freizeitkultur, die den jungen Leuten immer mehr individuelle Handlungsoptionen bot;
- in einem damit verbundenen abnehmenden Einfluß der Verhaltenskontrolle durch offizielle Institutionen.

Dies alles ging auf der Grundlage eines bestimmten Niveaus industriegesellschaftlicher Entwicklung der DDR sowie internationaler Kulturtrends vor sich, die solche Bedürfnisse und Lebensorientierungen latent erforderten und stimulierten.
Die DDR-Jugendforschung hat für diesen Mentalitätswandel ausreichend Belege geliefert (vgl. Friedrich 1990, Müller 1991, Gensicke 1993).

– *Autoritäre Denk- und Verhaltensstrukturen* konnten unter solchen Bedingungen massenhaft nicht gedeihen, sie wurden verständlicherweise von diesem Mentalitätswandel (sofern sie früher in der DDR überhaupt überdurchschnittlich verbreitet waren) zurückgedrängt. So verwundert durchaus nicht, daß die vielfach behaupteten und gesuchten autoritären Persönlichkeitseigenschaften und entsprechenden Verhaltensweisen bei jungen (wie bei älteren) Ostdeutschen in wissenschaftlichen Studien bisher *nicht* überzeugend nachgewiesen werden konnten. Die lange Zeit üblichen Behauptungen über angeblich weit verbreitete autoritäre Haltungen bei Ostdeutschen als Rudimente aus der DDR-Sozialisation erweisen sich bei wissenschaftlichen Analysen als ideologische Konstruktionen. Sie sind für junge Ostdeutsche nicht charakteristisch (vgl. Oesterreich 1993, Förster/Friedrich u.a. 1993).

- Der Mentalitätswandel hat unmittelbar vor und während der Zeit des gesellschaftlichen Umbruchs neue charakteristische Züge erhalten; er hat nicht nur an Dynamik, sondern teilweise auch ein anderes Profil gewonnen. Bestimmte Wertvorstellungen und Lebensansprüche haben sich verstärkt, andere haben sich dagegen abgeschwächt. Hier sei nur bemerkt:

  - Hedonistische, egozentrische, materielle Einstellungen haben zugenommen.
  - Altruistische Einstellungen, Solidarität, das Gefühl sozialer Sicherheit haben abgenommen.

  Vor allem aber haben sich ganz neue politische Grundorientierungen, Interessen und Anschauungen herausgebildet; rechtsextreme Positionen, Fremdenfeindlichkeit, Gewaltbereitschaft sind in dieser Umbruchsphase (1989-1992) verstärkt zum Ausdruck gekommen.

- Mehrere Jugendstudien, die Vergleiche innerhalb der letzten Jahre ermöglichen, signalisieren jedoch seit etwa 1992/93 eine Wende bei einigen Trendprozessen. Demzufolge erweist sich offensichtlich das Jahr 1992 als ein Kulminationspunkt in der Entwicklung bestimmter (negativ zu bewertender) politisch-sozialer Einstellungen und Verhaltensweisen der ostdeutschen Jugend. Heute sprechen immer mehr Forschungsergebnisse dafür, daß sich in diesen Bereichen eine Trendwende ankündigt, mit neuen (teils erwarteten, teils unerwarteten) Akzenten. Insgesamt ist aber die Lage nicht einheitlich, sondern ziemlich widerspruchsvoll. Die neuen Trends lassen keine pauschale Diagnose zu, die sich etwa in einem gängigen Schlagwort formulieren ließe. Das politisch-ideologische Bewußtsein der ostdeutschen Jugend ist heute eher durch zunehmend ambivalente Tendenzen gekennzeichnet, die weder aus abstrakt-theoretischer, noch gar aus ideologischer Sicht vorauszusagen gewesen wären.
  Besonders aus unseren eigenen Untersuchungen bei sächsischen Jugendlichen geht hervor:

  - Einerseits gibt es nach 1992 eine große Zahl kontinuierlicher Verläufe, *Trendfortsetzungen* – gerade auch dort, wo der (politisch befangene) Beobachter andere Entwicklungen vermutet hätte. Typisch dafür ist die weiter zunehmende Ambivalenz der Einstellung zur Realität des Einigungsprozesses. Verschiedene Ergebnisse weisen darauf hin, daß sich bestimmte Folgeerscheinungen der Vereinigung heute für die jungen Leute nicht etwa positiver, sondern eher negativer darstellen, von ihnen kritischer bewertet werden, als dies schon vor 1992 der Fall war. Beispiele dafür sind die Arbeitslosigkeit der Eltern, die psychisch stark belastende Sorge um einen Ausbildungs- oder Arbeitsplatz.

- Andererseits treten bedeutsame *Trendbrüche und neue Tendenzen* hervor, vor allem der Rückgang der Ausländerfeindlichkeit und rechtsextremer Anschauungen, ferner die Abnahme der Systemzufriedenheit, die Abschwächung des Zukunftsoptimismus und auch die positivere Bewertung des Lebens in der DDR. Die Häufigkeit der Betonung der eigenen DDR-Herkunft, des Bekenntnisses zu einer spezifischen (DDR/ ostdeutschen) Identität hat in den letzten Jahren wieder zugenommen – und dies selbst bei den jüngeren Jahrgängen, den Schülern 8.-10. Klassen. Gerade daran zeigt sich, daß man die Nachwende-Generation in den neuen Bundesländern nicht mit schnellen Urteilen und Etiketten belegen darf (wie etwa: stärker gewalttätig, ausländerfeindlich, antisemitisch, rechtsextremistisch oder linksextremistisch...als die Jugendlichen im Westen). Solche Erscheinungen, die zweifellos in den vergangenen Jahren im Osten gehäuft aufgetreten sind, sollten als *temporäre*, als durch die Umbrüche, Wirrnisse, Krisen der Wendeereignisse bedingte Phänomene erkannt werden und dürfen keinesfalls aus ideologischer Motivation heraus kurzerhand als Ausdruck eines in der DDR sozialisierten „asozialen Charakters" interpretiert werden. Wenn diese Erklärung zutreffend ist, kann folglich mit einem weiteren Rückgang solcher Erscheinungen in den nächsten Jahren bei Ostdeutschen gerechnet werden.

– Die Bewußtseinslage bedeutender Teile der ostdeutschen Jugendlichen/ jungen Erwachsenen scheint sich also gegenwärtig in mancher Hinsicht gravierend zu verändern. Diese Diagnose der mentalen Prozesse/ Einstellungen korrespondiert sowohl mit jüngst bekanntgewordenen rückläufigen Trends bei politisch motivierten und fremdenfeindlichen Gewalttaten in offiziellen Statistiken – und sie fallen auch zeitlich mit Einschätzungen der gegenwärtigen sozio-ökonomischen Entwicklung als einer Konsolidierungsphase im gesamtgesellschaftlichen Transformationsprozeß zusammen (vgl. dazu besonders die beiden IPOS-Untersuchungen von 1993 und 1995).
– Wollte man junge Ostdeutsche 1995 ganz allgemein charakterisieren, so könnte der statistische Durchschnittstyp aus der Sicht neuerer Forschungsergebnisse (mit Vorsicht) etwa so beschrieben werden:

- zunehmend unzufrieden und kritisch – aber auch zunehmend selbstbewußt, egozentrisch und pragmatisch;
- abnehmend politisch und sozial engagiert, weniger optimistisch – aber auch tendenziell abnehmende Intoleranz und Aggressivität.

Die jungen Ostdeutschen pendeln sich mehr und mehr auf eine Lebensphilosophie ein, die sich immer stärker auf ihre eigenen privaten Ansprüche, auf materielle Lebensziele und politisch auf einen unabhängigen, indifferenten Standpunkt der Mitte (mit leichter Linkstendenz) zentriert. Das Engagement für politische und soziale Werte ist weiterhin im Rückgang begriffen.

– Nach wie vor befindet sich die ostdeutsche Jugend in einem intensiven Wandlungsprozeß ihrer sozial-kulturellen und politisch-weltanschaulichen Werte, ihrer Motivationen und Befindlichkeiten, ihrer gesamten Mentalität. Das wird sich gewiß so bald nicht ändern.
  Daher sind auch künftig überraschende Wandlungen in verschiedenen Einstellungsbereichen, bei politischen Orientierungen oder bei den ihnen zugrundeliegenden Motivationen einzukalkulieren, die von veralteten Jugendbildern, von ideologischen Stereotypen oder politischen Hoffnungen weit entfernt sein können. Welche Richtung diese Wandlungen einschlagen werden, das hängt nicht von Wunschträumen ab, sondern wird letztlich von den realen Entwicklungsprozessen der Wirtschaft, Politik, Kultur in Deutschland, in Europa determiniert. Die Jugend wird auch nach dem Jahrtausendwechsel so sein, wie es die Konstellation der gesellschaftlichen Basisstrukturen zuläßt.
– Wer die ostdeutsche Jugend in ihrer aktuellen psychosozialen Verfassung zuverlässig und wirklichkeitsentsprechend beurteilen will, der darf nicht die Forschungsergebnisse aus zurückliegenden Jahren einfach in die Gegenwart extrapolieren. Diese werden sich oft als längst überholt erweisen.
  Der intensive Mentalitätswandel der Jugend erfordert vielmehr, exakte Vergleichs-und Längsschnittforschungen zu organisieren und deren Ergebnisse in ihrer Komplexität, oft unerwarteten Widersprüchlichkeit, vor allem auch in ihrer ständigen zeithistorischen Veränderung zur Kenntnis zu nehmen.

Ausführlicher werden diese Thesen zur ostdeutschen Jugenddiagnose belegt und diskutiert in unserer KSPW-Expertise (Friedrich/Förster 1995).

Literatur:

Beck, U.: Risikogesellschaft. Frankfurt/M.: Suhrkamp, 1986

Bertram, B./Friedrich, W./Kabat vel Job, O: Adam und Eva heute. Leipzig: Verlag für die Frau, 1988

Fend, H.: Identitätsentwicklung in der Adoleszenz. Bd.II. Bern: Huber, 1991

Förster, P./Friedrich, W./Müller, H./Schubarth, W.: Jugend Ost – zwischen Hoffnung und Gewalt. Opladen: Leske + Budrich, 1993

Friedrich, W.: Mentalitätswandlungen der Jugend in der DDR. In: Aus Politik und Zeitgeschichte. Beilage der Wochenzeitung Das Parlament 16-17/1990

Friedrich, W./Förster, P.: Politische Orientierungen ostdeutscher Jugendlicher und junger Erwachsener im Transformationsprozeß. Expertise im Auftrag der KSPW 1995 (unveröff.)

Friedrich, W./Förster, P.: Jugend im Osten. Politische Mentalität im Wandel. Leipzig: Rosa-Luxemburg-Verein, 1996

Friedrich, W./Förster, P.: Politische Orientierungen ostdeutscher Jugendlicher und junger Rrwachsener im Transformationsprozeß.In: Sydow, H. (Hrsg.): Entwicklung und Sozialisation von Jugendlichen vor und nach der Vereinigung Deutschlands. Opladen: Leske + Budrich, 1997 (KSPW Beiträge 4.2)

Gensicke, Th.: Unzufrieden, aber aktiv und optimistisch. In: Journal für Sozialforschung 2/1993

Heitmeyer, W./Olk, Th.: Individualisierung von Jugend.Weinheim/München: Juventa, 1990

Hoffmann-Lange, U.: Jugend und Demokratie in Deutschland. Opladen: Leske + Budrich, 1995

Hoffmann-Nowotny, H.-J.: Gesamtgesellschaftliche Determinanten des Individualisierungsprozesses. In: Zeitschrift für Sozialreform 11-12/1988

Hurrelmann, K./Pollmer, K.: Gewalttätige Verhaltensweisen von Jugendlichen in Sachsen. In: Kind – Jugend – Gesellschaft 1/1994

IPOS: Jugendliche und junge Erwachsene in Deutschland. Untersuchung im Auftrag des Bundesministeriums für Familie, Senioren, Frauen und Jugend. Forschungsbericht, Juni 1995, vgl. den vorangegangenen Forschungsbericht aus 1993

Kühnel, W.: Jugend in den neuen Bundesländern. In: Berliner Journal für Soziologie 3/1993

Müller, H.: Lebenswerte und nationale Identität. In: Friedrich,W./Griese, H. (Hrsg.): Jugend und Jugendforschung in der DDR. Opladen: Leske + Budrich, 1991

Neunter Jugendbericht. Bericht über die Situation der Kinder und Jugendlichen und die Entwicklung der Jugendhilfe in den neuen Bundesländern. Hrsg. vom Bundesministerium für Familie, Senioren, Frauen und Jugend. Bonn 1994

Oesterreich, D.: Autoritäre Persönlichkeit und Gesellschaftsordnung. Weinheim/München: Juventa, 1993

Schenk, S./Schlegel, U.: Frauen in den neuen Bundesländern. Zurück in eine andere Moderne? In: Berliner Journal für Soziologie 3/1993

Schlegel, U.: Geschlechtstypische Einstellungen weiblicher Jugendlicher und Gleichberechtigung der Geschlechter in der DDR. Dissertation A. Techn. Universität Dresden 1982/83

Schmidtchen, G.: Jugend in Sachsen. Forschungsbericht. Leipzig/Zürich 1994

Schröter, U.: Ostdeutsche Frauen im Transformationsprozeß. In: Aus Politik und Zeitgeschichte. Beilage der Wochenzeitung Das Parlament 20/1995

Yankelovich, D.: Wohlstand und Wertewandel. Das Ende der fetten Jahre. In: Psychologie heute 3/1994

Familiäre Sozialisationsbedingungen und Problemverhalten Jugendlicher – Ergebnisse des 3. Leipziger Jugendlängsschnitts

Monika Reißig

1. Einführende Bemerkungen zur Leipziger Längsschnittforschung

Dieser Beitrag basiert auf Ergebnissen der 3. Leipziger Schülerlängsschnittstudie, die in der Tradition der am Zentralinstitut für Jugendforschung (ZIJ) initiierten Längsschnittforschung steht. Daher sollen einige Ausführungen zum besseren Verständnis der Genese des längsschnittlichen Forschungsansatzes an diesem Institut vorangestellt werden.

Bereits kurze Zeit nach der Gründung des ZIJ in Leipzig 1966 etablierte sich hier die Längsschnittforschung als eine wesentliche Forschungsstrategie, um die Entwicklung der Persönlichkeit Jugendlicher im Kontext sich verändernder Entwicklungsbedingungen zu erfassen. Bis zur Schließung des Instituts Ende 1990 wurden insgesamt 19 Längsschnittstudien unter verschiedenen Populationen Jugendlicher und junger Erwachsener durchgeführt.[1] Das betraf neben Schülern unterschiedlicher Altersstufen auch Studenten, junge Arbeiter, junge Eheleute und Zwillinge. Insbesondere sind hier die beiden umfangreichen Längsschnittstudien unter Hochschulstudenten von Beginn des Studiums über den Abschluß bis weit hinein in die anschließende berufspraktische Tätigkeit der Absolventen hervorzuheben. Im Zentrum der Längsschnittforschung des ZIJ standen aber zweifellos die 3 Leipziger Schülerlängsschnittstudien.

Die *1. Leipziger Schülerlängsschnittstudie* wurde bereits 1968 bei 1000 im Durchschnitt 12 Jahre alten Schülerinnen und Schülern gestartet, die für 6. Klassen der Stadt Leipzig repräsentativ ausgewählt wurden. Die inhaltliche Anlage war an den wesentlichen Entwicklungsanforderungen des Jugendalters orientiert und dementsprechend breit gefächert. In jährlichen Erhebungswellen wurden die Jugendlichen über 12 Jahre hinweg bis zum Alter von 24 Jahren in ihrer Entwicklung wissenschaftlich begleitet. Die Ergebnisse fanden in einer Reihe von Publikationen, Forschungsberichten, Dissertationen und Habilitationen ihren Niederschlag.

Die *2. Leipziger Schülerlängsschnittstudie* wurde Ende 1979 – damit etwa 10 Jahre nach dem Start der ersten – begonnen und inhaltlich und methodisch in entsprechender Weise angelegt. Dem lag die Intention zugrunde,

1 Übersicht dazu s. Kuhnke/Spichale in diesem Band

durch einen Kohortenvergleich zwischen verschiedenen Geburtsjahrgängen auch zeitgeschichtliche Einflüsse auf die Persönlichkeitsentwicklung Jugendlicher zu erfassen. Diesem Anliegen diente auch die Einbeziehung von zwei Geburtsjahrgängen, einer jüngeren Kohorte mit 1.030 Leipziger SchülerInnen aus 7. Klassen (12/13jährige) und einer älteren mit 860 Jugendlichen aus 9. Klassen (14/15jährige). Ihre Entwicklung wurde ebenfalls in jährlichem Erhebungsabstand 6 Jahre lang verfolgt. Dabei konnte insbesondere die Bewältigung des Übergangs von der Schule in die Berufsausbildung in beiden Kohorten vergleichend und von der Berufsausbildung in die Berufstätigkeit bei dem älteren Jahrgang analysiert werden.

Die *3. Leipziger Schülerlängsschnittstudie* schließlich wurde zum einen im Herbst 1985 bei einer älteren Kohorte von 1.300 repräsentativ ausgewählten Schülerinnen und Schülern 6. Klassen (durchschnittlich 11,5 Jahre alt) aus Schulen der Stadt Leipzig und zum anderen im Frühjahr 1986 bei ebenfalls 1.300 Leipziger Schülerinnen und Schülern 3. Klassen (im Durchschnitt 9 Jahre alt) begonnen.

Der inhaltliche Schwerpunkt dieser Untersuchung bestand in Verlaufsformen und Bedingtheit geistiger Fähigkeiten. Analog zu den beiden vorangehenden Schülerlängsschnittstudien wurde aber auch hier Wert auf inhaltliche Breite gelegt, um die Differenziertheit der Lebenssituation und der psychischen Voraussetzungen angemessen zu berücksichtigen. Bis zur Auflösung des ZIJ Ende 1990 wurden im Jahresrhythmus in beiden Kohorten je 5 Erhebungswellen durchgeführt.

Um derartige Längsschnittstudien als langfristig angelegte, anspruchsvolle Forschungsvorhaben, die mit einem hohen organisatorischen und datentechnischen Aufwand verbunden sind, realisieren zu können, bedarf es erfahrener, stabiler Forscherteams mit einer motivierenden wissenschaftlichen Perspektive im Projekt und natürlich einer gesicherten Finanzierung. In dieser Hinsicht bestanden am ZIJ offensichtlich die notwendigen günstigen Voraussetzungen.

Nach dessen Schließung richtete das Deutsche Jugendinstitut München hier eine Leipziger Außenstelle ein, wo u.a. die beiden Kohorten der 3. Schülerlängsschnittstudie ab 1991 mit der 6., 7. und 8. Untersuchungswelle weitergeführt wurden. Allerdings erfolgte – den neuen Gegebenheiten nach der Vereinigung Deutschlands entsprechend – eine veränderte inhaltliche Schwerpunktsetzung. Die beiden Kohorten wurden nun getrennt als eigene Projekte weitergeführt, das jüngere Panel unter der Thematik *„Risikolagen und Risikoverhalten Jugendlicher in den neuen Bundesländern“* und das ältere zum Thema *„Zugang zum Beruf und Verlauf von Berufsbiographien von ostdeutschen Jugendlichen“*.

Anfang 1994 wurde die Außenstelle Leipzig in eine regionale Arbeitsstelle des Deutschen Jugendinstituts umgewandelt. Zugleich erfolgte wieder die Zusammenführung beider Kohorten in einem Projekt unter dem inhaltlichen Dach *„Chancen und Risiken des Erwachsenwerdens“*, in dessen Rahmen 1995 die 9. Erhebungswelle durchgeführt wurde. Wie schon in den Schülerlängsschnittstudien 1 und 2 steht auch in diesem Projekt die *Bewältigung wesentlicher Entwicklungsaufgaben des Jugendalters* (wie Bewährung in Ausbildung und Beruf, Ablösung vom Elternhaus, Erwerb eines Wertesystems, Aufbau neuer Beziehungen zu Gleichaltrigen und einer Partnerschaft) im Zentrum der Betrachtung – einschließlich problematischer Verhaltensweisen, die aus der mangelnden Bewältigung dieser Anforderungen erwachsen. Dabei spielen natürlich auch die familiären Sozialisationsbedingungen eine wichtige Rolle. Daher wurde aus der thematischen Vielfalt der Projektergebnisse dieser Aspekt für den folgenden Beitrag ausgewählt.

2. Familiäre Bedingungen und Problemverhalten Jugendlicher

2.1 Welche familiären Bedingungen begünstigen Problemverhalten bei Jugendlichen?

Sind es vorrangig die *materiellen Lebensbedingungen,* oder spielen diesbezüglich doch mehr die *innerfamiliären Beziehungen* die entscheidende Rolle oder beides gleichermaßen? Diesen Fragen gingen wir ebenfalls in unserer Leipziger Längsschnittstudie nach.

Vorab aber noch eine Bemerkung dazu, was wir mit *Risiko- bzw. Problemverhalten* Jugendlicher meinen. Ganz allgemein handelt es sich dabei um solche Verhaltensweisen, die die Wahrscheinlichkeit negativer Auswirkungen in physischer, psychischer oder sozialer Hinsicht – bezogen auf die eigene Person oder auf andere – nachweislich erhöhen. Solche Verhaltensweisen sind bei Jugendlichen meist mit der *Bewältigung der alterstypischen Entwicklungsanforderungen* verbunden. Dabei kann es einerseits zu nach außen gerichteten Formen von Problemverhalten kommen (von Gewaltbereitschaft bis zu Gesetzesverletzungen), oder es können andererseits nach innen gerichtete, rückzugsorientierte bis selbstdestruktive Formen von Problemverhalten auftreten (wie Drogenmißbrauch, Eßstörungen bis hin zu Suizidgefährdung).

Zur Kennzeichnung der objektiven Lebensbedingungen in den Familien unserer Leipziger Jugendlichen wurden wesentliche *sozio-demographische Merkmale* herangezogen und ihr Einfluß auf ausgewählte Risikoverhaltensweisen analysiert. Dabei erweist sich insbesondere das *Vorhandensein von mehr als drei Kindern* in der Familie als Risikolage für die familiäre Sozialisation. Allerdings betrifft das nur 8% der Jugendlichen.

Zweifellos sind Eltern mit steigender Kinderzahl mit erheblich größeren Anforderungen konfrontiert – nicht nur in finanzieller Hinsicht, sondern auch, was den zeitlichen Aufwand und den psycho-physischen Einsatz bei der Organisation des familiären Alltags und der Erziehung der Kinder (vor allem von seiten der Mutter) betrifft. Für einen Teil der Kinder – besonders aus Familien mit mehr als drei Kindern – ergeben sich *Entwicklungsrisiken als Folge einer derartigen familiären Überforderungssituation*. Dies läßt sich auch in unserer Untersuchung nachweisen.

Beispielsweise haben die Jugendlichen aus Familien mit mehr als drei Kindern durchschnittlich schlechtere Schulnoten (Tabelle 1) und sehen weniger zuversichtlich in die Zukunft; sie haben auch häufiger Suizidgedanken, als das bei Einzelkindern der Fall ist.

Diese Ergebnisse bestätigen exemplarisch die schwierige Lebens- und Sozialisationssituation kinderreicher Familien – zumal unter den derzeitigen komplizierten Bedingungen im Osten Deutschlands.

Tabelle 1: Schlechteste Note auf dem letzten Zeugnis (in %) und Zensurendurchschnitt bei 15jährigen SchülerInnen, differenziert nach der Kinderzahl in der Familie

	nur Einsen und Zweien	eine Drei	eine Vier	eine Fünf/Sechs	Durchschnitt	n
1 Kind	9	40	39	12	2,5	325
2 Kinder	10	40	36	14	2,5	790
3 Kinder	3	40	37	20	2,6	225
mehr als 3 Kinder	3	24	42	31	2,8	125

Die *berufliche Qualifikation der Eltern* wirkt sich vor allem auf das Niveau der Schulleistungen und dadurch auf die Schullaufbahn bzw. die Schulwahl (Mittelschule oder Gymnasium) aus.

Arbeitslosigkeit eines Elternteils oder gar beider Eltern zeigt eindeutig negative Auswirkungen auf die *psychosoziale Befindlichkeit* auch der Jugendlichen – insbesondere ihren Zukunftsoptimismus.

Im April/Mai 1995 waren 10% der Väter und 17% der Mütter der untersuchten Jugendlichen arbeitslos gemeldet. Das ist ein Anstieg um je 3% gegenüber unserer vorangegangenen Erhebung von Ende 1993. Weiterhin waren 1995 bei 2% beide Elternteile arbeitslos. Der Grad der Vollbeschäftigung betrug bei den Vätern 86% und bei den Müttern 68%. Aber weit mehr Eltern als die bereits arbeitslosen empfinden Arbeitslosigkeit als existentielle Bedrohung – auch wenn sie selbst noch in „Lohn und Brot“ stehen. Schon in unserer Elternbefragung 1991 machte sich die Hälfte der Eltern der Leipziger Jugendlichen Sorgen, daß ihre Familie durch Arbeitslosigkeit in finanzielle Schwierigkeiten geraten könnte, und etwa ebenso viele Jugendliche äußerten Sorgen um ihren künftigen Arbeitsplatz.

Einen unmittelbaren Zusammenhang zwischen Arbeitslosigkeit der Eltern und Problemverhalten der Jugendlichen – sei es vermehrter Alkoholkonsum, Medikamenten- oder Cannabisgebrauch – konnten wir derzeit nicht feststellen. Auch bezüglich Gewaltbereitschaft und Gewaltverhalten, wo sich ein gewisser Einfluß andeutet, gebieten die geringen Fallzahlen Zurückhaltung in der Interpretation. Mit der Zunahme von Langzeitarbeitslosigkeit im Osten werden sich aber vermutlich Beziehungen zum Problemverhalten Jugendlicher deutlicher abzeichnen.

Neben der Wirkung von Faktoren, die die materielle Lebenslage der Familien widerspiegeln, kam es uns vor allem auf den Einfluß des *Familienklimas* einschließlich der *elterlichen Partnerbeziehungen* sowie der *Jugendlichen-Eltern-Beziehungen* auf die Ausprägung von Risikoverhalten bei den Jugendlichen an.

Eine Verschlechterung der Lebensbedingungen – vor allem durch Arbeitslosigkeit und Einkommenseinbußen – beeinträchtigt bei nicht wenigen der betroffenen Familien die gesamte Familienatmosphäre einschließlich der Partnerbeziehungen der Eltern und wirkt sich so vermittelt negativ auf die psychosoziale Befindlichkeit der Jugendlichen aus.

Tabelle 2: Wohlfühlen der 15jährigen SchülerInnen in der Familie, differenziert nach der Veränderung der familiären Lebensbedingungen im letzten Jahr (in %; 1 vollkommen, 2 mit gewissen Einschränkungen, 3 kaum/überhaupt nicht)

	Wohlfühlen in der Familie			
Lebensverhältnisse haben sich ...	1	2	3	n
sehr verbessert	58	41	1	207
etwas verbessert	49	48	3	664
weder/noch	48	49	3	459
verschlechtert	30	57	13	107

Gestörte *Partnerbeziehungen der Eltern* – wodurch auch immer bedingt – erweisen sich eindeutig als familiäre Risikolage für die psychosoziale Entwicklung der Jugendlichen und schlagen sich in einer stärkeren Ausprägung von Risikoverhalten bei den Jugendlichen nieder. So sind in diesem Fall Rauchen und Alkoholkonsum mehr verbreitet und intensiver, dienen den Jugendlichen nicht selten zur Bewältigung solcher Familienprobleme. Sogar Selbstmordgedanken treten vermehrt bei den betroffenen Jugendlichen auf.

Offensichtlich entwicklungsbedingt werden mit zunehmendem Alter nicht nur die Partnerbeziehungen der Eltern, sondern auch das *Jugendlichen-Eltern-Verhältnis* (das wir vom 11. Lebensjahr an erfaßten) kritischer beurteilt im Sinne einer eingeschränkt guten Beziehung, kaum aber eines schlechten Verhältnisses. Das Verhältnis zur Mutter wird durchgängig positiver eingeschätzt als das zum Vater.

Für diejenigen Jugendlichen, die im Alter von 18 Jahren noch mit beiden leiblichen Eltern zusammenleben, sind sie nach wie vor die *bevorzugten Vertrauenspersonen* in persönlichen Belangen. Drei Viertel nennen diesbezüglich die Mutter und reichlich die Hälfte den Vater und zwar letzteren deutlich mehr männliche als weibliche Jugendliche (63%; 44%). 10% der noch bei den Eltern lebenden Jugendlichen wissen übrigens niemanden, an den sie sich in persönlichen Dingen wenden können – ein Indiz für gestörte Jugendliche-Eltern-Beziehungen. Insgesamt 15% der 18jährigen Jugendlichen geben ein schlechtes Verhältnis zu einem Elternteil – meist zum Vater – oder zu beiden Elternteilen an (3%).

Erwartungsgemäß kommen die Jugendlichen weniger gut mit *Stiefelternteilen* zurecht. Ein Viertel reflektiert ein schlechtes Verhältnis zum Stiefvater und ein Fünftel zur Stiefmutter. Mit Abstand am häufigsten (nämlich von 42%) werden jedoch gestörte Beziehungen zum nicht mehr in der Familie lebenden leiblichen Vater angegeben. Hier wirken offensichtlich die der Trennung vorausgehenden negativen Erlebnisse nach.

Was sind nach Meinung der Jugendlichen Bereiche, in denen sie *Meinungsverschiedenheiten* zwischen ihnen und ihren Eltern wahrnehmen? Aus einer Reihe vorgegebener, für die jüngeren Jugendlichen relevanter Verhaltensweisen sind die Eltern nach Meinung der Jugendlichen am wenigsten mit ihrer Hilfe im Haushalt, mit den Schulleistungen und ihrem Umgangston einverstanden. Meist kommt es deswegen jedoch nicht zu ernsthaften Auseinandersetzungen (Tabelle 3). Bei den 1995 inzwischen 18 Jahre alten Jugendlichen, die noch zu Hause wohnen, ermittelten wir die Streitgründe zwischen den Jugendlichen und ihren Eltern ohne Vorgaben. Noch immer sind ungenügende Hilfe im Haushalt sowie mangelnde Ordnung und Sauberkeit die dominierenden Streitpunkte. Relativ häufig kommt es nun auch wegen Geldproblemen und aus nichtigen Anlässen als Folge von Alltagsfrustrationen heraus zu Auseinandersetzungen.

Tabelle 3: Einverständnis der Eltern mit verschiedenen Verhaltensweisen der 15jährigen Jugendlichen aus deren Sicht

Damit sind meine Eltern ...1 = einverstanden, 2 = nicht einverstanden, aber es gibt deshalb keine ernsthaften Auseinandersetzungen, 3 = nicht einverstanden, und es kommt zu ernsthaften Auseinandersetzungen (in %)

	1	2	3	n
wieviel ich zu Hause helfe	36	48	16	1.478
mit meinen Schulleistungen	51	39	10	1.476
mit meinen Umgangsformen	55	38	7	1.443
wie ich mein Geld ausgebe	55	40	5	1.447
mit meiner Freizeitgestaltung	61	34	5	1.444
mit meiner Kleidung/Frisur	79	18	3	1.481
mit der Wahl meiner Freunde	86	12	2	1.464

Wie erwartet, geht ein gestörtes Jugendlichen-Eltern-Verhältnis vermehrt mit Risikoverhaltensweisen einher. Es wird zum Beispiel erheblich häufiger geraucht, mehr Alkohol getrunken, weniger optimistisch in die Zukunft gesehen und auch häufiger an Selbstmord gedacht als bei guten Jugendlichen-Eltern-Beziehungen. Auch bei der kleinen Gruppe der gewalttätigen Jugendlichen sind die Beziehungen zu den Eltern zumeist alles andere als gut.

Insgesamt gesehen muß aber betont werden, daß die *weitaus meisten Jugendlichen* unserer Studie ein *gutes Verhältnis* zu ihren Eltern angeben.

Überschaut man nun die Bedeutung der analysierten *familiären Risikolagen* für die psychosoziale Entwicklung Jugendlicher, speziell für bestimmte Risikoverhaltensweisen, so läßt sich folgendes sagen:

Auch wenn erwartungsgemäß die *innerfamiliären Beziehungen* in dieser Hinsicht die größte Rolle spielen, handelt es sich nicht um einen einfachen Ursache-Wirkungs-Mechanismus, sondern um einen komplizierten Bedingungskomplex. So kann nicht übersehen werden, daß Ausmaß und Entwicklungstendenzen jugendlichen Problemverhaltens wesentlich von den *sozioökonomischen Rahmenbedingungen* abhängen. Die Verschlechterung des materiellen Lebensniveaus vieler Familien – insbesondere durch Erwerbslosigkeit ohne Aussicht auf baldige Besserung dieser Situation – führt zu *wachsender sozialer Ungleichheit* und überfordert zunehmend das familiäre Bewältigungspotential. Dadurch werden in vielen Fällen auch die innerfamiliären Beziehungen beeinträchtigt und Problemverhalten Jugendlicher begünstigt. Dabei darf natürlich nicht außer acht bleiben, daß mit steigendem Alter der Jugendlichen auch *außerfamiliäre Einflüsse* zunehmen, der Einfluß der *Gleichaltrigen* gerade in der Ablösungsphase von der Familie – bezogen auf manche Risikoverhaltensweisen – besonders groß ist. Zudem sollte die zweifellos vorhandene, aber empirisch schwerer faßbare Wirkung der *Massenmedien* diesbezüglich nicht unterschätzt werden.

In der Familie werden allerdings über lange Jahre die Grundlagen dafür geschaffen, wie Jugendliche mit den vielfältigen, oft entwicklungsabträglichen Einflüssen umgehen, sie adäquat „filtern" und bewältigen können.

2.2 Wie steht es um präventive Einflußmöglichkeiten?

Das internationale Jahr der Familie 1994 ist zwar vorüber, aber die Probleme von Familien bleiben mehr denn je auf der Tagesordnung. Während des Aufwachsens der Kinder und Jugendlichen in den Familien werden die entscheidenden Weichen für ihre künftigen Lebenschancen gestellt. *Familienförderung* ist daher die *beste Form des Kinder- und Jugendschutzes*.

Was die Prävention von Problemverhalten betrifft, wird einerseits auf die *Förderung von Lebenskompetenz* gesetzt, um so Problembewältigung zu unterstützen und Verhaltensänderungen zu bewirken. In diese Richtung zielt letztlich auch *Familienberatung*. Wie es damit in den neuen Bundesländern bestellt ist, wird in einer kürzlich vom Evangelischen Zentralinstitut für Familienberatung Berlin erstellten Expertise aufgezeigt. Danach wurden zwar seit der Wende familienorientierte integrierte Beratungsdienste (v.a. Erziehungsberatungsstellen) aufgebaut, die aber quantitativ und qualitativ um die Hälfte unter der durchschnittlichen westdeutschen Austattung liegen. Auf- und Ausbau stagnieren zudem, weil die Aufbauförderungen durch Bund und Länder 1995 ausgelaufen sind, kurzfristig eingesetzte ABM-Mittel wegfallen und die Haushaltslage in den Kommunen desolat ist.

So stellt sich die Lage für solche Familien dar, wo bereits Beratungs- und Therapiebedarf besteht. Und der ist nicht gering. Allein jeder 5. bis 7. Familie gehört schätzungsweise eine alkohol- oder medikamentenabhängige Person an – von weiteren gravierenden Problemen (wie Gewalttätigkeit, sexuellem Mißbrauch, Scheidung, Überschuldung) noch gar nicht zu reden.

Ein *modernes Jugendhilfeverständnis* beinhaltet aber weit mehr als Reparatur und Schadensbegrenzung – nämlich die *präventive Mitgestaltung der Lebenswelt* von Kindern, Jugendlichen und ihren Familien. Laut Armutsbericht des Deutschen Gewerkschaftsbundes und des Paritätischen Wohlfahrtsverbandes von 1994 ist eine Tendenz zu wachsender Armut im Sinne einer allgemeinen Unterprivilegierung der Betroffenen unverkennbar. Bereits 1991 waren 30% der Sozialhilfeempfänger Kinder und Jugendliche bis 18 Jahre. Vor allem Heranwachsende aus kinderreichen Familien und mit alleinerziehender Mutter sind davon betroffen. Im Osten verschärft die Zunahme von Langzeitarbeitslosigkeit dieses Problem. Insofern kommt eine sich als offensiv verstehende Jugendhilfe nicht an einer politischen Einmischung auf allen Ebenen im Interesse von benachteiligten Kindern, Jugendlichen und ihren Familien vorbei.

Literatur:

Bertram, H.(Hrsg.): Die Familie in den neuen Bundesländern. Opladen: Leske + Budrich, 1992

Bien, W./Kuhnke, R./Reißig, M.: Ostdeutsche Jugendliche zwischen Chancen und Risiken. Begründungen, Begriffe, Bezüge, methodischer Zugang – eine Einführung. In: Bien, W., u.a.: Cool bleiben – erwachsen werden im Osten. Ergebnisse der Leipziger Längsschnittstudie 1. München: DJI Verlag Deutsches Jugendinstitut, 1994, S. 5-30

Familie und Familienpolitik im geeinten Deutschland – Zukunft des Humanvermögens. Fünfter Familienbericht. Bundesministerium für Familie und Senioren (Hrsg.). Bonn: 1994

Familie in der Falle. In: Der Spiegel 9/1995, S. 40-63

Friedrich, W./Müller, H.(Hrsg.): Zur Psychologie der 12- bis 22jährigen. Berlin: Deutscher Verlag der Wissenschaften, 1980

Gerhardt, U./Hradil, S./Lucke, D./Nauck, B. (Hrsg.): Familie der Zukunft. Opladen: Leske + Budrich, 1995

Haid-Loh, A./Lindemann, F.-W./Märtens, M.: Familienberatung im Spiegel der Forschung. Schriftenreihe Untersuchungen aus dem Evangelischen Zentralinstitut für Familienberatung 17/1995

Hanesch, W., u.a.: Armut in Deutschland. Der Armutsbericht des DGB und des Paritätischen Wohlfahrtsverbandes. Hamburg: Rowohlt, 1994

Hurrelmann, K.: Familienstreß – Schulstreß – Freizeitstreß. Weinheim/Basel: Beltz, 1990

Kreppner, K.: Familiale Sozialisation. In: Nave-Herz, R./Markefka, M. (Hrsg.): Handbuch der Familien- und Jugendforschung Bd. I. Neuwied/Frankfurt/M.: Luchterhand Verlag, 1989, S. 289-310

Meier, U.: Die Herkunft bestimmt noch immer die Lebenschancen. Über die Familie der 90er Jahre. Frankfurter Rundschau vom 9.5.94

Reißig, M.: Familiäre Lebensbedingungen aus der Sicht Jugendlicher. In: Bien, W., u.a.: Cool bleiben – erwachsen werden im Osten. Ergebnisse der Leipziger Längsschnittstudie 1. München: DJI Verlag Deutsches Jugendinstitut, 1994, S. 79-112

Familiensozialisation im Jugendalter – Familie als Ressource

Otmar Kabat vel Job

1. Familiensozialisationsforschung am Zentralinstitut für Jugendforschung Leipzig (ZIJ)

Familienbezogene Sozialisationsforschung spielte in den 70er und 80er Jahren am ZIJ eine große Rolle. In mehreren repräsentativen Jugendstudien wurden z.B. ausgewählte familiale Sozialisationsbedingungen (Jugendliche-Eltern-Beziehungen, elterliche Erziehungsstile, Freizeitgemeinsamkeiten u.a.) differenziert erfaßt und mit Persönlichkeitsmerkmalen in Beziehung gesetzt. In den großen Längsschnittstudien wurde der Entwicklung familialer Lebenswelten und deren Einfluß auf die Persönlichkeitsentwicklung Jugendlicher breiter Raum gewidmet. 1978 sowie 1988 führten wir repräsentative Replikationsfamilienstudien zum Wandel familialer Sozialisation im Jugendalter durch. Besondere Erwähnung verdient hier sicherlich auch die Leipziger Zwillings-Längsschnittstudie, in der zum Verhältnis zwischen den Einflüssen der genetischen Ausstattung und der Familie als soziales Umfeld auf die Entwicklung des Kindes und Jugendlichen geforscht wurde.

Bei den empirischen Erhebungen gingen wir methodenpluralistisch vor. Je nach Projekt und Forschungsinhalten dominierten schriftliche anonyme Befragungen im Gruppenverband oder psychometrische Verfahren (Intelligenztest, Persönlichkeitsskalen), die ergänzt wurden durch qualitative Methoden (z.B. Leitfadeninterviews, Aufsätze und Gruppendiskussionen).

Der unseren Projekten zugrundeliegende theoretische Ansatz läßt sich mit folgenden Thesen zur Familie als Sozialisationsinstanz charakterisieren.

Familie als dynamisches System von Beziehungsnetz

Die konkrete Familie, in welcher sich Sozialisationsprozesse vollziehen, ist letztlich auch Ergebnis wechselseitiger Beziehungen der in dieser Gemeinschaft lebenden Individuen. Das heißt, die systemische Einheit Familie durchläuft in Abhängigkeit von verschiedenen Lebensstadien der Heranwachsenden wie der Eltern eine Entwicklung, die sich an die sich verändernden Entwicklungsaufgaben und Bedingungen der Familienmitglieder anzupassen versucht. Damit wird Familie nicht vornehmlich als statische Struktur mit statischem Gleichgewicht verstanden, sondern als ein Mikrosystem, das sich an die sich verändernden Rahmenbedingungen des Makrosystems, aber auch an die sich verändernden Ziele, Bedürfnisse und Werte ihrer Mitglieder anzupassen versucht.

Deshalb erforschten wir Familie einerseits in ihrer gesellschaftlichen Bedingtheit und andererseits immer zugleich als eine Ausdrucksform aktiven Erlebens und Verhaltens ihrer Mitglieder in der Auseinandersetzung mit den bzw. Bewältigung der Lebensbedingungen und Entwicklungsaufgaben (wesentliche Anregungen gaben hierfür die Arbeiten Bronfenbrenners).

Betonung der aktiven Rolle des Kindes in der Entwicklung

Familie als Sozialisationsinstanz wirkt im Sinne von ungeteilter Umwelt auf die Entwicklung des Heranwachsenden. Damit wird hervorgehoben, daß sowohl der Geburtszeitpunkt des Kindes als auch seine Eigenaktivität die Familie als „einzigartige" Umwelt in Erscheinung treten läßt. Familienumwelt ist demzufolge nicht als objektiv gegeben, sondern in ihrer subjektiven Bedeutung für den jeweiligen Heranwachsenden zu analysieren. Für unsere Zwillings-Längsschnittstudie ermöglichte dieser theoretische Ansatz die Konzipierung und Durchführung von statistischen Auswertungsstrategien, die sich als heuristisch produktiv für die Prüfung neuer Kernannahmen in der Entwicklungspsychologie bewährt haben. Im Gegensatz zur Annahme der klassischen Zwillingsforschung von einer geteilten familiären Umwelt bei Zwillingsgeschwistern besteht der Kern unserer Sichtweise darin, daß auch monozygote Zwillingsgeschwister trotz identischen Geburtszeitpunktes und Genotyps unter ungeteilten Umwelten aufwachsen. Dafür ist ursächlich die Eigenaktivität der Zwillingspaarlinge anzusehen, die mit zunehmenden Alter in der Individualität der Entwicklungsverläufe zum Ausdruck kommt (Kabat vel Job 1986 und 1991).

Unsere Forschungen der 70er und 80er Jahre zur Familie als Sozialisationsinstanz ergaben folgende Erkenntnisse und Entwicklungen:

Trend zur Pluralisierung der familialen Lebensformen

Seit Mitte der 60er Jahre erfolgt in der DDR ein Wandel der Familien- und Haushaltsstrukturen, der als ein Trend zur Pluralisierung familialer Lebensformen und auch Haushaltsformen zu charakterisieren ist (vgl. hierzu auch Vaskovics u. a. 1994). In den 80er Jahren ist der Anteil vollständiger Kernfamilien gesunken. An ihre Seite treten nichteheliche Lebensgemeinschaften, kinderlose Ehepaare, Stieffamilien und Alleinerziehende. Die Zahl der Geburten sinkt weit unter das einfache Reproduktionsniveau der Bevölkerungszahl. Fast alle Frauen bekommen zwar im Laufe ihres Lebens ein Kind. Sie verschieben aber die Realisierung des Kinderwunsches in den 80er Jahren in einen späteren Lebensabschnitt und verzichten häufiger auf ein zweites Kind.

Das trifft vor allem auf Frauen in nichtehelichen Lebensgemeinschaften zu. Ein Trend zur Ein-Kind-Familie ist unübersehbar.

Alles in allem kommt es zu einer Auflösung des traditionellen Familienzyklus, indem die nichteheliche Lebensgemeinschaft eine dauerhafte Alternative zur Ehe wird, Konsekutivehen und -familien (Scheidung und Wiederheirat) zunehmend an die Stelle eines klassischen Familienzyklus treten und die Kinderphase durch gewollte Kinderlosigkeit oder Verzicht auf ein zweites bzw. drittes Kind an Bedeutung verliert.

Der oben gekennzeichnete Wandel familialer Lebensformen zeigt deutliche Parallelen zu den Entwicklungstrends der Familie in der Bundesrepublik Deutschland der 70er und 80er Jahre:

- sinkende Heiratshäufigkeiten von Ledigen,
- späteres Heiratsalter,
- Anstieg nichtehelicher Lebensgemeinschaften, Ehescheidungen,
- mehr Alleinerziehende,
- abnehmende Zahl von zweiten und weiteren Kindern.

Wie sind diese deutlichen Gemeinsamkeiten trotz höchst unterschiedlicher Rahmenbedingungen im Makrosystem zu erklären?

Zunächst soll auf die Frage eingegangen werden, welche Bedeutung der beschriebene Trend zur Pluralisierung der Familienformen für die familiale Sozialisation der Heranwachsenden hatte.

Die Familie ist als psychosoziale Bezugsgruppe für die Befindlichkeit, für ein positives Selbstkonzept und für das Leistungsverhalten der Heranwachsenden von entscheidender Bedeutung.

Die soziale Ressource Familie erhält ihre außerordentlich große Rolle für die Befindlichkeit und Persönlichkeitsentwicklung der Kinder und Jugendlichen in der DDR – das belegen alle entsprechenden empirischen Studien – über ihre dominante Bedeutung bei der Befriedigung der psychosozialen Grundbedürfnisse der Heranwachsenden nach Zuneigung, Geborgenheit, Solidarität, Kooperation und tabufreier Kommunikation. Das gilt im Lichte der vorliegenden empirischen Ergebnisse aus den 80er Jahren nicht nur für Kinder, sondern auch für Jugendliche aller Altersstufen. So ist es verständlich, daß die Familie ungebrochen zu den wichtigsten Lebenswerten der Jugendlichen gehörte.

Im folgenden soll der Frage nachgegangen werden, wie sich der o.a. Wandel der Familienstrukturen und der damit verbundenen familialen Lebenswelten auf die Eltern-Kind-Beziehungen und auf die Lösung der zentralen Entwicklungsaufgabe (Identitätsfindung) im Jugendalter auswirkt.

Die am ZIJ durchgeführten Familienstudien ergaben zum Einfluß der Familie im Jugendalter zusammenfassend:

- Die deutliche Mehrheit der 13- bis 16jährigen fühlte sich mit ihren Eltern emotional verbunden. Trotz nach dem 13. Lebensjahr einsetzender erhöhter Konfliktträchtigkeit des Familienlebens (v.a. bez. Vater) infolge stärkeren Verselbständigungsstrebens der Jugendlichen kommt es bei den allermeisten Jugendlichen zu keiner längerdauernden emotionalen oder wertemäßigen Distanzierung von den Eltern.

- Für die Mehrheit der Jugendlichen bleibt ein starker Einfluß der Eltern durch deren dominante Rolle als Vorbilder und bevorzugte Berater bestehen (60-75% der Jugendlichen). Das gilt insbesonders für die Einstellungs- und Verhaltensbereiche Politik, Religion, Schule und Beruf. Auch in diesen Familien entstehen natürlich unterschiedliche Standpunkte und Konflikte (v.a. bez. Umgangsformen, Kleidung, Ausgaben). Die Längsschnittstudien belegen jedoch, daß diese nur selten zu dauerhaften Störungen in den Eltern-Jugendliche-Beziehungen führen.
- Auch in den meisten Einstellungsbereichen (Politik, Religion, Beruf u.a.) stimmt die Mehrheit der Jugendlichen mit ihren Eltern weitgehend überein.

Unsere Untersuchungsergebnisse zur Gestaltung der Eltern-Kind-Beziehungen im Jugendalter korrespondieren alles in allem mit der aktuell bevorzugten entwicklungspsychologischen Sichtweise der Interdependenz (Schneewind 1995: 363). Danach ist es entscheidend für eine positive Lösung der Entwicklungsaufgaben im Jugendalter, eine Balance zwischen selbständigem Handeln und Kommunikation, zwischen Trennung und Bindung sowie zwischen Konflikt und Harmonie in den familiären Beziehungen herzustellen.

Mit der äußeren Pluralisierung der familialen Lebensformen hat sich auch in der DDR eine Individualisierung der sozialen Beziehungen und Verhaltensweisen in der Familie vollzogen.

Dies kommt in folgenden exemplarischen Befunden unserer Forschungen zum Ausdruck:

- Der Anteil jener Familien mit Jugendlichen, in denen die Alltagsatmosphäre nahezu täglich durch Streß, Hektik und Streit geprägt ist, war 1989 mit etwa 40% sehr hoch.
- Nur 50% der Jugendlichen beurteilen Ende der 80er Jahre die Partnerbeziehungen ihrer Eltern positiv; 15% erleben hingegen die elterlichen Beziehungen als tiefgehend gestört.
- Für rund ein Drittel der Jugendlichen werden psychosoziale Grundbedürfnisse wie Zuneigung, Geborgenheit, Solidarität nur unzureichend befriedigt, was sich sehr negativ auf ihre Befindlichkeit auswirkt.
- 70% der Ende der 80er Jahre in Heimen lebenden Kinder waren Kinder alleinerziehender Mütter, was auch auf ungünstige strukturelle Sozialisationsbedingungen dieser in der DDR verbreiteten Familienform hinweist.
- Auch in den Stieffamilien beurteilen die Jugendlichen das familiäre Binnenklima überdurchschnittlich häufig als gestört.

Die Entwicklung der Familie in der DDR ist im Hinblick auf die Sozialisation der Jugendlichen also durchaus als ambivalent einzuschätzen. Einerseits förderten sie das Bedürfnis bzw. Streben der Jugendlichen (vor allem Mädchen) nach Selbstbestimmung, Selbstverwirklichung und Individualität; andererseits hat die Suche der Eltern nach einem Lebensstil jenseits der traditionellen Ehe und Familie häufig eine negative Kehrseite für die betroffenen Kinder.

Die Einbeziehung von Zwillingen in die Sozialisationsforschung bietet einmalige Möglichkeiten, die Bedeutung und Wirkungen der genetischen Ausstattung des Kindes bei der familialen Sozialisation zu erforschen.

Wie weit im Normalfall (also pathologische Fälle ausgeschlossen) genetische interindividuelle Unterschiede die Einflußnahme der Familie als soziales Umfeld beeinflußt, ist eine Frage, die heute in der Entwicklungspsychologie sehr aktuell ist. Sie richtet sich auch auf die Erforschung des autogenen Faktors der Entwicklung, der diese aktive Rolle des Kindes als Individuum betont. Diese Sichtweise eröffnet für die Sozialisationsforschung neue Forschungsstrategien insofern, als die Familie als von anderen Familienmitgliedern nicht geteilte Umwelt („non-shared environment") konzipiert wird. Damit wird als autogener Entwicklungsfaktor die Eigenaktivität des sich entwickelnden Kindes hervorgehoben, das sich die seiner genetischen Ausstattung (Genotyp) sowie psychischen Individualität gemäße „optimale" Umwelt sucht.

Wissenschaftler, die diesen Sachverhalt bzw. den Prozeß der Persönlichkeitsentwicklung unter solcher Sichtweise erforschen, haben allerdings wenig Möglichkeiten, die interindividuellen genetisch-biologischen Unterschiede zu kontrollieren. Der jeweilige (erfaßbare) Entwicklungsstand des Individuums ist ja stets Ergebnis einer Individualentwicklung bzw. des Zusammenwirkens von endogenen und exogenen Faktoren. Die beobachtbaren interindividuellen Unterschiede lassen sich nicht (wie in der klassischen Zwillingsforschung zur Bestimmung der Heritabilität postuliert) in genetische und soziale Anteile aufspalten.

Durch die Einbeziehung von monozygoten Zwillingen in die Untersuchungsplanung können jedoch genetische Faktoren berücksichtigt bzw. kontrolliert werden. Bei monozygoten Zwillingen besteht bekanntlich die einzigartige Entwicklungsbedingung der völligen Erbgleichheit und einer außerordentlich hohen Ähnlichkeit der exogenen Einflußfaktoren.

Von 1979 bis 1986 wurde am ZIJ eine Zwillings-Längsschnittstudie durchgeführt mit dem Hauptziel, einen Beitrag zur Erforschung der Bedeutung genetischer, personaler und sozialer Bedingungen für die Persönlichkeitsentwicklung zu leisten, indem

- in einer repräsentativen Zwillingsstudie die Bedeutung sozialer Faktoren für die psychischen Intrapaarähnlichkeiten bzw. die Herausbildung interindividueller psychischer Unterschiede bei monozygoten Zwillingen und dizygoten Zwillingen empirisch untersucht werden,

- in diesem Zusammenhang die wichtigste Voraussetzung der Forschungsstrategie der biogenetisch orientierten psychologischen Zwillingsforschung – das Postulat von einer vergleichbaren Umweltvariation der monozygoten und dizygoten Zwillinge – differenziert empirisch überprüft wird,
- die Bedeutung der aktiven Umweltaneignung bzw. die Selbststeuerung für die Herausbildung von Individualität erforscht wird,
- ein neuer heuristischer Ansatz für die Einbeziehung von monozygoten Zwillingen bei der Erforschung der Wechselwirkung (Interfunktionalität) personaler (psychischer) Faktoren bei der Herausbildung bestimmter psychischer Eigenschaften herausgearbeitet wird.

Die Basispopulation wurde aus staatlichen Registern ermittelt und umfaßte 370 gleichgeschlechtliche Zwillingspaare im Alter von 13 bis 16 Jahren (im Zeitraum der Untersuchungen) der Städte Leipzig, Chemnitz, Gera, Rudolstadt, Jena und der Kreise Glauchau und Werdau. (Anteil der monozygoten Zwillinge: 55%, dizygoten Zwillinge: 45%)

Zusammenschau der Erkenntnisse:

Die empirischen Ergebnisse (s.a. Friedrich/Kabat vel Job 1986, Kabat vel Job 1988 und 1991) bestätigen folgende Annahmen:

- Genotyp (Erbanlagen), Umwelt und aktive Selbststeuerung des Individuums bedingen und beeinflussen sich im Prozeß der Persönlichkeitsentwicklung wechselseitig. Gleiche genetische Voraussetzungen und gleiche (bzw. äußerst ähnliche) Umweltbedingungen wirken aufgrund der Selbststeuerung in unterschiedlicher Weise. Keines der biotischen und sozialen Einflußvariablensysteme führt direkt zu Entwicklung, sondern über die aktive Auseinandersetzung und Aneignung (Selbststeuerung) des Individuums.
- Die monozygoten Zwillingspaarlinge mit identischer genetischer Ausgangslage und sehr ähnlichen Umwelten entwickeln von Anfang an eine psychische Individualität, die den Entwicklungsprozeß als autogener Faktor maßgeblich mitbeeinflußt. Einmal herausgebildete Individualität führt zu einer permanenten Eigenverstärkung. Die in der Leipziger Zwillings-Längsschnittstudie ermittelten empirischen Daten veranschaulichen, wie bei identischem Genotyp einzigartige Kinder mit für sie einzigartigen (ungeteilten) familialen Lebenswelten in einzigartiger Weise in Beziehung treten und somit einzigartige Ergebnisse ihrer eigenen Entwicklung erzielen. Nicht die Konkordanzen der Zwillingspaarlinge sind die interessanten Forschungsinhalte, sondern die Diskordanzen.
- Im Leistungs- und Sozialverhalten agiert das Individuum ganzheitlich, d.h. mit Einsatz aller Persönlichkeitseigenschaften. In einer Leistungs-

handlung (wie Intelligenztest) werden nicht ausschließlich kognitive Operationen vollzogen. Die erzielten Leistungen werden in z.T. erheblichen Maße vom Selbstkonzept, der Motivation und den Emotionen bestimmt. Die Einbeziehung von monozygoten Zwillingspaarlingen für die empirische Prüfung dieser These ermöglichte durch die Kontrollierbarkeit von Erbanlagen, Umwelteinflüssen und personalen Faktoren einzigartige Forschungsstrategien, indem zwei Vergleichsgruppen mit jeweils einem der Paarlinge gebildet wurden.

– Von großem Forschungsinteresse bezüglich der familialen Sozialisation der Kinder ist demnach nicht nur der Sozialisationsstil in einem bestimmten Entwicklungsabschnitt, sondern ob/welchen Spielraum die Familie gewährt für die Selbstentwicklung ihrer verschiedenartigen Kinder.

2. Deutsch-deutsche Schülervergleichsstudie zu Jugendlichen im Prozeß der Vereinigung

Die erste deutsch-deutsche Schülerstudie wurde im Mai/Juni 1990 gemeinsam von WissenschaftlerInnen des ZIJ und der Universität-Gesamthochschule Siegen (J. Zinnecker) durchgeführt. Sie bezieht sich neben dem Erleben der Wende und Wiedervereinigung auf die Themenbereiche politische Einstellungen, Wertvorstellungen, Familie, Mediennutzung und Freizeit. 2.600 Schüler aller Schularten der Stufen 7, 9 und 11 (einschließlich Berufsschulen) bildeten eine deutsch-deutsche repräsentative Stichprobe für die industriellen Großregionen Ruhrgebiet und Halle-Leipzig (vgl. hierzu Behnken u.a. 1991).

Hier sollen zusammenfassend die Ergebnisse dieses Schülersurveys zur Familiensozialisation skizziert werden. Die zentrale Fragestellung zu diesem Themenbereich lautet: Inwieweit wirkt sich ähnliche Entwicklung pluralistischer Familienstrukturen und familialer Lebensformen in Ost und West auf die Eltern-Kind-Beziehungen aus, und wie werden diese von den Kindern erlebt?

Wahrnehmung der Familie als psychosoziale Bezugsgruppe in Ost und West

Über nahezu alle erfaßten 8 Dimensionen der Familie als psychosoziale Bezugsgruppe hinweg (z.B. Hilfe bei Problemen, erfahrene Zuneigung, Geborgenheit, Zufriedenheit mit den Beziehungen zu Vater und Mutter) zeigen sich in den Schülerurteilen *keine signifikanten Unterschiede* zwischen Ost und West. Lediglich bezüglich der erlebten Geborgenheit und Sicherheit in der

Familie äußern sich die ostdeutschen Schüler tendenziell positiver. In den westdeutschen Familien geht es hingegen etwas lockerer („humorvoll") zu.

Wie schon zu DDR-Zeiten in den 80er Jahren ist die große Mehrheit mit der Qualität der Familie als psychosoziale Bezugsgruppe und mit den Beziehungen zu den Eltern recht zufrieden. Wirklich unzufrieden sind in West wie Ost nur ca. 10-15% der Jugendlichen. Die relativ größten Deprivationen erleben die Jugendlichen bezüglich der Dimension „Hilfe" bei persönlichen Problemen in der Familie, denn hierzu äußern sich nur ca. 60% eindeutig positiv.

Autorität und Partnerschaft der Familie bei Entscheidungen Jugendlicher in Ost und West

Auch die Individuierung von Entscheidungen bei der Alltagsgestaltung ist unter Jugendlichen in Ost und West im Sommer 1990 gleich stark entwickelt. Nur eine Minderheit von unter 10% will sich bei neuen Optionen in ihren Verhaltensentscheidungen vornehmlich an der elterlichen Autorität orientieren.

Haben wir es in Ost wie West also mit einem Wandel der Eltern-Kind-Beziehung im Jugendalter zu tun, der durch einen Rückgang der elterlichen Autorität zugunsten der Peers charakterisiert werden kann? Die empirischen Befunde der ersten deutsch-deutschen Schülerstudie 1990 lassen diese Interpretation nicht zu. Wesentlicher als eine Orientierung an Gleichaltrigen im Sinne einer externen Kontrollinstanz scheint bei dieser Schülergeneration das Streben nach internaler Verhaltenssteuerung und Selbstverwirklichung zu sein, sich realisierend auf der Basis positiver emotionaler Beziehungen zu den Eltern. Die große Mehrheit der Jugendlichen in Ost und West (80-90%) will sich in Fragen der Umgangsformen, der Kleidung, der Partnerwahl u.a. Verhaltensbereichen auf das eigene Urteil verlassen bzw. autonom handeln. Selbst in für die Biographie so wichtigen Fragen/Entscheidungen wie Schule und Berufsausbildung benennt die deutliche Mehrheit der Schüler die internale Kontrolle als dominant.

Andererseits verdeutlichen die Ergebnisse der ersten deutsch-deutschen Schülerstudie:

- Bis auf eine Ausnahme (BRD: Mutter – Rat in politischen Fragen) erkennt die große Mehrheit der Jugendlichen in Ost und West den Eltern eine gute Beratungskompetenz zu (z.B. für Politikfragen, Schule, Berufsabsichten).
- Zwischen Vater und Mutter existiert eine interessante Ost-West-Typik: Während die DDR-Mädchen ihrer Mutter bezüglich beruflicher Orientierungen eine höhere Beratungskompetenz zuerkennen als dem Vater, zeigt sich bei den BRD-Mädchen ein entgegengesetztes Bild. Dieser Un-

terschied erscheint im Lichte der unterschiedlichen Anteile von berufstätigen Frauen in Ost und West nur logisch.

- Nahezu durchgängig haben die DDR-Eltern im Urteil ihrer Kinder eine *leicht höhere* Beratungskompetenz als die BRD-Eltern.

Das oben beschriebene Autonomiestreben der Jugendlichen in Ost und West ist nicht vordergründig durch wachsende Kritik am elterlichen Erziehungsstil zu erklären. Die übergroße Mehrheit der Jugendlichen in Ost und West (etwa 70%) beurteilt das Erziehungsverhalten als liberal.

Nach den Ergebnissen der Ost-West-Vergleichsstudien ist zu fragen, wie sich die hohen Ähnlichkeiten unter ost- und westdeutschen Schülern in nahezu allen Bereichen (Lebensstil, Lebensgefühl, Wertvorstellungen, Befindlichkeiten u.a.) erklären lassen. Zunächst sprechen die Befunde dafür, daß eine ähnliche Pluralisierung der Familienformen und Haushaltsstrukturen in den 80er Jahren auch mit ähnlichen Veränderungen der familialen Lebensstile bzw. familialer Formen des Zusammenlebens einhergegangen ist, was auch die Sozialisation von Kindern in der Familie geprägt hat. Mit der äußeren Pluralisierung von Familienformen hat sich offensichtlich in beiden deutschen Staaten auch eine innere Pluralisierung und Individualisierung der psychosozialen Beziehungen in der Familie durchgesetzt. Dieser Prozeß ist für alle sozialstrukturelle Schichten charakteristisch, denn eindeutige Differenzierungen der Befunde nach dem beruflichen Qualifikationsniveau der Eltern sind in Ost wie West kaum zu finden. Lediglich für die Gruppe der Eltern ohne Berufsabschluß ist für die DDR wie für die BRD zu konstatieren, daß die Qualität der Familie als psychosoziale Bezugsgruppe von den Jugendlichen als vergleichsweise niedriger erlebt wird.

3. Erklärungen für Gemeinsamkeiten der Familie in der Bundesrepublik und der DDR

Dieser Problematik sind wir 1993 im Rahmen eines Projekts mit Familienforschern der Universität Bamberg nachgegangen mit dem Ziel, den Forschungsstand zum Thema „Familien- und Haushaltsstrukturen in der ehemaligen DDR und in der Bundesrepublik Deutschland“ zu beschreiben und zu resümieren. (vgl. Vaskovics u. a. 1994)

Neben den bereits erwähnten Übereinstimmungen wurden eine Reihe weiterer konstatiert, wie bezüglich

- einer anhaltenden zentralen Orientierung auf die Familie als Lebensform,
- der Funktion der Familie als Konsumeinheit, Freizeitort und primäre Sozialisationsinstanz,

- des Strebens junger Menschen nach einer sichereren und auf Dauer gestellten Partnerform in der Ehe,
- der Dominanz eines Zwei-Kinder-Wunsches,
- der hohen Dichte des Netzes von Transferbeziehungen zwischen den Generationen (ebd.: 147).

Deutliche Besonderheiten der ostdeutschen Familien werden gesehen in

- einer normativen Verbindlichkeit und nahezu vollständigen Erwerbsbeteiligung der Ehefrauen und Mütter,
- geringeren sozialstrukturellen Differenzierungen der Lebenslagen von Frauen und Familien,
- einer stärkeren Entkopplung von Elternschaft und Ehe,
- einem früheren Beginn der Phasen des Familienzyklus und einer weitgehenden Gleichzeitigkeit von Haushaltgründung, Berufseinmündung und Geburt des ersten Kindes (ebd.: 149f).

(Hier kann nicht näher auf Erklärungsversuche der Besonderheit der Familie in der Bundesrepublik Deutschland und der DDR eingegangen werden; s. hierzu ebd.: 152ff.)

Besonders interessant ist u. E. die Frage, wie sich trotz extrem unterschiedlicher gesellschaftlicher Rahmenbedingungen die Parallelität des Wandels der Familie in Ost und West erklären läßt. Zunächst ist zu konstatieren, daß es in der Forschung über Unterschiede/Gemeinsamkeiten der Familie in Ost und West keine ausgearbeitete Theorie gibt. Die vorliegenden Erklärungsansätze zum Wandel der Familie gehen im wesentlichen nicht von einer vergleichenden, sondern von einer spezifischen Ost- bzw. West-Perspektive aus.

Nach unserer Auffassung war die Familie in der DDR insofern eine Entwicklungsnische für die Individuen, als hier die Bedürfnisse nach Selbstverwirklichung und Individuation in für DDR-Verhältnisse einzigartiger Weise realisierbar waren. Dem Staat gelang es nicht, die individuellen Spielräume in der Lebensführung und der Wahl von Familienformen wirklich einzugrenzen. So bot die Familie für viele Menschen aller Altersgruppen die Möglichkeit, vor staatlicher Kontrolle und Gängelei in private Lebensformen zu flüchten, die ihrem Streben nach Selbstverwirklichung am nächsten kamen. Eine Ausdifferenzierung familialer Lebensstile war die Folge. Im Ergebnis o. a. Projekt kamen die Autoren zu dem Standpunkt, daß eine wesentliche Schubkraft für die *„Modernisierung moderner Gesellschaften"* in Ost und West im Kern gleichermaßen aufzufinden ist: „Die beschriebene Ausdifferenzierung familialer Lebensformen ging in Ost und West mit einer gegenüber den 50er Jahren veränderten Rolle und Ressourcenausstattung der Frau einher. In der DDR zielte das politische System auf die Integration der Frauen in das Erwerbsleben ab, im Westen Deutschlands beteiligte sich ebenfalls ein größerer Teil der Frauen am Erwerbsleben. Mehr Frauen nahmen in Ost und West an besserer Ausbildung teil. Im Zusammenhang damit veränderten sich ihr Rollentrend- und -selbstbild. ...Was die Wirtschafts-, Sozial- und Familienpolitik in der DDR aus durchaus autonomen Zwecksetzungen heraus intendierte, den Einbezug von Frauen in das ‚gesellschaftliche Arbeitsvermögen', ihre berufliche Ausbildung, die Absicherung der Vereinbarung von Kinderbetreuung und Berufstätigkeit durch das Netz von öffentlichen Kinderbetreuungseinrichtungen, brachte für die soziale Stellung der Frau und ihre Ressourcen soziale Folgen hervor, die durchaus mit der ‚pluralistischen' Gesellschaft der Bundesrepublik vergleichbar waren, nämlich eine größere Wahlfreiheit zwischen Lebensformen." (Vaskovics u. a. 1994: 159f)

4. Familie als Ressource für Bewältigung von kritischen Lebensereignissen bei ostdeutschen Jugendlichen nach der „Wende"

Seit der Vereinigung der beiden deutschen Staaten leben in der Bundesrepublik Deutschland zwei Kinderteilgenerationen, bei denen man aufgrund des Aufwachsens in unterschiedlichen gesellschaftlichen Systemen unterschiedliche Sozialisationstypiken erwarten darf, die zu unterschiedlichen personalen Ausgangslagen für die weitere Entwicklung geführt haben. So plausibel diese Forschungshypothese der ersten deutsch-deutschen Schüler-Vergleichstudie auch schien: Die empirischen Befunde der Jahre 1990-1992 betonen die Gemeinsamkeiten der personalen Ausgangslagen für die ost- und westdeutschen Kinder und Jugendlichen. Ebenso plausibel erschien uns 1992 die Hypothese, daß sich in den ersten Jahren nach der Vereinigung die Ressourcen der Kinderteilgenerationen in den Sozialisationsinstanzen Familie, Schule und Gleichaltrigengruppe deutlich unterscheiden. Während für die westdeutschen Kinder der vereinigungsbedingte Wandel in den Lebenswelten sehr gering war, bedeutete die Vereinigung für ostdeutsche Kinder/Jugendliche einen außerordentlich abrupten politischen, ökonomischen und sozialen Wandel, der alle Lebensbereiche maßgeblich veränderte und speziell auch die Sozialisationsbedingungen in Familie, Schule und Gleichaltrigengruppe neu strukturierte und inhaltlich gestaltete. Der Belastungsgrad der sich verändernden Lebenswelt ist für viele Betroffenen aller Altersstufen so hoch, daß daraus für die Kinder/Jugendlichen wie für ihre Eltern nichtnormative kritische Lebensereignisse resultieren (s. Kabat vel Job u.a. 1994). Für die ostdeutschen Kinder und Jugendlichen ist also anzunehmen, daß über die üblichen Entwicklungsaufgaben hinaus zusätzliche Lebensanforderungen bzw. Problemlagen zu bewältigen sind, die vielfältige soziale, aber auch personale Ressourcen erfordern.

Belastungen durch kritische Lebensereignisse – personale und soziale Ressourcen

In einer empirischen Untersuchung zum Bewältigungsverhalten von Schülern in den neuen Bundesländern[1] gingen wir u. a. differenziert der Frage nach, welche spezifischen Problemlagen die Jugendlichen in der Industrieregion Halle-Merseburg charakterisieren. Als Bereiche wurden Bildung, Familie und die eigene Person ausgewählt. Für die 14- bis 18jährigen Jugendlichen läßt die Zusammenfassung der Ergebnisse folgendes erkennen:

Über die Hälfte der Schüler (ml. 56%, wbl. 61%) hatte insgesamt mindestens zwei kritische Lebensereignisse zu bewältigen. Nur für 12% konnten keine, für 20% hingegen bis zu vierzehn kritische Ereignisse konstatiert werden.

Im Bildungs- sowie im familiären Bereich fanden am häufigsten Geschehnisse statt, die als kritische Lebensereignisse bewertet werden können:

- *Im Bildungsbereich* (z.B. Schulartwechsel, Ablehnung bisheriger Bewerbungen) sind vor allem die GymasiastInnen (83%) von mindestens einem kritischen Ereignis betroffen, gefolgt von den Haupt- (53%) und den RealschülerInnen (28%).
- *Im Bereich Familie* (z.B. Eltern haben sich getrennt, sind arbeitslos geworden, ein Mitglied der Familie ist öfters gewalttätig, hat Probleme mit Alkohol) konnten zwischen den einzelnen Differenzierungsgruppen (Geschlecht, Schulart, Klassenstufe) keine bemerkenswerten Unterschiede festgestellt werden. Nur etwa ein Drittel der Schüler hatte keine familiär belastenden Ereignisse erlebt.
- Schüler mit kritischen Lebensereignissen im *Bereich der eigenen Person* (z.B. schwere Erkrankung und/oder Unfall, Opfer einer kriminellen Tat, Alkoholprobleme) stellen zwar eine Minderheit dar (ca. 20%), die belastende Wirkung ist hier jedoch besonders stark. Schüler mit mindestens zwei solchen kritischen Ereignissen kommen im wesentlichen aus der Gruppe der Hauptschüler. 11% von ihnen werden darüber hinaus auch noch durch Probleme ihrer Eltern belastet.

Alles in allem bestätigen die vorliegenden empirischen Ergebnisse dieser Untersuchung, daß die ostdeutschen Schüler im Transformationsprozeß erheblichen Belastungen ausgesetzt sind, für deren Bewältigung hohe Anpassungs-, Lern- und Kreationsleistungen notwendig sind.

Damit ist ein entwicklungspsychologisch zentraler Sachverhalt angesprochen – die Beschreibung und Erklärung von Entwicklungsprozessen an

1 Febr.-April 1994, repräsentative Stichprobe für die Region Halle-Merseburg von 1.200 14- bis 18jährigen Jugendlichen; gefördert von der Kommission für die Erforschung des sozialen und politischen Wandels in den neuen Bundesländern.

quantitativ erfaßbaren Anforderungen bei der alltäglichen Lebensbewältigung und die dabei zur Verfügung stehenden Ressourcen. Das Gelingen ihrer Bewältigung stellt offensichtlich höchste Anforderungen an die persönlichen und sozialen Ressourcen der ostdeutschen Schüler, denen wir uns im folgenden zuwenden. Dabei liegt die Annahme zugrunde, daß die sozialen und personalen Ressourcen maßgeblich darüber entscheiden, wie die kritischen Lebensereignisse und neuen Entwicklungsaufgaben von den Jugendlichen bewältigt werden. Die ostdeutschen 12- bis 18jährigen Schüler erleben den sozialen Umbruch und Transformationsprozeß in einem für Identitätsfindung besonders sensiblen Entwicklungsabschnitt, der aber gleichzeitig auch spezifische Voraussetzungen bietet, besonders flexibel auf die sozialen Veränderungen und neuen Entwicklungsaufgaben zu reagieren. Die einschneidenden sozialen Veränderungen und Brüche können für viele Kinder und Jugendliche zwar einerseits mit aktuellen Werteirritationen und komplizierten neuen Lebensanforderungen verbunden sein. Sie bieten aber andererseits gleichzeitig gerade dieser Altersgruppe mittel- und langfristig neue Entwicklungsimpulse und -möglichkeiten (wie größere Entscheidungsfreiräume, neue Bildungschancen, höhere Anforderungen, neue Dimensionen in der Arbeits- und Wohnortwahl).

Gegenüber der verbreiteten Auffassung, daß die neuen Anforderungen und Entwicklungsaufgaben die Mehrheit der ostdeutschen Jugendlichen überfordern würden, sind wir von der Hypothese ausgegangen, daß die neuen Chancen und Optionen aufgrund vorhandener günstiger personaler und sozialer Ressourcen bereits im Untersuchungszeitraum 1992/1993 genutzt werden können.

Ressourcen und Bewältigung bei ostdeutschen Jugendlichen

Wie sind die Ausgangslagen Jugendlicher im Transformationsprozeß in den neuen Bundesländern bezüglich Belastungen sowie personaler und sozialer Ressourcen, Bewältigungsstile und Befindlichkeiten? Welche Risikogruppen lassen sich erkennen? Welche Einflüsse der personalen und sozialen Ressourcen auf Bewältigung lassen sich nachweisen?

Mit diesen Fragen beschäftigen wir uns seit 1992. Dazu wurden – im Rahmen eines Verbundprojekts, gefördert von der Kommission für die Erforschung des sozialen und politischen Wandels in den neuen Bundesländern – regionale Jugendstudien (schriftliche Befragung 14- bis 18jähriger Jugendlicher mittels Fragebogen im Klassenverband) in folgenden Regionen durchgeführt:

- Halle/Merseburg (Projektleiter O. Kabat vel Job),
- Neubrandenburg (Projektleiter L. Golz) und
- Leipzig/Dresden (Projektleiterin U. Starke).

Operationalisiert wurden die Kategorien Lebenslage (demographische Variablen, soziale Herkunft, sozialer Status), Problemlagen/kritische Lebensereignisse (Bereiche Familie, Bildung/Schule, eigene Person), personale Ressourcen (Kompetenzerwartung, Selbstkonzept, Wertorientierungen, Zukunftseinstellungen), soziale Ressourcen (in Familie, Schulklasse, Institutionen), Bewältigungsverhalten (Abwarten, Adaption, Abwehr, Kreation) und Befindlichkeit (emotionale und somatische). Im Frühjahr 1995 wurde mit derselben Methodik in Kooperation mit J. Mansel (Bielefeld) eine repräsentative Ost-West-Vergleichsuntersuchung in den Regionen Chemnitz und Bielefeld durchgeführt.[2]

Bei den folgenden zusammenfassenden Erkenntnissen – bezüglich der personalen und sozialen Ressourcen für die Bewältigung der hohen Anpassungs- und Lernleistungen, insbesondere bei kritischen Lebensereignissen – beziehen wir uns auf Ergebnisse der repräsentativen Stichprobe 14- bis 18jähriger Jugendlicher in der Region Halle/Merseburg.

Personale Ressourcen

Entgegen vielen Vermutungen fanden wir bei ca. 80% der Jugendlichen eine Konstellation von personalen Ressourcen, die nach Erkenntnissen der Copingforschung als gute Voraussetzung für die Bewältigung von Streß und kritischen Lebensereignissen beurteilt werden können (Jerusalem 1990). Das betrifft: ein positives Selbstwirksamkeitserleben (Kompetenzerwartung) und Selbstkonzept, eine starke Familienorientierung in Verbindung mit der Aktivierung sozialer Ressourcen, ein Bemühen um Stabilisierung der leistungsbezogenen Identität und ein geringes Angstpotential.

Soziale Ressourcen

Zweifellos hängt von der Qualität der sozialen Ressourcen die Auswirkung der Belastungen und Nutzung der personalen Ressourcen wesentlich ab (Abele/Becker 1991: 182ff). Nach den empirischen Befunden unserer Jugendstudien bilden gut funktionierende *soziale Netzwerke im Bereich Familie* eine Ressource bei der Mehrheit der ostdeutschen Jugendlichen (ca. 70%). Die Familie befriedigt nach wie vor die psychosozialen Grundbedürfnisse der Schüler in guter Qualität.

Die erwartete und erlebte familiäre Unterstützung dieses sozialen Netzwerkes übt eine aktuell positive Wirkung auf die Befindlichkeit aus. Emotio-

2 Die Auswertung der Daten ist z.Z. noch nicht abgeschlossen, der Forschungsbericht ist in Arbeit. Die bisher gewonnenen Befunde bestätigen voll die Erkenntnis, daß nicht Ost-West-Unterschiede, sondern vielmehr die Gemeinsamkeiten dominieren.

nale Geborgenheit in der Familie z.B. erhöht die emotionale Stabilität und das Selbstwerterleben und läßt Probleme und kritische Lebensereignisse als weniger belastend erleben. Darüber hinaus wird das Bewältigungsverhalten selbst insofern günstig beeinflußt, als das Vertrauen auf das soziale Stützsystem Familie die eigene Handlungsbereitschaft stärkt und ein problemlösungsorientiertes Vorgehen (Kreation) stärkt.

Hinsichtlich der Präferenzen der erfaßten sozialen Ressourcen wird deutlich, daß die Familienatmosphäre (wie sie sich aus der erlebten Qualität der Familie als psychosoziale Bezugsgruppe ergibt) der dominierende Einflußfaktor auf die emotionale wie somatische Befindlichkeit ist.

Ungünstige soziale Ressourcen zeigen in den Clusteranalysen zwei Gruppen Jugendlicher, die mit immerhin fast 20% somit als Risikogruppen betrachtet werden müssen.

Die für die Mehrheit der Jugendlichen ermittelten Befunde sprechen insgesamt gesehen für vorhandene positive familiäre Ressourcen sowie deren stützende Wirkungen.

Die *Schule* hingegen verliert als soziale Ressource für Aufgaben- und Problembewältigung offensichtlich zunehmend an Bedeutung. Etwa die Hälfte der Jugendlichen beurteilt diese Ressource negativ. Um so problematischer gestalten sich folglich die sozialen Stützsysteme für solche Jugendliche, die außerordentlich starken familiären psychosozialen Belastungen ausgesetzt sind.

Zudem sind nach unsere Ergebnissen insbesonders diejenigen Jugendlichen mit ungünstigen sozialen (familiären) Ressourcen auch bezüglich personaler Faktoren stark benachteiligt und damit als Risikogruppe anzusehen (ca. 20%).

Literatur:

Abele, A./Becker, P.: Wohlbefinden. Weinheim: Juventa Verlag, 1991

Behnken, I., u. a.: Schülerstudie 90 – Jugendliche im Prozeß der Vereinigung. Weinheim/ München: Juventa, 1991

Friedrich, W./Kabat vel Job, O. (Hrsg.): Zwillingsforschung international. Berlin: Deutscher Verlag der Wissenschaften, 1986

Jerusalem, U.: Persönliche Ressourcen, Vulnerabilität und Streßerleben. Göttingen: Hogrefe, 1990

Kabat vel Job, O.: Geschlechtstypische Einstellungen und Verhaltensweisen bei Jugendlichen unter besonderer Berücksichtigung familiärer Bedingungen. Berlin, 1979

Kabat vel Job, O./Pinther, A.: Jugend und Familie: Familiäre Faktoren der Persönlichkeitsentwicklung Jugendlicher. Berlin: Deutscher Verlag der Wissenschaften, 1981

Kabat vel Job, O.: Ergebnisse der Zwillingsforschung zur Determination der Persönlichkeit. Diss. B. Leipzig: Universitätsbibliothek, 1988

Kabat vel Job, O.: Familiale Lebensformen in der ehemaligen DDR – Wandel der Familie in seiner Bedeutung für die Familienmitglieder in Berlin. Berlin: Senatsverwaltung für Frauen, Jugend und Familie, 1990

Kabat vel Job, O.: Kindsein und Heranwachsen in der Familie – Zum Wandel familialer Lebensformen in der (ehemaligen) DDR. In: Büchner, P./Krüger, H.-H. (Hrsg.): Aufwachsen hüben und drüben – Deutsche Kindheit vor der Vereinigung. Opladen: Leske + Budrich, 1991

Kabat vel Job, O.: Ergebnisse der Zwillingsforschung. In: Zeitschrift für Sozialisationsforschung und Erziehungssoziologie, März 1991

Kabat vel Job, O./Götze, A./Coenen, E.-M.: Bewältigungsverhalten von Schülern und jungen Erwachsenen in den neuen Bundesländern. KSPW-Forschungsbericht FS IV-92-38 1994 (unveröff.)

Schlegel, U./ Kabat vel Job, O.: Junge Frauen heute. Leipzig, 3. Auflage, 1986

Schneewind, K. A.: Familienentwicklung. In: Oerter, R./Montada, L. (Hrsg.): Entwicklungspsychologie. Weinheim: Psychologie Verlags Union, 1995

Vaskovics, L./Garhammer, M./Schneider, N./Kabat vel Job, O.: Familien- und Haushaltsstrukturen in der ehemaligen DDR und der Bundesrepublik Deutschland von 1980-1989 – ein Vergleich. Materialien zur Bevölkerungswissenschaft Sonderheft 24, Bundesinstitut für Bevölkerungsforschung (Hrsg.). Wiesbaden 1994

Teil 2

Ostdeutsche Jugendliche: Ausgewählte soziale Gruppen

„Zuerst hatten wir geglaubt, jetzt wird alles anders“ – Schule und Schülersein nach der Wende

Wilfried Schubarth

Die deutsche Vereinigung als ein komplexer Prozeß tiefgreifender sozialer Wandlungen war auch mit radikalen Umbrüchen im Schulsystem verbunden, was z.T. erhebliche Konseqenzen für die Schülerschaft (und die Lehrerschaft) nach sich zog. Diesen Umbrüchen und deren Auswirkungen auf die Schuljugend will der vorliegende Beitrag nachgehen, wobei allerdings berücksichtigt werden muß, daß aufgrund der aktuellen Forschungslage[1] erst eine vorläufige Bilanz möglich ist. Erschwerend kommt hinzu, daß dabei nur auf wenige Ergebnisse der empirischen Jugendforschung aus DDR-Zeiten zurückgegriffen werden kann, da Schulforschung (vor allem aus ideologischen Gründen) ein „Stiefkind“ der DDR-Wissenschaft war.[2] Ungeachtet dessen signalisieren erste Forschungen seit der Wende bereits eine Reihe von Problemfeldern, die im weiteren Verlauf des Vereinigungsprozesses einer Bearbeitung bedürfen. Bevor diese Probleme aus Sicht der Schüler/innen im zweiten Teil dargestellt werden, soll zunächst auf einige Grundfragen der Transformation des Schulsystems eingegangen werden.

1. Zur Transformation des Schulsystems

Der Wandel des Gesellschaftssystems in Ostdeutschland kann in methodischer Perspektive (in Anlehnung an U. Bronfenbrenner) als ein „Transformationsexperiment“ begriffen werden. In diesem Wandlungsprozeß werden nicht nur die Muster der sozialen Organisation, der Lebensstile und Weltan-

1 Forschungsergebnisse zum Transformationsprozeß im Schulbereich, insbesondere zu den subjektiven Wahrnehmungen und Verarbeitungsformen schulischer Veränderungsprozesse, sind erst in Ansätzen vorhanden. Empirisch fundierte Analysen benötigen einen größeren Zeitraum und mehr Distanz zum aktuellen Geschehen, denn nicht nur die betroffenen Schülerinnen und Schüler sind unmittelbar in den Transformationsprozeß involviert, sondern auch die Wissenschaftlerinnen und Wissenschaftler.

2 So war die empirische Schulforschung in der DDR recht einseitig entwickelt: Vorherrschend waren Untersuchungen zur Intelligenz-, Leistungs-, Kreativitäts- und Motivationsentwicklung, während z.B. die traditionelle Schul(klima)-Forschung stark unterbelichtet war. Zu Ergebnissen der Schulforschung im Rahmen der DDR-Jugendforschung vgl. z.B. die Sammelbände Friedrich/Griese 1991, Hennig/Friedrich 1991 und Melzer u.a. 1991 (insbes. die Beiträge von Friedrich, Gläßer, Hennig, Hoffmann, Schmidt und Schubarth).

schauungen in Frage gestellt („kritisches Lebensereignis"), auch die gesellschaftlichen Makrostrukturen unterliegen einer grundlegenden Neugestaltung (vgl. Dudek/Tenorth 1993: 304). Für die Transformation der Bildungslandschaft in der ehemaligen DDR heißt das u.a. (vgl. auch Helsper 1993 und Tillmann 1993):

- Aus einer zentralistischen Einheitsschule mit einem Maximum an Einheitlichkeit wurde in kürzester Zeit eine mehrgliedrige Schule mit einem hohen Grad an Vielfalt. An die Stelle eines homogenen, standardisierten und klar vorstrukturierten Schulwesens tritt nun ein mehrfach gegliedertes, stärker selektierendes Schulwesen, das die Möglichkeit, aber auch den Zwang zu einer „Biographisierung" der Schullaufbahn einschließt.
- Während die DDR-Schule ganz auf die Formierung der „sozialistischen Persönlichkeit" ausgerichtet war, somit als staatlich kontrollierte „Gesinnungsschule" erschien, entsteht nun unter den neuen Schulverhältnissen zunehmend eine individualisierte Leistungskultur ohne Ausrichtung an parteigebundenen, weltanschaulichen Überzeugungen.
- Das DDR-Schulwesen war stark politisch und sozial kontrolliert und reglementiert; es gab aber auch eine größere Übersichtlichkeit der alltäglichen schulischen Verhältnisse in der Spannung von Unterstützung und stärkeren Kontrollmöglichkeiten: die Klassen waren kleiner, die Schüler-Lehrer-Relation geringer, die Durchdringung von Schule, Freizeit, Familie und Betrieb dichter, ebenso wie die Verbindung von Wohngebiet und Schule. Darüber hinaus war vermutlich die Streßbelastung für die Schüler insgesamt geringer, da alle sicher davon ausgehen konnten, nach der Schule in irgendeiner Weise ins Berufs- bzw. Ausbildungssystem problemlos wechseln zu können.
- Die in der DDR dominierenden autoritären formalen Strukturen sowie die Gehorsams-, Ordnungs- und Disziplinforderungen sind weitgehend zusammengebrochen bzw. können unter den neuen Bedingungen nicht mehr aufrechterhalten werden, ohne daß neue Werte und Orientierungen bzw. eine neue pädagogische Kultur an ihre Stelle getreten wären. Der Autoritätsverlust nicht nur bei den Lehrern und die damit verbundenen Orientierungsunsicherheiten gehen häufig einher mit einem Rückgang von Erziehungsbemühungen und mit einem Vermeiden von Auseinandersetzungen bzw. Konflikten oder – als Gegenpol – mit einer verstärkten Orientierung an Straf- bzw. Sanktionsmaßnahmen.
- Die in der DDR übliche ganztägige Versorgung von Kindern und Jugendlichen kann durch den Abbau öffentlicher Erziehung nicht mehr gewährleistet werden. Insgesamt verschiebt sich das Verhältnis von Familie und Schule in Richtung einer Privatisierung und Individualisierung von Bildung und Erziehung. Gesellschaftliche Partizipationsmöglichkeiten werden damit stärker abhängig von den in der Familie vorhandenen materiellen, sozialen und kulturellen Ressourcen.

- Die neue Zusammensetzung der Schulklassen und Lehrerkollegien in der Phase der Einführung neuer Schulstrukturen führte verstärkt zu Konflikten: Insbesondere die Schüler mußten ihre sozialen Positionen in den neu zusammengesetzen Klassen bestimmen und festigen. Die nun eingetretene Phase der Konsolidierung könnte allerdings schon bald durch auffälligeres und aggressiveres Auftreten der nachwachsenden, jüngeren Schülergeneration überlagert werden.
- Die Lehrerschaft, die bisher über einen gesicherten Arbeitsplatz verfügte, zeigt sich unter den neuen Bedingungen in starkem Maße verunsichert. Zur Arbeitsplatzunsicherheit kommen Zweifel an der beruflichen Kompetenz, z.T. auch Autoritätsverlust und erhöhte methodische, didaktische, sozialpädagogische Anforderungen sowie die Auseinandersetzung mit neuen Fächern und Lehrinhalten. Damit ist oftmals ein Rückzug auf die bloße Wissensvermittlung verbunden, was die erzieherischen Potenzen der Schulen erheblich beeinträchtigt.
- Auch in den Familien haben sich z.T. gravierende Veränderungen ergeben. So zwingt die veränderte Arbeitsmarktsituation die Eltern zu mehr Anspannung, Flexibilität und Mobilität; daraus ergeben sich nicht selten negative Konsequenzen für die Kinder: sie, die gerade in schwierigen Umbruchszeiten viel Zuwendung und Unterstützungsleistungen benötigten, bleiben sich so oft selbst überlassen. Hinzu kommt, daß bisherige Stützsysteme, wie die außerschulische Betreuung der Kinder, die Freizeitangebote und Jugendclubs, aber auch die erzieherischen Hilfeleistungen der „Arbeitskollektive" vollkommen bzw. teilweise weggebrochen sind. Dagegen steckt der Aufbau der neuen Jugendhilfestrukturen noch in den Anfängen.
- Schließlich sind für ostdeutsche Kinder und Jugendliche auch neuartige Gefährdungen und Risiken entstanden. Das betrifft z.B. den nahezu ungehinderten Zugang zum Medien- und Videomarkt bzw. die Gefährdung durch unkontrollierten Medienkonsum. Neue bzw. größere Gefährdungen gibt es auch in anderen Bereichen, z.B. der Spielsüchte und des Drogenmißbrauchs.

Wie ist nun die Transformation des Bildungswesens verlaufen und welche Probleme zeichnen sich für die Schulentwicklung und für die Schuljugend ab?[3]

Nach einer kurzen Phase des Aufbruchs, die von der Hoffnung auf weitreichende Reformen und demokratische Erneuerung getragen war und gerade in den Schulen zu lebhaften Diskussionen und Umgestaltungsversuchen unter

3 Bei den folgenden Ausführungen greife ich auf gemeinsame Ausarbeitungen mit Dorit Stenke zurück, der ich an dieser Stelle danken möchte.

Beteiligung der Betroffenen geführt hat, kam es mit den Märzwahlen (1990) und der damit verbundenen Entscheidung zur Übernahme des westdeutschen Modells zu einem Stillstand der eigenen Aktivitäten, zur Resignation und zur bloßen Antizipation und Implementation des westdeutsche Schulsystems. Folgende z.T. schwerwiegende Probleme der Schulentwicklung in den neuen Bundesländern lassen sich bereits jetzt benennen (vgl. Weishaupt/Zedler 1994: 395ff. und Stenke/Stumpp/Melzer 1994):

- Zur Entwicklung der Hauptschule bzw. der Hauptschulzweige (nur im Land Mecklenburg-Vorpommern gibt es eigenständige Hauptschulen) läßt sich feststellen, daß diese Schulform von den Eltern und Schülern in den neuen Ländern kaum angenommen wird. So besuchten im Schuljahr 1992/93 nur ca. 10% der ostdeutschen Schüler/innen eine Hauptschule bzw. den Hauptschulbildungsgang.
- Das neue Bildungssystem ist mit zahlreichen Übergangsentscheidungen und Schulformzuweisungen verbunden gewesen, die auch unterschiedliche Möglichkeiten der Einflußnahme durch die Eltern zu Folge hatten. Die zunächst erwartete Transparenz des zweigliedrigen Schulsystems in drei der fünf neuen Länder ist durch zahlreiche Übergangsregelungen verdeckt worden. Diese Reglementierungen unterscheiden sich kaum noch von denen in den alten Bundesländern, so daß die These von der Eigenständigkeit des neuen Schulsystems in Frage zu stellen ist. Es fehlen darüber hinaus in allen fünf neuen Ländern eigenständige Anschlüsse an die Sekundarstufe I im nicht-gymnasialen Bereich.
- Auch in bezug auf das Gymnasium ist noch keine Konsolidierung eingetreten. Die Übergangsquoten zum Gymnasium liegen derzeit – ähnlich wie in den alten Bundesländern – bei 30%. Dennoch hat das Gymnasium mit einer Reihe von Problemen zu kämpfen (z.B. Schwierigkeiten mit dem Kern-Kurs-System). Zudem hat das Festhalten an den 12 Schuljahren (in allen neuen Ländern außer in Brandenburg) bei gleichzeitig erfolgter Übernahme von Lehrplänen, die auf 13 Jahre konzipiert sind, zu einem extremen Leistungsdruck geführt. Die Chancengleichheit ist ebenfalls in Frage gestellt, da Schüler/innen, die nach der Klasse 10 aufs Gymnasium wechseln, 13 Jahre bis zum Erreichen der Hochschulreife benötigen. Auch verhindert das Zentralabitur eine schultypische Profilierung der einzelnen Schulen und ein individuelles Herangehen der Lehrer/innen.
- Schließlich gibt es in allen Ländern Kritik am Wegfall „bewährter Elemente" des früheren Schulsystems. Insbesondere im Hinblick auf die Vereinbarkeit von Beruf und Familie hatte die gut ausgebaute Hortbetreuung eine wichtige Funktion. Durch den Abbau und/oder die Verteuerung der Hortplätze werden soziale Differenzen verschärft. Dies ist auch deshalb paradox, weil in den alten Bundesländern derzeit versucht wird, Hortbetreuungen einzurichten, Schulessen und andere Angebote im Sin-

ne einer „vollen Halbtagsschule“ auszubauen und Konzepte einer Ganztagsschule zu erarbeiten.

Neben den angeführten Problemfeldern ist noch auf weitere, längerfristig wirkende problematische Entwicklungstendenzen hinzuweisen: So verschärfen sich z.B. die regionalen Disparitäten des Schulangebotes und verhindern damit eine tatsächliche Chancengleichheit in der Bildungsbeteiligung. Darüber hinaus wird der dramatische Geburtenrückgang in den neuen Ländern zu einer Gefährdung von Schulstandorten, zunächst im Bereich der Grundschulen, führen. Diese Entwicklungen zeigen, daß der im Ansatz vorhandene eigenständige Weg der Schulentwicklung nicht konsequent genug gegangen wurde. Denn: Die Entscheidung für den Ausbau eines Schulsystems, das prinzipiell dem Muster der institutionellen Differenzierung in den alten Bundesländern entspricht, führt zu einer extremen Anfälligkeit gegenüber demographischen Schrumpfungstendenzen (vgl. Arbeitsgruppe Bildungsbericht 1994: 763ff.).

2. Transformationsfolgen aus der Perspektive der Schüler/innen

„Wir wollen mitbestimmen, was aus unserer Schule wird, und es nicht den Erwachsenen allein überlassen.“ (Mädchen, 12 Jahre)

„Zuerst hatten wir geglaubt, jetzt wird alles anders. Tatsächlich diskutierten wir am Anfang viel, besonders in StaBü (Staatsbürgerkunde – W.S.) und Deutsch. Aber dann kam wieder die alte Lehrplanmasche, wir mußten den Stoff schaffen. Wozu eigentlich...“ (Mädchen, 14 Jahre)

(vgl. Leidecker/ Kirchhöfer/Güttler 1991: 155,167)

Die beiden oben aufgeführten Zitate aus der unmittelbaren Wendezeit bringen die *enttäuschten Wendehoffnungen* aus der Sicht von Kindern und Jugendlichen zum Ausdruck. Nach der Desillusionierung über den realen Sozialismus folgte für viele die Desillusionierung über das neuen Systems. Dies betrifft auch den schulischen Bereich: Die hohen Erwartungen der Schüler/innen an schulische Veränderungen und Reformen im Gefolge des Umbruchs wurden oftmals nicht erfüllt. An ihre Stelle tritt eine überwiegend *ambivalente Einschätzung der schulischen Veränderungen*. Als positiv wurde von Seiten der Schüler/innen in den Jahren 1990/1991 vor allem folgendes genannt: bessere Entwicklungsmöglichkeiten für den Einzelnen, verbunden mit einer freien Wahl des Schultyps und von Fremdsprachen, lockere Unterrichtsformen, freie Meinungsäußerung und Mitspracherecht der Schüler, höhere Leistungsanforderungen und Durchsetzung eines wirklichen Leistungsprinzips, Wegfall von Staatsbürgerkunde und veränderter Geschichtsunterricht, freier Samstag. Als negative Veränderungen in der Schule wurden u.a. genannt: „Gewendete", unglaubwürdige Lehrer und Direktoren, zu teure Arbeitsmittel und Schulbücher, zu hohe Leistungsanforderungen, zu rasche Umstellungen auf neue Anforderungen, vor allem auf plötzlich verlangte Selbständigkeit, weniger Ferien, schlechteres Freizeitangebot bzw. Einschränkung der Freizeitmöglichkeiten (vgl. Günther/Keiser 1992: 312f.). Die Ambivalenz zeigt sich in fast allen Schüleräußerungen, exemplarisch sei folgende zitiert:

„In der Schule hingegen hat sich vieles zum Positiven verändert. Der Unterricht ist viel lockerer und diskussionsreicher gestaltet. Jeder kann seine Meinung äußern und nicht wie vorher, daß alle dieselbe Meinung zu bestimmten Themen haben mußten. Die Schüler können sich auch aussuchen, in welchen Fächern sie ihre Prüfung abschließen wollen, (...). Ein Problem bringt die Berufsausbildung mit sich. Vorher haben sich die Lehrer mit um eine Lehrstelle bemüht, heute muß sich jeder persönlich um die Lehrstelle bemühen, was zur Zeit sehr schwierig ist." (Schülerin, 16 Jahre)

Weitgehend im Einklang mit dieser ambivalenten Einschätzung der Schulsituation stehen die Ergebnisse einiger quantitativer Untersuchungen aus dieser Zeit. Nach einer Studie in Sachsen war zu diesem Zeitpunkt fast die Hälfte der Schüler/innen mit ihrer persönlichen Schulsituation „eher zufrieden", ca. ein Drittel war „eher unzufrieden" bzw. „unzufrieden" und ca. ein Fünftel war „zufrieden", wobei sich finanziell besser gestellte Schüler/innen deutlich zufriedener äußerten (vgl. Förster u.a. 1993:177ff.). Bei einer Wiederholungsstudie im Jahre 1995 hatte die Unzufriedenheit mit der eigenen schulischen Situation tendenziell zugenommen: Nun waren immerhin 38% der sächsischen Schüler/innen mit ihrer Schulsituation mehr oder weniger unzufrieden (vgl. Leipziger Institut für praktische Sozialforschung 1995: 10ff.). Zugleich macht diese Studie auf weitverbreitete Ängste heutiger Schüler/innen aufmerksam: 46% äußern Ängste infolge zu hoher Anforderungen in der Schule (Mädchen: 50%, Jungen: 41%), dabei überdurchschnittlich viele Gymnasiast/innen (51%). Auch das Bedrohungsgefühl, nach dem Schulabschluß keine berufliche Perspektive zu haben, ist groß und von 34% (1992) auf 45% (1995) angestiegen, bei den Mädchen sogar von 39% auf 57%. Typisch sind solche Aussagen wie die folgende:

„Früher war man mit der Schule fertig und brauchte sich keinen Sorgen um einen Arbeitsplatz zu machen. Sogar die schlechtesten hatten gute Chancen für ihren Traumberuf. Aber heute können nur die Wenigsten ihren Traumjob kriegen. Der Rest muß nehmen, was es noch gibt." (Schüler, 9. Klasse)

Zu ähnlichen Ergebnissen kamen auch andere Untersuchungen. So meinen nach einer repräsentativen Umfrage im Rahmen des Neunten Jugendberichts

(Neunter Jugendbericht 1994: 93) 74% der Schüler/innen in den neuen Bundesländern, daß die *Leistungsanforderungen gestiegen* sind. Entsprechend den Ergebnissen einer Ostberliner Studie haben nahezu 40% der Schüler/innen oft Angst, den Leistungsanforderungen nicht gerecht zu werden; nur 40% lehnen diese Aussage ab (vgl. Riedel u.a. 1994: 44ff.). Durchgehend wird eine größere Konkurrenz zwischen den Schüler/innen im Vergleich zu früher wahrgenommen. Nur 29% verneinen eine diesbezügliche Aussage. Auf einen *hohen Leistungsdruck*, insbesondere an Gymnasien, verweist auch eine Untersuchung in Jena. Mehr als ein Drittel der Gymnasiast/innen sehen sich einem unerwartet starken Leistungsdruck ausgesetzt. Die Erwartungen der Eltern, eigene hohe Ansprüche sowie die Erwartungen der Lehrer lasten auf vielen Schülern:

„Weiterhin ist es einfach unfair, die bevorstehenden Prüfungen als Druckmittel zu benutzen. Die allgemeine Panikmache bringt niemanden vorwärts. Was soll damit erreicht werden? Der psychische Druck wächst ständig. Gerade bei Schülern, die nervlich stark belastet sind, werden durch die Angstzustände die Leistungen stark vermindert." (Gymnasialschülerin, 12. Klasse, vgl. Burmeister 1993: 13f.)

Gymnasien werden somit tendenziell zu reinen Lernschulen, in denen der fachwissenschaftliche Unterricht und die Schülerleistungen im Mittelpunkt stehen, was dazu führt, daß schulisches Lernen sich zum großen Teil auf ein Lernen für Noten und Punkte reduziert (vgl. auch Neunter Jugendbericht 1994:128f.). Dies ist mit der Tendenz verbunden, daß Eltern (und Schüler/innen) *Schule immer mehr als Baustein einer Bildungs- und Berufskarriere* und weniger als soziale Institution sehen.

Damit im Zusammenhang steht eine weitere problematische Entwicklungstendenz: Wie aus verschiedenen Studien hervorgeht, entwickelt sich eine *Statushierarchie zwischen den verschiedenen Schülergruppen*, die aus der unterschiedlichen sozialen Anerkennung der Schulformen resultiert. So erfahren z.B. Gymnasiast/innen und Realschüler/innen durch ihre Lehrer/innen mehr Anerkennung als Hauptschüler/innen. Das wirkt sich natürlich auch auf die Identifikation mit der besuchten Schulform aus: Während Gymnasialschüler/innen die von ihnen besuchte Schule kaum in Frage stellen, gilt dies bei den Real- und Gesamtschüler/innen nur für zwei Drittel und bei den Hauptschüler/innen gar nur für die Hälfte (vgl. Riedel u.a. 1994: 44ff.). Mit der Statusdifferenzierung gehen auch unterschiedliche Belastungen für das Selbstwertgefühl der verschiedenen Schülergruppen einher. Eigene Untersuchungen in sächsischen Schulen weisen auf Probleme des *Selbstbildes bei Mittelschülern, insbesondere bei „Hauptschülern"* hin. Aufgrund der Alltagserfahrung von Abwertung und Ausgrenzung ist es um das Selbstwertgefühl der Hauptschüler/innen oftmals nicht gut bestellt, wie folgende Sequenzen aus Gruppendiskussionen[4] mit Mittelschülern aus Haupt- und Realschulklassen zeigen:

„Int.: Was habt Ihr eigentlich für ein Bild von der Hauptschule?

S7: Na, Hauptschule ist, ist so, als wenn es die letzte Klasse wäre.

S1: Nu. (Bestätigung sächsischer Mundart, d.A.)

S7: Das ist das Schlimmste...das ist vor der Hilfsschule, ist das!“

(Hauptschulgruppe 8. Klasse)

„A: Ach die Lehrer geben den Hauptschülern keine Chance mehr. Die sagen, das ist doch Quatsch. Die sagen eben o.k., die Hauptschüler sind schlechter als ihr und eigentlich können wir die – auf deutsch gesagt – vergessen. Aber Euch, Ihr müßt Euch anstrengen, Ihr habt noch eine Chance, wenn Ihr Euch richtig anstrengt...

B: Das ist doch genauso wie beim Gymnasium. Beim Gymnasium geht es, also die Realschüler die sind völlig blöde und haben keine Chance. Da geht es genauso.“

(Realschulgruppe 8. Klasse)

Gesellschaftliche und schulische Etikettierungs- und Stigmatisierungsprozesse können leicht zu Selbstetikettierungen führen und eine Spirale von Etikettierung und Selbstetikettierung in Gang setzen. Dann ist es nicht mehr weit bis zu dem Punkt, an dem die betreffenden Schüler/innen nur noch einen Ausweg sehen: über Aggression und Gewalt das verletzte Selbstwertgefühl kompensieren und sich Anerkennung verschaffen.

Gerade über das *Ausmaß von Aggression und Gewalt an den Schulen* ist in letzter Zeit in der Öffentlichkeit viel spekuliert worden. Unsere eigenen Forschungsergebnisse und die anderer Schulstudien zeigen, daß eine Dramatisierung der Situation nicht gerechtfertigt ist. Nur an einer Minderheit der Schulen scheint das Schulleben durch Gewalt und abweichendes Verhalten in stärkerem Maße beeinträchtigt: Nach den Daten unserer vergleichenden Schulleiterbefragung in Sachsen, Hessen, Thüringen und Baden-Württemberg liegt der Anteil stärker belasteter Schulen zwischen 6% und 15% (vor allem nicht-gymnasiale Schulformen), wobei die Gewaltbelastung in den neuen Bundesländern (noch) niedriger ist (vgl. ausführlicher Schubarth/ Melzer 1995 sowie Schubarth/Kolbe/Willems 1996). Dennoch darf das Konflikt- und Gewaltpotential an Schulen nicht unterschätzt werden, belasten doch

4 Hierbei handelt es sich um qualitative Untersuchungen zur Situation der Mittelschüler/innen in Sachsen sowie zum Problemkreis „Schule und Gewalt“.

Aggression und Gewalt das Wohlbefinden der Betroffenen in massiver Weise. Dies gilt auch für die neuen Bundesländer, in denen an den Schulen (mit Ausnahme der Gymnasien) infolge des Umbruchs und der Transformationsprozesse die Problem- und Gewaltbelastungen vielerorts zugenommen haben. Das darf allerdings nicht verwundern, wenn man an die z.T. chaotischen Bedingungen während der Umstrukturierung und die entsprechenden Folgen für Schüler/innen und Lehrer/innen (z.B. mehrmaliger Schulwechsel, neue Klassenverbände, Rangordnungskämpfe, Diffussion von Werten und Normen) denkt. Mittlerweile scheint sich jedoch eine gewisse Beruhigung der Situation abzuzeichnen. Dennoch verweisen gerade unsere qualitativen Analysen an Schulen auf eine weit verbreitete Unsicherheit und Hilflosigkeit beim Umgang mit Aggression und Gewalt, so daß die Prävention und Intervention in bezug auf Gewalt eine höchst bedeutsame Aufgabe bleibt.

Als Kritikpunkte an der aktuellen Schulsituation werden seitens der Schüler/innen auch *Probleme des Lehrer-Schüler-Verhältnisses sowie des Erziehungs- und Unterrichtsstils* angeführt:

„Heute sind Lehrer nur auf ihren Job aus und geben sich deshalb nicht so viel mit den Schülern ab." (Regelschüler, 9. Klasse)

„Das Lehrer-Schüler-Verhältnis ist oft aggressiv und angespannt. Lehrer und Schüler arbeiten nicht oft miteinander, sondern gegeneinander." (Regelschule, 10. Klasse)

„Der Lehrer ist nicht mehr die Autoritätsperson. (...) Manchmal ist das auch hart für diesen Lehrer. Aber da muß er durch, denn er kann nicht mehr so wie früher mit der Knute kommen." (Gymnasialschüler, 12. Klasse)

In einer Ende 1993/Anfang 1994 durchgeführten Befragung in den neuen Bundesländern berichten 45% der Jugendlichen von einem veralteten, autoritären Führungsstil. Sie hätten Lehrer/innen und Vorgesetzte, die nur Forderungen stellten, aber keine emotionale Unterstützung gewährten (vgl. Schmidtchen 1994: 4). In einer Untersuchung von Schüler/innen im Jahre 1993 im Bundesland Sachsen-Anhalt gab über die Hälfte an, daß sie bei ihren Lehrer/innen alles auf Kommando machen müssen und es häufig vorkommt, daß sie von den Lehrer/innen angeschrieen werden. Große Unterschiede gibt es dabei zwischen den verschiedenen Schulformen: So sind Kommandoton und das Anschreien von Schüler/innen vor allem in Haupt- und Realschulklassen verbreitet. Schüler/innen an Gymnasien und Gesamtschulen fühlen sich deutlich stärker von ihren Lehrer/innen ernstgenommen und an Entscheidungen beteiligt als ihre Altersgenossen in den Realschul- und vor allem in den Hauptschulklassen (vgl. Krüger/Kabat vel Job 1994: 7f.).

Auch der *Unterricht, insbesondere die Unterrichtsmethoden*, wird von vielen Schüler/innen kritisiert. Das belegt z.B. die o.g. Studie in Jena. Ca. 60% der Realschüler/innen und 45% der Gymnasialschüler/innen sind mit dem Unterricht unzufrieden. Am meisten kritisiert wird von den Schüler/innen, daß der Unterricht langweilig und eintönig sei:

„Die Lehrer pauken ihren Stoff durch und wir müssen damit klarkommen." (Regelschüler, 15 Jahre)

„Viele versuchen nur ihren Lehrplan zu schaffen, ohne eine der wichtigsten Sachen einzubeziehen, nämlich die Schüler." (Regelschülerin, 15 Jahre)

„Der Unterricht müßte einfach wirklichkeitsnäher ohne Buch gestaltet werden." (Gymnasialschüler, 10. Klasse)

„Die meisten Probleme gibt es mit Lehrern, die den Unterricht fast stündlich nach dem gleichen Schema führen. Die Klasse wird dann sehr oft unaufmerksam und unruhig." (Gymnasialschüler, 10. Klasse)

Der Unterricht verläuft also größtenteils lehrplan- und lehrerzentriert. Frontalunterricht und das gelenkte Unterrichtsgespräch herrschen vor, während die Entwicklung der Selbständigkeit und der Schüler/inneninteressen nur wenig Beachtung findet. Insbesondere Gymnasialschüler/innen der höheren Klassen fordern einen anschaulich und systematisch gestalteten Unterricht, der Raum bietet für das Einbringen eigener Ideen und Erfahrungen. Dies steht im Einklang mit Ergebnissen zur *Partizipation der Schüler/innen in der Schule* insgesamt. Bei der oben erwähnten Untersuchung in Ostberlin war nur die Hälfte der Schüler/innen der Meinung, daß an ihren Schulen Raum für Schülermitwirkung vorhanden ist, vor allem bei Klassenfahrten, bei der Verschönerung der Schule, im Unterricht und bei der Beurteilung der Mitschüler/innen (vgl. Neunter Jugendbericht 1994: 137). Demgegenüber wurden in den Aufsätzen der Jenaer Untersuchung vor allem Einschränkungen der Mitbestimmungsmöglichkeiten thematisiert und dabei auch Selbstkritik geübt: So könnten Schüler/innen zwar von ihrem Anhörungs- und Vorschlagsrecht Gebrauch machen, ihre Vorschläge würden aber nur selten realisiert. Außerdem gäbe es zu wenige Schüler/innen, die dann auch tatsächlich bereit seien, sich für schulische Belange zu engagieren:

„Obwohl jede Klasse einen Klassensprecher hat und ein Schulsprecher gewählt wurde, wurden unsere Vorschläge zu Freizeit, Unterricht etc. wenig beachtet." (Regelschüler, 10. Klasse)

„Jedoch lehnen es die meisten ab, als Schülersprecher tätig zu werden. Kein Interesse an Demokratie? Ich denke, der Grund dafür ist mehr Bequemlichkeit und das Sich-nicht-anstrengen wollen, was mir ebenso geht." (Gymnasialschülerin, 10. Klasse)

Einschneidende Veränderungen haben sich im *Freizeitangebot der Schulen* vollzogen. Im Schuljahr 1991/92 nahmen in Ostberlin nur noch 15% der befragten Jugendlichen an schulischen Arbeitsgemeinschaften teil, in Frankfurt/Oder noch 33%. Folgt man den Aussagen des Neunten Jugendberichtes, dann gibt es an vielen Schulen überhaupt keine Arbeitsgemeinschaften mehr, und auch an Schulen mit einem breiteren Angebot übersteigt die Teilnehmerzahl kaum 20% der Schüler/innen einer Schule. Darüber hinaus differenzieren sich die Angebote nach Geschlecht und Alter aus. Beklagt werden vor allem die fehlenden Angebote für 14- bis 16jährige und die ungenügende Information über Angebote (Neunter Jugendbericht: 138).

Mit der Kritik an o.g. Aspekten des neuen Schulsystems geht auch eine *teilweise Aufwertung der alten Schulstrukturen* einher. So nahm die Befürwortung des Erhalts z.B. der Einheitsschule (POS) und der polytechnischen Ausbildung im Verlaufe der Jahre 1991 bis Jahre 1993 in einer Befragung von Ostberliner Gymnasiast/innen und Berufsschüler/innen zu. Den Erhalt der Einheitsschule befürworteten 57% der Berufsschüler/innen im Jahre 1993; 1991 waren es 44%. Bei den Gymnasiast/innen veränderte sich dagegen die Befürwortung nur geringfügig (1991: 28%, 1993: 25%). Die Befürwortung der polytechnische Ausbildung stieg bei den Berufschüler/innen von 49% auf 70% und bei den Gymnasiast/innen von 45% auf 47% (vgl. Oesterreich 1994: 276f.). Die Erfahrungen mit den neuen Strukturen erzeugen also nicht notwendig eine Ablehnung der alten Strukturen, sondern können auch zu einer „Sehnsucht" nach den alten vertrauten Stukturen führen. Dies macht auf bestimmte Defizite im Transformationsprozeß aufmerksam, insbesondere auf die falsche Annahme von der völligen Ablehnung des „Alten". Da dies aber nicht der Fall war, wird die Identifikation mit den durch die Transformation neugeschaffenen Strukturen ein langwieriger und beschwerlicher Prozeß werden. Daneben wiegt aber auch das Erbe der DDR-Schule schwer, z.B. der vorherrschende Erziehungs- und Unterrichtsstil, was zu Recht die Kritik der Schülerinnen und Schüler herausfordert.

3. Resümee: Viel Kritik trotz Strukturwandels

Die angeführten Forschungsergebnisse zur Transformation des Schulwesen und deren Folgen für Schüler/innen lassen – trotz der z.T. begrenzten Aussagekraft der Untersuchungen – eine Reihe von Problembelastungen aufgrund der bereits veränderten und sich weiter verändernden (schulischen) Sozialisationsbedingungen erkennen. Schüler-Sein unter neuen gesellschaftlichen Bedingungen heißt u.a.: einem erhöhten Leistungs- bzw. Erwartungsdruck von Eltern und Lehrern gerecht werden zu müssen, mit Mißerfolgen und den damit verbundenen Bedrohungen des Selbstwertgefühls fertig zu werden, sich mit der Hierarchisierung der Schulformen und dem eigenen Status in diesem Gefüge auseinandersetzen zu müssen, einen möglichst hohen Bildungsabschluß als notwendige (aber nicht hinreichende) Bedingung für eine Berufs- und Lebensperspektive anstreben zu müssen, sich auf eine risikoreiche und individualisierte berufliche und persönliche Perspektive einzustellen und entsprechende Handlungsstrategien zu entwickeln, mit einer sich verändernden Schulkultur, besonders im Bereich der Lehrer-Schüler-Beziehungen, konfrontiert zu sein (z.B. Schule stärker als Lern- und Leistungsschule, weniger als sozialer Erfahrungsraum), mitunter auch eine aggressive Umgangskultur zwischen Schülern und Schülern sowie zwischen Lehrern und Schülern erleben zu müssen, aber auch den Nachwirkungen des zum Teil autoritären und rigiden Erziehungs- und Unterrichtsstils der DDR-Schule ausgesetzt zu sein.

Durch die Transformation haben sich somit einerseits Veränderungen in Form von Risiken und Belastungen (aber auch Chancen) ergeben, andererseits bestehen alte Probleme fort. Dies deutet auf ein insgesamt recht beachtliches Problem- und Konfliktpotential an den Schulen in den neuen Bundesländern hin, dem man nicht ausweichen darf und zu dessen Bearbeitung umfassende Unterstützungsleistungen notwendig sind. Aus modernisierungs- bzw. individualisierungstheoretischer Perspektive bedeutet die angeführte Problemkonstellation, daß wir es mit einer gleichzeitigen Überlagerung von Modernisierungsschüben (Bildungsexpansion, Verlängerung der Schulzeit, Zuwachs von Freiheitsgraden, individuelle Schullaufbahnen u.a.) und Modernisierungsverzögerungen (Fortbestehen eines konservativen Schulklimas, rigider Erziehungsstil, „alte“ Methoden usw.) zu tun haben. Das impliziert, daß die „Sonnenseiten“ von Modernisierung und Individualisierung durch die „Schattenseiten“ (z.B. verschärfte Selektionsprozesse, Produktion von Negativkarrieren, nicht ausreichende Unterstützung seitens der Gesellschaft) zumindest teilweise überdeckt werden. In sozialisationstheoretischer Hinsicht heißt das u.a., daß solche strukturellen Sozialisationskonflikte, wie der zwischen Schülerrolle und Schüler-Sein, der zwischen Selektion und Qualifikation und der zwischen den verschiedenen Sozialisationsinstanzen einer neuen Ausbalancierung bedürfen. Dies gilt zwar prinzipiell auch für die alten Bundesländer, der Problemdruck scheint aber in den neuen Ländern erheblich größer zu sein.

Literatur:

Arbeitsgruppe Bildungsbericht am Max-Planck-Institut für Bildungsforschung: Das Bildungswesen in der Bundesrepublik Deutschland. Reinbek: Rowohlt, 1994

Burmeister, E.: Situation der Schuljugend in Jena. Kurzexpertise für die Sachverständigenkommission Neunter Jugendbericht (unveröff.)1993

Dudek, P./Tenorth, H. E.: Transformationen der deutschen Bildungslandschaft. Rückblick in retrospektiver Absicht. In: Dies. (Hrsg.): Transformationen der deutschen Bildungslandschaft. Zeitschrift für Pädagogik, 30. Beiheft, 1993, S. 301-327

Förster, P., u.a.: Jugend Ost – zwischen Hoffnung und Gewalt. Opladen: Leske + Budrich, 1993

Friedrich, W./Griese, H. (Hrsg.): Jugend und Jugendforschung in der DDR. Opladen: Leske + Budrich, 1991

Günther, C./Keiser, S.: Was hat die Vereinigung den Jugendlichen gebracht? – Aussagen und Wertungen von Jugendlichen in den neuen Bundesländern. In: Jugend '92, Band 3, Opladen: Leske + Budrich 1992, S. 307-320

Helsper, W.: Jugend und Schule. In: Krüger, H.-H. (Hrsg.): Handbuch der Jugendforschung. Opladen: Leske + Budrich, 1993, S. 351-382

Hennig, W./Friedrich, W. (Hrsg.): Jugend in der DDR. Weinheim/München: Juventa, 1991

Krüger, H.-H./Kabat vel Job, O.: Aufwachsen in Sachsen-Anhalt – erste Ergebnisse einer Befragung von 11- bis 14jährigen Schülern und Schülerinnen. Diskurse zu Schule und Bildung, Heft 2. Halle/Saale: Zentrum für Schulforschung und Lehrerfortbildung, 1994

Leidecker, G./Kirchhöfer, D./Güttler, P. (Hrsg.): Ich weiß nicht, ob ich froh sein soll. Kinder erleben die Wende. Stuttgart: J. B. Metzlersche Verlagsbuchhandlung, 1991

Leipziger Institut für praktische Sozialforschung e.V.: Schuljugend in Sachsen – vier Jahre nach der Vereinigung. Forschungsbericht, Leipzig, 1995

Melzer, W., u.a. (Hrsg.): Osteuropäische Jugend im Wandel. Weinheim/München: Juventa, 1991

Neunter Jugendbericht. Bericht über die Situation der Kinder und Jugendlichen und die Entwicklung der Jugendhilfe in den neuen Bundesländern. Bonn: Bundesministerium für Familie, Senioren, Frauen und Jugend, 1994

Oesterreich, D.: Verzerrte Bilder I. In: Deutsche Jugend 6/1994, S. 272-281

Riedel, K., u.a.: Schule im Vereinigungsprozeß. Frankfurt/Main, Berlin, Bern, New York, Paris, Wien: P. Lang Verlag, 1994

Schmidtchen, G.: Jugendliche in Sachsen. Leipzig/Zürich. Forschungsbericht, 1994

Schubarth, W./Kolbe, F.-U./Willems, H. (Hrsg.): Gewalt an Schulen. Opladen: Leske + Budrich, 1996

Schubarth, W./Melzer, W. (Hrsg.): Schule, Gewalt und Rechtsextremismus. Opladen: Leske + Budrich 1995 (2. überarbeitete und ergänzte Auflage)

Stenke, D./Stumpp, A./Melzer, W.: Die Mittelschule im Transformationsprozeß des sächsischen Bildungswesens. Ergebnisse von Expertenbefragungen und Dokumentenanalysen. Technische Universität Dresden, Fakultät Erziehungswissenschaften, 1994

Weishaupt, H./Zedler, P.: Aspekte der aktuellen Schulentwicklung in den neuen Ländern. In: Rolff, H.-G., u.a. (Hrsg.): Jahrbuch für Schulentwicklung. Band 8. Weinheim/München: Juventa, 1994, S. 395-429

StudienanfängerInnen der Friedrich-Schiller-Universität im Jahr nach der Wende

Detlef-Dieter Wächter

StudienanfängerInnen waren in den sozialwissenschaftlichen Untersuchungen der Studentenforscher seit den 70er Jahren im doppelten Sinne eine interessante Population:

- Aus der Sicht der Auftraggeber lieferten die Studien zu diesem Teil des wissenschaftlichen Nachwuchses häufig Ergebnisse, die im Sinne der von SED und Staat postulierten Normvorgaben in weltanschaulich-politischer, fachlich-individueller sowie sozialer Hinsicht noch am ehesten den Vorstellungen bzw. Erwartungen entsprachen, Befunde, deren quantitative Ausprägung im Verlaufe des Studiums sowie nach dessen Abschluß so nicht wieder erreicht wurden. Diese Tatsache führte in der Praxis nicht selten zu politischen Intrigen und Auseinandersetzungen zwischen Volksbildung und Hochschulwesen, besonders wenn es galt, bornierte, letztlich reaktionäre Vorstellungen zur Rolle der Intelligenz und Vorbehalte gegenüber ihrer politischen Zuverlässigkeit zu formulieren und zur Grundlage von Entscheidungen (z.B. auch in Bezug auf die Genehmigung sozialwissenschaftlicher Untersuchungen im Bereich Studenten) zu machen.
- Aus der Sicht des Forschers hatte die Spezifik dieser Jugend-Teilpopulation den Vorteil, über größere Zeiträume – auch längsschnittlich – quantitative und qualitative Veränderungen im Gefüge politischer und sozialer Wertorientierungen und Verhaltensweisen junger Menschen im Gefolge der (wie wir heute wissen) unlösbaren gesellschaftlichen Widersprüche in der DDR analysieren zu können – Veränderungen, die über (in Kooperation mit den vom ZIJ Leipzig durchgeführten) Intervallstudien im studentischen Bereich schon frühzeitig in der Konstitution und Entwicklung individueller Befindlichkeiten und Engagements die Unfähigkeit des politischen Systems zu leistungsstimulierender Perspektive und demokratischer Erneuerung offenbarten.

Die StudienanfängerInnen waren insgesamt der fachlich talentierteste und politisch engagierteste Teil eines jeweiligen Altersjahrgangs. Sie hatten in ihrer bisherigen Entwicklung in Schule, Beruf und auch im gesellschaftlichen Leben Erfolg. Sie waren zu einem Großteil geübt in der Übernahme von Verantwortung im schulischen, außerschulischen wie auch politischen Bereich (etwa der FDJ). Charakteristisch war eine allgemein hohe Motivation in Bezug auf den erstrebten Studienplatz ebenso wie auf die gewünschte Fachrichtung. Der vorangegangene Ausbildungsabschnitt wurde von vielen mit sehr guten Ergebnissen bewältigt, der neue Lebensabschnitt war mit der begründeten Hoffnung auf erneute Bewährung, auf mehr Selbständigkeit und Selbstverwirklichung verbunden. Die Studienanfänger kamen aus allen sozialen Gruppen der Gesellschaft, hatten vielfach hochqualifizierte Elternhäuser, sie spiegelten das Denken und Handeln in diesen Bereichen wider und zeigten demgemäß eine kritische Urteilsfähigkeit.

Unsere Untersuchungen seit Ende der 70er Jahre (Wächter 1981) trafen also auf eine Übergangsphase im Leben dieser jungen Menschen, die zumeist durch große Aufgeschlossenheit, Mitteilsamkeit, den Willen zur Selbstveränderung wie auch zur Teilnahme an der Veränderung der gesellschaftlichen Umstände zu charakterisieren ist; in den Untersuchungsergebnissen spiegelte sich dies wider in einer in vielem positiven Sicht auf die gesellschaftlichen Umstände wie auch auf sich selbst, die im allgemeinen frei war von ideologisch bekennender Überhöhung bzw. Unterordnung unter den sozialistischen Erziehungsanspruch.

Deshalb sind wir auch ein Jahr nach der Wende im Juni/August 1990 mit unserer Untersuchung „Vor dem Studium – VOS 1990" im damaligen Matrikel 1990 an der Friedrich-Schiller-Universität Jena (FSU) bei StudienanfängerInnen der subjektiven Widerspiegelung des gesellschaftlichen Umbruchs in der DDR nachgegangen und wollen im folgenden einige Ergebnisse im Kontext früherer eigener Untersuchungen darstellen.

Unsere eigentliche Intention, diese Untersuchungen als Intervallstudie im Zuge der mit der Herstellung der deutschen Einheit notwendig einhergehenden Transformationen im Bereich der Wertorientierungen, Verhaltensmuster, sozialen und individuellen Anpassungsstrategien und Verhaltensweisen weiterzuführen, konnte aufgrund der bekannten inhaltlichen und personellen Umstrukturierungen an ostdeutschen Universitäten leider nicht verwirklicht werden.

1. Zur Population

In unsere Untersuchung (schriftliche anonyme Befragung einschließlich offener Fragen) waren 680 Studienanfänger aller damaligen Fachrichtungen der FSU einbezogen. Die Population widerspiegelte in ihrer Zusammensetzung im wesentlichen die Gesamtheit dieses Immatrikulationsjahrgangs (Tabelle 1).

Tabelle 1: Population nach Geschlecht und Fachrichtung (in%)

männlich	58
weiblich	42
Medizin	21,0
Technik	10,7
Mathematik/Naturwissenschaften	18,9
Rechtswissenschaften/Geisteswissenschaften	18,7
Theologie	1,9
Agrarwissenschaften	1,6
Lehrer Geisteswissenschaften	17,7
Lehrer Naturwissenschaften/Mathematik	6,1
nicht zuordenbar	3,5

57% der StudienanfängerInnen hatten ihr Abitur mit dem Prädikat „Sehr gut" oder „Mit Auszeichnung" (männlich 52%/ weiblich 63%) absolviert, bei den angehenden MedizinerInnen betrug dieser Anteil immerhin 80%, bei den künftigen LehrerInnen für Mathematik dagegen nur 31% (lediglich 1% der Population hatte das Abitur mit „Befriedigend" abgeschlossen), so daß – wie auch schon bei früheren Erhebungen – insgesamt ähnlich gute fachliche Voraussetzungen für den Studienerfolg gegeben waren. Hinsichtlich des zurückgelegten Bildungsweges dominierte nach wie vor die Erweiterte Oberschule (77%), doch hatte – speziell bei den männlichen Studienanfängern – der Anteil derer, die über die Berufsausbildung mit Abitur oder Volkshochschule kamen, spürbar zugenommen (bei Technikern sogar 67%).

Die Mehrzahl der StudienanfängerInnen kam aus hochqualifizierten Elternhäusern: So verfügten 71% der Väter und 61% der Mütter über einen Hoch- oder Fachschulabschluß, davon 16% der Väter und 5% der Mütter über eine Promotion. Dieser Befund entsprach der in den 80er Jahren zunehmenden Tendenz, daß sich die heranwachsende Intelligenz immer stärker aus der Intelligenz selbst entwickelte und so bereits zu Studienbeginn über vielfältige eigene Erfahrungen im gesellschaftlichen Umgang der politischen Macht mit der Intelligenz wie auch z. T. über die widersprüchliche Rolle der Intelligenz in den zunehmenden Auseinandersetzungen im Alltag verfügte. Nahezu die Hälfte der Väter war in der Industrie bzw. in der Landwirtschaft tätig und mithin tagtäglich sowohl mit den Wunschbildern der politischen Schaltzentralen zum Wirtschaftswachstum als auch mit den wirklichen Ergebnissen einer auf den Untergang zusteuernden DDR-Wirtschaft mehr oder weniger vertraut. Da zudem in den anderen gesellschaftlichen Bereichen dieser Grundkonflikt immer nachhaltigere Wirkungen zeigte und trotz wachsender politischer Reglementierung immer offener (vor allem auch im familiären Bereich) ausgelebt wurde, kann man davon ausgehen, daß die StudienanfängerInnen des Nachwendejahrgangs (die immerhin noch zu 84% im Haushalt der Eltern lebten) mit hinreichender eigener Kompetenz und mit Problembewußtsein um tragfähige persönliche Orientierungen rangen – dies um so mehr, als ein Großteil von ihnen mit einem Durchschnittsalter von 20 Jahren zu Studienbeginn die Wende selbst bereits in einer Tätigkeit außerhalb der Schule miterlebt und wohl auch mitgestaltet hat.

2. Weltanschauliche und politische Positionen

Unsere Untersuchungen bestätigen die Ergebnisse ähnlicher Studien unter Studenten, wonach auch die überwiegende Mehrheit der StudienanfängerInnen des Matrikels 1990 im Frühsommer 1990 ihre differenzierter gewordenen weltanschaulichen und politischen Orientierungen und daraus erwachsenen individuellen und sozialen Strebungen noch mit radikalen (vor allem demokratischen) Veränderungen der DDR verknüpft hat. In dem Maße, wie man dabei auch zukünftig selbst bereit war, sich politisch zu engagieren und Verantwortung zu tragen, prägten nach wie vor soziale Lebensziele stärker die eigene Wertehierarchie, nicht zuletzt im Bewußtsein bisheriger Erfahrungen der Lebensgestaltung, auch wenn diese hinsichtlich der Dialektik von Individualität und Gemeinschaftlichkeit vielfach kontraproduktiv war. Zugleich führten die nunmehr gewonnenen Möglichkeiten des Kennenlernens und Erlebens alternativer Denk- und Lebensweisen wie auch politischer Strukturen seit der Zeit des Umbruchs zu einer Auffächerung und Differenzierung eigener Lebensentwürfe, die allein mit dem vereinfachten Schema „pro DDR" oder „pro deutsche Einheit" nicht zu erfassen waren. Aus der Tatsache, daß sich in unserer 1982 durchgeführten analogen Studie bei Studienanfängern der FSU (VOSIL) noch 74% der Befragten sehr stark mit der DDR verbunden fühlten und dies 1990 nur noch 30% erklären, sind diese Erosionen unübersehbar, gehen sie einher mit einer offen kritischen Bewertung des erlebten staatlichen und gesellschaftlichen Kollaps, ohne indes bei der Mehrheit der Studenten zu einer völligen Abkehr von dieser Verbundenheit zu führen (Position „überhaupt nicht verbunden": 1982 0%, 1990 5%). So wurde in Politikern wie Hans Modrow und Gregor Gysi nach wie vor mehrheitlich ein Hoffnungsträger für gesellschaftliche Veränderungen gesehen. Andererseits hat die Verbundenheit mit der BRD bei den StudienanfängerInnen mit 6% „sehr stark verbunden" kein solches Niveau erreicht, daß die Forderung nach notwendigen gesellschaftlichen Umgestaltungen in der individuellen Widerspiegelung zwangsläufig die unterdrückte Sehnsucht nach einer Angliederung an die alte Bundesrepublik freigesetzt hätte. Vielmehr führt die Suche nach Auswegen aus der Krise der DDR-Gesellschaft dazu, daß StudienanfängerInnen grün-alternative Haltungen präferieren, die z.T. mit liberalen Haltungen korrespondieren (nicht zufällig wurde neben Richard von Weizsäcker mehrheitlich Hans-Dietrich Genscher als Persönlichkeit der BRD genannt, die politisches Vertrauen genießt) und sich nicht selten auf die Hoffnung nach einem „dritten Weg" richten (Tabelle 2).

Tabelle 2: Selbstzuordnung zu politischen Richtungen durch Studienanfänger 1990 (Angaben in %: Spaltenprozent)

Richtung	Anteil	Anteil, differenziert nach			
		Verbundenheit mit DDR		Bedeutung „polit. Engagement"	
		stark	gering	stark	gering
christlich-konservativ	10	6	24	4	5
grün-alternativ	33	36	27	42	19
kommunistisch-marxistisch	8	11	3	14	1
liberal	12	8	21	11	13
national-konservativ	1	1	2	0	2
sozialdemokratisch	15	15	8	15	15
sozialistisch	9	13	5	13	7

Der sich seit den 70er Jahren ausprägende Dissenz zwischen persönlicher Weltanschauung von StudienanfängerInnen und staatstragender Ideologie führte auch auf dem Höhepunkt der Gesellschaftskrise und des Zusammenbruchs des ideologisch-politischen Herrschaftsmechanismus nicht zu einer Absage an den in seiner Widersprüchlichkeit von Werten und Deformationen erlebten und gelebten Staat schlechthin. (Immerhin 40% der Studienanfänger fühlten sich zum Zeitpunkt der Untersuchung noch vollkommen, weitere 41% noch etwas als Bürger der DDR). Vielmehr wurden für die Zukunft tragende weltanschauliche Orientierungen gesucht, die der Lösung globaler Probleme ebenso wie der gesellschaftlichen und persönlichen Perspektive einen demokratischen und durchaus internationalen Rahmen zu geben imstande waren. Dabei mögliche Gefahren und Bedrohungen wurden von den StudienanfängerInnen in ihrer subjektiven Bedeutung eingeordnet und vor allem auf die Bedrohung des demokratischen und humanistischen Umgangs der Menschen miteinander bezogen. (Tabelle 3)

Tabelle 3: Erleben persönliche Bedrohungen „Ich fühle mich dadurch sehr stark bzw. stark bedroht“ (in%, Mehrfachnennungen)

1.	Verschmutzung und Vergiftung der natürlichen Umwelt	76
2.	Zunahme von Egoismus in den Beziehungen der Menschen („Ellenbogengesellschaft“)	77
3.	Rechtsradikalismus	66
4.	Aggressivität und Gewalt	51
5.	zunehmende Verteuerung des Lebens	44
6.	Arbeitslosigkeit	40
7.	Kriminalität	38
8.	Linksradikalismus	35
9.	eine wirtschaftliche Krise	26
10.	AIDS	19
11.	Drogen	19

3. Lebensziele und Aspekte der Hochschulausbildung

Im Bestreben, einerseits das in der bisherigen persönlichen Entwicklung als bewährt Empfundene zu bewahren (z.B. gesicherte Arbeitsplätze, kostenloses Studium, gesetzliche Regelungen der DDR zum Schwangerschaftsabbruch) und andererseits die mit dem Umbruch hinzugewonnenen Freiheiten und Möglichkeiten zur Selbstbestimmung (z.B. Wunsch zum Kennenlernen anderer Länder und Völker) zu nutzen, fanden StudienanfängerInnen bisherige Lebensziele bestätigt oder aber unterzogen sie im Kontext der mit den Wandlungen in der Gesellschaft einhergehenden weltanschaulich-politischen Differenzierungen einer Korrektur. Über alle Differenzierungen hinweg blieb eine sinnerfüllte Arbeit, in der man persönlich aufgeht, klar an der Spitze der Lebensziele – und dies mehrheitlich gepaart damit, für andere Menschen auch unter Verzicht dazusein, sein Leben im wesentlichen eigenverantwortlich und selbständig zu gestalten sowie gleichzeitig die Welt kennenzulernen und viel zu verreisen. Das soziale Verantwortungsgefühl in der Zielsetzung war dabei um so stärker ausgeprägt, je bedeutsamer das eigene Engagement für gesellschaftlichen Wandel gesehen wurde. Umgekehrt wurde auf dem Hintergrund abnehmender politischer Engagiertheit deutlich, daß sich hinsichtlich der sozialen Determiniertheit von Lebenszielen, Wertvorstellungen und Verhaltensweisen bereits Umschichtungen vollzogen haben (Tabelle 4).

Tabelle 4: Lebensziele von Studienanfängern (Angaben in %)

Position „sehr bedeutsam" in Gesamtgruppe		Anteil, differenziert nach:			
		Verbundenheit DDR		politisches Engagement	
		stark	gering	stark	gering
eine Arbeit haben, die erfüllt und in der man aufgeht	76	79	69	77	74
für andere Menschen auch unter Verzicht da sein	46	48	47	54	43
das Leben selbständig und eigenverantwortlich gestalten	42	45	45	54	39
viel verreisen, die Welt kennenlernen	39	37	47	40	46
sich aktiv für eine menschenwürdige Gesellschaft einsetzen	31	35	38	54	13
das Leben genießen, man lebt nur einmal	26	25	41	21	28
nach christlichen Werten leben	14	11	14	14	17
größeren Besitz erwerben	5	4	9	5	8
alle Möglichkeiten nutzen, um Geld zu verdienen	3	3	6	5	4
dem Leben seinen Lauf lassen, man lebt nur einmal	1	1	3	1	2

Für die überwiegende Mehrheit der StudienanfängerInnen (75%) war es zum Untersuchungszeitpunkt unstrittig, daß sie ihr Studium beginnen würden. Nahezu die Hälfte von ihnen war bereit, vom Studium zurückzutreten, wenn sich die sozialen Bedingungen für ein Studium einschneidend verändern würden. Für mehr als ein Drittel käme ein Rücktritt vom Studium in Frage, wenn sich die eigene familiäre Situation entscheidend ändern würde (z.B. Ehe, Kind). Immerhin 28% wären damals bereit gewesen, auf das Studium zu verzichten, wenn ihnen eine interessante und gut bezahlte Tätigkeit angeboten würde.

Schließlich hatten sich mehr als 90% der Studienanfänger vorgenommen, im Studium ihr Leistungsvermögen voll auszuschöpfen, ohne dabei auf eine abwechslungsreiche Freizeitgestaltung zu verzichten. Mehr als die Hälfte war sich diesbezüglich darüber im klaren, dafür in der Freizeit auch Geld hinzuverdienen zu müssen.

Vergleicht man bei diesem Gesamtbild, wie sich die persönliche Bedeutsamkeit von Aspekten der Hochschulausbildung im Verlaufe von 10 Jahren zwischen 1981 (VOSIL; s. Wächter 1981 und 1982) und 1990 (VOS) entwickelt hat, stellt man neben der Übereinstimmung in einigen Aspekten auch wendebedingte charakteristische Unterschiede fest – mit sicheren Anzeichen für persönliche Umorientierungen im Hinblick auf die sich abzeichnende Neustrukturierung der gesellschaftlichen Grundlagen. Das betrifft in erster Linie die Absage an das ideologiedominante Ideal allseitiger sozialistischer Persönlichkeiten – einschließlich insbesondere seiner Normsetzung zur politischen Engagiertheit und Bereitschaft, „im Sinne der Arbeiterklasse“ später leitende Funktionen auszuüben. Nur dort, wo die subjektive Bedeutsamkeit für ein politisches Engagement zumeist noch im Sinne einer „grün-liberalen-sozialdemokratischen-sozialistischen“ Perspektive – also im Sinne eines „dritten Weges“ – stark ausgeprägt war, wurden die „alten“ Positionsausprägungen erreicht. Allgemein war politische Zurückhaltung angesagt, durchaus (wie Antworten auf offene Fragen zeigen) als Reaktion auf Enttäuschungen und z. T. auch Anfeindungen hinsichtlich eigener politischer Engagiertheit im bisherigen Leben (Tabelle 5).

Das Streben danach, den gewünschten Beruf zu erlernen, ist nach wie vor mit dem Bedürfnis nach Entfaltung der eigenen speziellen Fähigkeiten, der Verwirklichung der eigenen Interessen und Neigungen ebenso verknüpft wie mit der Orientierung auf einen (für viele unverzichtbaren) Freundes- und Bekanntenkreis. Viele hofften, in dieser Hinsicht nicht zuletzt darin einen Stützpfeiler für die eigene Neuorientierung zu finden – was angesichts des rasanten Tempos gesellschaftlicher und politischer Veränderungen nicht verwunderte.

Auffällig war schließlich die Tendenz bereits zum Untersuchungszeitpunkt, daß diejenigen, denen der Beruf aus der Sicht materieller Sicherung für die Zukunft wichtig war, trotz des Bekenntnisses zur politischen Zurückhaltung dies mit der Notwendigkeit verknüpften, in der Leitungshierarchie „nach oben“ zu steigen. Hervorzuheben ist auch, daß jenen, die sich zu einer christlich-konservativen Haltung bekannten, die Anpassung an die in der alten Bundesrepublik herrschenden, stark individuell geprägten Wertorientierungen in ihren subjektiven Vorstellung am ehesten gelang – aber auch bei ihnen im allgemeinen im Bekenntnis zu bisher gelebten christlichen Werten, die ihre bisherige Biographie bei gleichzeitiger Ablehnung des politischen Regimes in der DDR prägten.

Tabelle 5: Persönliche Bedeutsamkeit von Aspekten der Hochschulausbildung bei StudienanfängerInnen im Vergleich 1981-1990 (Angaben in %)

	Anteil „sehr bedeutsam" an der Gesamtguppe		Anteil differenziert nach: Verbundenheit DDR		polit. Engagement	
	1981	1990	stark	gering	stark	gering
persönlich allseitig bilden	69	53	51	56	69	41
den gewünschten Beruf erlernen	68	62	64	52	62	69
eigene spezielle Fähigkeiten entfalten	61	64	65	58	70	57
eigenen Interessen und Neigungen nachgehen	44	43	45	48	51	40
sich mit wissenschaftlichen Fragen beschäftigen	40	37	34	45	45	33
einen bestimmten Freundes- und Bekanntenkreis haben	34	31	32	25	38	27
sich politisch engagieren	21	7	8	9	24	0
später eine leitende Funktion ausüben	12	7	8	8	9	8
einen gesicherten Arbeitsplatz erhalten	–	51	56	38	51	56
möglichst gut verdienen	–	19	19	19	17	27

4. Zusammenfassung

– Unsere Untersuchungsergebnisse zu StudienanfängerInnen des Matrikels 1990 korrespondieren mit anderen Ergebnissen der Studentenforschung vom Frühjahr 1990 (vgl. z.B. Brämer/Heublein 1990), wonach die Mehrheit von ihnen den neuen Perspektiven (mit kritischem Blick auf beide Seiten) mehr oder weniger reserviert gegenüber stand. Ihr gesellschaftlicher Ausweg aus dem Erleben der Krise in der DDR war in vielem angelegt als ein über beide Gesellschaften hinausragender, ein europäischer, mitunter sogar weltumspannender. So logisch, wie dies aus dem Erleben des „sozialistischen Alltags" – vom ideologischen Dogma befreit – auch schien: Es mußte auf dem Hintergrund fehlender eigener Erfahrungen im Umgang mit dem anderen Deutschland auf der „Suche nach einer besseren DDR“ insgesamt Utopie bleiben.

- Für die Mehrheit der StudienanfängerInnen boten die bisherigen Lebensentwürfe – nunmehr frei von einseitiger, verordneter ideologischer Verpackung in Bezug auf die Fixierung persönlicher Entwicklungsziele – im gesellschaftlichen Transformationsprozeß einen durchaus tauglichen Orientierungsrahmen, das Verhältnis von Sozialem und Individuellem unter veränderten Bedingungen für die eigene Zukunftsgestaltung intellektuell erfaßbar und produktiv zu machen.
- Die StudienanfängerInnen waren sich 1990 auf dem Hintergrund des bisherigen Lebens der Chancen und Gefahren des angebrochenen Neuen durchaus bewußt. Es ist zweifellos das bedeutungsvollste Ergebnis unserer Studie, wenn in Einheit mit dem Vorgenannten die überwiegende Mehrheit darauf mit einem mehr oder weniger ausgeprägten Streben nach eigener Verwirklichung vor allem im beruflichen und auch persönlichen Leben reagiert hat.

Literatur:

Brämer, R./Heublein, U.: Studenten in der Wende? In: Aus Politik und Zeitgeschichte, Beilage zur Wochenzeitschrift Das Parlament 44/1990

Wächter, D.-D.: VOSIL 1981. Jena: FSU, 1981 (unveröff. Forschungsbericht)

Wächter, D.-D.: Zur Dialektik politischer und sozialer Wertorientierungen von Studienanfängern für Studium, Beruf und künftiges Leben. Jena: FSU, 1982 (unveröff. Forschungsbericht)

Studienabbruch – Ursachen und Tendenzen

Ulrich Heublein

Der Studienabbruch ist in der Diskussion. Gelegentlich kann man sich sogar des Eindrucks nicht erwehren, daß über StudienabbrecherInnen ein intensiverer Disput geführt wird als über Studierende. Das dürfte aber bei einer häufig von Kosteneinsparung und Effizienzkriterien diktierten Diskussion kaum verwundern, denn auf der Suche nach sicheren Maßstäben bedient man sich nur allzu gern des Studienabbruchs als Indikator für angeblich mangelnde Leistungsfähigkeit sowohl der Studierenden als auch des gesamten Hochschulsystems. Jedoch ist die Plausibilität einer auf solche Weise erstellten Bilanz eher trügerisch; der Studienabbruch kann kaum als Beweis für eine vermeintliche Ineffizienz des Bildungswesens in Anspruch genommen werden. Die Probleme des Studienabbruchs weisen weit über die Grenzen der Hochschulen hinaus. Das belegen die Ergebnisse einer bundesweit repräsentativen Befragung von Studienabbrechern, die das HIS Hochschul-Informations-System Hannover durchführte.[1]

Angesichts der angespannten Debatte über den Studienabbruch ist es durchaus angebracht, zunächst einmal festzustellen, daß Studienaufnahme und Studium eines bestimmten Faches an einer bestimmten Hochschule wie alle Entscheidungen a priori mit dem Risiko des Scheiterns behaftet sind. Bedenkt man die problematischen Konstellationen, die aufgrund komplizierter Lebens- und Studienbedingungen in der Ausbildungsphase Studium drohen, so verliert die vorzeitige Exmatrikulation ohne Examen jegliche Aura des Außergewöhnlichen oder Nichtstatthaften. Für viele Studienberechtigte ist der Eintritt ins Studium mit einer völligen Änderung vieler Lebensumstände verbunden. Häufig wurde bis dahin der persönliche Handlungsrahmen vom Elternhaus zumindest mitbestimmt, jetzt dagegen gilt es, über Zeitmanagement und Studienplan, über den eigenen Arbeits-, Lebens- und Sozialstil selbständig zu befinden. Die Bewältigung dieser und weiterer Anforderungen ist zweifelsohne ein konfliktreicher Prozeß, der stärker als manch andere Lebensphase nicht nur ständiger Korrekturentscheidungen bedarf, sondern eben schnell die Frage nach dem Abbruch des Studiums stellt.

1 Dieser Studie liegt eine bundesweit repräsentative Befragung von Studienabbrechern und Absolventen im Sommersemester 1993 und im Wintersemester 1993/94 an den Universitäten und Fachhochschulen in den alten und neuen Ländern zugrunde.

Dennoch darf natürlich nicht übersehen werden, daß in den letzten zwanzig Jahren vor allem in den alten Ländern der Studienabbruch kontinuierlich zugenommen hat. Im Westen Deutschlands waren es Mitte der 70er Jahre noch etwa 14 000 Studierende, die jährlich die Universitäten ohne Examen verließen, derzeit dagegen sind es ungefähr 60 000. Diese Erhöhung wurde sowohl durch die in der Zwischenzeit gewachsenen Studienanfänger- und Studierendenzahlen als auch durch eine Zunahme der Studienabbruchquote von rund 12 bis 16% auf etwa 25 bis 30% eines Studienanfängerjahrgangs an den Universitäten hervorgerufen.

Für die DDR läßt sich ein solcher Anstieg nicht feststellen. Das „Statistische Jahrbuch des Hochschulwesens der DDR" verzeichnet für 1976 einen Anteil von 4% Studienabbrüchen an der Gesamtzahl aller Studierenden. Mitte der 80er Jahre hatte sich diese Zahl nur geringfügig auf 4,5% erhöht, das waren rund 4000 Studierende. Jahrgangsbezogene Zahlen zum Studienabbruch liegen in einer Sonderstudie innerhalb der „Studenten-Intervallstudie-Leistung" (SIL) des ZIJ vor. Danach haben bis zum Ende des 3. Studienjahres 17% der Studierenden des Immatrikulationsjahrgangs 1982 ihr Studium ohne Examen abgebrochen. Bis zum Ende des Studiums dürfte sich diese Zahl nur noch unwesentlich erhöht haben. Interessanterweise korrespondiert dieser Wert durchaus mit dem zu dieser Zeit für die damalige Bundesrepublik anzunehmenden.

Einige Ähnlichkeiten sind auch beim Vergleich der wichtigsten *Motive für den Studienabbruch* zwischen den damaligen AbbrecherInnen in West- und Ostdeutschland zu konstatieren. Allerdings ist hier der zeitliche Abstand der vorliegenden Daten zu beachten. Die bundesdeutschen Ergebnisse stammen von Mitte der 70er und die DDR-Ergebnisse von Anfang/Mitte der 80er Jahre. Bei beiden spielten Aspekte mangelnder Studienleistungen und nachlassender Identifikation mit dem Fach die entscheidende Rolle. Die Abbrecher von DDR-Hochschulen gaben häufiger als westdeutsche ihr Studium wegen gesundheitlicher Beeinträchtigungen und aus familiären Gründen auf, bei letzteren wurden dagegen öfter Probleme mit den Studienbedingungen genannt.

Nach der Wende im Osten Deutschlands haben sich sowohl die Abbruchquoten als auch die Motivation des Studienabbruchs in beiden Teilen Deutschlands so entwickelt, daß keine wesentlichen Differenzen mehr bestehen. Diese Entwicklung beim Studienabbruch ist einhergegangen mit einer generellen Umschichtung der Motivationsstrukturen bei den betreffenden Studierenden in den alten wie in den neuen Ländern. Dabei gilt für die heutigen Studienabbrecher in noch stärkerem Maße eine Beobachtung, die schon in den 70er Jahren sowohl in der damaligen Bundesrepublik als auch in der DDR zu machen war: Die Entscheidung zum Studienabbruch läßt sich nur selten auf lediglich einen Grund zurückführen; selbst wenn ein Aspekt als letztlich ausschlaggebend benannt werden kann, so hat ein vorzeitiges und examenloses Verlassen der Hochschule in der Regel mehrere Gründe.[2] Ungleich folgenschwerer allerdings dürfte die geschwundene Dominanz der eigentlich „klassischen" Abbruchgründe – wie Überforderung, finanzielle Not, familiäre Probleme oder Krankheit – sein. Das alte Bild vom Studienabbrecher als Leistungsversager stimmt offensichtlich schon geraume Zeit nicht mehr. Nur insgesamt ein Zehntel der Studienabbrecher steigt in erster Linie deswegen aus dem Studium aus, weil es den Leistungsanforderungen überhaupt nicht gewachsen ist. Als ein Grund unter mehreren werden unbewältigte Leistungen von rund einem Drittel genannt. Auffällig ist dabei die häufigere Angabe von Leistungsschwierigkeiten unter Studienabbrechern in den neuen Ländern. Dies stimmt mit den Aussagen von Studienanfängern an den ostdeutschen Universitäten – gleich, ob sie aus dem Westen oder aus dem Osten Deutschlands kommen – überein, die in dieser Hinsicht hohe Anforderungen von Studienbeginn an konstatieren. Hinter diesem offensichtlich stärkerem Leistungsdruck steht allerdings kein selektives Konzept oder dergleichen, sondern eher die simple Tatsache, daß an den Hochschulen in den neuen Ländern von Anfang an häufiger als in den alten Ländern Leistungsüberprüfungen in Form von Klausuren und Testaten stattfinden.

Etwas häufiger als mangelnde Leistungen geben *finanzielle Gründe* den Ausschlag für einen Studienabbruch, sie haben immerhin bei einem Siebtel der Abbrecher in entscheidender Weise und bei rund einem Drittel als ein Grund unter anderen zur Exmatrikulation geführt. Auch bei diesen finanziellen Sorgen läßt sich eine Ost-West-Diskrepanz feststellen. Sie gestaltet sich allerdings nicht so, wie aufgrund der sozialen Situation zu vermuten wäre: daß nämlich in den neuen Ländern ein Studienabbruch aus Geldmangel häufiger als in den alten Ländern anzutreffen ist. Das Gegenteil ist der Fall, obwohl Studierende aus den ostdeutschen Ländern über wesentlich geringere finanzielle Mittel verfügen als ihre Kommilitonen im Westen.[3] Dies läßt sich nur mit deutlich niedrigeren Ansprüchen der ostdeutschen Studierenden in bezug auf Lebensbedingungen und Lebensweise erklären.

2 Innerhalb dieser Studie wurden zum einen alle für die Entscheidung zum Studienabbruch relevanten Gründe abgefragt, zum anderen wurden die Probanden auch aufgefordert, den für den Studienabbruch letztlich entscheidenden Grund anzugeben. Dementsprechend wird in diesem Beitrag auf die Gründe, die unter mehreren aufgeführt wurden, und auf die entscheidenden oder auschlaggebenden Gründe eingegangen.

3 Genaue Zahlen gibt dazu die von HIS durchgeführte 14. Sozialerhebung des Deutschen Studentenwerks. Danach verfügt der westdeutsche Normalstudent – das ist derjenige, der nicht mehr im Elternhaus wohnt, ledig ist und sich im Erststudium befindet - im monatlichen Mittel über 1.343 DM. Der ostdeutsche Normalstudent verfügt dagegen im Durchschnitt nur über 954 DM. (vgl. dazu: Bundesministerium für Bildung, Wissenschaft, Forschung und Technologie (Hrsg.): Das soziale Bild der Studentenschaft in der Bundesrepublik Deutschland. 14. Sozialerhebung des Deutschen Studentenwerks. Bonn 1995: 159 ff.)

Abbildung 1: Gründe für den Studienabbruch in den alten und in den neuen Ländern (in %; Mehrfachnennungen)

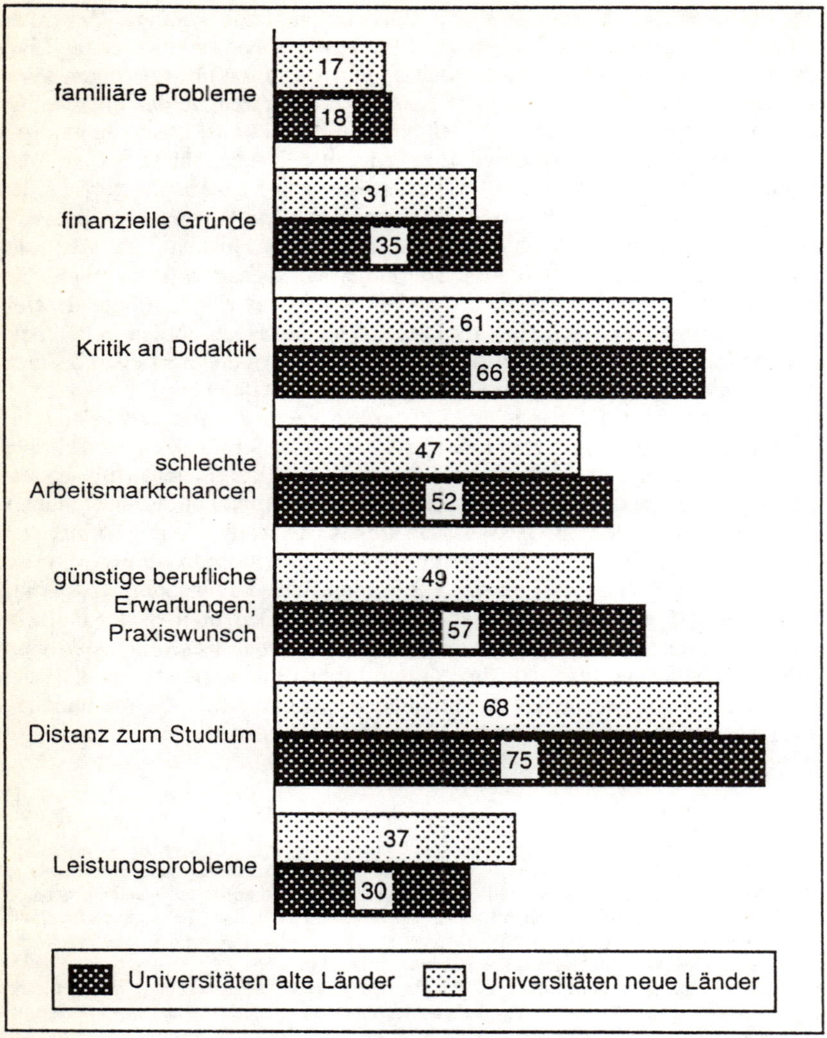

HIS-Studienabbrecherbefragung 1993/94

Im Vergleich zu Leistungsschwächen und Finanznöten kommt jedoch anderen Problemen weitaus häufiger die ausschlaggebende Bedeutung bei der Entscheidung für einen Studienabbruch zu. Das betrifft besonders Gründe, die in Beziehung mit dem Arbeitsmarkt und künftigen beruflichen Möglichkeiten stehen. Die Zeiten, in denen ein Hochschulabschluß fast automatisch einen angemesssenen Arbeitsplatz nach sich gezogen hat, gehören schon längst der Vergangenheit an. Deswegen ist der Blick auf die späteren Berufschancen und auf die Entwicklung des Arbeitsmarktes zu einem Fixpunkt studentischer Lebensgestaltung geworden. Allein ein Viertel aller Studienabbrecher gibt berufliche Gründe als entscheidend für die Aufgabe des Studiums an. Als Gründe unter mehreren spielen diese bei der Mehrheit der vorzeitig Exmatrikulierten in irgendeiner Form eine Rolle. Günstigenfalls steht dahinter das konkrete Angebot eines finanziell oder fachlich attraktiven Arbeitsplatzes, wie es sich gar nicht so selten aus einer Nebenerwerbstätigkeit ergibt, oder einfach der Drang nach praktischer Betätigung. Doch fast ebenso häufig wird die Hochschule vorzeitig und ohne Abschluß verlassen, weil man auf dem Arbeitsmarkt für sich als Hochschulabsolvent schlechte Chancen prognostiziert. Für die ostdeutschen Studienabbrecher kommt schlechten Arbeitsmarktchancen dabei etwas häufiger als für ihre westdeutschen Kommilitonen die ausschlaggebende Bedeutung bei der Exmatrikulationsentscheidung zu. Deutlich größer fällt allerdings die Differenz in bezug auf eine examenslose Beendigung des Studiums aufgrund günstiger beruflicher Entwicklungsmöglichkeiten aus. In den neuen Ländern fehlt es entweder im Vergleich zu den alten an solchen beruflichen Chancen für Studienabbrecher oder sie werden von den Studierenden noch zu wenig gesehen.

In nicht geringerem Maße verzeichnet die HIS-Studie den Befund *zunehmender Distanz zum Studium und zu seinen Inhalten*. Drei Viertel der Studienabbrecher begründen unter anderem damit ihre vorzeitige Exmatrikulation. Die Hintergründe dafür sind recht vielgestaltig. Oftmals stößt man dabei auf falsche Studienerwartungen – ein Faktum, das aus ungenügender Vorbereitung und Einstellung der Studierenden auf die Hochschule resultiert. Eine wesentliche Rolle spielt aber auch eine aus Sicht der betreffenden Studienabbrecher praxisferne, allein auf Theorievermittlung ausgerichtete Lehre. Ihr Manko ist dabei weniger das Fehlen von Praktika oder das Abarbeiten des Stoffs an beruflichen Zusammenhängen, sondern eine mangelnde Vermittlung der Sinnhaftigkeit des Lehrstoffs in bezug auf berufliche Aspekte wie in bezug auf den inneren Zusammenhang der studierten Wissenschaft. So stellt auch hier, bei diesen Motiven, vor allem berufliche und daneben allgemeine Verwertbarkeit den Maßstab dar, mit dem die Studierenden ihr Urteil treffen.

Abbildung 2: Entscheidende Gründe für den Studienabbruch in den alten und in den neuen Ländern (in %)

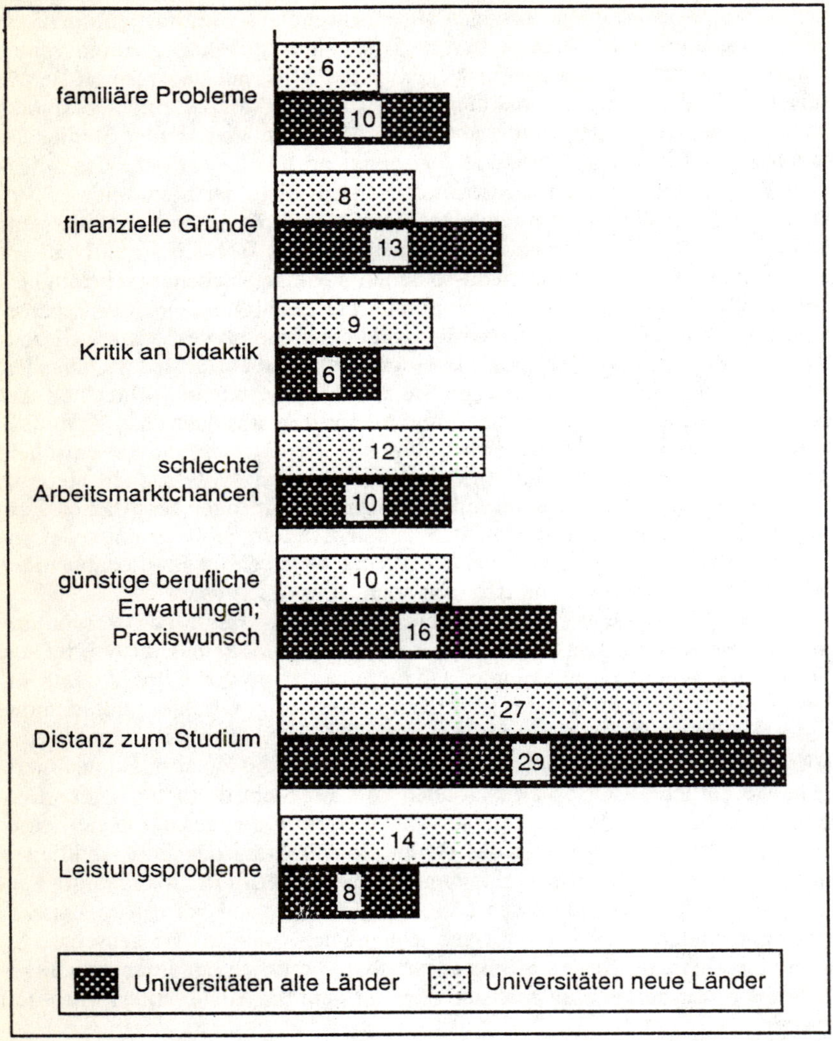

HIS-Studienabbrecherbefragung 1993/94

Des weiteren werden häufig *Studienbedingungen* wie ungenügende Betreuung durch die Dozenten, mangelhafte Studienorganisation und fehlende Orientierung als ursächlich für einen Studienabbruch genannt. Ihr Bedeutungsanstieg auch bei Studienabbrechern ist das Resultat ständig gewachsener Studierendenzahlen. Allerdings spielen ungünstige Studienbedingungen nur dann eine wesentliche Rolle, wenn es darum geht, alle für die Exmatrikulation relevanten Aspekte anzugeben; ist dagegen der entscheidende Grund gefragt, sind an ihnen vergleichsweise nur wenige Studienabbrecher gescheitert. So liegt der Schluß nahe: Problematische Studienbedingungen belasten Studienabbrecher ebenso wie ihre Kommilitonen, die weiterstudieren. Für den Studienabbruch sind sie nur selten verantwortlich zu machen, jedoch fördern sie eben durchaus die Bereitschaft, die Hochschulen ohne Examen zu verlassen.

Diese Gründe – Berufschancen, fachliche Entfremdung, Studienbedingungen – stehen bei fast zwei Dritteln der Studienabbrecher an oberster Stelle ihrer Motivskala. Der Anstieg des Studienabbruchs in den letzten zwanzig Jahren ist maßgeblich ihnen zuzuschreiben. Allen diesen Aspekten ist gemeinsam, daß sie einen bloß subjektiven oder gar persönlichen Hintergrund übersteigen. Sie stehen im Zusammenhang mit Bedingungen und Entwicklungen sowohl an den Hochschulen, aber auch zum Beispiel in der Arbeitswelt.

Die strukturellen Wandlungen, denen die Gesellschaft unterworfen ist, verlangen eine große Flexibilität in der Lebensgestaltung. Ohne die Bereitschaft zum lebenslangen Lernen, zum ständigen Neueinsteigen, zur *Mobilität* im geistigen wie im örtlichen Sinne ist ein persönlicher Erfolg kaum mehr denkbar. Das ist eine Lektion, die gerade die jungen AkademikerInnen sowohl in den alten wie in den neuen Ländern lernen müssen. Und sie scheinen es auf ihre Weise zu tun – indem sie zum Beispiel bereit sind, ihr Studium auch ohne Abschluß zu beenden, wenn dies ihnen bessere Chancen auf dem Arbeitsmarkt wie im gesamten Leben verheißt. Dementsprechend ist der Anstieg des Studienabbruchs zum Teil als eine adäquate Reaktion auf die Entwicklungen in der Wirtschaft und an den Hochschulen zu verstehen. Eine solche Schlußfolgerung führt aber zu der provokativen Frage, ob sich damit nicht eine ganze Reihe von Studienabbrüchen als in gesellschaftlicher oder volkswirtschaftlicher Hinsicht – in persönlicher sowieso – sinnvolle Entscheidung offenbaren. Und das nicht nur deshalb, weil die überwiegende Mehrheit der Studienabbrecher das im Studium Gelernte und Erfahrene als brauchbar für ihre jetzige Tätigkeit beurteilt, sondern weil eben auch eine beträchtliche Anzahl der Studienabbrecher mit ihrem unabgeschlossenen Studium ein bestimmtes Ziel erreicht hat: Sie haben aus dem Studium die Erfahrungen und das Wissen gezogen, die sie für ihre weitere berufliche und persönliche Lebensführung brauchen – und sei es die Erkenntnis, daß der eingeschlagene Studiengang sich für sie als eine Sackgasse erwiesen hat. Das gilt vor allem auch für Studienabbrecher in den ersten beiden Semestern, die durch die Erfahrungen nach Studienbeginn häufig überhaupt erst in die Lage kommen, eine ihren Interessen und Fähigkeiten angemessene Studienentscheidung zu treffen.

Diese Erwägungen bestätigen sich durch die beruflichen Perspektiven der Studienabbrecher. Ein halbes Jahr nach Exmatrikulation hat schon die überwiegende Mehrzahl von ihnen eine neue Berufskarriere eingeschlagen. Über ein Drittel ist berufstätig, und ebenfalls über ein Drittel hat eine Berufsausbildung aufgenommen. Weniger als ein Zehntel ist in den alten wie in den neuen Ländern arbeitslos. Dabei ist auch die Zufriedenheit mit ihrer neuen beruflichen Tätigkeit nicht gering. Fast zwei Drittel äußern eine hohe Zufriedenheit, und nur 8% sind mit ihrer beruflichen Situation völlig unzufrieden.

Eines ist sicher, die Entwicklung beim Studienabbruch – ähnlich etwa wie beim Teilzeitstudium, bei der geplanten Studienunterbrechung, bei den neuen Studienzugängen auch für Nichtabiturienten etc. – ist ein Zeichen für eine stärker individualisierte Gestaltung dieser Ausbildungsphase. Zeitliche und strukturelle Normen bei der Studiengestaltung werden offensichtlich immer mehr aufgebrochen. Damit dürfte für viele vorzeitig Exmatrikulierte der Studienabbruch nur eine Wortmarke sein, hinter der sich eine individuelle Anpassung an veränderte gesellschaftliche Gegebenheiten verbirgt.

Bleibt die Frage, ob damit die Hochschulen aus der Verantwortung für die Studienabbrecher genommen sind. Das kann schon deswegen nicht angehen, weil sie in der Pflicht stehen, die Studienbedingungen und den Studienverlauf so zu gestalten, daß es bei der Wahrung eines hohen Leistungsniveaus allen Studierenden, die den Studienanforderungen gerecht werden, möglich sein muß, ihr Examen nach einer Regelstudienzeit abzulegen. Dies schließt natürlich ein, daß die Hochschulen die Qualifikationen vermitteln, die für die Entwicklung in Arbeitswelt und Gesellschaft gebraucht werden. So steht eine in hohem Maße praxisferne und defizitäre Lehre auch einem flexiblen Eintritt ins Berufsleben entgegen und ist schon deswegen nicht akzeptabel. Gerade wegen dieser Ansprüche ist es jedoch für die Hochschulen ebenso wichtig, sich auf die Zukunft vorzubereiten. Die sich unter anderem beim Studienabbruch abzeichnenden Prozesse einer individualisierteren Gestaltung des Studiums gilt es zu strukturieren und zu institutionalisieren, um sie transparent und für jeden nachvollziehbar zu machen. Neue Ausbildungsformen und Abschlußarten sind also erforderlich, neuartige Studienstrukturen sollten entwickelt werden, die – und auch das ist ein Ergebnis der Studie über die Studienabbrecher – die Balance zwischen institutioneller Vorgabe und individueller Gestaltungsfreiheit einzuhalten erlauben.

Studentische Wohnverhältnisse im Wandel

Jochen Schreiber

Die Lebenslage der Studierenden in der DDR entwickelte sich vor 1989 – bedingt durch das sozialistische Gesellschafts-, Wirtschafts- und Hochschulsystem – in wesentlichen Belangen anders als in der alten Bundesrepublik. Vier Jahrzehnte getrennter staatlicher Entwicklung ließen in Ostdeutschland eine andere Hochschullandschaft entstehen. Seit 1990 ist diese nach Maßgabe des Hochschulsystems in den alten Ländern gestaltet worden. Die ostdeutschen Hochschulstudenten haben erfahren, wie sich innerhalb von nur 5 Jahren ihre Lebens- und Studienverhältnisse gravierend verändert und dabei in vielen Belangen fast umstandslos an westdeutsche Verhältnisse angepaßt haben. Trotzdem unterscheidet sich in einigen wichtigen Aspekten auch heute noch die Lebens- und Studiensituation ostdeutscher und westdeutscher Studierenden voneinander. Das rührt daher, daß sich trotz des tiefgehenden Umbruchs nicht alle Seiten der Lebenslage mit einem Schlag verändern konnten. Das betrifft vor allem solche Lebensbedingungen, die an bestimmte wirtschaftliche Voraussetzungen und eine materielle Infrastruktur gebunden sind, wie beispielsweise die Wohnverhältnisse. Die gegenwärtigen Wohnverhältnisse der Hochschulstudenten in den neuen Ländern sind deshalb erst aus dem Rückblick auf die Wohnraumversorgung in der DDR zu verstehen.

Bauen und Wohnungsversorgung waren in der DDR ein gesellschaftliches Dauerproblem. Das staatlich oder genossenschaftlich verwaltete Wohnungsangebot war stets knapp, und ganz besonders in den Großstädten herrschte erheblicher Wohnraummangel. Ein Wohnungsmarkt existierte nicht. Bis zum Ende der DDR gelang es unter diesen Bedingungen der Wohnungswirtschaft nicht, den angestrebten Anspruch – eine bedarfsgerechte Wohnungsversorgung – einzulösen. Aus dieser Bedarfs- und Notsituation heraus entschieden sich die Verantwortlichen Mitte der 60er Jahre dafür, für die Unterbringung der Studenten am Hochschulort vorwiegend Gemeinschaftsunterkünfte zu schaffen. Allein eine Internatsunterbringung ermöglichte rasche Unterkünfte für steigende Zahlen von Studierenden. Nur im Wohnheim konnte auf relativ engem Raum eine große Anzahl Studierender einquartiert werden.

Ende der 60er und Anfang der 70er Jahre wandelte sich die Unterbringung der Studierenden der DDR deutlich, und das Studentenwohnheim wurde überall zur dominierenden Form studentischen Wohnens (vgl. Abbildung 1). Das Wohnen zur Untermiete verringerte sich erheblich. Selbst der Anteil der „Elternwohner" ging zurück und verharrte dann auf einem Niveau von 10%. Insgesamt sehr niedrig blieb auch der Anteil Studierender, die in einer Wohngemeinschaft wohnten. Nur in wenigen Großstädten (z.B. in Berlin) entstanden in zumeist sanierungsbedürftigen Wohngebäuden einige studentische Wohngemeinschaften. Die hoch subventionierten Wohnungsmieten und das Wohnungsvergabesystem verhinderten zudem, daß für die Studierenden Wohnalternativen entstehen konnten.

Abbildung 1: Entwicklung studentischer Wohnformen 1969-1994 (in %, nur Unis)

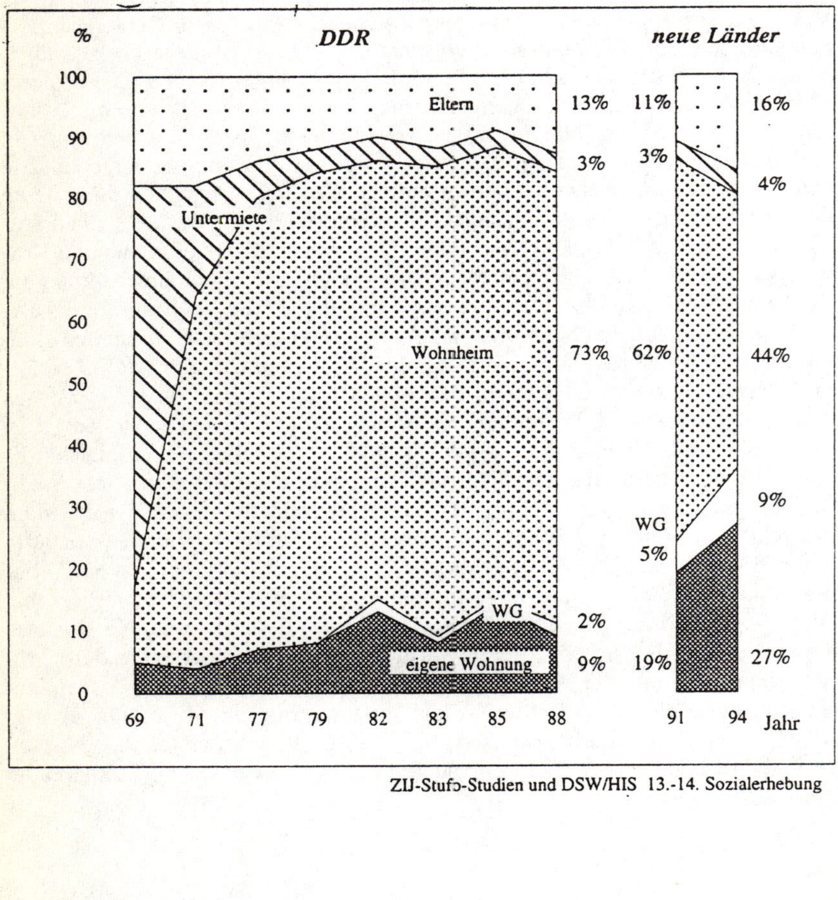

ZIJ-Stufo-Studien und DSW/HIS 13.-14. Sozialerhebung

Der Versorgungsgrad mit Wohnheimplätzen stieg zwischen 1961 und 1975 von 39% auf 80%. In den späteren Jahren waren in der DDR im Durchschnitt drei Viertel aller Studierenden in Studentenwohnheimen untergebracht. Der Ausbau des Wohnheimsystems für Hochschulstudenten setzte sich in den 80er Jahren nicht mehr fort. Der hohe Versorgungsgrad mit Wohnheimplätzen – mehr als 70% – konnte zwar gehalten werden, zumal die Studierendenzahlen kaum noch anstiegen; dies wurde bis zum Ende der DDR aber auch mit qualitativen Einbußen erkauft. Notwendige bauliche Instandhaltungs- und Sanierungsmaßnahmen konnten aus wirtschaftlichen Gründen nicht geleistet werden, und Erneuerungsinvestitionen fielen knapp aus. Das führte auch zu einem Verschleiß der Studentenwohnheime, und folglich klafften die Wohnrealität in den Studentenheimen und die Wohnansprüche der Studierenden in den 80er Jahren stärker auseinander als in den 70ern.

Charakteristisch ist, daß in den 70er als auch in den 80er Jahren die große Mehrheit der Studierenden von Studienanfang bis -ende in ein und derselben Wohnform verblieb. Diese geringe Wohnmobilität resultierte jedoch nicht aus einem Mangel an Lebensdynamik, sondern war eine direkte Folge zu geringer Wohnalternativen. Deshalb konnte es nur einem Teil der Studenten gelingen, den Wunsch nach einer eigenen Wohnung schon in der Studienzeit zu realisieren.

Seit 1990/91 hat sich unter veränderten gesellschaftlichen Bedingungen der Trend zur eigenen Wohnung merklich verstärkt (eigene Wohnung 1991: 19%, 1994: 27%), und der Anteil der Studierenden in einer Wohngemeinschaft ist gewachsen (1991: 5%, 1994: 9%). Die Wohnform der studentischen Untermiete bleibt jedoch weiter eher die Ausnahme (1991: 3%, 1994: 4%). Es läßt sich voraussagen, daß künftig in den neuen Ländern der Trend ganz eindeutig weiter zur eigenen Mietwohnung oder Wohngemeinschaft gehen wird. Das Bestreben der Studierenden, diese Wohnalternativen zu wählen, wird sowohl begrenzt von der allgemeinen Wohnungsknappheit (der angespannten Situation auf dem ostdeutschen Wohnungsmarkt) als auch von den wirtschaftlich-finanziellen Verhältnissen vieler ostdeutscher Studierender. Aus diesem Grund ist der Anteil der „Elternwohner" ebenfalls höher als zuvor (1991: 11%, 1994: 16%).

Das Studentenwohnheim behält in den neuen Ländern jedoch darüber hinaus rein quantitativ große Bedeutung. Etwas mehr als zwei Fünftel aller Studierenden an den Universitäten in den neuen Ländern leben derzeit in Studentenwohnheimen (1991: 62%, 1994: 44%). Das Wohnen im Studentenwohnheim heute unterscheidet sich jedoch wesentlich von den Bedingungen, wie sie in einem typischen DDR-Wohnheim gegeben waren. Ein auffallendes Merkmal in dieser Hinsicht ist die Belegungsdichte im Studentenwohnheim damals und heute (vgl. Abbildung 2). 1988/89 wurde in der ZIJ-Studie Student 89 ermittelt, daß 26% der Studierenden in 3-Bett-Zimmern, 35% in 4-Bett-Zimmern und 5% sogar in Zimmern mit mehr als vier Personen untergebracht waren. Demgegenüber hat sich die Situation in den 90er Jahren deutlich verbessert. Zwar wohnt auch heute noch die Mehrzahl der Studierenden mit mindestens einem Kommilitonen/einer Kommilitonin zusammen (54% zu zweit und 20% zu dritt oder auch zu viert), was dennoch einen beachtlichen Gewinn an Wohnqualität bedeutet. Noch 1991 betrug die Anzahl der Wohnheimbewohner, die zu dritt oder zu viert in einem Zimmer wohnten, mehr als die Hälfte (55%).

Abbildung 2: Belegung im Studentenwohnheim DDR (1989) und neue Länder (1991/94), in %

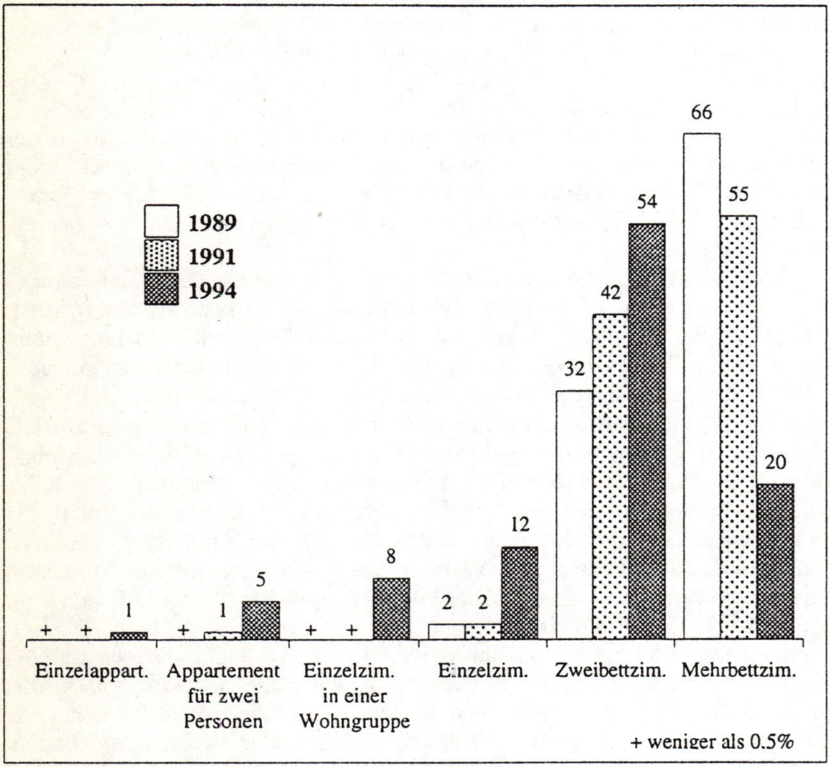

Zentralinstitut für Jugendforschung, Student 89; DSW/HIS 13.-14. Sozialerhebung

Anders Wohnen – anders Studieren

In der DDR war für Studenten das Wohnen in Gemeinschaft die Regel. Die Wohnsituation der Studenten in den Wohnheimen war jedoch nicht überall gleich. Sie unterschied sich nicht nur von Hochschulort zu Hochschulort, sondern auch in einer Hochschulstadt von Wohnheim zu Wohnheim. Es bestanden Wohnheime, in denen die Studenten ausschließlich zu zweit im Zimmer untergebracht waren. Die meisten Studierenden lebten jedoch in Wohnheimen, in deren Zimmern drei, vier und mehr Studenten zusammenwohnten. Das kollektive Wohnen der Studenten wurde nicht allein aus ökonomisch-finanziellen Gründen favorisiert. Die spezifische Wohnform „Studentenwohnheim" bot Vorteile, die sie über eine Zwangslösung mangels anderer Wohnalternativen hinaushob (vgl. Starke 1979: 138).

Das Studentenwohnheim war für die Studierenden der DDR eine so wichtige Studien- und Lebensbedingung, daß das sozialwissenschaftliche Forschungsinteresse daran nicht vorbeigehen konnte. Deshalb untersuchte seinerzeit das ZIJ in mehreren Studien den konkreten Einfluß des Wohnheims auf das Leistungs- und Sozialverhalten der Studenten. Insbesondere zielten die Analysen dahin, die Wohnbedingungen als persönlichkeitsbildende Umweltfaktoren zu erkunden und herauszufinden, wie die Wohnform „Studentenwohnheim" mit zum Studienerfolg beiträgt. Das gründete auf die Einsicht, daß sich der Student einen Großteil seiner Studienzeit im Wohnheim aufhält, vor allem dort das Selbststudium absolviert, sich aber dort auch regeneriert und seinen Freundeskreis findet. Das Wohnheimzimmer war damit Arbeits-, Studier-, Kultur-, Freizeit- und Schlafraum und nicht selten dazu noch Kinderzimmer in einem.

Das Wohnheim beeinflußte zweifellos die unmittelbare Tages- und Wochengestaltung der Studenten insgesamt, ihren Arbeits- und Lebensstil, die Effektivität des Studiums und generell die persönliche Entwicklung. Das räumliche Beieinander der Studenten erleichterte die interpersonale Kommunikation der Studierenden untereinander. Insbesondere für den fachlichen Austausch und die gegenseitige Hilfe und Unterstützung bot das Wohnheim fördernde Voraussetzungen.

Die Gleichaltrigkeit, die vergleichbaren Lebenserfahrungen, die ähnlichen Interessenstrukturen und das übereinstimmende Qualifizierungsziel der Studenten bildeten dafür die Basisfaktoren. Als ein wichtiges Belegungsprinzip galt für die Studentenwohnheime, daß in einem Wohnheim Studierende aus einer Fakultät und in den Zimmergemeinschaften Studenten aus derselben Seminargruppe[1] zusammenwohnen. Das schien für den fachlichen Austausch die besten Chancen zu bieten. Das gemeinschaftliche Wohnen eröffne-

1 nach Fachrichtung und Studienjahr eingeteilte Studentengruppe, die in der Regel gemeinsam die Lehrveranstaltungen besuchte

te außerdem im wahrsten Sinne des Wortes Räume für gemeinsame kulturelle und sportliche Unternehmungen der Studenten.

Insgesamt übte so das Zusammenwohnen im Wohnheim für die Studierenden eine „stabilisierend-orientierende Funktion" (Hoffmann 1976: 44) aus. Nachgewiesenermaßen verhalf es vor allem Studienanfängern dazu, sich schnell auf die Hochschulbedingungen einzustellen. Die Studenten konnten sich von Anfang an und in hohem Maße sozial integriert in die akademischen Umgangsformen einüben und mit den hochschulischen Leistungsanforderungen auseinandersetzen. Daraus ergaben sich dauerhafte Effekte für das kommunikative Verhalten der Studenten (Starke 1979: 139).

Das Wohnen im Wohnheim wies in sozial-kommunikativer Hinsicht Eigenarten auf, die sich aus der damaligen Wohnstruktur und Belegungspraxis in DDR-Studentenheimen ergaben. Eine dieser Besonderheiten bestand darin, daß die gruppenbezogenen Wohnverhältnisse dazu zwangen, bestimmte Normen des Zusammenlebens einzuhalten, die für individuelle Wohnformen irrelevant waren. So waren die Bewohner im Wohnheim stärker und anders als in familiären Wohnformen zur gegenseitigen Rücksichtnahme angehalten, da hier für den einzelnen begrenztere Rückzugsmöglichkeiten als in Privaträumen bestanden. Dies verlangte ein nicht geringes Maß an sozial-kommunikativem Engagement, von dem das Wohlfühlen im Wohnheim und die Qualität der Lebensbedingungen mit abhingen. Dabei führte die Gemeinschaftlichkeit und die Notwendigkeit, ständig die Interessen der anderen mitzubeachten, zu einer größeren Verhaltenskonformität. Die Handlungsfreiheit des einzelnen war in dieser Hinsicht merklich eingeschränkt. Daraus ergaben sich spezifische Konfliktsituationen. Je geschlossener eine Gruppe war, desto homogener das Verhalten der Gruppenmitglieder. Anfängliche Außenseiter standen folglich unter dem Einfluß der Gruppe und gerieten so unter Integrationszwang (Hoffmann 1976). Daß eine solche Entwicklung problematische Seiten hatte, wurde damals in einer Gefahr der Mittelmäßigkeit im Sinne eines „medio tussimus ibis" durchaus erkannt (Starke 1979). Dieser Tendenz wirkte allerdings partiell entgegen, daß die Zimmergemeinschaften den Gruppendruck in gewisser Weise auffingen. In ihnen fanden sich in der Regel Studierende zusammen, die in ihren Lebens- und Leistungszielen harmonierten. Für diese Studierenden zahlten sich der enge Umgang miteinander und die in den Alltag eingebettete Kommunikation langfristig als Leistungsvorteil aus.

Zu den Besonderheiten des gemeinschaftlichen Wohnens im Studentenwohnheim in der DDR zählte, daß das Verhalten des Studenten im Wohnheim im Vergleich zu anderen Wohnformen öffentlicher war (Hoffmann 1976). Das zeigte sich daran, daß die Aktivitäten, das Tun und Lassen eines jeden einzelnen Studenten praktisch Tag und Nacht der gegen- und wechselseitigen Bewertung unterlagen. Daraus resultierten für die Studiengestaltung sowohl stimulierende als auch hemmende Effekte. Zum einen gewann der einzelne durch die im Wohnheim direkt gegebenen vielfältigen Vergleichsmöglichkeiten der Kommilitonen untereinander eine sicherere und realistischere Selbsteinschätzung seines Leistungs- und Sozialverhaltens. Der Wohnheimstudent konnte unmittelbar und umfassend die Einstellungen, Lebensauffassung, Leistungsmotive und den Arbeitsstil von vielen Studenten kennenlernen. Er beobachtete die Studierweise und verglich das Verhältnis zwischen Aufwand und Ergebnis bei sich und anderen. Reflexion über eigenes Studienverhalten war zwangsläufig die Folge.

Vorzüge des Studentenwohnheimes

Für die jetzigen Bedingungen des Hochschulstudiums haben viele Zusammenhänge zwischen Wohnen und Studium – wie sie typisch für das Studentsein an DDR-Hochschulen gewesen sind – ihre Bedeutung verloren. Die Gemeinschaftlichkeit im Studium konstituierte sich damals auch nicht allein durch das Zusammenwohnen im Wohnheim, sondern war durch Seminargruppen institutionalisiert. Mit Studienbeginn wurden alle Studenten eines Semesters entsprechend ihrer Fachrichtung in Gruppen aufgeteilt, die bis zu 25 Mitglieder umfaßten. Sie blieben meist über das gesamte Studium hinweg in dieser Zusammensetzung bestehen. Die Zimmergemeinschaften im Wohnheim bildeten sich in der Regel aus Mitgliedern ein und derselben Seminargruppe. Selbstredend bot dies für die Kommunikation der Studierenden günstige Voraussetzungen.

Unter heutigen Bedingungen sind einige sozial-kommunikative Vorteile geblieben, die als Vorzüge des Studentenwohnheims von den ostdeutschen Studierenden auch weiter geschätzt werden (Schreiber/Schnitzer 1994). Die Kontakte zwischen den Kommilitonen können im Studentenwohnheim schnell und leicht hergestellt werden. Ohne zusätzliche organisatorische Mühe ergeben sich Verbindungen allein durch die räumliche Nähe beim Wohnen. Das Zusammenwohnen der Studierenden erleichtert die Kommunikation, vereinfacht die wechselseitige Hilfe und Solidarität im Studienalltag. Es bieten sich ausreichend Chancen zu spontaner Konversation und darauf aufbauenden zwischenmenschlichen Beziehungen, die neben dem Austausch von Informationen allgemeiner Art auch Raum für fachliche Gespräche und wechselseitige Hilfe eröffnen. Die Studierenden erleben die so vereinfachte gegenseitige Unterstützung als markanten Vorteil des Studentenwohnheims. Daraus ziehen vor allem viele Studierende der ersten Semester einen Orientierungsgewinn, der von ihnen gesucht und nicht gleichermaßen leicht in anderen Wohnformen gefunden werden kann.

Für die Mehrheit der Studierenden in den neuen Ländern ist – wie die 14. Sozialerhebung ergab – die fachliche Kommunikation mit Kommilitonen im Wohnbereich von großer Bedeutung. Verbreiteter als unter den westdeutschen Studierenden präferieren Studierende in den neuen Ländern in ihrer Wohnumgebung ein ausgeprägt studentisches Milieu. Dies ist zweifellos eine Folge der kommunikativen Nähe, die sich durch die räumlichen Bedingungen im Studentenwohnheim für viele ostdeutschen Studierende von selbst ergibt. 43% der ostdeutschen Studierenden, aber nur reichlich ein Viertel der westdeutschen (28%) legen großen Wert darauf, daß das Wohnumfeld durch einen „studentischen Lebensrhythmus" geprägt ist (vgl. 14. Sozialerhebung 1995).

Abbildung 3: Wohnwünsche der Studienanfänger in der DDR 1970, 1982 und in den neuen Ländern 1991 und 1994

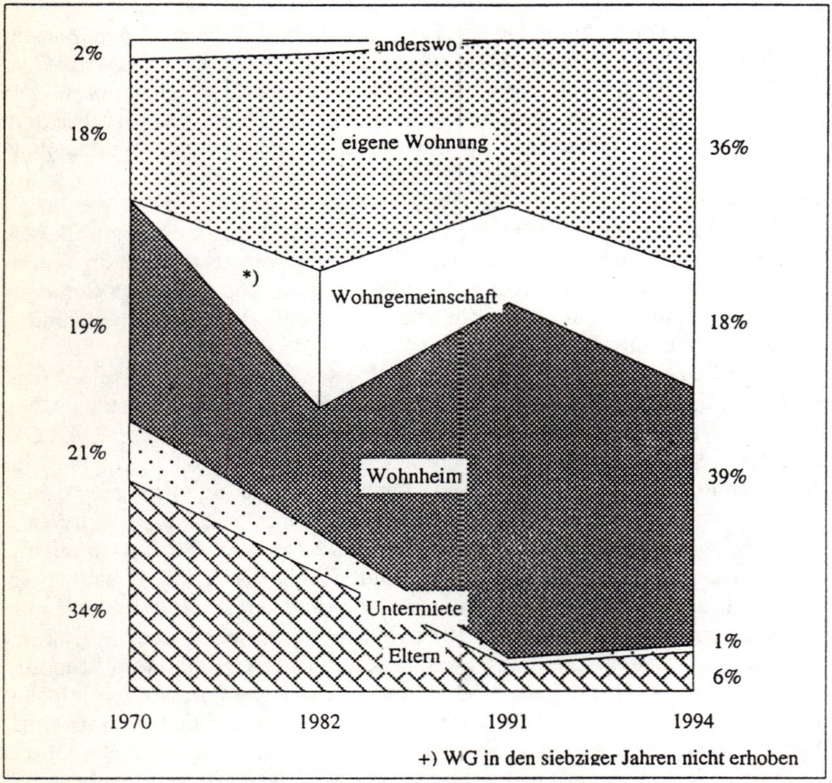

Zentralinstitut für Jugendforschung Leipzig, SIS, SIL und DSW/HIS 13. u. 14.Sozialerhebung

Selbstverständlich ist für die Studierenden der wirtschaftlich-finanzielle Aspekt des Wohnheimwohnens von enormer Bedeutung. Aus studentischer Sicht bleibt es ein unverzichtbarer Vorteil des Studentenwohnheimes, daß es im Vergleich zum freien Wohnungsmarkt eine relativ preiswerte Wohnmöglichkeit bietet.

Studentische Wohnwünsche

In den Wohnwünschen drücken sich in bestimmter Weise die Wohlstandsansprüche und die Lebensvorstellungen der Studierenden aus. Die Wohnformwahl wird im Wechselspiel zwischen Wunsch und Realisierungschancen abgestimmt. Der Wandel der studentischen Wohnwünsche spiegelt auch spezifisch die veränderten objektiven Gegebenheiten zur Verwirklichung der Wünsche wider.

In DDR-Zeiten akzeptierte ein relativ großer Anteil der Studierenden das Wohnheim als studiengemäße Wohnform. Diese generelle Zustimmung wandelte sich jedoch mit den Jahren. Anfang der 70er Jahre ergab eine Studie, daß nur noch jeder dritte Studienanfänger (34%) das Wohnheim als beste Wohnform für Studenten ansah (Abbildung 3). In den 80er Jahren artikulierten die Studienanfänger andere Wohnwünsche als die Studentengeneration zehn Jahre zuvor. Damals wünschten sich bereits in den ersten Semestern die meisten Studenten, in einer eigenen Wohnung (34%) oder studentischen Wohngemeinschaft (21%) zu wohnen. Dieser Zuwachs verringerte den Anteil derer, die das Studentenwohnheim als die beste studentische Wohnform betrachteten. In den 80er Jahren gewann die Wohngemeinschaft als Wohnwunsch an Bedeutung. Aber nur wenige konnten diesen Wunsch auch verwirklichen.

Die Wohnwünsche der ostdeutschen Studenten richteten sich lange vor der deutschen Vereinigung auf Wohnformen, die durch das Familienwohnen vorgeprägt sind: übersichtlich, selbstbestimmt, kommunikativ, mit nachbarschaftlicher Nähe nach freier Entscheidung und Ruhe zur Studienarbeit. Diese wesentlichen Bedürfnisse können vom Grundsatz her in allen studentischen Wohnformen erfüllt sein, wobei nie alle Vorzüge in einer Wohnform vereint sind. Einige Studenten ziehen gemeinschaftliche Wohnformen vor, weil sie um die damit verknüpften Momente eines studentenspezifischen Lebens, die besonderen kultur- und erlebnisbetonten Seiten solcher Wohnbedingungen wissen und sie nutzen wollen. Mit wem sie aber dann zusammen wohnen und wie sie die Wohn- und Arbeitsabläufe konkret gestalten wollten, das beanspruchen sie selbst zu entscheiden. Der insgesamt gestiegene Wunsch nach einer eigenen Wohnung ist nicht als eine generelle Ablehnung kollektiver Wohnformen zu interpretieren, denn auch heute ist bei vielen ostdeutschen Studierenden der Wunsch relativ hoch geblieben, in einem Wohnheim zu leben. Das erklärt sich zuerst aus zwei objektiven Determinanten: den Verhältnissen auf dem ostdeutschen Wohnungsmarkt und den begrenzten finanziellen Möglichkeiten der Studierenden.

Hinzu kommt als ein subjektiver Faktor jedoch noch, daß viele ostdeutsche Studenten hinsichtlich ihres Wohnumfeldes andere Prioritäten setzen (vgl. 14. Sozialerhebung 1995: 345ff.). Dies äußert sich u. a. darin, daß sie häufiger Wohnformen bevorzugen, in denen sie mit Kommilitonen zusammenwohnen (vgl. Abbildung 4). Im Wohnheim möchten viele in einem Einzelzimmer in einer WG-Struktur oder in einem Zweibettzimmer untergebracht sein. Demgegenüber wünschen sich jene westdeutschen Studierenden, die bevorzugen, im Studentenwohnheim zu leben, am meisten das Einzelappartement oder für sich allein eine Wohnung im Wohnheim.

Abbildung 4: Wohnwünsche Studentenwohnheim (in %)

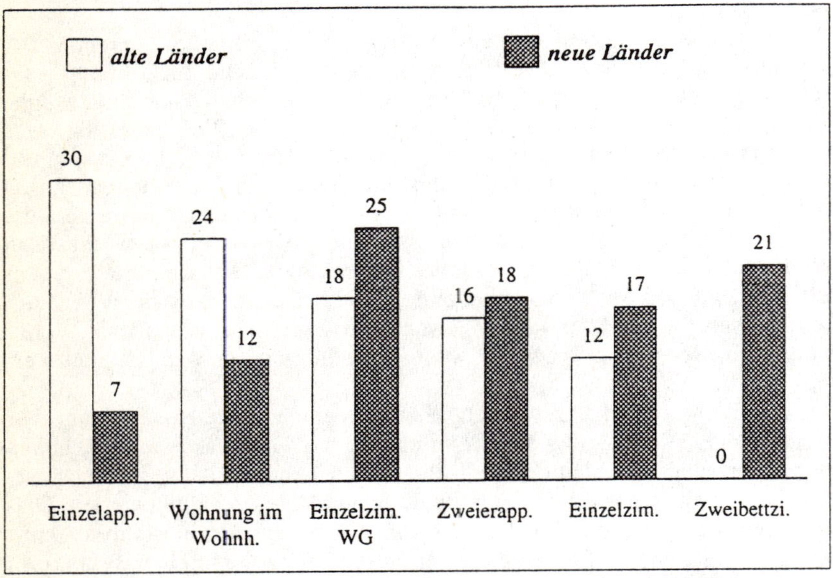

DSW/HIS 14. Sozialerhebung

Übereinstimmung zwischen Wohnform und Wohnwünschen

Die Zufriedenheit mit der momentanen Wohnsituation läßt sich an der Übereinstimmung zwischen Wohnrealität und Wohnwunsch ablesen (vgl. Tab. 1).

Tabelle 1: Übereinstimmung zwischen tatsächlicher und gewünschter Wohnform

	Wohnwünsche					
	Eltern	Untermiete	Wohnheim	Wohngemeinschaft	eigene Wohnung	insges.
Tatsächliche Wohnform						
Eltern	**21**	1	20	13	45	100
Untermiete	0	**11**	22	24	43	100
Wohnheim	1	0	**74**	13	12	100
Wohngemeinschaft	0	0	10	**64**	26	100
eigene Wohnung	0	0	7	7	**86**	100

DSW/HIS 14. Sozialerhebung

Für 86% der Studierenden in einer eigenen (Miet-) Wohnung stimmen Wohnwirklichkeit und Wohnwunsch überein. Sehr hoch ist auch der Anteil der WG-Bewohner, die in ihrer Wohnform ihren Wohnwunsch umgesetzt haben (64 %). Bei den Wohnheimbewohnern ist dieser Anteil mit 74 % ebenfalls sehr hoch. Die Übereinstimmung zwischen tatsächlicher Wohnform und Wohnwunsch bei diesen Studierenden ist insofern beachtlich, als viele Wohnheime in den neuen Ländern in ihrem Wohnstandard teilweise noch deutlich hinter den westdeutschen Studentenwohnheimen zurückstehen. In den neuen Ländern wird die Nachfrage nach Wohnheimplätzen durch das bestehende Angebot weitgehend abgedeckt. Lediglich die Belegungsdichte in den Wohnheimen entspricht noch nicht den studentischen Wünschen.

Am wenigsten Kongruenz zwischen Wohnrealität und Wohnwunsch besteht bei den Untermietern und bei den Studierenden, die noch zu Hause bei den Eltern wohnen.

Zusammenfassend kann zur Entwicklung der studentischen Wohnverhältnisse vor und nach der Wende von 1989 festgestellt werden, daß sich der damit verbundene gravierende Strukturwandel deutlich auf die Wohnverhältnisse und in den Wohnansprüchen ausgewirkt hat. Gleichzeitig wird im Vergleich zwischen alten und neuen Ländern erkennbar, daß überkommene Ansprüche an gemeinschaftliches Wohnen bei den Studierenden in den neuen Ländern noch verbreiteter sind. Dominierend ist jedoch, daß sich die Wohnformen und Wohnwünsche der Studierenden in den neuen Ländern denen in den alten Länder zunehmend angleichen.

Literatur:

Hoffmann, A.: Der Student im Wohnheim. Berlin: Institut für Hochschulbildung, 1976

Leistungsentwicklung im Studium. Leipzig: Zentralinstitut für Jugendforschung, Karl-Marx-Universität Leipzig, 1989

Leistungsorientierte Persönlichkeitentwicklung im Studium (Problemvorlage in Auswertung der Studenten-Intervall-Studie Leistung SIL A – SIL D). Leipzig: Zentralstelle für das Hochschulfernstudium des MHF, 1989 (Reihe Lehrbriefe für das Hochschulfernstudium, 7. Lehrbrief)

Schreiber, J./Schnitzer, K.: Trendanalyse zur wirtschaftlichen Lage und Wohnsituation von Studierenden in den neuen Ländern der Bundesrepublik Deutschland. Hannover: Hochschul-Informationssystem, 1994 (= HIS-Kurzinformation A 1/94)

SIL-Studie Leistungsorientierte Persönlichkeitsentwicklung im Studium. Problemvorlage in Auswertung der Studenten-Intervall-Studie Leistung SIL A – SIL D, Leipzig 1989

SIL-Studie: Studentenintervallstudie Leistung. Leipzig 1982 – 1986/87 (unveröff. Forschungsberichte)

SIS-Studie: Studentenintervallstudie Leipzig 1970-1975 (unveröff. Forschungsberichte)

Das soziale Bild der Studentenschaft in der Bundesrepublik Deutschland (zitiert als 13. Sozialerhebung des Deutschen Studentenwerkes). Bonn: Bundesministerium für Bildung, Wissenschaft, 1992

Das soziale Bild der Studentenschaft in der Bundesrepublik Deutschland (zitiert als 14. Sozialerhebung des Deutschen Studentenwerkes). Bonn: Bundesministerium für Bildung, Wissenschaft, Forschung und Technologie, 1995

Starke, K.: Jugend im Studium. Zur Persönlichkeitsentwicklung von Hochschulstudenten. Berlin: Deutscher Verlag der Wissenschaften, 1979

Statistisches Jahrbuch des Hochschulwesens der DDR 1988. Berlin: Ministerium für Hoch- und Fachschulwesen, 1988

Statistisches Jahrbuch der Deutschen Demokratischen Republik 1988. Berlin: Staatsverlag der DDR, 1988

Student 69: Studentenbefragung des ZIJ. Leipzig 1968/69 (unveröff. Forschungsberichte)

Student 79: Studentenbefragung des ZIJ. Leipzig 1978/79 (unveröff. Forschungsberichte)

Student 89: Studentenbefragung des ZIJ. Leipzig 1989 (unveröff. Forschungsberichte)

SUS-Studie: Student und Studium. Leipzig 1978 (unveröff. Forschungsberichte)

SW-Studie: Studentisches Wohnen, Leipzig 1982 (unveröff. Forschungsberichte)

Diplomierte Wendeopfer? – Gewendete Diplomierte?

Zur beruflichen Integration und zur Entwicklung von allgemeinen und beruflichen Werten von DDR-HochschulabsolventInnen – Ergebnisse einer Intervallstudie

Gustav-Wilhelm Bathke

Vorbemerkung

Es steht außer Frage: Mit dem gesellschaftlichen Umbruch in der DDR und der Vereinigung der beiden deutschen Staaten wurden in den neuen Ländern marktwirtschaftliche Strukturen geschaffen und auf der Basis der Verfassungsordnung der Bundesrepublik neue Rechts- und Sozialstrukturen aufgebaut. Daraus ergeben sich aktuell und auf lange Sicht in allen Bereichen des öffentlichen und privaten Lebens und für alle Bevölkerungsgruppen gravierende Transformationsprozesse. Diese bringen zum einen neue Möglichkeiten im Beruf und in der privaten Lebensgestaltung mit sich, erfordern aber zum anderen in mancher Hinsicht auch eine radikale Umorientierung auf das veränderte wirtschaftliche und gesellschaftliche Normengefüge. Der tiefgreifende, in seinen zeitlichen und inhaltlichen Dimensionen z.T. dissonante Strukturwandel und die damit verbundenen vielschichtigen Probleme und Hemmnisse beim Aufbau in den neuen Ländern, der wirtschaftliche und gesellschaftliche Umbau vollzieht sich nicht als eine reibungs- und konfliktlose Normenadaptation. Neuen Gestaltungs- und Partizipationsmöglichkeiten stehen ungewohnte soziale Risiken und Belastungen gegenüber (vgl. Schlegel 1995: 112; v. Wensierski 1995: 219f.). Die Pluralisierung der Lebenslagen und Lebensstile ist mit deutlichen Veränderungen in der Qualifikationsstruktur, mit Um- bzw. Dequalifizierungen, mit beachtlichen Anpassungsleistungen ebenso verbunden wie mit der „Neuregelung" der bisherigen Wertesysteme, mit der Entwicklung neuer Sicht- und Handlungsweisen. Mit der Wende ergab sich sowohl in den objektiven als auch subjektiven Bezugspunkten eine Sondersituation umfassender Transformationen (vgl. Heitmeyer 1991). Das gilt auch für Akademikerinnen und Akademiker.

Theoretisch wie praktisch dürften Transformationsprozesse, die mit den veränderten Rahmenbedingungen für die Verwertung von Qualifikationen im beruflichen Arbeitsprozeß zusammenhängen, von besonderem Interesse sein. Für die Soziologie sind in diesem Umbruchprozeß begleitende Analysen notwendig, die die realen Auswirkungen auf den einzelnen und bestimmte soziale Gruppen aufhellen. Von einmaligem Wert sind hier Intervallstudien, die Kontinuitäten und Diskontinuitäten personenbezogen in den verschiedenen Bedingungsgefügen vor und nach der Wende festhalten. Untersuchungen also, die „wirkliche" biographische Brüche und Beständigkeiten aufdecken und nicht nur – aus welchen Gründen auch immer – im nachhinein „interpretierte“. In diesem Kontext sollen anhand einer Intervallstudie objektive berufliche Integrationsverläufe und Veränderungen in den subjektiven Wertorientierungen von jungen Akademikerinnen und Akademikern vorgestellt werden.

1. Aussagegrundlagen

Im Herbst 1982 wurde von der Abteilung Studentenforschung des Zentralinstituts für Jugendforschung in Leipzig (ZIJ) in Kooperation mit weiteren Studentenforschern in der DDR unter 4.367 Studienanfängern im Direktstudium von 16 Universitäten und Hochschulen die komplexe Intervallstudie SIL (**S**tudenten-**I**ntervallstudie-**L**eistung) begonnen (vgl. Leistungsorientierte Persönlichkeitsentwicklung 1989; Bathke 1991).

Von 1982 bis 1986/87 konnten 4 Befragungswellen während des Studiums sowie eine Briefbefragung der Absolventen realisiert werden (vgl. Schreiber 1988). Nach der Wende ergab sich 1991/92 im Rahmen einer durch das BMBW geförderten Untersuchung in der Projektgruppe Absolventen des Hochschul-Informations-System (HIS) Hannover die einmalige Chance, an diese Population erneut heranzutreten (vgl. Minks/Bathke 1992; Minks/Bathke 1993a,b).

Insgesamt haben 1.254 Absolventen (655 weibliche und 599 männliche) geantwortet, und zwar: 415 Ingenieure (männlich: 310; weiblich: 105); 212 Wirtschaftswissenschaftler (40/172); 191 Lehrer (56/135); 181 Landwirte und Veterinärmediziner (73/108); 138 Mediziner (54/84); 38 Naturwissenschaftler (28/10); 27 Juristen (11/16); 23 Lehrer für das Marxistisch-Leninistische Grundlagenstudium (14/9) und 22 Musiker (10/12).

Die erreichte Rücklaufquote von 42% ist insofern beachtlich, daß fast 5 Jahre kein Kontakt bestand. Die Studie deckt gut die SIL-Population in ihrer ursprünglichen Fachrichtungs- und Geschlechterproportion ab und erlaubt aussagekräftige Informationen zu den Ingenieuren, Ökonomen, Lehrern, Landwirten und Medizinern. Für die vier kleinen Fachrichtungen lassen sich aufgrund geringer Fallzahlen nur hypothetische Aussagen treffen.

2. Zur beruflichen Integration in das Beschäftigungssystem der Bundesrepublik

Wie haben die ostdeutschen DiplomandInnen unter den neuen gesellschaftlichen Bedingungen im Beschäftigungssystem der Bundesrepublik Deutschland Fuß gefaßt?

Zur Interpretation der Ergebnisse muß vorangestellt werden, daß es sich um eine „Momentaufnahme" zum damaligen Zeitpunkt handelt. Insofern sollen weniger die Integrationsergebnisse an sich interessieren, sondern charakteristische Zusammenhänge mit Entscheidungen und Werten, die viele Jahre früher in ganz anderen Begründungszusammenhängen bestanden.

Die überwiegende Mehrheit der ostdeutschen DiplomandInnen ist auch unter den veränderten Arbeitsmarktbedingungen in Beschäftigung. 79% dieser knapp 30jährigen AkademikerInnen war zum Befragungszeitpunkt Ende 1991/Anfang 1992 der Einstieg bzw. Umstieg in das bundesdeutsche Beschäftigungssystem mit einem Full-time-job gelungen. Für diesen außergewöhnlich hohen Integrationsgrad gibt es verschiedene Erklärungsansätze, und es müssen Unterschiede in der beruflichen Integration beachtet werden:

Erstens bestätigt sich, daß *hochqualifizierte* Ostdeutsche bessere Voraussetzungen auf dem noch sehr labilen Arbeitsmarkt in den neuen Ländern hatten als gering oder gar nicht qualifizierte. Hier spielen mehrere Faktoren eine Rolle: Akademiker sind hinsichtlich der Verwertbarkeit ihrer Qualifikation für unterschiedlichste Aufgaben vergleichsweise sehr disponibel einsetzbar. Hinzu kommt, daß in vielen Bereichen Fachkräfte gebraucht werden und ganze Sektoren im Zuge des Neuaufbaus expandieren (z.B. Rechtsberatung, Banken, Versicherungen und andere Dienstleistungsbereiche).

Zweitens sind beim wirtschaftlichen Zusammenbruch der DDR vor allem *produktive Bereiche* betroffen, in denen vergleichsweise weniger Akademiker arbeiteten. Diese Gruppe der ostdeutschen Hochschulabsolventen besitzt darüber hinaus mehrjährige berufliche Erfahrung, die den Wert ihrer Qualifikation verbessert.

Drittens ist das *Alter der knapp 30jährigen* im mehrfachen Sinne von Bedeutung für die relativ gute berufliche Integration zu diesem Zeitpunkt. Zum einen befinden sich diese jungen Akademiker physisch und psychisch in einem Lebensalter mit hoher Leistungsfähigkeit. Andererseits waren sie aufgrund ihrer noch kurzen Berufstätigkeit nicht so stark in politisch und fachlich exponierte Leitungsstrukturen eingebunden, die jetzt hinderlich sein könnten.

Viertens ist der *Anteil erwerbstätiger Frauen* in der ausgewählten Alters- und Qualifikationsgruppe erwartungsgemäß hoch, dennoch ist den hochqualifizierten Frauen die berufliche Integration in die Erwerbstätigkeit aus unterschiedlichen Gründen durchgängig nicht so umfassend gelungen wie den Männern. Während 90% der Männer ihre aktuelle Erwerbstätigkeit als Vollzeittätigkeit kennzeichnen, üben nur 69% der Frauen einen derartigen Full-time-job aus. Auch unter Beachtung von Teilzeittätigkeiten, Hausarbeit und Schwangerschaftsurlaub bzw. Babyjahr sind die Diplomandinnen dieses Studien- und Altersjahrgangs zweieinhalbmal häufiger arbeitslos als Männer.

Fünftens sind *männliche Jungakademiker* häufiger in Fortsetzung ihrer bisherigen Tätigkeit kontinuierlich integriert als weibliche (38%:31%) – und haben vor allem aber über eine höhere *berufliche Mobilität* (41%:26%) den Sprung in eine Vollzeittätigkeit geschafft. Die berufliche Einbindung der Frauen wird stärker – man kann sagen: ausschließlich bei ihnen – von familiären Faktoren beeinflußt. Mit erhöhter Kinderzahl verringert sich der Anteil an Vollzeittätigen. Bei Männern hat die Art der familiären Bindung keinen Einfluß auf das Ausmaß einer Vollzeittätigkeit.

Sechstens schließlich erweist sich die Anfang der 80er Jahre getroffene *Fachrichtung*sentscheidung, die unter DDR-Bedingungen mit einer weitgehend eindimensionalen Berufstätigkeit verbunden war, als ein entscheidendes differenzierendes Merkmal der beruflichen Integration in das bundesdeutsche Beschäftigungssystem: Ärztinnen und Ärzte sind nahezu problemlos vom Arbeitsmarkt aufgenommen worden (95% der Männer und 88% der Frauen in Vollzeittätigkeit). Auch die männlichen Lehrer und Ökonomen sind mit 93% bzw. 98% hochgradig in Beschäftigung bzw. wieder erwerbstätig. Bei den Ökonomen war diese hohe Integration ins Erwerbsleben häufiger mit einem Tätigkeitswechsel verbunden (nur 25% haben übergangslos ihre Tätigkeit aus der Zeit vor der Wende weitergeführt). Im Vergleich dazu haben von den größeren Absolventengruppen die Landwirte und Ingenieure etwas häufiger Integrationsprobleme. Gemeinsam gilt in allen Fachrichtungsgruppen: Die Frauen sind im Vergleich zu den Männern erheblich seltener über Vollzeittätigkeiten in den Berufsprozeß eingebunden. So sind beispielsweise nur 57% bzw. 54% der Frauen mit landwirtschafts- und technikwissenschaftlicher Ausbildung (Männer zu je 89%) und von den Ökonominnen 74% (Männer 98%) vollzeittätig.

2.1 Arbeitslosigkeit

Zum Zeitpunkt der Befragung waren 7% der ostdeutschen Jungakademiker arbeitslos, Männer (4%) seltener als Frauen (10%). Die jungen ostdeutschen Akademikerinnen waren bereits auch häufiger arbeitslos als die Akademiker, d.h., jede vierte Frau hatte damals – zumeist erste – Erfahrungen mit dem Phänomen Arbeitslosigkeit gemacht. Frauen sind – z.T. unabhängig von der Leistung – häufiger von Arbeitslosigkeit betroffen als ihre ehemaligen Kommilitonen.

Arbeitslosigkeit und familiäre Einbindung

Die familiäre Einbindung hat insofern Einfluß auf das Ausmaß an Arbeitslosigkeit, als sich aus ihr einerseits unterschiedliche Mobilitätsmöglichkeiten ergeben und anderseits bei der Freisetzung von Arbeitskräften die familiäre Einbindung von Frauen häufiger zu ihrem Nachteil berücksichtigt wird. So sind Akademikerinnen mit voll im Erwerbsleben stehendem Partner eher von Arbeitslosigkeit betroffen als alleinstehende Frauen mit Kindern.

Arbeitslosigkeit und studierte Fachrichtung

Während ausgebildete Mediziner, Rechtswissenschaftler und auch Lehrer dieses 82er Studienanfängerjahrgangs kaum bzw. gar nicht von aktueller Arbeitslosigkeit betroffen sind, liegt die Arbeitslosenquote in den anderen aussagerelevanten Fachrichtungen der Landwirte, Ökonomen und Techniker bei 9%. Erwartungsgemäß sind und waren Diplomlehrer für das MLG häufig arbeitslos, denn ihre Ausbildung findet auf dem Arbeitsmarkt keine Verwertbarkeit.

Auf die besondere Situation der akademisch qualifizierten Frauen deutet die Tatsache hin, daß bei wirtschaftswissenschaftlicher und landwirtschaftlicher Hochschulausbildung die damalige Arbeitslosenquote dominant von den Frauen bestimmt wurde. Ingenieurinnen waren mit 20% drei- bis viermal so häufig arbeitslos wie ihre männlichen Kollegen. Insgesamt waren bereits 40% von ihnen mit Arbeitslosigkeit konfrontiert, das ist eine ähnliche Quote wie bei ihren landwirtschaftlich ausgebildeten Kolleginnen (39%).

2.2 Regionale Mobilität

Die mit den gravierenden Strukturveränderungen im Osten Deutschlands verbundenen Verwerfungen sowie die noch bestehenden Unterschiede in den Lebensbedingungen in den neuen und alten Bundesländern (Infrastruktur, Einkommen usw.) stellen in unterschiedlicher Weise Gründe für eine regionale Mobilität dar. An dieser Stelle waren zum damaligen Zeitpunkt Abwanderungen bzw. Abwanderungsabsichten in die alten Bundesländer von besonderem Interesse. 11% der etwa 30jährigen ostdeutschen AkademikerInnen arbeiten in den alten Bundesländern. Männer haben den ostdeutschen Arbeitsmarkt doppelt so häufig in Richtung Westen verlassen wie Frauen (16% vs. 7%).

Der Arbeitsmarkt in den alten Ländern einschließlich West-Berlin bietet den ostdeutschen AbsolventInnen der verschiedenen Fachrichtungen sehr unterschiedliche Chancen: Während von den befragten rechtswissenschaftlich ausgebildeten ostdeutschen AbsolventInnen keine(r) in den alten Bundesländern arbeitet, sind es von den ostdeutschen IngenieurInnen 20%. Die an ostdeutschen Hochschulen ausgebildeten IngenieurInnen haben somit auf dem westdeutschen Arbeitsmarkt besondere Tätigkeitschancen, was für die Transferierbarkeit der DDR-Ingenieurausbildung spricht. Überraschend haben neben den IngenieurInnen auch ÖkonomInnen (12%), deren Ausbildung eigentlich geringe Verwertungsmöglichkeiten erwarten ließ, überdurchschnittlich häufig Arbeit in den alten Ländern gefunden.

Die Angleichung der Lebens- und vor allem Einkommensverhältnisse im Osten an die des Westens bleibt eine vordringliche Aufgabe, um ein Abwandern von jungen, hochqualifizierten Fachkräften zu verhindern und den ostdeutschen Ländern und ihrer Wirtschaft diese dringend benötigten Ressourcen zu erhalten (vgl. Knöchel/Trier 1995: 151ff.).

3. Zur Entwicklung der allgemeinen und berufsbezogenen Werte

Wie bereits sozialwissenschaftliche Analysen vor der Wende zeigten, hat in den 80er Jahren die zunehmende Kluft zwischen den propagierten Werten des DDR-Systems und der Realität auch unter den AkademikerInnen Formen eines tendenziellen „geistigen Ausstiegs" aus dem „System" hervorgerufen (vgl. Friedrich 1990: 25ff.). Auch die jüngeren Akademikergenerationen forderten in gewissem Umfang bereits lange vor dem politischen und gesellschaftlichen Wandel ansatzweise Freiheiten ein. So wurde zunehmend ein Mangel an Freiräumen und Strukturen beruflicher Professionalität kritisiert. Solche Ansätze brachten junge Akademiker mit großen Hoffnungen verknüpft in das neue System ein. Viele Erwartungen – vor allem hinsichtlich der Geschwindigkeit des sozialen Angleichungsprozesses – waren vor diesem Hintergrund jedoch unrealistisch.

Berufliche Integration ist für den einzelnen und aufgrund der spezifischen Verhältnisse in der DDR in besonderem Maße auch für die Frauen eine unerläßliche Bedingung, um Lebensqualitäten und Lebensansprüche – vor allem auch die nach der Wende erhofften – zu verwirklichen. Dabei ist zu prüfen, welche Folgen unterschiedliche berufliche Integrations- bzw. Desintegrationsprozesse für die Herausbildung und Modifikation von Lebenszielen und von normativen Haltungen zum Beruf und zu außerberuflichen Lebensbereichen unter den veränderten gesellschaftlichen Verhältnissen haben.

3.1 Wertediskussion

Im Zusammenhang mit der Nutzung ostdeutscher Qualifikationspotentiale werden Fragen nach den Werthaltungen und grundlegenden Einstellungen von Berufstätigen in den neuen Bundesländern gestellt. Dazu gibt es erste Untersuchungen (vgl. Macharzina/Wolf/Döbler 1993, Sonderforschungsbereich 333 an der Universität München und der Außenstelle in Leipzig unter Leitung von v. Rosenstiel).

Dabei geht es um die Fragen: Was hatten ostdeutsche Berufstätige für Wertsysteme, welche Veränderungen haben sich mit der Wende vor allem in den arbeitsbezogenen Werten ergeben, in welchem Kontext stehen diese Veränderungen und schließlich welche Auswirkungen haben diese Veränderungen auf das Personalmanagement von Betrieben und Unternehmen?

Ohne im einzelnen hier Wertungen vorzunehmen, weil Aussagen über Veränderungen in den Wertorientierungen bei Ostdeutschen erst über Längsschnittuntersuchungen und nicht mit Hilfe von einmaligen Querschnittsuntersuchungen gezogen werden können, wird m.E. für die neuen Länder trotzdem „beachtlich“ drauflos interpretiert, indem bestimmte Theoriegebäude „topfdeckelartig“ paßfähig gemacht werden. So kommen z.B. die Autoren des Buches „Werthaltungen in den neuen Bundesländern“ in ihrer Zwischenbilanz der Untersuchungsergebnisse u.a. zu folgendem Schluß: „Hinsichtlich der Erwerbsarbeit in ostdeutschen Unternehmen schlägt sich der hohe Verbreitungsgrad postmaterialistischer Werte darin nieder, daß zumindest bei einem Teil der Arbeitnehmer die Bereitschaft gering sein wird, harte, körperliche Arbeit auszuüben, nur ausführende, fremdgesteuerte Arbeit zu verrichten, Arbeit fraglos, aus einem quasi selbstverständlichen Notwendigkeits- und Pflichtgefühl heraus zu tun, lange Arbeitszeiten zu ertragen sowie ein reines, einseitiges Berufsmenschentum auszufüllen. Hingegen dürfte eine hohe Bedeutung besitzen, intellektuell anspruchsvolle und sozial angesehene Arbeit (‚moderne Arbeit‘), verantwortungsvolle, sich selbst steuernde beziehungsweise selbstbestimmte Arbeit, reflektierte, sinnvolle Arbeit sowie eine erhöhte Arbeitsintensität, sofern damit auch die berufsfreie, von der Arbeit nicht beeinträchtigte Zeit länger wird (Macharzina/Wolf/Döbler 1993: 103, sich beziehend auf Hondrich 1988: 305).“

Mit unserer Untersuchung war nun die Möglichkeit gegeben, die Entwicklung der beruflichen und außerberuflichen Werte und Ziele von jungen AkademikerInnen nach der Wende zu verfolgen.

3.2 Zur Entwicklung beruflicher und außerberuflicher Lebensziele

Die Entwicklung der beruflichen und außerberuflichen Lebensziele wird beim jetzigen Auswertungsstand überwiegend noch auf der Basis eines abhängigen Kohortenvergleichs und nur z.T. auf Grundlage einer echten Intervallanalyse verfolgt. Zudem muß der Vergleich der Haltungen zu verschiedenen Lebenszielen vor und nach der Wende teilweise auf der Indikatumsebene erfolgen, d.h., aus verschiedenen Gründen konnte bei den heute verwendeten Frage- und Antwortmodellen nicht in jedem Fall die gleichen Formulierungen gewählt werden wie bei den Befragungen vor der Wende.

Wie haben sich vor dem Hintergrund der skizzierten Entwicklungen der Beschäftigungssituation die Lebensziele der jungen ostdeutschen AkademikerInnen im Vergleich zu früher entwickelt? (vgl. im folgenden immer Abb. 1).

Suche nach beruflicher Anerkennung

Erwartungsgemäß – jedoch deutlich im Widerspruch zu den von anderen Autoren herausgestellten postmaterialistischen Einstellungen – konzentrieren sich die Absolventen heute stark auf das berufliche Fortkommen. Frauen und Männern geht es gleichermaßen darum, im Beruf Anerkennung zu finden. Über 90% haben sich dies zum Ziel gesetzt. Fast die Hälfte betont dies ohne jede

Einschränkung. Am Ende des Studiums 1986/87 standen 35% einschränkungslos zu diesem Ziel, heute sind es 48%. Nach der Wende wird dieses Ziel von den AbsolventInnen der meisten Fachrichtungen deutlich häufiger mit besonderer Entschiedenheit verfolgt als beim Berufsstart vor der Wende.

Leistungsorientierungen

Mit einer hohen beruflichen Motivation verbindet sich das Bestreben, das eigene Leistungsvermögen voll auszuschöpfen. Sowohl unmittelbar nach dem Studium wie auch jetzt heben 86% (Antwortpositionen 1+2) der HochschulabsolventInnen dieses Bestreben hervor (Männer 90%; Frauen 83%).

Auch mit dem Ziel, in fachlicher Hinsicht Überdurchschnittliches zu leisten, identifizieren sich die jungen AkademikerInnen der neuen Länder heute stärker als noch zu Beginn ihres Berufslebens 1986/87. Die Bereitschaft zu überdurchschnittlichen fachlichen Leistungen war beim noch jüngeren akademischen Nachwuchs („Studierende '89") Anfang des Jahres 1989 auf einen Tiefpunkt gesunken. Viele Studierende waren zu diesem Zeitpunkt bereits beträchtlich stärker als die hier befragten jungen Akademiker in ihrem Leistungsengagement gebremst. Am Ende ihres Studiums 1986/87 hatten sich von diesen noch 40% vorgenommen, in fachlicher Hinsicht Überdurchschnittliches zu leisten, während 1989 nur noch 23% der Studierenden entsprechende Haltungen äußerten. Gegenwärtig schreiben sich 55% der AbsolventInnen dieses Leistungsziel mit Nachdruck zu (64% Männer; 47% der Frauen). Vor allem männliche Akademiker machten nach der Wende die Erfahrung, daß sich ihre Ausbildung und beruflichen Leistungen materiell und immateriell auszahlen. Solche Leistungsanreize waren für AbsolventInnen in der DDR unzureichend gegeben.

Die Geschlechtsunterschiede stehen zum einen mit der unzureichenden Nutzung der Leistungspotentiale der Frauen durch adäquate Arbeitsplatzangebote im Zusammenhang. Zum anderen aber lassen sich Frauen – unabhängig von ihrem tatsächlichen Leistungswillen – nicht so ohne weiteres und so häufig wie Männer auf einen abstrakten, von den Leistungsinhalten entleerten Leistungsbegriff festlegen.

Die Leistungsbereitschaft hat sich bei AbsolventInnen aller Fachrichtungen positiv verändert. Am häufigsten betonen heute IngenieurInnen und ÖkonomInnen, sowie MLG-LehreInnen und JuristInnen, überdurchschnittliches leisten zu wollen. Unter den AbsolventInnen der Ökonomie und der Technik – die sich in der DDR besonders unzureichend herausgefordert sahen – ist der größte Anstieg zu verzeichnen (vgl. Minks/Bathke 1993a; Bathke/Minks 1993: 286).

Familienorientierung

Heute sind 73% der jungen AkademikerInnen verheiratet, 79% haben Kinder. Daher ist es nicht verwunderlich, daß ein gleichfalls beachtlicher Teil der AbsolventInnen neben hoher beruflicher Einsatzbereitschaft eine starke Familienorientierung zeigt. Entsprechend wollen sich vier von fünf jungen AkademikerInnen der Familie widmen (39% Antwortposition 1). Das gilt für Männer wie für Frauen, wobei Frauen sich diesem Lebensbereich noch entschiedener zuwenden wollen (44%:34%). Es kann dabei unterstellt werden, daß das familiäre Engagement für Frauen und insbesondere Mütter im allgemeinen andere und weiterreichende Bezugspunkte enthält als für Männer. Nach wie vor sind die Rollen in der Familie nach dem Geschlecht traditionell verteilt. Auch dürfte gerade die aktuell unzureichende berufliche Integration vieler Frauen einen „Rückzug" in die Familie bewirken. Hinzu kommt, daß die Ungleichzeitigkeit zwischen den realen Möglichkeiten, die Frauen auf der Basis der staatlichen Förderung der DDR hatten, und der Leugnung der „Frauenfrage" als ein in der DDR-Gesellschaft existentes Problem, heute beträchtliche Defizite in der Wahrnehmung und Verarbeitung der Chancenungleichheit von Frauen in den neuen Ländern nach sich zieht.

Die Verbindung von beruflichem Engagement und Familienorientierung ist für ostdeutsche AbsolventInnen charakteristisch. Sie sind meist schon während ihres Studiums feste Partnerbindungen eingegangen. Diese Besonderheit der Studenten- und Absolventengenerationen der DDR findet bei den heutigen Hochschulstudenten schon keine Nachahmung mehr. Die DDR-typische Normalität, Beruf und Familie unter einen Hut zu bringen, bedeutete für ostdeutschen Akademikerinnen nicht, aus dem Beruf auszuscheiden. Hier allerdings deuten sich Veränderungen an. Heute können sie seltener gleichermaßen sowohl berufliche als auch familiäre Ziele realisieren und müssen im Vergleich zu den direkt nach dem Studium bekundeten Positionen Abstriche an ihrer Familienorientierung machen.

Soziale Orientierung

Zu den ausgeprägten normativen Werten zählten in der DDR soziale Einstellungen. Engagement für andere Menschen gehört auch heute zu den erstrangigen Bestrebungen: 65% der Männer (Antwortposition 1=22%) und 71% der Frauen (30%) wollen sich für andere Menschen einsetzen. Die jungen AkademikerInnen identifizieren sich heute jedoch gegenüber ihrer Berufsstartphase 1986/87 seltener mit sozialen Orientierungen. So war es nach Ende des Studiums 49% der Absolventen und 63% der Absolventinnen sehr wichtig (Antwortposition 1, damals in einem 6stufigen Antwortmodell), durch ihre Arbeit anderen Menschen nützlich zu sein, ihnen helfen zu können. Die Entschiedenheit, mit der die Absolventen heute solche sozialen Orientierungen verfolgen, ist in der Tendenz rückläufig.

Abbildung 1: Berufliche und außerberufliche Lebensziele von HochschulabsolventInnen am Ende ihres Studiums 1986/87 und nach der Wende 1991/92 (Antwortpositionen 1 + 2; in %)

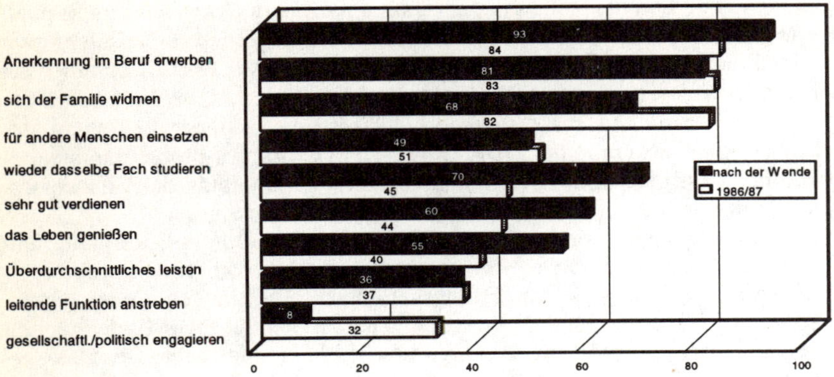

Wohlstandsorientierung

Nach der Wende wurde materielles und auf Lebensgenuß bezogenes Streben weiter freigesetzt (s. auch Friedrich 1990: 36; Starke 1995). Hier offenbart sich ein gewisser Nachholebedarf. Gerade die jungen HochschulabsolventInnen in der DDR gehörten nicht zu den besonders gut bezahlten gesellschaftlichen Gruppen. Sie waren und sahen sich im Vergleich zu den Gleichaltrigen, die nach der allgemeinbildenden Schule berufsbildende Wege mit schnellem Berufseinstieg eingeschlagen hatten, materiell benachteiligt. Die Wende hat nun einem Teil von ihnen neue Möglichkeiten eröffnet, in Verbindung mit ausbildungsadäquater Arbeit und leistungsbezogenerer Entlohnung erhoffte Lebensziele – wie Reisen und Konsum – zu verwirklichen. Geld hat dabei heute einen anderen Stellenwert als früher. 70% der AkademikerInnen wollen künftig gut verdienen. Nach dem Studium 1986/87 identifizierten sich nur 45% (51% Männer, 40% Frauen) mit diesem Ziel. Trotz des deutlichen Anstiegs haben sich die Unterschiede zwischen Frauen und Männern erhalten. Unter TechnikerInnen, ÖkonomInnen, LandwirtInnen und LehrerInnen ist der Anteil derer, die stark auf hohes Einkommen abzielen, besonders deutlich angestiegen.

Rund 60% der AkademikerInnen heben heute besonders hervor, daß sie in der Zukunft das Leben genießen wollen. Je nach Fachrichtung sind es zwischen 39% und 73%. Auch wenn sich in dieser Beziehung bereits vor der Wende ein Mentalitätswandel andeutete (vgl. Friedrich 1990), ist beim Vergleich mit Urteilen vor der Wende zu berücksichtigen, daß gerade unter AkademikerInnen in der DDR das Thematisieren von Genußstreben nicht opportun war.

Die verbreitete Annahme, daß sich solche hedonistischen Ziele und produktive, auf hohe Leistungen bezogene Lebensorientierungen gegenseitig ausschließen, trifft allerdings keineswegs zu. Leistungs- und Genußorientierung gehen heute bei den Absolventen häufig zusammen.

Streben nach Führungsverantwortung

In relativ geringem Maße sind die jungen AkademikerInnen bestrebt, leitende Funktionen zu übernehmen. Bereits in den 80er Jahren ging unter den DDR-HochschulabsolventInnen die Motivation zur Übernahme von Leitungs- und Führungsfunktionen immer stärker zurück. Zwar war ein Teil von ihnen grundsätzlich dazu bereit, knüpfte allerdings Bedingungen daran, wie z.B. die Möglichkeit, eigene Ideen durchzusetzen und zu verantworten, wirklich etwas sagen und entscheiden zu können. Diese Bedingungen sahen viele jedoch unzureichend erfüllt. Zwar streben heute ähnlich viele Absolventen nach Führungspositionen wie vor der Wende (36% : 37%), jedoch wird häufiger als früher geringer Wert darauf gelegt (vor der Wende 17%; heute 39%). Das Streben von Frauen und Männern nach einer leitenden Tätigkeit hat sich dabei weiter auseinanderentwickelt: Während heute 46% der männlichen Akademiker eine leitende Funktion übernehmen würden (etwas häufiger als früher), hat sich bei den Akademikerinnen der Anteil von einem Drittel auf ein Viertel reduziert. Durch die neuen Entwicklungen werden Männer deutlich stärker motiviert, Verantwortungspositionen im Beruf zu tragen. Dagegen werden hochqualifizierte ostdeutsche Frauen durch die Erfahrungen ihrer beruflichen Desintegration wenig dazu angereizt.

AbsolventInnen der verschiedenen Fachrichtungen streben in unterschiedlichem Maße leitende Positionen an. Dabei muß berücksichtigt werden, daß das Erreichen oder Erstreben leitender Positionen in den einzelnen Berufsfeldern unterschiedliche Realisierungschancen bzw. subjektiv verschiedenes Gewicht hat. Für die Mehrheit der LehrerInnen oder MusikerInnen z.B. kann eine solche Orientierung nur in geringem Maße relevant sein.

Politische Mitwirkungsbereitschaft

Nahezu ausgestiegen sind die jungen ostdeutschen AkademikerInnen aus dem politisch-gesellschaftlichen Engagement. Am Ende ihres Studiums war unter DDR-Bedingungen noch ein Drittel bereit, sich zu engagieren und eine gesellschaftliche Funktion zu übernehmen; 17% verneinten dies damals mehr oder weniger. Dabei hatte Mitte der 80er Jahre im Vergleich zu den 70er Jahren unter HochschulabsolventInnen die Bereitschaft zur Übernahme von gesellschaftlichen Funktionen schon beträchtlich abgenommen; reservierte Haltungen traten häufiger auf – ungeachtet dessen, daß gesellschaftliche Funktionen nicht nur sozial erwünscht, sondern zugleich ein wichtiges Karrieremedium waren (vgl. Starke 1995: 38f.).

Heute äußern noch 8% (Antwortpositionen 1+2) die Absicht, sich politisch zu engagieren. Ein solcher Rückzug aus gesellschaftspolitischem Engagement ist besonders stark bei den Akademikerinnen festzustellen. Dabei zeigten sie sich unter DDR-Bedingungen keineswegs politisch unengagiert. Heute ist für 80% der Akademikerinnen politisches Engagement nicht mehr von Interesse, 51% schließen es vollständig aus.

Ob diese Entwicklung Ausdruck einer grundlegenden Entpolitisierung ist oder ob sich die HochschulabsolventInnen nur vorübergehend politischen Engagements enthalten, weil die Auflösung der alten und eine gewisse Fremdheit der neuen politischen Ordnung noch Unsicherheiten im Finden politischer Standorte hervorruft, muß näher untersucht werden.

Fachverbundenheit

Wenn auch zu DDR-Zeiten politisch-ideologische Motive als entscheidend für das Leistungsengagement herausgestellt wurden, so belegten doch empirische Daten der Studentenforschung, daß statt dessen im wesentlichen fach- und berufsbezogene Orientierungen die Motivation der Studierenden bestimmten. Bereits bei Studienbeginn offenbarten sich enorme – vor allem fachspezifische – Unterschiede im Motivationsniveau der Studierenden. Im Durchschnitt war nur jede(r) dritte StudienanfängerIn – trotz aller hochgestellten Studienerwartungen – sehr stark mit dem Studienfach verbunden. Formale Zugangskriterien, das z.T. geringe soziale Image einzelner Fachrichtungen, eine unzureichende fachspezifische Tätigkeit vor dem Studium und eine (damit im Zusammenhang stehende) Uninformiertheit über Studienanforderungen wirkten sich auf die Fachmotivation negativ aus (vgl. Leistungsorientierte Persönlichkeitsentwicklung 1989).

Am Ende des Studiums hätte sich retrospektiv nur die Hälfte der AbsolvenInnen erneut für ihr Studienfach entschieden. Noch am höchsten war der Anteil (mit über zwei Dritteln) bei den MedizinerInnen und LandwirtInnen, am niedrigsten (mit einem Drittel) bei den WirtschaftswissenschaftlerInnen. Heute würde zwar ebenfalls nur die Hälfte der AbsolventInnen aus den neuen Ländern wieder das gewählte Fach studieren. Charakteristisch sind aber sehr unterschiedliche Entwicklungen für die einzelnen Fachrichtungen, die zweifellos von der beruflichen Verwertung der Ausbildung bestimmt werden. JuristInnen und vor allem die vor der Wende für ihre geringe Fachverbundenheit bekannten ÖkonomInnen wären heute häufiger als früher bereit, wieder ihr Fach zu studieren. Eine ähnlich positive Entwicklung ist bei IngenieurInnen und NaturwissenschaftlerInnen zu verzeichnen. Dagegen hat sich die ursprünglich starke Fachverbundenheit bei den MedizinerInnen und vor allem bei LandwirtInnen reduziert (vgl. Bathke/Minks 1993).

Zusammenhang zwischen beruflicher Integration und Lebenszielen

Die beruflichen und außerberuflichen Ziele der AkademikerInnen stehen ganz maßgeblich in Beziehung zu ihrer aktuellen beruflichen Integration, der Verwertbarkeit ihrer erhaltenen Hochschulausbildung unter den neuen marktwirtschaftlichen Bedingungen und ihrer familiären Lebenssituation.

Ganze Bündel geschlechtstypischer Ausgangsbedingungen nach der Wende führen dazu, daß vordergründig ähnliche Lebenssituationen (z.B. Arbeitslosigkeit, Familie, Kinder) für Frauen in einem ganz anderen Folgenkontext stehen als für Männer. So können sich arbeitslos gewordene Männer viel sicherer sein, wieder einen Arbeitsplatz zu erhalten, als Frauen. Die den Männern angebotenen Aus- und Weiterbildungsmaßnahmen haben einen weit stärkeren Integrationsbezug. Selbst bei starker familiärer Orientierung der Männer ist ihr Anteil an der Bewältigung der familiären Belastungen im allgemeinen deutlich geringer als der der Frauen. Daraus erklärt sich, daß Männer sich in ihren beruflichen und außerberuflichen Orientierungen den berufsbezogenen Zielen stärker zuwenden.

Bei den Akademikerinnen sind berufliche, leistungsbezogene aber auch familiäre und konsumtive Ziele weit stärker als bei ihren männlichen Kollegen an eine bereits erfolgreich realisierte berufliche Integration gebunden. Arbeitslosigkeit – gerade in Verbindung mit einem „Zurück an den Herd" – wirkt sich bei den Akademikerinnen beruflich besonders demotivierend aus und läßt sie deutlich seltener zu ihrer mit dem Hochschulstudium getroffenen Berufsentscheidung stehen. Arbeitslose Akademiker – die relativ wenigen Männer, die das betrifft – bekunden in dieser Situation hingegen besonders häufig leistungsbezogene aber auch auf materiellen Wohlstand und Lebensgenuß gerichtete Ziele (vgl. Bathke/Minks 1993: 287).

4. Zusammenfassung

Die Ergebnisse bestätigen die Gültigkeit einer traditionellen Erkenntnis bundesdeutscher Beschäftigungsanalysen für die ostdeutsche Beschäftigungssituation: Eine breite Bildung und eine hohe berufliche Qualifikation sowie entsprechende Berufserfahrungen bieten jüngeren Altersjahrgängen – vor allem männlichen Akademikern – günstigere Chancen auf dem Arbeitsmarkt. Insofern zählen die diplomierten AbsolventInnen des ausgewählten Jahrgangs keinesfalls zu den Wendeopfern.

Weiterhin bestätigt sich aus der Sicht der vorliegenden Absolventenuntersuchung, daß der berufliche Transformationsprozeß in den neuen Ländern ungleiche Chancen und Risiken für verschiedene Bevölkerungsgruppen impliziert und nicht geschlechtsneutral verläuft (vgl. Schlegel 1995: 111). Auch innerhalb der HochschulabsolventInnen laufen die Ergebnisse darauf hinaus, daß Frauen häufiger, länger und öfter aus dem beruflichen Arbeitsprozeß ausgeschlossen werden (vgl. Hahn 1995: 171). Bei beruflicher Integration in den Arbeitsprozeß müssen sie häufiger als Männer mit vergleichbaren Qualifikationen Konzessionen in Bezug auf das Einkommen, auf den qualifikations- und fachbezogenen Einsatz machen. Beim Bemühen, über die Teilnahme an Fortbildungs- und Umschulungsmaßnahmen ihre Arbeitsmarktchancen zu verbessern, laufen sie weit häufiger als Männer in eine Sackgasse. Gerade Umschulungsmaßnahmen sind aus Sicht dieser hochqualifizierten Akademikerinnen in der Regel Dequalifizierungen (vgl. Hahn 1995: 183; Stapelfeld 1995: 187). Aus dieser Sicht müssen die hochqualifizierten Frauen häufiger zu den diplomierten Wendeopfern gerechnet werden, und sie sehen sich selber als solche.

In den Lebenszielen der ostdeutschen AkademikerInnen spielen eng verquickt sowohl berufliche und familiäre als auch auf Lebensgenuß bezogene Orientierungen eine beachtliche Rolle. Materielles und auf Lebensgenuß gerichtetes Streben hat ebenso an Bedeutung gewonnen wie leistungsorientiertes berufliches Wirken. Die Ursachen für die relativ geringe Bereitschaft, Führungsaufgaben zu übernehmen, und der starke Ausstieg aus gesellschaftspolitischem Engagement sind ambivalent. Die noch in mancher Hinsicht ungewohnten betrieblichen Strukturen sowie eine gewisse Fremdheit des westdeutschen Parteienspektrums und der Formen politischer Betätigung, Auseinandersetzung und Entscheidungsfindung dürften dabei ebenso eine Rolle spielen wie die Auflösung der gewohnten betrieblichen, politischen und gesellschaftlichen Betätigungsformen und -felder. Diese Entwicklung ist dann problematisch, wenn sie für größere Teile der AkademikerInnen der neuen Länder nicht nur eine Übergangsphase bleibt und sich daraus überdauernde Motivstrukturen herausbilden. Die fachliche, soziale und politische Kompetenz der jungen AkademikerInnen wird sowohl für die ökonomische als auch für die Demokratieentwicklung in den neuen Ländern gebraucht. Familiäre und soziale Orientierungen haben nach wie vor einen hohen Stellenwert; in diesen Bestrebungen sind jedoch regressive Tendenzen zu erkennen.

Die geschlechtstypischen Unterschiede in den objektiven beruflichen und familiären Bedingungen bestimmen entscheidend die davon abgeleiteten unterschiedlichen subjektiven Bewältigungsstrategien. Gleichzeitig darf nicht übersehen werden, daß sich wesentliche berufliche Orientierungen, die eine erfolgreiche Integration in das marktwirtschaftliche Beschäftigungssystem erleichtern, z.T. schon vor der Wende herausgebildet haben – sei es auch nur in Form eines inneren Rückzuges aus den DDR-spezifischen Handlungs- und Entscheidungsmustern, nicht selten aber auch in Form von Handlungen, die dem Primat der zentralen Lenkung des beruflichen Einsatzes und der Karrierefindung zuwiderliefen.

Bei allen Problemen im Detail: Die jungen ostdeutschen AkademikerInnen zählen innerhalb der neuen Länder zu den Bevölkerungsgruppen, die – trotz aller Probleme, die der Neuaufbau den einzelnen brachte – mit den teilweise sehr schwierigen Begleiterscheinungen relativ gut zurechtkommen und von der deutschen Einheit schon jetzt gewissermaßen beruflich profitieren. Jede(r) fünfte ostdeutsche AbsolventIn bekundet, daß die deutsche Vereinigung ihr/ihm persönlich vor allem Vorteile gebracht hat. Ein weiteres Drittel kommt zu dem Schluß, daß die Vorteile die Nachteile insgesamt überwiegen, so daß sich bei über der Hälfte der Akademiker der Vereinigungsprozeß vorwiegend mit persönlichen Vorteilen verbindet.

Ein entscheidender Maßstab für die Beurteilung der deutschen Einheit aus persönlicher Sicht ist eine möglichst dem akademischen Abschluß entsprechende Beschäftigung. Kann diese nicht gewährleistet werden, ziehen die AbsolventInnen eine negativere Bilanz. Neu gewonnene Freiheiten können einen Ausschluß aus dem Arbeitsprozeß nicht kompensieren. Das trifft vor allem auf ostdeutschen Akademikerinnen zu (15%), die überwiegend persönliche Nachteile unterstreichen. Sie zählen sich zu den Verlierern des Vereinigungsprozesses.

Für die ostdeutschen Akademikerinnen haben sich aus dem Vereinigungsprozeß der beiden deutschen Staaten weit häufiger Nachteile ergeben als für die Männer. Frauen haben von den Chancen für erfüllte Arbeitsaufgaben und perspektivreiche Tätigkeiten weniger profitiert. Die ostdeutschen Akademiker heben fast doppelt so häufig wie Akademikerinnen (28%:15%) überwiegend persönliche Vorteile hervor. Damit zeigt sich ein wesentlicher Scheidepunkt: Während die Mehrheit der Männer (63%) eindeutig Positives aus dem Prozeß der deutschen Vereinigung für sich verbucht, gibt es bei den Frauen dafür keine Mehrheit. Bei 38% der Akademikerinnen und 27% der Akademiker zeigt sich eine ausgeglichene Bilanz von Vor- und Nachteilen. Für doppelt so viele Frauen wie Männer verbinden sich mit der Vereinigung Nachteile in ihren persönlichen Biographien (20%:10%).

Insgesamt sprechen die Ergebnisse zur beruflichen Integration und zur Entwicklung der allgemeinen und berufsbezogenen Werte jedoch dafür, daß die hier thematisierte pauschale Charakterisierung der ostdeutschen Akademikerinnen als „Diplomierte Wendeopfer? – Gewendete Diplomierte?“ einer differenzierten Betrachtung nicht standhält.

Literatur:

Bathke, G.-W.: Jugend in der Hochschule. In: Friedrich, W./Griese, H. (Hrsg.): Jugend und Jugendforschung in der DDR. Gesellschaftspolitische Situationen, Sozialisation und Mentalitätsentwicklung in den achtziger Jahren. Opladen: Leske + Budrich 1991

Bathke, G.-W./Minks, K.-H.: Allgemeine und berufliche Werte von Hochschulabsolventen der ehemaligen DDR im Spannungsfeld des gesellschaftlichen Umbruchs. In: Das Hochschulwesen 6/1993, S. 281-288

Büchner, P./Fuhs, B./Krüger, H.-H. (Hrsg.): Vom Teddybär zum ersten Kuß. Wege aus der Kindheit in Ost- und Westdeutschland. Opladen: Leske + Budrich, 1996

Friedrich, W.: Mentalitätswandel der Jugend in der DDR. In: Aus Politik und Zeitgeschichte. Beilage der Wochenzeitung Das Parlament, B 16-17/1990, S. 25-37

Hahn, T.: Frauen und Arbeitslosigkeit. In: Sydow, H./Schlegel, U./Helmke, A. (Hrsg.): a.a.O., S. 171-186

Heitmeyer, W.: Politische Orientierungen bei westdeutschen Jugendlichen und die Risiken von deutsch-deutschen Vergleichsuntersuchungen. In. Büchner, P./Krüger, H.-H. (Hrsg.): Aufwachsen hüben und drüben. Deutsch-deutsche Kindheit und Jugend vor und nach der Vereinigung. Opladen: Leske + Budrich, 1991, S. 243-253

Hondrich, K. O.: Verwandlungen, Verlagerungen und Grenzen der Leistungsbereitschaft. In: Hondrich, K. O., u.a. (Hrsg.): Krise der Leistungsgesellschaft. Opladen: Leske + Budrich, 1988, S. 287-335

Knöchel, W./Trier, M.: Arbeitslosigkeit und Qualifikationsentwicklung. Perspektiven der beruflichen Weiterbildung in einer Gesellschaft im Übergang. (= edition QUEM: Studien zur beruflichen Weiterbildung im Transformationsprozeß, Bd. 5), Münster/ New York: Waxmann, 1995

Leistungsorientierte Persönlichkeitsentwicklung im Studium (Problemvorlage in Auswertung der Studenten-Intervallstudie Leistung SIL A – SIL D). 7. Lehrbrief Soziologie, Lehrbriefe für das Hochschulstudium, Hrsg. von der Zentralstelle für das Hochschulfernstudium des Ministeriums für Hoch- und Fachschulwesen, Leipzig Mai 1989

Macharzina, K./Wolf, J./Döbler, T.: Werthaltungen in den neuen Bundesländern. Strategien für das Personalmanagement. Wiesbaden: Gabler GmbH, 1993

Minks, K.-H./Bathke, G.-W.: Berufliche Befindlichkeit von Ingenieurinnen in den neuen Ländern. HIS Kurzinformation, A 1/1993, Hannover März 1993b

Minks, K.-H./Bathke, G.-W.: Berufliche Integration und Weiterbildung von jungen ostdeutschen Akademikern. HIS Hochschulplanung 96 Hannover 1992 (als HIS Kurzfassung A 2/1993, Hannover März 1993c)

Minks, K.-H./Bathke, G.-W.: Berufliche Integration und Weiterbildung von Ingenieurinnen aus den neuen Ländern. BMBW-Reihe Aktuell – Bildung – Wissenschaft, 3/ 1993a

Minks, K.-H.: Absolventenreport Wirtschaftswissenschaften. BMBW-Reihe Aktuell – Bildung – Wissenschaft 6/1992

Schlegel, U.: Ostdeutsche Frauen in neuen gesellschaftlichen Strukturen. In: Sydow, H./Schlegel, U./Helmke, A. (Hrsg.): a.a.O., S. 111-128

Schreiber, J.: Erfahrungen und Probleme von Hochschulabsolventen im ersten Berufsjahr. Auswertung der SIL-D-Absolventenbriefe. Leipzig: ZIJ, 1988 (unveröff. Forschungsbericht)

Stapelfeld, M.: Qualifizierungsoptionen arbeitsloser Frauen aus Jena (Thüringen). In: Sydow, H./Schlegel, U./Helmke, A. (Hrsg.): a.a.O., S. 187-198

Starke, U.: Wertorientierungen nach der Wende. In: Sydow, H./Schlegel, U./Helmke, A. (Hrsg.): a.a.O., S. 23-43

Sydow, H./Schlegel, U./Helmke, A. (Hrsg.): Chancen und Risiken im Lebenslauf: Beiträge zum gesellschaftlichen Wandel in Ostdeutschland. Berlin: Akademie Verlag, 1995 (= KSPW: Transformationsprozesse)

Wensierski v., H.-J.: Abschied von der DDR – Zur Biographisierung eines gesellschaftlichen Transformationsprozesses. In: Krüger, H. H./Marotzki, W. (Hrsg.): Erziehungswissenschaftliche Biographieforschung. Opladen: Leske + Budrich 1995 (= Studien zur Erziehungswissenschaft und Bildungsforschung, Bd. 6), S. 218-238

Landjugendliche im Osten Deutschlands

Thomas Gericke

Raum ist nicht nur eine geographische, sondern wird durch die jeweilige Konfiguration „physischer Gegenstände" in besonderer Weise auch zu einer sozialen Kategorie, indem die jeweilige Konfiguration – vermittelt durch Wahrnehmung und Interpretation und die Machtverteilung unter den Akteuren – die verfügbaren Handlungsalternativen bestimmt (Linde, zit. nach Schäfers 1992: 243).

Ein so gefaßtes Verständnis von Raum als sozialer Kategorie läßt den Schluß zu, daß z.B. die – den gewachsenen natürlichen Unterschieden zwischen urbanen, städtischen und ländlichen Räumen folgenden – strukturellen Unterschiede gleichbedeutend sind mit Unterschieden in den Sozialisationsbedingungen verschiedener Räume. (vgl. hierzu auch: Harvey 1982, Castells 1983)

Was machte in der DDR diese sozialisationsrelevanten Unterschiede zwischen Stadt und Land aus? Da waren einerseits die traditionellen Unterschiede zwischen Stadt und Land, wie sie in allen Gesellschaften zu finden sind: im Gegensatz zur Stadt keine „großen" Siedlungen, keine Siedlungen mit großer Bevölkerungsdichte, das Dorf als Siedlungstyp nicht Zentrum der Kultur, der Wissenschaft und der Bildung; dementsprechend fanden sich auch Unterschiede in der Sozialstruktur zwischen städtischen und ländlichen Regionen. (Grundmann 1981: 107 u. 126) Viele Parameter weisen darauf hin, daß diese traditionellen Unterschiede zwischen Stadt und Land in den alten Bundesländern im Gefolge einer veränderten Funktionszuweisung des ländlichen Raumes noch markanter waren und sind. (Gatzweiler 1993: 18) Sozialisationsrelevant dürften auch die im Gegensatz zur Stadt naturnähere Lebensweise und die aus der traditionellen dörflichen Lebensweise resultierende soziale Vernetzung der Menschen sein. DDR-typisch war andererseits die Prägung des ländlichen Raumes durch die Agrarproduktion. Dabei dominierte die Landwirtschaft nicht nur die ländliche Wirtschaftsstruktur, sondern bestimmte durch die Übernahme von kommunalen und sozialen Funktionen wesentlich die Lebensbedingungen der Landbevölkerung. In nicht wenigen Dörfern und ländlichen Gemeinden waren es ausschließlich die ortsansässigen Landwirtschaftsbetriebe, die zum Erhalt und zum Ausbau der Infrastruktur beitrugen.

Insgesamt traten für die auf dem Land lebenden Menschen die sozialisationsrelevanten Unterschiede zwischen Stadt und Land vor allem in einer geringeren Anzahl von Wahlmöglichkeiten in Erscheinung. Das impliziert, daß für die Egalisierung der geringeren Wahlmöglichkeiten gegenüber städtischer Bevölkerung ein größerer individueller Aufwand durch die Landbevölkerung betrieben werden mußte. Für die alten Bundesländer gehört das zu den weitgehend akzeptierten Unterschieden zwischen Stadt und Land. Unter den Bedingungen in der DDR stand das aber im krassen Gegensatz zum erklärten gesellschaftlichen Bemühen, „wesentliche soziale Unterschiede zwischen Stadt und Land" abzubauen, denn die Landbevölkerung partizipierte auf diese Art und Weise nicht nur in geringerem Umfang als die städtische Bevölkerung an den sogenannten gesellschaftlichen Fonds, aus denen u.a. Kultur, Bildung und öffentlicher Personennahverkehr subventioniert wurden, sondern sie mußte zusätzliche Belastungen bzw. Aufwendungen auf sich nehmen, wenn sie die Defizite in der Ausstattung der ländlichen Gemeinden kompensieren wollte.

1. Landjugendliche in der DDR

Von den 16,7 Millionen Menschen, die 1988 in der DDR lebten, hatten ca. 3,9 Millionen (23%) ihren Wohnsitz im ländlichen Raum. Davon lebten 6% in Siedlungen mit weniger als 500 Einwohnern, 8% in Siedlungen mit 500 bis unter 1000 Einwohnern und der Anteil der Wohnbevölkerung, die in Siedlungen mit 1000 bis unter 2000 Einwohnern lebten, betrug 9% (Statistisches Jahrbuch 1989: 7 u. 356). Wird der 17%ige Anteil der 14- bis 25jährigen an der Wohnbevölkerung der DDR insgesamt zugrundegelegt und das höhere Durchschnittsalter der Landbevölkerung berücksichtigt, so ergibt sich, daß in der DDR ca. 600.000 Jugendliche (14- bis 25jährige) im ländlichen Raum lebten. (berechnet nach: Statistisches Jahrbuch 1989: 355)

Die ganz allgemeine Verbundenheit mit dem Leben auf dem Land war – das bestätigten zahlreiche Untersuchungen – bei den Jugendlichen außerordentlich groß.[1] Mehr als 90% (92%) der Landjugendlichen in der DDR äu-

1 Für diesen Beitrag wird auf folgende Untersuchungen (und Forschungsberichte) des Zentralinstitutes für Jugendforschung und der Regionalen Arbeitsstelle des Deutschen Jugendinstitutes e.V. in Leipzig Bezug genommen:
- Süße/Gericke/Holzweißig 1977, „Jugend in kleinen und mittleren Dörfern" (A 35); 971 Jugendliche im Alter von 16 bis 27 Jahren aus Dörfern der (ehemaligen) Bezirke Neubrandenburg, Postdam und Gera.
- Holzweißig 1982: 24, „Mobilitätsstudie Landjugend"; 1.056 Jugendliche und junge Erwachsene im Alter von 18 bis 30 Jahren aus ländlichen Regionen der DDR.
- Süße/Gericke/Holzweißig 1988, „Lehrlinge in der sozialistischen Landwirtschaft" (A 71); 1.316 Landwirtschaftslehrlinge im Alter von 17 bis 19 Jahren aus ländlichen Regionen der DDR.
- Bertram, B./Gericke, Th./Schröpfer, H.: „Zugang zum Beruf und Verlauf der Berufsbiographie bei ostdeutschen Jugendlichen" Längsschnittstudie bei (ehem.) vorrangig Leip-

ßerten diese Verbundenheit, ein Drittel von ihnen verwies auf wenige Einschränkungen. Nur 8% der Jugendlichen fühlten sich überhaupt nicht mit dem Leben auf dem Lande verbunden. Erheblich beeinflußt wurde die Verbundenheit mit dem ländlichen Raum von der sozialen und territorialen Herkunft der Jugendlichen: Kinder aus bäuerlichen Haushalten bzw. Kinder, die vorrangig auf dem Dorf aufgewachsen waren, fühlten sich viel stärker mit dem ländlichen Raum verbunden als z.B. Kinder aus der Stadt. Von denen konnte immerhin ein Drittel keine Verbundenheit mit dem Leben auf dem Land entwickeln. Diese an sich große und eher unspezifische Verankerung im ländlichen Raum erfährt allerdings sofort eine Relativierung, wenn nicht mehr der ländliche Raum per se, sondern der von den Jugendlichen unmittelbar erlebte ländliche Raum, die Siedlung, das Dorf und dessen Umfeld mit seinen Verbundenheit stiftenden Ressourcen betrachtet wird. Das zeigt sich bereits, wenn die jeweilige Wohnortgröße als Indikator für Ausstattung, infrastrukturelle Anbindung und soziale Vernetzung herangezogen wird. Siedlungen und Dörfer mit 200 bis 500 und mit mehr als 2000 Einwohnern verfügten damals offensichtlich über die stärksten Verbundenheit stiftenden Potentiale. Basis dieser Verbundenheit waren die natürlichen Bedingungen der Landgemeinden und der sie umgebenden Territorien und die besonderen Kommunikationsformen in den Dörfern, insbesondere der Charakter der sozialen Kontakte zwischen den Dorfbewohnern. (Süße/Holzweißig/Gericke 1987: 109) Differenzierend wirkten die infrastrukturelle Ausstattung der Dörfer und ihre Anbindung an größere Siedlungszentren. Am kritischsten in diesem Ensemble schätzten die Jugendlichen die Freizeitmöglichkeiten ein. Werden die im einzelnen von den Jugendlichen geäußerten Vor- und Nachteile des Lebens in ihren Dörfern zusammengefaßt, dann streben die Jugendlichen – zu DDR-Zeiten wie auch heute – eine Form des Landlebens an, das ihnen die natürlichen Besonderheiten des Landlebens bewahrt und gleichzeitig den Zugriff auf möglichst alle jugendrelevanten Erlebnisbereiche sichert.

Dies war aufgrund der dichteren Siedlungs- und der damit einhergehenden Infrastruktur in den Dörfern Sachsens und Sachsen-Anhalts eher möglich als in Mecklenburg oder der Mark Brandenburg. Dementsprechend differenziert fällt die Bewertung der dörflichen Lebensbedingungen und ihrer Entwicklung (1986) durch die Jugendlichen aus: Während knapp zwei Drittel der Jugendlichen aus kleinen und mittleren Dörfern im Norden der DDR mit dem naturverbundenem Leben in ihren Dörfern zufrieden sind, sind es im Süden der DDR mehr als drei Viertel. Die Entwicklung, die die Dörfer in den Jahren bis zum Untersuchungszeitpunkt genommen haben, wird da schon deutlich kritischer gesehen: 44% der Jugendlichen im Süden der DDR stehen

ziger Jugendlichen mit den Untersuchungswellen B 69: 1990/91 bei 521 Jugendlichen im Alter von 16/17 Jahren bzw. B 69.1 Vergleichsstichprobe aus ländlichen Regionen Mecklenburgs; C 10: 1995 bei 697 Jugendlichen im Alter von 21/22 Jahren bzw. C 12 Vergleichsstichprobe aus ländlichen Regionen des Freistaates Sachsen.

33% der Jugendlichen in nördlichen Dörfern gegenüber, die mit der Entwicklung des Dorfes zufrieden sind. Generell ein Drittel der Jugendlichen ist mit der Entwicklung der Dörfer unzufrieden gewesen. Und auch hier standen die Möglichkeiten der Freizeitgestaltung im Zentrum der Kritik – im Norden der DDR wiederum stärker als im Süden. Nur etwas mehr als jeder Zehnte (13%) war im Norden mit den Freizeitmöglichkeiten zufrieden (unzufrieden: 65%). Demgegenüber waren 30% der Jugendlichen, die in kleinen und mittleren Dörfern im Süden der DDR lebten, mit den Freizeitmöglichkeiten zufrieden (unzufrieden: 39%).

Typisch für die Bewertung der ländlichen Lebensbedingungen war eine kritischere Einschätzung durch Mädchen und junge Frauen gegenüber den männlichen Jugendlichen.

Diese insgesamt sehr unterschiedliche Bewertung des Landlebens und seiner Bedingungen entsprach den bestehenden Unterschieden, die in der DDR im Ergebnis siedlungspolitischer Entscheidungen entstanden waren.

Bis zu Beginn der 80er Jahre bestand das siedlungspolitische Credo in der Schaffung von Siedlungszentren. Diese Zentren sollten die Versorgungsfunktion der umliegenden Dörfer übernehmen und gleichzeitig helfen, den Arbeitskräfteeinzugsbereich für die großen Tierproduktionsanlagen zu konzentrieren. Realisiert wurde diese Siedlungspolitik über die vorrangige Placierung von Investitionsmitteln für Wohnungsneubau, Schulen und Versorgungseinrichtungen sowie den Ausbau der landwirtschaftlichen Produktionsstätten in den Siedlungszentren. Diese Entwicklung löste einen demographischen Sog auf die umliegenden Dörfer aus. Da gleichzeitig die angestrebten Konzentrationsprozesse in der Agrarproduktion aus volkswirtschaftlichen Gründen nicht so schnell vorangetrieben werden konnten, daß die kleineren Produktionsstandorte dort hätten aufgegeben werden können, war die personelle Absicherung der Agrarproduktion außerhalb der Siedlungszentren bald nicht mehr gewährleistet. Dies hätte eine Verminderung der Agrarproduktion bedeutet, die unter den Bedingungern in der DDR nicht hätte kompensiert werden können. Vor diesem Hintergrund wurde mit Beginn der 80er Jahre auf den Erhalt der Siedlungsstruktur in ihrer Vielfalt orientiert: Die „Gestaltung der entwickelten sozialistischen Gesellschaft schließt ... ein, daß jedes Dorf eine gesicherte Perspektive hat. Es gibt in der DDR kein überflüssiges Dorf..." (Kuhrig 1982: 127) Da die Realisierung dieser Zielstellung die wirtschaftlichen Möglichkeiten des Staates zu dieser Zeit bereits deutlich überschritt, mußten die ca. 4.900 staatlichen und genossenschaftlichen Landwirtschaftsbetriebe zunehmend Leistungen übernehmen, die in der DDR eigentlich in der Verantwortung des Staates gelegen hätten. Aber der Bau von Straßen, der Unterhalt von Versorgungs- und Dienstleistungseinrichtungen, das Betreiben von Kinderbetreuungseinrichtungen und Kulturhäusern durch die Landwirtschaftsbetriebe war nicht ohne deren Eigeninteresse: Es sollte die Attraktivität des ländlichen Raumes erhöhen, um der anhaltenden Migration aus dem ländlichen Raum entgegenzuwirken bzw. den ländlichen Raum für Jugendliche aus der Stadt attraktiv zu machen. Schließlich überstieg die Anzahl von 17.000 Schulabgänger, die zur personellen Absicherung der Agrarproduktion jährlich für eine landwirtschaftliche Berufsausbildung zu gewinnen waren, die demographischen Ressourcen des ländlichen Raumes deutlich.

Im Ergebnis der für die DDR typischen Moderation von individuellen Berufswünschen und gesellschaftlich notwendiger Bedarfsdeckung an Arbeitskräften nahmen in den 80er Jahren jährlich zwischen 17.000 und 22.000 SchulabgängerInnen eine landwirtschaftliche Berufsausbildung auf. Der Spezialisierung der Landwirtschaftsbetriebe folgend, wurden die meisten der Auszubildenden zu Facharbeitern für Pflanzenproduktion oder zum Facharbeiter für Tierproduktion (mit der Spezialisierung auf eine Tierart) ausgebildet.

Eine repräsentative Untersuchung bei 1.316 Auszubildenden in der DDR-Landwirtschaft (1988) ergab: 55% der Jugendlichen wurden in ihrem Wunschberuf ausgebildet; 23% erlernten einen Beruf, der ihrem Wunschberuf ähnlich war; 22% erlernten nun einen völlig anderen Beruf. Bei Jugendlichen aus den Nordbezirken war dabei die Realisierungsrate beim Erlernen des Wunschberufes am niedrigsten, weil dort – z.B. im heutigen Regierungsbezirk Neubrandenburg – 50% der Ausbildungsstellen in der Landwirtschaft angesiedelt waren. Jeder zweite Jugendliche mußte also eine landwirtschaftliche Berufsausbildung aufnehmen – oder überregional auspendeln.

Männliche Schulabgänger und Auszubildende in der Pflanzenproduktion wurden häufiger in ihrem Wunschberuf ausgebildet als weibliche Schulabgänger und Auszubildende in der Tierproduktion. Am höchsten war der Anteil der „Umgelenkten“, d.h. derjenigen, die einen gänzlich anderen Berufswunsch gehabt haben, unter den weiblichen Lehrlingen der Pflanzenproduktion (51%). (Süße/Holzweißig/Gericke 1989: 30)

In der Pflanzenproduktion kamen 1985 69% der Auszubildenden aus dem ländlichen Raum, in der Tierproduktion waren es 44%. (ebd.: 103)

Wenngleich die Entscheidung der Jugendlichen für einen bestimmten Ausbildungsberuf in der DDR nicht immer in Übereinstimmung mit den persönlichen Interessen der Jugendlichen stand, so hatte dieser Vermittlungsprozeß doch den unübersehbaren Vorteil, daß den Schulabgängern zum allergrößten Teil eine berufliche Ausbildung ermöglicht wurde, wenn sie das wollten. Selbst die wirklich kritisch zu sehenden Vermittlungsprozesse in den ländlichen Regionen dürfen nicht darüber hinwegtäuschen, daß die Landwirtschaftsbetriebe jährlich 8.000 bis 11.000 Schulabgängern wunschgemäß eine Berufsausbildung ermöglichten. Das hat den ländlichen Raum in erheblicher Weise wirtschaftlich, demographisch und sozial gestützt. Mit der extrem zurückgegangenen Bedeutung der Landwirtschaft ist natürlich auch diese, den ländlichen Raum im Osten Deutschlands stabilisierende Funktion wegefallen.

2. Landjugendliche in den NBL

Der mit den gesellschaftlichen Veränderungen des Jahres 1989 beginnende wirtschaftliche Strukturwandel trat im ländlichen Raum im Osten Deutschlands vor allem durch den Abbau landwirtschaftlicher Arbeitsplätze in Erscheinung. Bereits vorher hatten sich die Noch-Genossenschaften mit Hinweis auf die Wettbewerbsfähigkeit aller nichtproduktiven Bereiche entledigt. Diese wirtschaftlich verständliche Strategie bedeutete allerdings für den ländlichen Raum, der bis dahin in so starkem Maße von der Landwirtschaft getragen worden war, einen tiefgreifenden Einschnitt in die Lebenslagen der im ländlichen Raum Lebenden – viel tiefgreifender und umfassender als in den Ballungsgebieten mit ihren verschiedenen Kompensationsmöglichkeiten.

Die ohnehin schon bestehenden Unterschiede in den Lebensbedingungen und Perspektiven der Landjugendlichen zu Jugendlichen in der Stadt erfuhren damit eine Verschärfung. 1991 danach befragt, wie sich die Bedingungen in bestimmten Lebensbereichen verändert haben, äußern sich Jugendliche aus Mecklenburg (Landkreis Teterow) deutlich kritischer als Jugendliche in der Stadt Leipzig (Graphik 1).

Während der Anteil unter den Leipziger Jugendlichen, die eine Verbesserung ihrer finanziellen Situation, der Ausbildungsmöglichkeiten und der Möglichkeiten der Freizeitgestaltung bekunden, zwischen 55 und 65% beträgt, sehen die Landjugendlichen vor allem eine Verschlechterung ihrer finanziellen Situation und eine weitere Verschlechterung bei den Möglichkeiten der Freizeitgestaltung. Aber auch die veränderten Zugangsbedingungen zu beruflicher Ausbildung werden von den Landjugendlichen seltener positiv bewertet. (B 69, B 69.1)

Die bereits kritischere Wertung der Veränderungen durch die Landjugendlichen wird unter Berücksichtigung des Anteils derer, die eine Verschlechterung in den untersuchten Lebensbereichen und -bedingungen konstatieren, noch verstärkt. Die Anteile der Jugendlichen, die eine Verschlechterung empfinden, sind bei den Leipziger Jugendlichen in den Bereichen Freizeit und Berufsbildung nur halb so groß wie bei den Landjugendlichen. Den 15% Leipziger Jugendlichen mit einer Verschlechterung ihrer finanziellen Situation stehen sogar 46% bei den Landjugendlichen gegenüber. Während letzteres sicher auf den Wegfall der individuellen Hauswirtschaft als zusätzliche Einkommensquelle zurückzuführen ist, ist die Verschlechterung bei den Möglichkeiten der Freizeitgestaltung der Auflösung der Landwirtschaftlichen Produktionsgenossenschaften (LPG) als wichtigstem Träger kultureller und sportlicher Einrichtungen im ländlichen Raum geschuldet.

Grafik 1: Bewertung ausgewählter Lebensbereiche und -bedingungen durch Jugendliche in Leipzig und Teterow 1992, bezogen auf 1989 (Prozentanteil der Jugendlichen, die eine Verbesserung zum Ausdruck bringen)

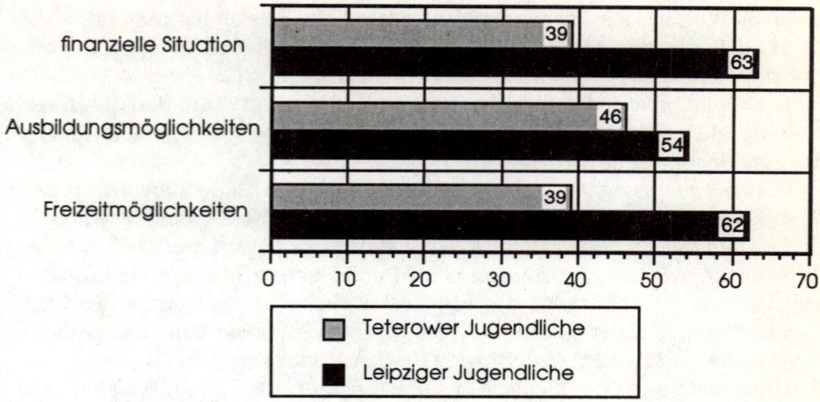

Diese kritische Einschätzung der Veränderungen in den verschiedenen Lebensbereichen hat sich auch fünf Jahre nach der deutschen Einheit nicht wesentlich abgeschwächt, wohl aber andere Akzente bekommen. So konstatieren Landjugendliche aus dem Freistaat Sachsen seltener als ihre Altersgefährten in der Stadt eine Verbesserung (39 bzw. 54%), aber viel häufiger eine Verschlechterung (47 bzw. 21%) der Ausbildungsmöglichkeiten. Sie sehen vor dem Hintergrund der gänzlich veränderten Lebenshaltungskosten auch ihre finanzielle Situation gegenüber „früher" seltener verbessert als Stadtjugendliche (43 bzw. 63%). Dank individueller Motorisierung sind die Unterschiede in der Ausstattung mit Einrichtungen der Freizeitgestaltung zwischen Stadt und Land nicht mehr so relevant; wenigstens im ländlichen Raum des Freistaates ist nahezu alles zu erreichen, was bei 62% der Landjugendlichen zu der Einschätzung führt: „Die Möglichkeiten der Freizeitgestaltung haben sich verbessert." Altersgruppen, die noch auf öffentliche Verkehrsangebote angewiesen sind, teilen diese Einschätzung nicht in diesem Umfang (C10 und C12).

Die kritischere Einschätzung der beruflichen Ausbildungsmöglichkeiten durch die Landjugendlichen hat ihre Ursachen: Während unter den Leipziger Jugendlichen nur 13% ihre Ausbildung abbrechen mußten, weil der Betrieb in Konkurs ging, war dies für 38% der Auszubildenden in Teterow die bittere Erfahrung. In Ermangelung von Betrieben, die die Ausbildung hätten weiterführen können, war für doppelt so viele Landjugendliche eine Berufsausbildung in überbetrieblichen Einrichtungen notwendig wie bei Jugendlichen in Leipzig. (vgl. Gericke 1994: 303 ff.)

Gleichzeitig sehen die Jugendlichen ganz realistisch, daß die Probleme im Zusammenhang mit der Berufsbildung nur ein gewisser Vorgeschmack auf die Probleme beim Übergang in die Erwerbstätigkeit sind: „Nach der Berufsausbildung bin ich dann erstmal arbeitslos. Im Betrieb hat man mir schon gesagt, daß sie mir keine Arbeitsstelle sichern können." (Auszubildender Landwirt, 17 Jahre) „Also meine berufliche Zukunft, das sehe ich nicht so rosig...Da glaube ich, daß sich die meisten Betriebe auflösen, und als Einzelbauer nachher, das sehe ich eigentlich nicht so, das ist nicht das Ideale." (Auszubildender Landwirt, 17 Jahre)

Mit dieser Einschätzung spiegeln die Jugendlichen die Realität sehr präzise wider. Nach wie vor sind insbesondere die ehemals stark von der Agrarproduktion bestimmten Regionen von der Arbeitslosigkeit betroffen. Landkreise wie z.B. Bautzen (16,4%), Annaberg (18,3%) und Oschatz (19,4%) sind im Freistaat Sachsen „Hochburgen" der Erwerbslosigkeit. Sie sind durch ländlichen Charakter und Agrarproduktion oder eine andere Monostruktur (z.B. Textilindustrie) geprägt gewesen. (Information des LAA Sachsen 1996: 9)

Untersuchungen des Deutschen Jugendinstituts und der Universität Leipzig haben darüber hinaus ergeben, daß zwar der Anteil Jugendlicher in der Altersgruppe 20 bis 22 Jahre, der sich in einer beruflichen Ausbildung befindet, im ländlichen Raum des Freistaates Sachsen fast doppelt so hoch ist (18%) wie z.B. bei Jugendlichen der städtischer Räume (9%), daß dies aber dem höheren Anteil von stützenden Maßnahmen in Form außerbetrieblicher Ausbildungsmöglichkeiten geschuldet ist. So haben z.B. überbetriebliche Ausbildungsmaßnahmen gem. § 40c Arbeitsförderungsgesetz für Mecklenburg-Vorpommern (als nach wie vor stark agrarstrukturiertes Gebiet) die vergleichsweise größte Bedeutung unter den neuen Bundesländern. Ihr Anteil an den Ausbildungsplätzen insgesamt ist mit 17,7% wesentlich größer als in Sachsen-Anhalt (10,9%) oder Thüringen (11,5%) bzw. Brandenburg (13,2%) und Sachsen (13,4%). (vgl. Troltsch/Heckel 1994: 27)

Dies vermittelt den Jugendlichen zwar die Grundlagen für den Eintritt ins Erwerbsleben, die Abkopplung der beruflichen Ausbildung von den regionalen Wirtschaftstrukturen bedeutet aber für einen großen Teil der Jugendlichen trotzdem Unsicherheiten bei der beruflichen Erstplacierung. So sehen mehr als drei Viertel der Jugendlichen in Stadt und Land ihre berufliche Perspektive und die ganz allgemeinen Möglichkeiten einer individuellen Lebensgestaltung positiv, die Chancen auf einen Arbeitsplatz sehen aber nur noch zwei Drittel optimistisch. Hinzu kommen die Erfahrungen mit Arbeitslosigkeit aus den Elternhäusern, die bei Landjugendlichen häufiger sind als bei Jugendliche aus städtischen Regionen (C10 und C12).

Bei aller Unterschiedlichkeit in den regionalen Strukturen ist es für Landjugendliche bisher immer noch möglich gewesen, die Defizite in den

Ausbildungs- und Erwerbsstrukturen bzw. der kulturellen Infrastruktur zu kompensieren. Dabei gibt es in Abhängigkeit von Bildung und sozialer Herkunft Differenzierungen; aber es deutet auch vieles darauf hin, daß die besonderen sozialen Strukturen der dörflichen Gemeinschaft, die stärkere Einbindung der Jugendlichen in die familiären Strukturen, die Kompensation der Defizite erleichtern. Landwirtschaftslehrlinge aus Mecklenburg haben 1991 im Zuge des Auslaufens der landwirtschaftlichen Berufsausbildung häufig zum Ausdruck gebracht, daß es für sie unvorstellbar wäre, ihre Ausbildung in Niedersachsen oder Schleswig-Holstein zu Ende zu bringen. (B 69.1) Sie haben zu diesem Zeitpunkt diese „Basissicherheit" höher eingeschätzt als die Chance auf eine berufliche Ausbildung fernab ihrer bisherigen sozialen Kontakte.

Es ist allerdings die Frage, wieweit diese soziale Basissicherheit belastbar ist. Wenn Landjugendliche nach fünf Jahren deutscher Einheit wesentlich seltener mit der Entwicklung ihres Wohnortes zufrieden sind als Stadtjugendliche (58 bzw. 70%), dann kann das auch als Hinweis darauf gewertet werden, daß die bestehenden Unterschiede in den regionalen Strukturen zwischen Stadt und Land größer werden. Deutliche demographische Konsequenzen dieser Entwicklung sind bisher nur in sehr kleinräumigen, ländlichen Regionen zu finden. Die Bevölkerungsabnahme in Gemeinden des Freistaates Sachsen, die weit abseits urbaner Zentren liegen und weniger als 500 Einwohner haben – z.B. Obermylau, Himmelhartha, Holzhausen, Koitzsch (Bevölkerungsentwicklung 1995: 11 ff.) – kann auch als Ausdruck dafür gewertet werden, daß es keine Perspektive stiftenden Bedingungen mehr gibt, daß die Defizite auch durch die soziale Basissicherheit der dörflichen Gemeinschaft nicht mehr kompensiert werden können.

Diese Entwicklung ist aber bisher noch nicht bestimmend für den ländlichen Raum. Nach wie vor fühlt sich die Mehrzahl der Landjugendlichen so mit ihrem Wohnort verbunden, daß sie einen Wechsel des Wohnortes noch nicht entschieden ins Auge faßt. Zwei Drittel der Landjugendlichen allerdings (65%) und damit deutlich mehr als bei den Stadtjugendlichen (45%) denken darüber nach, ob sie „bleiben oder wegziehen". Daß dies häufig im Gegensatz zu der Verbundenheit mit dem jeweiligen Wohnort steht, ist daran zu erkennen, daß sich fast die Hälfte der Landjugendlichen wünscht, daß auch ihre Kinder in dieser Region aufwachsen könnten. Diese Perspektive wünscht sich nur jeder Dritte der Stadtjugendlichen für seine Kinder.

Die Entscheidung gegen traditionelle Bindungen muß im Interesse der Sicherung einer annähernd „normalen" Ausbildungs- und Erwerbsbiographie getroffen werden. Das wissen die Jugendlichen, und es ist gleichzeitig für die Überzeugung der meisten Jugendlichen typisch, daß sie „es trotz aller Schwierigkeiten irgendwie schon schaffen werden". Da sind sich Stadt- und Landjugendliche einig. Sie wissen um das Komplizierte der Situation, insbesondere um die begrenzten Ausbildungs- und Erwerbsressourcen, sie erleben in der Mehrzahl aber auch tagtäglich die breiteren Perspektiven in der Lebensplanung, die sich seit 1989 ergeben haben. Sie empfinden Solidarität mit der Generation ihrer Eltern, die häufig eine Entwertung ihrer beruflichen Qualifikationen und Erfahrungen erleben, aber sie selbst tragen noch nicht so viel biographischen „Ballast“ mit sich, daß ihnen die Einstellung auf die neuen Bedingungen im großen und ganzen nicht gelingen würde. Diese optimistische Grundhaltung schlägt sich in einer ganz pauschalen Lebenszufriedenheit nieder, und zwar bei Jugendlichen in der Stadt und auf dem Land. Die gesellschaftliche Herausforderung besteht darin, die Rahmenbedingungen zu schaffen, die „es den jungen Menschen auch ermöglichen, diese optimistische Grundstimmung in ihrem Leben umzusetzen“. (Empfehlung 1995: 1) Selbst der Bundesrat sah sich in Anbetracht der strukturellen Probleme veranlaßt festzustellen, „daß das optimistische Grundgefühl der jungen Menschen und ihre Offenheit für die Gesellschaft mit den Integrationsangeboten bzw. -anreizen der Gesellschaft nicht in Übereinstimmung steht.“ (ebd.: 2) Die in den Jahren seit 1990 im ländlichen Raum der neuen Bundesländer zu beobachtenden Entwicklungen zeigen, daß dies für Landjugendliche noch stärker zutrifft als für Jugendliche in Ballungszentren.

Literatur:

Bell, W., u.a.: Die Genossenschaftsbauern in den achtziger Jahren. Berlin 1984

Bevölkerungsentwicklung im Freistaat Sachsen nach Kreisen und Gemeinden. Statistisches Landesamt des Freistaates Sachsen. Kamenz 1995

Castells, M.: The City and the Grass Roots. A Cross-cultural Theory of Urban Social Movements. London 1983

Empfehlung des Ausschusses für Frauen und Jugend für die Stellungnahme des Bundesrates zum IX. Jugendbericht. Bundesrat Drucksache 689/95. Bonn 1995

Gatzweiler, H.-P.: Regionale Ost-West-Asymmetrien. In: Diskurs 1/1993, 1993, S. 15-22

Gericke, Th.: Besonderheiten des Ausbildungszuganges für Jugendliche im ländlichen Raum. In: Bertram, B., u.a.: Gelungener Start – Unsichere Zukunft? München 1994

Grundmann, S.: Das Territorium – Gegenstand soziologischer Forschung. Berlin 1981

Harvey, D.: The Limits to Capital. Oxford 1982

Holzweißig, W.: Mobilitätsstudie Landjugend. Leipzig: ZIJ, 1982 (unveröff. Forschungsbericht)

Information des LAA Sachsen 1/1996

Krambach, K.: Wie lebt man auf dem Dorf? Berlin 1985

Kuhrig, H.: Protokoll des XII. Bauernkongresses der DDR. Berlin 1882

Linde, H.: Sachdominanz in Sozialstrukturen, zitiert nach: Schäfers, B.: Grundbegriffe der Soziologie. Opladen 1992

Statistisches Jahrbuch der DDR 1989. Berlin 1989

Süße, H./Gericke, Th./Holzweißig, W.: Lehrlinge in der sozialistischen Landwirtschaft. Leipzig: ZIJ, 1989 (unveröff. Forschungsbericht)

Süße, H./Holzweißig, W./Gericke, Th.: Jugend im Dorf. Leipzig: ZIJ, 1987 (unveröff. Forschungsbericht)

Süße, H./Holzweißig, W./Gericke, Th.: Jugend in kleinen und mittleren Dörfern. Leipzig: ZIJ, 1988 (unveröff. Forschungsbericht)

Troltsch, K./Heckel R.: Regionales und berufsspezifisches Ausbildungsplatzangebot in den neuen Bundesländern. In: Berufliche Bildung in den neuen Bundesländern. Berlin: BIBB, 1994

Die Region als Instanz der Sozialisation Jugendlicher

Uta Starke

Kinder und Jugendliche wachsen in einem konkreten Umfeld auf, das durch bestimmte, sich von anderen unterscheidende Bedingungen gekennzeichnet ist. Diese ökologischen Bedingungen in ihrem wechselseitigen Zusammenhang verschiedener Lebensbereiche (Mikro-, Meso-, Exo- und Makrosystem; Bronfenbrenner 1989) sind als Umweltfaktoren für den Prozeß der Sozialisation Jugendlicher von zentraler Bedeutung. Das unterschiedliche Bedingungsgefüge (in der Familie, in der Schule, im Freundeskreis, bei der beruflichen Ausbildung, im Wohnort, in der Region, auf nationaler Ebene usw.), mit dem sich Jugendliche auseinandersetzen müssen und das differenzierte Anforderungen an sie stellt, bestimmt den Prozeß jugendlicher Sozialisation. Es macht einen Unterschied für die Persönlichkeitsentwicklung, ob Menschen im Dorf oder in der Stadt, in Sachsen oder in Neubrandenburg, in Ost- oder in Westdeutschland aufgewachsen sind bzw. leben.

Dieser Unterschied wird dadurch verstärkt, daß sich im Osten Deutschlands die allgemeinen gesellschaftlichen Rahmenbedingungen in den letzten 6 Jahren durch den Transformationsprozeß grundlegend gewandelt haben.

Transformation als „nachholende Modernisierung" (Zapf 1994: 7) meint dabei die gesellschaftliche Umstrukturierung Ostdeutschlands, diejenigen Prozesse der gesellschaftlichen Entwicklung, „die mit der Zielsetzung Freiheit, Wachstum und Wohlfahrt explizit auf die Übernahme der modernen Basisinstitutionen gerichtet sind".[1] Transformation schließt Abbau, Umbau und Aufbau ein. Das gilt gleichermaßen für die Umwelt (das gesellschaftliche System und seine Strukturen) wie für die subjektiven Dispositionen der in dieser Gesellschaft lebenden Individuen (z.B. Verfall und Neuerwerb von Identität). Zapf (1994: 129) spricht hinsichtlich letzterem von einem „schwe-

1 Modernisierung bedeutet nach Zapf dreierlei: erstens den säkularen Prozeß seit der industriellen Revolution, in dem sich die kleine Gruppe der heute modernen Gesellschaften entwickelt hat; zweitens die vielfältigen Aufholungsprozesse unterentwickelter Gesellschaften; drittens die Bemühungen moderner Gesellschaften selbst, durch Innovationen und Reformen die Entwicklung in Gang zu halten und neue Herausforderungen zu bewältigen. Außerdem schließlich wird noch auf eine „Teilmenge von Modernisierung" bzw. „nachholende Modernisierung", auch „Transformation" verwiesen: gemeint sind damit die Prozesse der gesellschaftlichen Entwicklung, „die mit der Zielsetzung Freiheit, Wachstum und Wohlfahrt explizit auf die *Übernahme der modernen Basisinstitution* gerichtet sind" (ebd., herv. U. S.). Zapf verweist darauf, daß die Ziele der Transformationsgesellschaften bekannt sind, die Aufholprozesse damit eine klare Richtung haben.

ren Stimmungseinbruch im Gefolge einer schweren Umstellungskrise mit erheblicher (erzwungener) Mobilität für die Individuen und mit sozialstrukturellen Umbauten für die gesellschaftlichen Institutionen“.

Eine Spezifik des Transformationsprozesses im Osten Deutschlands besteht außerdem darin, daß er gleichzeitig als „deutscher Integrationsprozeß“ erfolgt (Reißig 1993) und daß zu den ostdeutschen Transformationsproblemen noch diejenigen der Modernisierung der modernen Bundesrepublik hinzukommen (Zapf 1994: 100 ff., Beck 1991).

Für das Gebiet der DDR heißt Transformation seit dem Anschluß an die Bundesrepublik Deutschland die Übernahme des ökonomischen, kulturellen und politischen Systems der Bundesrepublik und ihrer Strukturen, auch ihrer föderalistischen. Das drückte sich in der Installierung der fünf neuen Bundesländer aus. Den föderalistischen Strukturen wird für die Transformation im Osten Deutschlands wie für die weitere Modernisierung der Bundesrepublik und Europas große Bedeutung beigemessen. So schreibt Clement, Minister in Nordrhein-Westfalen: „Der Föderalismus als Gestaltungsprinzip der politischen Ordnung ist eine Idee, die in Europa auf Erfolgskurs ist. Es gibt insgesamt gute Chancen und – über den Gipfel von Maastricht hinaus – auch ermutigende Zeichen dafür, daß das künftige Europa ein ‚Europa der Regionen‘ sein wird...Niemand kann mehr übersehen, daß die Länder Garanten für Bürgernähe und kulturelle Vielfalt, für politische Machtbalance und fruchtbaren regionalen Wettbewerb sind. Ich bin fest überzeugt davon, daß wir es uns nicht erlauben können, auf die Vorteile des Föderalismus zu verzichten, wenn das ‚Projekt Europa‘ gelingen und von den Menschen angenommen werden soll.“ (1992: 97)

Dabei wird hervorgehoben: Das Aufgreifen regionaler Besonderheiten und Möglichkeiten trägt innovativen und nichtkonservativen Charakter für die gesamtgesellschaftliche Entwicklung, bedeutet eher Öffnung als Schließung. „Ganz offensichtlich“, schreibt Lindner (1994: 7), „sind wir mit einem neuen Regionalismus konfrontiert, der sich nicht mehr, wie sein Vorläufer in den 70er Jahren, als eine vom Autonomiestreben beseelte Gegenbewegung zur Globalisierung, sondern eher als deren Komplement verstehen läßt: Regionalisierung heißt hier Rückbesinnung auf eigene Qualitäten bei der Bewältigung eines tendenziell globalen Strukturwandels. Damit ist an die Stelle des Regionalismus als eine gegen Modernisierung gerichtete soziale Bewegung der Regionalismus als Teil der Modernisierung getreten.“

Welche Chancen bzw. Risiken bieten im Transformationsprozeß die föderalistischen Strukturen als Integrationsmuster und Handlungsstimulus für Jugendliche, die diesen Prozeß mitgestalten bzw. bewältigen müssen? Die Auffassungen darüber sind geteilt. Zum einen wird auf die große Chance für eine regionale Identität verwiesen und ihre Bedeutung für wirtschaftliche wie kulturelle und politische Gestaltung hervorgehoben. Zum anderen berge (regionale) Eigenart offenbar immer noch „etwas überaus Beharrendes und tief Verankertes“ in sich, das auch leicht zu Partikularismus bzw. „kulturellem Rassismus“ mutieren kann (Lindner 1994: 9).

Für den Raum Ostdeutschland läßt sich der Begriff Region in mindestens zweierlei Richtung verstehen:

a) der gesamte ostdeutsche Raum (also die ehemalige DDR), der vor der Wende als relativ einheitliches hierarchisches Gebilde seinen Bewohnern mehr oder weniger gleiche Sozialisationsbedingungen geboten hat und der damit ähnliche, relativ gleichartige Spuren in den Menschen hinterließ, die unter den DDR-spezifischen Lebensbedingungen aufwuchsen. Das betrifft direkt bzw. vermittelt über ihre Elternhäuser auch Kinder und Jugendliche und zwar bis heute, wenngleich sie inzwischen bereits überwiegend „mischsozialisiert“ sind. Bei ostdeutschen Jugendlichen dürfte nach wie vor sehr viel Gemeinsames, für ganz Ostdeutschland Charakteristisches zu finden sein, und Besonderheiten von Regionen (etwa im Rahmen der neuen Länder oder verschiedener Städte) könnten eher untergeordnet sein bzw. ein großes Stück „ostdeutsche Mentalität“ enthalten.
b) der jeweilige Raum der fünf neuen Länder bzw. der fünf verschiedenen Regionen im Osten Deutschlands, die sich auch historisch bedingt schon zu DDR-Zeiten unterschieden, aber erst im Prozeß der Transformation profilieren. Die fünf ostdeutschen Regionen werden dabei mit Brugger (1984: 6) „nicht nur als wirtschaftliche Nutzungsräume, sondern ebenso als kulturelle Identitäts-, ökologische Lebens- und politische Entscheidungsräume“ betrachtet.

Da sich der Transformationsprozeß in jeder der fünf Regionen nicht nur relativ gleichartig, sondern auch verschieden vollzieht und für die Bürger wie insbesondere für die Jugendlichen jeder einzelnen Region relativ gleichartige, aber auch unterschiedliche Chancen und Risiken bereithält, müßten sich beträchtliche Differenzierungen, unterschiedliche Problemlagen wie auch unterschiedliche Bewältigungsstrategien abzeichnen und nachweisen lassen.

Wir sind in den 90er Jahren in mehreren – zum Teil von der KSPW geförderten – Jugendstudien wie auch in anderen Untersuchungen dem Problem Region als Sozialisationsinstanz – am Beispiel Sachsens – nachgegangen (vgl. z.B. Starke 1992, Chitralla/Starke 1993, Starke/Starke 1994, Starke/Rochlitz/Starke 1995). Worin bestehen wesentliche Ergebnisse?

Obwohl sie ihre Heimat lieben und sich in Sachsen wohlfühlen, haben insbesondere Jugendliche keinerlei Illusionen darüber, welche Entwicklungschancen ihnen persönlich die sächsische Region bieten kann.

1. Wohlfühlen in Sachsen und die Bereitschaft, hier zu bleiben

Drei Viertel der Befragten[2] *fühlen sich wohl in Sachsen* (76% Pos. 1+2 im 5stufigen Antwortmodell). Ein Drittel sagt, daß es sich sehr wohl fühlt (32% Pos. 1). Überhaupt nicht wohl in Sachsen fühlen sich nur 2% der Befragten. Damit ist eine wichtige Voraussetzung für regionale Identität gegeben.

Häufiger fühlen sich Dresdner sehr wohl in Sachsen (39% Pos. 1), am seltensten Leipziger (26% Pos. 1). Ältere Menschen äußern sich positiver als jüngere. Während sich fast die Hälfte der über 60jährigen in Sachsen sehr wohl fühlt (46% Pos. 1), sind es bei den 20- bis unter 30jährigen nur ein Viertel (25% Pos. 1). Das differenziert auch nach Erwerbsstatus: Vorruheständler und Rentner fühlen sich deutlich häufiger einschränkungslos wohl in Sachsen (45% bzw. 43% Pos. 1) als Schüler und Studenten (21%) bzw. Lehrlinge (28%) und Berufstätige (31%). Auch Arbeitslose treffen größere Einschränkungen (26% Pos. 1).

Das Altersgefälle kann zum einen bedeuten, daß die regionale Identifikation noch nicht abgeschlossen ist, zum anderen, daß eine regionale Identität im Sinne von „Hier lebe ich, ich kann nicht anders!“ noch nicht angenommen wurde und Offenheit für Berufs- und Lebenswege außerhalb der bisherigen Region besteht. Möglicherweise wird die regionale Bindung überhaupt erst im Alter richtig bewußt oder subjektiv ein Wert. Vielleicht aber haben auch die älteren Menschen ein Stück regionale (in unserem Falle sächsische) Identität aus ihrer Kindheit/Jugend über die DDR-Zeit hinweg bewahrt – Fragen, denen in einer generationsvergleichenden Studie weiter nachgegangen werden soll.

Für die überwiegende Mehrzahl der Befragten ist *Sachsen das Land, in dem sie bleiben möchten* (79% Pos. 1+2). Besonders oft wollen die Befragten, die in einer Landgemeinde leben, in Sachsen bleiben (72% Pos. 1), besonders selten die Bürger Leipzigs. Nur 40% von ihnen wollen unbedingt in Sachsen bleiben (Pos. 1), fast jeder zehnte überhaupt nicht (8% Pos. 5). Erwartungsgemäß ist Sachsen häufiger für ältere Bürger das Bleibeland (80% der über 60jährigen Pos. 1) als für Jugendliche (nur 27% der bis 19jährigen Pos. 1). Unbedingt in Sachsen bleiben möchten die Vorruheständler (80% Pos. 1!) und Rentner (82% Pos. 1). Auch die Berufstätigen liegen noch leicht über dem Durchschnitt (62% Pos. 1). Von den Lehrlingen will jeder zweite bleiben, von den Studenten jeder vierte und von den Schülern gar nur jeder zehnte.

2 Diese und nachfolgende Ergebnisse stammen aus der Bürgerbefragung in Sachsen Ende 1993, bei der eine repräsentative Stichprobe sächsischer Bürger im Alter von 16 bis 70 Jahren (n = 976) durch Interviewer schriftlich befragt wurde (vgl. dazu auch Starke/Starke 1994: 11 ff.).

Reichlich jeder fünfte Schüler sagt, daß er überhaupt nicht in Sachsen bleiben möchte (21% Pos. 5, 40% Pos. 4+5).

Betrachtet man die Absicht der Befragten, in Sachsen zu bleiben, differenziert nach ihrer beruflichen Qualifikation, so belegen unsere Ergebnisse: Die weniger Qualifizierten wollen häufiger (Teilfacharbeiter: 76% Pos. 1), die höher Qualifizierten wollen (bzw. können) seltener (Hochschulabschluß: 51% Pos. 1) in Sachsen bleiben. Frauen wollen (müssen?) tendenziell häufiger in Sachsen bleiben als Männer (62% zu 58% Pos. 1), obwohl sie in allen Aspekten das Land Sachsen kritischer beurteilen als die Männer. Wahrscheinlich sehen sie in anderen Bundesländern (insbesondere in den alten) keine besseren Chancen für sich, dafür aber größere Probleme. Junge Leute sehen heute in der Mehrzahl offenbar für sich außerhalb ihrer Heimatregion bessere Entwicklungsbedingungen als in Sachsen – möglicherweise nicht mehr als eine Hoffnung.

Reichlich ein Viertel der Befragten hält Sachsen ohne jede Einschränkung für ein *Land mit Zukunft* (29% Pos. 1). Die Dresdner sagen das deutlich häufiger (35% Pos. 1), die Einwohner der Landgemeinden seltener (21% Pos. 1), und etwa jeder zehnte Befragte meldet bezüglich der Zukunft Sachsens generell größere Bedenken an (9% Pos. 4+5). Betrachtet man das Urteil über die Zukunft Sachsens nach dem Alter der befragten Bürger, so äußern sich die 40- bis 59jährigen am besorgtesten. Von einem generellen Zukunftsoptimismus und einer allgemeinen Aufbruchstimmung kann nach diesen Befunden nicht die Rede sein.

Die *Besorgnis* hinsichtlich der Zukunft des Freistaats bezieht sich in erster Linie auf den Arbeitsmarkt und das Angebot an beruflicher Ausbildung und Qualifizierung (Tabelle 1). Wer aus den Primärtätigkeiten ausgeschlossen ist, kann Zukunftsverheißungen nur als hohl empfinden.

Tabelle 1: Urteile über Sachsen. „Inwieweit trifft aus Ihrer ganz persönlichen Sicht das nachfolgend Genannte zu?" Das trifft zu 1=vollkommen... 5=überhaupt nicht (Angaben in %)

Sachsen ist für mich	1	2	3	4	5
das Land, in dem ich bleiben möchte	60	19	13	4	4
ein Land mit Zukunft	29	39	23	6	3
eine Region, die mir pers. berufl. Chancen bietet	14	23	23	16	24
eine Region mit guten Angeboten an beruflicher Ausbildung und Qualifizierung	7	20	36	21	16
eine Region, die schon bald über ein gutes Angebot an Arbeitsplätzen verfügen wird	5	21	38	22	14

Nur 14% gehen ohne jede Einschränkung davon aus, daß Sachsen ihnen persönlich *berufliche Chancen* bietet. Relativ positiv beurteilen die 30- bis 39jährigen ihre persönliche berufliche Perspektive in Sachsen (22% Pos. 1 und nur 13% Pos. 5), besonders schwarz sehen die 40- bis 49jährigen (11%

Pos. 1, aber 22% Pos.5), und noch schwärzer sehen die 50-59jährigen (11% Pos. 1, aber 35% Pos. 5). Nach ihrer Qualifikation betrachtet, äußern sich die Teilfacharbeiter besonders skeptisch. 30% (Pos. 5) sehen für sich keinerlei berufliche Chancen, von den Arbeitslosen 46% (Pos. 5). Jeder fünfte Lehrling hofft auf eine Chance (20% Pos. 1), *aber das Gros der Schüler sieht für sich beruflich in Sachsen keine Perspektive (nur 7% Pos. 1).*

Dem Urteil der persönlichen beruflichen Perspektive entsprechend, betrachtet die Mehrzahl der Befragten generell Sachsen nicht als eine Region, die über ein gutes *Angebot an beruflicher Ausbildung und Qualifizierung* verfügt (nur 7% Pos. 1). Auch glaubt man im allgemeinen eigentlich eher nicht daran, daß Sachsen schon bald ein gutes *Angebot an Arbeitsplätzen* haben wird (Tabelle 1).

2. Wohlfühlen in Deutschland

Das kritische Urteil über Sachsen – vor allem hinsichtlich seiner arbeitsmarktpolitischen Perspektiven – ändert dennoch nichts daran, daß sich die Bürger im allgemeinen in diesem Bundesland mehr oder weniger wohlfühlen. In Sachsen fühlen sie sich Ende 1993 jedenfalls wohler als in Deutschland allgemein (drei Viertel zu zwei Drittel). Das ist ein sehr interessantes Phänomen, da sich im Jahre 1990 nur wenige Bürger zu einer sächsischen Identität bekannten – und deutlich mehr Verbundenheit mit Deutschland bekundeten. Möglicherweise verbirgt sich hinter der sächsischen Identität noch immer ein großes Stück ostdeutsches Selbstverständnis. Die Region Sachsen gehörte schließlich schon immer zum Osten Deutschlands, die Landschaft zumindest ist heute im wesentlichen noch dieselbe, und sie ist es auch – neben „den Menschen" –, die die Bürger in allererster Linie nennen, wenn man sie danach fragt, was ihnen an Sachsen besonders gefällt.

Wohl in Deutschland fühlen sich heute knapp zwei Drittel der sächsischen Bürger; ohne jede Einschränkung sagen das allerdings nur knapp ein Viertel (23% Pos. 1), am häufigsten die Teilfacharbeiter. Sie fühlen sich hier am wohlsten (38% Pos. 1, 76% Pos. 1+2); keiner sagt, daß er sich überhaupt nicht wohlfühlt in Deutschland. Nicht so wohl in Deutschland fühlen sich dagegen die Studenten (10% Pos.1, aber 24% Pos. 4+5), die Arbeitslosen (16% Pos. 1), die Intellektuellen (Hochschulabschluß: 18% Pos. 1, 18% Pos. 4+5) und die 20- bis unter 30jährigen Sachsen (16% Pos. 1, 16% Pos. 4+5). Eine eindeutige Ursache dafür läßt sich aus den bisher betrachteten Forschungsergebnissen nicht nennen. Auch die daraus resultierenden Konsequenzen lassen sich nicht ohne weiteres klar charakterisieren. Für Integration in die neue Gesellschaft und entsprechendes Engagement sprechen diese Ergebnisse jedenfalls nicht.

3. Urteil über die allgemeinen Lebensbedingungen

Die allgemeinen Lebensbedingungen der meisten sächsischen Bürger haben sich aus ihrer Sicht positiv entwickelt. Obwohl die Bürger in Sachsen 1993 eine Vielzahl sie belastender Probleme benennen und Ängste äußern, schätzen mehr als zwei Drittel von ihnen ihre Lebensbedingungen heute positiver ein als vor der Wende. 33% sagen, ihre Lebensbedingungen seien heute besser als vor der Wende, weitere 35% bezeichnen ihre Lebensbedingungen als „eher besser". Für etwa jeden fünften sind sie gleich geblieben; jeder zehnte Befragte hat heute „eher schlechtere" Lebensbedingungen, und 4% bekunden eindeutig eine Verschlechterung.

Deutlich positiver beurteilen die SchülerInnen heute ihre Lebensbedingungen. Für mehr als drei Viertel von ihnen (78% Pos. 1+2) sind sie besser geworden. Deutlich negativer urteilen die Arbeitslosen. Zwar sind die Bedingungen trotz Arbeitslosigkeit für 14% besser geworden (weitere 30% sagen „eher besser"), aber 39% der Arbeitslosen (Pos. 4+5) konstatieren schlechter gewordene Lebensbedingungen.

4. Sicherheit des Arbeitsplatzes und Bedrohung durch Arbeitslosigkeit

Die Situation auf dem Arbeitsmarkt, die eigene Arbeit, die Arbeitslosigkeit sind Themen, die die sächsischen Bürger erwartungsgemäß sehr stark bewegen. Unsere Ergebnisse belegen – wie viele andere Studien auch – eine allgemeine Verunsicherung der Menschen auf diesem Gebiet. Nur jeder zehnte Befragte (11%) ist sich vollkommen sicher, in 3 Jahren einen Arbeitsplatz zu haben. Ein Drittel (33% Pos. 4+5) ist sich dessen nicht sicher, ein Viertel (24% Pos. 5) überhaupt nicht sicher. Die größte Sicherheit, in 3 Jahren einen Arbeitsplatz zu haben, äußern die Leipziger, am negativsten urteilen die Bürger aus den Landgemeinden. Männer sind sicherer als Frauen (14% zu 8%), und die Sicherheit nimmt mit zunehmendem Lebensalter ab. Ganz besonders verunsichert sind die heute schon Arbeitslosen. Keiner von ihnen ist sich vollkommen sicher, in 3 Jahren einen Arbeitsplatz zu haben; drei Viertel meinen, daß sie wahrscheinlich auch dann leer ausgehen. Viele stellen sich offenbar zunehmend auf Langzeitarbeitslosigkeit ein.

Hoffnung, Verzweiflung und Zorn – das Verschwinden von Arbeitsplätzen und den Anstieg von Arbeitslosigkeit betreffend – zeigen sich in allen Befragungsergebnissen – insbesondere auch in den Antworten auf die 4 letzten offenen Fragen. Bei den drei wichtigsten Wünschen, die sächsische Bürger gegenwärtig haben, steht der sichere Arbeitsplatz an 2. Stelle. Fast jeder zweite Befragte nennt diesen Wunsch (48%). Davor steht nur der Wunsch nach Gesundheit (74%), die ja Voraussetzung dafür ist, daß man überhaupt arbeiten kann.

Arbeit ist – neben Familie – nach wie vor der zentrale Lebenswert. Alle modernen Theorien, andere Lebenswerte zuungunsten von Arbeit zu präferieren, die Arbeit nicht mehr so wichtig zu nehmen, sind bei den Ostdeutschen noch nicht angekommen. Und es sind auch in erster Linie die Chance auf Arbeit und berufliche Entwicklungsmöglichkeiten, die die Menschen an ihre Region binden, ihr Engagement für diese Region fördern.

Wie stark die Brisanz auf dem Arbeitsmarkt von allen Sachsen reflektiert wird, zeigt sich darin, daß sich über die Hälfte selbst unmittelbar *von Arbeitslosigkeit bedroht fühlt* (33% sehr stark, 22% stark), ein Viertel empfindet diese Bedrohung nicht (9% Pos. 4, 16% Pos. 5). Hier gibt es erwartungsgemäß deutliche Unterschiede nach dem Alter (vgl. Diagramm 1). Das Gefühl der sehr starken eigenen Bedrohung durch Arbeitslosigkeit steigt mit zunehmendem Alter an und fällt dann ab. Die 50- bis 59jährigen fühlen sich am häufigsten sehr stark durch Arbeitslosigkeit bedroht (44% Pos. 1), die 60jährigen und älteren Bürger am seltensten (15% Pos. 1). Knapp zwei Drittel von ihnen (63% Pos. 5) fühlen sich überhaupt nicht bedroht. Für sie ist das Problem insofern gelöst, als die meisten ja längst aus dem Arbeitsprozeß ausgeschieden sind (Vorruhestand, Rente). Frauen fühlen sich häufiger sehr stark von Arbeitslosigkeit bedroht als Männer (37% zu 28% Pos. 1). Eine Rolle spielt auch die Anzahl der Kinder: Wer mehr als zwei Kinder hat, fürchtet Arbeitslosigkeit deutlich stärker (44% Pos. 1), ebenso die Geschiedenen (35% Pos. 1).

Die wenigste Angst vor Arbeitslosigkeit unter den Sachsen haben die Leipziger. Sie fallen sozusagen positiv heraus (Leipzig kommt?), fühlen sich relativ am seltensten sehr stark von Arbeitslosigkeit bedroht („nur“ 21% Pos. 1 im Vergleich zu einem Drittel der Befragten aus all den anderen sächsischen Städten und Gemeinden bzw. Gebieten).

Überdurchschnittlich stark befürchten die bereits heute Arbeitslosen auch künftig Arbeitslosigkeit: Mehr als drei Viertel fühlen sich sehr stark bedroht (77% Pos. 1, 93% Pos. 1+2). Auch die Qualifikation spielt hier eine bedeutsame Rolle. Öfter als der Durchschnitt äußern zum Beispiel Teilfacharbeiter Angst vor Arbeitslosigkeit (47% Pos.1, 61% Pos. 1+2 – ein Viertel allerdings fühlt sich überhaupt nicht bedroht). Auch Facharbeiter sind stärker besorgt als der Durchschnitt (40% Pos. 1, 58% Pos. 1+2). Am wenigsten lassen sich Studenten von der Arbeitslosigkeit schrecken: Nur etwa jeder 8. Student aus dem sächsischen Raum fühlt sich schon während des Studiums sehr stark durch Arbeitslosigkeit bedroht. Auch die Absolventen der Universitäten und Hochschulen empfinden – gewiß dank ihres größeren Kapitals an Bildung und ihrer potentiellen Flexibilität – diese Bedrohung seltener (24% Pos. 1).

Diagramm 1: Bedrohung durch Arbeitslosigkeit – Anteil derer, die sich sehr stark bedroht fühlen

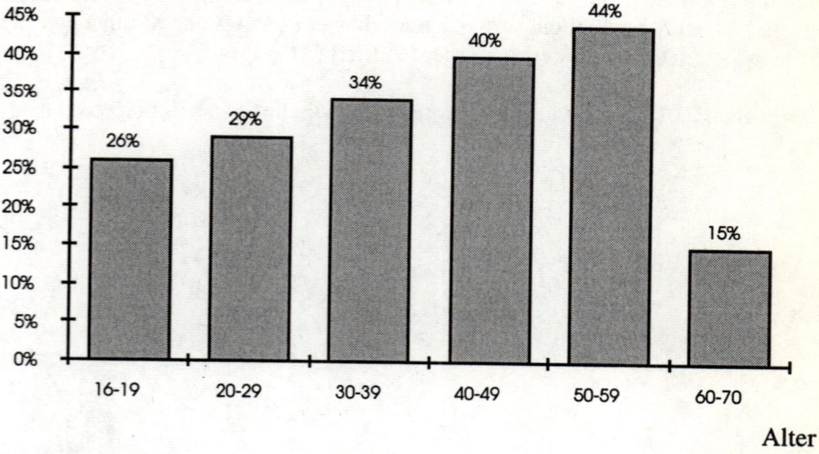

Daß Verbundenheit mit der Region stark mit dem Bedürfnis nach Arbeit und der Chance auf Arbeit zusammenhängt, wird auch bei den regionalen Vergleichen der Jugendstudien deutlich (siehe unten „Hauptaussagen").

5. Keine individuellen Versagensängste

Trotz vielfältiger Problemlagen entwickeln die Sachsen *keine individuellen Versagensängste:* Nur 5% (Pos. 1, Rangplatz 17 – und damit letzter Rangplatz) fühlen sich sehr stark durch eigenes, persönliches Versagen bedroht, mehr als die Hälfte dagegen nicht (58% Pos. 4+5), mehr als ein Drittel (35%) überhaupt nicht. Das ist ein sehr interessantes Ergebnis, zeigt es doch, daß sich die Ostdeutschen (in unserem Falle die Bürger Sachsens) offenbar wieder stärker auf sich selbst besinnen, ein Gefühl für den eigenen Wert entwickeln und sich nicht mehr von vornherein als „schlechter", „wertloser" – eben als „nur Ostprodukt" – empfinden. Sie lassen sich nun nicht mehr ohne weiteres unter Wert verkaufen, protestieren und bringen zum Ausdruck, daß die ostdeutsche Talfahrt nicht mit dem individuellen Versagen der Ostdeutschen begründbar ist. Sie stehen mehrheitlich zu ihrer individuellen Persönlichkeit (und ihrer Biographie) und fühlen sich *nicht* dadurch bedroht, persönlich zu versagen. Interessanterweise nimmt diese Souveränität mit steigendem Alter kontinuierlich zu (vgl. Diagramm). Während von den bis 19jährigen nur 15% ausdrücklich erklären, daß sie sich überhaupt nicht durch persönliches Versagen bedroht fühlen (Pos. 5, – 45% Pos. 4+5), sind das bei den 60jährigen und älteren 63% (Pos. 5, -76% Pos. 4+5). Frauen befürchten zwar tendenziell etwas häufiger, persönlich zu versagen, aber ein Drittel der Männer wie der Frauen sagen, daß das überhaupt nicht zutrifft (34% Pos. 5).

Diagramm 2: Versagensängste – Anteil Jugendlicher ohne Versagensängste

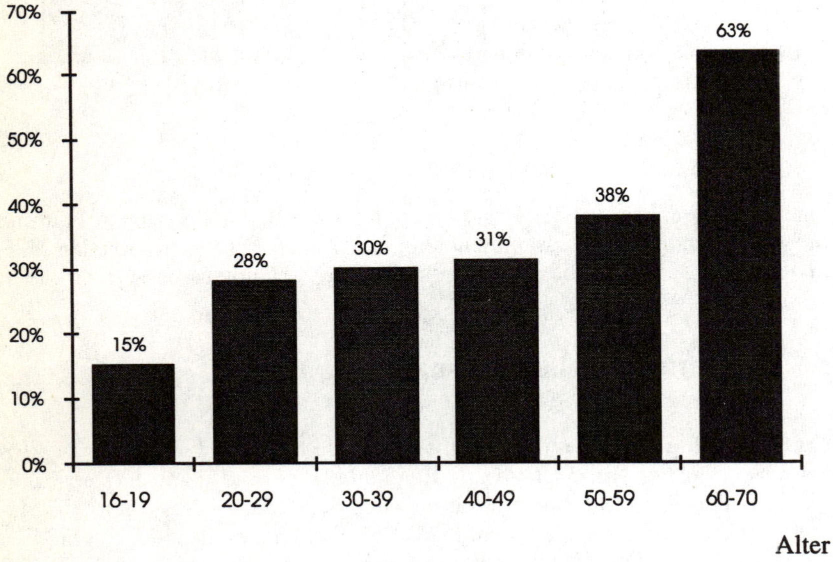

Versagensängste Jugendlicher sind insofern bedeutsam, als sie für die Entfaltung individueller Potenzen und Fähigkeiten eher hemmend sind. Versagensangst – die wohl heute auch (implizit) von der Schule wieder stärker gefördert wird – erhöht den Schulstreß und behindert die volle Ausschöpfung der persönlichen Leistungsfähigkeit. Möglicherweise ergibt sich daraus bei einem Teil der Schüler auch Gewaltbereitschaft. Das sollte beim Nachdenken über Bildung und Bildungskonzepte durchaus berücksichtigt werden. Vielleicht ist gerade für junge Menschen über regionale Projekte und regionale Konzepte, über regionale Chancen, Anforderungen, Aufgaben mehr Selbstvertrauen und Souveränität entwickelbar.

Unsere Jugendstudien bezogen neben Sachsen (Leipzig und Dresden) die Regionen Sachsen-Anhalt (Halle) und Mecklenburg-Vorpommern (Neubrandenburg) ein. Weisen unsere Ergebnisse Differenzierungen auf, die mit regionalen Besonderheiten und Prozessen zusammenhängen? Dazu im folgenden einige *Hauptaussagen:*[3]

1. Hinsichtlich ihrer *allgemeinen Befindlichkeit* fühlen sich die Jugendlichen aller drei Regionen in aller Regel in ihren Familien wohl, haben im allgemeinen keine gesundheitlichen Probleme und gute Lebensbedingungen, mit denen sie zufrieden sind, fühlen sich sozial eingebunden – insbesondere über ihre Elternhäuser – und kommen zu einem großen Teil auch in der Schule zurecht. Dennoch deuten sich Problemfelder an:

Etwa 15% der jungen Leute haben Schwierigkeiten im *Elternhaus*, die sich auf ihre gesamte Lebenssituation auswirken. Das betrifft Jugendliche aller Regionen, Mädchen wie Jungen und jüngere wie ältere gleichermaßen.

Die *Schulatmosphäre* wird von der Hälfte der Jugendlichen eher negativ beurteilt – ohne Unterschied nach Region. Tendenziell scheinen Mädchen und jüngere Schüler etwas positiver zur Schule eingestellt zu sein.

Etwa jeder 5. Schüler verweist auf *gesundheitliche Beschwerden*. Das sind deutlich häufiger Leipziger Jugendliche als Dresdner (die sich besser fühlen, seltener krank sind). Mädchen beklagen bei sich häufiger gesundheitliche Probleme als Jungen.

Wenn die Jugendlichen der drei Regionen ihr *gegenwärtiges Leben* betrachten, dann sind sie mit ihrem Leben eher zufrieden als unzufrieden. Die Leipziger Schüler sind am zufriedensten, die Neubrandenburger am unzufriedensten. Generell sind Mädchen und ältere Schüler häufiger unzufrieden als Jungen und jüngere Schüler. Sehr unzufrieden ist allerdings niemand.

Die *soziale Eingebundenheit* der Jugendlichen ist groß. Nur einzelne Schüler haben nach eigener Aussage nicht das Gefühl, daß ein Mensch da ist, wenn sie jemanden brauchen. Die Dresdner Jugendlichen verfügen deutlich stärker über soziale Netze als die jungen Leute aus Neubrandenburg. Mädchen fühlen sich sozial stärker eingebunden als Jungen. *Soziale Isolation* ist für die ostdeutschen Jugendlichen offenkundig nicht charakteristisch. Zwischen 10 und 20% der Schüler kennen allerdings auch Probleme und erleben

3 Die nachfolgenden Ergebnisse stammen aus dem von der KSPW geförderten Jugend-Verbundprojekt (vgl. auch Starke/Rochlitz/Starke 1995).

Konflikte, über die sie mit niemandem reden können. Das betrifft vor allem den Spannungszustand der eigenen Gefühle und Fragen von Liebe und Sexualität.

Soziale Integration der Jugendlichen erfolgt insbesondere über das Elternhaus. Die überwältigende Mehrzahl hat dabei keine Probleme. Zwischen 7% und 8% der Jugendlichen erhalten allerdings keinerlei Unterstützung durch ihre Eltern. Ihre Verbundenheit mit der Herkunftsfamilie ist entsprechend gering. Interessanterweise sind Jungen stärker mit ihren Elternhäusern verbunden als Mädchen (die ja insgesamt über ausgeprägtere soziale Netze verfügen).

2. Die wesentlichsten *Zukunftsaspirationen* der jungen Leute sind: Arbeit und beruflicher Erfolg, Partnerschaft (Familie und Kinder) sowie Freunde und eine spannende Freizeit.

Die Wahrscheinlichkeit deren Realisierung unterscheidet sich regional: Ein Drittel der Jugendlichen aus Neubrandenburg glaubt für sich selbst *nicht an berufliche Erfolge* – in Leipzig sind das nur 20%. Jungen halten eigene berufliche Erfolge eher für wahrscheinlich als Mädchen – offensichtlich in Antizipation künftiger geschlechtsdifferenter Chancen.

Kind und Partnerschaft werden ebenfalls von der Mehrzahl der SchülerInnen für die Zukunft fest eingeplant, allerdings – verständlicherweise – noch nicht unbedingt in den nächsten 5 Jahren.

Von großer Bedeutung für die Jugendlichen sind *Freunde* und eine (mit diesen verbrachte) interessante *Freizeit*. Dresdner Schüler haben diesbezüglich deutlich positivere Erwartungen als Schüler aus Neubrandenburg.

Die Mehrzahl der SchülerInnen blickt *optimistisch* in die Zukunft. Charakteristisch für das erwartete Eintreffen positiver Ereignisse ist für die Schüler aller 3 Regionen *Selbstattribuierung*, bei Mädchen noch ausgeprägter als bei Jungen – das heißt wohl auch, Mädchen wollen und werden sich ernsthaft für ihre Zukunft engagieren.

Bei etwa einem Drittel der Schüler lassen sich *Zukunftsängste* nachweisen, insbesondere in bezug auf eine künftige soziale Gefährdung, aber auch bezüglich der Enttäuschung mit anderen (Mädchen befürchten beides häufiger als Jungen). Pessimismus jedoch ist für die Jugendlichen aller 3 Regionen *nicht* charakteristisch. Auch für das Eintreffen negativer Ereignisse wird von der großen Mehrheit *Selbstattribuierung* vorgenommen.

3. Die *Wertorientierungen* der jungen Leute bestätigen das eben gezeichnete Bild. An der Spitze der Wertehierarchie rangieren die Arbeit, die berufliche Tätigkeit und das familiäre Glück. Auch planvolles, zielorientiertes Handeln, für andere Menschen dazusein und soziale Anerkennung zu erreichen gehört zu den wesentlichen Lebenswerten Jugendlicher. Soziale Anpassung um jeden Preis und vor allem Machtstreben, Auskosten einer Machtposition werden eher abgelehnt.

Die *Berufsorientierung* als Lebenswert ist besonders in gefährdeten Regionen, in unserem Falle in Neubrandenburg, sehr stark ausgeprägt. Schüler in Dresden, die diesbezüglich ihre Zukunft wohl optimistischer sehen, setzen zwar auch auf Berufsorientierung – aber häufiger zurückhaltend (Pos. 2).

Der hohe Stellenwert der *Familie* gilt für Schüler aller Regionen gleichermaßen. Jüngere Schüler halten diesen Lebenswert für noch bedeutsamer als ältere, setzen also auch in ihrem künftigen Leben mehrheitlich auf eine eigene Familie.

Die Zielstrebigkeit der Schüler schlägt sich im Lebenswert *planvolles Handeln* nieder. Neubrandenburger schätzen diesen Wert höher als Dresdner Schüler. Jungen und jüngere Schüler plädieren ebenfalls besonders für planvolles Handeln (und damit auf systematische Gestaltung der eigenen Zukunft!).

Für die Mehrzahl der Schüler ist nach wie vor ein *humanistisches Menschenbild* charakteristisch, häufiger für Hallenser (im Gegensatz zu Leipziger Jugendlichen), häufiger für Mädchen.

Die Jugendlichen streben nach *sozialer Anerkennung* und wollen *sozial nützlich* sein. Soziale Nützlichkeit – die wohl vorrangig über berufliche Aktivitäten erreicht werden soll – wird stärker von Neubrandenburger als von Dresdner Jugendlichen angestrebt. *Soziale Integration* durch *Anpassung* um jeden Preis ist für die allermeisten Jugendlichen der 3 Regionen nicht charakteristisch (Mädchen streben in ihrem Bedürfnis, nicht out zu sein, tendenziell häufiger auch nach anpassender sozialer Integration) – ebensowenig wie *Machtstreben.*

4. Die ostdeutschen Jungen und Mädchen wissen eine Vielzahl von Gründen zu nennen, die dafür stehen, daß sie auch künftig in ihrer Mehrzahl in *Ostdeutschland leben* wollen. *Angst vor Westmigration* ist da als Argument eher untergeordnet – allerdings mit deutlichen Unterschieden nach den Regionen: Insbesondere Jugendliche aus Neubrandenburg bekunden Angst vor der Westmigration. Fast ein Drittel befürchtet in starkem Maße den Verlust von sozialer Vertrautheit und sozialem Zusammenhalt. In Dresden hat nur jeder fünfte Schüler solche Befürchtungen. Insbesondere Mädchen und jüngere Schüler setzen stärker auf die *Attraktivität der Westausbildung* und erhoffen sich davon mehr Chancen für eine spätere berufliche Tätigkeit. Eine zu geringe *Attraktivität des Ostens* hingegen hat für Migrationsgründe nur geringe Bedeutung – mit Ausnahme der Jugendlichen aus Neubrandenburg. Sie befürchten wohl am ehesten, daß der Aufschwung zu lange auf sich warten läßt – und migrieren aus diesem Grunde gen Westen.

5. Die Mehrzahl der von uns untersuchten Schüler zeichnet sich durch eine *positive Selbsteinschätzung* aus. Ihre Positionen sind generell von Zukunftsoptimismus und Vertrauen in die eigene Handlungsfähigkeit gekennzeichnet. Man will selbst seines Glückes Schmied sein, traut sich das auch zu und setzt

dabei auf die eigene *Kompetenz* (Mädchen etwas seltener als Jungen). Knapp ein Drittel der jungen Leute – in allen 3 Regionen gleichermaßen – macht allerdings an der eigenen Kompetenzerwartung Abstriche, befürchtet also, mit Schwierigkeiten und Problemen in der Zukunft nicht aus eigener Kraft fertig zu werden. Auch die eigene *körperliche Attraktivität* ist durchaus ein Gegenstand der Selbstreflexion, und knapp ein Drittel der Schüler scheint damit auch Probleme zu haben (wieder Mädchen häufiger als Jungen). Ein Teil der Jugendlichen kann also mit dem gesellschaftlichen – insbesondere massenmedialen – Druck, schön sein zu müssen, noch nicht souverän umgehen. Das gilt für alle Regionen gleichermaßen. Demgegenüber ist der eigene *Zukunftsoptimismus* bei SchülerInnen aus Neubrandenburg deutlich verhaltener als bei denen aus Dresden. Entsprechend blickt jeder fünfte Neubrandenburger Schüler pessimistisch in die Zukunft, in Dresden nur etwa jeder zehnte.

Insgesamt bestätigt sich unsere Annahme, daß es insbesondere für Sozialisation Jugendlicher im Osten Deutschlands nach wie vor viele Gemeinsamkeiten (DDR-Vergangenheit und Transformationsprozeß in den neuen Ländern), aber auch eine Vielzahl regionaler Unterschiede (verschiedene Chancen für und Entwicklungsverläufe in verschiedenen Regionen) gibt. Gemeinsamkeiten wie Unterschiede für regionales Selbstverständnis der Menschen lassen sich nicht nur aus der Gegenwart erklären, sondern haben offenkundig historische Wurzeln. Die gegenwärtige regionale Entwicklung schlägt sich nach unseren Befunden bisher nur wenig in der Sozialisation Jugendlicher nieder. Wenn die „Rückbesinnung auf eigene Qualitäten“ (Lindner 1994: 7) – gemeint sind regionale – der Bewältigung des globalen Strukturwandels im Osten Deutschlands dienen soll, dann setzt das die Einbeziehung junger Menschen voraus, und zwar insbesondere ihre Integration ins Arbeitsleben.

Literatur:

Beck, U.: Der Konflikt der zwei Modernen. In: Zapf, W. (Hrsg.): Die Modernisierung moderner Gesellschaften. Verhandlungen des 25. Deutschen Soziologentages in Frankfurt/Main 1990. Frankfurt/Main: Campus, 1991, S. 40-53

Bronfenbrenner, U.: Die Ökologie der menschlichen Entwicklung. Frankfurt/Main: Fischer, 1989

Brugger, E. A.: „Endogene Entwicklung“. Ein Konzept zwischen Utopie und Realität. In: Informationen zur Raumentwicklung 1-2/1984

Chitralla, B./Starke, U.: Jugend in Görlitz 1992. Leipzig: Gesellschaft für Jugend- und Sozialforschung e.V. u. Universität Leipzig/Institut für Soziologie. Leipzig, 1993 (unveröff. Forschungsbericht)

Clement, W.: Regionalisierung in Europa. In: Regionale Politik und regionales Handeln. Beiträge zur Analyse und Ausgestaltung der regionalen Strukturpolitik in Nordrhein-Westfalen. Dortmund: ILS, 1992

Lindner, R. (Hrsg.): Die Wiederkehr des Regionalen. Über neue Formen der kulturellen Identität. Frankfurt/New York: Campus, 1994

Reißig, R. (Hrsg.): Rückweg in die Zukunft. Frankfurt/New York: Campus, 1993

Starke, U.: Jugend in Leipzig 1991. Berlin: trafo, 1993

Starke, U./Starke, K.: Bürgerbefragung Sachsen 1993. Zur Befindlichkeit sächsischer Bürger im Jahre 3 der deutschen Einheit. Berlin: trafo, 1994

Starke, U./Rochlitz, M./Starke, K.: Jugendliche im Transformationsprozeß. Berichtsgruppe IV der KSPW, Jugendverbundbericht Teil I. Leipzig: Gesellschaft für Jugend- und Sozialforschung e.V. und Universität Leipzig/Institut für Soziologie, 1995

Zapf, W.: Modernisierung, Wohlfahrtsentwicklung und Transformation. Soziologische Aufsätze 1987 – 1994. Berlin: edition sigma, 1994

Weibliche Jugendliche in Ostdeutschland – makrosoziologische Perspektiven

Uta Schlegel

Evident ist seit der Vereinigung der beiden deutschen Staaten einerseits die massive und dauerhafte Thematisierung der sozialen Lage und Bewältigungsmuster ostdeutscher Frauen im Transformationsprozeß und andererseits darüber hinaus eine Neuproblematisierung der Situation der westdeutschen Frauen – dies sowohl in der sozialwissenschaftlichen Forschung[1], im politischen Diskurs als auch in der Frauenbewegung.

Dies ist insofern nicht zufällig, als – mittlerweile unstrittig – auf die Lebenszusammenhänge ostdeutscher Frauen eine „nachholende Modernisierung" generell offensichtlich nicht zutrifft, im Gegenteil bei ihnen von einem „Gleichstellungsvorsprung" (Geißler 1993) aus der DDR gesprochen werden kann.

Solcher Sensibilisierung bezüglich des Frauenthemas (das auch unverkennbar in den Blickwinkel von Parteien, Verbänden, Institutionen usw. gerückt ist) steht ein „roll back" in den tatsächlichen Lagen der (ost)deutschen Frauen und ihren Entwicklungstendenzen gegenüber, wie es sich bereits in den Lebenslagen (und reaktiven Verhaltensmustern) der älteren weiblichen Jugendlichen und Frauen niederschlägt, aber auch in den Antizipationen der Mädchen und jüngeren weiblichen Jugendlichen – beispielsweise im dramatischen Geburtenrückgang auf unter 40% gegenüber 1989 und damit auf das niedrigste Niveau in Europa überhaupt.

Insgesamt kann jedoch – bezüglich der Zusammenhänge von Mikro- und (neuen) Makroebenen – angesichts einerseits der (selbst erlebten und/oder über die Biografie der Mütter erfahrenen) größeren *sozialen Gerechtigkeit*[2] zwischen den Geschlechtern in der DDR und damit besserer Realisierungschancen von weiblichen Lebensentwürfen und angesichts andererseits deren Verengung bzw. einer höheren „Rhetorik der Gleichheit" (Beck-Gernsheim 1992) heute davon ausgegangen werden, daß ostdeutsche weibliche Jugendliche an so ge-/

1 bis hin zur Installierung spezieller Forschungs- bzw. Förderschwerpunkte (z.B. in der Hans-Böckler-Stiftung) oder auch zur Häufung frauenbezogener Untersuchungen innerhalb der sozialwissenschaftlichen Begleitung von Transformationsprozessen in Ostdeutschland (z.B. in der KSPW)

2 besonders im Sinne von Schmidts (1994) „Spielregeln": Wettbewerb, Solidarität, Chancengleichheit, Egalität

erlebten „Selbstverständlichkeiten" (Dietzsch/Dölling 1996)[3] mehrheitlich festhalten und eine direkte Anpassung an die westdeutsche weibliche Normalbiographie nicht zu erwarten ist. So ist eher mit Ungleichzeitigkeiten, massiven Widersprüchen und iterativen gegenseitigen Effekten zwischen Makro- und Mikroebenen zu rechnen. Letztere interessieren uns im folgenden.

Dabei werden wir uns auf der Mikroebene der intendierten *Erwerbsarbeit*[4] ostdeutscher weiblicher Jugendlicher (einschließlich der „Vereinbarkeit") sowie ihrem Geschlechtsrollenverständnis[5] zuwenden und auf der Makroebene den Optionen/Gegebenheiten des *Arbeitsmarktes, der Sozialpolitik* und Irritationen im Prozeß zur sozialen Einheit.

Für die weibliche Normalbiographie aus der DDR gilt dabei eine Ausgangslage, die – auf dem Hintergrund empirischer Daten[6] – kurz wie folgt umrissen werden kann: über die Lebensspanne kontinuierliche Vollerwerbsarbeit; dies in qualifizierten (erlernten, studierten) Berufen mit vergleichsweise breitem Berufsspektrum; synchrone Vereinbarung von Beruf und Familie; ökonomische Selbständigkeit (einschließlich steuer- und familienrechtlicher Flankierung), die relativ früh im Jugendalter erreicht wird; vergleichsweise frühe Eheschließung und Geburt des ersten Kindes (22./23. Lebensjahr) ohne Familienpause; tendenziell gleichberechtigte Partnerschaft und häusliche Arbeitsteilung (einschließlich hoher Akzeptanz weiblicher Erwerbsarbeit durch den Partner und außerhäuslicher Kinderbetreuung durch beide Geschlechter); „Selbstverständlichkeiten" im Arbeitsumfeld und gesellschaftlichen Klima für „Vereinbarung" und berufliches Fortkommen[7]; relativ hohe weibliche Scheidungs-

3 worunter sie (für beide Geschlechter) nennen: a) ganztägige, qualifizierte Erwerbsarbeit, b) Vereinbarkeit von Beruf und Familie, c) Leben in der „Wir"-Gemeinschaft und d) tendenziell gleichberechtigte Partnerschaft.

4 Im folgenden werden wir – da verbreitet – die Wortmarken „Erwerbsarbeit" und „Erwerbsneigung" verwenden, obwohl sie uns – von der Ökonomie generiert – für soziologische Fragestellungen eher ungeeignet scheinen: Semantisch implizieren sie ein instrumentelles Verhältnis zur (bezahlten) Arbeit (auf Erwerb von Geld gerichtet) und grenzen sie intrinsische Aspekte aus. Vgl. dagegen: Selbst ein Lottogewinn könnte die ostdeutschen Frauen nicht zum Verzicht auf Erwerbsarbeit bewegen; s. Seidenspinner u.a. 1996: 115.

5 Nur als Fußnote wollen wir an dieser Stelle darauf aufmerksam machen, daß aus verschiedener Perspektive – z.B. Feminismus, Sexualwissenschaft, Männerforschung – das Geschlechterverhältnis in der gegenwärtigen Diskussion abnehmend über Sexualität und zunehmend über den Arbeitsmarkt/Erwerbsarbeit definiert wird.

6 Geschlechtsunterschiede und Persönlichkeitsentwicklung weiblicher Jugendlicher unter der Perspektive der Gleichstellung der Geschlechter sind am ZIJ nicht nur in allen empirischen Studien miterfaßt worden (mit z.T. speziellen Forschungsberichten), sondern auch in eigenen Projekten untersucht – vgl. insbesondere „Junge Frauen 1975" (ForschungsleiterInnen: Bertram/Schlegel) und „Lebensweise und Leistung junger Frauen in der DDR" (Forschungsleiterin: Bertram) – sowie zum Gegenstand mehrerer Dissertationen und Publikationen gemacht worden (z.B. Schlegel/Kabat vel Job 1981ff., Kabat vel Job 1988, Schlegel 1982/83, Bertram u.a. 1988, Typisch weiblich 1989).

7 wie etwa: Abstimmung der Arbeitszeit auf Öffnungszeit der Kindereinrichtungen, alle Formen der Weiterbildung/Qualifizierung (neben/in Erwerbsarbeit, alleinerziehend), ge-

neigung und deren Realisierbarkeit (mit familienrechtlicher Flankierung), ohne an den Rand der Gesellschaft zu geraten.

Bezüglich der Makroeben werden wir 3 übergeifende *Dimensionen*[8] zu berücksichtigen haben:

- *die gesamtdeutsche Dimension (auf dem Hintergrund der internationalen):* Im Kontext globaler Entwicklungsprozesse und -probleme sieht sich auch die gegenwärtige Bundesrepublik Deutschland vor zunehmenden Konflikten insbesondere hinsichtlich des verengten Arbeitsmarktes und der Neuverteilung gesellschaftlicher Ressourcen – mit typischen Konsequenzen für (ost- und westdeutsche) Frauen insofern, als erfahrungsgemäß solche Konflikte immer zu Lasten der Frauen (als Reservepotential für den Arbeitsmarkt und als Träger menschlicher Reproduktion) gelöst werden.
- Der Weg zur inneren/sozialen Einheit Deutschlands erweist sich (im Unterschied zur politischen und institutionellen) als komplizierter und langwieriger, als anfangs angenommen und erhofft, ist in ihrer Zeitperspektive quasi weiter in die Zukunft gerückt angesichts nicht nur größerer ökonomischer Konsequenzen, sondern auch und insbesondere einerseits (in 40 Jahren entstandener) kultureller Unterschiede und andererseits politischer Stereotype (besonders hinsichtlich der gesellschaftlichen und individuellen Vergangenheitsbewältigung) – dies in besonderem Maße für ostdeutsche Frauen, weil damit der Gleichstellungsvorsprung aus der DDR und damit das Geschlechterverhältnis wieder zur Disposition gestellt werden.
- *die ostdeutsche Dimension:* Die Auswirkungen des ostdeutschen Transformationsprozesses (seine Chancen und Risiken) sind keineswegs geschlechtsneutral – wie sie sich auch insgesamt für verschiedene Bevölkerungsgruppen (nach Alter, Bildungsstand usw.) ungleich darstellen.
- *die individuelle Dimension:* Über solche strukturellen Bedingungen hinaus und auf ihrem Hintergrund sind für ostdeutsche Frauen subjektive „Selbstverständlichkeiten" ihres Lebenszusammenhangs unter den neuen gesellschaftlichen Rahmenbedingungen in eklatanter Weise in Frage gestellt.

Dabei wollen wir uns der Frage nähern, welche der – in Anlehnung an Krekkel (1995: 494) – folgenden idealtypisch möglichen Szenarien sich gegenwärtig andeuten und für die Zukunft wahrscheinlich sind:

sellschaftliche Akzeptanz der Frau als Mutter unabhängig von der Familienform (ledig, verheiratet, geschieden, Lebensgemeinschaft)

8 Diese Dimensionen treffen selbstredend – mehr oder weniger – auch auf andere sozial-demographische Gruppen zu; uns geht es hier aber speziell um den Sachverhalt, daß sie sich qualitativ und quantitativ sowie strukturell in Lebenslagen ostdeutscher Frauen bündeln.

a) *pessimistisches Szenario*

aa) Das westdeutsche Arbeitsmarktregime, das Vollerwerbstätigkeit für Männer begünstigt, für Frauen erschwert, setzt sich – gegen den Willen der Mehrheit der Frauen – in Ostdeutschland durch. Sie werden an den Rand des Arbeitsmarktes gedrängt, weibliche Teilzeitarbeit, „stille Reserve“ sowie prekäre Arbeitsverhältnisse nehmen zu. In diesem Szenario sind die ostdeutschen Frauen die Hauptverliererinnen der Einheit. (nach Kreckel: *„resignatives Anpassungs-Szenario“)*

ab) Der einmal erworbene Anspruch auf volle „ökonomische Bürgerrechte“ (Marshall 1950) und das dazugehörige Selbstbewußtsein wird von den ostdeutschen Frauen nicht mehr aufgegeben, die hohe Erwerbsneigung wird beibehalten. Bei anhaltender Arbeitsplatzknappheit im Osten bedeutet das: geschlechtsunspezifische Arbeitslosigkeit und Unterbeschäftigung. In diesem Szenario teilen sich die Ostdeutschen beiderlei Geschlechts in die Risiken und Kosten der Einheit. (nach Kreckel: *„pessimistisches Sonderwegs-Szenario“*)

ac) Die deutliche Verengung des deutschen und europäischen Arbeitsmarktes führt – wenn staatliche Gegensteuerungen ausbleiben oder aber (angesichts gleichzeitig drastischer Einsparungsnotwendigkeiten im sozialpolitischen Bereich) sogar noch unterstützend und als „roll back“ förderlich wirken[9] – für ost- und westdeutsche Frauen gegen ihren mehrheitlichen Willen zur Rückkehr zur Zuweisung traditioneller Geschlechterrollen. In diesem Szenario sind ost- wie westdeutsche Frauen die Verliererinnen der deutschen Einheit, und eine Chance der deutschen Einheit (angesichts des Gleichstellungsvorsprungs ostdeutscher Frauen und bezüglich der Überprüfung geschlechtsstypischer Optionen) vertan.[10] *(„pessimistisches gesamtdeutsches Szenario“)*

b) *optimistisches Szenario*

ba) Die hohe Erwerbsorientierung der ostdeutschen Frauen setzt sich in hohe Markt- und Leistungsorientierung um; diese zieht Investitionen an und schafft Arbeitsplätze. Dadurch werden Einkommensverbesserungen und allgemeine Arbeitszeitverkürzungen möglich, die schließlich zu einer Reduktion der Unterbeschäftigung führen. In diesem optimistischen Szenario partizipieren beide Geschlechter in Ostdeutschland an den Chancen

9 Hier kann nicht diskutiert werden, ob und inwieweit bei solchen Sachlagen bewußt (über vorwiegend männliche Entscheidungsträger) konservative politische Regelungen – im Sinne traditioneller Rollenzuweisungen an die Geschlechter – perpetuiert bzw. rekonstruiert werden und/oder starke konservative Institutionen (wie die katholische Kirche) in der Lage sind, zu deren Beharrungsvermögen wirksam beizutragen (z.B. § 218).

10 Es ist noch im Gedächtnis ist, daß westdeutsche „frauenbewegte“ Stimmen genau die deutsche Vereinigung prospektiv als die Chance wahrgenommen und thematisiert haben, das Frauenthema auch in Westdeutschland neu zu beleben und voranzubringen, und dabei auf die Erfahrungen, das Engagement und die „Power“ der ostdeutschen Frauen als Verbündete gesetzt hatten.

der Einheit. (nach Kreckel: *„optimistisches (ostdeutsches) Sonderwegs-Szenario“*)

bb) Der akute politische Handlungsbedarf im vereinten Deutschland angesichts der Knappheit an bezahlter Arbeit wird dazu genutzt, deren Neuverteilung mit bewußtem Blick auf eine höhere Chancengleichheit der Geschlechter zu gestalten (wie etwa eine allgemeine Verkürzung der Tages-/Wochenarbeitszeit, die Festschreibung einer Lebensarbeitzeit für die Alterssicherung), was eine neue Aushandlung von Erwerbs- und Familienarbeit für beide Geschlechter generieren würde. In diesem Szenario gewännen beide Geschlechter in Ost- und Westdeutschland an Lebensqualität. *(„optimistisches gesamtdeutsches Szenario“)*

1. Zu geschlechtsypischen Effekten der Arbeitsmarktverengung, der Polarisierung von Lebensqualität und des ostdeutschen Wandels

1.1 Zu geschlechtsdifferenten Effekten des verengten Arbeitsmarktes

Anfängliche Prognosen, daß ostdeutsche Frauen – insbesondere auf dem Hintergrund eines notwendigerweise expandierenden tertiären Wirtschaftssektors in Ostdeutschland, ihrer guten Qualifikationsvoraussetzungen in Allgemein-, Berufs- und Hochschulbildung sowie ihrer Routine in der Vereinbarung von Erwerbsarbeit und Familie – mit guten Chancen in das marktwirtschaftliche Beschäftigungssystem gehen würden, konnten keine Bestätigung finden u.a. deshalb,

- weil angesichts des sich verengenden deutschen Arbeitsmarktes *Männer massiv in traditionell weibliche Domänen* drängten (beispielsweise Finanz-, Versicherungsbranchen)[11];
- weil die Berufsverläufe ostdeutscher Frauen (im Unterschied zu den westdeutschen) heute *weniger von ihren Bildungsvoraussetzungen beeinflußt* werden als vielmehr von den wirtschaftlichen Umstrukturierungsprozessen in Ostdeutschland (Seidenspinner u.a. 1996: 76ff);
- weil Frauen (vor allem die mit kleinen Kindern) in ihrer *territorialen Mobilität* auf dem Arbeitsmarkt (bezogen auf weitere Entfernungen und auf den europäischen) eher eingeschränkt sind als Männer;

11 Damit ging und geht eindeutig einher ein Funktionswandel in solchen ostdeutschen Branchen (von staatlichen Einheitszinsen und -versicherungen zur marktwirtschaftlichen Vielfalt) einschließlich entsprechend neuer Anforderungen an ihre Beschäftigten sowie ein Prestigeanstieg einschlägiger Berufe.

- weil (wiewohl die anfänglichen Massenentlassungen eher geschlechtsneutral verliefen, nicht zuletzt auch infolge des Wechsels in staatlichen, politischen, wirtschaftlichen Spitzenpositionen) mittlerweile insbesondere die keineswegs geschlechtsneutralen *Personalrekrutierungsstrategien* der Unternehmen dazu führten und führen, daß ostdeutsche Frauen die Mehrheit der ostdeutschen Arbeitlosen und insbesondere Langarbeitslosen ausmachen[12] (mit anderen Worten: Sie haben die geringeren Chancen, nach Arbeitslosigkeit in den Arbeitsmarkt zurückzukehren.) Dies ist natürlich nicht nur einem traditionellem Geschlechtsrollenverständnis der Unternehmen zuzuschreiben, sondern vielmehr auf diesem Hintergrund dem höheren Marktwert des Mannes angesichts seiner tatsächlich höheren (zeitlichen, räumlichen) Verfügbarkeit.

Sinngemäß gilt dies offensichtlich auch schon für den *Ausbildungsmarkt.* Dies ist für die Zukunft insofern gravierend, als (nach Krüger 1992: 12) der beruflichen Erstausbildung „für den Erwerbsverlauf von Männern und Frauen lebenslange Bedeutung“ zukommt – dies sowohl in qualitativer wie in quantitativer Hinsicht.

Einerseits ist der *Anteil* der Mädchen an allen Auszubildenden von 1989 mit 41% über 1992 mit 37% zu 1993 auf 30% an allen betrieblichen Ausbildungsplätzen zurückgegangen. Eine empirische Untersuchung des Sozialwissenschaftlichen Forschungszentrums (SFZ) Berlin-Brandenburg fand die Hauptgründe für diese geschlechtstypische Segmentierung des Ausbildungsmarktes in den neuen Bundesländern darin, daß sich die ostdeutschen EntscheidungsträgerInnen im Ausbildungsmarkt – auf dem Hintergrund fehlender kritischer Reflexion und fehlenden Problembewußtseins bezüglich Diskriminierungsmechanismen in der DDR – sehr schnell die konservativeren Geschlechterleitbilder der BRD angeeignet haben und die westdeutschen in diesem Bereich deutlich restaurative Neigungen zeigen. (Andruschow/Mersmann 1995). Andererseits verändert sich – trotz teilweise noch wesentlicher Ost-West-Unterschiede[13] – die *Verteilung* der Ausbildungsberufe (und Studiengänge) in Richtung traditionelle Frauen- und Männerberufe – offensichtlich zum einen aufgrund entsprechender (bewußter oder unbewußter) Strategien der Akteure des Ausbildungsmarktes, aber zum anderen auch in

12 In den aktuellen Diskussionen und Bemühungen um den Abbau von Arbeitslosigkeit finden sich bemerkenswerterweise bereits gelegentliche Sichtweisen mit Schuldzuschreibungen gegen ostdeutsche Frauen, die einerseits mit ihrer nach wie vor hohen Erwerbsneigung die Arbeitslosenstatistik in die Höhe treiben würden (vgl. Pohl 1995, Schneider 1994) und andererseits den Männern den Zugang zum Arbeitsmarkt erschweren. (K. Biedenkopf, zitiert nach Leipzigs Neue 8/1996)

13 Nach BAA (1994) sind z.B. unter den wichtigsten Ausbildungsberufen in Ostdeutschland deutlich mehr Mädchen in gewerblich-technischen Berufen anzutreffen als in Westdeutschland; die häufigsten Erstausbildungen in Westdeutschland befinden sich nach wie vor im Büro- und Dienstleistungsbereich.

Antizipation der geschlechtstypischen Neuschneidung/Segregation des Arbeitsmarktes (Nickel/Schenk 1994: 261ff) durch die Jugendlichen: Verschiedene Studien zum Berufswahlverhalten deuten darauf hin, daß ostdeutsche weibliche Jugendliche auf dem Ausbildungsmarkt wieder verstärkt zu traditionellen „Frauenberufen" zurückkehren; beispielsweise ist der Anteil von Frauen in den ingenieurwissenschaftlichen Studiengängen in Ostdeutschland drastisch auf 12% zurückgegangen und damit deutlich unter den in Westdeutschland (26%).

Zudem *wechseln* Frauen mit technischen Berufen als Erstausbildung häufig später in Westdeutschland durch Benachteiligungen in frauendominierte Berufe und orientieren sich Frauen in Ostdeutschland – durch wirtschaftliche Umstrukturierungsprozesse/Wegfall ihrer Arbeitsplätze – beruflich neu. (vgl. z.B. Seidenspinner u.a. 1996: 84f.)

Auch die *Arbeitsämter* agieren offensichtlich in ihren Aktivitäten geschlechtstypisch und konservativ: bei der Vergabe von ABM-Stellen, bei der Richtung von Umschulungsmaßnahmen, bei der Arbeitsvermittlung. Wenn sie zu letzterem für Frauen überhaupt etwas anbieten, dann häufig in Verweisung auf die traditionellen Bereiche.

1.2 Geschlechtswechsel von Berufsarbeit, Entwertung weiblicher Bildung und soziale Differenzierung zwischen Frauen

Auf dem Hintergrund des Umbruchs der ostdeutschen Wirtschaft, der Verengung des gesamtdeutschen Arbeitsmarkts und der Internationalisierung des europäischen Arbeitsmarkts sind – bezüglich weiblicher Erwerbsarbeit – bemerkenswerte neuartige Tendenzen beobachtbar: ein „Geschlechtswechsel" von Berufsarbeit, eine Entwertung weiblicher Bildung und eine soziale Differenzierung innerhalb der Frauen. (Eine historische Betrachtung sowohl der Ideengeschichte der Frauenberufsfrage als auch der tatsächlichen Entwicklung der Frauenerwerbsarbeit belegt jedoch, daß diese Prozesse durchaus Tradition haben und so neu nicht sind, vielmehr systematische „Modernisierungsfallen" weiblicher Erwerbsarbeit und Bildung darstellen; s. insbesondere Friese 1995.)

Geschlechtswechsel von Berufsarbeit: Der bereits unter 1.1 angeführte Befund, daß zunehmend Männer in die Finanz- und Versicherungsbranchen drängen und daß damit eine Aufwertung solcher Berufe einhergeht, ist weder zufällig noch historisch neu. Dies belegt Friese (1995: 151ff) anschaulich an Beispielen wie der zunächst „weiblichen" Sozialarbeit (nach dem Konzept der „organisierten Mütterlichkeit") – möglich erst für Bürger-, später für Proletarierfrauen und der späteren (ab den 70er Jahren) Marginalisierung der Frauen im Zuge der Professionalisierung und Akademisierung der Sozialarbeit und -pädagogik. Sie kommt zu dem Fazit, daß die zeitweilige bzw. begrenzte Öffnung für und soziale Schließung von Berufsfeldern gegenüber Frauen systematischen Charakter hat:

- In Zeiten ökonomischer Krisen und erhöhter Arbeitslosigkeit dringen Männer „in typische Frauenberufe ein, werten diese auf und drängen Frauen gleichzeitig auf die unteren Ränge der Hierarchie". Dies ist auf der Bewußtseinsebene gut vorbereitet: Studien über die Vorstellungen von Frauen und Männern (Engelbrech 1991: 535; Rabe-Kleberg 1993: 67) zeigen, „daß Männern zwar in hohem Maße soziale Fähigkeiten, Frauen aber in deutlich geringerem Umfang technische Fähigkeiten zugestanden werden". (Friese 1995: 155)
- Umgekehrt sind bestimmte Berufe so lange männerdominiert und werden gegenüber dem Eindringen von Frauen verteidigt, „wie diese Perspektiven für stabile und gut honorierte Beschäftigungen versprechen. Sinken diese Aussichten durch technologische Rationalisierungen oder längerfristige konjunkturelle Veränderungen, dann greifen die ökonomischen Erfordernisse der Wirtschaft." (ebd.) Auch hier sind dann die Berufe nicht mehr die, die sie vorher waren.

Offensichtlich sind auch Modellversuche und Fördermaßnahmen zur Integration von Frauen in männerdominierte Bereiche des Arbeits- und Ausbildungsmarktes[14] nicht (oder nur vorübergehend) geeignet, solche Mechanismen aufzuweichen.

Entwertung weiblicher Bildung: Erworbene berufliche Qualifikation (nicht nur) ostdeutscher Frauen wird gegenwärtig bei weitem nicht nur massenhaft entwertet durch ihre unverhältnismäßig hohe Arbeitslosigkeit (und damit einhergehende Dequalifizierung vor allem bei Langarbeitslosigkeit), sondern auch durch Beschäftigung unterhalb ihrer Qualifikation (Vermittlung übers Arbeitsamt; um überhaupt erwerbstätig sein zu können, nehmen sie auch eher als Männer Dequalifizierungen hin – BfA 1994) sowie über aktive Dequalifizierung im Rahmen von Fortbildung und Umschulung.[15]

Soziale Differenzierung innerhalb der Frauen: Der verengte Arbeitsmarkt und die Internationalisierung des europäischen Arbeitsmarktes führen zu einer verstärkten Konkurrenz der Frauen untereinander, zu Differenzierungen ihrer Zugangsmöglichkeiten zum Arbeitsmarkt und zu neuen Disparitäten innerhalb der weiblichen Lebenslagen (z.B. nach In- und Ausländerinnen, Alter, Bildungsstand, mit/ohne Kinder, Region).[16]

14 wie beispielsweise verstärkt seit den 80er Jahren für den gewerblich-technischen Bereich

15 Drastisches Beispiel aus dem Freistaat Sachsen: massenhafte Umschulung in den Beruf der „Hauswirtschafterin" mit dem Zwischenergebnis, daß 5.000 von ihnen jetzt ohne Arbeit sind; in einem Modellprojekt soll 200 von ihnen – also jeder 25. – nun eine Anstellung vermittelt werden. Insofern erweisen sich Umschulungen auch als Dequalifizierungen und am Arbeitsmarkt vorbei.

16 Beispiele: osteuopäische Akademikerin als Hauhälterin in Westdeutschland, hohe Aupair-Mädchen-Vermittlung aus dem Osten (Friese 1994)

Darüber hinaus sind dazu auch (innerhalb der ohnehin weiblichen Dominanz) bestimmte weibliche Karrieren in prekäre Beschäftigungsverhältnisse (einschl. in Privathaushalte) zu zählen.

Solche soziale Differenzierungen innerhalb der Frauen qua Beruf bleiben nicht folgenlos für frauenpolitisches Engagement und für (von der Frauenbewegung hoch präferierte) soziale Netzwerke, führen tendenziell zur politischen Abstinenz, weil einerseits für Frauen in höheren Positionen die einzig mögliche Strategie offensichtlich die Karriere „im Singular" und um den Preis der Assimiliation an die herrschende (männliche) Kultur ist und weil andererseits „die Differenzen zwischen Frauen verschiedener Schichten und Ethnien...gleichzeitig ein neues politisch-kulturelles Arrangement zwischen Frauen und Männern derselben Bildungsschicht" hervorbringen". (Friese 1995: 158)

1.3 Zur Polarisierung von Lebensqualität angesichts des verengten Arbeitsmarkts und ihren geschlechtsdifferenten Effekten

Zunächst ist – nach sozialwissenschaftlichen Untersuchungen – verallgemeinernd festzuhalten, daß sich (für beide Geschlechter) in Ostdeutschland ohnehin ein gewisser Bedeutungswandel von Erwerbsarbeit vollzogen hat: von früher eher als „Recht und Pflicht" zu heute als „überlebensnotwendiges Geschäft", um das man sich täglich neu und vor allem eigenständig kümmern muß. (vgl. Minx u.a. 1995: 51-54)

Aber ganz allgemein gehen mit der Verengung des Arbeitsmarktes und des „lean management"/der „lean production" Prozesse der Polarisierung einher zwischen Überforderung im Beruf einerseits und (drohender) Arbeitslosigkeit andererseits – mit ihren je destruktiven Folgen. Damit bleibt auf beiden Seiten der sich öffnenden Schere zunehmend auf der Strecke ein sinnerfüllter und wünschenswerter Lebenszusammenhang zwischen Erwerbsarbeit und (sonstigem[17]) Leben: Die (noch) Erwerbstätigen sind zunehmenden Arbeitsanforderungen und Leistungsdrücken ausgesetzt – mit Auswirkungen auf die Lebensqualität (Knappheit an bezahlter Arbeit impliziert Knappheit an freier Zeit), und den Arbeitslosen fehlt umgekehrt die Erwerbsarbeit für ihre Lebensqualität, sie fühlen sich stigmatisiert.

Nicht verwundern kann, daß die (ost- und westdeutschen) Frauen im Zusammenhang mit diesen Prozessen in unserer Gesellschaft zuerst auf der Strecke bleiben. „Der Zwang zu konzentrierter Arbeit stellt neue Ansprüche an das Leistungsvermögen der Angestellten (auch der anderen Erwerbstätigen – U. S.), erfordert mehr und mehr den hochflexiblen, stark belastbaren

17 Dies muß hier in Klammern eingefügt werden, weil eigene Erwerbsarbeit für ostdeutsche Frauen mehrheitlich unverzichtbarer immanenter Bestandteil ihres Lebens ist und eine Trennung hier ausschließlich darstellungstaktisch zulässig ist.

Verhaltenstyp" (Baethge/Oberbeck 1995) und damit einen, der ihn von anderen Verpflichtungen (vor allem Kinder, Haushalt) entlastet, ihm den Rücken freihält. Das ist traditionellermaßen in erster Linie die Frau; andernfalls zwingt es zunehmend (beide Geschlechter) zum Verzicht auf Familie / Kinder oder aber (vorwiegend bei höherem Sozialstatus) erheischt es die Verlagerung bestimmter familialer Funktionen in den Dienstleistungsbereich (wie Kinderbetreuung, Wäsche, Gebäudereinigung, Steuerberater).
In diesem Kontext ist beobachtbar einerseits eine wieder zunehmende Definition/Reduktion von „Arbeit" und „Leistung" auf Erwerbsarbeit und damit auf einen traditionell männlichen Leistungsbegriff und andererseits eine wieder höhere Zuschreibung traditionell männlicher Stereotype (wie Leistung/Erfolg, Macht/Wettbewerb, Abstinenz von persönlicher Nähe/Hingabe/Emotion, Ignoranz gegenüber der eigenen Gesundheit[18]) an Männer.

1.4 Zur Geschlechtstypik des ostdeutschen Transformationsprozesses

Mit den quasi über Nacht ausgetauschten gesellschaftlichen Strukturen (insbesondere dem nunmehr marktwirtschaftlich funktionierenden Beschäftigungssystem und dem sozialpolitischen Ordnungssystem) sahen sich ostdeutsche Frauen plötzlich mit Rahmenbedingungen konfrontiert, die mit ihren bisherigen Lebenszusammenhängen kollidierten: Aus unter anderen gesellschaftlichen Bedingungen einmal getroffenen (und damals für richtig gehaltenen und realisierbaren) Entscheidungen – wie Berufswahl, Realisierung von Kinderwünschen, frühe Heirat, Scheidung, Leben mit Kind(ern) ohne Partner, „doppelter" Lebensentwurf – wollten oder/und konnten sie (da z.T. irreversibel, aber vor allem, weil *weder rational noch emotional als Fortschritt oder Chancenerweiterung akzeptabel*) nunmehr nicht sofort oder überhaupt nicht „aussteigen".[19]

Jedoch betrifft dieses „Nicht-aussteigen-wollen" interessanterweise auch jüngere weibliche Jugendliche, die noch vor der Realisierung solcher Entscheidungen (Kind, Heirat, Erwerbsarbeit) stehen: Ihre Lebensentwürfe generieren sie (wie übrigens auch die männlichen Jugendlichen) nicht auf der

18 vgl. hierzu die kritischen Ausführungen aus männlicher Perspektive von Walter Hollstein (z.B. 1996)

19 In diesen Zusammenhang gehören daneben auch strukturelle Disparitäten von sozialen Binnendifferenzierungen zwischen ostdeutschen Frauen einerseits und ostdeutschen Männern und westdeutschen Frauen andererseits, wie es beispielsweise am Ausmaß der Alleinerziehenden deutlich wird (mehrheitlich weiblich und zum Zeitpunkt der „Wende" in Ost- anteilig mehr als dreimal höher als in Westdeutschland) oder auch daran, daß ostdeutsche Frauen „ärmer" sind als ostdeutsche Männer (und westdeutsche Frauen und Männer): Sie haben weniger finanzielle und materielle Ressourcen, auf die sie zurückgreifen können, weniger Versorgungsansprüche (z.B. Geschiedene, Alleinerziehende). Insofern ist auch der ökonomische Druck zur Erwerbstätigkeit verhältnismäßig hoch.

tabula rasa der neuen gesellschaftlichen Verhältnisse, sondern deutlich in Reflektion und positiven Bewertung und klar orientiert an der Biographie der älteren Frauengeneration im allgemeinen und der eigenen Mutter im besonderen, die sie als kompetent wahrgenommen haben und wahrnehmen.

Tendenzen und Ausblick:

Die Chancen und insbesondere die Risiken sowohl der Verengung des Arbeitsmarktes (auch der Praxis des 2. Arbeitsmarktes und des Ausbildungsmarktes mit ihren restaurativen geschlechtstypischen Tendenzen) als auch der daraus folgenden Polarisierung von Lebensqualität und des Verlaufs der ostdeutschen Transformationsprozesse stellen sich – bezüglich Erwerbsarbeit – keineswegs geschlechtsneutral dar, sondern mehrheitlich zuungunsten der ostdeutschen Frauen. Angesichts solcher gesellschaftlicher Rahmenbedingungen ziehen sich ostdeutsche weibliche Jugendliche nicht erleichtert aus der Erwerbsarbeit zurück, nehmen sie nicht das Hausfrauenmodell an oder flüchten sich in die Mutterrolle.[20] Vielmehr zeigen sie gegenläufige Reaktionsmuster: Mit großer Eindeutigkeit halten sie an eigener Erwerbsarbeit (und Aktivitäten zu ihrer Realisierung/Erhöhung des „Marktwertes" wie Umschulung, veränderte Berufswahl, räumliche Mobilität) sowie am „doppelten" Lebensentwurf fest und verzichten (zunächst) auf die Realisierung von Kinderwünschen (also negativer Zusammenhang zwischen ihrer Verdrängung aus dem Arbeitsmarkt und Entscheidung für Kinder). Eigene Erwerbsarbeit ist für ostdeutsche weibliche Jugendliche derzeit *das Hauptthema* ihres Lebenszusammenhangs und Hauptgegenstand noch größerer Anstrengungen – und zwar (im Unterschied zu den westdeutschen: vgl. Seidenspinner u.a. 1996: 181) auch für die verheirateten.

Für weibliche Jugendliche in Ostdeutschland impliziert das besondere Unwägbarkeiten in Lebenszusammenhang und -perspektive, was sich niederschlägt in einer „Schizophrenie" ihrer gegenwärtigen Lebenskonzepte: in (nach Fobe in diesem Band) einerseits Wunsch-/Idealkonzepten und andererseits Realkonzepten.

Dies scheint zunächst auf das optimistische Szenario ba) „optimistischer ostdeutscher Sonderweg" hinzuweisen – wenn dieses jedoch hinsichtlich seiner Effekte (Arbeitszeitverkürzung, Schaffung neuer Arbeitsplätze) angesichts gesamtdeutscher Rahmenbedingungen (Tarifsysteme, Investitionstendenzen, Regulierung des Arbeitsmarkts) stark zu bezweifeln ist.

Insofern spricht mehr für das Szenario ab) *„pessimistischer ostdeutscher Sonderweg"*, als ostdeutsche Frauen und Männer auf dem ostdeutschen Arbeitsmarkt per se weiter konkurrieren (wenn auch tendenziell branchendifferent) – mit Trend zum Szenario aa) *„pessimistisches resignatives Anpas-*

20 wie etwa in den späten 70er/frühen 80er Jahren angesichts der Jugendarbeitslosigkeit in Westdeutschland

sungsszenario", da der Arbeitsmarkt die männliche Erwerbsarbeit begünstigt.

Allerdings: Der evidente politische Handlungsbedarf – angesichts der Massenarbeitslosigkeit in Gesamtdeutschland (einschließlich der fortschreitenden Polarisierung von Lebensqualität sowohl der Erwerbstätigen als auch der Arbeitslosen) – in Richtung Neuverteilung von Arbeit (z.B. über Verkürzung von Tages- und Wochenarbeitszeit, von Lebensarbeitszeit für die Alterssicherung) könnte – sofern sie geschlechtssymmetrisch konzipiert wird, zu einem sinnerfüllten und wünschenswerten Lebenszusammenhang zwischen Erwerbsarbeit, Familie und Freizeit für *beide* Geschlechter führen und damit das *„gesamtdeutsche optimistische Szenario"* bb) ermöglichen.

2. Sozialpolitische Strategien und Geschlechterverhältnis

Von besonders gravierender Bedeutung für ostdeutsche Frauen war nach der „Wende" der Wechsel der ordnungspolitischen Rahmenbedingungen (insbesondere der sozialpolitischen Strategien) von denen der DDR zu denen der BRD, dies in mindestens dreifacher Hinsicht:

- abrupter Wandel tatsächlich gegebener sozialpolitischer Optionen für den weiblichen Lebensentwurf – insbesondere für die präferierte synchrone Vereinbarung von Erwerbsarbeit und Familie/Kind(ern), für die hohe Akzeptanz außerfamiliärer Kinderbetreuung[21];
- Entstehungskontext von solchen Rahmenbedingungen im Sinne von basisdemokratischer Initiierung versus Verordnung „von oben", was (auf dem Hintergrund insgesamt politischer Strukturen und Kultur) nicht folgenlos bleiben kann für die politische Durchsetzung eigener bzw. von Gruppeninteressen – bis hin zur Abstinenz ostdeutscher Frauen gegenüber politischer Partizipation und zur verbreiteten Wahrnehmung auch frauenpolitischer Aktivitäten als elitär und sie nicht vertretend[22];

21 Die deutlich unterschiedliche Inanspruchnahme und Akzeptanz von institutioneller Kinderbetreuung in der alten BRD vs. DDR bzw. den alten vs. neuen Bundesländern ist bekannt. Jedoch kann angenommen werden, daß – quasi zum Abbau kognitiver Dissonanz – Inanspruchnahme und Akzeptanz sich gegenseitig stark beeinflussen, so daß sich der evidente „kulturelle Unterschied" möglicherweise relativiert. Dafür könnte auch der empirische Befund des DJI sprechen, daß „in Westdeutschland über 20% der Eltern, bei den Alleinerziehenden sogar fast 30%, der Ansicht sind, ihre Kinder würden im Kindergarten ideologisch beeinflußt, während dies in Ostdeutschland kaum geäußert wird." (DJI 1994: 10) Allerdings kann dies auch dem (vermeintlichen oder tatsächlichen) Einfluß der zahlreicheren konfessionellen Trägern von Kindereinrichtungen in Westdeutschland geschuldet sein.

22 Zum einen gehen die meisten „frauenbewegten" traditionellen und aktuellen Themen an der „Basis" (wie z.B. männliche Gewalt, Pornographie, sexuelle Belästigung, lesbische Lebensformen) am „Nerv" der Mehrheit der ostdeutschen Frauen vorbei, und zum anderen

- frauen- und familienpolitische Strategien und Maßnahmen sowohl als Reaktion auf vollzogene gesellschaftliche Veränderungen (familiäre Arbeitsteilung, Geschlechterverhältnisse) als auch mit Effekten auf deren weitere Entwicklung.[23]

Wiewohl die traditionelle Arbeitsteilung zwischen den Geschlechtern in beiden deutschen Staaten nie konsequent in Frage gestellt worden ist (vgl. Klein 1993), lassen sich doch in ihren ordnungspolitischen Strategien deutlich Unterschiede ausmachen (vgl. Schlegel 1995: 119f), vor deren abrupte „Auswechslung“ (mit gewissen Ausnahmen bezüglich Übergangsregelungen, wie z.B. § 218) ostdeutsche Frauen gestellt waren. Die in der DDR der 70er und 80er Jahre[24] waren gerichtet auf die möglichst maximale und kontinuierliche Einbeziehung der Frauen in das Erwerbssystem (nach dem Muster der traditionell männlichen Erwerbsbiographie) bei gleichzeitiger Beibehaltung ihrer Zuständigkeit für den Familienbereich und damit adressiert an die berufstätige Mutter („Babyjahr“, gesellschaftliche Kindereinrichtungen, Schulspeisung, der Transfer staatlicher Leistungen über den Arbeitsplatz usw.) sowie auf die Schaffung der dafür notwendigen qualifikatorischen Voraussetzungen (Allgemein-, Berufs-, Hochschulbildung; Frauensonderstudium, ab Ende der 60er Jahre Sondermaßnahmen für Studentin mit Kind). Nachdem dieses verkürzte – quasi patriarchalische[25] – Gleichberechtigungsverständnis im Kern erreicht war, wurden offiziös[26] – durchaus strukturell bedingte – Widersprü-

marginalisiert die „große“ Politik (vom Bundestag über die Länder bis zu den Kommunen) angesichts anstehender existentieller politische Fragen/Lösungen die Problemlagen der (ost)deutschen Frauen.

23 Zu erinnern ist in diesem Zusammenhang beispielsweise an die Einführung des „Babyjahres“ (zunächst ausschließlich an Frauen adressiert) oder auch der (reduzierten gesetzlichen) 40-Stunden-Woche für Mütter mit 3 und mehr Kindern bis zu 16 Jahren in der DDR – einerseits Reaktion auf die Belastungssituation von Müttern und andererseits geeignet, den erreichten Stand familiärer Arbeitsteilung zwischen den Geschlechtern zu zementieren und weitere Fortschritte zu erschweren bzw. zu verhindern. Auf letzteres haben SoziologInnen damals mehrfach hingewiesen (verbunden mit der Forderung, solche familienpolitischen Neuregelungen wegen ihrer normativen Effekte als Option für beide Geschlechter zu konzipieren), was – auf dem Hintergrund des DDR-Arbeitskräftebedarfs und der mehrheitlich männlich besetzten Spitzenpositionen in Wirtschaft und Politik – auf massiven Widerstand von Politikern getroffen ist (im übrigen auch verbreitet auf Unverständnis unter den – „begünstigten“ – Frauen).

24 Von den Anfängen der DDR (z.B. der SMAD-Befehl vom August 1946), in den 50er und 60er Jahren zielten die einschlägigen programmatischen und juristischen Regelungen u. E. deutlich auf die Veränderung der Geschlechterverhältnisse im Sinne einer tatsächlichen Gleichstellung der Geschlechter in der neuen Gesellschaft.

25 patriarchalisch im Sinne des männlichen Vorbilds für Frauen und auf diese Weise eines unangetasteten Männerleitbildes

26 Dies ist zeitlich festzumachen Mitte der 70er Jahre, als die Frauenfrage als soziale Frage in der DDR als gelöst proklamiert wurde: „Und wir können deshalb auch ohne Einschränkungen sagen, daß in der Deutschen Demokratischen Republik die Gleichberechtigung der Frau verwirklicht ist.“ (Lange 1974: 6)

che und Mehrfachbelastungen der Frauen auf die individuelle Ebene verkürzt und verwiesen.

Jedenfalls war die „normale“ DDR-Familie eine mit Erwerbstätigkeit von Vater und Mutter, und die Ehe als primär ökonomische Versorgungsinstitution war sowohl als kulturelles Muster als auch familienrechtlich faktisch „gestorben“. (Auch noch 6 Jahre nach der deutsch-deutschen Vereinigung wird die Hausfrauenrolle in Ostdeutschland mehrheitlich abgelehnt – interessanterweise von beiden Geschlechtern.)

Das familienpolitische Ordnungsmuster der BRD ist orientiert an der patriarchalisch strukturierten, arbeitsteiligen Kleinfamilie (mit klarem normativem Verständnis für den Mann im Normalarbeitsverhältnis und ambivalentem für die Frau zwischen Hausfrau und Erwerbstätigkeit) sowie darin eingeschlossen einer (gegenüber der DDR deutlich höheren) Zuschreibung von ökonomischer Einheit an die Familie und Versorgungsfunktion an die Ehe.

Dieser Paradigmenwechsel hat in Ostdeutschland bisher – folgt man empirischen sozialwissenschaftlichen Ergebnissen – *einerseits nicht zu Veränderungen in den Lebensentwürfen und Handlungsmustern* geführt wie: weiterhin strikte Ablehnung des Hausfrauen-Modells bei beiden Geschlechtern, Festhalten der Frauen an Erwerbsarbeit sowie deren Akzeptanz durch die Männer im allgemeinen und den Partner im besonderen, Kinderwunsch bei gleichzeitig hoher Erwerbsneigung, hohe Akzeptanz außerfamilärer Kinderbetreuung. Dies scheint auch zuzutreffen für die Kontinuität bezüglich der präferierten Form partnerschaftlichen Zusammenlebens: Zwar streben ostdeutsche weibliche Jugendliche mehrheitlich die „vollständige Familie“ an, sind aber – gegenüber westdeutschen – der juristischen Form gegenüber nach wie vor eher gleichgültig, wiewohl die neuen gesellschaftlichen Rahmenbedingungen der BRD die Ehe begünstigen.[27]

Die in Ostdeutschland weiter präferierte Parallelität von Erwerbsarbeit und Kindern schlägt sich auch nieder in den gewollten Vorstellungen einer „Baby-Pause“: Drei Viertel der ostdeutschen (gegenüber einem Viertel der westdeutschen) Frauen mit Erziehungsurlaub möchten sofort bzw. innnerhalb eines Jahres in die Erwerbstätigkeit zurückkehren. (nach SOEP s. Holst/ Schupp 1994: 10, vgl. auch Richter 1996: 22)

Andererseits sind bereits (als Ausdruck der Nichtrealisierung von präferierten Modellen oder aber von notwendigen neuen Prioritätensetzungen zwischen Zielen, deren Realisierungschancen nicht mehr gleichzeitig gegeben

27 Insofern ist die Erklärung des hohen Anteils nichtehelicher Geburten in der DDR als Mitnahme-Effekt sozialpolitischer Vergünstigungen entweder in Frage zu stellen, oder aber die (damit einhergehende?) hohe gesellschaftliche Akzeptanz alleinerziehender (lediger, in Lebensgemeinschaft lebender, geschiedener) Mütter in der DDR hat sich verstetigt. Interessant in diesem Kontext ist auch der Befund des Statistischen Bundesamtes Wiesbaden, daß sich in Ostdeutschland Väter unehelicher Kinder deutlich eher zu ihrer Vaterschaft bekennen als West-Männer. (LVZ v. 24.4.1996)

sind und damit in der biographischen Perspektive verschoben werden) sowohl massive *Wandlungen auf der Handlungsebene* konstatierbar – insbesondere der massive Geburtenrückgang[28]) – als auch tendenzielle Verhaltensänderungen hinsichtlich des Geschlechterverhältnisses.[29]

Tendenzen und Ausblick:

Die sozialpolitischen Strategien in der DDR und in der BRD folgten unterschiedlichen Modernisierungskonzepten; damit reagierten sie auf und führten zu differente(n) weibliche Normalbiographien.

Offensichtlich gibt es – trotz dafür schwieriger bzw. fehlender sozialpolitischer Rahmenbedingungen – bei ostdeutschen weiblichen Jugendlichen (und nicht nur bei ihnen) in den Orientierungen und Einstellungen hinsichtlich Familie, Kinder und Erwerbstätigkeit mehr *Kontinuität und Resistenz*; modifizierte Verhaltensmuster (z.B. generative[30]) sind primär mangelnden Realisierungsmöglichkeiten geschuldet. Dies läßt zukünftig für die Mehrheit der ostdeutschen Frauen massive Konflikte und Risiken erwarten bezüglich der Realisierung ihrer Lebenskonzepte.

Wahrscheinlich ist insofern – wenn man vom eher unrealistischen „optimistischen ostdeutschen Sonderwegs-Szenario“ ba) absieht – das *„pessimistische ostdeutsche Sonderwegs-Szenario“* ab) (mit geschlechtsuntypischer Arbeitslosigkeit in Ostdeutschland) bzw. das *„pessimistische resignative Anpassungs-Szenario“* aa) (mit Verdrängung der Frauen aus dem Arbeitsmarkt).

Die eigentlich noch ausstehende Diskussion um die Vereinbarung von Elternschaft und Beruf und deren sozialpolitische Flankierung kann sich weder an der in der DDR noch an der der alten Bundesrepublik orientieren, sondern muß (und kann angesichts der europäischen Einigung) auf neue geschlechtssymmetrischere Lösungen gerichtet sein. Kurz: Der vollzogene soziale Wandel in der Gesellschaft und darin insbesondere die Veränderung der Geschlechterrollen erheischen eine sozialpolitische Umorientierung in Akzeptanz gegebener Normalitäten. (vgl. Bäcker/Stolz-Wittig 1993)

28 „Die größten ‚Geburtenausfälle‘ haben die Geburtsjahrgänge, die sich zu Beginn der Transformationsphase unmittelbar vor dem Lebensabschnitt befanden, in denen ostdeutsche Frauen am häufigsten Kinder gebären. Dies sind die Geburtsjahrgänge 1966 bis 1970.“ (Nowossadeck 1996: 13)

29 Als Anzeichen dafür können beispielsweise gelten: die Verschiebung der Heirat auf ein späteres Alter, der drastische Rückgang von Ehescheidungen (die bekanntlich mehrheitlich von Frauen beantragt werden), aber auch zunehmende Gewalt gegen Frauen in der Familie, das von Rohnstock (1995) ermittelte Eingehen von Ost-West-Ehen (Ost-Frau heiratet West-Mann: 99,2%, Ost-Mann heiratet West-Frau: 0,8%) und insbesondere eine eklatante Abnahme eher partnerschaftlicher Arbeitsteilung in ostdeutschen Haushalten seit der „Wende“ (Rohnstock 1996), auch – wenn auch nur tendenziell – eine bereits abnehmende männliche Zustimmung zu weiblicher Erwerbsarbeit und damit zunehmende Geschlechterdifferenz in dieser Frage (Keiser 1996).

30 vgl. dazu Richter 1996

3. Modernisierung, Vorurteile und Machtverhältnisse

Konsensual wurden die Transformationsprozesse in Ostdeutschland anfangs auf dem Raster der „nachholende Modernisierung" diskutiert. Erst folgend wird dies unter verschiedenen Perspektiven differenzierter hinterfragt, z.B. unter der neuen Fragestellung „subjektiver" und „objektiver" Modernisierung (Hradil 1992, Ley 1993, Hradil 1996) oder auch hinsichtlich des Verbleibs von „moderneren" ostdeutschen Bereichen (Geschlechter-Gleichstellungs-Vorsprung) oder womöglich postindustrieller ostdeutscher Verhaltensmuster[31].

So verschieden sich im einzelnen Modernisierungstheorien darstellen, scheinen ihnen doch gemeinsam zu sein

- die Annahme zunehmender Rationalisierungs- und Differenzierungsprozesse in einer Gesellschaft, was zu funktionaleren Binnenstrukturen führt;
- die Annahme zunehmender Autonomie des Individuums mit zunehmend subjektiven Handlungsoptionen und damit Anforderungen/Förderung individueller Handlungs- und Entscheidungsfähigkeit.

Das führe – quasi automatisch – dazu, daß Individuen in modernen Gesellschaften zunehmend autonomer, selbstbestimmter und -bewußter, eigenständiger agieren. Dies nun wird häufig kontrastiert mit der „Fremdbestimmung" und Entmündigung des Individuums in totalitären Systemen wie in der DDR.

Bezogen auf den Lebenszusammenhang weiblicher Jugendlicher in Ostdeutschland, ist dies unter verschiedenen Aspekten zu modifizieren:

a) Zunächst scheint ein verbreitetes Vorurteil zu sein, daß totalitäre Systeme wie die DDR generell für seine Bevölkerung unerträgliche Lebensbedingungen implizieren, nicht identifizierungsfähig[32] und nicht in der Lage seien, bestimmte ihrer Bedürfnisse zu befriedigen; im Gegenteil können sie u.U. dem Bedürfnis nach sozialer Sicherheit sogar besser Rechnung tragen als pluralistische Demokratien (vgl. Fritze 1995) und per Dekretierung für sie wünschenswerte gesellschaftliche Entwicklungen beeinflussen (wie Vereinbarung von Erwerbs- und Familienarbeit für Frauen).

Vor allem aus solchen pauschalisierten (und damit falschen) Bewertungen der DDR und damit der früheren individuellen Lebenslagen in ihr folgten massive Schwierigkeiten und Mißverständnisse auf dem Weg zur inneren Einheit, indem

- einerseits die Mehrheit der ostdeutschen Bevölkerung (allerdings differenziert nach Generationen bzw. Kohorten; vgl. dazu Lindner in diesem

31 Stichworte: Chaosqualifikation, funktionierende Netzwerke
32 s. demgegenüber Schlegel 1993: 26ff

Band) – zumindest anfangs – deutliche individuelle Probleme hatte, mit ihrer DDR-Biografie umzugehen und sich – gegenüber Westdeutschen – in eine Legitimierungs- und Verteidigungsposition gedrängt sah, von ihr nachgerade biografische Geschichtsklitterung erwartet wurde,

- andererseits die Mehrheit der westdeutschen Bevölkerung individuelle Schwierigkeiten hatte, mit differenzierteren Urteilen Ostdeutscher über die DDR und deren Biographie umzugehen.

b) Bezogen auf die ostdeutschen Frauen, implizierte und impliziert dies z.T. noch – je nach west-, aber auch ostdeutscher Perspektive – verschiedene, sogar gegensätzliche Vorurteile bzw. Vorwürfe wie:

- als „Rabenmütter", die ihre Kinder aus egoistischen Motiven staatlichen Verwahranstalten überlassen haben – mit tragischen Folgen für deren Persönlichkeitsentwicklung[33] – dies vor allem aus (entwicklungs-)psychologischer oder psychiatrischer Perspektive, meist nicht empirisch belegt und unterstellt „verlängert" auf das Erwachsenenalter;
- als idealtypische Vorbilder für eine gelungene Vereinbarung für Erwerbsarbeit und Familie/Kinder sowie staatlich gelöster Rahmenbedingungen dafür (vor allem aus der Perspektive der westdeutschen Frauenbewegung)
- gehetzte Graue-Maus-Mutti-Ost gegenüber männerfeindlich-attraktiver West-Emanze mit korrekt feministischem Sprachgebrauch (vor allem als Fremd-Stereotype zwischen Ost- und Westfrauen – nach anfänglicher Schwestern-Euphorie);

c) Ein zu wenig wahrgenommener Widerspruch besteht u. E. darin, daß sich zwar objektiv (im Sinne von denkbar) die Handlungs- und Entscheidungsspielräume für weibliche Jugendliche (natürlich auch für andere sozialdemographische Gruppen) vervielfältigt haben, sich demgegenüber jedoch deren Realisierungschancen (wie insbesondere die der eingeschränkten Optionen in der DDR) in für sie ganz wesentlichen Bereichen verringert haben, z.B. Erwerbsarbeit, Realisierung von Kinderwünschen, Vereinbarung von Beruf und Familie, Scheidung bei kleinen Kindern.

33 Beispielsweise beschreibt Israel (1990: 104ff) die Kinder mit „blassen Gesichter(n) mit relativ geweiteten Augen und schmalen Lippen (wie ein Strich). Die Blässe hat nichts mit Fehlernährung zu tun, sondern mit nach innen gekehrter Emotionalität, Verschlossenheit. Die Arme werden in der Regel eng am Leib gehalten, die Schultern hochgezogen. Bei Erwachsenen sind spärliche Bewegungen und ein starrer Brustkorb typisch, Augenbrauen und Stirn sind meist zusammengezogen, die Zähne zusammengebissen. Der Körper drückt das Festhalten, also nicht-los-lassen-dürfen aus." Trommsdorff/Kornadt (1995: 45) gehen davon aus: „From an attachment theoretical view, east German children presumably have developed less secure attachment because, being sent to all-day nurseries, they were separated from their parents at a very early age. Accordingly more insecure attachment might be expected for East as compared to West German adolescents."

Darüber hinaus setzt die Realisierung von Zielvorstellungen stets die Kenntnis des „Wie“ in der gegebenen Gesellschaft mit ihren Institutionen voraus (wofür zunächst alle Ostdeutschen „SchülerInnen“ waren) und in gewissem Grade auch deren Akzeptanz.[34]

Nur auf dem Hintergrund der ebengenannten drei Aspekte ist zu erklären, warum ostdeutsche Frauen den Paradigmenwechsel (Staat, Arbeitsmarkt, Ordnungspolitik usw.) mehrheitlich weder erleben und wahrnehmen (können)

- als einen Wechsel „von einem Gesetzesstaat ... zu einem Rechtsstaat mit öffentlich kontrollierbaren und kontrollierten Bürokratien und Transparenz des Staatshaushaltes“ (Jaide/Hille 1990: 38), sondern eher von einer sozial-diktatorischen Verordnungsgesellschaft freiheitsbeschneidenden Charakters – aber mit hoher sozialer Sicherheit – zu einer schwer durchschau-, handhab- und prognostizierbaren Antragsgesellschaft;
- noch als einen Übergang von einer fremdbestimmten Uniformität ihres Lebenszusammenhangs zu einer selbstbestimmten Pluralität für sie möglicher Lebensentwürfe. (Beispielsweise auch gewollte Ziele wie berufliche Umorientierung – um die Chancen auf dem Arbeitsmarkt zu erhöhen – werden gegenüber „früher“ angesichts vorhandener hoher qualifikatorischer Voraussetzungen als fremdbestimmt erlebt, ebenso wie beispielsweise der notwendige Nachweis gegenüber dem Arbeitsamt zum Anspruch auf Unterstützungsleistungen dafür.)

Auf diesem Hintergrund stellt sich für die Gesellschaft wie für weibliche Jugendliche in Ostdeutschland die Frage neu nach dem *Stellenwert von Kindern*. Bekannt ist aus empirischen Untersuchungen, daß die DDR (gegenüber der alten und neuen BRD) als kinderfreundlicher wahrgenommen wurde – trotz oder wegen der hohen Erwerbsbeteiligung der Frauen. Bei für sie nunmehr eher alternativ gewordenen Optionen Erwerbsarbeit vs. Kind(er) reagieren ostdeutsche junge Frauen – gegenüber der Möglichkeit, sich (womöglich erleichtert) aus der Erwerbsarbeit zurückzuziehen – tatsächlich umgekehrt, indem sie Erwerbsarbeit mehrheitlich noch höher präferieren: Nicht (Vollerwerbs-)Arbeit veranlaßt(e) sie zur Nichtrealisierung von Kinderwünschen, sondern im Gegenteil erst deren Gefährdung bzw. drohende „Hausfrauisierung“.

34 Mittlerweile hat sich gezeigt, daß bestimmte neue Ordnungsmuster und Institutionen – mitgewachsen mit der westdeutschen Gesellschaft und nun direkt übertragen auf Ostdeutschland – mit den Wertorientierungen ostdeutscher Frauen kollidieren und so Handlungsbarrieren, mangelnde Handlungsfolgeabschätzungen usw. induzieren wie z.B. bezüglich Scheidungsrecht, Erziehungsurlaub. (vgl. Schlegel 1995: 119ff, Bütow 1995)

Tendenzen und Ausblick:

Trotz zunehmender Relativierung und Differenzierung im wissenschaftlichen/politischen Diskurs bezüglich der anfangs pauschalen Sicht einer „nachholenden Modernisierung“ in Ostdeutschland und trotz Tendenzen differenzierteren Umgangs mit der (individuellen und System-) DDR-Vergangenheit sprechen sowohl die faktischen Mehrheits- und damit Machtverhältnisse in der Bundesrepublik Deutschland als auch gegenwärtige politische und ökonomische Interessen und Zwänge dagegen, daß der geschlechtssymmetrischere (und damit fortschrittlichere) Charakter der Erwerbsbeteiligung in der DDR und noch entsprechende subjektive Haltungen in den neuen Bundesländern auch nur ansatzweise Chancen ihrer Erhaltung haben. Im Gegenteil sind in diesem Bereich konservative Tendenzen auch in den alten Bundesländern zu befürchten.

Insofern ist eher das *„pessimistische gsamtdeutsche Szenario“* ac) zu befürchten mit seiner Rekonstruktion traditioneller Geschlechterrollen.

4. Resümee und Ausblick

Angesichts des Umbruchs der ostdeutschen Wirtschaftsstrukturen, des verengten gesamtdeutschen Arbeitsmarkts und der Internationalisierung des europäischen Arbeitsmarkts und ihren Folgen für die Frauenerwerbsarbeit ist nach deren makrosoziologischen Perspektiven und den Effekten für das Geschlechterverhältnis zu fragen. Insbesondere die „selbstverständlichen“ Lebenszusammenhänge ostdeutscher Frauen und die intendierten Lebenspläne ostdeutscher weiblicher Jugendlicher (auf dem Hintergrund des geschlechtssymmetrischeren Arbeitsmarkts und dessen sozialpolitischer Flankierung in der DDR über Jahrzehnte – mit ge-/erlebtem „doppeltem Lebensentwurf“ der weiblichen Normalbiographie und deren Akzeptanz durch beide Geschlechter) sind zur Disposition gestellt. Gleichzeitig sind davon aber auch die Lebenszusammenhänge der westdeutschen Frauen und Mädchen und das Geschlechterverhältnis per se berührt sowie eine Rekonstruktion der Männerrolle. Offene und subtile geschlechtstypische Segregation in und Mechanismen der Verdrängung von Frauen aus dem Arbeits- und Ausbildungsmarkt, Geschlechtswechsel von Berufen, Differenzierungsprozesse innerhalb weiblicher Erwerbsarbeit sowie ideologischer Konservatismus und Restauratismus bezüglich der Geschlechterrollen berechtigen zu der provokanten Frage, ob das „über Bildung durchgesetzte Bewußtsein über die Ungleichheit der Geschlechter“, das „einen ‚Jahrhundertkonflikt‘ in Gang gesetzt habe, der einen lawinenartigen Prozeß der ‚Freisetzung‘ aus den ständischen Zwängen markiere“, tatsächlich historisch irreversibel ist (Friese 1995: 150) oder ob Frauen vielmehr zumindest vor strukturellen „Modernisierungsfallen“ stehen bzw. bereits hineingeraten sind (und auch Männer wieder stärker in ihre traditionelle Rolle gedrängt werden).

Die makrosoziologischen Perspektiven ostdeutscher weiblicher Jugendlicher (im direkten Kontext des Geschlechterverhältnisses in Deutschland) liegen gegenwärtig am Scheideweg zweier Szenarien: zwischen einerseits einem pessimistischen (ost-/gesamtdeutschen) im Sinne eines „roll back“ zu alten Geschlechterrollen und andererseits einem optimistischen gesamtdeutschen im Falle bewußter geschlechtssymmetrischer arbeitsmarkt-, arbeitszeit- und sozialpolitischer sowie familien- und steuerrechtlicher Neuschneidung von Optionen. Diese Alternative ist direkt geknüpft an existentielle Fragen gesellschaftlicher Entwicklung wie

- Handlungskompetenz vs. -verlust von Politik; Beeinflußbarkeit gegenwärtiger Prozesse in der Gesellschaft und deren Tempo (Was kann/darf/muß der Staat dazu tun?)
- Neubestimmung von Normalitätsannahmen in der Gesellschaft, z.B. reale Zeitstrukturen (einschl. Abwesenheit der Vollerwerbstätigen von zu Hause), weibliche – von der Institution Ehe – abgeleitete sozialversicherungsrechtliche Ansprüche/Sicherung, von ehe- hin zu kindbezogenen Sozialleistungen und Steuerregelungen, Recht auf Teilzeitarbeit mit flankierender sozialer Absicherung.

Die gegenwärtigen politischen Handlungszwänge zur Neuverteilung/-strukturierung von Arbeit und zur Modifizierung sozialpolitischer Strategien – angesichts dessen, daß sich *das Geschlechterverhältnis zunehmend über den Arbeitsmarkt/die Erwerbsarbeit definiert* (Düring 1996) – implizieren durchaus Chancen, über geschlechtssymmetrischere Konzepte gesellschaftsgestaltend nachzudenken und zu wirken. Letztere müssen darüber hinaus eine *neue Definition von Arbeit/Leistung* (die über Erwerbskarriere hinaus Familienarbeit einschließt) gerichtet sein – einschließlich entsprechender Strategien eigenständiger Existenzsicherung von Menschen in so gesellschaftlich definierter Arbeit, so daß nicht nur Frauen ihren doppelten Lebensentwurf besser realisieren, sondern auch Männer ihre Lebensentwürfe multipler gestalten können. (vgl. Holst/Schupp 1995: 8)

L. von Rankes optimistische These *„Der Fortschritt ist wie ein Strom, der sich auf seine eigene Weise den Weg bahnt“* muß – auf unsere Fragestellung der makrosoziologischen Perspektiven ostdeutscher weiblicher Jugendlicher und allgemein des Geschlechterverhältnisses in Deutschland bezogen – gegenwärtig zurückgewiesen werden: Patriarchalische Strukturen sind bekanntlich nicht nur außerordentlich resistent gegenüber Veränderung, sondern erfahren angesichts gesamtgesellschaftlicher Problemlagen restaurative Schübe. Vielmehr bedarf es unter den gegenwärtigen ökonomischen (Arbeitsmarkt), politischen (Umverteilung von Ressourcen) und und ideologischen (geschlechtsrollenrestaurative Tendenzen) Bedingungen – für reale (nicht nur rhetorische) Optionen für beide Geschlechter (ihre Rollen und Lebensqualität) eines neuen gesellschaftliches Bewußtseins, politischer Anstrengungen, praktischer Aktivitäten und damit starker Akteure. Es hat sich historisch als Irrtum erwiesen, daß, wenn erst existentielle Probleme der Gesellschaft gelöst seien, auch danach etwas für die weibliche Hälfte der Bevölkerung und für Kinder getan werden könne: Die Gleichstellung der Geschlechter selbst ist ein Gradmesser für den Fortschritt einer Gesellschaft.

Literatur:

Andruschow, K./Mersmann, R.: Die Hälfte der Zukunft – Betriebliche Ausbildung von Mädchen in den neuen Bundesländern. Abschlußbericht. Berlin: SFZ, Sept. 1995

Bäcker, G./Stolz-Wittig, B.: Geschlechterrollen und sozialpolitische Umorientierung. In: Gewerkschaftliche Monatshefte 7/1993, S. 414-428

Baethge, M./Oberbeck, H., zitiert nach: Im Konflikt von Hektik und Angst zum Erfolg? Vom Wandel der Arbeitswelt, neuen Leistungsansprüchen und „modernen" Belastungssyndromen. In: ND v. 30.1.1996

Beck-Gernsheim, E.: Alte Arbeitsteilung oder neue Partnerschaft? In: Die Frau in unserer Zeit 2/1995, S. 9-15

Bertram, B./Kabat vel Job, O./Friedrich, W.: Adam und Eva heute. Leipzig: Verlag für die Frau, 1988

Bütow, B.: Das Verhältnis ostdeutscher Frauen zu sozialen Infrastrukturen. In: Sydow, H./Schlegel, U./Helmke, A. (Hrsg.): Chancen und Risiken im Lebenslauf – Beiträge zum gesellschaftlichen Wandel in Ostdeutschland. Opladen: Leske + Budrich, 1995, S. 199-218

Bundesanstalt für Arbeit: Arbeitsmarktreport für Frauen. Nürnberg: BfA, 1994

Dietzsch, I./Dölling, I.: Selbstverständlichkeiten im biografischen Kontext ostdeutscher Frauen. Ein Vergleich 1990 – 1994. In: Berliner Debatte Initial 2/1996

Düring, S.: Die feministische Sichtweise. Referat auf der 7. Jahrestagung der Gesellschaft für Sexualwissenschaft „Geschlechter-Spannung und Störungen der Sexualität" am 5. Mai 1996 in Leipzig

Engelbrech, G.: Berufsausbildung, Berufseinstieg und Berufsverlauf von Frauen. Empirische Befunde zur Erklärung beruflicher Segregation. Mitteilungen aus der Arbeitsmarkt- und Berufsforschung 3/1991

Friese, M.: Soziale Ungleichheit – Bildung – Geschlecht – Ethnizität. Modernisierungsfallen und ihre Überwindung. In: Alheit, P., u.a. (Hrsg.): Von der Arbeitsgesellschaft zur Bildungsgesellschaft. Perspektiven von Arbeit und Bildung im Prozeß europäischen Wandels. Bremen 1994

Friese, M.: Modernisierungsfallen im historischen Prozeß. Zur Entwicklung der Frauenerwerbsarbeit in einem gewandelten Europa. In: Berliner Journal für Soziologie 2/1995, S. 149-162

Fritze, L.: Irritationen im deutsch-deutschen Vereinigungsprozeß. In: Aus Politik und Zeitgeschichte. Beilage zur Wochenzeitschrift Das Parlament B 27/1995, S. 3-9

Geißler, R.: Sozialer Umbruch als Modernisierung. In: Geißler, R. (Hrsg.): Sozialer Umbruch in Ostdeutschland. Opladen: Leske + Budrich, 1993, S. 63-91

Gerhard, U.: Veränderte Leitbilder und normative Vorgaben für Frauen in der alten Bundesrepublik Deutschland. In: Die Lebenssituation von Frauen im Osten und Westen der Bundesrepublik Deutschland. Dokumentation eines Kongresses am 4./5.3.1993 in Berlin. Sankt Augustin: Konrad-Adenauer-Stiftung, 1993, S. 5-21 (= Interne Studien und Berichte 47/1993)

Holst, E./Schupp, J.: Erwerbstätigkeit und Erwerbsorientierung von Frauen in West- und Ostdeutschland 1990 – 1993. DIW-Diskussionspapier Nr. 90. Berlin: DIW, 1994

Holst, E./Schupp, J.: Erwerbsbeteiligung und Erwerbsorientierung von Frauen nach der Wende. In: Sozialer Fortschritt 1/1995, S. 5-9

Hollstein, W.: Die Veränderung der Männerrolle – Implikationen für soziale Beziehungen, Sexualität und Gesundheit. Referat auf der 7. Jahrestagung der Gesellschaft für Sexualwissenschaft „Geschlechter-Spannung und Störungen der Sexualität" am 5. Mai 1996 in Leipzig

Hradil, S.: Die „objektive und die „subjektive" Modernisierung. Der Wandel der westdeutschen Sozialstruktur und die Wiedervereinigung. In: Aus Politik und Zeitgeschichte. Beilage zur Wochenzeitschrift Das Parlament B 29-30/1992, S. 3-13

Hradil, S.: Überholen ohne Einzuholen? Chancen subjektiver Modernisierung in Ostdeutschland. In: Kollmorgen, R./Reißig, R./Weiß, J. (Hrsg.): Sozialer Wandel und Akteure in Ostdeutschland – Empirische Befunde und theoretische Ansätze. Opladen: Leske + Budrich, 1996, S. 55-79

Israel, A.: Kindheit in der DDR – repressive Erziehung und ihre Folgen. in: psychomed 2/1990, S. 104-107

Keiser, S.: Individualisierung im Lebenszusammenhang von ostdeutschen Frauen. Referat auf dem Kolloquium der Regionalen Arbeitsstelle Leipzig des DJI München „Frauen in Familie und Beruf: Geschlechterrollen in Ostdeutschland", Leipzig am 8.5.1996

Klein, M.: Die Rolle der Frau im geteilten Deutschland. Eine exemplarische Untersuchung über den Einfluß gesellschaftlicher Kontextbedingungen auf die Einstellungen zur Rolle der Frau und die Frauenerwerbstätigkeit. In: Politische Vierteljahresschrift 2/1993, S. 272-297

Kreckel, R.: Makrosoziologische Überlegungen zum Kampf um Normal- und Teilzeitarbeit im Geschlechterverhältnis. In: Berliner Journal für Soziologie 4/1995, S. 489-495

Krüger, H.: Frauen und Bildung. Wege der Aneignung und Verwertung von Qualifikationen in weiblichen Erwerbsbiographien. Die wichtigsten Ergebnisse der Teilgutachten in der Zusammenschau. In: Krüger, H. (Hrsg.): Frauen und Bildung. Bielefeld 1992, S. 11-34

Lange, I.: Aktuelle Probleme der Arbeit mit den Frauen bei der weiteren Verwirklichung des VIII. Parteitages der SED. Berlin: Dietz, 1974

Lay, Conrad.: Aufholjagd endet in der Sackgasse – Die Kritik der ostdeutschen Soziologen an der „nachholenden Modernisierung". In: Die Zeit v. 19.10.1993

Minx, B., u.a.: Berufsverläufe und berufsbiographische Coping-Strategien. Ein Kohortenvergleich von Schülern in Facharbeiterberufen. MS Halle/Bremen 1995 (unveröff.)

Nickel, H. M./Schenk, S.: Prozesse geschlechtsspezifischer Differenzierung im Erwerbssystem. In: Nickel, H. M./Kühl, J./Schenk, S. (Hrsg.): Erwerbsarbeit und Beschäftigung im Umbruch. Berlin: Akademie Verlag, 1994

Nowossadeck, E.: Zur Geburtenentwicklung in den neuen Bundesländern seit 1989/90. In: Sozialreport 1. Quartal 1996 Neue Bundesländer. Berlin: SFZ, 1996

Ochs, C./Weinkopf, C.: Frauenerwerbstätigkeit und Arbeitsmarktsituation – Entwicklungstendenzen und politischer Handlungsbedarf. In: Arbeit und Sozialpolitik 7-8/1994, S. 41- 49

Ostmütter lehnen Hausfrauenperspektive ab: DJI bestätigt hohe Akzeptanz des DDR-Familienmodells. In: Leipzigs Neue 25-26/1994

Pohl, R.: Antrittsvorlesung an der Martin-Luther-Universität Halle-Wittenberg 10.1.1995

Rabe-Kleberg, U.: Normalisierung und Professionalisierung der Berufe im Sozial-, Erziehungs- und Pflegebereich. In: Soziale Frauenberufe in der Krise. Aufwertung und Berufsperspektiven. Dokumentation einer Fachtagung 10./11.2.1993. Berlin 1993, S. 57-67

Richter, K.: Zum Wandel von Kinderwunsch und Familiengründung in den neuen Bundesländern. Berlin: Humboldt-Universität/Lehrstuhl Bevölkerungswissenschaft, 1996 (= Demographie aktuell: Vorträge – Aufsätze – Forschungsberichte Nr. 8)

Rohnstock, K.: Die Erotik der Wiedervereinigung. In: Psychologie heute 7/1995, S.34-41

Rohnstock, K.: Die postsozialistische weibliche Wirklichkeit. Referat auf der 7. Jahrestagung der Gesellschaft für Sexualwissenschaft „Geschlechter-Spannung und Störungen der Sexualität" am 5. Mai 1996 in Leipzig

Schenk, S.: Neu- oder Restrukturierung des Geschlechterverhältnisses in Ostdeutschland? In: Berliner Journal für Soziologie 4/1995, S. 475-488

Schenk, S./Schlegel, U.: Frauen in den neuen Bundesländern – zurück in eine andere Moderne? In: Berliner Journal für Soziologie 3/1993, S. 369-384

Schlegel, U.: Gleichberechtigung und Geschlechtstypik – Zu geschlechtstypischen Einstellungen und Verhaltensweisen weiblicher Jugendlicher in wesentlichen Lebensbereichen unter besonderer Berücksichtigung der Gleichberechtigung der Geschlechter in der DDR. Diss. A. Dresden: Technische Universität, 1982/1983

Schlegel, U.: Politische Einstellungen ostdeutscher Frauen im Wandel. Leipzig 1993 (= Texte zur politischen Bildung 5)

Schlegel, U.: Ostdeutsche Frauen in neuen gesellschaftlichen Strukturen. In: Sydow, H./ Schlegel, U./Helmke, A. (Hrsg.): Chancen und Risiken im Lebenslauf – Beiträge zum gesellschaftlichen Wandel in Ostdeutschland. Opladen: Leske + Budrich, 1995, S. 111-128

Schlegel, U./Kabat vel Job, O.: Junge Frauen heute – Wie sie sind, was sie wollen. Leipzig: Verlag für die Frau, 1981, 1983, 1984

Schmidt, G.: Wettbewerb und Kooperation zwischen den Geschlechtern – Institutionelle Alternativen einer gerechten und effizienten Arbeitsmarktorganisation. In: Zapf, W./Dierkes, M. (Hrsg.): Institutionenvergleich und Institutionendynamik. WZB-Jahrbuch 1994. Berlin: edition sigma, 1994

Schneider, H.: Arbeitsmarktperspektiven Ostdeutschlands bis zum Jahr 2010. Gutachten im Auftrag der Körber-Stiftung. Institut für Wirtschaftsforschung Halle (IWH). Forschungsreihe 5/1994

Seidenspinner, G./Keddi, B./Wittmann, S./Gross, M./Hildebrandt, K./Strehmel, P.: Junge Frauen heute – wie sie leben, was sie anders machen. Ergebnisse einer Längsschnittstudie über familiale und berufliche Lebenszusammenhänge junger Frauen in Ost- und Westdeutschland. Opladen: Leske + Budrich, 1996

Trommsdorff, G./Kornadt, H.-J.: Prosocial and Antisocial Motivation of Adolescents in East and West Germany. In: Youniss, J. (Hrsg.): After the Wall: Family Adaptations in East and West Germany. San Francisco: Jossey-Bass Publishers, 1995, S. 39-56

Typisch weiblich – typisch männlich. Autorenkollektiv. Berlin: Dietz, 1989

Berufliche Weiterbildung im Erleben jüngerer Arbeitsloser

Matthias Trier

1. Notwendige berufliche Neuorientierung und die Unsicherheit beruflicher Zielbildungen

Ein beträchtlicher Teil arbeitsloser Jugendlicher und junger Erwachsener in Ostdeutschland hat in den zurückliegenden Jahren an vielfältigen Maßnahmen beruflicher Weiterbildung teilgenommen. Berufliches Lernen – Weiterlernen, Neulernen, Umlernen – ist ein wesentlicher Bestandteil zur subjektiven Bewältigung der mit dem Transformationsprozeß einhergehenden Brüche und Umorientierungen in der Lebensgestaltung. Effektives Lernen in der beruflichen Weiterbildung schafft zwar keine Garantie für eine als sicher erscheinende Lebens- und Arbeitsperspektive, kann aber die Voraussetzungen dafür verbessern. So ist die Analyse des Lernens in der Weiterbildung, zu der die differenzierte Erfassung und Bewertung der subjektiven Reflexionen über das Lernen gehört, geboten, damit die eingesetzten individuellen wie gesellschaftlichen Mittel tatsächlich effektiv genutzt werden und berufliche Weiterbildung nicht dauerhaft zu einer sozialtherapeutischen Beschäftigung von zweifelhaftem Wert umfunktioniert wird.[1]

Der dramatische Beschäftigungsabbau in Ostdeutschland hat auch um die Gruppe der jüngeren Erwerbsfähigen keinen Bogen gemacht, selbst wenn einige Besonderheiten – wie verlängerte Ausbildung, Studium, Wehr- und Zivildienst – berücksichtigt werden müssen.

Für die Jahre 1992 und 1993 weisen Dahms/Schiemann (1995: 36) aus, daß 26,6% bzw. 25,7% aller Arbeitslosen in Ostdeutschland jünger als 30 Jahre waren, wovon jeder zweite der Altersgruppe von 25 bis 30 Jahren angehört. Auch von den Langzeitarbeitslosen Ost (Dahms/Schiemann 1995: 35) waren zu dieser Zeit 19,2% bzw. 15,7% noch nicht 30 Jahre alt. Vorliegende regionale Fortschreibungen lassen auch für 1994 und 1995 erkennen, daß die Größe dieser Gruppen etwa konstant gelieben sein dürfte (Statistisches Jahrbuch Thüringen 1995: 128, Der Arbeitsmarkt 1994, 1995). Die Programme zur Schaffung von überbetrieblichen Ausbildungsplätzen für die jüngeren

1 Die nachfolgenden Mitteilungen basieren auf Untersuchungen zu einem Forschungsprojekt „Zur beruflichen Transformation von Arbeiter- und Angestelltenbelegschaften im Industrie- und Dienstleistungssektor in den neuen Bundesländern" des SOFI Göttingen (Leitung: M. Baethge), an denen der Verfasser beteiligt war. Im folgenden werden 353 halbstandardisierte Interviews mit Teilnehmern an Umschulungs- und Fortbildungskursen in 5 Regionen Ostdeutschlands unter einigen Aspekten ausgewertet und dabei speziell die Teilnehmer bis zum 30. Lebensjahr betrachtet.

Jahrgänge, die Übernahme eines Teils der eigenen Auszubildenden durch Unternehmen nach Abschluß der Ausbildung und die allgemein etwas günstigeren Chancen auf dem Arbeitsmarkt für Jüngere mildern die prekäre Situation, lösen aber die Probleme nicht.

Für einen Teil dieser Altersgruppe ist ebenfalls eine berufliche Neuorientierung unerläßlich, auch wenn der Ausbildungsabschluß erst wenige Jahre zurückliegt. Die gravierenden Strukturbrüche lassen zahlreiche Berufe wenig perspektivreich erscheinen, und regionale Berufskonzentrationen sind bei sich diversifizierenden Wirtschaftsstrukturen nicht mehr gefragt. Andererseits wird die veränderte Situation auch als Chance gesehen, sich einen früher nicht realisierbaren Berufswunsch jetzt zu erfüllen.

So sind in den AFG-finanzierten beruflichen Weiterbildungsmaßnahmen auch junge Leute in größerer Zahl zu finden – in der Regel als Folge von Massenentlassungen oder Betriebsstillegungen ehemaliger Industriebetriebe, aber auch aus Verwaltungseinrichtungen und der Landwirtschaft. Diese Ausgangssituation bringt mit sich, daß die Entscheidungsmöglichkeiten, sich beruflich weiterzubilden, als eingeschränkt, risikobehaftet und weitgehend außenbestimmt empfunden werden. Ungewißheit beruflicher Perspektiven ist ein völlig neues Phänomen, für das Verhaltensmuster noch nicht erworben werden konnten. Die Unsicherheit, unter der die Entscheidung für eine konkrete berufliche Weiterbildung getroffen wird, offenbart sich in unserer Befragungsgruppe in erste Linie darin, daß die Mehrheit (56%) keine Alternative gesehen hat. Andere Arbeitsverhältnisse waren kaum im Angebot (nur 8% der Befragten sprachen davon), und sie erschienen, da meist unqualifizierte Arbeit angeboten wurde, unattraktiv und unannehmbar. So wird die Weiterbildung nur für eine Minderheit (25%) schon ein Schritt, um ein klar konturiertes berufliches Ziel zu verwirklichen, das mit aller Kraft angestrebt wird. Es dominiert angesichts der unsicheren sozialen Rahmenbedingungen die noch unbestimmte Erwartung, die allgemeinen Chancen auf dem Arbeitsmarkt durch Erweiterung, Modernisierung oder Umstrukturierung beruflicher Kenntnisse zu erhöhen. (Nur wenige in dieser Altersgruppe nehmen sich eigentlich nichts vor und versprechen sich nichts).

Unbestimmte und unsichere Ziele können aber nur bedingt Antriebskraft für das konkrete Lernen entfalten. Berufliches Lernen von Erwachsenen ist immer bewußte willentliche Tätigkeit, mit der auf ein vorgedachtes Ziel hingearbeitet wird und die ständig hinsichtlich ihrer angenommenen Annäherung an dieses Ziel bewertet wird. Hacker/Skell (1993: 17) formulieren, daß „die Beschaffenheit der Lernziele ausschlaggebende Bedeutung hat, weil sie die gesamte Lerntätigkeit vorantragen und organisieren".

Alle didaktischen Überlegungen zur effektiven Gestaltung des Lernens werden ohne Beachtung dieses Zusammenhanges nicht erfolgreich sein können.

2. Einbindung des aktuellen Lernens in vorhandene berufliche Kenntnisse und Erfahrungen

Unsere Bezugsgruppe verfügte ausnahmslos über einen Berufsabschluß und – je nach Lebensalter – über eine darauf aufbauende 1- bis 12jährige Berufserfahrung. Fast von allen wird diese Tatsache als eine positive Lernvoraussetzung gewertet, auch wenn durch eine Umschulung jetzt in ein völlig anderes Berufsfeld gewechselt werden soll. Sie greift – und hier gibt es keinen signifikanten Unterschied zu den älteren Teilnehmern – auf früher erworbene Kenntnisse, Fähigkeiten, Fertigkeiten und vor allem auf allgemeinere Berufs- und Lebenserfahrungen zurück, wenn sie heute beruflich lernen will. In der zu betrachtenden Situation muß dieser Rückgriff jedoch problematisiert werden, da eine einfache Fortschreibung des früher Angeeigneten für berufliches Lernen unter den Bedingungen des Transformationsprozesses nicht ausreichen kann. Andererseits kann von einem voraussetzungslosen Neulernen keine Rede sein. Bisher erworbenes Wissen und Können wird zwar relativ entwertet, bildet keine sichere Handlungsgrundlage mehr, bleibt allerdings für das Individuum Bezugsrahmen mit eingeschränkter Gültigkeit. Es ist zu beachten, daß ein Teil vorhandener beruflicher Kenntnisse und Erfahrungen einen ausgeprägt systemspezifischen Charakter hatte und ihre Adaption an marktwirtschaftlich geprägte Produktions- und Dienstleistungskonzepte nur sehr eingeschränkt möglich ist. Deshalb müssen zwei unterschiedliche Wege des Einbaus von Neugelerntem in vorhandene Systeme begangen werden, die sich nicht ausschließen, sondern ergänzen und überlappen. Einmal wird das Neue aufgenommmen und in Bestehendes eingebaut oder ihm angepaßt, zum anderen wird das Neue dem Alten gegenübergestellt, das Alte wird zerstört, umgebaut, überwunden. Es entsteht durch Auseinandersetzung ein neues System.

Siebert (1994: 648) unterscheidet in Anlehnung an Piaget Akkommodationslernen, in dem sich der Lernende auf neue Situationen einstellt und für neue Sichten offen ist, und Assimilationslernen, in dem Neues vorhandenen Kenntnissen und Erfahrungen angepaßt wird. Für die Gruppe der jüngeren Weiterbildungsteilnehmer spielt das *Akkommodationslernen*, die konstruktive Überwindung des Bisherigen und der Neuaufbau eines Wissens-, Erfahrungs-, Einstellungs-, Normen- und Wertsystems die größere Rolle, ohne daß alles bisher Erworbene negiert wird.

Zunächst sprechen zwei Drittel der befragen Teilnehmer davon, daß sie ihr vorhandenes berufliches Wissen und Können zumindest teilweise nutzen können; aber im Unterschied zu den älteren Kollegen äußern sie sich zu ihrer früheren Tätigkeit kritischer: Lediglich jeder Zweite war in seinem Beruf zufrieden; die Berufszufriedenheit älterer Jahrgänge war deutlich größer. Einwände werden markiert – der erlernte Beruf war seltener der Wunschberuf, die Arbeit vollzog sich an veralteten Maschinen und Anlagen, die Arbeitsorganisation war uneffektiv, Leistungen wurden zu wenig anerkannt.

Dennoch begünstigt aus individueller Sicht die vorhandene Qualifikation die aktuelle Weiterbildung. Sie gibt ein gewisses Selbstbewußtsein, daß man ein qualifizierter Facharbeiter/-angestellter ist, und häufig soll sie auch eine Grundlage künftiger beruflicher Tätigkeit bleiben. Vor allem in Maßnahmen des gewerblich-technischen Bereiches, in denen in der Regel ein *„benachbarter“ Berufsabschluß* vorhanden war, wird sehr kritisch unter die Lupe genommen, ob die angestrebte Erweiterung und Modernisierung tatsächlich erreicht werden kann. Die Einschätzungen streuen zwischen: „Der Lehrgang war umfangreich und sehr gut. Die praktischen Sachen an den CNC-Maschinen waren gut. Pneumatik, die wir gelernt haben, war interessant. Wenn die Arbeitgeber schlau gewesen wären, hätten sie uns genommen.“ (Fortbildung, Industriemechaniker) und dagegen: „Die haben mir nichts beigebracht. Auf dem praktischen Gebiet konnte ich alles – außer vielleicht Schweißen. Ich habe sogar einem Kollegen Fräsen beigebracht. Und der hat anderen Drehen beigebracht – auch den Lehrmeistern. Das waren inkompetente Leute. Der einzige, der versiert war, war der Mann an der CNC-Maschine, da haben wir was gelernt.“ (Fortbildung, Zerspanungsmechaniker)

Vehement wird gefordert, vorhandene Kenntnisse und Berufserfahrungen zu respektieren: „Man konnte nicht völlig zufrieden sein, wir waren alle Metaller. Warum dann wieder Grundkurs Metallbearbeitung?“ (Umschüler, Heizungs- und Lüftungsinstallateur) oder: „Mit uns kann man nicht umspringen wie mit Lehrlingen.“ (Umschüler, Elektriker)

Eine ganz andere Situation tritt ein, wenn das angestammte Berufsfeld verlassen und über eine *Umschulung in ein völlig anderes Berufsfeld* gewechselt werden soll. Die Unsicherheit beim Wiederbeginn des Lernens ist viel größer. In der Unterrichtsgestaltung, mehr noch in den Konzeptionen für die Curricula, muß dieser unterschiedlichen Situation Rechnung getragen werden. Für die Lehrenden ist eine differenzierte Analyse der Teilnehmervoraussetzungen der Umschüler unerläßlich, um die Ausgangspunkte des Lernens zu bestimmen, Anknüpfungspunkte bewußt zu machen und zu helfen, daß bei neuen hohen Ansprüchen mögliche Momente der Kontinuität in der Berufsbiographie genutzt werden, um den Teilnehmern Sicherheit und Selbstvertrauen beim Weiterlernen zu geben.

In diesem Zusammenhang ist die kritische Auseinandersetzung mit früher erworbenen systemspezifischen Kenntnissen wie Verhaltensweisen zu führen, die grundlegend verändert werden müssen, um im Berufsleben unter marktwirtschaftlichen Bedingungen zu bestehen. Die Frage Weiternutzung, Erweiterung oder grundhafter Neuaufbau ist von den Lerninhalten und ihrer Anwendung in der Praxis zu entscheiden. Dabei stellen sich auch Gegenstände heraus, für die überhaupt keine Vorleistungen eingebracht werden können. So wurde aus den Lehrgangsreflexionen der angehenden Bank- und

Sparkassenkaufleute ersichtlich, daß von Lehrenden aus den alten Bundesländern häufig übersehen wurde, daß selbst Alltagswissen (z.B. über Kredite und Wertpapiere) überhaupt nicht vorhanden sein konnte und zunächst ganz elementares Wissen erworben werden mußte – entsprechend hoch wurde der Neuigkeitsgrad empfunden und die Fülle des zu Lernenden.

Die Anteile von Erhaltungslernen und Neulernen bzw. auch „Verlernen" alter Kenntnisse sind von Beruf zu Beruf unterschiedlich. Die Bezugnahme auf früher angeeignete Kenntnisse, Fähigkeiten, Fertigkeiten, Verhaltensweisen kann nicht einheitlich sein, ist aber in allen Maßnahmen in spezifischer Weise Bestandteil des Lernhandelns der Teilnehmer.

3. Lernen und Lernfähigkeit in der Selbsteinschätzung

Es überwog in unserer Untersuchungsgruppe eindeutig die Tendenz, daß man mit der Weiterbildung „gut zurechtkommt", daß zwar hin und wieder Lernschwierigkeiten auftreten, die aber keine unüberwindbare Barriere darstellen. Auch die Lernfelder, in denen häufiger von den Facharbeitern und Angestellen Schwierigkeiten vermerkt werden, bleiben konstant – die Reaktivierung und Vervollkommnung von mathematischen und naturwissenschaftlichen Kenntnissen, der Übergang zu qualitativ neuen Arbeitsmitteln.

Hier unterscheiden sich die Altersgruppen übrigens nicht, aber die jüngere Altersgruppe ist durchgängig noch optimistischer, den Lehrgangsanforderungen gerecht werden zu können.

Die Ursachen für diese Tendenz sind vielfältig und können nicht allein mit dem Lebensalter erklärt werden. Es ist im Komplex zu beachten, daß die Voraussetzungen in der Allgemeinbildung (Abschluß der 10. Klasse), die vergleichsweise kürzere Pause im organisierten Lernen sowie der durch die Alltagserfahrung genährte größere Optimismus eines möglichen beruflichen Wiedereinstiegs bei den jüngeren Teilnehmern zu einer positiveren Selbsteinschätzung führen.

Aufschlußreich ist auch der Vergleich des heutigen Lernens mit dem Lernen in der Schul- und Berufsschulzeit. Gruppiert man die in den Interviews vorgetragenen Argumente, zeigt sich folgende Verteilung bezüglich des Vergleichs der persönlichen Lernfähigkeit):

– Lernen fällt heute leichter	39%
– Lernen fällt heute teils schwerer/teils leichter	6%
– keine Unterschiede zu früher	24%
– Lernen fällt heute schwerer	31%

Zunächst ist die divergierende Tendenz in der Selbsteinschätzung zu erkennen. Chancen und Schwierigkeiten erfolgreichen Lernens scheinen durch diese Selbsteinschätzung hindurch. Sie bestätigen die bekannte Erkenntnis, daß es keine Tendenz einer ausschließlichen Zu- oder Abnahme der Lernfähigkeit von Erwachsenen gibt. Beide Richtungen sind in Abhängigkeit vom Lebensverlauf, von gesammelten Erfahrungen, von der Übung im Lernen, von der motivierenden Kraft neuer Zielsetzungen, aber auch von Routine, Passivität oder Resignation her möglich.

Wenige Zitate sollen die Spannbreite der Auffassungen und das unterschiedliche Teilnehmerempfinden, die im gleichen Kurs anzutreffen sind, verdeutlichen:

„Wiedereinstieg in Lernen ist schwer, nach einiger Zeit gewöhnt man sich daran, dann ist Lernen wieder ganz normal." (Umschülerin, Bankkauffrau)

„Es fällt mir leichter, denn es macht mir mehr Spaß. Der kaufmännische Beruf interessiert mich mehr als der frühere technische Beruf." (Umschülerin, Industriekauffrau)

„Man konzentriert sich mehr als früher. Es hängt heute davon ab, ob man die Facharbeiterprüfung besteht. In der DDR hat auch der Facharbeiter mit Note 4 Arbeit gehabt, das sieht heute anders aus." (Umschüler, Zerspanungsmechaniker)

„In der Berufsschulzeit hatte ich noch keine Familie, da konnte ich viel unbeschwerter lernen." (Umschülerin, Fachverkäuferin)

„Ich lerne doch nicht, weil der Stoff interessant ist, sondern weil ich eine Arbeit will, und wenn man keine Chance hat, fällt es schwer." (Umschülerin, Bankkauffrau)

Außerordentlich bedeutsam erscheint vor allem unter dem Gesichtspunkt eines künftigen berufsbegleitenden Weiterlernens, daß 4 von 10 der befragten jüngeren Lehrgangsteilnehmer äußern, daß ihnen *das Lernen heute leichter falle als früher*. Diese Aussage weist auf vorhandenes, bisher nicht genutztes Lernpotential hin, das für anspruchsvolle berufliche Tätigkeiten erschlossen werden kann.

Zwei Begründungen dominieren: zuerst der Wille und der gestiegene Ehrgeiz, unbedingt einen verwertbaren Abschluß zu erreichen, und dann die Nutzung des durch die frühere Berufstätigkeit im Vergleich zur Schulzeit wesentlich erweiterten Wissens- und Könnensrepertoires. Wissen und Können werden jetzt gezielt im Interesse eines beruflichen Neustarts eingesetzt; man sieht darin eine weitgehend verläßliche Basis. Die klarer erkannte *Bedeutung von Weiterbildung für das künftige Berufsleben* stimuliert das Lernen im Kurs. Die Ziele des Lernens, die Etappen auf dem Weg zum Ziel erhalten zunehmend persönliche Bedeutung; und bei verstärkter Motivation wird die Anstrengungsbereitschaft größer. Belastungen werden nicht so stark empfunden, und die Aussicht auf eine Arbeitsstelle wurde nicht nur einmal in den Interviews als außerordentliche Anreizquelle zum Lernen hervorgehoben. Es offenbart sich, daß nicht die Lust am zweckfreien Lernen wirkt, sondern am Lernen als Voraussetzung, um später eine bestimmte Arbeitstätigkeit ausüben zu können. Die erwartete Arbeit mit ihrer Anreizqualität vermag das

Lernen deutlich zu motivieren (Hacker/Skell 1993: 194); dahinter tritt der anregend gestaltete Unterricht als Stimulus zum Lernen weit zurück.

Zielstellung und Anlage der Maßnahme schaffen zweifelsohne einen gewissen Lerndruck, selbst wenn die Schwierigkeiten bewältigt werden. Vor allem die schulische Anforderungssituation, die zumindest in den Umschulungen Prüfungen einschließt, wird doch als belastend empfunden. Es bleibt zu klären, ob und in welcher Weise das Maß einer lernförderlichen Anspannung der Kräfte überschritten wird und durch die schulische Situation mit Klausuren und Prüfungen auch Lern- und Versagensängste direkt evoziert werden.

In den Interviews wurden Lernängste durchaus eingestanden – von Älteren stärker als von Jüngeren, doch auch in unserer Befragungsgruppe waren es ein Drittel in der Erstbefragung, rückschauend in der Zweitbefragung nahezu 40%, die Lernängste benannten. Für Anlage und Gestaltung beruflicher Weiterbildung ist vor allem zu beachten, daß dieses Phänomen kaum auf die unsichere soziale Situation bezogen wurde. Überwiegend waren derartige Lernängste an ganz traditionelle Vorstellungen von Schule, schulischem Lernen, schultypischen Bewertungen in Gestalt von Prüfungen und Zensuren gebunden. Folgt man diesen subjektiven Reflexionen, so wird deutlich, wie stark die außerbetriebliche berufliche Weiterbildung in Ostdeutschland bisher noch in konventionellen schulischen Bahnen verläuft, schülerhaftes Verhalten und schülertypische Abhängigkeiten bei Erwachsenen reproduziert und wie weit der Weg noch ist zum kompetenten, selbstbewußten, verantwortlich handelnden Facharbeiter/Fachangestellten, der in modernen Unternehmenskonzepten beschworen wird. Die theoretisch elaborierten Konzepte vom erwachsenengerechten Lernen sind in der Alltagspraxis von außerbetrieblicher Fortbildung und Umschulung kaum zu entdecken.

4. Unterrichtsgestaltung kritisch gesehen

Aus dem Selbstbild bezüglich Lernen und Lernfähigkeit ergibt sich die Frage: Was leistet der Unterricht in den Weiterbildungskursen, um aktives, selbständiges Lernen anzuregen? Die Äußerungen der befragten Kursteilnehmer lassen darauf schließen, daß sie sich durchaus kritisch und engagiert mit dem erlebten Unterricht auseinandersetzen und ihn mehrheitlich nicht einfach über sich ergehen lassen. 76% unserer Gruppe haben Vorschläge zur Unterrichtsgestaltung. Hervorzuheben ist, daß Kritik fast durchweg mit Gedanken verbunden wird, was anders gemacht werden könnte.

Das Hauptfeld dieser Kritik ist die aus Teilnehmersicht überdimensionierte „Theorie" in den Maßnahmen – sicher eine nicht unberechtigte Feststellung, aber zugleich ein Hinweis, daß in vielen Facharbeiter- und Fachangestelltentätigkeiten wachsende geistige Ansprüche noch nicht erkannt werden und die aktuelle berufliche Praxis in Ostdeutschland auch häufig diese Anforderungen (noch) nicht stellt. Als zweiter Kritikpunkt wird die praktische Ausbildung als zu gering und teilweise unqualifiziert bewertet. An die praktische Ausbildung werden hohe Erwartungen gerichtet; die weitgehende Trennung von theoretischer und praktischer Ausbildung wird bemängelt, der Lernort Betrieb wird vehement eingefordert.

Die Sorge, daß die außerbetriebliche Fortbildung oder Umschulung eine Berufsausbildung „2. Klasse" sei, ist verbreitet. Von den Dozenten wird gleichermaßen berufliche Fachkompetenz und soziale Zuwendung zu den Lernenden erwartet.

Vor allem wenden sie sich kritisch gegen das dominierende Dozieren, das sich in der Facharbeiter-, -angestelltenausbildung tatsächlich als ineffektiv und passivitätsfördernd erweist. Andererseits sind die Vorstellungen vom „guten Unterricht" ganz eindeutig am früher erlebten traditionellen dozentenzentrierten frontalen Unterricht in Schule und Berufsschule orientiert. Der Weg zu einer auf vielfältige Teilnehmeraktivität orientierten beruflichen Weiterbildung (mit Projekten, differenziertem Gruppenunterricht, Plan- und Rollenspielen, kooperativer Selbstqualifizierung) ist in der bisherigen AFG-finanzierten beruflichen Weiterbildung noch kaum betreten worden.

Die beträchtlichen Schwierigkeiten beim Neuaufbau und beim stabilen Einsatz von Weiterbildnern in Ostdeutschland und deren Schwierigkeiten, ihre veränderte Berufsrolle auszufüllen, werden von den Teilnehmern deutlich erlebt und kritisch reflektiert.

Ein wichtiges Unterscheidungskriterium für die Sicht auf die Weiterbildungsmaßnahme ist die erreichte oder nicht erreichte Wiederbeschäftigung. In der zweiten Befragung (6 – 12 Monate nach Maßnahmeende) wurde zum aktuellen Erwerbsstatus ermittelt:

–	beschäftigt (1. Arbeitsmarkt)	40%
–	arbeitslos	42%
–	in ABM	16%
–	erneut in Weiterbildung	2%

Wer eine Arbeit gefunden hat, urteilt kritischer und differenzierter: Die aktuelle Berufspraxis bildet den Maßstab. Vor allem die Umschüler, die ja bereits einmal anerkannte Facharbeiter waren, wollen schnell diesen Status wieder erreichen; häufig bemängeln sie die ungenügende Qualität der berufspraktischen Ausbildung.

Übungsfirmen oder unqualifizierte Arbeit in einem Unternehmen werden nicht als adäquate berufspraktische Ausbildung anerkannt. In folgendem Sinne wurde häufig argumentiert: „In der Praxis hätte es länger laufen müssen. Ich hatte das Gefühl, daß Umschüler billige Arbeitskräfte sind. In meinem Praktikumsbetrieb gab es nur einen ‚Gelernten'." (Umschüler, Wasser- und Sanitärinstallateur)

Dennoch ist das Selbstbewußtsein ausgeprägt, genügend qualifiziert zu sein: Weniger als 10% der Wiederbeschäftigten melden hier Selbstzweifel an; bei den weiterhin Arbeitslosen ist die Unsicherheit dagegen größer. Doch da nur zwei Drittel der Beschäftigten Tätigkeiten ausüben, für die sie sich in der Weiterbildung qualifiziert haben, erscheint die Weiterbildung nicht allen als zwingend erforderlich. Unqualifizierte Arbeiten, die nicht selten angenommen wurden, lassen die Weiterbildung zumindest gegenwärtig als entbehrlich erscheinen: „Eh' das zur Anwendung kommt, was ich gelernt habe, kann ich schon wieder einen Lehrgang machen." (Umschüler, Industriemechaniker, jetzt in Tischlerei beschäftigt)

Wer etwas gelernt hat, will es anwenden; unterqualifiziert oder unqualifiziert zu arbeiten wird als (hoffentlich) vorübergehende Notlösung gesehen; der Anspruch, Facharbeiter zu sein, wird von der befragten Gruppe weitgehend aufrechterhalten.

Insgesamt dominieren die inhaltlichen Forderungen an die Weiterbildung, ihre sozialpolitische Absicherungsfunktion wird nicht negiert, war aber für die Befragten nicht die Haupttriebkraft, sich auf Fortbildung oder Umschulung einzulassen. Anzunehmen ist allerdings, daß sich nunmehr die Prioritäten verschieben und die „Maßnahmenkarriere" auch in Ostdeutschland in den Vordergrund rückt.

5. Wie kann das Lernen in der außerbetrieblichen Weiterbildung effektiviert werden?

Die realen Leistungen der außerbetrieblichen Weiterbildung bestehen bisher vor allem im Ausbau der berufstheoretischen Kenntnisgrundlagen und gewisser berufsspezifischer Fertigkeiten, soweit sie durch vorhandene praktische Ausbildungsbestandteile gefördert werden konnten. Das Lernkonzept, das diesem Vorgehen zugrunde liegt, ist noch an den Prinzipien einer engen Funktionalisierung des Arbeitnehmers für eingegrenzte berufsspezifische Arbeitstätigkeiten orientiert. Im Vergleich zum Ausbau der engeren fachlichen Kompetenz bleibt die Entwicklung von methodischer und sozialer Kompetenz zurück.

Weiterzuentwickelnde Lernkonzepte und -programme sind im Gegensatz dazu auf die Persönlichkeit des Arbeitnehmers zu richten, nicht auf seine enge Funktionalisierung für Einzeltätigkeiten.

Diese Forderung ist dann realisierbar, wenn sie sich an fortgeschrittenen Personalentwicklungskonzepten von Unternehmen orientiert, die auf Eigeninitiative und Mitverantwortung der Arbeitnehmer setzen. Ein persönlichkeitsförderliches Lernkonzept für die außerbetriebliche berufliche Weiterbildung beginnt mit der stärker ausgeprägten Selbstverantwortung für berufliche Entwicklungswege, in der Lern- und Berufswegberatung eine flankierende Maßnahme darstellt, die jedoch jegliche Form der „Zuweisung" von Weiterbildungslehrgängen vermeidet. Überstellung in Weiterbildung bei Entlassung oder „Kurzarbeit Null" ist für das Lernen kontraproduktiv.

Lernen in beruflicher Weiterbildung muß auf zielgerichtetes berufliches Handeln orientiert sein. In den Untersuchungen erkennbare Tendenzen formal rezipierenden theoretischen Lernens und mechanischen Einübens von Fertigkeiten berücksichtigen nicht genügend, daß bei einer wachsenden Zahl von Arbeitsplätzen im gewerblich-technischen wie im dienstleistend-verwaltenden Bereich wachsende Ansprüche an Selbstregulierung und Eigenverantwortung beim Problemfinden und -lösen gestellt sind. Das Abarbeiten detailliert vorgegebener Anweisungen, das mechanische Bedienen von Maschinen und Anlagen treten dagegen immer mehr zurück, selbst wenn in Ostdeutschland hierfür vor allem in Klein- und Mittelbetrieben erst wenige Ansätze zu erkennen sind.

Handlungsorientiertes Lernen schließt Aneignung systematisierter wissenschaftlicher Kenntnisse nicht aus, kann sich aber darin nicht erschöpfen. Im Mittelpunkt muß die Befähigung zum aktiven und kritisch-reflektierenden Erkennen und Lösen von Problemen in beruflichen Anforderungssituationen stehen (Heeg/Münch 1993: 211 ff.). Sie enthalten Momente der Routine – „Handlungsschemata" – und ständig neue und wechselnde Anforderungen. Dabei steht der einzelne in seinem Arbeitshandeln nicht für sich isoliert, sondern in vielseitigen Beziehungen zu anderen Menschen.

Handlungsorientiertes Lernen gibt den Lernenden mehr Freiraum, ihr Lernen selbst zu steuern. Die vorhandene Zentrierung des Unterrichts auf den Dozenten wird abgebaut. Nicht die Vermittlung und Rezeption von Wissensbestandteilen bestimmt den Unterricht, sondern das Auffinden von Problemen, das Suchen nach Lösungen, das Ausprobieren von Lösungswegen. Dazu werden Informationen benötigt, Kenntnisse sind bereitzustellen und zu reaktivieren, Anleitung und Beratung werden gebraucht und die ständige Rückkopplung und Bewertung eingefordert. Die Rolle des Dozenten verändert sich in diesem Prozeß, sie wird vielseitiger und anspruchsvoller. Er ist nicht Vermittler isolierten Fachwissens, sondern Berater und Moderator in Problemlöseprozessen mit hoher Fach- und Sozialkompetenz. Doch sowohl zahlreiche Weiterbildner als auch Geschäftsführer von Weiterbildungseinrichtungen sehen hier keinen Schwerpunkt ihres Wirkens.

Die Teilnehmerforderungen nach praxisverbundener Ausbildung machen darauf aufmerksam, daß die außerbetriebliche Weiterbildung nur gleichwertig zur betrieblichen Weiterbildung sein kann, wenn sie die Pluralität der Lernorte gewährleistet. Die Zusammenarbeit mit Unternehmen bei der Bereitstellung qualifizierter Praktikumsplätze – nicht praktische Beschäftigungen mit Hilfs- und Nebentätigkeiten – ist unerläßlich. Die Simulation von Praxis in Übungsfirmen, Übungsarbeitsplätzen und Labors von Weiterbildungseinrichtungen ist eine Bereicherung der Lernorte, kann aber die Unternehmenspraxis mit ihrer realen Anforderungssituation und der Konkretheit praktischer Arbeitsbedingungen nicht ersetzen.

Der Gegenstandsbereich beruflicher Weiterbildung umfaßt in Einheit die Einbeziehung und Nutzung beruflicher Erfahrungen, die Modernisierung und Aktualisierung der Wissensgrundlagen, den Ausbau von Fähigkeiten und Fertigkeiten, die Entwicklung von Kommunikation und Kooperation sowie die kritische Reflexion über Normen und Werte im beruflichen Handeln.

Nur auf diese Weise ordnet sich die berufliche Weiterbildung aufgabenadäquat in die Komplexität des Transformationsprozesses ein. Sie kann zwar allein die neuen Qualitäten sozialen Handelns nicht hervorbringen, sie kann aber dazu wirksam beitragen, wenn sie ihr Aufgabenfeld nicht selbst verengt, sondern umfassend auf die soziale Qualität beruflichen Handelns ausrichtet.

Literatur:

Der Arbeitsmarkt, Presseinformation des Arbeitsamtes Jena Nr. 1-12/1994, Nr. 1-10/1995

Dahms, V./Schiemann, F.: Neue Dimensionen transformationsbedingter Arbeitslosigkeit. Berlin: Arbeitsgemeinschaft QUEM (QUEM-report H. 30)

Hacker, W./Skell, W.: Lernen in der Arbeit. Berlin/Bonn: BIBB, 1993

Heeg, F.-J./Münch, J. (Hrsg.): Handbuch Personal- und Organisationsentwicklung. Stuttgart/Dresden: Klett, 1993

Siebert, H.: Seminarplanung und -organisation. In: Tippelt, R. (Hrsg.): Handbuch Erwachsenenbildung/Weiterbildung. Opladen: Leske + Budrich, 1994, S. 640-653

Statistisches Jahrbuch Thüringen. Ausgabe 1995. Hrsg. vom Thüringer Landesamt für Statistik. Erfurt 1995

Teil 3

Soziale und politische Sozialisation, Einstellungen und Verhaltensmuster ostdeutscher Jugendlicher: Wandel und Kontinuität

Der lange Weg vom DDR- zum Bundesbürger

Peter Förster

Die Geschichte des Zentralinstituts für Jugendforschung (ZIJ) ist nicht zuletzt auch die Geschichte zahlreicher Intervall-/Längsschnittstudien, die faktisch von den ersten Jahren seiner Existenz an realisiert wurden (siehe dazu die Beiträge von Bathke, Kuhnke/Mittag und Reißig in diesem Band sowie die Übersicht von Kuhnke/Spichale). Einige von ihnen, deren Start in den 80er Jahren lag, werden über die Wende und die Vereinigung hinweg fortgesetzt. Sie sind – inhaltlich wie methodisch gesehen – in besonderem Maße geeignet, den mit dem Transformationsprozeß einhergehenden Wandel individueller Lebenslagen, Befindlichkeiten und politischer Orientierungen wissenschaftlich zu begleiten und zu dokumentieren. Eine dieser „wendeüberschreitenden" Längsschnittstudien soll in diesem Beitrag vorgestellt werden.

1. Angaben zur Studie

Die „Sächsische Längsschnittstudie" wurde im Frühjahr 1987 bei 14jährigen Schülern mit der Zielstellung gestartet, in wesentlichen Einstellungs- und Verhaltensbereichen charakteristische Entwicklungs-/Veränderungstendenzen und -bedingungen mit den spezifischen Mitteln des Längsschnittansatzes zu untersuchen. Im Mittelpunkt stand dabei die Analyse der Veränderungen der *politischen Grundeinstellungen*, insbesondere der Bindung an das sozialistische Gesellschaftssystem im allgemeinen und an die DDR im besonderen. Weitere Forschungsschwerpunkte waren das politische Verhalten, die Lebensorientierungen (Lebensziele), die gesellschaftlichen und persönlichen Zukunftserwartungen, die Lerneinstellung und Lernmotivation sowie das Medienverhalten (einschließlich Westsenderrezeption).

In die Untersuchung waren 1.240 SchülerInnen aus den damaligen Bezirken Leipzig und Karl-Marx-Stadt (Chemnitz) einbezogen. Sie gehörten 72 Klassen aus 41 Schulen der genannten Territorien an, die nach dem *Zufallsprinzip* ausgewählt wurden. Die Population war weitestgehend DDR-repräsentativ für die jeweilige Klassenstufe. Die Schüler gehören den Geburtsjahrgängen 1972/73 an. Sie haben die zehnklassige polytechnische Oberschule als letzter Jahrgang voll durchlaufen – ein Merkmal, das sie auch für die Untersuchung von Nachwirkungen des sozialistischen Bildungssystems prädestiniert. Dabei muß berücksichtigt werden, daß sie als 14- bis 16jährige Jugendliche das DDR-System insbesondere in seinem Niedergang und letztlich in seinem Zusammenbruch erlebt haben.

Träger der Studie war zwischen 1987 und 1989 das ZIJ in Zusammenarbeit mit der Universität Leipzig und der Pädagogischen Hochschule Zwickau.

Als Forschungsinstrument diente ein standardisierter Fragebogen mit in jeder Welle identischen Indikatoren, der dreimal, d.h. in der 8. Klasse (1987), 9. Klasse (1988) und 10. Klasse (Frühjahr 1989, ein halbes Jahr vor der Wende) beantwortet wurde. Im Rahmen der 3. Erhebung 1989 erklärten sich 615 SchülerInnen bereit, auch nach Schulabschluß an weiteren Befragungen teilzunehmen.

Nach der Wende wurde die Studie mit bisher 8 Befragungswellen fortgesetzt, nunmehr postalisch. An ihnen beteiligten sich zwischen 200 und 318 der zur Mitarbeit bereiten Panelmitglieder bei einer stark steigenden Teilnahmequote (9. Welle Ende 1993 N=232; 10. Welle Ende 1994 N=250; 11. Welle Ende 1995/Anfang 1996 N=318). Dabei muß in Rechnung gestellt werden, daß schätzungsweise 80 bis 100 der zur weiteren Mitarbeit bereiten Panelmitglieder 1989/90 in den Westteil abgewandert waren. Ihr jetziger Wohnort konnte (bisher) nicht ermittelt werden.

Wesentlich ist, daß die Stichproben der Wellen nach der Wende repräsentativ für die Gesamtstichprobe der 3. Welle vom Frühjahr 1989 im Hinblick auf die politischen Grundeinstellungen sind. So wurden u.a. für die politische Bindung an die DDR in keiner Welle signifikante Unterschiede zwischen den Werten der Teilnehmer und aller übrigen Mitglieder der ursprünglichen Gesamtpopulation ermittelt. Bei den Panelmitgliedern handelt es sich demnach nicht um Selektivpopulationen. Das wird auch durch altersspezifische Vergleiche von Ergebnissen unseres Panels mit denen repräsentativer Jugendstudien belegt (vgl. u.a. die Angaben bei Förster/Friedrich u.a. 1993: 225). Hinsichtlich solcher Merkmale wie Familienstand und Arbeitslosenquote besteht eine sehr gute Übereinstimmung mit den Verteilungen in den entsprechenden Altersgruppen im Freistaat Sachsen.

Träger der Studie nach der Wende waren bzw. sind die Forschungsstelle Sozialanalysen Leipzig e.V. bzw. das Leipziger Institut für praktische Sozialforschung e.V. Seit 1994 wird die Studie von der Deutschen Forschungsgemeinschaft gefördert.

Ein inhaltlicher Schwerpunkt der Befragungen seit 1990 ist die Analyse des politischen Einstellungswandels seit der Wende und der Vereinigung, die wissenschaftliche Begleitung und Dokumentation des Weges der Panelmitglieder aus dem Gesellschaftssystem der DDR in das der Bundesrepublik, vom DDR-Bürger zum Bundesbürger.

Ein weiterer Schwerpunkt – eng mit dem ersten verbunden – ist die Untersuchung von Nachwirkungen der DDR-Sozialisation auf die heutigen politischen Grundeinstellungen, insbesondere die Bindung an das gegenwärtige politische System. Dabei erweist sich die in den ersten drei Wellen vorgenommene starke Akzentuierung der Analyse des politischen Profils der Panelmitglieder als großer Vorteil, zumal die vor der Wende ermittelten individuellen Datensätze komplett für jeden einzelnen Teilnehmer nach der Wende zur Verfügung stehen und mit den aktuellen Daten gekoppelt werden können.

Neben quantitativen Daten (Ergebnisse geschlossener Fragen, die zum Teil aus den Wellen vor der Wende übernommen wurden) liegt eine Fülle qualitativer Daten vor (Antworten auf offene Fragen, Tagebuchnotizen, Briefe u.ä.), die einen tiefen Einblick in den politischen Mentalitätswandel und in das Denken junger Ostdeutscher über Deutschland geben.

2. Ausgewählte Ergebnisse

Die folgenden Ergebnisse sollen exemplarisch und thesenhaft einen Einblick in einige ausgewählte Aspekte des politischen Einstellungswandels bei den gegenwärtig (1996) 23jährigen Panelmitgliedern geben, die mit hoher Wahrscheinlichkeit für ostdeutsche Jugendliche *dieser Altersgruppe* verallgemeinert werden können (ausführlicher vgl. Förster 1992; 1994: 45 ff.; 1996; Förster/Friedrich u.a. 1993: 224 ff.). *Repräsentativität für junge Ostdeutsche generell wird nicht unterstellt.*

2.1 Schon Bundesbürger, aber noch DDR-Bürger

Der durch die Wende und die Vereinigung ausgelöste Umbruch in der gesamten Lebenslage auch der jungen Ostdeutschen widerspiegelt sich in spezifischer Weise im Wandel ihrer kollektiven Identität, der Selbstlokalisierung als Mitglied sozialer Gruppen. Die typischen Fragen der Identitätssuche „Wer sind wir?“, „Woher kommen wir?“, „Wohin gehören wir?“ bewegen auch die Mitglieder unseres Panels. Die Analyse der damit zusammenhängenden Wandlungsprozesse gehört zweifellos zu den interessantesten Gegenständen der Transformationsforschung überhaupt.

Wie sich zeigt, erweist sich vor allem der *Identitätswandel vom DDR-Bürger zum Bundesbürger* als ein äußerst langwieriger und widersprüchlicher Prozeß mit teilweise überraschenden regressiven Tendenzen. Darauf verweisen unsere eigenen Forschungen bei der Schuljugend (vgl. Förster/Friedrich 1995: 19), aber auch Ergebnisse des DJI-Jugendsurveys (vgl. Westle 1995: 195 ff.).

Die Entwicklung kollektiver Identitäten war Gegenstand dieser Längsschnittstudie fast von Anfang an; für die Ausprägung des Zugehörigkeitsgefühls zur ehemaligen DDR und zur Bundesrepublik liegen Daten seit Frühjahr 1990 bzw. 1992 vor. Die Tabelle 1 informiert zunächst über die Ergebnisse in der Gesamtgruppe:

Tabelle 1: Ausprägung der Identität als Bürger der Bundesrepublik bzw. als Bürger der ehemaligen DDR im Trend 1992 bis 1994. „Zu Ihrem Zugehörigkeitsgefühl: Als was fühlen Sie sich ?"

1 ja, vollkommen
2 ja, etwas schon
3 nein, eigentlich nicht
4 nein, absolut nicht

	1	2	3	4	*n*
als Bürger der Bundesrepublik D.					
1992	31	43	18	8	*192*
1993	32	42	19	7	*233*
1994	27	46	19	8	*249*
als Bürger der ehemaligen DDR					
1992	35	40	13	12	*193*
1993	38	45	9	8	*233*
1994	41	38	13	8	*250*

Schon von den Querschnittsergebnissen her ist erkennbar, daß sich die staatsbürgerliche Identifikation der Panelmitglieder als Bürger der Bundesrepublik zwischen Anfang 1992 und Ende 1994 nicht verstärkt, sondern leicht abgeschwächt hat. Die Längsschnittkorrelation bestätigt diese Tendenz: Der Prozentanteil derer, bei denen eine Abschwächung der Identifikation beobachtet wurde (NEP)[1], war signifikant größer als der Anteil derer, die ihre Identifikation verstärkten (POP) : 33 % gegenüber 18 %. Konstant geblieben war die Ausprägung (KOP) dagegen nur bei 49 %. Die durchschnittliche Negativierung (DIN) betrug immerhin 0,40 Skalenplätze, die durchschnittliche Positivierung (DIP) demgegenüber nur 0,27.

Die leichte Zunahme der DDR-Identifikation ist zwar nicht signifikant, die (im statistischen Sinne) positiven Veränderungen betragen jedoch immerhin 0,57 Skalenplätze, die negativen nur 0,14. Zur Identifikation mit der DDR vor der Wende bestehen übrigens keine Zusammenhänge.

Bei beiden Aspekten ist aus den angeführten Längsschnittkoeffizienten ablesbar, daß bei den Panelmitgliedern erhebliche Wandlungsprozesse vor sich gehen, *die Suche nach der staatsbürgerlichen Identität noch im Gange ist.* Darauf verweist auch ein Vergleich mit den entsprechenden Koeffizienten für das Zugehörigkeitsgefühl als Deutscher bzw. als Sachse. Bei diesen Aspekten kollektiver Identität ist der Anteil konstanter Ausprägungen signifikant größer (KOP = 61% bzw. 58%).

Bei vielen politischen Einstellungen (z.B. bei der Haltung zur deutschen Einheit, der Einstellung zu einem reformierten Sozialismus) lassen die Entwick-

1 nähere Erläuterung dazu s. Ludwig in diesem Band

lungskoeffizienten über mehrere Wellen hinweg trotz mehr oder weniger übereinstimmender Querschnittsverteilungen generell eine hohe Variabilität der individuellen Werte zwischen den jeweiligen Meßpunkten erkennen. Die Anteile der Veränderungen (POP und NEP) entsprechen oft dem Anteil der konstant gebliebenen Positionen oder sind sogar größer als diese. Diese starken Variationen in verhältnismäßig kurzen Zeiträumen sind u. E. ein Indiz für die gravierenden Wandlungsprozesse in den Reflexionen sehr vieler Panelmitglieder über das neue Gesellschaftssystem, für die anhaltende Suche und die bestehende Unsicherheit bei der eigenen politischen Standortbestimmung, die auch Revisionen von Standpunkten und Identifikationen einschließt.

Prozeßkorrelationen (d.h. Korrelationen, bei denen die *Veränderungen* von Merkmalsausprägungen zwischen den Meßpunkten in Beziehung gesetzt werden) belegen bemerkenswerte prozessuale Zusammenhänge mit Veränderungen in anderen Einstellungsbereichen bzw. Lebensgebieten. So geht z.B. die Positivierung der staatsbürgerlichen Identifikation mit der Bundesrepublik mit einer Positivierung der Erfahrung einher, die *beruflichen Pläne* verwirklichen zu können. Von den Panelmitgliedern, die zwischen 1992 und 1994 in dieser Hinsicht konstant positive Erfahrungen gemacht haben, fühlen sich zugleich 64 % konstant mehr oder weniger stark als Bundesbürger; von denen dagegen, die konstant negative Erfahrungen in Kauf nehmen mußten (überwiegend weibliche Teilnehmer), nur 31 %.

Analog wirkt das Bedrohungserleben durch mögliche eigene Arbeitslosigkeit: Von den Panelmitgliedern, die sich über den genannten Zeitraum hinweg keine Sorgen um eine mögliche eigene Arbeitslosigkeit machten, fühlten sich 65 % konstant als Bundesbürger; von denen dagegen, die sich stark durch Arbeitslosigkeit bedroht fühlten, nur 35 %. In der Tendenz trifft das auch für das Erleben solcher Bedrohungen zu wie die Zunahme von Egoismus zwischen den Menschen und von zunehmender Gewalt bzw. Kriminalität.

Den widersprüchlichen Erfahrungen der Panelmitglieder beim Aufbau einer beruflichen Existenz kommt unseren Ergebnissen zufolge bei der Beurteilung des jetzigen Gesellschaftssystems erhebliche Bedeutung zu. Wir vermuten, daß die Entwicklungsrichtung des künftigen politischen Einstellungswandels der Panelmitglieder – zwischen Bindung an das System und Distanz ihm gegenüber – wesentlich mit davon abhängen wird, ob sie im Rahmen der gesellschaftlichen Veränderungen in Ostdeutschland jene individuellen Bedingungen vorfinden, die ihre berufliche Entfaltung begünstigen. Das Gesellschaftssystem der Bundesrepublik werden sie sehr stark von diesen Erfahrungen her bewerten.

Für die Beurteilung des Zugehörigkeitsgefühls zur Bundesrepublik bzw. zur ehemaligen DDR ist wesentlich, *daß sich beide Aspekte keineswegs ausschließen.* Auf diese für die Transformationsforschung bedeutsame Tatsache sind wir in verschiedenen eigenen Studien schon 1992 gestoßen (vgl. u.a. Förster 1992: 87; Förster/Friedrich u.a. 1993: 92). Die Querschnittskorrelation des Zugehörigkeitsgefühls als Bundesbürger einerseits und als Ex-DDR-Bürger andererseits zeigt Ende 1994 – leicht vereinfacht (die vier Antwortpositionen wurden dichotomisiert) – diese Relationen:

- 17 % fühlen sich als Bundesbürger und nicht mehr als Ex-DDR-Bürger (Teilgruppe I)
- 57 % fühlen sich als Bundesbürger, ohne jedoch ihre Verbundenheit mit der ehemaligen DDR aufgegeben zu haben (Teilgruppe II)
- 23 % haben noch kein Zugehörigkeitsgefühl zur Bundesrepublik entwikkelt, fühlen sich jedoch noch als Bürger der ehemaligen DDR (Teilgruppe III)
- (3% fühlen sich weder als Bundesbürger noch als Ex-DDR-Bürger.)

Für die meisten Panelmitglieder (wie auch die meisten jungen Ostdeutschen allgemein) ist charakteristisch, daß bei ihnen das Zugehörigkeitsgefühl zur Bundesrepublik mit dem Gefühl einhergeht, Bürger der ehemaligen DDR zu sein. Sie sind schon Bundesbürger, ohne ihre Verbundenheit mit der DDR verloren zu haben. *Das Zugehörigkeitsgefühl zur ehemaligen DDR ist offensichtlich tiefer verwurzelt, als bisher angenommen wurde.* Es wird selbst von jungen Menschen nicht in kurzer Zeit als Ballast abgeworfen.

Dabei spielen nicht vorrangig politische Kriterien eine Rolle, sondern tiefe lebensgeschichtliche Prägungen: vor allem das Erleben der DDR als Heimatland, die Betonung der gelebten Biographie, die Erinnerung an eine meist sorgenfreie Kindheit in sozialer Sicherheit, die vielfach aufgewertet wird durch den Kontrast heutiger Alltagserfahrungen. Großes Gewicht kommt der erlebten Biographie der Eltern zu, vielfach insbesondere der Mutter. Häufig steht aber auch eine politisch durchaus relevante Protesthaltung dahinter, z.B. der in den verbalen Angaben oft artikulierte Frust darüber, daß „im Osten alles plattgemacht wurde"; „nichts erhalten geblieben ist, was sich bewährt hat". Erste Ergebnisse der 11. Welle von Ende 1995/Anfang 1996 lassen darauf schließen, daß diese Protesthaltung in jüngster Zeit eher noch zugenommen hat und eine weitere Politisierung der DDR-Verbundenheit durchaus möglich erscheint.

Tabelle 2: Ausprägung der Freude über die Vereinigung, differenziert nach den Typen staatsbürgerlicher Identifikation (1994). „Ich freue mich darüber, daß die Einheit Deutschlands hergestellt ist."

Typ:	sehr stark	stark	teils-teils	kaum	überhaupt nicht	*n*
I: vorwiegend Bundesbürger	53	14	33	0	0	*42*
II: Bundesbürger und Ex-DDR-Bürger	24	24	50	2	0	*140*
III: vorwiegend Ex-DDR-Bürger	5	11	66	11	7	*57*
IV: Weder-noch	33	11	56	0	0	*9*
(CC = .50; .000)						

Erwartungsgemäß unterscheiden sich die genannten Typen staatsbürgerlicher Identifikation in zahlreichen Merkmalen des politischen, weltanschaulichen und sozialen Bewußtseins. Exemplarisch stellen wir das für die emotionale Beziehung zur deutschen Einheit dar (siehe Tabelle 2).

Die (wechselseitigen) Beziehungen zwischen dem Typ staatsbürgerlicher Identifikation einerseits und der Freude über die Vereinigung andererseits sind evident und müssen nicht ausführlicher kommentiert werden. Besonders stark unterscheiden sich die beiden Extremgruppen, d.h. die Panelmitglieder, die bereits mehr oder weniger in der Bundesrepublik „angekommen" sind (I) bzw. sich noch vorwiegend als DDR-Bürger fühlen (III). Einige weitere Unterschiede (hinter denen ebenfalls wechselseitige Beziehungen stehen) veranschaulicht die Abbildung 1.

Abbildung 1: Politische und soziale Einstellungen von Panelmitgliedern, die sich 1994 als Bundesbürger, aber nicht mehr als DDR-Bürger fühlen (I); bzw. nicht als Bundesbürger, dagegen noch als DDR-Bürger fühlen (III)

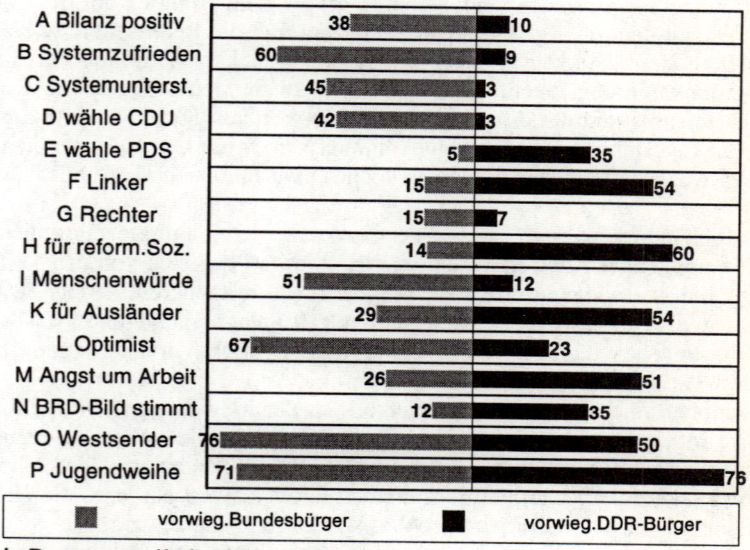

Die Prozentanteile beziehen sich auf:

A: Vereinigungsbilanz in Ostdeutschland: mehr positive Veränderungen
B: Zufriedenheit mit dem politischen System: sehr zufrieden / zufrieden
C: Bereitschaft zur Unterstützung des heutigen politischen Systems: sehr stark/stark
D: Parteipräferenz: CDU
E: Parteipräferenz: PDS

F: Einordnung in Links-Rechts-Spektrum: links / eher links
G: Einordnung in Links-Rechts-Spektrum: rechts / eher rechts
H: Reformierter Sozialismus lieber als jetzige Ordnung: starke Zustimmung
I: Menschenwürde wird in der Bundesrepublik geachtet: starke Zustimmung
K: Grundeinstellung zu Ausländern: klar für / mehr für Ausländer
L: Lebensgrundstimmung: einschränkungslos optimistisch
M: Angst vor eigener Arbeitslosigkeit: stark / eher stark
N: Vor der Wende vermitteltes BRD-Bild: stimmt mit heutiger Realität völlig/im großen und ganzen überein
O: Typenbildung Medienrezeption: 1988 *und* 1989 häufig Westsender *und* häufig DDR-Sender bzw. häufig *nur* Westsender für politische Information
P: Erinnerung an die Jugendweihe: ausschließlich/überwiegend positiv

Die angeführten Unterschiede (bis auf die Jugendweihe alle signifikant) können hier nicht detailliert interpretiert werden. Hervorhebenswert ist der sehr starke Unterschied zwischen beiden Extremgruppen im Hinblick auf die Zufriedenheit mit dem heutigen politischen System und die Bereitschaft zu seiner Unterstützung. Starke Unterschiede bestehen auch im Hinblick auf die Lebensgrundstimmung, exemplarisch ablesbar an der Ausprägung des Zukunftsoptimismus und der Angst vor eigener Arbeitslosigkeit. Panelmitglieder, die in der Bundesrepublik „angekommen“ sind, blicken viel optimistischer in die Zukunft als jene, denen es noch schwerfällt, sich als Bundesbürger zu fühlen.

Deutlich ablesbar sind Unterschiede in den Vereinigungserfahrungen. Aus der entgegengesetzten Blickrichtung ist ablesbar, daß sich von den Teilnehmern, die überwiegend positive Veränderungen reflektieren, bereits 28% vorwiegend als Bundesbürger fühlen (und nur 10% vorwiegend als Ex-DDR-Bürger); von jenen dagegen, die überwiegend negative Veränderungen sehen, nur 4 % (aber 58% als Ex-DDR-Bürger).

Erkennbar sind erhebliche Unterschiede in der Medienrezeption für die politische Information vor der Wende. Panelmitglieder, die sich vorwiegend als Bundesbürger fühlen, haben 1988 und 1989 (die Angaben beider Jahre zusammengenommen) häufiger Westmedien dafür genutzt als jene, die sich vorwiegend als Ex-DDR-Bürger ansehen. Wir kommen darauf zurück.

In einigen wenigen Bereichen bestehen nur geringe bzw. faktisch keine Unterschiede. Dazu gehört die Erinnerung an die Jugendweihe und an die Pionierzeit; hierzu überwiegen bei fast allen positive Gefühle. *Eine Nullkorrelation liegt auch in bezug auf die Systembindung vor der Wende vor*, Beleg für den entscheidenden Einfluß heutiger Erfahrungen. Wir gehen darauf noch näher ein.

Aus den genannten und weiteren Daten geht hervor, daß die Entwicklung einer neuen staatsbürgerlichen Identität keine Funktion der seit der Vereinigung vergangenen Zeit ist, sondern in komplexer Weise von den Erfahrungen der Panelmitglieder im Transformationsprozeß beeinflußt wird. Entstandene Zugehörigkeitsgefühle sind keine statische Größe, sondern können korrigiert werden, insbesondere unter dem Einfluß sich verändernder Erfahrungen und der damit einhergehenden Neu- und Umbewertungen der Vergangenheit. Absehbar ist, daß die Herausbildung einer gesamtdeutschen Identität bei den jungen Ostdeutschen länger als erwartet dauert. Das belegen auch zahlreiche qualitative Daten, u.a. die Reflexionen der Panelmitglieder zu der 1994 gestellten offenen Frage, ob ihren Erfahrungen nach die von Willy Brandt unmittelbar nach der Öffnung der Mauer formulierte Prognose zutrifft: „Jetzt wächst zusammen, was zusammengehört." Viele bejahen zwar diese Frage, verlegen das Zusammenwachsen jedoch zum Teil weit in die Zukunft. Typisch war diese Antwort eines 22jährigen Studenten:

> „Nach dem kurzzeitigen starken Zusammengehörigkeitsgefühl („Brüder und Schwestern") direkt nach der Wende ist meiner Meinung nach die Distanz von Ost und West wieder gewachsen. Das Problem sehe ich vor allem einerseits bei der Finanzierung der Einheit (höhere Kosten für westdeutsche Bürger) und andererseits in der wachsenden Frustration bei den ostdeutschen Bürgern (steigende Arbeitslosigkeit, Ungleichbehandlung bei Zahlung von Löhnen zwischen Ost und West bei gleichen steigenden Lebenskosten). Allerdings gebe ich dem Zusammenwachsen auf jeden Fall eine Chance – jedoch glaube ich, daß das noch ein bis zwei Generationen dauert."

Auf einige der erwähnten bestehenden bzw. nicht bestehenden Zusammenhänge gehen wir in den folgenden Abschnitten etwas ausführlicher ein.

2.2 „Nullkorrelation" zwischen heutiger und früherer Systembindung

Der Vorzug längsschnittlichen Herangehens an die Analyse des politischen Einstellungswandels im Rahmen unserer Studie zeigt sich besonders deutlich bei der Untersuchung von Nachwirkungen der von Erziehung und Erfahrung vor der Wende geprägten politischen Orientierungen auf das heutige Denken und Fühlen der Panelmitglieder. Streng genommen lassen sich derartige Nachwirkungen über die Wende und die Vereinigung hinweg nur auf der Grundlage der in einer identischen Personengruppe vor sich gehenden geistigen Wandlungsprozesse beurteilen, wenn reine Vermutungen oder Spekulationen darüber ausgeschlossen werden sollen.

Die Analysen zu dieser Thematik sind noch im Gange; hier kann deshalb nur von einer Zwischenbilanz die Rede sein. Gesichert erscheint jedoch die aus der Auswertung mehrerer Wellen abgeleitete These, *daß bei den jungen Erwachsenen unseres Panels zwischen der heutigen und der früheren politischen Systembindung kein linearer Zusammenhang besteht.*

Für die Untersuchung des erwähnten Zusammenhanges stehen uns verschiedene Einzelindikatoren und Zusammenfassungen (Indices) zur Verfügung, die zu gut übereinstimmenden Aussagen führen. Exemplarisch stützen wir uns hier zur Veranschaulichung auf die folgenden zwei Einzelindikatoren:

Frühjahr 1989: Bereitschaft zum politischen Engagement für die DDR: *„Offen die Politik der DDR vertreten"*
Antwortmodell: Dazu bin ich bereit 1 sehr stark ... 5 überhaupt nicht

Dezember 1994: Lebensziel: „Mich für die Erhaltung des heutigen politischen Systems einsetzen."
Antwortmodell: Dieses Lebensziel ist für mich 1 sehr bedeutsam ... 5 überhaupt nicht bedeutsam

Tabelle 3 informiert über die bestehenden Beziehungen.

Tabelle 3: Gegenwärtige Systembindung, differenziert nach a) früherer Bindung an das DDR-System, b) Beurteilung der Vereinigungsbilanz für Ostdeutschland; Identische Population (N=238)

Das Lebensziel „Mich für die Erhaltung des heutigen politischen Systems einsetzen" ist für mich 1 sehr bedeutsam ... 5 überhaupt nicht bedeutsam

	1	2	3	4	5	*n*
a) 1989: Bereitschaft zum politischen Engagement für die DDR: „Offen die Politik der DDR vertreten." Dazu bin ich bereit 1 sehr stark ... 5 überhaupt nicht						
1	13	7	33	20	27	*30*
2	1	23	26	27	23	*74*
3	0	13	30	25	32	*53*
4	0	14	28	17	41	*36*
5	4	13	33	25	25	*45*
(R = .06; ns)						
b) 1994: Vereinigungsbilanz: „Seit der Vereinigung gab es in Ostdeutschland ..."						
mehr positive Veränderungen	7	27	27	21	18	*56*
sowohl positive als auch negative V.	2	13	32	26	27	*157*
mehr negative Veränderungen	0	4	20	12	64	*25*
(CC = .38; .000)						

Im oberen Teil der Tabelle ist ablesbar, daß die heutige Systembindung (gemessen mit dem aussagestarken Indikator „Einsatz für die Erhaltung des heutigen politischen Systems") Ende 1994 wie schon in vorangegangenen Wellen *in keinem Zusammenhang mit der Systembindung vor der Wende steht* („Nullkorrelation"): Weder folgte bei den Panelmitgliedern auf eine frühere Bejahung der Politik der DDR durchgängig eine Ablehnung des politischen Systems der Bundesrepublik Deutschland, noch verwandelte sich Ablehnung des früheren Systems durchweg in Zustimmung zum heutigen System. Unabhängig von der früheren politischen Systembindung ist der Anteil der Panelmitglieder noch verhältnismäßig gering, die sich aktiv für das neue System engagieren wollen. Obwohl die überwiegende Mehrheit die politische Wende und die deutsche Vereinigung grundsätzlich bejaht, steht ein großer Teil (wie der ostdeutschen Jugendlichen generell; vgl. Friedrich/Förster 1995: 41) dem politischen System jedoch noch distanziert oder ablehnend gegenüber. Ein Fazit der Shell-Studie von 1992, daß der Nachwuchs für das offizielle politische System kaum zur Verfügung steht (vgl. Zinnecker 1992: 24), hat offensichtlich nichts an seiner Aktualität eingebüßt. Auch die Berücksichtigung der (stark negativen) Einstellungsveränderungen bei den Panelmitgliedern zwischen 1987 und 1989 modifiziert diese Relationen nicht.

Deutlich wird die heutige Systembindung dagegen davon beeinflußt, wie die gesellschaftlichen Veränderungen in Ostdeutschland seit der Vereinigung von den Panelmitgliedern erlebt und bewertet werden (s. unterer Teil von Tab. 3). Die Erfahrungen der jungen Erwachsenen im Transformationsprozeß in Ostdeutschland haben für die eigene Urteilsbildung über das politische System erhebliches Gewicht, sie „überformen", paralysieren offensichtlich die früheren Systembindungen.[2] Überwiegend negative Erfahrungen mit dem Vereinigungsprozeß (1994 für 11% der Panelmitglieder charakteristisch) und auch schon ambivalente Erfahrungen (mit 66% für die meisten zutreffend) dämpfen in erheblichem Maße die Zustimmung zum politischen System.

Der gravierende Einfluß der Vereinigungserfahrungen auf den politischen Einstellungswandel durchzieht die gesamte Studie. Er äußert sich u.a. auch in den Urteilen der Panelmitglieder darüber, ob bzw. inwiefern das vor der Wende vermittelte „Bild von der BRD, vom Kapitalismus überhaupt" mit der heutigen Realität übereinstimmt. In der Gesamtgruppe meinen Ende 1994 20% von ihnen, daß dieses damals vermittelte Bild heute vollkommen oder im großen und ganzen zutrifft, für 48% trifft es teils-teils zu, für 32% kaum oder überhaupt nicht. Je nach den Vereinigungserfahrungen differenzieren sich diese Werte jedoch erheblich: Von den Panelmitgliedern mit überwiegend positiven Erfahrungen äußern nur 7%, daß das damals vermittelte BRD-Bild auch heute noch stimmt, von denen mit überwiegend negativen Erfahrungen dagegen 56%. Eine „Nullkorrelation" besteht dagegen zur früheren Systembindung (und übrigens auch zur Note im Fach Staatsbürgerkunde).

Negative, aber auch schon ambivalente Vereinigungserfahrungen fördern demnach offensichtlich eine nachträgliche Aufwertung des vor der Wende durch Erziehung, Agitation und Propaganda verbreiteten BRD-Bildes. Dafür spricht auch die erkennbare Tendenz, daß Panelmitglieder mit negativen bzw. „gemischten" Vereinigungserfahrungen wesentliche Aspekte der schulischen und gesellschaftlichen Erziehung zu DDR-Zeiten (z.B. die Bildungsziele der Schule, die Unterrichtsgestaltung, die Erlebnisse in der FDJ und bei den Pionieren) teilweise erheblich günstiger beurteilen als jene mit positiven

2 Varianzanalytische Berechnungen (mittels ANOVA) weisen einen signifikanten Haupteffekt für den Faktor „Vereinigungserfahrungen" nach. Es liegt kein Interaktionseffekt zwischen den Variablen „Erfahrungen" und „Systembindung vor der Wende" vor.

Erfahrungen. In dieselbe Richtung weist der Befund, daß Panelmitglieder mit negativen oder ambivalenten Vereinigungserfahrungen unabhängig von ihrer früheren Systembindung erheblich weniger häufig DDR-kritischen Aussagen zustimmen wie „Das Leben in der DDR bedeutete für die Menschen lebenslangen Knast", dafür deutlich häufiger einen „reformierten, humanistischen Sozialismus" befürworten bzw. häufiger selbst sozialistische Ideale bejahen. Vergleiche zwischen der Situation in der DDR vor der Wende und heute im vereinten Deutschland (z.B. im Hinblick auf die Achtung der Würde des Menschen, die soziale Sicherheit, das Bestehen gleicher Bildungschancen für alle) fallen bei ihnen erheblich günstiger zugunsten der DDR aus als bei Panelmitgliedern mit positiver Sicht auf die Veränderungen in Ostdeutschland. *Die frühere politische Systembindung hat darauf keinen Einfluß.*

2.3 Zukunftszuversicht: Ende der Regression?

Die persönliche und gesellschaftliche Zukunftszuversicht gehört zu den Analysegegenständen, zu denen Daten seit Beginn der Studie im Frühjahr 1987 vorliegen. Diese Angaben und die zwischen ihnen bestehenden Zusammenhänge geben in spezifischer Weise Aufschluß über das Erleben der Endzeit der DDR, ihres Zusammenbruchs und der nachfolgenden Transformationsprozesse.

Die Tabelle 4 informiert über die entsprechenden Zeitreihen, gesondert berechnet für die Teilnehmer der 10. Welle Ende Dezember 1994 (N = 250).

Zuerst ein Blick auf die Veränderungen *vor der Wende*, zwischen 1987 und (Frühjahr) 1989: In diesem Zeitraum ging der Anteil der Panelmitglieder, die die gesellschaftliche Entwicklung in der DDR zuversichtlich betrachteten, erheblich zurück. Dieser Trend lief völlig konform mit der starken Regression der politischen Identifikation mit der DDR. Hinsichtlich der persönlichen Zukunft war dagegen nur ein tendenzieller Rückgang des Optimismus zu beobachten. Die eigene Zukunft schien damals von den negativ erlebten und bewerteten gesellschaftlichen Veränderungen in der DDR weniger betroffen zu sein, zumal zum Zeitpunkt der Befragung faktisch alle Panelmitglieder (97%) mit dem feststehenden Ausbildungs- bzw. Arbeitsplatz eine klare persönliche Perspektive zu haben glaubten. Ein völliger Zusammenbruch der DDR-Gesellschaft mit weitreichenden persönlichen Konsequenzen wurde von den damals 16jährigen Schülern nicht erwartet.

Aufschlußreich sind die Trends *nach der Wende:* In ihrem gesellschaftlichen Umfeld zeichnet sich für die Panelmitglieder bis 1993 offensichtlich noch keine Veränderung ab, erst die Angaben von Ende 1994 könnten auf eine Positivierung hindeuten. Im Hinblick auf die persönliche Zukunft ging die Zuversicht nach der Wende dagegen weiter zurück, deutlicher als zwischen 1987 und 1989 (siehe die angeführten Koeffizienten). Im Dezember 1994 zeichnet sich möglicherweise ein Ende der Regression ab.

Tabelle 4: Gesellschaftliche und persönliche Zukunftszuversicht zwischen 1987 und 1994 (nur Teilnehmer der 10. Welle). „Wie zuversichtlich sehen Sie die Zukunft ...
a) für die Entwicklung in der DDR/in Ostdeutschland
b) für Sie persönlich?

1 sehr zuversichtlich ... 5 überhaupt nicht zuversichtlich

	1	2	3	4	5	x	*n*
a) Entwicklung in der DDR/in Ostdeutschland							
1987	40	49	10	1	0	1,7	*250*
1988	31	43	20	4	2	2,0	*225*
1989 (Frühjahr)	16	42	30	8	4	2,4	*240*
1991	15	35	34	14	2	2,5	*133*
1992	11	37	41	8	3	2,6	*128*
1993	12	35	40	9	4	2,6	*188*
1994	16	44	30	7	3	2,4	*250*
b) für Sie persönlich							
1987	42	52	6	0	0	1,6	*250*
1988	37	54	8	1	0	1,7	*225*
1989	37	54	8	1	0	1,7	*240*
1990 (Frühjahr)	19	54	22	4	1	2,2	*125*
1991	18	56	21	5	0	2,1	*133*
1992	23	61	15	1	0	2,0	*128*
1993	15	60	15	1	0	2,1	*188*
1994	17	65	17	1	0	2,0	*250*

Entwicklungskoeffizienten:		POP	KOP	NEP	*n*
1987 zu 1989	gesellschaftlich	10	36	54	*232*
	persönlich	18	56	26	*232*
1989 zu 1994	gesellschaftlich	34	30	36	*240*
	persönlich	12	53	35	*241*
1987 zu 1994	gesellschaftlich	13	35	52	*250*
	persönlich	12	47	41	*250*

(Hervorhebung: die überwiegende Veränderungsrichtung ist signifikant)

Trotz des unterschiedlich starken Gefälles im Rückgang der gesellschaftlichen und persönlichen Zukunftszuversicht vor der Wende bestand schon damals ein Zusammenhang zwischen beiden Aspekten: Je geringer der Gesellschaft die Chance einer positiven Entwicklung zugeschrieben wurde, desto geringer wurden in der Tendenz auch die eigenen Zukunftschancen eingeschätzt. Dieser generell wirkende Zusammenhang besteht auch nach der Wende bei den inzwischen älter gewordenen Panelmitgliedern, er ist sogar deutlich enger geworden: R 1989 = .26 (.001); R 1994 = .48 (.001). Zu vermuten ist, daß die gesellschaftliche Situation für die persönliche Perspektive bei den 1994 22jährigen ein höheres Gewicht besitzt als damals bei den 16jährigen.

2.4 Bereitschaft zum politischen Engagement geht gegen Null

Symptomatisch für den politischen Einstellungswandel bei den Panelmitgliedern ist der anhaltende Rückgang ihrer Bereitschaft zur politischen Partizipation. In dieser Beziehung sind auch keine Unterschiede zwischen den verschiedenen Typen staatsbürgerlicher Identifikation nachweisbar. Diese Bereitschaft wurde als Bestandteil der zentralen Lebenswerte (Lebensziele) seit 1987 erfaßt. Betrachten wir dazu die Abbildung 2, die darüber informiert, wie sich seit 1987 der Anteil der Panelmitglieder verändert hat, die sehr stark bzw. stark darauf orientiert sind, „aktiv am politischen Leben teilzunehmen" (Antwortpositionen 1 oder 2 auf einer fünfstufigen Skala):

Abbildung 2: Trend 1987 – 1994: Anteil der Panelmitglieder, die sehr stark darauf orientiert sind, aktiv am politischen Leben teilzunehmen (nur Teilnehmer der 10. Welle; 1995 vorläufiges Ergebnis, N = 301)

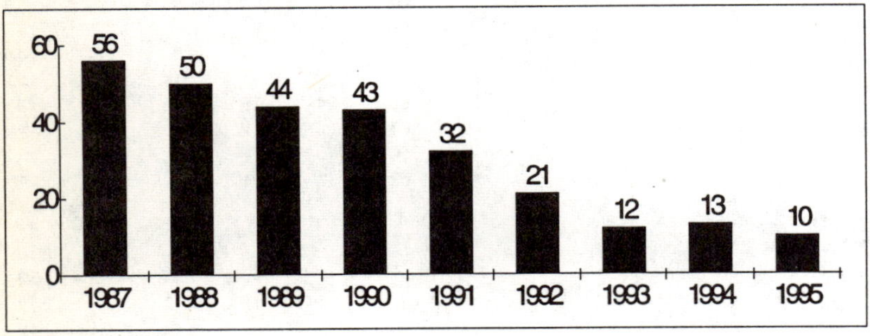

Ablesbar ist, daß bereits vor der Wende ein klarer rückläufiger Trend der Bereitschaft zur politischen Partizipation eingesetzt hatte – Ausdruck der erwähnten zunehmenden Distanz zum damaligen politischen System. Erkennbar ist aber auch, *daß dieser Abwärtstrend nach der Wende weitergegangen ist, sich sogar deutlich verstärkt hat* – Widerspiegelung einer *erneuten Enttäuschung und Verweigerung* eines großen Teiles der Panelmitglieder auch gegenüber dem neuen politischen System. Wesentlich ist, daß die Angaben nach der Wende in keinem Zusammenhang mit der Systembindung vor der Wende stehen. Für die Stichhaltigkeit der These, wonach die heutige skeptische Haltung gegenüber Parteien und Vereinen, gegenüber der Politik im allgemeinen aus den Erfahrungen der Vergangenheit vor der Wende resultiert (vgl. Bericht der Enquete-Kommission „Aufarbeitung von Geschichte und Folgen der SED-Diktatur in Deutschland": 68), fanden wir in unserer Studie keine Belege.

2.5 Langzeitwirkungen der „Westkanäle"

Zur Alltagsrealität des Lebens vor der Wende gehörte auch bei unseren Panelmitgliedern die Rezeption politischer Informationen mit Hilfe der westlichen elektronischen Medien (vgl. auch die Beiträge von Karig/Stiehler und Lindner in diesem Band). Entsprechende Informationen wurden in der 2. und 3. Welle (1988 bzw. Frühjahr 1989) erhoben. Aus diesen Daten (ausführlich dargestellt bei Förster 1992: 18) geht hervor: Die politischen Informationen der DDR-Sender wurden von der großen Mehrheit der Panelmitglieder zunehmend abgelehnt, charakteristisch war die intensive und selektive Rezeption westlicher Sender. Ihr Einfluß im Sinne ihres Verfassungsauftrages, das Wiedervereinigungsgebot des Grundgesetzes in den Sendungen zu beachten, auf die politische Bewußtseinsentwicklung war schon damals erkennbar. Dabei muß in Rechnung gestellt werden, daß ein sehr enger Zusammenhang zwischen dem Vorhandensein personaler Kontakte zu Verwandten und/oder Bekannten in der Bundesrepublik und der Westsenderrezeption bestand (vgl. Förster 1995: 1235).

Langzeitwirkungen der Westsenderrezeption auf heutige politische Einstellungen stehen nach unseren Erkenntnissen außer Zweifel. Im Abschnitt 2.1 wurde bereits erwähnt, daß Panelmitglieder, die sich vorwiegend als Bundesbürger fühlen, vor der Wende deutlich häufiger Westsender für ihre politische Information nutzten als jene, die sich vorwiegend als Ex-DDR-Bürger fühlen. Besonders ausgeprägt äußern sich diese Langzeitwirkungen in der Grundeinstellung zur deutschen Einheit.[3]

Tabelle 5: Zusammenhang zwischen der Rezeption politischer Informationen durch westliche Sender vor der Wende und der Grundeinstellung zur deutschen Einheit (Ende 1994). Seit 1990 haben wir in dieser Studie folgende Frage gestellt: „Wie stehen Sie zur Vereinigung von DDR und BRD? Wie würden Sie *heute* antworten?" Ich bin:

	sehr dafür	eher dafür	eher dagegen	sehr dagegen	*n*
Frühjahr 1989: Rezeptionshäufigkeit polit. Informationen über Westsender:					
täglich	40	46	13	1	*119*
mehrmals in der Woche	31	55	12	2	*91*
seltener / nie	19	45	26	10	*31*
(CC = .30; .015)					

3 Die zweifache Varianzanalyse belegt, daß kein Zusammenhang zwischen damaliger Systembindung und heutiger Grundeinstellung zur Einheit sowie keine Wechselwirkung zwischen Systembindung und Westsenderrezeption besteht. Ein statistischer Artefakt kann ausgeschlossen werden.

Diese Ergebnisse (sehr ähnliche Zusammenhänge wurden in den vorangegangenen Wellen ermittelt; vgl. Förster 1992: 98; 1993: 239) legen die Annahme nahe, daß eine intensive und zugleich selektive mediale Wahrnehmung der Vorzüge westlicher Lebensqualität im Kontrast zu den Alltagserfahrungen in der von der Krise gekennzeichneten DDR-Gesellschaft bei den Panelmitgliedern langfristig den Boden mit dafür bereitet hat, die Vereinigung herbeizuwünschen und so selbst an der erstrebten Lebensqualität der Bundesrepublik teilzuhaben.

Zahlreiche weitere Zusammenhänge stützen diese These. So äußerten z.B. Ende 1994 jene Panelmitglieder, die 1989 Westsender für ihre politische Information bevorzugten, retrospektiv viel weniger häufig, daran geglaubt zu haben, was im Fach Staatsbürgerkunde gelehrt wurde. Häufiger stimmten sie dagegen der Aussage zu, „daß das Leben in der DDR vor der Wende für die Menschen lebenslangen Knast bedeutete". Die weiteren Untersuchungen werden zeigen, wie stabil diese früheren Einflüsse sind. Unsere Vermutung, daß sie allmählich zurückgehen, sozusagen verblassen, hat sich bisher nicht bestätigt.

Zusammenfassend stützen die dargestellten Ergebnisse sowie weitere quantitative und qualitative Daten unsere generelle These, *daß sich die ostdeutsche Jugend nach wie vor in einem intensiven Such- und Wandlungsprozeß ihrer politischen Orientierungen und Identifikationen, ihrer gesamten politischen Mentalität befindet*. Auch künftig erwarten wir starke, möglicherweise heute noch nicht absehbare Veränderungen ihrer Bewußtseinslage als Folge des anhaltenden sozialen und politischen Wandels in Ostdeutschland. Die Studie sollte auch aus diesem Grunde noch einige Jahre fortgesetzt werden.[4]

Literatur:

Bericht der Enquete-Kommission „Aufarbeitung von Geschichte und Folgen der SED-Diktatur in Deutschland". Hrsg. v. Deutschen Bundestag, Referat Öffentlichkeitsarbeit, Mai 1994

Förster, P.: Jugendliche in Sachsen auf dem Weg in das vereinte Deutschland. Dokumentation einer Intervallstudie 1987 bis 1992. Hrsg:. Friedrich-Ebert-Stiftung, Büro Leipzig, 1992

Förster, P.: Jungwähler Ost – Das unbekannte Wesen? In: Media Spectrum 1/1994, S. 44-50

Förster, P.: Die deutsche Frage im Bewußtsein der Bevölkerung in beiden Teilen Deutschlands. Das Zusammengehörigkeitsgefühl der Deutschen. Einstellungen junger Menschen in der DDR. In: Materialien der Enquete-Kommission „Aufarbeitung von Geschichte und Folgen der SED-Diktatur in Deutschland", Bd. V, 2. Baden-Baden: Nomos Verl.-Ges., 1995

4 Ein entsprechender Antrag an die DFG wurde zwar positiv entschieden; die Studie muß dennoch nach ihrer 12. Welle 1996 leider abgebrochen werden, da die bewilligten Mittel keine weiteren empirischen Erhebungen einschließen (was angesichts der ungebrochenen Mitarbeitsbereitschaft der Panelmitglieder besonders schade ist).

Förster, P.: Vom DDR-Bürger zum Bundesbürger. Längsschnittanalyse des politischen Einstellungswandels bei ostdeutschen Jugendlichen vor und nach der Vereinigung. Arbeitsbericht. Leipzig, 1996 (unveröff.)

Förster, P./Friedrich, W., u.a.: Jugend Ost – zwischen Hoffnung und Gewalt. Opladen: Leske + Budrich, 1993

Förster, P./Friedrich, W.: Schuljugend in Sachsen – Vier Jahre nach der Vereinigung. Hrsg. Leipziger Institut für praktische Sozialforschung. Leipzig, 1995

Förster, P./Roski, G.: DDR zwischen Wende und Wahl. Meinungsforscher analysieren den Umbruch. Berlin: LinksDruck Verlag, 1990

Friedrich, W./Förster, P.: Politische Orientierungen ostdeutscher Jugendlicher und junger Erwachsener im Transformationsprozeß. Expertise im Auftrage der KSPW. Leipzig, 1995 (unveröff.)

Westle, B.: Nationale Identität und Nationalismus. In: Hoffmann-Lange, U. (Hrsg.): Jugend und Demokratie in Deutschland. DJI-Jugendsurvey 1. Opladen: Leske + Budrich, 1995

Zinnecker, J.: Deutsche Jugend heute. Eine Porträtskizze. In: Jugendwerk der Dt. Shell (Hrsg.): Jugend 92, Bd. 1. Opladen: Leske + Budrich, 1992

Entwicklung von Lebenszielen bei ostdeutschen Jugendlichen

Ralf Kuhnke/Hartmut Mittag

1. Vorbemerkungen

Betrachtet man die zahlreiche Literatur zur Werteproblematik seit 1990, so ist die Situationsbeschreibung, die H. Klages Ende 1989 für die „Werteforschung jenseits von Inglehart" in der Bundesrepublik formuliert hat, nach wie vor aktuell (Klages 1992). Festzustellen ist eine problematische methodische und begriffliche Heterogenität. Mit der Zielstellung, aussagefähige Zeitreihen zur Werteentwicklung aufzubauen, ist in der Regel ein Zwang zu methodischer Kontinuität verbunden, und somit wird sich sicher noch auf längere Sicht nichts an der festzustellenden Zersplitterung ändern.

Zu einer ähnlichen Situationsbeschreibung kommt man unabhängig von der Tatsache, daß das Inglehartsche Materialismus/Postmaterialismus-Konzept in der empirischen Werteforschung der DDR keine Rolle spielte, wenn man die Werteforschung im Osten Deutschlands zu DDR-Zeiten betrachtet.

Eine relativ lange Tradition und vergleichsweise große methodische Kontinutität von empirischen Untersuchungen zur Werteproblematik ist mit den Forschungen des Zentralinstituts für Jugendforschung (ZIJ) in Leipzig gegeben. Unterzieht man sich allerdings dem Unterfangen einer differenzierten Reanalyse des umfangreichen Datenmaterials, so bleiben trotz starker Bemühungen um eine Standardisierung von Erhebungsinstrumenten und der Sicherung der Vergleichbarkeit von Stichproben auch am ZIJ einige Probleme.

Werthaltungen beziehen sich auf die individuellen Ausprägungsmuster von Werten, wobei unter Wert „eine explizite oder implizite, für ein Individuum oder eine Gruppe charakteristische Konzeption des Wünschenswerten, welche die Auswahl unter verfügbaren Handlungsarten, -mitteln und -zielen beeinflußt" (Kluckhohn in Parsons/Shils 1951, zit. bei Oerter 1970: 117) oder „ein kulturell und sozial determiniertes (und geltendes), dynamisches, ichzentriertes, selbstkonstitutives Ordnungskonzept, eine Orientierungsleitlinie, die den Systeminput einer Person (Wahrnehmung) selektiv organisiert und akzentuiert sowie ihren Output (Verhalten) reguliert, mithin eine ichdirigierte aktive Planung und Ausrichtung des Verhaltens über verschiedene Situationen hinweg ermöglicht" (Kmieciak 1976: 150) verstanden werden soll. Von (generellen) Wertmustern hingegen soll hier gesprochen werden, wenn es um (gruppen)typische Ausprägungsmuster von Werthaltungen geht.

Werthaltungen als habituelle psychische Dispositionen der menschlichen Verhaltensregulation mit einer generell orientierenden Funktion entstehen im

Laufe eines individuellen Wertungsprozesses der Wirklichkeit auf der Grundlage von Kenntnissen und Erfahrungen in bezug auf das Wertungsobjekt, von entsprechenden sozialen Wertungen sowie in Abhängigkeit von den objektiven Lebensbedingungen und der konkreten Lebenssituation des Individuums im späten Kindes-/frühen Jugendalter. Ihre Herausbildung ist als eine zentrale Entwicklungsaufgabe anzusehen (Oerter 1976, Hurrelmann u.a. 1985). Werthaltungen erhalten verhaltensorientierende Relevanz, wenn sie sich in den generellen Zielsetzungen für Verhalten niederschlagen.

Als Erhebungsinstrumente zur Ermittlung der Ausprägung von Werthaltungen fungieren sehr häufig Itembatterien[1], bestehend aus (mehr oder weniger theoretisch fundierten) Zusammenstellungen allgemeiner Werteitems oder – auf einem niedrigeren Abstraktionsniveau – Fragen nach konkreten Lebenszielen, als Indikatoren für hypothetisch zugrundeliegende Werthaltungen. Erfaßt wird dabei die Bewertung der subjektiven Bedeutsamkeit jedes Items mit Hilfe einer vorgegebenen zumeist unipolaren Intensitätsskala, bzw. es erfolgt die Bildung einer Rangordnung (z.B. Inglehart-Items) durch die Befragten. Bei der Zusammenstellung von Itembatterien sind grundsätzlich zwei unterschiedliche Herangehensweisen möglich:

- Zum einen kann das Bemühen im Vordergrund stehen, den gesamten Werteraum möglichst gleichmäßig zu erfassen. Eine gebräuchliche Auswertungsform derartiger Itembatterien erfolgt über die Analyse der Häufigkeitsverteilung der Einzelitems und führt meistens zur Bildung und Interpretation von Rangreihen nach Mittelwert oder Ausprägung einer oder zusammengefaßter Antwortpositionen. Eine weitere Auswertungform stellt die Dimensionierung der in den Items abgebildeten Werteräume zumeist mit Hilfe von Faktoranalysen dar. Dabei gilt es zu bedenken, daß insbesondere Faktoranalysen hochgradig abhängig sind vom jeweils zugrundeliegenden Itempool, insbesondere was die konkreten Inhalte, den Umfang des Itempools sowie auch das einheitliche Abstraktionsniveau der Operationalisierung anbelangt. Faktoranalysen über identische Itembatterien ermöglichen Einsichten über strukturelle Unterschiede in den Wertmustern von Teilgruppen bzw. über Strukturveränderungen im historischen Vergleich.
- Zum anderen können einzelne im Forschungszusammenhang relevante Wertbereiche ausgewählt und mit Hilfe mehrerer Items operationalisiert werden, deren „Dimensionsreinheit“ u.a. faktoranalytisch überprüft werden kann. Letztere Vorgehensweise liefert Skalen hoher Meßgüte, die differenzierte Analysen ermöglichen, allerdings auf die ausgewählten Dimensionen beschränkt bleiben.

1 Auf die Problematik einer Werteerfassung mit Hilfe einer offener Fragen vs. der Erhebung mittels geschlossener Itembatterien soll hier nicht eingegangen werden.

Da, wie bereits festgestellt, fast jedes Forscherteam sein ganz spezielles Erhebungsinstrument besitzt, werden die eigenen Ergebnisse (womöglich in ihrer Traditionslinie) dargestellt, direkte Vergleiche zwischen unterschiedlichen Erhebungen sind kaum oder nur auf hohem Verallgemeinerungsniveau möglich. Selbst in den ZIJ-Forschungen zu Wertestrukturen auf der Grundlage von Lebenszielbatterien sind trotz intensiver Bemühungen zur Standardisierung vielfältige Formulierungsänderungen bzw. unterschiedliche Itemzusammenstellungen in Abhängigkeit vom konkreten Forschungskontext festzustellen. Daher sind komplexe Vergleichsanalysen, die auf Grundlage identischer Erhebungsinstrumente basieren, nicht durchgängig möglich.

2. Die längsschnittliche Entwicklung von Lebenszielen im Kohortenvergleich

Die konkrete Ausprägung von Wertestrukturen besitzt einerseits eine große interindividuelle Variabilität, andererseits bedingt der jeweilige gesellschaftliche Entwicklungsstand typische Grundmuster. Grundlegende gesellschaftliche Entwicklungsprozesse wie z.B. Modernisierung, Urbanisierung bewirken längerfristig die Veränderung dieser Grundmuster individueller Wertestrukturen. Ein derartiger Wandlungsprozeß wurde in den 60er bis Mitte der 70er Jahre in der Bundesrepublik registriert. Klages (1984) beschreibt diesen Prozeß als einen generellen Wandel von Pflicht- und Akzeptanzwerten zu Selbstentfaltungswerten infolge von Modernisierungsprozessen in den bürgerlichen Industriestaaten.

Ähnliche Wandlungsprozesse im Bereich der Werthaltungen lassen sich mit einer entsprechenden zeitlichen Verzögerung auch in der DDR nachweisen. In einer Vielzahl von Untersuchungen des ZIJ wurden Veränderungstendenzen in den Lebenszielen Jugendlicher nachgewiesen, die als deutliches Indiz für den sich insbesondere ab Mitte/Ende der 70er Jahre vollziehenden Wertewandel betrachtet werden können (ausführlich dazu: Müller 1985, 1991; Friedrich 1990). Auch beim beobachteten Wertewandel bei DDR-Jugendlichen ist eine stärkere Ich-Betonung – gekennzeichnet durch Zunahme des Strebens nach Selbständigkeit/Selbstgestaltung sowie hedonistischer und materieller Orientierungen wesentliches Kennzeichen, allerdings ohne daß dies mit einem gravierenden Rückgang der sogenannten Pflicht- und Akzeptanzwerte einhergeht (Förster u.a. 1993).

Im folgenden sollen vor diesem Hintergrund ausgewählte empirische Befunde zur Entwicklung von Lebenszielen in der Altersspanne von 11/12 bis 16/17 Jahren über einen Zeitraum von Anfang der 80er Jahre bis nach der

Wende dargestellt werden.[2] Datenbasis hierfür sind die 2. Leipziger Schülerlängsschnittstudie (IS II), die von 1980 bis 1985 durchgeführt wurde, sowie die 3. Schülerlängsschnittstudie (IS III) des ZIJ, die seit 1985/86 durchgeführt wird.[3] Auf der Grundlage einer analogen Vorgehensweise in bezug auf Stichprobenziehung und Erhebungmethodik bieten diese Studien sehr gute Vergleichsmöglichkeiten.

Sowohl in der 2. als auch in der 3. Leipziger Längsschnittstudie[4] wurden jeweils Lebenszielbatterien eingesetzt, die bis auf „wendebedingte Änderungen" überwiegend identische Items enthielten. Die Zusammenstellung der Lebensziele folgte der Absicht, den für Jugendliche relevanten Werteraum insgesamt möglichst gleichmäßig abzubilden, wobei die Itemzahl, bedingt durch die thematisch breite Anlage der Längsschnittstudien, allerdings sehr begrenzt wurde.

Übersicht über die in die Analyse einbezogenen Lebenszielitems:

A im Beruf/in der Arbeit zu den Tüchtigen gehören
B bis 1990: mich für das Kollektiv einsetzen
ab 1991: mich für alle einsetzen, mit denen ich lerne und arbeite
C heiraten und eine Familie gründen
D enge Verbindungen zu meinen Eltern halten
E verrückte Erlebnisse haben
F eine große Tat vollbringen, die vielen Menschen Nutzen bringt
G mich modisch kleiden, mir ein bißchen Luxus leisten
H möglichst viel Wissen aufnehmen, wissenschaftliche Bücher lesen, Ausstellungen und Museen besuchen
I alle Gelegenheiten nutzen, um Geld zu verdienen
J mich mit klassischer Musik/Literatur/Theater u. ä. beschäftigen
K das Leben genießen, mir so viel wie möglich gönnen
L kritisch gegen mich selbst sein, mich selbst erziehen
M bis 1989: mich politisch für den Sozialismus einsetzen
N bis 1989: in der FDJ mitmachen
O bis 1989: die marxistisch-leninistische Weltanschauung vertreten
P ab 1990: mich politisch betätigen
Q ab 1990: in einer Jugendorganisation mitmachen
R ab 1990: eine eigene Weltanschauung vertreten

2 Der Beitrag basiert auf unserer Expertise „Wertewandel bei Jugendlichen und jungen Erwachsenen in Ostdeutschland" (1995), angefertigt im Auftrage und gefördert von der KSPW.

3 Eine Beschreibung dieser Studien nimmt Reißig in ihrem Beitrag vor; eine Gesamtübersicht über die Längsschnittstudien des ZIJ siehe Kuhnke/Spichale in diesem Band.

4 Hier liegen vergleichbare Daten in der älteren Kohorte bis zur 6. Erhebungswelle 1990 und in der jüngeren Kohorte bis zur 7. Welle vor. Ein erneuter Einsatz einer vergleichbaren Lebenszielbatterie ist in der geplanten 10. Welle in beiden Kohorten vorgesehen.

Antwortvorgaben:

Das ist für mich
1 sehr wichtig
2 wichtig
3 wenig wichtig
4 nicht wichtig

Für die hier vorgestellte Analyse über vier Kohorten wurden jeweils diejenigen Befragten ausgewählt, die an allen Erhebungen teilgenommen und dabei alle identischen Lebenszielitems beantwortet hatten. Da bei Untersuchungen zur individuellen Bedeutsamkeit von Lebenszielen geschlechtsspezifische Unterschiede existieren, wurde in den ausgewählten Teilstichproben der einzelnen Panel jeweils die Verteilung der Geschlechtergruppen per Zufallsselektion ausgeglichen. In einem ADD-FILE erfolgte eine Gruppierung der erhobenen Lebenszieldaten über die jeweiligen Klassenstufen der Befragten. Die in der IS III organisatorisch-technischen Gründen geschuldete Tatsache unterschiedlicher Erfassungszeitpunkte (Herbst bzw. Frühjahr) in den Kohorten beeinträchtigt allerdings den exakten Vergleich. Weiterhin mußte auf Grund der Schulreform in Sachsen das übliche Erhebungsintervall von einem Jahr zwischen der 6. Erhebung 1991 (Frühjahr) und der 7. Erhebung 1992 (Herbst) in der jüngeren Kohorte der IS III auf 18 Monate ausgedehnt werden; es fehlt somit in dieser Teilgruppe der Meßpunkt 9. Klasse. Mit der Erhebung im Herbst 1992 erfolgte zugleich die bisher letzte Erfassung entsprechender Lebenszieldaten für die jüngere Kohorte, so daß die Lebenszielentwicklung nur bis Anfang 10. Klasse verfolgt werden kann. Eine Repräsentativitätsprüfung der einzelnen Teilgruppen der Analysestichprobe in bezug auf die Ausprägung von Lebenszielen in den 1. Erhebungswellen erbrachte in drei Fällen insgesamt nur geringe Abweichungen, bei der jüngeren Kohorte der IS II allerdings höhere Ratings bei den Items D und M, niedrigere hingegen bei I und K (siehe Übersicht). Insgesamt deuten unsere Prüfungen auf eine, wenn auch in unserem Fall geringe, Tendenz zur Positivselektion hin, die in der Längsschnittforschung allgemein festzustellen ist. So lassen sich z.B. bei den erhobenen Schulleistungen Unterschiede zugunsten der Auswahlgruppe nachweisen.

Tabelle 1: Zusammensetzung der Analysestichprobe (Angaben absolut; in Klammern %, bezogen auf die jeweilige Kohorte; Umfang der Analysestichprobe = 802 Befragte)

Teilgruppen	ges.	männl.	weibl.
IS II ältere Kohorte (Geburtsjg. 1964/65)	77	36 (47%)	41 (53%)
IS II jüngere Kohorte (Geburtsjg. 1976/77)	266	127 (48%)	139 (52%)
IS III ältere Kohorte (Geburtsjg. 1966/67)	197	93 (47%)	104 (53%)
IS III jüngere Kohorte (Geburtsjg. 1976/77)	262	125 (48%)	137 (52%)

Erste Analysen der Lebenszieldaten über die vier Vergleichskohorten deuten auf mögliche Bezugssystemeffekte hin. So sind bei der Mehrzahl der Lebensziele deutliche Ausprägungsunterschiede zwischen den Kohorten der IS II auf der einen und denen der IS III auf der anderen Seite erkennbar. Aus diesem Grund entschlossen wir uns zu einer Datenbereinigung, für die ein entsprechendes SPSS-Makro entwickelt wurde. Die Bereinigung erfolgte über eine lineare Transformation auf der Grundlage von kohorten- und meßpunktspezifischen Mittelwertsdifferenzen jener 12 Lebenszielitems, für die in allen Kohorten und zu allen betrachteten Meßpunkten Daten vorlagen. Als Bezugsgruppe diente die ältere Kohorte der IS III.

Im Rahmen diese Beitrages kann eine vollständige Diskussion der ermittelten Ergebnisse nicht geleistet werden. Unsere Zielsetzung kann nur darin bestehen, im folgenden mit Hilfe graphischer Darstellungen den Einfluß unterschiedlicher Faktoren, wie er sich in der Werteentwicklung der Leipziger Jugendlichen Anfang der 80er bzw. Ende der 80er bis zwei Jahre nach der Wende darstellt, zu verdeutlichen. Grundlage der folgenden Abbildungen sind die bereinigten Mittelwerte der Antwortverteilungen der verglichenen Kohorten. Bei unserem Vorgehen nutzen wir die Möglichkeit von Längsschnittstudien mit unterschiedlichen Kohorten, auf der Grundlage des Vergleichs der Ausprägungen entsprechender identischer Items zwischen den Kohorten den spezifischen Einfluß von ontogenetischen und historischen Prozessen (aktuelle wie generelle) auf Entwicklungsverläufe nachweisen zu können. Allgemein kann bei einer derartigen Betrachtung davon ausgegangen werden, daß vergleichsweise identische Entwicklungsverläufe in unterschiedlichen Kohorten insbesondere bei Inkonstanz der gesellschaftlichen Rahmenbedingungen für einen dominanten Einfluß ontogenetischer Faktoren auf die Entwicklung der betreffenden Orientierung sprechen. Hingegen sind Ausprägungsunterschiede zwischen den Kohorten bei ähnlichem Entwicklungsverlauf als mögliches Indiz für historische Wandlungsprozesse zu bewerten. Unterschiedliche Entwicklungsverläufe zwischen den Kohorten deuten auf vergleichsweise unmittelbare Einflüsse aktueller Ereignisse/Prozesse (vgl. Abb. 8 und 9). Ontogenetisch betrachtet, kommt es mit zunehmendem Alter zu einer sowohl an der Realität als auch der eigenen Identitätsfindung und Lebensplanung orientierten Überprüfung von Wertvorstellungen, die oft mit einem Bedeutungsverlust, zugleich aber auch mit einer Zunahme an Stabilität und Verhaltensrelevanz der entsprechenden Orientierung verbunden sein können. Den letztgenannten Sachverhalt illustriert Abbildung 1. In dieser Abbildung ist die altersspezifische Entwicklung der Bedeutsamkeit des – als humanistisches Ideal formulierten – Lebensziels „eine große Tat vollbringen, die vielen Menschen Nutzen bringt“ (F) in den Vergleichskohorten anhand der bereinigten Mittelwerte dargestellt. Zur besseren Lesbarkeit wurden die Werte mit dem jeweiligen Erhebungszeitpunkt versehen. Erkennbar ist ein relativ kontinuierlicher Bedeutungsverlust mit zunehmendem Alter.

Die vergleichsweise identischen Entwicklungsverläufe in den Kohorten deuten zugleich auf einen dominanten Einfluß entwicklungspsychologischer Faktoren hin.

Abbildung 1: Die längsschnittliche Entwicklung von Lebenszielen im Kohortenvergleich; Item „eine große Tat vollbringen, die vielen Menschen Nutzen bringt"

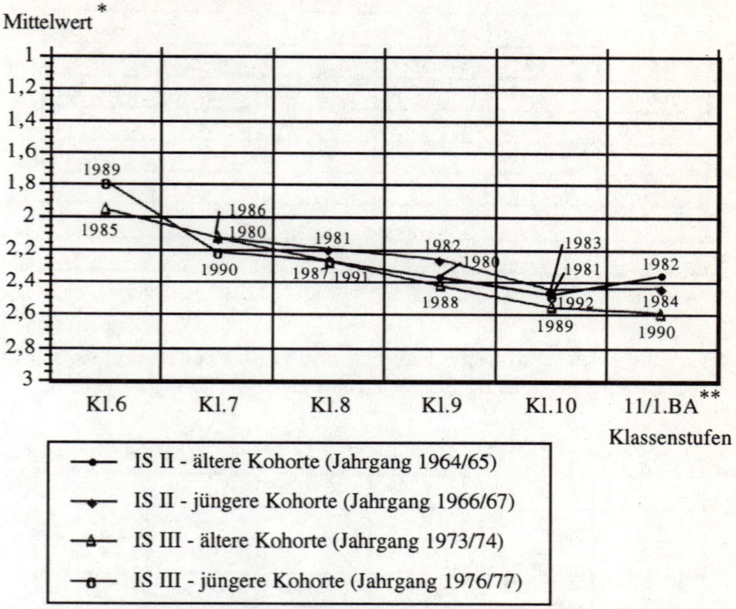

* auf einer 4stufigen Antwortskala mit 1=sehr wichtig bis 4=nicht wichtig

** 11/1 BA bedeutet: 11. Klasse bzw. 1. Jahr Berufsausbildung

Eine relativ stabile, hohe Ausprägung ist sowohl beim auf Selbstgestaltung orientierten Lebensziel „selbstkritisch sein, sich selbst erziehen" (L) als auch beim Ziel „in der Arbeit zu den Tüchtigen gehören" (A), das den sogenannten Pflichtwerten zugeordnet werden kann, erkennbar. Hier zeigen sich zwischen unterschiedlichen Geburtsjahrgängen kaum Unterschiede. Zugleich kann die hohe Bedeutsamkeit, die beiden Zielsetzungen zugesprochen wird, als ein Anhaltspunkt dafür angesehen werden, daß der auch in der DDR beobachtbare Wandel von Pflicht- und Akzeptanzwerten zu Selbstentfaltungswerten nicht mit einem deutlichen Bedeutungsverlust für erstere einhergegangen ist, wie dies von Klages (a.a.O.) für die Bundesrepublik beschrieben wurde. Inwieweit dieser Befund Ausdruck der Wirkung einer im Sozialismus propagierten und teilweise gelebten Wertekohärenz auf die Herausbildung eines individuellen Wertesystems im Kindes- und Jugendalter ist, läßt sich hier

Abbildung 2: Die längsschnittliche Entwicklung von Lebenszielen im Kohortenvergleich; Item „kritisch gegen mich selbst sein, mich selbst erziehen“

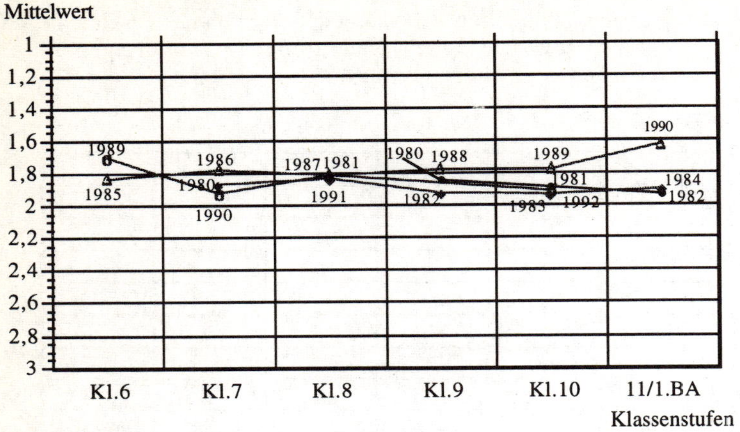

Abbildung 3: Die längsschnittliche Entwicklung von Lebenszielen im Kohortenvergleich; Item „in der Arbeit zu den Tüchtigen gehören“

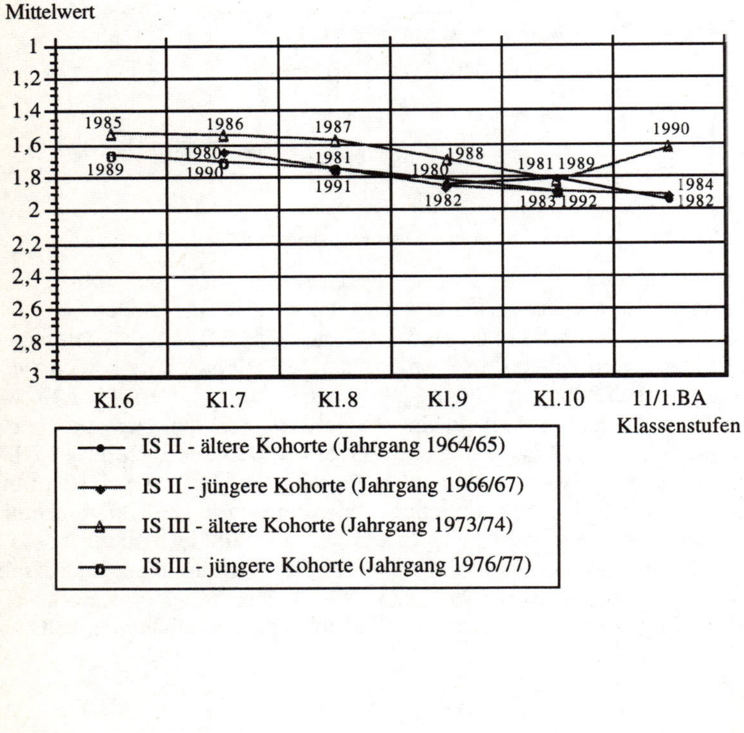

nicht entscheiden. Eine vergleichsweise weitaus größere Wertesynthese bei ostdeutschen Jugendlichen wurde in verschiedenen Untersuchungen nachgewiesen (Behnken u.a. 1991, Krebs 1992, Gille 1995).

Ein Kohortenvergleich bezüglich des Lebensziels „sich mit klassischer Musik, Literatur, Theater u. ä. (zu) beschäftigen" verweist auf einen weiteren historischen Bedeutungsverlust dieser ohnehin bei Jugendlichen vergleichsweise gering ausgeprägten Orientierung. Klassische Kunstgenres verlieren in der heutigen Zeit für Jugendliche zunehmend eine Indikatorfunktion für deren kulturell-künstlerische Orientierung.

Abbildung 4: Die längsschnittliche Entwicklung von Lebenszielen im Kohortenvergleich; Item „mit klassischer Kunst befassen"

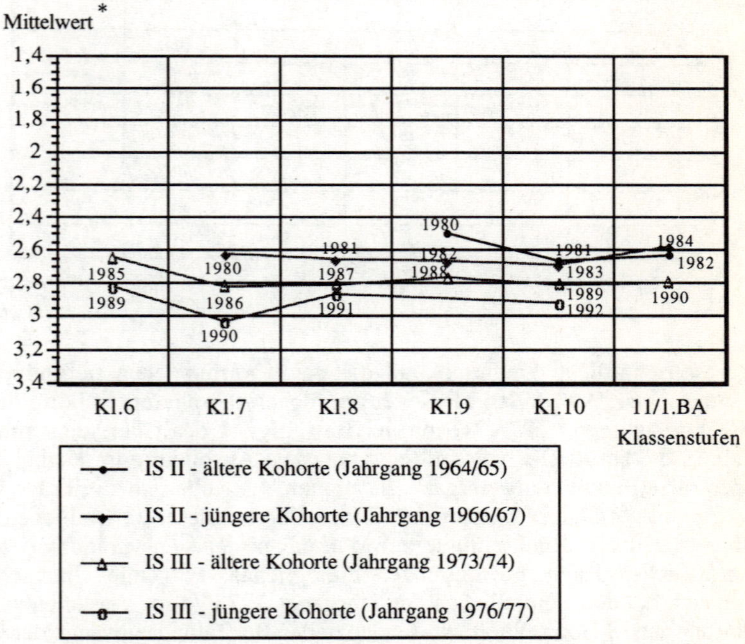

* auf einer 4stufigen Antwortskala mit 1=sehr wichtig bis 4=nicht wichtig

Eine Veränderung in der Bedeutsamkeit bei hedonistischen und materiellen Orientierungen wie „das Leben genießen" (K) und „alle Gelegenheiten nutzen, um Geld zu verdienen" (I) deutet sich bei den jüngeren Befragten nach der Wende an. In diesem Zusammenhang besonders eindrucksvoll ist der Bedeutungswandel in bezug auf Gelderwerb, wie er in der jüngeren Kohorte der IS III von 1989 zu 1990 erkennbar ist. Die Veränderung in der Wichtigkeit des Lebensziels „alle Gelegenheiten (zu) nutzen, um Geld zu verdienen" verläuft in dieser Kohorte von der 6. zur 7. Klasse in entgegengesetzter Richtung als vier Jahre zuvor. Hier zeigte sich von 1985 bis 1988 ein Rückgang in der Wichtigkeit, vermutlich auch in Reflexion auf die zunehmende Verschlechterung im konsumtiven Bereich in jener Zeit.

Abbildung 5: Die längsschnittliche Entwicklung von Lebenszielen im Kohortenvergleich; Item „das Leben genießen"

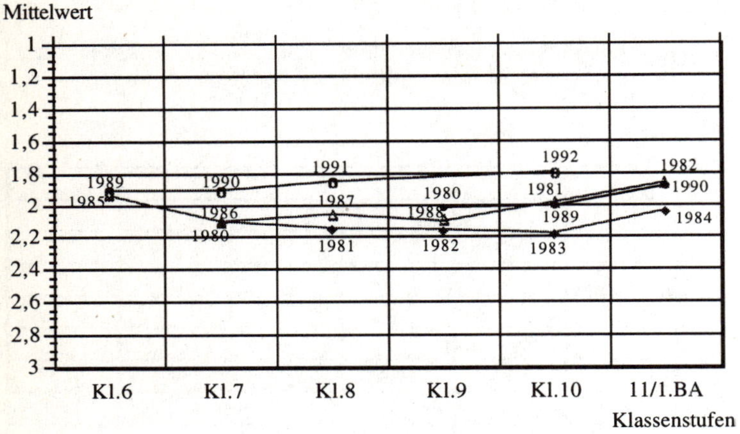

Der gesellschaftliche Umbruch und die damit verbundenen tiefgreifenden Veränderungen 1990 fallen für die Jugendlichen der älteren Kohorte der IS III (Geburtsjahrgang 1973/74) mit der Bewältigung des Übergangs von der Schule in die berufliche bzw. in die gymnasiale Ausbildung im Herbst 1990 als zentraler Entwicklungsaufgabe zusammen. Es stellt sich die Frage nach spezifischen Veränderungen in den Zielsetzungen dieser Jugendlichen von 1989 zu 1990, die Rückschlüsse auf Wirkungen der sich verändernden gesellschaftlichen Rahmenbedingungen ermöglichen. Folgende Unterschiede lassen sich bei den Jugendlichen des Jahrgangs 1973/74 im Vergleich zu den Kohorten der IS II erkennen: ein tendenzieller Bedeutungszuwachs der Zielsetzungen „tüchtig im Beruf" (A), „selbstkritisch" (L) und „viel Wissen" (H), hingegen kein (wie sich bei den Kohorten der IS II andeutender) Bedeutungszuwachs in der Orientierung auf eine eigene Familie.

Eine Zunahme der Bedeutung in den drei erstgenannten Orientierungen ließe sich als eine erhöhte Anstrengungsbereitschaft der Jugendlichen deuten, die veränderten Bedingungen und neuartigen Anforderungen zu bewältigen, möglicherweise auch in Verbindung mit einer wachsenden Einsicht, daß Leistungsbereitschaft und ein höheres Bildungsniveau die Chancen für die eigenen Entwicklungsmöglichkeiten erhöht.

Abbildung 6: Die längsschnittliche Entwicklung von Lebenszielen im Kohortenvergleich; Item „alle Gelegenheiten nutzen, um Geld zu verdienen“

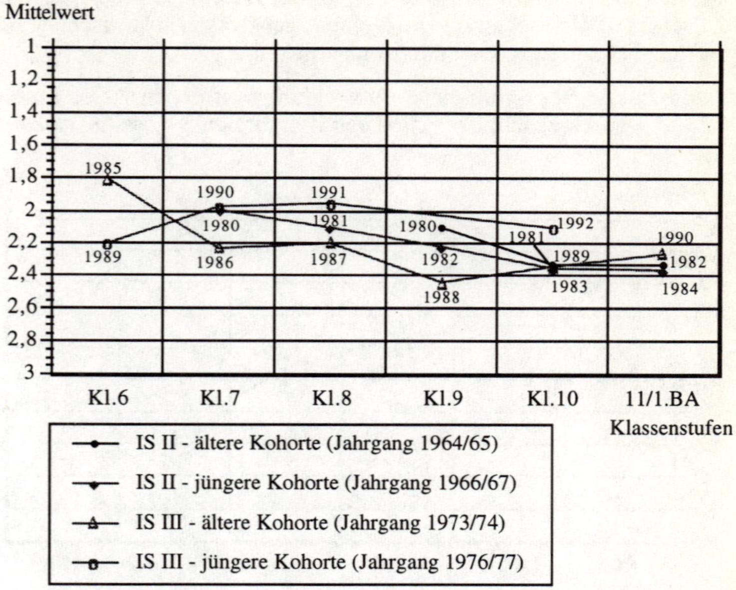

Wenn auch, bezogen auf Lebenszielsetzungen, nach den bisherigen Ergebnissen keinesfalls von einer generellen Orientierungskrise nach dem Umbruch die Rede sein kann, so heißt dies nicht, daß der politische Umbruch generell keinen Einfluß auf wichtige Orientierungen hatte. Die Orientierungskrise im politisch-ideologischen Bereich ist ein deutlicher Beleg dafür. Sicher ist auch langfristiger gesehen mit Wandlungsprozessen zu rechnen, die u.a. wesentlich durch die neuen gesellschaftlichen Bedingungen geprägt sein werden.

Über politisch-ideologische Orientierungen liegen verständlicherweise nur Vergleichsdaten bis zur Wende vor. Sie betreffen neben den Kohorten der IS II somit (außer dem Meßpunkt 1989) nur die älteren Jugendlichen der IS III. Die Abbildungen 7 und 8 veranschaulichen die Entwicklung der Zielsetzungen „sich für den Sozialismus einzusetzen“ (M) und „die marxistisch-leninistische Weltanschauung vertreten“ (O).

Insgesamt läßt sich anhand der Abbildungen 8 und 9 feststellen: Im Entwicklungsverlauf zeigen sich bei beiden Zielsetzungen zwischen den Kohorten sehr unterschiedliche Veränderungen von der 9. zur 10. Klasse. Darüber hinaus deutet die Entwicklung der Zielsetzung „sich für den Sozialismus einsetzen“ auf eine tendenzielle Abnahme der Wichtigkeit mit dem Alter; eine durchgängige Mittelwertsdifferenz zwischen den Kohorten des IS II und der älteren Kohorte der IS III verweist bei der Ausprägung der marxistisch-leninistischen Weltanschauung auf einen generellen historischen Bedeutungsverlust bei den letztgenannten Jugendlichen.

Abbildung 7: Die längsschnittliche Entwicklung von Lebenszielen im Kohortenvergleich; Item „sich politisch für den Sozialismus einsetzen“

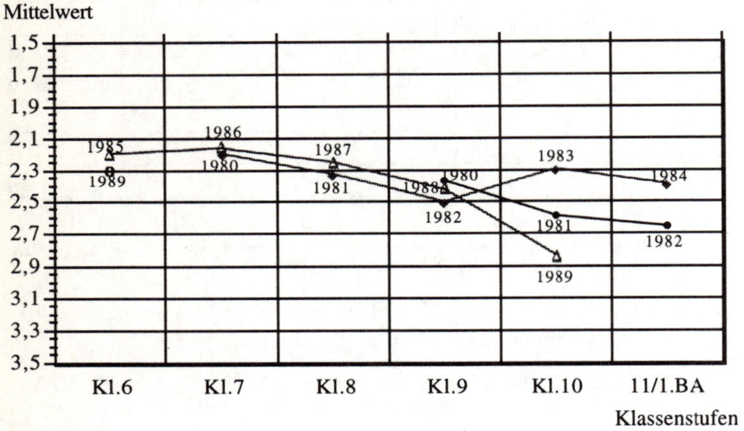

Betrachten wir die kohortenspezifischen Unterschiede zwischen der 9. und 10. Klasse in beiden Abbildungen, so zeigt sich einerseits beim Geburtsjahrgang 1973/74 im Vorfeld der Wende von 1988 zu 1989 erwartungsgemäß ein stärkerer Bedeutungsverlust; anderseits tritt bei den Jugendlichen des Jahrgangs 1966/67 von 1982 zu 1983 ein tendenziell gegenläufiger Bedeutungsgewinn ein. Friedrich spricht unter Bezugnahme auf die ZIJ-Forschungen insgesamt von einer vorübergehenden Bekräftigung sozialistischer Identifikation Anfang der 80er Jahre (Friedrich 1990: 26). Diese Entwicklung ist zugleich mit einem Anstieg der Kollektivorientierung verbunden.

Die festgestellten unterschiedlichen Entwicklungsverläufe zwischen den Kohorten verweisen auf aktuelle Einflüsse unterschiedlicher historischer Ereignisse. Der Bedeutungsverlust sozialistischer Zielsetzungen in der Vorwendezeit bedarf sicher keines besonderen Kommentars. Vergegenwärtigt man sich die historische Situation 1982/83 und sucht nach Begründungen für den in der jüngeren Kohorte der IS II erkennbaren „Bedeutungsschub“ bei den politisch-ideologischen Items zwischen 1982 und 1983, so könnte in diesem Zusammenhang – in einer durch SS 20 und NATO-Doppelbeschluß sehr bedrohlichen und emotional sehr angeheizten Lage – von der zunehmend eigenständigen, propagandistisch groß aufgezogenen Friedenspolitik der DDR in jener Zeit eine mögliche derartige Wirkung ausgegangen sein (ein Beispiel: die Unterstützung des schwedischen Vorschlags für eine von nuklearen Gefechtsfeldwaffen freien Zone in Europa durch Honecker in einem Brief an Kohl im Februar 1983). Unter der Jugend, so belegen Untersuchungen, stieß diese Politik auf breite Zustimmung. Dieser in unseren Daten nachweisbare Bedeutungsschub sozialistischer Orientierungen geht zugleich einher mit einer stärkeren Kollektivorientierung. Eine geschlechtsdifferenzierte Betrachtung zeigt, daß der nachgewiesene Bedeutungsschub sozialistischer Orientierungen von 1982 zu 1983 insgesamt stärker durch weibliche Jugendliche getragen wurde, bei denen zugleich eine Abnahme der Orientierung auf Lebensgenuß nachweisbar ist.

Abbildung 8: Die längsschnittliche Entwicklung von Lebenszielen im Kohortenvergleich; Item „die marxistisch-leninistische Weltanschauung vertreten“

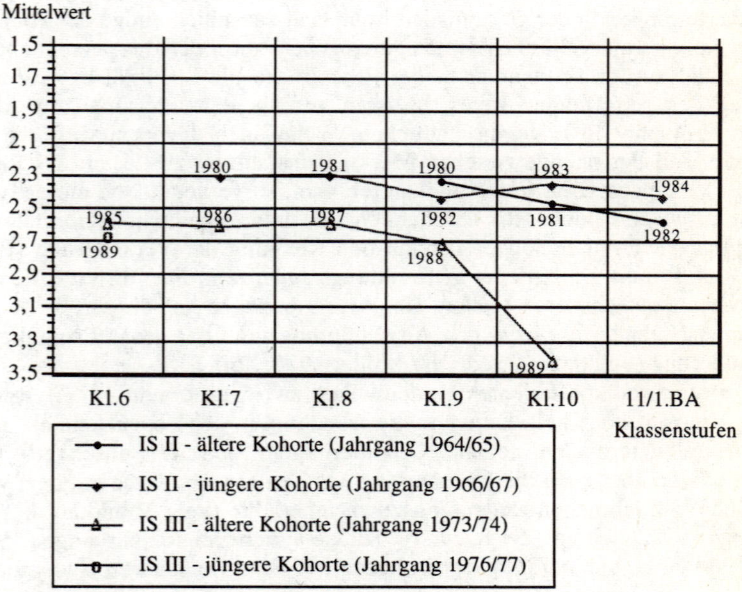

3. Veränderungen von Lebenszielen zwischen Frühjahr 1991 und Herbst 1992

Während wir bisher mit Hilfe eines Kohortenvergleichs versucht haben, generelle Tendenzen in der Werteentwicklung der Leipziger Jugendlichen seit Anfang der 80er Jahre zu verdeutlichen, soll nun differenzierter auf längschnittliche Veränderungen der Ausprägung von Lebenszielitems in der jüngeren Kohorte der 3. Leipziger Längsschnittstudie eingegangen werden. Die Daten hierfür wurden im Rahmen des Projekts „Risikolagen und Risikoverhalten bei Jugendlichen in Ostdeutschland" an der Außenstelle Leipzig des Deutschen Jugendinstituts 1991 und 1992 erhoben.

In unserem Panel hatten 901 Jugendliche sowohl im Herbst 1992 als auch im Frühjahr 1991 an den Erhebungswellen teilgenommen und die Lebenszielbatterie jeweils vollständig beantwortet. Ihre Antworten sind Grundlage für die folgende Darstellung. Sie gibt einen Überblick über die Ausprägung der Lebensziele bei den 15- bis 16jährigen Schülerinnen und Schülern im Herbst 1992, zu Beginn der 10. Klasse. Neben den jeweiligen Häufigkeitsverteilungen in der Gesamtstichprobe sind zusätzlich einige der vom ZIJ entwickelten Intervallkoeffizienten[5] angegeben, die über die personenbezogene Analyse der Teilnehmer beider Erhebungen die Stabilität bzw. Veränderung des betreffenden Items, bezogen auf die Beantwortung zum Meßpunkt Frühjahr 1991, veranschaulichen. Wenn auch davon auszugehen ist, daß ein Teil der nachgewiesenen Merkmalsinstabilität zu Lasten der Reliabilität der eingesetzten Einzelindikatoren geht, so verdeutlichen diese Kennwerte insgesamt doch sehr anschaulich die unterschiedliche Stabilität verschiedener Merkmale sowie Ausmaß und Richtung der Veränderung (POP, NEP) und damit mögliche Entwicklungstendenzen. Für differenzierende Auswertungen existieren weitere Kennwerte bezogen auf die Größe der jeweiligen Veränderung bzw. den Ausschöpfungsgrad der generell möglichen Veränderung (vgl. dazu: Friedrich / Müller 1980: 56ff.).

Die Intervallkoeffizienten verdeutlichen zwischen 8. und 10. Klasse bei einer Vielzahl von Zielsetzungen eine Abnahme in der Bedeutsamkeit. Dies betrifft gleichermaßen soziale Orientierungen, den Wissenserwerb und Pflichtwerte, aber auch die Orientierung auf Gelderwerb, die ja mit der Wende einen beträchtlichen Bedeutungszuwachs erlebte (vgl. Abbildung 6). Ein analoger Vergleich von der 8. zur 10. Klasse in den Geburtsjahrgängen 1964/65, 1966/67 sowie 1973/74 legt in bezug auf den erkennbaren Bedeutungs-

5 Intervallkoeffizienten:
KOP: prozentualer Anteil der konstant antwortenden Probanden
POP: prozentualer Anteil der Probanden, deren Antwort sich positiviert hat
NEP: prozentualer Anteil der Probanden, deren Antwort sich negativiert hat
(vgl. auch den Beitrag von Ludwig in diesem Band)

verlust einen dominanten Einfluß von entwicklungspsychologischen Faktoren nahe, wie sie bereits mit dem Prozeß einer mit zunehmendem Alter erfolgenden Überprüfung von Wertvorstellungen im Zusammenhang mit Selbstfindung, individueller Lebensplanung und sich neu stellenden Verhaltensanforderungen beschrieben wurden. Darüber hinaus ist von Wirkungen der sich nach der Wende verändernden materiellen wie ideellen gesellschaftlichen Rahmenbedingungen auszugehen. Der weitere Bedeutungsverlust der ohnehin geringen Bereitschaft zu politischer Partizipation verweist auf die gravierenden Probleme im Bereich politischer Orientierungen. Die geringe Bedeutung, die politische Betätigung bei den von uns befragten Schülern besitzt, findet ihren Niederschlag im Verhalten. Insgesamt nur 11 Jugendliche (erwartungsgemäß meist linksorientierte), d.h. nicht einmal 1%, waren Ende 1992 in politischen Jugendorganisationen aktiv.

Eine Zunahme der Bedeutsamkeit zwischen den Erhebungszeitpunkten 1991 und 1992 ist nur beim Streben nach Lebensgenuß nachweisbar. Ausgeprägte hedonistische und materielle Orientierungen, für die nach Jahren in der Mangelwirtschaft mit der Wende die Realisierungsmöglichkeiten beträchtlich zugenommen haben, verdeutlichen einen vorhandenen legitimen Nachholbedarf.

Obwohl entsprechende Lebenszielitems eine relativ stark ausgeprägte soziale Orientierung der befragten Jugendlichen – insbesondere was die Herkunftsfamilie betrifft – belegen, zeigt sich allerdings sowohl in bezug zur Vorwendezeit als auch bei unserem Vergleich von 1991 zu 1992 ein deutlicher Rückgang in der durchschnittlichen Bedeutsamkeit: So besitzt die Gründung einer eigenen Familie, ein von ostdeutschen Jugendlichen immer mit an die Spitze in bezug auf die persönliche Bedeutsamkeit gesetztes Lebensziel, heute nur noch bei etwa einem Drittel der Befragten sehr große Bedeutung. Dieser Befund wird auch aus anderen Untersuchungen berichtet (Starke 1994). Deutlich zeichnet sich hier der größer gewordene Entscheidungsspielraum für die individuelle Lebensgestaltung ab, der, so belegen auch die Ergebnisse eines Ost-West-Vergleichs[6], zu einer Angleichung in der Orientierung auf eine eigene Familie an die bei westdeutschen Jugendlichen 1990 festgestellten Werte führt (vgl. Kuhnke 1994). Auch ist der Anteil derjenigen, die soziales Engagement für andere als persönlich sehr wichtig ansehen, nachweisbar geringer geworden.

6 Grundlage dieses Vergleichs bilden Befunde zu Lebenszielen, die im Rahmen der Studie „Schüler '90“, einer gemeinsamen Untersuchung des Zentralinstituts für Jugendforschung mit der Universität-GH Siegen von 1990, sowie der 1992 an der Regionalen Arbeitsstelle des Deutschern Jugendinstituts in Leipzig durchgeführten Studie „Jugend und Medien '92“ erhoben wurden.

Tabelle 2: Die Ausprägung von Lebenszielen bei den Jugendlichen der IS III Ende 1992 (10. Klasse); Antwortverteilung in %, Mittelwert; Koeffizienten in %, bezogen auf die Erhebung von 1991; Signifikanzprüfung auf 5%-Niveau). „Man kann sich für sein Leben verschiedene Ziele stellen. Was möchtest Du in etwa zehn Jahren erreichen? Wie wichtig ist jedes Ziel für Dich?" Das ist für mich 1 = sehr wichtig, 2 = wichtig, 3 = wenig wichtig, 4 = nicht wichtig.

Lebensziele:	1	2	3	4	x	KOP	POP	NEP	SIG
eine Arbeit haben, die mich erfüllt, in der ich aufgehen kann	70	28	2	0	1,33	65	17	18	
im Beruf/ in der Arbeit zu den Tüchtigen gehören	31	60	8	1	1.78	56	17	27	*
alle Gelegenheiten nutzen, um Geld zu verdienen	31	46	21	2	1.94	50	20	30	*
enge Verbindung zu meinen Eltern halten	47	45	7	1	1.62	61	14	25	*
heiraten und eine Familie gründen	32	37	24	7	2.05	49	20	31	*
mich für alle einsetzen, mit denen ich lerne und arbeite	14	65	20	1	2.08	56	17	27	*
das Leben genießen, mir so viel wie möglich gönnen	41	47	11	1	1,71	52	27	21	*
mich modisch kleiden, mir ein bißchen Luxus leisten	35	48	15	2	1.84	51	26	23	
verrückte Erlebnisse haben	35	48	15	2	1.85	51	26	23	
kritisch gegen mich selbst sein	28	56	14	2	1.90	54	21	25	*
möglichst viel Wissen aufnehmen, wiss. Bücher lesen, Ausstellungen und Museen besuchen	12	43	37	8	2.40	46	21	33	*
eine große Tat vollbringen, die vielen Menschen Nutzen bringt	13	47	36	4	2.43	45	20	35	*
schöpferisch sein, Neues entdecken, etwas erfinden	11	32	45	12	2.57	45	27	28	
mich mit klassischer Musik/Literatur/ Theater u.a. beschäftigen	7	21	49	23	2.90	51	25	24	
eine eigene Weltanschauung vertreten	21	34	34	11	2.34	44	26	30	
in einer Jugendorganisation mitmachen	3	17	53	27	3.04	53	23	24	
mich politisch betätigen	2	11	49	38	3.22	52	19	29	*

Auch wenn bei den berufsbezogenen Orientierungen auf Tüchtigkeit und Gelderwerb ein Rückgang erkennbar ist, nimmt nach wie vor der (künftige) Beruf einen zentralen Stellenwert im Rahmen von individuellen Lebenszielsetzungen ein, und dies nicht nur bei den Jugendlichen. Mit der neuen Erfahrung nach der Wende, daß ein Ausbildungs- bzw. Arbeitsplatz nicht mehr etwas Selbstverständliches ist, gewinnt Arbeit (insbesondere eine, die von Inhalt her den eigenen Vorstellungen entspricht) einen zunehmend zentralen Stellenwert im individuellen Wertesystem. Die Zielsetzung, künftig eine Arbeit mit einem erfüllenden Arbeitsinhalt zu haben, besitzt insgesamt eine sehr hohe Ausprägung und Stabilität. Hier zeigen sich zumindest bis 1992 bei dem bereits erwähnten

Ost-West-Vergleich noch fortdauernde tendenzielle Unterschiede zwischen Ost und West, gekennzeichnet durch eine stärkere Orientierung auf eine erfüllende Arbeit, eine geringere Freizeit – und auch eine höhere Leistungsbereitschaft bei ostdeutschen Jugendlichen. Dieser ermittelte Befund ist möglicherweise Ausdruck der Wirkung einer in der DDR propagierten und teilweise gelebten Wertekohärenz auf den historischen Wertewandel im Osten, die eine weitaus größere Wertesynthese (Behnken u.a. 1991) ermöglichte. Die hohe Ausprägung berufsbezogener Orientierungen bei den Längsschnitteilnehmern spiegelt sich in ihren Vorstellungen über den Arbeitsinhalt und den Verdienst im künftigen Beruf wider. So gehen 89 % der Jugendlichen unserer Stichprobe z.B. davon aus, nach ihrer Ausbildung eine Tätigkeit zu erhalten, die ihren Wünschen entspricht; 70 % erwarten, sich dann viel leisten zu können.

Sieht man die hohen berufsbezogenen Erwartungen der Jugendlichen und ihre starke Fixierung auf einen erfüllenden Arbeitsinhalt auf der einen Seite und die sich kaum positiv ändernde Verfügbarkeit von attraktiven Lehrstellen (und zwar solchen, die sich auch künftig auf dem Arbeitsmarkt „einlösen“ lassen) sowie die generelle Arbeitsmarktsituation auf der anderen, so werden Diskrepanzerlebnisse mit hoher Wahrscheinlichkeit nicht ausbleiben.

Diese zu erwartende Diskrepanz zwischen Anspruch und Wirklichkeit frühzeitig reflektierend, befürchteten schon 1991 (damals in der 8. Klasse) insgesamt 87 % der von uns Befragten mehr oder weniger stark, daß sie später keine Lehrstelle erhalten könnten. Im Herbst 1992, zu Beginn der 10. Klasse, waren es 78 %. Selbst Schüler mit überdurchschnittlichen schulischen Leistungen äußerten zu 74 % derartige Befürchtungen, wenn auch weniger stark. Insbesondere Mädchen haben häufiger Sorgen, keine Lehrstelle zu erhalten, weniger aufgrund schlechter Schulleistungen, sondern mehr wegen der allgemeinen schlechten wirtschaftlichen Lage, die zu einer weiteren Zunahme der Benachteiligung von Mädchen auf dem Ausbildungsmarkt führt.

Ein Großteil der von uns befragten Jugendlichen versuchte, befürchtete Probleme durch den Bildungsweg über die Gymnasialstufe erst einmal zu umgehen. 54 % der von uns befragten Schülerinnen und Schüler wollten ein Gymnasium besuchen. 78 % von ihnen haben dieses Ziel erreicht. Einerseits erhofften sie sich durch höhere Bildungsabschlüsse bessere Chancen auf dem Arbeitsmarkt, andererseits einen zeitlichen Aufschub in der Erwartung, daß sich die Arbeitsmarktsituation in ein paar Jahren bessern würde. Zwei Drittel der Jugendlichen gingen 1991 von dieser Prognose aus. Ende 1992 glaubten das nur noch gut die Hälfte. Eine zweite Lösungsvariante deutete sich in einer hohen Bereitschaft an, das befürchtete Ausbildungs- oder Arbeitsmarktproblem in der Heimatregion notfalls durch ein (zumindest vorübergehendes) Verlassen der Heimat zu lösen. Die Gefahr besteht durchaus, daß ein großer Teil dieser Jugendlichen dem Osten Deutschlands auf Dauer den Rücken kehrt und damit in den neuen Bundesländern Nachwuchsprobleme für den Arbeitsmarkt entstehen.

Literatur:

Behnken, I., u.a.: SCHÜLERSTUDIE ’90. Jugendliche im Prozeß der Vereinigung. Weinheim/München: Juventa 1991

Bertram, B./Bien, W./Gericke, Th./Höckner, M./Schröpfer, H.: Gelungener Start – Unsichere Zukunft? – Wege und Umwege zum Beruf. Längsschnittstudie 2. München: DJI-Verlag 1994

Bien, W./Karig, U./Kuhnke, R./Lang, C./Reißig, M.: Cool bleiben – Erwachsenwerden im Osten. Ergebnisse der Leipziger Längsschnittstudie 1. München: DJI-Verlag 1994

Förster, P./Friedrich, W./Müller, H./Schubarth, W.: Jugend Ost. Zwischen Hoffnung und Gewalt. Opladen: Leske + Budrich 1993

Friedrich, W./Müller, H. (Hrsg): Zur Psychologie der 12- bis 22jährigen. Berlin: Verlag der Wissenschaften 1980

Friedrich, W.: Mentalitätswandlungen der Jugend der DDR. In: Aus Politik und Wissenschaft. Beilage zur Wochenzeitung Das Parlament B 16-17/1990, S. 25-37

Gensicke, Th.: Modernisierung, Wertewandel und Mentalitätsentwicklung in der DDR. In: Bertram, H./Hradil, S./Kleinhenz, G. (Hrsg.): Sozialer und demographischer Wandel in den neuen Bundesländern. Berlin: Akademie Verlag 1995, S. 101-140

Gensicke, Th.: Stimmungs- und Wertewandel in den neuen Bundesländern. Zur Entwicklung des subjektiven Faktors in der Transformation der neuen Bundesländer. Forschungsbericht im Auftrag der KSPW. Speyer 1995

Gille, M.: Wertorientierungen und Geschlechterrollenorientierungen im Wandel. In: Hoffmann-Lange, U. (Hrsg.): Jugend und Demokratie in Deutschland. Opladen: Leske + Budrich 1995, S. 109-158

Jugendwerk der Deutschen Shell (Hrsg.): Jugend ’92. Lebenslagen, Orientierungen und Entwicklungsperspektiven im vereinigten Deutschland. Band 1-4. Opladen: Leske + Budrich 1992

Klages, H.: Wertorientierungen im Wandel. Rückblick, Gegenwartsanalyse, Prognosen. Frankfurt/New York: Campus 1984

Klages, H./Hippler H.-J./Herbert, W. (Hrsg.): Werte und Wandel. Ergebnisse und Methoden einer Forschungstradition. Frankfurt/New York: Campus 1992

Kmieciak, P.: Wertstrukturen und Wertwandel in der Bundesrepublik Deutschland. Göttingen: Schwartz, 1976

Krebs, D.: Werte in den alten und neuen Bundesländern. In: Jugendwerk der Deutschen Shell (Hrsg.): Jugend '92. Lebenslagen, Orientierungen und Entwicklungsperspektiven im vereinigten Deutschland. Band 2. Opladen: Leske + Budrich 1992, S 35-48

Kuhnke, R.: Auf dem Weg in eine neue Lebenswirklichkeit – psychosoziale Befindlichkeiten nach der Wende. In: Bien, W., u.a., a.a.O. 1994, S. 31-78

Kuhnke, R./Mittag, H.: Wertewandel bei Jugendlichen und jungen Erwachsenen in Ostdeutschland. KSPW-Expertise (unveröff.) 1995

Müller, H.: Jugend im Wandel ihrer Werte. IS II. ZIJ-Forschungsbericht F85/83. Leipzig 1985

Müller, H.: Zur Untersuchung von Verlaufsformen und Faktoren der Persönlichkeitsentwicklung im Jugendalter. Diss. B. Leipzig: Karl-Marx-Universität, 1986

Müller, H.: Lebenswerte und nationale Identität. In: H. Griese/W. Friedrich (Hrsg.): Jugend und Jugendforschung in der DDR. Opladen: Leske + Budrich 1991, S. 124-135

Starke, U., u.a.: Jugend in Sachsen 1994. KSPW-Forschungsbericht FS IV/92-22 (unveröff.) 1994

Sydow, H./Schlegel/U./Helmke, A. (Hrsg.): Chancen und Risiken im Lebenslauf: Beiträge zum gesellschaftlichen Wandel in Ostdeutschland. Berlin: Akademie-Verlag 1995

Lebensentwürfe Jugendlicher an der Schwelle zum Beruf

Karin Fobe

Der Beitrag stützt sich schwerpunktmäßig auf Forschungsergebnisse des Zentrums für Arbeits- und Organisationsforschung e.V. – *ZAROF* (Leipzig)[1], die in empirischen Untersuchungen bei DDR- bzw. ostdeutschen Jugendlichen in den Jahren zwischen 1989 und 1993 erhoben wurden. Einerseits resultieren sie aus einer qualitativen Forschungsstudie über den Wandel der Lebensentwürfe Jugendlicher in der beruflichen Ausbildung (1989, 1990 und 1991; Fobe/Hartung/Schmidt/Siegel 1994; im weiteren: *ZAROF-Studie 1*), und andererseits repräsentieren sie *ZAROF*-Untersuchungen zu beruflichen und persönlichen Lebensvorstellungen ostdeutscher SchulabgängerInnen des Schuljahres 1992/93, welche sowohl qualitativ (Fobe/Minx 1995; im weiteren: *ZAROF-Studie 3*) als auch standardisiert (Fobe/Hartung/Irmert 1994; im weiteren: *ZAROF-Studie 2*) erfaßt wurden.

1. Tendenzen und Einflußfaktoren einer Veränderung der individuellen und gesellschaftlichen Zukunftssicht

An der Schwelle in die berufliche Ausbildung bzw. in den Beruf werden *Jugendliche generell* mit gravierend neuen Lebenszusammenhängen konfrontiert: Sie treten heraus aus den Vorgegebenheiten der Kindheit und der mehr oder weniger autoritären Bindung an Eltern und Schule. Kindliche Sicherheiten gehen weitgehend verloren – an ihre Stelle müssen erstmals bewußt selbstentwickelte Lebensvorstellungen und Lebensentwürfe treten, die vielerlei Hoffnungen und Wünsche, aber auch Unsicherheiten und Risiken implizieren. In der Statuspassage des Übergangs der Jugendlichen von der Schule in die Berufsausbildung (und fortdauernd in der Phase der beruflichen Ausbildung) beginnen sie, sich ein jeweils individuelles, mehr oder weniger konkretes *Zukunftskonzept* aufzubauen, in das wesentliche und zugleich neue

1 Das Zentrum für Arbeits- und Organisationsforschung e.V. – ZAROF ist ein außeruniversitäres Forschungsinstitut, das im November 1990 von jungen SozialwissenschaftlerInnen – damals alle aus dem Zentralinstitut für Jugendforschung (ZIJ) – gegründet wurde. Neben Themenfeldern der Jugendforschung werden insbesondere Forschungsprojekte bearbeitet, die arbeitswissenschaftliche Untersuchungen in unterschiedlichen Wirtschaftsbranchen sowie die Geschlechterthematik zum Gegenstand haben.

Lebensbereiche integriert werden müssen: Entscheidungen im Bereich Beruf und Erwerbstätigkeit werden objektiv notwendig und sind mit dem Termin der Schulentlassung relativ klar abgefordert. Sowohl im inhaltlichen als auch im zeitlichen Bezug bestehen demgegenüber in den Lebensbereichen Partnerschaft und/oder Familie sowie Freizeit ungleich größere Entscheidungsfreiräume.

Neben dieser generellen Spezifik der Jugendphase erlebten *ostdeutsche Jugendliche*, die in und während der „Wendejahre" an der Schwelle zur beruflichen Ausbildung bzw. zum Beruf standen, zusätzlich eine ganz besondere, ja bisher einmalige Problematik: Infolge des gesellschaftlichen Umbruchs im Osten Deutschlands mußten die Jugendlichen in den neuen Bundesländern bis dahin gültige individuelle Lebenszusammenhänge und Lebenserfahrungen in wesentlichen Teilen modifizieren, neu definieren und neu konstruieren. Bisherige Lebensplanungen und gewohnte Bewältigungsmuster des konkreten Alltags verloren ihre selbstverständliche Geltung und forderten eine Neubestimmung der Lebenssituation, der biographischen Vergangenheit und der Zukunftsvorstellungen. Die politische „Wende" und der staatliche Vereinigungsprozeß stellten deshalb für ostdeutsche Jugendliche eine „prägende Generationserfahrung" und zugleich ein „kritisches Lebensereignis" dar, in deren Folge Ängste, Verunsicherungen und Ungewißheiten sehr wahrscheinlich wurden. Die Verunsicherung der Gegenwart war zumeist begleitet von einem Verlust an Zukunft (vgl. Vollbrecht 1993: 24).

Trotzdem vertraute die Mehrzahl der Jugendlichen darauf, daß sie ihr Schicksal meistern kann und wird, zumal die Jugendphase generell durch eine relative Offenheit des Lebens gekennzeichnet ist.

Die infolge der gesellschaftlichen Veränderungen quasi Über-Nacht-Entwertung oder zumindest In-Frage-Stellung alles bisher Gewesenen und eigentlich für die Zukunft Geplanten, verbunden mit dem unter den Jugendlichen überwiegend vorhandenen Gefühl eines passiven „Beobachterstatus" der rasanten Veränderungen im Osten Deutschlands seit 1990 (vgl. Hofmann u.a. 1992: 16), führte gerade in den ersten Jahren seit der „Wende" zu – in nahezu allen Forschungsarbeiten deutlich registrierten – Verunsicherungen und Orientierungslabilisierungen unter den Jugendlichen. Hinzu kommt, daß auch die traditionell in der DDR durch Schule und Betrieb organisierten kollektiven Sozialmilieus vollständig und ungeschützt für konkurrenz- und erfolgsorientiertes Handeln freigegeben waren und einem starken Veränderungsdruck unterlagen (vgl. Kühnel 1993: 388).

Solche Faktoren hinterließen ebenso in den Herkunftsfamilien der Jugendlichen ihre Spuren.

Melzer (1992: 66) hebt in diesem Kontext hervor, daß die *Verunsicherung bezüglich der persönlichen und gesellschaftlichen Zukunft* seit der „Wende", die sich sowohl durch individuelle als auch durch lebensweltbezogene Variablen erklärt, das „Hauptcharakteristikum der Jugend in Ostdeutschland" war, wodurch sie sich zumindest Ende 1990/Anfang 1991 sehr wesentlich von der westdeutschen Jugendpopulation unterscheidet.

Zu ähnlichen Erkenntnissen kommt auch die *ZAROF-Studie 1*, in der die Lebensvorstellungen ostdeutscher Lehrlinge in den Jahren 1989, 1990 und 1991 (Querschnittsanalysen) analysiert wurden[2]. Primäres Interpretationskriterium für eine eher sichere vs. unsichere Zukunftsplanung durch die Jugendlichen war die Differenzierung zwischen identifizierten *Wunsch- bzw. Idealkonzepten* einerseits und *Realkonzepten* für die individuelle Zukunft andererseits[3]. Für diese Unterscheidung war es notwendig, die *Strukturiertheit* der entworfenen Zukunftskonzepte zu analysieren und zu interpretieren. Dazu wurden die niedergeschriebenen Aufsatztexte in Hinsicht auf miteinander verbundene Motive (Motivationen) und Wertorientierungen sowie damit in Zusammenhang gebrachte vorangegangene Handlungsaktivitäten und/oder antizipierte Handlungskompetenzen analysiert:

a) *Wunschkonzepte* wurden interpretiert, wenn die von den Jugendlichen geäußerten Vorstellungen zu ihrer weiteren beruflichen bzw. familialen Entwicklung individuelle *Idealvorstellungen* für Ziele, Motive, Werte und Handlungen bzw. Handlungskompetenzen umfaßten, *ohne* daß die Jugendlichen zugleich aktuelle subjektive oder objektive Entwicklungs- bzw. Handlungsvoraussetzungen und (auf dieser Grundlage) prospektive Entwicklungsmöglichkeiten kalkulierten oder diskutierten. Typisch für Wunschkonzepte war folglich eine (enger oder weiter gefaßte) *Auflistung* von Wünschen, Hoffnungen und Absichten, die gekennzeichnet war durch eine überproportionale Häufung von *„ich möchte"*-, *„ich wünsche mir"*- bzw. *„am liebsten würde ich"*-Formulierungen.
b) Als *Realkonzepte* wurden Zukunftskonzepte der Jugendlichen bezeichnet, die nicht nur ein subjektives Wunschbild der eigenen zukünftigen Entwicklung ausdrückten, sondern die in bestimmter Art auf *Handlungsabsichten* verwiesen, und zwar auf der Grundlage einer mehr oder weniger intensiven *Bilanzierung* subjektiver oder objektiver Entwicklungsvoraussetzungen, antizipierter Entwicklungsmöglichkeiten, von Zielen und Motiven: Über „ich möchte" hinaus, formulierten diese Jugendlichen in zunehmendem Maße *„ich will"* oder *„ich werde"*, und sie drückten dadurch eine gewisse *Handlungszuversicht* bzw. eine mehr oder weniger intensiv *antizipierte Handlungssicherheit* aus. Realkonzepte unterliegen einer dynamischen Entwicklung, die zumindest zwei Aspekte oder

2 Mittels einer qualitativ-schriftlichen Untersuchung (Aufsatzbefragung) wurden insgesamt 1.368 Lehrlinge des 1. bis 3. Lehrjahres nach ihren beruflichen und persönlichen Zukunftsvorstellungen befragt.

3 Diese Differenzierung erfolgte auf der Grundlage einer PC-gestützten qualitativen Inhaltsanalyse der niedergeschriebenen Aufsatztexte mittels eines speziellen, im ZAROF entwickelten Textanalyse- und Kodierungs-Tools (TAKT; siehe dazu Irmert 1995).

auch Komponenten umfaßt, wobei beide – als Typ 1 bzw. Typ 2 – unter „Realkonzepte" eingeordnet wurden[4]:

- *Realkonzept Typ 1:* Es wurde ein Wunschkonzept mit der gleichzeitigen *Antizipation von Tätigkeiten/Handlungen* formuliert, die der/dem Jugendlichen geeignet schienen und ermöglichen sollten, das jeweils aktuelle Selbstkonzept prospektiv dem Wunschkonzept anzunähern. Das Wunschkonzept wirkte so handlungsmotivierend, und in seinem Kontext wurden aktuell vorliegende bzw. verfügbare Informationen und Handlungsbedingungen selektiert und bewertet. In diesem Prozeß brachten die Jugendlichen ihr Wunschkonzept in bezug zur subjektiv widergespiegelten Realität.
- *Realkonzept Typ 2:* Es wurde ein Wunschkonzept formuliert, zu dessen Verwirklichung die betreffenden Jugendlichen aktuell (noch) keine Tätigkeiten/Handlungen antizipieren konnten. Infolge der Bilanzierung ihres Selbstkonzeptes, vorliegender Handlungsbedingungen und der Antizipation prospektiver Entwicklungsmöglichkeiten wurden *begründete Zweifel am Wunschkonzept* geäußert. Die lebensbezogenen Idealvorstellungen wirkten letztendlich aktuell kontramotivierend und mußten zeitweise relativiert oder gänzlich verändert werden. Ergebnis war dann entweder ein zeitlich modifiziertes oder ein „neues" Wunschkonzept, das für einen biographischen „Zwischenschritt" oder für eine Neuorientierung Handlungsziele und -motive im Zusammenhang mit einer individuell realeren Zukunftsplanung ermöglichte.

Im Ergebnis der *ZAROF-Studie 1* wurde konstatiert, daß die Realitätsbezüge in den Lebensentwürfen der Jugendlichen insgesamt von 1989 zu 1990 zunächst abnahmen, bevor sie von 1990 zu 1991 wieder anstiegen. Diese Tendenz spricht für eine *deutliche Verunsicherung der Jugendlichen von 1989 zu 1990*, die anschließend zwar wieder etwas nachließ, jedoch Mitte 1991 noch deutlich unter den Ergebnissen von 1989 lag.

Betrachtet man die *geschlechtsspezifischen Unterschiede* (vgl. Abb. 1), so fällt auf, daß bei den *jungen Frauen* Realkonzepte von 1990 zu 1991 (im Unterschied zu den jungen Männern) *nicht* prozentual anstiegen, sondern *weiter* zurückgingen, und zwar etwa umgekehrt proportional der Entwicklung von Wunschkonzepten. Es waren in besonderem Maße gerade die jungen Frauen, die vielfach eine Erosion ihrer Zukunftsvorstellungen erlebten und bereits im Frühjahr 1990 deutliche Verunsicherungen in den berufllichen und persönlichen Lebensvorstellungen zum Ausdruck brachten.

4 Die Unterscheidung dieser beiden Typen von Realkonzepten erfolgte noch nicht in der ZAROF-Studie 1, sondern erst in der Studie 3 (1995).

Abbildung 1: Veränderungen in den Realitätsbezügen der Lebensentwürfe von Lehrlingen in Abhängigkeit vom Geschlecht und vom Befragungsjahr

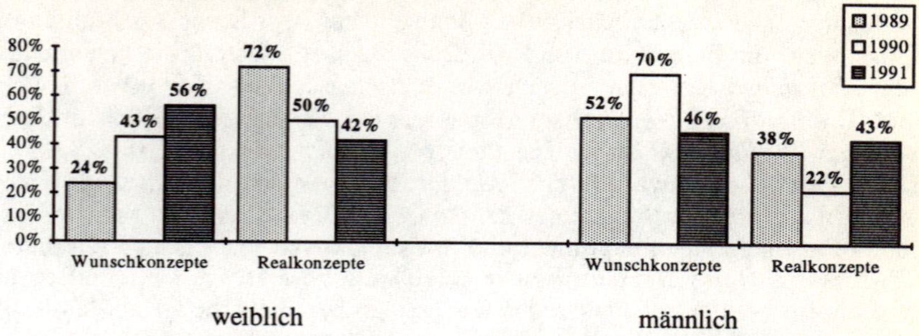

Augenscheinlich haben sich die jungen Männer mit den rasanten gesellschaftlichen Veränderungen während und unmittelbar nach der „Wende" besser zurechtgefunden als die jungen Frauen. Für die Frauen veränderten sich die Bedingungen für die Vereinbarkeit von Beruf – Partnerschaft/Familie – Freizeit augenscheinlich so deutlich, daß sie zwar angeben konnten, wie sie sich ihr Leben vorstellen und wünschen, jedoch (im Unterschied zu vorher) in vielerlei Hinsicht nicht mehr wußten, wie sie diese Vorstellungen realisieren könnten. Dieses Ergebnis ist um so bedeutungsvoller, da zum Untersuchungszeitpunkt 1990 (Mai) die deutsche Vereinigung zwar absehbar war, jedoch noch keinerlei bundesdeutsche Gesetze auf dem Gebiet der damals noch existierenden DDR in Kraft gesetzt waren. Diese sollten später die gesellschaftliche, berufliche und soziale Stellung der Frau noch gravierender verändern. In relativ großer Zahl antizipierten die befragten weiblichen Lehrlinge augenscheinlich diese Entwicklungen bereits *vor* der staatlichen Einheit Deutschlands (vgl. Schlegel 1993: 30ff.), und sie schätzten sie nicht unbedingt *nur* zu ihren Gunsten ein. Die Ergebnisse von 1991 zeigen, daß sich diese Tendenz bei den jungen Frauen, nunmehr fundiert mit ersten eigenen Erfahrungen in der neuen Gesellschaft, noch weiter verstärkt hatte. Im Unterschied dazu nahmen die Sicherheiten und Realitätsbezüge bei den jungen Männern von 1990 zu 1991 wieder zu. Sie widerspiegelten bzw. antizipierten insgesamt deutlichere Entwicklungsperspektiven als die jungen Frauen.

In der *ZAROF-Studie 3*, in der mit ost-(und west-)deutschen AbgängerInnen von allgemeinbildenden Schulen des Schuljahres 1993 *jüngere Jugendliche* inhaltlich und methodisch nahezu identisch befragt wurden[5], zeigte sich (im Kontext des jüngeren Lebensalters) erwartungsgemäß ein noch grö-

5 Es wurden insgesamt 1.884 SchulabgängerInnen von Haupt-, Realschulen und Gymnasien ca. ein halbes Jahr vor dem Schulende befragt. Von ihnen kamen 1.035 (55%) aus den neuen Bundesländern.

ßerer Anteil von Wunschkonzepten[6]. Da hierbei keine nennenswerten Ost-West-, jedoch zum Teil deutliche geschlechtsspezifische Unterschiede registriert wurden, ist einerseits davon auszugehen, daß die Zukunftsvorstellungen ostdeutscher Jugendlicher an der Schwelle zur beruflichen Ausbildung in Hinsicht auf die Integration von Realitätsbezügen (im Unterschied zu wichtigen *inhaltlichen* Kriterien!) denen westdeutscher Jugendlicher etwa ähnlich sind: Die *beruflichen* Zukunftskonzepte wurden von den Jugendlichen *überwiegend als Wunschkonzepte* gestaltet (68%). Im Unterschied zur *ZAROF-Studie 1* stellte nur etwa jede(r) Vierte der Befragten ein oft hoch strukturiertes Berufskonzept im Sinne eines *Realkonzeptes* dar, in dem nicht nur individuelle Entscheidungen begründet und mit subjektiven und/oder gesellschaftlich-sozialen Normorientierungen in Beziehung gesetzt wurden, sondern in dem häufig bereits mit mehr oder weniger großer Sicherheit Handlungsabsichten geäußert bzw. Handlungskompetenzen entworfen wurden.

Andererseits bricht das Geschlecht der Jugendlichen den Regionalvergleich deutlich: *Berufs- und erwerbstätigkeitsbezogene Realkonzepte* formulierten in dieser Untersuchungspopulation in höheren Anteilen *junge Frauen* und (weibliche wie männliche) *Abiturienten.* Im Rahmen von Realkonzepten wurden solche des Typs 2, in denen auf objektive und/oder subjektive Bedingungen bezogene Zweifel an der Umsetzbarkeit der erhofften beruflichen Vorstellungen *begründet* angemeldet wurden, mehr als doppelt so oft von weiblichen als von männlichen Jugendlichen dargestellt. Die jungen Frauen kalkulierten in solchen Zusammenhängen häufig nicht nur ihre schlechteren Lehrstellen- und Arbeitsmarktchancen, sondern betonten nicht selten auch antizipierte Kollisionen zwischen beruflichen und familialen Ambitionen. *Partnerschaftliche bzw. familiale Zukunftsvorstellungen* wurden überwiegend in einer noch weiter hinausgeschobenen Zeitperspektive und sogar zu 80% als Wunschkonzepte dargestellt.

Auch wenn man das zum Teil deutlich geringere Lebensalter der ostdeutschen Untersuchungspopulation der *ZAROF-Studie 3* berücksichtigt, scheint 1993 die Schere zwischen individuellen Wünschen einerseits und von den Jugendlichen einkalkulierten, handlungsleitenden Realitäten des Lehrstellen- und Arbeitsmarktes Ost im Kontext der veränderten gesellschaftlichen Gegebenheiten andererseits mindestens ebenso auseinanderzuklaffen wie bei den 1991 befragten Lehrlingen.

Dies betrifft ganz besonders die Perspektive der weiblichen Jugendlichen, in deren Äußerungen und Meinungen die DDR-Sozialisation der Jugendlichen oft noch deutlicher „durchschlug" als bei den jungen Männern.

6 In Auswertung dieser Erhebung wurden die Realitätsbezüge der formulierten Zukunftskonzepte für die Lebensvorstellungen hinsichtlich Beruf/Erwerbstätigkeit (berufliche Zukunftskonzepte) und Partnerschaft/Familie (persönliche Zukunftskonzepte) – im Unterschied zur ZAROF-Studie 1 – getrennt interpretiert.

2. Vorstellungen zu Beruf und Erwerbstätigkeit zwischen Wunsch und Realität

Aus durchgängig allen Forschungsarbeiten, die Wertorientierungen und Zukunftsoptionen ostdeutscher Jugendlicher zum Gegenstand hatten, geht hervor, daß der Lebensbereich „Arbeit und Beruf" für die Jugendlichen – unabhängig von Geschlecht und Alter – einen ganz zentralen Lebenswert darstellt und für sie durchgängig von sehr hoher Bedeutung ist. Die in den neuen Bundesländern seit 1990 dramatischen Veränderungen in der Wirtschaft und auf dem Arbeitsmarkt führten bei den ostdeutschen Jugendlichen zu einer deutlichen graduellen Verstärkung des Lebenswertes „Arbeit und Beruf", die ihn (wieder) unangefochten auf den ersten Rangplatz im Spektrum der Wertorientierungen führte. Während gerade in der zweiten Hälfte der 80er Jahre das Streben der Jugendlichen nach Selbstbestimmung, Selbstverwirklichung, Erlebnis, Lebensgenuß und Aufbau einer eigenen Familie im Vergleich zur sinnerfüllenden beruflichen Tätigkeit an Bedeutung zunahm und solche Veränderungen deshalb vielfach als für den Umbruch in der DDR bestimmende Axiome im Wertehorizont der Jugendlichen angesehen wurden (vgl. z.B. Kühnel 1993: 392), besitzt der Berufsbereich im Verhältnis zum Privatbereich heute wieder einen weit höheren Stellenwert – sowohl in Hinsicht auf die Zeit vor 1990 als auch im Vergleich mit der westdeutschen Jugendpopulation.

Etwa mit Beginn des Jahres 1991 mußten viele ostdeutsche Erwerbstätige im Zusammenhang mit dem Zusammenbruch ganzer Wirtschaftsbereiche die persönlich bisher unbekannte und deshalb um so gravierendere Erfahrung machen, daß ihre Arbeitskraft nicht mehr gebraucht wird. Da Arbeit und Beruf aber mehrheitlich einen hohen Zentralwert darstellten, dessen Verwirklichung zudem als entscheidende Voraussetzung angesehen wurde, um die neu gewonnenen Freiheiten und Möglichkeiten nutzen zu können, bedeutete diese Erfahrung für viele einerseits eine „Verunsicherung ihres Selbstwertgefühls und ihrer Identität" (Vollbrecht 1993: 12) und andererseits eine (oft noch diffuse) soziale Bedrohung. Den Arbeitsplatz zu behalten bzw. überhaupt wieder einen Arbeitsplatz zu finden wurde für viele Menschen in kürzester Zeit zum aktuellen Lebensziel ersten Ranges.

Diese Entwicklungen wurden von den ostdeutschen Jugendlichen Ende 1990/Anfang 1991 zwar mehrheitlich reflektiert und problematisiert, allerdings war eine spätere *eigene* Arbeitslosigkeit für die Jugend als Gesamtheit zu diesem Zeitpunkt noch kein unbedingt vordringliches Problem: „Sie glauben, optimistisch sein zu können, da die wirtschaftliche Entwicklung ihnen bis zum Beginn ihrer Berufsbiographie genügend Chancen bieten wird. Es sind die Älteren, die den Jugendlichen als die eigentlichen Verlierer der Wende erscheinen ..." (Vollbrecht 1993: 107). In Hinsicht auf den sozialen

Status und das Geschlecht der Jugendlichen muß jedoch relativiert werden: Die o.g. Feststellung gilt eher für SchülerInnen und für männliche Jugendliche, während vor allem *weibliche Jugendliche und Lehrlinge* die gerade für Frauen deutlich kompliziertere Ausbildungs- und Arbeitsmarktlage antizipierten und problematisierten. Die Ergebnisse aller 3 *ZAROF*-Jugendstudien belegen, daß unter den jungen Frauen seit 1990 das Bewußtsein über die Mangelware Arbeit größer und die Bedeutung des Berufes zentraler ist als unter den jungen Männern.

Die Jugendlichen insgesamt begriffen ihre wieder verstärkt über Arbeit und Beruf entstehende soziale Plazierung in der Gesellschaft als die entscheidende Weiche für den weiteren Lebensweg, als Grundlage für ihre weitere Entwicklung, und die Mehrheit von ihnen vertraute an der Schwelle von der Schul- in die berufliche Ausbildung und in die Erwerbstätigkeit darauf, daß sie ihr berufliches Schicksal meistert. Ein eventuelles Scheitern schien in ihren Augen – wegen der im Vergleich zu früher deutlich größeren Entscheidungsfreiheiten bei der Berufswahl – überwiegend individuell verschuldet. Nicht selten erst im konkreten Berufswahlprozeß mußten sie wesentliche gesellschaftlich, institutionell und sozial einschränkende Bedingungen erfahren, die ihre Situation von der in den alten Bundesländern unterscheidet und die Schober (1993: 163) folgendermaßen beschreibt:

- „Der Erfahrungshintergrund, über den westdeutsche Jugendliche und deren Eltern verfügen, der auch das Wissen über die unterschiedlichen Arbeitsmarktchancen bestimmter Bildungsgänge einschließt, fehlt in den neuen Ländern weitgehend. Ausbildungsentscheidungen müssen also in einer Situation mangelhafter Information und relativer Unsicherheit getroffen werden."
- Auf der Grundlage für Ostdeutschland ökonomisch unsicherer Entwicklungsperspektiven, eines weitgehend unbekannten künftigen Qualifikationsbedarfs und parallel dazu teilweise nicht vorhandener Ausbildungs- und Arbeitsplätze für *bestimmte* Berufe ist eine „freie" Ausbildungs- und Berufswahl erkennbar eingeschränkt (vgl. ebenda).

Verständlich sind deshalb die Forschungsbefunde der *ZAROF-Studien 2 und 3*, die einerseits auf *sehr konkrete Berufsvorstellungen* der jugendlichen SchulabgängerInnen in den neuen Bundesländern verweisen (konkreter noch als bei westdeutschen), andererseits jedoch zugleich deutlichere *Diskrepanzen* zwischen beruflichen *Ansprüchen bzw. Wünschen* und deren subjektiv eingeschätzter *Realisierungswahrscheinlichkeit* aufzeigen, was wiederum in besonderem Maße auf die jungen Frauen zutraf. Die Ergebnisse der *ZAROF-Studie 3* verdeutlichen, daß etwa ein Drittel aller befragten Jugendlichen die Umsetzung des individuellen Wunschberufes in eine Ausbildungsstelle so stark anzweifelte, daß sie auf andere Bewerbungsberufe auswichen (die nur zum Teil Tangenten des Wunschberufes darstellten) bzw. daß sie zunächst weitere berufsvorbereitende „Präparationen“ einschieben wollten, die besseren Verwirklichungschancen des angezielten Wunschberufes bzw. auf dem Lehrstellenmarkt überhaupt dienen sollten. Während die ostdeutschen Jugendlichen insgesamt deshalb ihren Wunschberuf nicht selten aufgaben und häufiger bereit waren, alternative Ausbildungen anzugehen, um überhaupt eine Berufsausbildung beginnen zu können, wollten gerade weibliche Jugendliche verstärkt zu weiterführenden Qualifikationen greifen. Sehr schnell erkannten sie, daß sie zumeist höher qualifiziert sein mußten als Männer, wenn sie vergleichbar chancenreich sein wollten.

Während die *Berufswünsche* der Jugendlichen in den neuen Bundesländern überwiegend eine relativ ausgewogene Balance zwischen emotionalen Intentionen und rationalen Kalkulationen darstellten, folgten sie im Prozeß ihrer *Entscheidungsfindungen* in der konkreten Berufswahl vorwiegend rationalen Kriterien – und zwar im Zusammenhang mit dem Ausloten von Pro und Kontra bestehender Alternativen sowie einer stärkeren Kalkulation realer Handlungsmöglichkeiten. In den qualitativen Erhebungen der *ZAROF-Studie 3* zeigte sich dies häufig in Formulierungen wie: „Ich würde gern ... werden, aber ich werde (erst einmal) ..., weil ...“.

Vor dem Hintergrund der Ausbildungs- und Arbeitsmarktentwicklung in den neuen Bundesländern drifteten *Wunsch- und Bewerbungsberuf* der Jugendlichen deutlich weiter auseinander als bei den Jugendlichen der alten Bundesländer. Während sich 14% der 1992/93 erfaßten ostdeutschen SchulabgängerInnen recht sicher waren, daß sie sich *nicht* für ihren eigentlichen Wunschberuf bewerben würden, traf dies nur auf knapp 1% der westdeutschen Jugendlichen zu. Dieser Unterschied deutet darauf hin, daß die realen Ausbildungsalternativen im ostdeutschen Raum von den Jugendlichen deutlich eingegrenzter erlebt wurden als in den alten Bundesländern. Jede(r) siebente von ihnen orientierte sich deshalb in seinen Bewerbungsabsichten um.

Zentrale *Motive der Berufswahlentscheidung* ostdeutscher Jugendlicher werden in verschiedenen Jugendstudien – allerdings in zum Teil verschiedenen Rangfolgen und mit verschiedenen Interpretationen – als Motivationen mit unterschiedlicher Strukturierung und Wichtung folgendermaßen beschrieben: Für die Jugendlichen spielen die angestrebte „Arbeitsplatzsicherheit“, eine „interessante Arbeit, die Spaß macht“, „Erfolg im Beruf“, „Streben nach gutem oder hohem Einkommen“, „Entwicklung von Kreativität und der eigenen Fähigkeiten“, „anderen Menschen helfen“ zu können, „sich selbst verwirklichen“ und „Verantwortung tragen“ zu können, „mit netten Kollegen Kontakt zu haben“ sowie „Beruf und Freizeit sinnvoll miteinander in Einklang zu bringen“ eine wesentliche Rolle bei der Berufswahl.

Sehr deutlich zeigte sich auf der Grundlage der *ZAROF-Studie 3*, daß gerade bei der Erfassung von Motiven Jugendlicher für ihre beruflichen Entscheidungen (dies gilt genauso für andere Populationen und/oder andere Motivbereiche) die *Erhebungsmethodik der Motive* (quantitativ-standardisiert vs. qualitativ-offen) massiv zu problematisieren ist und insbesondere den Wert standardisierter Erhebungsergebnisse in manchen Bezügen relativiert. Am Beispiel des seit 1990 (vor allem für ostdeutsche Jungen, aber auch tendenziell bei den Mädchen) deutlich wichtiger gewordenen Berufswahlmotivs, mittels Arbeit und Beruf „Geld verdienen" zu wollen, soll im folgenden die Problematik einer quantitativ-standardisierten Motiverfassung und „materialistischen" Motivationsinterpretation beschrieben werden.

Zwischen den *ZAROF-Studien 2 und 3* bestand eine Vergleichsmöglichkeit der Antworten *derselben* Population von Jugendlichen – einerseits *direkt* in einem standardisierten Fragebogen und andererseits *indirekt* in Form der schriflichen Texte auf eine qualitativ-offene Fragestellung[7].

In der qualitativen Untersuchung nannten insgesamt 52% der ost- und westdeutschen Jugendlichen „Geld verdienen" als einen wesentlichen Grund für ihre Berufswahl und zugleich wichtiges Ziel ihrer Erwerbstätigkeit. Im Vergleich zu den motivbezogenen Fragestellungen (im bei denselben Jugendlichen nachfolgend eingesetzten standardisierten Fragebogen, in dem das Motiv direkt in der Itemvorgabe „später viel Geld verdienen" zur Auswahl stand und das dort 68% aller Befragten für sich als wesentlich ansahen) spielte diese Art der Motivation für die Jugendlichen in der freien Formulierung der Aufsätze also eine geringere und darüber hinaus zum Teil eine qualitativ andere Rolle: In ihren Texten machten 30% der Jugendlichen das finanzielle Motiv für die Suche nach einem Beruf und späteren Arbeitsplatz daran fest, daß der Erlös aus der angestrebten Erwerbstätigkeit insbesondere ausreichend sein soll, um ihnen und ihrer eventuellen Familie eine *finanzielle Lebensgrundlage* zu sichern. Dieses Streben wurde deshalb als „Geld verdienen, funktional" bezeichnet. Im Unterschied dazu wurde „Geld verdienen, luxuriös" im Kontext der Zielstellung, *sehr viel Geld* zu verdienen, um sich möglichst viel Luxus leisten zu können, nur von 22% der Jugendlichen explizit angesprochen. Unter diesem letzgenannten Anteil von Jugendlichen waren allerdings nur 7%, also etwa ein Drittel, die *ausschließlich* nach Geld für Luxusstandards strebten, während 15% *sowohl* die finanzielle Lebenssicherung *als auch* den finanziell fundierten Luxus ansprachen.

Zugleich betonten 13% der Jugendlichen, die ihr späteres Einkommen als wichtige Lebensgrundlage bezeichneten, daß ihnen Geld für ein luxuriöses Leben ausdrücklich *nicht* wichtig und erstrebenswert ist. Aus diesen Anteilen von Mehrfachnennungen folgt, daß die Bedeutung von „Geld verdienen" durch die SchulabgängerInnen (in einem oder beiden oben genannten Bezügen) real von 37% der Jugendlichen in den Aufsätzen schriftlich hervorgehoben wird.

Diese Erkenntnisse *relativieren* die gerade auf der Grundlage standardisierter Motiverhebungen häufig als sehr hoch beschriebene finanzielle Be-

7 Es handelte sich in der Aufsatzbefragung um die Fragestellung „Wie stellen Sie sich Ihr weiteres berufliches und persönliches Leben vor?"

rufsmotivierung der Jugendlichen wesentlich (und zwar gleichermaßen in Ost wie in West), und sie verweisen außerdem auf die Notwendigkeit, Berufs*motivationen* (als subjektiv miteinander verknüpfte und gewichtete „Bündel“ von Motiven) weniger entsprechend der Rangfolge *einzelner Motive innerhalb einer Untersuchungspopulation* zu beschreiben als vielmehr die *individuellen Motivationen* (als individuelle Motivbündel) der Jugendlichen qualitativ zu charakterisieren und *diese* in eine Rangfolge bezüglich der Untersuchungspopulation zu bringen.

Die Erhebungen zu den beruflichen Zukunftsvorstellungen Jugendlicher lassen sich auf der Grundlage der *ZAROF*-Jugendstudien übergreifend folgendermaßen zusammenfassen: Seit 1990 erlangt die „Tauschwertseite“ von Arbeit und Beruf (Beck/Brater/Daheim 1980) in ihrer Relation zur „Gebrauchswertseite“ bei ostdeutschen Jugendlichen ein deutlich neues Gewicht. Überlegungen zur Marktrelevanz von Berufswahl und -ausbildung spielen seither eine qualitativ neue, ja weitgehend dominierende Rolle in der Kalkulation des Lebensweltbereiches Arbeit und Beruf. Allerdings haben die Orientierungen auf die arbeitsinhaltliche Seite des Berufes deswegen – und zwar ganz besonders bei den jungen Frauen – nicht nachgelassen. Sie wurden durch die erforderlichen Marktorientierungen jedoch häufig in ihrer handlungsleitenden Relevanz überlagert, beschnitten oder unmöglich gemacht.

Während die gebrauchswertbezogenen Berufsorientierungen vorwiegend Bestandteil der Wunschkonzepte oder des Wunschteils von Realkonzepten waren, gingen die tauschwertakzentuierten Überlegungen insbesondere in den relativierenden Bereich von Realkonzepten ein, oder sie führten u.U. zur Diffusion der Berufswahlentscheidungen, zu ernsthaften Orientierungsproblemen.

3. Beruf und / oder Familie?

Die Analyse berufsbezogener Entscheidungen und Planungen ostdeutscher Jugendlicher im Kontext ihrer persönlich-familialen Lebensvorstellungen rückt ihre Reflexionen über die Vereinbarkeitsproblematik zwischen Beruf und Partnerschaft bzw. Familie ins Zentrum der Thematik.

In den Untersuchungsbefunden bei männlichen wie weiblichen Lehrlingen 1989 (*ZAROF-Studie 1*) widerspiegelten sich augenfällig die Erfahrungen der Jugendlichen mit der Eltern- und ganz besonders mit der Mütter-Generation: In den weiblichen Lebensentwürfen wurden die Bereiche Partnerschaft und Familie – ähnlich denen der Männer – stark vom Lebensbereich Beruf tangiert, indem beide Bereiche wechselseitig integriert wurden. Eine *reine* Orientierung, *ausschließlich* auf die Familie oder *nur* auf den Beruf, gab es in der DDR fast nicht und äußerten die jungen Frauen in der Untersuchung nicht.

Allerdings kontrastierten viele weibliche Jugendliche das Leben ihrer Mütter, wenn sie solche Probleme ansprachen wie „nicht so früh heiraten und Kinder bekommen, die Jugend zuvor mehr genießen", „mehr Zeit für die Familie und die Kinder haben, denn das Leben besteht ja nicht nur aus Arbeit". Diese jungen Frauen entwarfen Alternativen zum Leben der Mutter. Solche Meinungen stellten jedoch ihre Orientierung auf Arbeit *und* Familie nicht in Frage. Die Jugendlichen wollten vielmehr ihr Leben *besser* gestalten als die Mütter, aber auf Partner, Familie, Kinder und Beruf nicht verzichten. Ihre Unzufriedenheiten bezogen sich vorrangig auf die *Form der Bewältigung von Beruf und Familie,* in der die Hauptlasten an Hausarbeit und Kindererziehung von der Frau getragen werden mußten, was durch viele sozialpolitische Maßnahmen in der DDR z.T. noch verstärkt wurde, die eher auf die Vereinbarkeit von Berufstätigkeit und Mutterschaft als auf eine von Berufstätigkeit und Elternschaft abzielten.

Mit der Vereinigung der beiden deutschen Staaten hat sich die gesellschaftliche Situation in vielerlei Bezügen und ganz besonders auch hinsichtlich der Rahmenbedingungen für die Vereinbarkeit von Beruf und Familie geändert. Vor allem bei den weiblichen Jugendlichen hat deshalb sehr zeitig ein Umdenkungsprozeß begonnen. Zunehmend wurden gerade von ihnen subjektive Wünsche und die widergespiegelten realen Möglichkeiten der Vereinbarkeit von Beruf und Familie *bereits vor Oktober 1990* gegeneinander abgewogen, und zwar ohne daß in der *Wertschätzung* der Jugendlichen einer der beiden Lebensbereiche an Bedeutung verlor: Die Mehrzahl der Jugendlichen wollte auch nach 1990 ihre beruflichen und familialen Vorstellungen wie zuvor leben, im Sinne der in der DDR erfahrenen „Verinbarkeits-Normalbiographie". Sie konzipierten ihre Zukunft nach wie vor in Orientierung am sogenannten „doppelten Lebensentwurf" (dies bestätigen die Ergebnisse aller drei *ZAROF*-Studien). Allerdings waren bereits im Frühjahr/ Sommer 1990 und zunehmend seit 1991 viele Jugendliche in diesen Absichten verunsichert und antizipierten bzw. widerspiegelten verstärkte Probleme bei einer Familienplanung. Trotz der neuen gesellschaftlichen Gegebenheiten lehnten sie jedoch einen Rückgriff auf tradierte geschlechtsspezifische Rollenmuster nahezu generell ab – dies gilt gleichermaßen für die jungen Frauen wie für die männlichen Jugendlichen.

Die Verarbeitung der neuen gesellschaftlichen Situation wurde sowohl von den Lehrlingen als auch von den befragten SchulabgängerInnen besonders deutlich am *Kinderwunsch* festgemacht. Obwohl der Wunsch, eine Familie zu gründen und später Kinder zu haben, bei den meisten der Jugendlichen erhalten geblieben war, wurde er seither oft „von der Oberfläche verdrängt" (Starke u. a. 1992: 40). Vor allem junge Frauen verschoben so ihren Wunsch, eine Familie zu gründen und Kinder zu haben, auf später, häufig bis in das 30. Lebensjahr oder sogar noch weiter[8]. Parallel dazu ist der Anteil derjenigen, die in Hinsicht auf ihren Wunsch nach Kind(ern) unentschlossen waren, deutlich angestiegen, während sich der Anteil derjenigen, die sich zwei, drei oder mehr Kinder wünschten[9], etwa halbiert hat.

Eine eindeutig steigende Tendenz gab es auch bei den Jugendlichen, die sich relativ sicher *gar kein Kind* mehr wünschen. Ihr Anteil lag früher unter 1% und war fast zu vernachlässigen. Die *ZAROF-Studie 3* erfaßte unter den SchulabgängerInnen bereits zwischen 6% (Kleinstädte in Sachsen und Thüringen) und 12% (Großstadt Leipzig), die später ausdrücklich kein Kind haben wollten. Solche regionalen Unterschiede könnten darauf verweisen, daß in ostdeutschen Großstädten Kinder häufiger abgelehnt werden als in ländlichen Gegenden; der Nachweis am Beispiel anderer Großstädte und Regionen steht jedoch noch aus.

Für ihre Entscheidung gegen Kinder führten die Jugendlichen – in unterschiedlicher Gewichtung und Strukturierung – vor allem Gründe an, die in Unwägbarkeiten der aktuellen wirtschaftlichen Entwicklung, in höheren finanziellen Ausgaben und in der Angst um den angestrebten (SchülerInnen) oder bereits in Aussicht stehenden Arbeitsplatz (Lehrlinge) liegen. Gerade drohende Erwerbslosigkeit und daran gebundene Existenzunsicherheit waren sowohl für die jungen Frauen als auch für die jungen Männer ein entscheidendes Kriterium, wenn sie sich gegen ein Kind entschieden.

Die *männlichen Jugendlichen* betonten Beruf und Sicherheit des Arbeitsplatzes als wesentliche Entscheidungskriterien gegen ein Kind eher vor dem Hintergrund der Haltung, daß dies *existenzsichernde Voraussetzungen für eine spätere Familie* sind. Sie mußten sich wieder stärker in die Rolle des alleinigen „Familienernährers" hineindenken, obwohl sie das subjektiv keineswegs wollten: In ihren Lebensentwürfen kam weder 1991 noch 1992/93 eine nicht erwerbstätige Lebenspartnerin vor. Dies wurde in der ZAROF-Studie 2 dadurch bekräftigt, daß die Ablehnungsraten ostdeutscher männlicher Jugendlicher gegenüber einer eventuellen Forderung an die spätere Lebenspartnerin, bei Familie mit Kind(ern) ihre Berufstätigkeit aufzugeben, im Vergleich zu westdeutschen jungen Männern deutlich höher waren.

Im Unterschied zu den männlichen Jugendlichen sprachen die *jungen Frauen* in den neuen Bundesländern – im Kontext von Arbeitsmarktsituation, Arbeitsplatzunsicherheit und der eher möglichen familialen Existenzsicherung, wenn beide Partner erwerbstätig sind – oft zugleich *die berufliche Selbstverwirklichung* (zumindest mit) an. Der chancenreiche Beruf, der ihnen auch nach einer eventuell kalkulierten Kinderbetreuungsphase den Wiedereinstieg ermöglichen sollte, bildete für viele junge Frauen die Entscheidungsbasis für oder gegen Kind(er).

8 In der DDR lag das Alter der Mütter bei der Geburt ihres ersten Kindes bei ca. 23 Jahren.
9 2 Kinder zu haben war in der DDR der Standardwunsch.

Weibliche wie männliche Jugendliche warfen in ihren Aufsatztexten dem neuen Staat zugleich häufig *Kinderfeindlichkeit* vor. Dieses Urteil fällten die betreffenden Jugendlichen im Zusammenhang mit der Kontrastierung der heute im Vergleich zu früher unterschiedlich beurteilten Bereitschaft des Staates, ihnen mittels Schaffung gesellschaftlicher Rahmenbedingungen eine Entscheidung *für* Kinder zu erleichtern. Sie kritisieren heute, daß ihre Entscheidung für oder gegen Kinder im Prinzip ausschließlich eine *individuelle* ist. In der DDR gegebene praktische gesellschaftliche Unterstützungsmaßnahmen sind weggefallen; Kinder sind, so schrieben die Jugendlichen, verstärkt zur Privatsache und zum Privatproblem der Eltern geworden, kaum noch ein gesellschaftliches Anliegen. Die von den Jugendlichen kalkulierten Erfordernissse einer zukünftigen erfolgreichen Erwerbstätigkeit (die oft verbunden mit der Anforderung, sich „voll" einzubringen) kollidierten mit ihren gleichzeitigen Vorstellungen von einem harmonischen und befriedigenden Familienleben. Dies schränkte in ihren Augen die Möglichkeiten bzw. die Entscheidungsspielräume für Kind(er) subjektiv maßgeblich ein.

In diesem gesellschaftlichen Zusammenhang führten die Jugendlichen (ähnlich wie westdeutsche) weitere gesellschaftliche Faktoren – wie die Umwelt-, Gewalt- und Kriminalitätsproblematik – ins Feld, wenn sie ihre Entscheidung gegen Kinder begründeten, einen Kinderwunsch subjektiv anzweifelten oder auf höchstens ein Kind begrenzten. Es war nur selten ausschließlich der egoistisch-bequeme „Verzicht" auf das Kind, weil das Leben dann eher ohne „Belastung" verlaufe bzw. man sich einem ungebundenen Leben im Luxus hingeben könne.

Trotz aller Problemsicht hoffte die übergroße Mehrzahl der befragten Jugendlichen darauf, daß sie gemeinsam mit Kindern ihr Leben aufbauen und gestalten können. Daran koppelten sie überwiegend zugleich – und oft in noch bedeutenderem Maße – ein beruflich erfülltes Leben. Die zwar nachweislich zurückgegangene, jedoch immer noch *relative Konstanz des Kinderwunsches auf der Ebene der Lebensentwürfe* kollidiert allerdings mit dem gravierenden Einschnitt auf der aktuell feststellbaren Handlungsebene, die sich im dramatischen Rückgang der Geburtenzahlen in den neuen Bundesländern auf nicht einmal mehr 40% im Vergleich zu 1989 zeigt.

Dafür machten viele Jugendlichen (so geht es vor allem aus den Ergebnissen der *ZAROF-Studie 3* hervor) insbesondere die neuartigen Problemlagen für die *Vereinbarkeit von Beruf und Familie* verantwortlich: Neben dem in der Mehrzahl weiterhin vorgefundenen „doppelten Lebensentwurf" – in dem besonders die jungen Frauen Beruf und Familie für später gleichberechtigt integrieren wollten („Integrationskonzepte") – gewannen Phasenmodelle zur Vereinbarkeit („sukzessive Konzepte") zunehmend an Bedeutung. Aber auch solche Antizipationen, die eine Unvereinbarkeit von Beruf und Familie ausdrückten („Ausschließlichkeitskonzepte"), wurden geäußert.

Überraschenderweise entwarfen mehr SchulabgängerInnen aus den alten Bundesländern *Integrationskonzepte für Beruf und Familie* – allerdings überwiegend auf der Ebene individueller Wünsche. Viele ostdeutsche Jugendliche thematisierten zwar eine gleichberechtigte Verbindung von Beruf und Familie, sahen sich aber – angesichts der aktuellen Erfahrungen ihrer Eltern auf dem Arbeitsmarkt – mit ganz anderen Bedingungen konfrontiert. Die gewachsene Ungewißheit darüber, inwieweit sich die gesellschaftlichen Bedingungen zukünftig weiter erschwerend auf die Vereinbarkeit von Beruf und Familie (zumindest für die Frau) auswirken werden, spielte eine deutlich begrenzende Rolle für den Entwurf von Integrationskonzepten.

Beruf und Familie so zu vereinbaren, daß sich berufliche und familiale Phasen zeitlich mehr oder weniger abwechseln, also *sukzessiv* aufeinander aufbauen, sieht eine zunehmende Zahl ostdeutscher Jugendlicher als Lösungsansatz zur Vereinbarkeit beider Lebensweltbereiche. Allerdings waren die traditionell westlichen Vereinbarkeitsmuster für viele dieser Jugendlichen keine annehmbare Alternative. Ihnen schien sich die Situation eher so darzustellen, als müßten sie nun entscheiden, ob Beruf *oder* Familie subjektiv wichtiger ist. Angesichts der prekären Arbeitsmarktlage in den neuen Bundesländern ist es nicht verwunderlich, daß zunächst die Berufstätigkeit präferiert wurde; und im Rahmen solch eines erlebten Entscheidungskontextes suchten die betreffenden Jugendlichen oft einen Lösungsansatz, bei dem zugunsten des Berufs mehr oder weniger Abstriche an Partnerschaft und Familie gemacht wurden. Auffällig war, daß junge Frauen sogar etwas stärker als junge Männern solche Vorstellungen äußerten.

Alle *„Ausschließlichkeitskonzepte"*, die für die ostdeutschen Jugendlichen in der *ZAROF-Studie 3* interpretiert wurden, bezogen sich auf den Ausschluß von Ehe und/oder Kind(ern) zugunsten einer chancenreichen und ausfüllenden beruflichen Tätigkeit. *Keine* der befragten jungen Frauen wollte den Beruf später einmal zugunsten einer geplanten Familie aufgeben – und *keiner* der jungen Männer formulierte eine solche Forderung an die Adresse seiner späteren Lebenspartnerin.

Im Zusammenhang mit der wesentlich problematischer erlebten Vereinbarkeitsproblematik veränderten sich auch die *Vorstellungen ostdeutscher Jugendlicher über eine spätere Ehe*: Der Wunsch, später einmal zu heiraten, war unter den männlichen wie weiblichen Jugendlichen (auch in den alten Bundesländern) zwar weiterhin dominant, allerdings im Vergleich zur Vergangenheit mit rückläufiger Tendenz. Zunehmend strebten ostdeutsche Jugendliche (vor allem junge Männer, aber vermehrt auch junge Frauen) – vor allem mit steigendem Alter und höherem Bildungsniveau – Lebensgemeinschaften an, und zunehmend wurde auch ein Single-Dasein einkalkuliert. Den Sinn der Institution Ehe zweifelten sie seit 1990 häufiger an, was einerseits ein bewußtes Auflehnen gegen traditionelle Rollenklischees des Ehemannes und der Ehefrau ausdrückte, andererseits (und nicht zuletzt) in Zusammenhänge mit neuen rechtlichen Regelungen gebracht wurde – vor allem nach einer eventuellen Scheidung. Die Heiratswilligkeit ist insbesondere bei Großstadt-Jugendlichen deutlich zurückgegangen, während sie in kleineren Städten und ländlichen Regionen immer noch höher liegt.

4. Lebensvorstellungen im Kontext der Herkunftsfamilie

Nach den Ergebnissen aller drei *ZAROF*-Jugendstudien sind für ostdeutsche Jugendliche *die Eltern (vor allem die Mütter)* die wichtigste *personelle Konsultationsinstanz in Fragen der Berufswahl und beruflicher Optionen* – da unterscheiden sie sich nicht von den westdeutschen AltersgefährtInnen. Bemerkenswerterweise spielte es wider Erwarten kaum eine Rolle, ob die Eltern ihre eigene Berufsbiographie als Erfahrung weitergeben konnten oder ob sie (infolge einer gesellschaftlichen Entwertung ihrer in der DDR erlernten und ausgeübten Berufe) gemeinsam mit ihren jugendlichen Kindern vor einer beruflichen Um- oder Neuorientierung standen.

Ein oder beide Elternteil(e) war(en) mit ihrem beruflichen Werdegang inhaltlich und/oder in der Art und Weise ihrer beruflichen Entwicklung für eine ganze Reihe der Jugendlichen Vorbild: Etwa jede(r) vierte SchulabgängerIn formulierte in der qualitativ-offenen Befragung der *ZAROF-Studie 3* mehr oder weniger deutlich, daß man sich in der Planung seiner eigenen Berufsbiographie an die des Vaters, der Mutter (vorrangig bei jungen Frauen) oder auch beider Elternteile anlehnen möchte. Nach den Erhebungen unter Lehrlingen zwischen 1989 und 1991 gilt diese Tendenz in ähnlicher Weise auch für Jugendliche, die bereits in beruflicher Ausbildung stehen.

Der gesellschaftliche Umbruch führte zwar dazu, daß für sehr viele Jugendliche die Berufsbiographie der Eltern wesentlich an Bedeutung verlor, deren persönliche und sozial-moralische Lebenswerte jedoch von 1989 bis 1991 wichtiger wurden. Übergreifend zeigte sich außerdem, daß die Erfahrungen und generell von den Eltern vertretenen Lebenswerte für die Jugendlichen nach der „Wende“ sogar zu stärkeren Orientierungsankern für den eigenen Lebensentwurf wurden als früher, obwohl eine große Mehrzahl die Lebenswerte der Eltern kritisch-abwägend – quasi den neuen gesellschaftlichen Gegebenheiten angepaßt – verarbeiten wollte. Nur vergleichsweise wenige wollten ihr Leben generell autonom oder konträr zu dem der Eltern gestalten.

Die Abgrenzung der Jugendlichen von der elterlichen beruflichen Entwicklung war 1990 erkennbar häufiger als 1989 und 1991. Dies könnte darauf verweisen, daß manche beruflichen Träume der Jugendlichen, geboren in der Euphorie des Jahres 1990, die teilweise weit über die elterliche Berufsbiographie hinauswuchsen, 1991 mit den Arbeitsmarkt- und Lehrstellengegebenheiten in die Realität zurückgeholt und damit die Elternerfahrungen auch für diesen Lebensbereich wieder bedeutsamer wurden.

Im Kontext einerseits der Bedeutung der Eltern als Konsultationspartner in Fragen der Berufswahl für die Jugendlichen und andererseits des Stellenwertes der Familiensituation im Elternhaus ergibt sich die Frage nach der Bedeutsamkeit und den Entwicklungstendenzen der *Eltern-Kind-Beziehungen* seit 1990.

Unumstritten ist, daß sich das Familienklima auf die generellen Wertorientierungen der Jugendlichen ebenso auswirkt wie auf ihre Selbstverwirklichungswünsche im Beruf: „Je stärker die emotionale Übereinstimmung mit dem Elternhaus, um so wichtiger werden die sozialen und kreativen Aspekte des Berufes genommen." (Melzer 1992: 82) Schnabel u.a. (1994) stellten fest, daß die (eher materialistischen) Wertorientierungen der Eltern von den (stärker postmaterialistischen) Orientierungen ihrer Kinder in den neuen Bundesländern deutlicher abweichen, als dies in den alten Bundesländern der Fall ist, und halten es für denkbar, „daß dies vermehrt zu Konflikten der Jugendlichen mit ihren Eltern führt" (92). Diese Annahme sollte dadurch noch relevanter werden, als einerseits einige Jugendliche – insbesondere in Elternhäusern, in denen beide Elternteile erwerbstätig sind – den Familienalltag im Vergleich zu früher als „hektischer und stressiger" beschreiben (Keiser 1992: 296) und als sich andererseits die materielle und psychische Familienbelastung in Elternhäusern, die von Arbeitslosigkeit betroffen sind, deutlich erhöht hat, was sich auf die Familienatmosphäre auswirkt. Im letzteren Bezug spricht deshalb Günther (1992: 283) von vermehrten Spannungen, gereizter Stimmung und Streit in betreffenden Familien, was Jugendliche schilderten.

Hypothetische Erwartungen, die auf negativ veränderte Eltern-Kind-Beziehungen reflektieren, würden in diesem Kontext folgerichtig erscheinen, konnten jedoch in der *ZAROF-Studie 1*, die die Eltern-Kind-Beziehungen zu einem konkreten Analysegesichtspunkt machte, (auch nicht in anderen Forschungsarbeiten; vgl. z.B. Heller 1992, Vollbrecht 1993 oder Golz 1995) bestätigt werden: Einerseits ging der Anteil der Jugendlichen, die sich in der Aufsatzbefragung zu ihren Elternbeziehungen äußerten, von 1989 zu 1991 zurück, andererseits schrieben jedoch 1991 wesentlich weniger Jugendliche von Konflikten mit den Eltern (ähnliche Ergebnisse gab es auch in Äußerungen der Jugendlichen zu den Mutter-Vater-Beziehungen). Deshalb gilt, daß der innerfamiliale Beziehungsbereich augenscheinlich nicht konfliktreicher geworden ist. Ein möglicher Erklärungsansatz dafür wäre, daß die Jugendlichen heute – unter wesentlich komplizierteren gesellschaftlich-sozialen Bedingungen und bei einem erkennbaren „Abkühlen" des außerfamilialen Beziehungsnetzes – die Eltern und die Herkunftsfamilie emotional anders und wichtiger erleben: Die Familie scheint wieder vermehrt zur „Nische" zu werden, in die man sich bei Problemdruck zurückziehen kann, wo Gefühle der Geborgenheit und persönliche Zuwendung noch möglich, erlaubt und erwünscht sind.

5. Zusammenfassung

Nach den Forschungsbefunden des *ZAROF* seit 1990 haben Berufswahl und Erwerbstätigkeit für ostdeutsche Jugendliche bei der Konzeptionierung ihres zukünftigen Lebens eine zentrale Bedeutung. Überwiegend, jedoch unsicherer, binden sie auch persönlich-familiale Lebensvorstellungen darin ein, und nicht selten orientieren sie sich zudem an beruflichen Lebenserfahrungen und Wegen der Eltern. Weder bei den ostdeutschen Jugendlichen insgesamt, noch bei den jungen Frauen waren resignative Rückzüge aus der Erwerbstätigkeit festzustellen. Wahrscheinlicher als eine „weibliche" Lösung der Arbeitsplatz- bzw. Erwerbslosenproblematik ist, daß das Problem Familie (und ganz besonders ihrer Vereinbarkeit mit dem Beruf) verstärkt auf die Tagesordnung gesetzt werden muß. Die Ehe verliert für Jugendliche zunehmend an Attraktivität. Zugleich führten berufliche, gesellschaftliche und ökologische Problematisierungen – im Zusammenhang mit der antizipierten Verantwortung als potentielle Eltern – gerade in den neuen Bundesländern in steigendem Maße dazu, daß Jugendliche eine beabsichtigte Kindesgeburt zeitlich deutlich nach hinten verschoben, spätere eigene Kinder in Frage stellten oder sogar definitiv auf Kinder verzichten wollten.

Friedrich/Förster (1994:150) erwarten bei den Jugendlichen in den neuen Bundesländern infolge der „Wende" einerseits eine „weitere Annäherung an die westdeutschen Strukturen der Werte- und Lebensorientierungen", andererseits jedoch auch „Unterschiede in den Einstellungen, Motiven, Verhaltensweisen bei Jugendlichen in Ost und West (für) noch längere Zeit", die sich eventuell teilweise und in Abhängigkeit von der Unterschiedlichkeit der Lebensverhältnisse in beiden Landesteilen noch verstärken können (150). Wenn diese Prognose zutrifft – und manches deutet darauf hin – so wird es sich dabei weniger um einen kürzeren, als vielmehr um einen sehr langen Zeitraum handeln (vgl. Mayer 1994: 310).

Literatur:

Beck, U./Brater, M./Daheim, H.: Soziologie der Arbeit und Berufe. Grundlagen, Problemfelder, Forschungsergebnisse. Reinbeck b. Hamburg: Rohwohlt, 1980

Fobe, K./Hartung, U./Schmidt, C./Siegel, I.: „Wende" im Osten Deutschlands – gewendete Jugend? Zum Wandel der Lebensentwürfe DDR-Jugendlicher vor, während und nach der „Wende". Schriften des Zentrums für Arbeits- und Organisationsforschung e.V. – *ZAROF*, Heft 2. Berlin: Trafo Verlag Weist, 1994

Fobe, K./Minx, B.: „Kriegt man keine Arbeit, ist man eine große Null ..." Jugend Ost und Jugend West im Berufswahlprozeß – eine qualitative Forschungsstudie. Schriften des Zentrums für Arbeits- und Organisationsforschung e.V. – *ZAROF*, Heft 9. Berlin: Trafo Verlag Weist, 1995

Fobe, K./Hartung, U./Irmert, B.: Jugendliche zu ihren beruflichen und persönlichen Lebensvorstellungen. Ergebnisse einer halbstandardisierten Befragung von SchulabgängerInnen. Schriften des Zentrums für Arbeits- und Organisationsforschung e.V. – *ZAROF*, Heft 6. Berlin: Trafo Verlag Weist, 1994

Friedrich, W./Förster, P.: Jugendliche in den neuen Bundesländern. In: Veen, H.-J., u.a. (Hrsg.): Eine Jugend in Deutschland? Orientierungen und Verhaltensweisen der Jugend in Ost und West. Opladen: Leske + Budrich, 1994, S. 119-154

Golz, L.: Zur Befindlichkeit Jugendlicher in den Städten Neubrandenburg, Greifswald und Schwerin (Mecklenburg-Vorpommern). In: Sydow, H./Schlegel, U./Helmke, A. (Hrsg.): Chancen und Risiken im Lebenslauf: Beiträge zum gesellschaftlichen Wandel in Ostdeutschland, Berlin: Akademie Verlag, 1995, S. 45-72

Günther, C.: Herkunftsfamilie und eigene Familiengründung nach der Wende. Aufsätze von SchülerInnen 1990. In: Jugend ’92. Lebenslagen, Orientierungen und Entwicklungsperspektiven im vereinten Deutschland. Shell-Studie ’92, Bd. 3. Opladen: Leske + Budrich, 1992, S. 281-292

Heller, P.: Veränderungen von Werthaltungen und Lebenszielen und veränderte Anforderungen an die Sozialpolitik. Anforderungen an die kommunale Sozialpolitik infolge veränderter Lebensbedingungen und Verhaltensweisen in der Region Neubrandenburg. Halle: KSPW – Kommission für die Erforschung des sozialen und politischen Wandes in den neuen Bundesländern e.V. (Hrsg.), Graue Reihe, Nr. 617/1992

Hofmann, J., u.a.: Identitätskonflikte, Reaktionen und Neuorientierungen in der ostdeutschen Bevölkerung beim Übergang in die Gesellschaft der Deutschen Bundesrepublik. Halle: KSPW – Kommission für die Erforschung des sozialen und politischen Wandes in den neuen Bundesländern e.V. (Hrsg.). Graue Reihe, Nr. 517/1992

Irmert, B.: Textanalyse- und Kodierungs-Tool – TAKT.dos. (Handbuch), Schriften des Zentrums für Arbeits- und Organisationsforschung e.V. – *ZAROF*, Heft 10. Berlin: Trafo-Verlag Weist, 1995

Keiser, S.: „Bei uns zu Hause hat sich viel geändert.“ – Familie und Vereinigung in Schüleraufsätzen 1991. In: Jugend ’92. Lebenslagen, Orientierungen und Entwicklungsperspektiven im vereinten Deutschland. Shell-Studie ’92, Bd. 3. Opladen: Leske + Budrich, 1992, S. 293-302

Kühnel, W.: Jugend in den neuen Bundesländern: Veränderte Bedingungen des Aufwachsens, Gewalt und politischer Radikalismus. In: Berliner Journal für Soziologie 3/1993, S. 385-408

Mayer, K. U.: Vereinigung soziologisch: Die soziale Ordnung der DDR und ihre Folgen. In: Berliner Journal für Soziologie 3/1994, S. 307-321

Melzer, W.: Jugend und Politik in Deutschland. Gesellschaftliche Einstellungen, Zukunftsorientierungen und Rechtsextremismus-Potential Jugendlicher in Ost- und Westdeutschland. Opladen: Leske + Budrich, 1992

Schlegel, U.: Politische Einstellungen ostdeutscher Frauen im Wandel. Leipzig 1993 (= Hefte zur politischen Bildung 5)

Schnabel, K./Baumert, J./Roeder, P. M.: Wertewandel in Ost und West – Ein Vergleich von Jugendlichen und Erwachsenen in den neuen und alten Bundesländern. In: Trommsdorff, G. (Hrsg.): Psychologische Aspekte des sozio-politischen Wandels in Ostdeutschland. Berlin/New York: Walter de Gruyter, 1994, S. 77-93

Schober, K.: Veränderte Statuspassagen und Strukturwandel in der beruflichen Erstausbildung. Ergebnisse einer Längsschnittuntersuchung bei Jugendlichen in den neuen Ländern. In: Mitteilungen aus der Arbeitsmarkt- und Berufsforschung 2/1993, S. 162-175

Starke, U., u.a.: Jugend in Leipzig vor und nach der Wende. Zur Situation Jugendlicher in einer ostdeutschen Großstadt, Leipzig 1992. Halle: KSPW – Kommission für die Erforschung des sozialen und politischen Wandes in den neuen Bundesländern e.V. (Hrsg.). Graue Reihe, Nr. 507/1992

Vollbrecht, R.: Ost-west-deutsche Widersprüche. Ostdeutsche Jugendliche nach der Wende und im Westen. Opladen: Leske + Budrich, 1993

Partnerschaft und Sexualität Jugendlicher: 8 synoptische Aussagen

Kurt Starke

Dieser Artikel stützt sich auf sozialwissenschaftlich-sexuologische Untersuchungen seit 1972, insbesondere auf die mir geleiteten drei Partnerstudien unter 11.313 16- bis 48jährigen und die Ost-West-Vergleichsstudie Jugendsexualität.[1] Diese Untersuchungen sind zunächst vom Zentralinstitut für Jugendforschung Leipzig durchgeführt und nach dessen Auflösung 1990 von der Forschungsstelle Partner- und Sexualforschung fortgeführt und durch neuere Studien ergänzt worden. Dabei ist die Partnerschaft mit Konrad Weller zu würdigen, mit dem ich seit über 15 Jahren eng zusammenarbeite.

Um das Historische und Gewordene kritisch betrachten und neue Entwicklungen aufnehmen zu können, sind empirische Zustandsbeschreibungen nötig. Unser Material läßt folgendes erkennen:

– Im wechselvollen Prozeß der Transformation kommt es insbesondere bei Jugendlichen zu einem dynamischen Wechselverhältnis von Konsistenz und Inkonsistenz der Einstellungen und des Verhaltens. Die Anpassung an die neuen Lebensbedingungen und die Interiorisation der veränderten Wertewirklichkeit führen einerseits dazu, daß sich die individuelle Hierarchie der Lebenswerte verändert und neue Werte hinzukommen. Andererseits wird versucht, die eigenen Werte in die neue Wirklichkeit einzubringen. Die Konsistenz versus Inkonsistenz jugendlichen Verhaltens ist

1 Im einzelnen handelt es sich um folgende Studien, die in den aufgeführten Literaturquellen näher beschrieben werden:

PARTNER I	1972	N =	2.741
Studenten-Intervallstudie SIS 3	1973		1.628
PARTNER II	1980		5.469
PARTNER III	1990		3.103
Studentensexualität Ost-West	1990		2.654
Jugendsexualität und AIDS Ost-West	1990		689
Homosexuelle Männer	1991		546
Jugend in der Stadt Leipzig	1991		1.630
Jugend in Görlitz	1992		848
Jugend in Borna/Geithain	1992		1.672
Assoziationsstudien	1993		716
Bürgerbefragung Sachsen	1993		976
Jugend in Chemnitz	1994		1.439
Jugend in Leipzig	1994		776
Jugend in Dresden	1994		459

nicht nur aus der Gegenwart und den vergangenen 4 Jahren zu erklären, sondern bedarf einer Einordnung in größere historische Bögen einschließlich zukünftiger Entwicklungen.

- Das jugendliche Partner- und Sexualverhalten ist wie das jugendliche Gesamtverhalten Jugendlicher von einer großen Differenziertheit gekennzeichnet. Seit längerem – nicht erst nach der Wende, aber nun verstärkt und anders geartet – ist eine größere Bandbreite in jugendlichen Einstellungen und Verhaltensweisen und eine Auffächerung der inneren Struktur von Jugend zu beobachten, verbunden mit einer Verkomplizierung und Neugestaltung des Verhältnisses zwischen jugendlichen Untergruppen, vor allem zwischen den Geschlechtergruppen, zwischen sozial Integrierten und weniger Integrierten, zwischen den Bildungs- und Einkommensgruppen und auch zwischen den Altersgruppen, die jeweils ihr eigenes Profil haben. Zwischen den Geschlechtergruppen finden sich in unseren neuesten Untersuchungen Unterschiede, die früher so nicht bestanden haben, und sie beinhalten teilweise den Versuch einer Übernahme traditioneller Geschlechterrollen wie auch die Rezeption emanzipatorischen Gedankengutes. Dieser Differenzierungsprozeß, der vor allem soziale Ursachen hat, ist verbunden mit einer Polarisierung bis hin zur Extremisierung.
- Die veränderten Bedingungen bringen in bezug auf Partnerschaft und Sexualität neue Verhaltensbereiche mit sich. Dazu gehören veränderte gesetzliche Grundlagen (z.B. § 218, § 184, Scheidungsrecht, Rechte von ledigen Müttern und deren Kindern) und die öffentliche Thematisierung von früher tabuierten Themen wie sexuelle Gewalt, Gewalt in der Partnerbeziehung und der Familie, sexueller Mißbrauch von Kindern, Gewalt gegen Frauen. Jugendliche müssen die ständige Präsenz von Sex in der Öffentlichkeit, den massenmedialen Sex, das Sex-Business, Pornographie und Prostitution verarbeiten und werden mit neuen Erscheinungsformen wie Video- und Cybersex konfrontiert. Infolge einer größeren beruflichen und territorialen Mobilität der Eltern und der Jugendlichen verändern sich insgesamt die Bedingungen für das Partner- und Sexualverhalten. Verschiedene Lebens- und sexuelle Verhaltensstile werden lebbar und können im Lebenslauf auch eine Sequenz bilden.

Als Ausgangspunkte können gelten:

- Partnerbeziehung und Sexualität können als wesentliche Elemente der Jugendwirklichkeit und als bedeutende Sozialisations- und Entwicklungsfaktoren betrachtet werden. Liebe, Sexualität, Partnerschaft, Familie sind herausragende Lebenswerte und bestimmen maßgeblich das Alltagsverhalten Jugendlicher.
- Das aktuelle und zukünftige Sexualverhalten ergibt sich in je spezifischen Herkunfts- und Entwicklungsbedingungen und durch die in eigener Aktivität erworbenen Verhaltensdispositionen. Diese können mit den

aktuellen Lebensbedingungen kollidieren und zu Verhaltensbrüchen mit unklarer Prognose führen.
- Die sexuelle Sozialisation der ostdeutschen Jugendlichen verlief unter besonderen Bedingungen und unterscheidet sich von der sexuellen Sozialisation westdeutscher Jugendlicher und Jugendlicher anderer Länder. Zugleich zeigen sich bedeutende Übereinstimmungen, insbesondere bei den Jugendlichen aus beiden Teilen Deutschlands.
- Der Umgang mit der eigenen Sexualität und die Gestaltung der Partnerbeziehungen gehören zu den bedeutendsten (und schönsten) Entwicklungsaufgaben. Diese Aufgabe beinhaltet bereits im jüngeren Jugendalter Entscheidungen von oft lebenslanger Bedeutung und ein oft hohes Maß an Verantwortung nicht nur für sich selbst, sondern auch für andere (und ein mögliches neues Leben). Sie ist mit starken Emotionen verbunden, in gewisser Weise und in manchen Fällen (die erste Liebe) mit den größten, zu denen ein Mensch fähig ist.
- Das Liebes- und Sexualverhalten ist konstituierender Teil des jugendlichen Gesamtverhaltens. Um intra- und interpersonelle Unterschiede erklären und Problemlagen erkennen zu können, ist der Blick auf die Umstände notwendig, unter denen sich jugendliches Gesamtverhalten entwickelt. Der abrupte und dramatische Wandel der Lebenslagen und der gesamten sozialen Rahmenbedingungen schafft einen spezifischen Erfahrungs- und Kommunikationsraum. Mit dem Umbruch und im Verein mit anderen globalen und historischen Entwicklungen entsteht eine neue Jugendsexualität (nicht nur im Osten Deutschlands).

1. Geschlechtsreife

Jugendliche werden heute im Durchschnitt drei Jahre eher geschlechtsreif als zu Beginn des Jahrhunderts. Die *Menarche* liegt bei 12,8 Jahren, die *Ejakularche* bei 13,9 Jahre. Nichts allerdings deutet darauf hin, daß nunmehr eine weitere Vorverlegung eintritt.

Geschlechtsreife wird in unseren Breiten als markantes Ereignis der individuellen Lebensgeschichte betrachtet, wenngleich im schulischen und familialen Alltag darum kein großes Aufheben gemacht wird (insbesondere im Osten nicht) und die Regelblutung in den Klassen und Jugendgruppen kein Anlaß für Wertungen in bezug auf die Persönlichkeit ist. Möglicherweise ist die Menarche in der DDR sogar nicht genügend diskursiv reflektiert und gewürdigt worden. Doch finden sich keine Anzeichen dafür, daß nach der Wende ein anderer sozialer Umgang mit Menarche und Ejakularche entstanden ist oder in diese Richtung gehende Veränderungswünsche geweckt worden sind.

Die Geschlechtsreife wird in unserer kulturellen Tradition (die diesbezüglich auch in der DDR voll galt) als notwendige, aber nicht hinreichende

Bedingung für Geschlechtsverkehr betrachtet. Geschlechtsverkehr mit nicht Geschlechtsreifen ist tabuiert und sozial abgelehnt. In bezug auf andere sexuelle Kontakte, insbesondere Küssen, ist diese Grenze jedoch – für die Jugendlichen untereinander, nicht für Ältere mit Jugendlichen – gelegentlich abgebaut, und es werden generell andere Kriterien als die der biologischen Geschlechtsreife angelegt.

Die Geschlechtsreife und die Aufnahme sexueller Beziehungen stehen in keinem ursächlichen und keinem statistischen, sondern in einem soziokulturellen Zusammenhang. Körperlich weit entwickelte Jugendliche, insbesondere Mädchen, geraten häufig in andere Kontakt- und Werbekontexte; sie werden von Männern anders wahrgenommen. Dies führt manchmal, aber nicht regelhaft, zu erfolgreichen Annäherungsversuchen. Im statistischen Durchschnitt gesehen, warten früh Geschlechtsreife länger als spät Geschlechtsreife; bei ihnen ist die Zeit zwischen Menarche/Ejakularche und Kohabitarche länger. Sexuelle Frühstarter sind in den allermeisten Fällen keine biologisch-körperlich konstituierte, sondern eine sozial konstituierte Gruppe.

2. Pubertät

Gunter Schmidt schreibt nach unserer gemeinsamen Interviewstudie: „Die klassische Pubertät der (bürgerlichen) Jungen gibt es nicht mehr. Das Erleben der Pubertät als plötzlichen Triebeinbruch, der Kampf gegen die sexuellen Impulse, das lust-, angst- und schuldvolle Sich-Überwältigen-Lassen von diesen Impulsen im masturbatorischen oder verbotenen heterosexuellen oder homosexuellen Akt, die differenzierten oder auch rührenden Sublimationsversuche – all diese Ausdrucksformen der Pubertät des bürgerlichen Jungen, wie sie von Eduard Spranger oder Siegfried Bernfeld wissenschaftlich und von Hermann Hesse in seinem Pubertätsroman literarisch beschrieben wurden, sind bei den von uns befragten Jungen so gut wie nicht mehr zu finden.“ (1993: 4)

Das ist gewiß eine provozierenden Aussage – aber nicht für die DDR-Jugendforschung. Zum einen reproduzierte sich dieser bürgerliche Junge in der DDR nicht, er verschwand nach und nach von der Bildfläche und mit ihm auch seine eigenartige und verklemmte Pubertät. Zum anderen hatte die DDR-Jugendforschung das Thema Pubertät als soziales und psychologisches Phänomen (nicht als biologisch-medizinisches) bereits in den 70er Jahren ausgiebig diskutiert und ad acta gelegt, allerdings nicht in erster Linie in bezug auf das Sexualverhalten, sondern in bezug auf das Gesamtverhalten Jugendlicher.[2] In unserer ersten Partnerstudie 1972 – 1974 bestätigten sich

2 Die klassischen Jugendtheorien, zum Beispiel die von Spranger, erwiesen sich nämlich zur Erklärung unserer empirischen Befunde mehr und mehr als unzureichend, was nicht an Spranger, sondern an der veränderten Jugendwirklichkeit lag. Sie entsprach in keiner Wei-

dann auch für das Partner- und Sexualverhalten die Verflüchtigung der klassischen Pubertät genauso, wie andere Phänomene nicht mehr als typisch und allgemeingültig nachzuweisen waren (wie Penisneid, Doktorspiele, passagere Homosexualität, Schwärmerei[3], pubertäre Nacktheitsscheu, Virginitätskult, retardierendes weibliches Lusterleben).

3. Verlieben, Lieben, Institutionalisieren

Mit 16 Jahren sind 90% der Jugendlichen schon einmal verliebt gewesen. Dieses *Verliebtsein* drängt bald auf Erwiderung und den Aufbau einer Paargruppe. Schwärmen ohne Kontaktstreben und ohne energische Anstrengung zur Interaktion ist heute nicht charakteristisch.[4] Das Verliebtsein wird nicht unterdrückt, versteckt, heimlich genossen, sondern unter der Voraussetzung gegenseitiger Induktion institutionalisiert.

In Deutschland gehen Jugendliche früh *feste Partnerbeziehungen* ein. Mit 16 Jahren sind rund 80% partnerschaftserfahren. Aktuell haben mit 16 Jahren ein Viertel der Jungen und die Hälfte der Mädchen eine feste Beziehung. Dieser Anteil war früher im Osten Deutschlands höher (rund zwei Drittel der 16jährigen und drei Viertel der 18jährigen). Jetzt wollen insbesondere männliche Jugendliche ohne feste Bindung leben und noch warten, um bezüglich ihrer beruflichen und Lebensgestaltung offen und flexibel zu sein.

Dennoch: Auch von denen, die gegenwärtig keinen festen Partner haben, sehnen sich die meisten nach Liebe und möchten einen festen Partner haben. Als Gründe für *gewollte Partnerlosigkeit* werden vor allem Zeitmangel, Leistungsdruck in der Schule und auf Arbeit angegeben. Reichlich ein Viertel der partnerlosen männlichen und knapp die Hälfte der partnerlosen weiblichen Jugendlichen sagen, daß sie ihre sexuelle oder überhaupt ihre Freiheit nicht aufgeben wollen. 34% der Westjungen betonen, einfach kein Bedürfnis nach einer Partnerbeziehung zu haben (nur 6% der Ostjungen); dieser Ost-

se den klassischen Jugendbildern und den vorgeblich natürlichen Phasen der Jugendentwicklung. Die klassischen Phasen ließen sich einfach nicht empirisch nachweisen, und im interdisziplinären Streit suchten wir nach anderen Erklärungen – und fanden sie im Soziokulturellen. Selbst das Alter verlor als An-sich-Größe an Bedeutung; es löste sich als Konstante auf. Es ist hier nicht der Ort, diese Forschungen zu referieren und im einzelnen die Quellen zu nennen. Ich verweise auf die Arbeiten insbesondere von Walter Friedrich, Harry Müller und Peter Förster.

3 Die „Schwärmerei als Phase der Reifezeit“, wie Charlotte Bühler es 1926 aufgrund ihrer Analyse von Tagebüchern junger Mädchen ausdrückte. Aber auch der Jüngling habe, folgt man Eduard Spranger, eine Phase der „idealen Sehnsucht“, in deren stillen Tiefen sich die seelische Zeugungskraft bilde und die den Jüngling vor dem „Hinabgleiten in den niederen Genuß“ behüte.

4 Ausgenommen davon sind der mediengestützte Starkult und das teils hysterische Fanverhalten, die zeitgenössische Variante von Schwarmhaltungen.

West-Unterschied findet sich bei den Mädchen nicht (kein Bedürfnis: 21% West, 24% Ost).

Insgesamt ist zu beobachten, daß sich nach der Wende der allgemeine Trend zu einer frühen Partnerbindung abgeschwächt hat.

Die *emotionalen Bindungen* in festen Beziehungen sind eng. Die meisten gehen eine Bindung nur dann ein und suchen Nähe und Intimität nur dann, wenn sie der Beziehung das Prädikat Liebe verleihen können. Sich lediglich aus Langeweile oder Einsamkeit, zur Stärkung des eigenen Selbstbewußtsein, aus Prestige- oder anderen (z.B. rein sexuellen) Gründen eine(n) Freund(in) zuzulegen, ist ganz und gar untypisch geworden. Dies ist eine bedeutende Veränderung, die älteren Jugendtheorien völlig widerspricht. Wenn schon eine Beziehung, dann eine mit Liebe. In den Ergebnissen drückt sich das so aus, daß die Jugendlichen in Ost wie in West ihre aktuelle Beziehung in fast extremer Weise als nah und harmonisch und fast nie als distanziert und disharmonisch beschreiben. Nach einer Faktoranalyse von 16 Items eines speziellen Partnerbogens lädt auf dem positiven Pol das Item Vertrauen am höchsten, gefolgt von Geborgenheit und Kommunikationsintensität; auf dem negativen Pol finden sich sexuelles Bedrängen, Angsthaben, Streit.

Die jugendliche Partnerbeziehung ist im Regelfall eine *Liebesbeziehung,* und zwar eine mit hohem Anspruch und ganz bestimmten Qualitäten. Das dominierende und übergeordnete Kriterium und zugleich das Hauptmotiv des Aufbaus einer Paargruppe ist dabei das gegenseitige Vertrauen. Dazu gehören das Sichanvertrauenkönnen, gegenseitiges Einfühlungsvermögen, Gleichklang der Herzen, geistige und körperliche Kommunikation, Zärtlichkeit – alles verbunden mit der Achtung der eigenen Person, der Anerkennung der eigenen Individualität, der Akzeptanz von persönlichen Freiräumen. Dagegen werden Bedürfnisdiskordanzen, Streit, Furcht vor dem anderen, Herrschaft eines Partners, latente oder tatsächliche Übergriffe, eine überwiegend sexuell dominierte Liaison sofort negativ empfunden, als jenseits von Liebe erlebt und als unerträglich abgelehnt.

Im Osten wie im Westen folgen die 16/17jährigen einem hohen *Treue-Ideal*: Man verspricht sich die Treue und ist sich auch treu. Dieser Aussage stimmen nur etwas weniger Jungen zu als Mädchen, wobei die Westdeutschen noch ein wenig strenger urteilen als die Ostdeutschen: 81% der Ost- und 89% der Westjungen und 91% der Ost- und 95% der Westmädchen. Erwartungsgemäß sieht die Realität etwas anders aus, aber immerhin: Von den Jugendlichen mit Partnererfahrung geben nur 16% der Ostdeutschen (männlich = weiblich) und 18% der Westdeutschen (männlich = weiblich) an, einmal untreu gewesen zu sein. Dabei handelt es sich meist um einen Kuß, ansonsten wird der Treueanspruch ernst und nur der feste Partner fest in die Arme genommen. Ein wildes und beliebiges Nebeneinander ist nicht habituell.

Die romantische Frage „Wünschen Sie sich, mit diesem Partner ein Leben lang zusammenzubleiben?“ beantworten in Ost und West die Hälfte der

Jungen und Mädchen mit einem herzlichen „ja". Die verbleibende Hälfte unterscheidet sich allerdings: Im Westen wird häufiger die Antwort „nein" und im Osten die Antwort „unentschieden" gegeben. Dies entspricht durchaus einem lebensstrategischen Konzept: Die meisten (rund 80%) möchten möglichst lange mit ein- und demselben Partner zusammen sein, die restlichen 20% planen Partnermobilität ein, fast niemand will von vornherein lebenslang auf Partnerschaft verzichten.

Gegenwärtig ist in Deutschland eine *Renaissance der romantischen Liebe* zu beobachten. Im Osten wie im Westen dominiert das Ideal der großen Liebe, die ausschließlich ist und ein Leben lang hält. Die Jugendlichen verlieben sich nicht auf Zeit, nicht vorläufig oder probehalber, sondern suchen die feste, dauerhafte Liebesbeziehung und wenden sich voll und uneingeschränkt der geliebten Person zu. Dieser geliebten Person wollen sie auch treu sein. Das Ideal der ewigen Liebe wird durch das Ideal der aktuellen Treue ergänzt. Partnermobilität ist dann nicht ein Durchbrechen des Liebe- und Treue-Ideals, sondern die Folge davon. Ebenso kann die moderne Bindungsunlust nicht als Gegentendenz betrachtet werden: Sie ist ebenfalls eine Folge des Ideals, sich (nur) mit einem bestimmten, einem geliebten und liebenden Partner einzulassen.

Diese Befunde verlangen drei Kommentare:

1. Die Renaissance der romantischen Liebe ist ein Phänomen, das vor allem auf die alten Bundesländer zutrifft und dort auch als besonders bemerkenswert empfunden wurde und wird. Dies hängt vor allem mit dem Vergleich zur Nach-68er-Generation und der „sexuellen Befreiung" in jener Zeit zusammen. Die Hamburger Kollegen unserer gemeinsamen Untersuchung schreiben: „Jungen verbinden Sexualität heute stärker als 1970 mit Liebe... Im sexuellen Verhalten und in Partnerschaften betonen Jungen und Mädchen heute stärker die Bedeutung von Liebe und Bindung... Heute bewerten Jungen und Mädchen Treue positiver als 1970 und sind in festen Beziehungen auch tendenzweise treuer." (Schmidt/Klusmann/Zeitschel 1993: 29) Im Osten ist in den 70er Jahren – wie vorn bereits erwähnt – zwar ebenfalls eine sexuelle Liberalisierung zu verzeichnen, und sind erhebliche Veränderungen eingetreten (Weller/Starke 1993). Aber die romantische Liebe war schon in dieser Zeit bestimmend und dann nie out. Vielmehr war ein Hauptergebnis aller unserer Partnerstudien seit 1972, daß die Jugendlichen an die große Liebe glaubten, daß sie sich aus Liebe zusammenfanden und aus Liebe heirateten, daß im Denken der Jugendlichen Liebe und Sexualität eng zusammengehörten, daß Liebe nicht ohne Sexualität gedacht und Sexualität durch Liebe ihre große Dimension gewann, daß die Liebesbeziehung als idealer Ort für Sexualität betrachtet wurde. Insofern kann in bezug auf die ostdeutschen Jugendlichen eigentlich nicht von einer Romantisierung

der Sexualität oder einer Renaissance der romantischen Liebe gesprochen werden, sondern von einem Modell, daß nun auch von den westdeutschen Jugendlichen (unter ganz anderen Voraussetzungen und in anderer Genese) entdeckt bzw. angenommen wird (*an*genommen, nicht etwa aus dem Osten *über*nommen). Die Bedeutung der Liebe ist nun für ost- und westdeutsche Jugendliche eine Gemeinsamkeit geworden, und eben dieser Liebe-Habitus wird im geeinten Deutschland zu einer Generationstypik von weitreichender Wirkung werden.

2. Unsere Befunde über die Liebesbeziehungen Jugendlicher wären mit theoretischen Modellen zu konfrontieren, beispielsweise mit dem Ehemodell Hartmut Essers, der Ehen als Produktions- und Kontrollstätten von Ehegewinn bezeichnet.[5] Vielleicht werden unsere Aussagen mit diesem Modell besser erklärbar. Möglicherweise zerschellt das Modell aber auch an diesen Aussagen und an der Jugendwirklichkeit, weil eine ökonomisierende Betrachtungsweise die Gefühlswelt junger Liebenden nicht faßbar macht.
3. Unsere Ergebnisse über das jugendliche Lieben (und die noch folgenden über Jugendsexualität) scheinen alle jenen Theorien über Partnerschaft und Familie recht zu geben, die von einer De-Institutionalisierung sprechen: Das Hauptkriterium ist immer die Liebe und nicht die Institution. Doch liegen die Verhältnisse offenbar ganz anders: Nicht eine Institution (so hoch ihr kultureller Wert auch sei) ist für sakrosankt oder für ablegbar zu erklären, sondern die Akteure und die emotionale Qualität ihrer Beziehungen sind in lebbaren Formen zu betrachten. Eindeutig findet eine Entinstitutionalisierung nicht statt, im Gegenteil, die jugendliche Liebe institutionalisiert sich in einer festen Beziehung (und oft auch in der Ehe und der Familie). Aber den Jugendlichen geht es dabei nicht um die Institution an sich, sondern um sich selber, um die konstituierenden Personen und deren emotionalen Beziehungen.

4. Kohabitarche

In den Liebesbeziehungen kommt es schnell zu sexuellen Kontakten einschließlich *Geschlechtsverkehr*. Eine längere und sich verselbständigende Pettingphase ist nicht charakteristisch, insbesondere im Ostteil Deutschlands nicht. So gut wie alle Jugendlichen tolerieren den vorehelichen Geschlechtsverkehr und praktizieren ihn auch. Die Akzeptanz des vorehelichen Geschlechtsverkehrs ist total; modische Strömungen aus den USA, die eine sexuelle Enthaltsamkeit bis zur Hochzeitsnacht feiern, finden bei ostdeutschen

5 auf der Tagung „Familie der Zukunft“ im April 1994 in Bonn

Jugendlichen keinerlei Anklang. Virginität wird weder als Makel noch als Erfolg noch als irgend etwas Besonderes bewertet, das es zu bewahren gelte. Die Sexualität hat sich von der Institution Ehe, nicht aber von der Liebesbeziehung gelöst. Der erste Geschlechtsverkehr ist bei der Mehrzahl von Liebe oder Verliebtsein getragen und findet zu 75% bis 85% in einer fester Partnerschaft statt. Nur ausnahmsweise ist der erste Geschlechtsverkehr anonym, zufällig, beiläufig. Bei allgemeiner Tendenz zu Gleichaltrigkeit ist der erste Koituspartner (insbesondere bei den Mädchen im Osten, die auch früher starten) zwar meist etwas älter, aber in vielen Fällen sexuell ebenfalls unerfahren. Idealerweise ist der Intimpartner die geliebte Person. Der erste Geschlechtsverkehr ist dann ein gemeinsam angestrebtes und beiderseits gewolltes Ereignis. Sind diese Bedingungen nicht gegeben, dann wird auf Geschlechtsverkehr lieber verzichtet.

Das *Kohabitarchealter* von männlichen und weiblichen Jugendlichen stimmt seit etwa einem Jahrzehnt überein (erster Nachweis in unserer Studie PARTNER II 1980). Frauen haben also genauso früh wie Männer (im Durchschnitt etwa mit 17 Jahren) den ersten Geschlechtsverkehr. Dabei besteht ein Unterschied insofern, als im Westen die Jungen und im Osten die Mädchen im Durchschnitt etwas früher beginnen. Ein Drittel der Mädchen ist beim ersten Koitus noch nicht 16 Jahre. Insbesondere im Westen Deutschland startet die Unterschicht etwas früher, während sich die Oberschicht und künftige Intellektuelle noch etwas zurückhalten. Die sozialen Unterschiede hatten sich in der DDR vor allem in den 70er Jahren verwischt. 1990 war der Unterschied zwischen den Abiturienten/Studenten und den Nichtintellektuellen auf ein halbes Jahr zusammengeschmolzen. Inwieweit er wieder größer wird, ist noch nicht abzusehen. Eine künftige größere Streuung des Kohabitarchealters ist jedoch aufgrund der größeren Differenziertheit der Jugend anzunehmen.

5. Verhäuslichung und Elternhaus

Die meisten Jugendlichen haben einen *Ort*, an dem sie ungestört zusammen sein, Zärtlichkeiten austauschen und miteinander schlafen können. Das ist in den allermeisten Fällen das eigene Zimmer in der elterlichen Wohnung oder das Zuhause des Partners. Diesbezüglich und in allen damit zusammenhängenden Ergebnissen finden sich keine oder nur geringe Ost-West-Unterschiede.

Zu den *Eltern* besteht eine meist enge emotionale Bindung. Insbesondere die Mutter, weniger der Vater, ist die erste Vertrauensperson und der bevorzugte Kommunikationspartner auch in Liebesangelegenheiten. Zwei Drittel der Jungen wie der Mädchen sagen, daß sie mit ihrer Mutter offen über Sexualität reden können. Dagegen ist die Kommunikation zwischen Vater und Tochter oftmals wenig intim oder gestört: Nur ein Viertel der Töchter kann mit dem Vater offen über Sexualität reden.

Die meisten Eltern akzeptieren die Partnerbeziehungen ihrer jugendlichen Kinder. Sie erlauben das Übernachten (16/17jährige Jungen Ost 82%, West 79%; Mädchen Ost 67%, West 59%). Sie wissen meist (zu etwa zwei Drittel bei 16/17jährigen) um die sexuelle Kontakte ihrer jugendlichen Kinder. Die Sexualität findet nicht heimlich irgendwo draußen, sondern gemütlich im eigenen Bett statt.

Schmidt hat dies wiederholt als „Familiarisierung der Jugendsexualität" beschrieben, damit, daß die Sexualität im Jugendalter „im Wortsinne ‚domestiziert' " werde und dabei vorsichtigerweise die Worte „familiarisiert" und „domestiziert" selbst in Gänsefüßchen gesetzt. (1993: 30) Inwieweit diese Bezeichnungen treffen, sei dahingestellt; der Diskurs ist im Gange, vor allem auch darüber, was dieser Prozeß bedeute und wie er zu bewerten sei: positiv oder weniger positiv, dem sexuellen Erleben förderlich oder weniger förderlich, der Ablösung vom Elternhaus entsprechend oder weniger entsprechend, den Entscheidungsspielraum der jungen Liebenden erweiternd oder einengend, die Sexualität verfriedlichend, entaggressivierend, entwildernd und damit womöglich verflachend, vergemütlichend und ihr wesentliche Erregungszustände nehmend oder nicht.

Wesentlich für den beschrieben Prozeß, der sich in den letzten zwei Jahrzehnten vollzogen hat, ist dreierlei:

Erstens hat sich im Osten wie im Westen die *Generation der Eltern verändert*, und zwar erheblich. Sie sind die Träger der erhofften und ersehnten Liberalisierung der 60er und 70er Jahre gewesen; sie hatten sich fest vorgenommen, es einmal bei ihren Kindern anders zu machen als ihre Eltern. Dies hat zu einer großen Toleranz gegenüber Liebesbeziehungen und Sexualität generell und speziell in bezug auf die eigenen Kinder geführt. Dabei sind das Maß an Toleranz und die Auswirkungen des Elternhauses auf das Partner- und Sexualverhalten von verschiedenen Merkmalen des Elternhauses, insbesondere von Qualifikation, Bildung und beruflicher Tätigkeit des Vaters *und der Mutter* und auch davon bestimmt, welcher Altersgeneration die Eltern angehören. Bathke hat dies ausführlich in unserer Studie PARTNER II untersucht (Bathke 1984: 248ff.). Hypertrophe Reaktionen, allzu große Neugier, Aufdringlichkeit, Einvernahme der Partners der Tochter bzw. der Partnerin des Sohnes, Vermutungen über sexuelle Aktivitäten der jungen Partner, die von erwachsenem Denken bestimmt sind und oftmals dem Stand der Beziehung noch gar nicht entsprachen, sind bei der neuen Haltung und größeren Aufgeschlossenheit der Eltern gewiß vorgekommen (und auch von den Jugendlichen abgewehrt worden). Extrem konverse Reaktionen (nach dem Modell: Gerieten früher die Eltern in Panik, wenn ihre Kinder masturbierten, so sind sie heute beunruhigt, wenn sie es nicht tun) sind jedoch insbesondere für den Osten nicht charakteristisch gewesen, unter anderem deshalb, weil der öffentliche Diskurs darüber nicht wie im Westen stattgefunden hat und weil die Elternhäuser hier sozial anders strukturiert waren und in bestimmter Weise agierende Elternhäuser und Erziehungsstile ganz oder fast ganz fehlten (antiautoritäre Erziehung, feministische Haltungen, alternative Familienkulturen, doppelmoralische Sozialisationen). Obwohl sie zunehmend hochgebildet waren, verhielten sich die Eltern im Osten weniger diskursiv, reflektierend, künstlich; ihre Haltung zur Sexualität ihrer Kinder ergab sich mehr aus dem veränderten Lebenszusammenhang, der Demokratisierung der Familie und der größeren Akzeptanz ihrer Kinder insgesamt, eingebettet in einen kulturellen Kontext und allgemeinen Konsens, daß Liebesbeziehungen Jugendlicher Toleranz und Förderung verdienen. Dieser Konsens war insbesondere in den 60er und 70er Jahren entstanden. Die Toleranz der Elternhäuser ist nach der Wende keineswegs abgebrochen, wenngleich die Eltern nunmehr neue und andere Risiken sehen (z.B. die einer frühen Familiengründung); sie wird wahrscheinlich auch in den nachrückenden Elterngenerationen anhalten, sofern dieser Prozeß der Liberalisierung der Elternhäuser nicht überhaupt irreversibel ist. Die „Domestizierung" wird aber zunehmend kein Prozeß sein, für den die Eltern so wesentlich sind, sondern er wird von den jungen Partnern selbst gestaltet werden (sofern dies nicht schon immer so war).

Zweitens ist die Familiarisierung nicht nur ein familiales, sondern auch ein soziokulturelles Ereignis, verbunden mit *Lebensweise und Lebensstandard:* Wozu sich auf der Treppe lieben, wenn es im Bett bequemer ist; wozu gymnastische Verrenkungen im Auto, wenn ein eigenes Zimmer vorhanden ist; wozu in einer Pfütze baden, wenn zu Hause die Dusche wartet. Und andererseits (und besonders DDR-typisch): Wozu um eine gemeinsame Übernachtung in einem tristen Hotel feilschen, wenn das Heim allen Komfort bietet, und zwar kostenlos. Das eigene Zimmer (bzw. die bald gewünschte eigene Wohnung) – der primäre Lebensraum des Jugendlichen – stellt zudem in bezug auf das Sexuelle eine Privatheit, Intimität, Individualität, Nähe her, die anderswo so nicht alltäglich gegeben ist.

Drittens ist die Verhäuslichung der Jugendsexualität vor dem Hintergrund zu sehen, daß sich die Familienstrukturen und das *Verhältnis der Familienmitglieder untereinander verändert* haben. Das bezieht sich auf eine Demokratisierung zunächst zwischen Vater und Mutter, aber auch zwischen Eltern und Kindern und zwischen den Geschwistern. Die Beziehungen untereinander sind zwar einerseits zweckmäßige, praktische, dem Lebensalltag angemessen rationale, aber zugleich intensive, bindungsstarke und gefühlsreiche, im Idealfall liebevolle. Eine solche Konstellation läßt im Jugendalter und in der Zeit der Partnersuche und -findung einen anderen Umgang mit den neuen Gefühlen der individuellen Geschlechtsliebe und der Sexualität entstehen. Diese Gefühle werden nämlich nicht gegen die Elterngefühle (Elternliebe) gesetzt, sondern mit ihnen verbunden oder parallel gelebt. Voraussetzung ist eine gefühlsreiche Persönlichkeit, die genau diese verschiedenen Gefühlsebenen ertragen kann bzw. sucht, so wie später mit eigenen Kindern wiederum eine neue Gefühlsdimension entsteht, die die Partnerbeziehung keineswegs destabilisieren muß, sondern im Idealfall bereichert. Das heißt: Diese Jugendlichen lieben ihre Eltern, ihre Geschwister *und* ihren Partner und suchen dies zu vereinbaren, ausstrahlen zu lassen – bei allen Präferenzen, die mit zunehmendem Alter in bezug auf den Liebespartner, den Aufbau einer Paargruppe und die Gründung einer eigenen Familie gesetzt werden. Daher ist das Muster „Ablösung vom Elternhaus als eine notwendige Entwicklungsaufgabe" bloß eine Fiktion, eine Konstruktion, die der Jugend- und Familienwirklichkeit nicht standhält, genauso wie die Autonomieentwicklung im Jugendalter nur dann als notwendig empfunden werden kann, wenn diesbezüglich Defizite bestanden. Viele dieser Theorien stammen aus einer Zeit, da patriarchale Strukturen den Familienalltag bestimmten und Familien Machtinstanzen waren. Viel wichtiger als eine abstrakte Philosophie über die Ablösung vom Elternhaus sind Umstände und Förderungen, die sowohl das Selbständigkeitsstreben der Heranwachsenden als auch die Familien fördern. Der Hauptgegner des Jugendlichen ist nicht die Familie an sich, sondern allenfalls ein bestimmter Typ von Familie. Vor allem ist zu sehen, daß sich die Familienmitglieder gegen oft familienfeindliche Umstände gemeinsam zu wehren haben.

6. Begehren

Weniger auf der Ebene des Verhaltens als auf der Ebene der Antizipation des Sexuellen (der Wünsche, der Einstellung und des Erlebens der Sexualität) sind bei ostdeutschen Jugendlichen Eigenheiten zu beobachten. Ein besonders deutliches Beispiel ist das *Ausmaß sexuellen Verlangens.*

Mehr weibliche Jugendliche im Osten als im Westen freuen sich auf den sexuellen Erstkontakt und starten auch etwas früher. Die koitusunerfahrenen Jungen und Mädchen wünschen sich im Osten eindeutig mehr sexuelle Kontakte als die im Westen. Der Ost-West-Unterschied ist insbesondere bei den Mädchen groß: 54% der koitusunerfahrenen Ostmädchen sehnen sich nach mehr Sex, darunter 32% auch nach Geschlechtsverkehr. Dagegen haben nur 25% der Westmädchen den Wunsch nach mehr Sex. Nur 10% von ihnen wünschen sich den ersten Koitus – und warten damit auch noch.

Auch männliche Jugendliche, insbesondere die aus dem Westen, verzichten häufig auf sexuelle Kontakte. Ihr sexuelles Verlangen ist so groß nicht. Beim ersten Geschlechtsverkehr sagen nur 59% der Westjungen, aber 82% der Ostjungen, daß starkes sexuelles Verlangen ein Motiv war (Vergleichszahlen weiblich: 31% zu 46%). Die Westjungen knüpfen einerseits Geschlechtsverkehr noch deutlicher als die Ostjungen an eine feste Liebesbeziehung und die treue Freundin, andererseits nehmen sie eher mit Gelegenheits- und Servicesex vorlieb. Sie wollen sich auf Unberechenbares, Einengendes, Belastendes nicht einlassen und verzichten daher eher auf die sexuelle Interaktion, vor allem, wenn daran eine aufwendige Beziehung hängt, die nicht oder noch nicht gewollt ist. Oder die Liebesbeziehung ist das eine, der Sex das andere. Bei den Ostjungen fließen Lust und Liebe anders und unproblematischer zusammen. Sie suchen und genießen deutlicher die sexuellen Freuden in der Liebesbeziehung und halten diese auch nicht frei von allerlei Lüsten. Ein sich verselbständigender Sex spaltet sich bei ihnen weniger als bei den Westjungen von der Person und der Beziehung und von dem Sexuellen in dieser Beziehung ab.

Beim Vergleich der Ergebnisse von 1970 und 1990 kommt Schmidt für die Jugendlichen der alten Bundesrepublik zu bemerkenswerten Feststellungen: „Jungen erleben ihre Sexualität heute weniger dranghaft und impulshaft als vor 20 Jahren ... Mädchen erleben Sexualität heute weniger lustvoll, aufregend und befriedigend als früher.“ (1993: 2 u. 6) Weiter schreibt er: „Jungen aus dem Westen leben häufiger sexuell enthaltsam als die aus dem Osten und geben seltener ein ‚starkes sexuelles Verlangen‘ als Beweggrund für Geschlechtsverkehr an; sie verbinden Sexualität stärker mit Liebe, Partnerschaft und Treue.“ (ebd.: 7). Der letzte Teilsatz wäre fehlgedeutet, wenn daraus geschlossen würde, daß die Jungen aus dem Osten generell den Geschlechtsverkehr nicht an die Liebesbeziehung, sondern nur an das sexuelle Verlangen bänden. Dem ist nicht so, sie verspüren – im Unterschied zu den Westjungen (bei denen dann die Partnerbindung absolut, aber vor allem relativ einen viel höheren Stellenwert erhält) – beides: Liebe und Verlangen. Es würde ihnen (genauso wie den Mädchen) ganz fremd und unlogisch erscheinen, Geschlechtsverkehr ohne großes sexuelles Verlangen aufzunehmen. Warum sollten sie es dann tun? Der Trieb als solcher ist bei ihnen weit weniger oder auch noch gar nicht diskriminiert; sie sind sexuell unbefangener. Zugleich hat sich bei ihnen das Verhältnis Bedürfnis – Befriedigung noch nicht verkehrt: Sie haben ein Bedürfnis und stillen es folglich. Und nicht: Um Befriedigung zu finden (bzw. auf eine solche nur hinzuarbeiten, ohne sie wirklich zu erreichen), muß ein Bedürfnis geweckt oder geschaffen werden.

„Vermutlich ist es sinnvoll, die ‚Lustlosigkeit‘ von Frauen oder Mädchen und die ‚Trieblosigkeit‘ von Männern oder Jungen als geschlechtsspezifische Reaktionen auf gleiche gesellschaftliche Mechanismen aufzufassen, also als einander entsprechende Phänomene. Sie sind Ausdruck der Schwierigkeit, sexuelle Spannungen und Leidenschaft unter den Bedingungen der allgemeinen Bedürfnis- und Verbotslosigkeit zu entwickeln und der Problematisierung der Heterosexualität durch das sich wandelnde Geschlechterverhältnis.“ (Schmidt 1993: 7) Dies ist gewiß eine aufs Wesentliche zielende Interpretation. Vor allem setzt sie das zunächst und primär individuell-psychologische Geschehen in einen gesellschaftlich-soziologischen Kontext – aber eben in den der alten Bundesrepublik bzw. der westlichen Industriegesellschaften. Zudem muß die Hypothese, daß Wegfall von Verboten zu Wegfall von Lust und Leidenschaft führen, durchaus nicht stimmen; sie scheint mir eine sehr einseitige zu sein. Vielmehr könnte es so sein (und sehr vieles spricht für diese Interpretation), daß erst der Wegfall von äußeren Schranken, sinnlosen Verboten, Prüderie, Doppelmoral und verklärender Über- oder abwertender Unterschätzung des Sexuellen eine freie, selbstbestimmte, selbstgestaltete, offene Lust ermöglicht, die dann keineswegs kümmerlich und reizlos sein muß. Der Reiz des Verbotenen, eine Leidenschaft, die aus dem Kontra wächst, eine Lust, die immer ein Dagegen einschließt, ein sexuelles Begehren, das sich aus latenter Unmoral, Tabuverletzung, Gesetzesübertretung speist, bedeuten immer eine unfreie, reaktive Lust, und wenn eben diese Lust verlorengeht oder wegfällt, ist das vielleicht kein Verlust.

Ebenso ist es mit einer Lust, die aus dem Ungleichverhältnis von Mann und Frau erwächst, einer männlichen Lust, die der Unterdrückung und Abwertung der Frau bedarf, und einer weiblichen Lust, die allenfalls eine Funktion der männlichen Lust ist. Wenn infolge der Emanzipation und der sich wandelnden Geschlechterverhältnisse diese Lustquelle versiegt, dann mag ein Vakuum entstehen, aber eben bezogen auf eine bestimmte Art von Lust. Wer Lust an Dreck hat, kommt in eine schwierige Situation, wenn der Dreck verschwindet. Aber das bedeutet doch nicht, daß jede Lust oder die große Lust an Dreck gebunden ist. Diese Generalisierungen, die insbesondere von bestimmten Feministinnen in den verschiedensten Varianten in bezug auf den Mann und die Lust das Mannes (als männliche Lust, nicht als menschliche Lust) gezogen werden, sind das eigentlich Ärgerliche und Verquere.

Möglicherweise gehört das sexuelle Begehren der Ostdeutschen zu den stabilen Elementen aus der DDR-Vorgeschichte, das sich den Transformierungen entzieht und sich nicht so schnell, nicht bei allen oder überhaupt nicht verliert.

7. Geschlechtsverkehr

22jährige haben etwa 9mal im Monat Geschlechtsverkehr (männlich = weiblich), 17jährige etwa sechs- bis siebenmal (Jungen sechsmal, Mädchen achtmal). Für die intra- und interpersonalen Unterschiede in der *Häufigkeit des Geschlechtsverkehrs* sind vor allem psychologische und soziale Faktoren verantwortlich (insbesondere der Charakter der Partnerbeziehung) und äußere Umstände (z.B. die Trennung vom Partner und die Wohnsituation). Glücklich Verliebte haben besonders häufig Geschlechtsverkehr, in fester Beziehung Lebende häufiger als Singles. Änderungen in bezug auf die Häufigkeit des Geschlechtsverkehr sind in den letzten Jahren nicht nachzuweisen, sieht man von veränderten Verhaltensweisen in bestimmten Untergruppen ab.

Bereits in den 70er Jahren ist ein Rückgang eines eng koituszentrierten Denkens und der Orientierung auf das Van-de-Veldesche Koitusmodell mit Vorspiel, Akt und Nachspiel zu beobachten. Bevorzugt wird eine erotische Gesamtform mit viel Zärtlichkeitsaustausch und einem möglichst langen intimen Zusammensein. Variationen in der sexuellen Interaktion und eine größere Aufgeschlossenheit gegenüber verschiedenen *Sexualtechniken* gingen damit einher.

8% der ostdeutschen Männer und 14% der ostdeutschen Frauen haben (nach unserer Studie PARTNER III) Erfahrung mit *Analverkehr,* oft nur einmalige. Ungeschützter Analverkehr mit fremdem Partner ist extrem selten. Diese Sexualtechnik wird fast ausschließlich mit festen Liebespartnern realisiert; auch bei Schwulen. Von letzteren haben 70% aktiven und 70% passiven Analverkehr gehabt, nur 15% bis 20% oft. Analverkehr ist weit weniger verbreitet, als in bunten Magazinen und in der Pornographie dargestellt. Eine alltägliche Sexualtechnik ist Analverkehr kaum. Allerdings würden von den Heterosexuellen 10% der Männer und 3% der Frauen gern einmal diese Technik ausprobieren.

Rein auf sich selbst bezogene Konzepte des *Safer-Sex*, wie sie insbesondere infolge von Aids in den öffentlichen Diskurs kamen, sind insbesondere bei Jugendlichen und insbesondere im Osten Deutschlands nicht „in“. Die Sexualität wird nicht idealerweise als aseptischer Sex möglichst ohne (Feind-) Berührung oder als anonymer Service oder isolierte Lust gedacht, sondern ist am (geliebten) Partner festgemacht. Hetero- wie Homosexuelle lieben einen konkreten Menschen, gehen mit ihm eine Beziehung ein und haben mit ihm sexuellen Kontakt.

Die *Masturbationsraten* sind vergleichsweise niedrig. Masturbation wird zwar als sexuelle Aktivität akzeptiert und diesbezügliche Verklemmtheiten wurden abgebaut, doch wird der partnerschaftliche Sex vorgezogen.

Die Auslöseformen des *Orgasmus* sind sehr verschieden; am häufigsten wird der Orgasmus beim Geschlechtsverkehr (Glied in der Scheide) erreicht. Etwa die Hälfte der weiblichen Jugendlichen sagen sogar, daß ihr erster Orgasmus beim Geschlechtsverkehr erlebt wurde, ein weiteres Drittel bei anderen Kontakten mit einem Partner (PARTNER III). Dieser Befund ist insofern erstaunlich, als sexuologische Theorien den Geschlechtsverkehr für die Frau durchaus nicht für die günstigste Technik halten, um zu einem Orgasmus zu gelangen. Im allgemeinen wird davon ausgegangen, daß andere Formen des sexuellen Austauschs, bei der der Kitzler im Mittelpunkt steht und direkt stimuliert wird, und vor allem die Selbstbefriedigung für Frauen effektiver sind, zumal beim Geschlechtsverkehr immer mit dem Samenerguß zu rechnen ist, der zunächst ein gewisses Halt bedeutet. Offenbar ist es in der Realität jedoch so, daß Frauen generell und bestimmte Frauen bevorzugt Nicht-GV-Techniken nutzen, aber zugleich den Koitus mögen und durch ihn höchste Befriedigung erreichen. Sie betrachten den Koitus nicht als ein männliches Relikt, sondern als ihr und als gemeinsames Vergnügen.

Die *Variabilitäten im Sexualverhalten* sind eindeutig größer geworden. Die Allmacht der männlich dominierten und allein männlicher Lust dienenden Penetration ist gebrochen. Verhaltensweisen, die früher als pervers, minderwertig oder gar schädlich galten (wie Oralverkehr, Masturbation) gehören zum Repertoire der allermeisten Jugendlichen.

Von einem „Niedergang des heterosexuellen Koitus“ (Bornemann 1993: 18) kann allerdings bei den Ostdeutschen keineswegs die Rede sein, weder quantitativ noch qualitativ. Die Sexualität hat sich zwar von der Fortpflanzung gelöst[6], nicht aber vom Koitus. Dieser wird nach wie vor als besonders intime und intensive Form sexueller Aktivität wahrgenommen und gewünscht: 92% der Männer (75% der Frauen) erleben den Geschlechtsverkehr immer oder meistens als sexuelle Entspannung, 92% bzw. 95% als Möglichkeit, ihrem Partner ganz nah zu sein, 89% bzw. 79% als Lebensfreude, 76% bzw. 75% als körperliches Vergnügen, demgegenüber 4% bzw. 3% als Pflicht dem Partner gegenüber, 1% als Entwürdigung. Inwieweit in westlichen Gesellschaften von Frauen generell oder von bestimmten Frauen die Penetration „penetrant“ erlebt wird und der Geschlechtsverkehr diskriminiert ist, inwieweit das ewige Raus-Rein und Hin-und-Her als trist und der hüpfende Männerpo als lächerlich empfunden wird und welche sexuelle Lust mit welchen Techniken und Interaktionen korrespondiert, sei dahingestellt. Im Osten ist dies kaum ein Thema, was auch bedeutet, daß der eigene sexuelle Verhaltensstil zu wenig reflektiert wird. Daß ein Geschlechtsverkehr mißlingt oder aus verschiedenen Gründen nicht besonders schön ist, kommt vor. Daß aber ostdeutsche Frauen die immissio penis in einer Opferrolle erleben, den penetrierenden „Penis als Waffe im Verkehr mit einer unterlegenen Person“ betrachten, ist absurd. Geschlechtsverkehr ist für sie nicht „eine wilde und äußerst grausame Gleichgültigkeit der menschlichen Individualität gegenüber, ... nicht an Personen gebunden“ (Dworkin 1993: 33 u. 35). Das ganze Gegenteil ist der Fall: Ihr (und ihm) geht es eben um diese (geliebte) Person und um das gemeinsame Vergnügen. Es gibt keine Anzeichen dafür, daß sich dies nach der Wende geändert hat oder ändern wird, abgesehen von jenen Fällen, wo Frauen den alten/modernen Modellen marktwirtschaftlich folgen (z.B. sich in oder außerhalb der Ehe prostituieren).

6 Selbst wenn bewußt ein Kind gezeugt werden soll (was ja selten genug ist), geht es oft mehr um die Zeugung als um Sexualität, ganz abgesehen davon, daß eine Frau (und im gewisssen Sinne auch der Mann) ziemlich unerotisch ein Kind zeugen kann und daß eine künstliche Befruchtung heute möglich ist.

8. Sexuelle Interaktion

Ostdeutsche (wie westdeutsche) Mädchen und Jungen haben partnerschaftliche Vorstellungen von sexuellen Beziehungen. Dies ist ein Grundelement emanzipatorischer Prozesse in der modernen Industriegesellschaft. Mann/ Frau will, wenn mann/frau will, daß auch der/die andere will. Sich gezwungen oder bedrängt zu fühlen, kommt bei Mädchen immer noch vor und wird als belastend empfunden; doch Drängelei oder Zwang widersprechen inzwischen der Moral der meisten Jungen. Daß beim jüngsten Geschlechtsverkehr die Initiative „von beiden" ausging, sagen 83% der Ost- und 72% der Westjungen, 86% der Ost- und 72% der Westmädchen. Fast nie geht die Initiative nur vom Jungen aus. Nur 2% der Mädchen (Ost und West) sagen in unseren Interviews, daß der Partner die Initiative hatte. Dagegen kommt es häufiger vor, daß das Wollen des Mädchens ausschlaggebend ist. In bezug auf den jüngsten Geschlechtsverkehr sagen immerhin 27% der Westmädchen (gegenüber 12% der Ostmädchen), daß sie die Initiative ergriffen hätten. Die Ost-West-*Gemeinsamkeit* besteht hier darin, daß Mädchen bei der Aufnahme sexueller Beziehungen eigenaktiv oder sogar dominant sind. Die sexuelle Interaktion in der Liebesbeziehung junger Partner ist – wie auch Ergebnisse unserer Partnerstudien zeigen – selten männlich, recht oft aber weiblich kontrolliert. Bei PARTNER III sagen 63% der Männer, aber 54% der Frauen ohne jede Einschränkung (Pos. 1 im 4stufigen Antwortmodell), daß sie auf die sexuellen Wünsche ihres Partners eingehen. 41% der Männer, aber 78% der Frauen meinen, daß ihr Partner auf ihre sexuelle Wünsche eingeht. Das bedeutet zum einen, daß mehr Männer als Frauen vorbehaltlos auf die Wünsche des Partners eingehen, und zum anderen, daß weit mehr Männer als Frauen diesbezüglich selbstkritisch sind. Männer meinen oft, daß sie nicht genügend auf die Partnerin eingehen (was die Partnerin viel seltener so sieht), während Frauen nicht nur erheblich seltener auf die Wünsche ihres Partners eingehen, sondern auch noch häufiger annehmen, sie täten das. Die Defizite sind also häufiger bei den Männern zu finden; viele Frauen nehmen sich, was sie brauchen und wollen, ohne sich groß um den Mann zu kümmern. Frauen „lernen es, ihre erotischen Beziehungen zu Männern selbst zu gestalten. Eine sexuell emanzipierte Frau hat kapiert, daß sie sich im Grunde von jedem Mann, mit dem sie erotische Freundschaft geschlossen hat, jeden Wunsch erfüllen lassen kann." (Kebir 1990: 17)

Der Ost-West-*Unterschied* besteht darin, was unter einem partnerschaftlichem Grundverhältnis verstanden wird. Dies hängt damit zusammen, daß in das Partner- und Sexualverhalten nicht nur unmittelbar sexuelle Elemente, Begierden, Wünsche, Gewohnheiten eingehen, sondern im Grunde das Insgesamt der Persönlichkeit und auch nichtsexuelle Habitualitäten und Verhaltensweisen. Im konkreten Falle ist a) das Geschlechterverhältnis und die Konstruktion von „Mann" versus „Frau" von besonderer Bedeutung. Ostdeutsche sehen in ihrem Partner viel weniger als Westdeutsche eine Person, die die Rolle eines Mannes bzw. einer Frau spielt und a priori in den Machtverhältnissen auf der anderen Seite der Barrikade steht, sondern mehr die Gesamtpersönlichkeit. Die Lust des Partners ist ihnen b) tendenziell nicht suspekt, auch nicht seine sexuelle Befriedigung. Der Partner ist ihnen c) weder in tendenziell rein auf die eigene Lust bezogener noch in tendenziell narzistischer Weise nur als Spiegel der eigenen Lust von Interesse. Außerdem sind sie d) in der sexuellen Interaktion weniger oder gar nicht auf marktwirtschaftliches Denken trainiert oder von diesem belastet. Es wird also weniger bilanziert, gerechnet, auf Transferleistungen insistiert, auf emotionale Defizite geachtet und der Gewinn bedacht, weniger darüber reflektiert, ob die emotionalen und sonstigen Investitionen sich lohnen, weniger angestrebt, daß man möglichst mehr bekommt, als man gibt. Die Ostdeutschen sind diesbezüglich großzügiger, freigiebiger, „dümmer" – eben weil sie Liebe und Sexualität auf einer ganz anderen, nicht-marktwirtschaftlichen, nicht-profitablen Ebene ansiedeln. Für sie sind Liebe und Sexuelles kein Tausch-, Gebrauchs- oder Konsumgut, sondern ein Gefühl, eine Beziehung, etwas, das durch Geben reicher wird. Nicht zuletzt sind sie e) – um Ansätze von William Simon zu verwenden – weniger gespalten zwischen Handlung und Reflexion und zwischen Identifikation mit sich selbst und mit anderen; sie besitzen zugleich noch starke soziokulturelle Muster des idealen sexuellen Verhaltens. Simon (1995) geht davon aus – und das trifft auf die Ostdeutschen auch zu – , daß nur wenige Verhaltensformen „so stark dialogisch strukturiert wie die moderne sexuelle Erfahrung" seien. Dazu argumentiert er: „Wenn die dialogischen Erfordernisse mit Verunsicherungen einhergehen, werden die Akteure gleichzeitig zu Zuschauern der sich entfaltenden Interaktion", verbunden mit der korrekten oder inkorrekten „Deutung von Gefühlsreaktionen der Sexualpartner". Eben diese Verunsicherungen und hypertrophen Deutungszwänge sind bei den Ostdeutschen weniger ausgeprägt. „Ebenso wie wir uns selbst deuten und ordnen, um unseren eigenen sozioemotionalen Anforderungen zu entsprechen, deuten wir notwendigerweise auch den anderen. Dieses Problem tritt immer häufiger auf, weil es durch den zunehmenden Verlust kultureller Vorgaben für die sexuelle Interaktion zu Situationen kommt, in denen jeder Beteiligte die Handlungsweise des anderen sabotieren oder in Verlegenheit bringen kann." (ebd.: 114). Genau das aber ist normalerweise keineswegs die Absicht ostdeutscher Jugendlicher bei sexuellen Kontakten, das wäre ihnen wohl auch zu kompliziert. Der sexuelle Dialog ist für sie ein freier, partnerschaftlicher, gleichberechtigter, achtungs- und vertrauensvoller, positiver; und diese Partnerschaftlichkeit ist für sie eben die kulturelle Grundnorm, die ihnen Sicherheit gibt und leichter und freier auch einen Orgasmus beschert, der nicht als etwas Fremdes erlebt wird.

Inwieweit sich das Verhältnis von Gemeinsamkeiten und Unterschieden zwischen Ost- und Westdeutschen ändern wird, ist noch nicht vorauszusehen.

Jedenfalls wird sich auch diesbezüglich das Partner- und Sozialverhalten der Ostdeutschen weit weniger schnell wandeln als vielleicht erwartet, eben aufgrund der langfristigen Sozialisationswirkungen und der positiven Sanktionierung durch die sexuellen Erlebnisse. Sicher ist, daß sich das Sexualverhalten der Jugendlichen in West und Ost insgesamt weiter verändern wird, und zwar in Richtung neuer, generationsspezifischer Zugänge zur Sexualität – einerseits infolge der marktwirtschaftlich vereinnahmenden, konsumorientierten, sexualisierenden, lusttötenden Dominanzen in der Gesellschaft und anderseits als Gegenreaktion auf sie. In diesen Prozeß werden auch die Erfahrungen und Werte der Ostdeutschen einfließen.

Ausblick

1. Das Sexualverhalten der ostdeutschen Jugendlichen (und der Älteren) hat sich in den letzten Jahren nicht grundlegend verändert. Weder ist die Partnermobilität größer, noch die sexuelle Aktivität niedriger geworden. 82% der Befragten mit Geschlechtsverkehr im vergangenen Jahr hatten ihn mit nur einem Partner. Anonyme Sexualpartner sind nach wie vor die große Ausnahme und nur von einem sehr kleinen Personenkreis bevorzugt. Nach wie vor haben die Ostdeutschen ihre sexuelle Befriedigung mit dem festen Partner. Ist ein solcher Partner nicht vorhanden, dann verzichten sie sehr oft ganz auf Sexualkontakte. Dies ist insbesondere bei Frauen so: 43% der derzeit partnerlosen Frauen, aber 27% der partnerlosen Männer hatten im vergangenen Jahr keinen Geschlechtsverkehr. Aktuell Partnerlose sind zwar auf der anderen Seite partnermobiler (insbesondere junge Männer), und sie haben Geschlechtsverkehr auch häufiger mit einem weniger oder unbekannten Partner (bei 7% von ihnen war der letzte GV-Partner wenig oder nicht bekannt, gegenüber 1% bei den Partnergebundenen), aber sie haben zugleich viel seltener Geschlechtsverkehr als Partnergebundene. Auch die meisten von ihnen präferieren an eine Liebesbeziehung gebundene Sexualität.

Es ist also nicht die Institution Paargruppe an sich, sondern die Art und Weise der Realisierung von Sexualität, die relevant ist. Die Qualität der Beziehung ist das Entscheidende und nicht ihre bloße Existenz. Gesucht (und gefunden) werden von den meisten Ostdeutschen erregende, intensive, anspruchsadäquate, integrier- und verarbeitbare Sexualerlebnisse typischerweise mit dem vertrauten Liebespartner, nicht im isolierten, austauschbaren, erwerbbaren, von der Person und der Beziehung getrennten Sex. Dieses Verhalten rührt aus der engen Verbindung von Liebe, Partnerschaft, Sexualität, Lust und Glück im Denken und Fühlen, es entspricht einer bestimmten familiären Alltagsgestaltung und ist von einem Eingebundensein in personale Netzwerke getragen.

2. Für das ostdeutsche Sexual- und Partnerverhalten, das nun unter anderen sozialen Bedingungen und mit anderen Möglichkeiten stattfindet, sind bei aller Konstanz der Ergebnisse Veränderungen nicht auszuschließen. Die Übernahme westlicher Konsumgewohnheiten und Lebensstile wird auch den sexuellen Bereich betreffen. Die nachrückenden Generationen verhalten sich schon heute etwas anders als die früher jungen. Sie gehen durchschnittlich später (oder gar nicht) feste Partnerbindungen ein, heiraten später und bekommen später und weniger Kinder. Das trifft insbesondere auf junge Männer zu, deren Sexualleben damit teilweise variabler wird oder sich auf andere Befriedigungsformen (darunter auch sexuelle Dienstleistungen) einstellt. Insbesondere durch ungleiche Chancen auf dem Arbeitsmarkt, durch die Dominanz des Jobs und eine arbeitsbedingte territoriale Mobilität ändern sich die Partnerschaften. Sie werden teilweise unsymmetrisch. Die Möglichkeiten individueller und alternativer Lebensgestaltung nehmen zu. Der Einzelne bekommt als Einzelner einen anderen Stellenwert und andere Chancen und wird es vielleicht vorziehen, einzeln zu leben.

Inwieweit sich die damit verbundenen sozialen Grundprozesse und familialen Umstrukturierungen auf das Sexual- und Partnerverhalten der nachwachsenden Generationen auswirken, wird sich noch zeigen. Vorerst pflegen die meisten Ostdeutschen das Leben in Partnerschaft und Familie. Eine allgemeine De-Institutionalisierung des primärpersonalen Verkehrs ist nicht massenhaft eingetreten. Die Liebe höret nimmer auf, und sie wird nicht als eine neue Variante sexueller Enthaltsamkeit und Lustvermeidung daherkommen.

Literatur:

Aresin, L./Starke, K.: Lexikon der Erotik. München: Knaur, 1996

Bathke, G.-W.: Herkunftsbedingungen und Liebes- und Sexualverhalten. In: Starke, K./ Friedrich, W., a.a.O.

Bornemann, E.: Sexuelle Marktwirtschaft. Vom Waren- und Geschlechtsverkehr in der bürgerlichen Gesellschaft. Wien: Promedia, 1993

Dworkin, A.: Geschlechtsverkehr. Hamburg: Klein Verlag, 1991

Hundsalz, A./Klug, H.-P./Schilling, H. (Hrsg.): Beratung für Jugendliche. Lebenswelten, Problemfelder, Beratungskonzepte. Weinheim/München: Juventa, 1995

Kebir, S.: friedliche koexistenz statt geschlechterfrieden? In: Geschlechter-Verhältnis. Tübingen: Claudia Gehrke, 1990 (= konkursbuch 24)

Lautmann, R./Starke, K.: Relationship and Sexuality in Germany. In: Francoeur, R. T. (Hrsg.): International Handbook of Sexuality. Westport: Greenwood Publishing Group, 1995

Schmidt, G. (Hrsg.): Jugendsexualität. Beiträge zur Sexualforschung 69. Stuttgart: Enke, 1993

Schmidt, G.: Jugendsexualität in den neunziger Jahren. In: Schmidt, G. (Hrsg.), a.a.O.

Schmidt, G./Klusmann, D./Zeitschel, U.: Veränderungen 1970-1990 (BRD). In: Schmidt, G. (Hrsg.), a.a.O.

Simon, W.: Devianz als Geschichte: Die Zukunft der Perversionen. Zeitschrift für Sexualforschung 2/1995

Starke, K.: Junge Partner. Tatsachen über Liebesbeziehungen im Jugendalter. Leipzig/Jena/Berlin: Urania, 1980 u. 1991

Starke, K.: DDR-Jugendsexualität im Umbruch? In: Kluge, N. (Hrsg): Jugendsexualität. Frankfurt/M.: dipa-Verlag, 1990

Starke, K.: Schwuler Osten. Homosexuelle Männer in der DDR. Mit einer Einleitung von B. Thinius und einem Interview mit E. Stapel. Berlin: Ch. Links Verlag, 1994

Starke, K.: Sex hoch drei. 216 Fragen und Antworten zum Liebesleben. Berlin: Neues Leben, 1995

Starke, K.: Sexueller Mißbrauch und Persönlichkeitsfindung. In: Leipziger Texte zur Sexualität 5/1995, S. 27-50

Starke, K.: Die unzüchtige Legende vom prüden Osten. In: Rohnstock, K. (Hrsg.): Erotik macht die Häßlichen schön. Sexueller Alltag im Osten. Berlin: Elefanten Press, 1995, S. 153-182

Starke, K./Friedrich, W.: Liebe und Sexualität bis 30. Berlin: Deutscher Verlag der Wissenschaften, 1984, 1986, 1987, 1989

Starke, K./Starke, U.: Jugendliche in Ostdeutschland – Entwicklungsperspektiven und Gefährdungen. In: Hundsalz, A./Klug, H.-P./Schilling, H. (Hrsg.), a.a.O., S. 77-98

Starke, K./Visser, A. Ph.: Sexuality, sexual behavior and contraception in East Germany. Patient Education und Counseling (Elsevier Science Ireland Ltd.) 23 /1994. S. 217-226

Starke, K./Weller, K.: West- und ostdeutsche Jugendliche (2). Eine östliche Sicht. In: Schmidt, G. (Hrsg.), a.a.O., S. 80-101

Starke, K./Weller, K.: Bedürfnis nach Normalität. Die Bedeutung von Pornographie für die Entwicklung der Sexualität – ostdeutsche Erfahrungen vor, während und nach der Grenzöffnung. In: Pornografie. Landesstelle Jugendschutz Niedersachsen und Pro Familia Landesverband Niedersachsen Hannover 1994, S. 25-45

Starke, K./Weller, K.: Jugendsexualität: Frühe Ängste – späte Freuden? In: Hundsalz, A./ Klug, H.-P./Schilling, H. (Hrsg.), a.a.O., S. 143-156

Starke, K./Weller, K.: Jugendsexualität und AIDS. In: Heckmann, W./Koch, M. A. (Hrsg.): Sexualverhalten in Zeiten von Aids. Berlin: edition sigma, 1994, S. 131-151

Weller, K.: Das Sexuelle in der deutsch-deutschen Vereinigung. Leipzig: Forum, 1991

Weller, K./Starke, K.: Veränderungen 1970-1990 (DDR). In: Schmidt, G. (Hrsg.), a.a.O., S. 49-65

Vom Wandel der partnerschaftlichen und familiären Verhältnisse in Ostdeutschland[1]

Konrad Weller

Der marktwirtschaftliche Umbau Ostdeutschlands greift in alle Lebensbereiche ein. Wie stark die Umkremplung der „Privatsphäre" erfolgt, belegen amtliche Heirats-, Scheidungs-, Geburts- und Abtreibungsstatistiken. Da selbst „harte Fakten" in der Öffentlichkeit mitunter sehr selektiv wahrgenommen und tendenziös interpretiert werden, im folgenden der Versuch einer differenzierten Charakterisierung historischer und aktueller Erfahrungen.

Geschichtsbetrachtung ohne den Blick nach vorn, gerät leicht zur Nostalgie. Prognose ohne den Blick zurück tendiert zur Spekulation. Da man Gegenwart und Zukunft nicht ohne Vergangenheit begreifen kann, zunächst (und nur zu diesem Zwecke) ein Blick zurück. Die Frage nach bereits eingetretenen und künftigen Veränderungen in Ostdeutschland ist die nach früher dagewesenen Unterschieden zwischen Ost und West, deshalb die Retrospektive im Ost-West-Vergleich.

1. Retrospektive

Anhand sozialwissenschaftlicher Untersuchungen (vgl. Weller 1991; Neubauer u.a. 1992; Weller/Starke 1993) und offizieller Sozialstatistik läßt sich feststellen: Die Ostdeutschen waren in ihren Lebenszielsetzungen, ihren Lebenswerten stärker als die Westdeutschen auf Ehe, Familie, Kinder orientiert, sie heirateten öfter und früher und bekamen mehr Kinder (Tabelle 1).

Sie lebten auch schon vor der Ehe häufiger in fester Partnerschaft, insbesondere die Ost-Männer im Vergleich zu den West-Männern, und überhaupt lebten sie seltener singulär, z.B. gab es deutlich weniger Einpersonenhaushalte im Osten (jeder vierte) als im Westen (jeder dritte). Die DDR war sozusagen eher „molekular" strukturiert, die alte BRD eher „atomistisch". Zweifellos gab es bestimmte staatliche Zwänge, die frühzeitiges Heiraten im Osten beförderten, vor allem solche, die mit der Erlangung gemeinsamen Wohnraums, zinslosen Ehekrediten usw. in Verbindung standen. Zweifellos gab es

1 Eine frühere Fassung des Beitrags ist erschienen unter dem Titel „Die Reprivatisierung der volkseigenen Familie. Vom Wandel der partnerschaftlichen und familiären Verhältnisse in Ostdeutschland" in: pro familia magazin 5/1993.

weniger Möglichkeiten für alternative Lebensformen, aus materiellen wie normativen Gründen. Zweifellos machte der DDR-Alltag – mit seinem vergleichsweise bescheidenen Konsum- und Freizeitangebot – Einschränkungen durch partnerschaftliche Gebundenheit und familiäres Leben weniger relevant.

Tabelle 1: Heiraten, Scheidungen, Geburten, Schwangerschaftsabbrüche (alle Daten gerundet für die Mitte der 80er Jahre)

		DDR	BRD
jährl. **Eheschließungen**/1.000 Einw		8	6
jährl. **Ehescheidungen**/1.000 Einw.		3	2
Scheidungsrate (Scheidungen : Heiraten)		40%	30%
Heiratsalter (Erstehe)	männlich	24 Jahre	27 Jahre
	weiblich	22 Jahre	24 Jahre
Geburten		68	45
Schwangerschaftsabbrüche		23	15
(jeweils pro 1000 Frauen im gebärfähigen Alter zwischen 15 und 45 Jahren)			

Aber auch in der DDR kam es, ähnlich wie im Westen, bereits seit den 70er Jahren zu einer allmählichen Abkehr von der Ehe durch eine Zunahme nichtehelicher Lebensgemeinschaften, die allerdings meist eheähnlich verliefen i.S. gemeinsamer Haushaltsführung. Was es im Spektrum der Lebens- bzw. Wohnformen so gut wie nicht gab, war die (Langzeit-) Wohngemeinschaft (wenn man davon absieht, daß drei Viertel der Studenten und die knappe Hälfte der Lehrlinge während ihrer Studien- bzw. Ausbildungszeit – aber eben nur in dieser Zeit, und nicht langfristiger – in Wohnheimen lebten).

Eine Gegentendenz zur Ehe zeigte sich auch im hohen Anteil der von ledigen Frauen geborenen Kindern: In der DDR kam in den 80er Jahren jedes dritte Kind „unehelich" zur Welt, in der BRD nur jedes zehnte. Darüber hinaus wurde im Osten nicht nur häufiger geheiratet, sondern auch häufiger geschieden (siehe Tab. 1). Die „realsozialistische" Ehe war einerseits sozial erwünscht und wurde sozialpolitisch befördert, andererseits war sie von ihren ökonomischen Grundlagen und juristischen Fixierungen her weniger verbindlich als die bürgerliche.

Trotz diverser Unterschiede im Heirats- und Scheidungsverhalten sowie beim Kinderkriegen sind in West wie in Ost ca. 80% der Kinder bei ihren leiblichen Eltern aufgewachsen. Die entscheidenden Unterschiede zwischen West- und Ost-Familien werden landläufig in qualitativer Hinsicht vermutet. Während in der alten Bundesrepublik die Kinderbetreuung ganz überwiegend in der Familie zu erfolgen hatte, gab es in der DDR bekanntermaßen ein stark ausgebautes Netz staatlicher bzw. betrieblicher Betreuungseinrichtungen. Das bringt der DDR-Familie im Nachhinein den Ruf ein, oft nur eine Quasi-Familie gewesen zu sein, deren Aufgaben vom Staat übernommen wurden: „In der Deutschen Demokratischen Republik brachte der umfassende Ausbau einer ganztägigen Betreuung und Erziehung die Gefahr mit sich, daß die Eltern-Kind-Beziehung und die Familienerziehung extrem vernachlässigt wurden; außerdem waren die Qualität der Einrichtungen und die rigide und ideologische Anpassungserziehung nicht geeignet, die Bedürfnisse von Kindern zu befriedigen und ihre individuelle Persönlichkeitsentwicklung zu fördern." (Leitsätze 1991: 40)

Ohne Zweifel wurde der Familie, wurde den Eltern hier im Osten viel abgenommen, nicht nur an Erziehungsarbeit, sondern auch an Entscheidungsmöglichkeiten und damit an Verantwortung, insbesondere im Bereich der politischen und weltanschaulichen Bildung ihrer Kinder. Andererseits änderte aber auch die Tatsache, daß 80% der 1 1/2- bis 3jährigen die Kinderkrippe und 90% der 3- bis 6jährigen den Kindergarten besuchten und daß die Schularbeiten in den ersten vier Schuljahren vorwiegend im Hort (in der Ganztagsschule) statt unter Mutters Fittichen erledigt wurden, nichts daran, daß die Eltern erste Erziehungsinstanz blieben. Interessanterweise konnte in den 80er Jahren in bildungssoziologischen Studien ein zunehmender Einfluß der Mütter auf die Leistungsentwicklung der Kinder festgestellt werden, da Mütter zumeist beruflich ebenso engagiert wie die Väter und häufig auch ebenso qualifiziert waren.[2] Damit wurde das gutbürgerliche Sozialisationsmodell durchbrochen, wonach die (im Haushalt tätige) Mutter für die Streicheleinheiten und die emotionale Entwicklung zuständig ist, der Vater (als berufliche Identifikationsperson) für die Leistungsentwicklung. Gewiß war in vielen Familien das Zeitbudget für Gemeinsamkeit mit den Kindern gering. Aber die frühzeitige gemeinschaftliche Lebensweise Gleichaltriger wurde auch zur wichtigen Sozialisationserfahrung, gerade für Einzelkinder; wenn Kinderkrippe und -garten einerseits zur Nivellierung besonderer und individueller Fähigkeitsentwicklung führten, so andererseits auch zur Kompensation von Defiziten der jeweiligen Herkunftsfamilie.

Das Gesagte soll keine ehemals heil gewesene Familienwelt vorgaukeln; die massenhaft gescheiterten Ehen, die Stieffamilien, der hohe Anteil alleinerziehender Mütter mit oft mehreren Kindern verweisen auf soziales Problempotential. Aber familiäre Anforderungen und Berufstätigkeit waren besser vereinbar als heutzutage, weil der Arbeitstag seinerzeit „poröser" war, wie es Nickel einmal formuliert hat. Inzwischen hat sich das Arbeits- und Arbeitszeitregime rigoros gewandelt. Selbst Alleinerziehenden mit noch kleinen Kindern bleibt häufig keine Chance zu einer differenzierten Arbeitszeitwahl, sondern nur das (familiäre Belange so oder so in Mitleidenschaft ziehende) „Alles-oder-nichts". Die chronisch überforderte, vollberufstätige oder in einer Umschulung steckende Mutter mit mehreren Kindern, die ihrerseits per Verhaltensauffälligkeit Vernachlässigung und Überforderung signalisieren, gehört zum Standardfall in der Familien- und Erziehungsberatung.

2 ausführlicher zu diesen Befunden s. Bathke 1986

Und ebenso symptomatisch berichtet mir die 15jährige, die mit einer frischen Beule in die Beratung kommt, von ihrer Mutter: „Seit sie zu Hause ist, ist es nicht mehr zum Aushalten. Sie putzt und putzt und nervt. Da habe ich ihr gesagt: Mensch, geh doch endlich wieder arbeiten, bevor du ganz verblödest". (Es ist, ganz abgesehen von den finanziellen Bedingungen, eben ein riesiger psychologischer Unterschied, ob die Mutter „gelernte" Hausfrau oder Langzeitarbeitslose ist.)

Mit einem Satz: Das zu DDR-Zeiten herangewucherte soziale Problempotential (das damals z.T. noch keines war) entfaltet seine ganze Sprengkraft *jetzt*.

2. Prognose

Die offizielle Statistik spricht für sich: Nach der „Wende" gab es einen drastischen Rückgang an Geburten und Heiraten, ebenso an Scheidungen und sogar an Schwangerschaftsabbrüchen (Tabelle 2). Teilweise handelte es sich dabei um aktuelle Turbulenzen (z.B. die rapide Reduzierung der Scheidungen zwischen 1989 und 1991 aufgrund des im Osten neu eingeführten obligaten Trennungsjahres), die sich inzwischen wieder in die andere Richtung bewegen. Was Heiraten, Geburten und Schwangerschaftsabbrüche betrifft, so gibt es ab 1993 eine Stabilisierung auf niedrigem Niveau. Das eigentlich Interessante an den statistischen Fakten sind die dahinterstehenden sozialen Ursachen. Ebenso wie bei der Retrospektive gibt es auch bei der Prognose ganz unterschiedliche Erklärungsmuster.

Tabelle 2: Heiraten, Scheidungen, Geburten, Schwangerschaftsabbrüche in Ostdeutschland[3] (Angaben in 1.000/gerundet; Zahlen in Klammern = geschätzt)

	1989	1990	1991	1992	1993	1994
Heiraten	131	102	51	48	49	52
Scheidungen	50	32	9	10	18	23
Geburten	199	178	108	88	81	79
Schwangerschaftsabbrüche	74	66	49	43	35	(32)
Abbruchquote (Anteil abgebr. Schwangerschaften in %)	27	27	31	33	30	(29)
Verhältnis Geburten: Abbrüche	2,7:1	2,7:1	2,2:1	2,0:1	2,3:1	(2,5:1)

3 vgl. die Materialien des Pro Familia Bundesverbandes zum Schwangerschaftsabbruch C-1 bis C-4 1992/ 93. Dort wird für die BRD der 80er Jahre eine Abbruchzahl von 150.000 bis 120.000 hochgerechnet, eine nach meinem Kenntnisstand zu niedrig angesetzte Schätzung. In Tab. 1 wird von durchschnittlich 200.000 Abbrüchen im Westen und 83.000 im Osten ausgegangen.

Was steht hinter dem Rückgang der Heiratshäufigkeit? Die nun endlich einsetzende „Pluralisierung der Lebensformen"? Zweifellos, die neue Gesellschaft ist vielfältiger und individueller als die verflossene. Aber Individualisierung ist etwas durchaus ambivalentes. Der Übergang von einer vormals ziemlich konformen Lebensplanung hin zu einer Entstrukturierung und Entstandardisierung der Biografien ist Ausdruck der neuen Chancen, aber auch der neuen Risiken und birgt einen neuerlichen Konformismus in sich: Früher taten hier im Osten viele Jugendliche „kollektiv" das Gleiche in ihrer Lebensgestaltung, heute tun viele sehr individuell das Gleiche *nicht* und können es nicht tun. Eine unter anhaltender Massenarbeitslosigkeit oft unklare berufliche Lebensperspektive, die schwierige Planbarkeit dessen, was da kommt, führt auch erzwungenermaßen zum Unentschiedensein in partnerschaftlicher und familiärer Hinsicht. Individualisierung und Pluralisierung werden so mitunter zur bloßen Freizeit-Übung in der Konsum-Sphäre der Gesellschaft.

Wie auch jüngere sozialwissenschaftliche Umfragen zeigen, sind familienbezogene Lebenswerte und -ziele unter den jugendlichen Deutschen hoch und sie sind unter den Ostdeutschen eher noch stärker ausgeprägt als unter Westdeutschen. Nehmen wir z.B. das Ergebnis einer Umfrage des Allensbacher Meinungsforschungsinstituts 1991: Danach erachteten 96 % der Ostdeutschen und 83 % der Westdeutschen die eigene Familie für ihr Leben als sehr wichtig. Bekannt ist die starke Orientierung auf Berufstätigkeit, insbesondere unter den ostdeutschen Mädchen und Frauen. Sie verfolgen in ihren Lebensplänen vorwiegend das Modell *simultaner Vereinbarkeit* von Familie bzw. Kindern und (Voll)Berufstätigkeit, während es bei den westdeutschen eher das Modell der *sukzessiven Vereinbarkeit* gibt (Tabelle 3).

Tabelle 3: Beruf und Familie in der Lebensplanung (aus: Schmidt 1992; Angaben in %)

Möchte später, wenn er/sie Familie hat,	Jungen West (n=176)	Jungen Ost (n=122)	Mädchen West (n=203)	Mädchen Ost (n=148)
vollberufstätig sein	41	60	10	12
teilzeitbeschäftigt sein	52	33	32	52
zeitweise Hausfrau/-mann sein	7	7	58	36

Die Ostjungen sind stärker als die Westjungen auf Vollberufstätigkeit orientiert, die Ostmädchen akzeptieren Teilzeitarbeit stärker als die Westmädchen, lehnen dagegen ein zeitweiliges Ausscheiden aus dem Beruf stärker ab. Ostdeutsche Mädchen bevorzugen damit ein Modell simultaner Vereinbarkeit von Familie und Beruf, westdeutsche ein Modell sukzessiver Vereinbarkeit.

Beide Modelle entsprechen der in beiden Landesteilen gehabten Praxis. Der Blick auf die Lebensrealität im Osten läßt, zumindest in näherer Zukunft, eine gleichzeitige Verwirklichung von Beruf und Familie für Mann und Frau sehr fraglich erscheinen. Viel wahrscheinlicher ist, daß sich die starke Orientierung auf den Beruf und der starke ökonomische Druck zur Ausübung einer Erwerbstätigkeit als drastische Absage an die Familie gestaltet.

Wenn also künftig im Osten nicht mehr so flott geheiratet wird und wenn nur noch wenige Kinder geboren werden, liegt das nicht nur an neuen Freiheiten. Und wenn künftig seltener geschieden wird, kündet das auch nicht vom Siegeszug christlicher Familienmoral im atheistischen Osten. Diese Tendenz spiegelt vielmehr neue ökonomische Zwänge und Abhängigkeiten wider, denen vor allem Frauen unterliegen. Und es zeigt die neuen alten juristischen Fixierungen des BGB, die die Institution Ehe „verbindlicher“ gestalten.

Einige Anmerkungen zu Geburtenrate und Schwangerschaftsabbruch:

Da im Land der Fristenregelung bis zu derem jüngsten Tag gewissenhaft Buch geführt wurde (ganz im Gegensatz zum Westen, wo der Minimalzahl des Statistischen Bundesamtes die breite Palette der Schätzungen, Hochrechnungen und Dunkelziffern gegenübersteht), läßt sich der deutliche Rückgang der Abbrüche eindeutig bestätigen. Den knapp 74.000 Abbrüchen im Jahr 1989 stehen 1993 ca. 35.000 gegenüber (Tabelle 2). Konservativ Denkende könnten hierin ein Resultat der Debatten um den „vorgeburtlichen Lebensschutz“ sehen und eine Wirkung des seit 16.6.1993 wiedereingeführten § 218.

Ohne Zweifel, die Angst vor ungewollter Schwangerschaft ist nach der „Wende“ angewachsen. Manche (miß-)deuten diese Angst als „neues Rechtsbewußtsein“, welches dafür sorge, daß weniger unerwünschte Schwangerschaften entstehen und die einmal zustandegekommenen häufiger ausgetragen werden. Letzterer Mutmaßung entspringt ja auch die Beratungsauflage der Karlsruher Richter. Sie ist trotzdem unsinnig.

Ostdeutsche Frauen werden zwar heute seltener schwanger, aber nicht, weil sie den Abbruch fürchten, sondern weil sie keine Kinder wollen. Der drastische Geburtenrückgang hier im Osten (1989: 199.000; 1993: 49.000) als Ausdruck der komplizierten sozialen Situation, das erzwungenermaßen konsequente NEIN zum Kind, ist der Hauptgrund für den Rückgang der Schwangerschaftsabbrüche. Leider konnte die Qualität des Verhütungsverhaltens mit dieser neuen Konsequenz nicht mithalten. Unter den wenigen in den letzten Jahren zustandegekommenen Schwangerschaften waren häufiger ungeplante und unerwünschte als früher. Statistisch gesprochen: Kamen in den 80er Jahren auf einen Abbruch drei Geburten, so waren es 1992 nur noch zwei. Dieser Trend hat sich allerdings in den letzten Jahren wieder umgekehrt (Tab. 2). Ob ungeplante Schwangerschaften abgebrochen oder ausgetragen werden, darauf wird auch künftig kein staatlich verordnetes Rechtsbewußtsein und keine (wie auch immer geartete) Beratung Einfluß nehmen, sondern allein die Einordenbarkeit eines Kindes in den partnerschaftlich-familiären, beruflichen und finanziellen Lebenskontext der betroffenen Frau. Inwieweit ungeplante Schwangerschaften künftig noch besser als bisher verhinderbar sind, z.B. durch sexuelle Aufklärung und weiter verbesserte Kontrazeption, das bleibt abzuwarten. (Wenn überhaupt, dann wird sich eine solche Wirkung nicht in Absolutzahlen, sondern im Verhältnis von Geburten zu Abbrüchen zeigen.)

3. Resümee

Der gesellschaftliche Umbruch hier im Osten führt zur Verkomplizierung und Polarisierung der partnerschaftlichen und familiären Verhältnisse.

Die sozialen Unterschiede im „Land der kleinen Leute“ (wie Günter Gaus das verflossene Staatswesen so trefflich nannte) waren gering. Das betraf auch das Verhältnis der Geschlechter, der Lebenspartner, der Eheleute. Nunmehr produziert gesellschaftliches Wachstum (also das, was im marktwirtschaftlichen Sinne als solches gilt) „nicht nur materiellen Wohlstand, sondern auch neue soziale Unterschiede, die sich u.a. voll im Geschlechterverhältnis niederschlagen, vor allem durch das Herausdrängen der Frauen aus dem Arbeitsmarkt. Das Alles-oder-nichts-Prinzip der marktwirtschaftlichen Verteilung von Arbeit zwingt verheiratete Männer in die Rolle der Ernährer und Familienoberhäupter, es zwingt verheiratete Frauen und Mütter in die Rolle von Gattinnen und Hausfrauen. Viele tendenziell symmetrische Beziehungen werden so wieder zu traditionell komplementären.“ (Weller/Starke 1993: 58)

Die Alternative dazu ist ein Leben außerhalb von Partnerschaft und Familie oder eben das ständig neu zu verhandelnde, schwieriger gewordene Sich-Hineinteilen und Miteinander-Auskommen. „War in den alten DDR-Verhältnissen ein moderater Zwang zur partnerschaftlichen Lebensweise auszumachen, so geschieht nun das Gegenteil. Die marktwirtschaftlichen Bedingungen begünstigen singuläre Lebensweisen oder erzwingen sie gar. Das Hineinwachsen Jugendlicher in den Arbeitsmarkt erfordert langfristige Mobilität. Dabei können partnerschaftliche oder gar familiäre Bindungen nur hinderlich sein.“ (ebd.: 57)

Über die an sich nötigen „großen Lösungen“ all dieser Probleme und Widersprüche soll hier nicht meditiert werden. Als Sexualwissenschaftler, Mitstreiter in der Pro Familia und Ausbilder von SozialpädagogInnen suche ich nach den kleinen Schritten, die möglich sind, um gemeinsam mit anderen Frauen und Männern, Eltern, Familien, Kindern und Jugendlichen durch die potenzierten Chancen und Risiken der neuen Gesellschaft hindurchzufinden und mit den vielfältigen, pluralen und häufig polarisierten Modellen und Moralitäten des Lebens zurechtzukommen. Global denken, lokal handeln – das ist auch in familienplanerischen Zusammenhängen eine sinnvolle Strategie. Deshalb versuche ich, ein breitangelegtes Konzept der emanzipatorischen Sexualpädagogik umzusetzen, einer Sexualpädagogik, die mehr will, als die gerade aktuellen und förderkompatiblen Präventivschläge zu führen. Beispielsweise scheint mir unter den aktuellen und den absehbaren gesellschaftlichen Umständen nötiger denn je, mit dafür sorgen, daß die Verfestigung traditioneller Geschlechtsrollenstereotype zumindest in den Köpfen der Heranwachsenden allmählich überwunden wird.

Literatur:

Bathke, G.-W.: Soziale Herkunft. In: Friedrich, W./Hoffmann, A. (Hrsg.): Persönlichkeit und Leistung – 36 Thesen über Leistung und Leistungsverhalten aus sozialpsychologischer Sicht. Berlin: Deutscher Verlag der Wissenschaften, 1986, S. 243-251

Leitsätze und Empfehlungen zur Familienpolitik im vereinigten Deutschland. Gutachten des wissenschaftlichen Beirats für Familienfragen beim BMFuS. Stuttgart/Berlin/Köln: Kohlhammer, 1991

Neubauer, G./Emmerich, I./Starke, K./Weller, K.: Trauscheinehe Ost oder „wilde" Ehe West? Lebenslaufplanung, Partnerschaft und Sexualität von Studierenden. In: G. Neubauer/W. Melzer/K. Hurrelmann (Hrsg.): Jugend im deutsch-deutschen Vergleich. Die Lebenslage der jungen Generation im Jahr der Vereinigung. Neuwied: Luchterhand, 1992

Schmidt, G.: Jugendsexualität im Ost-West-Vergleich. In: Partnerschaft und Sexualität im Wandel. Aktuelle Tendenzen in den neuen Bundesländern. Beiträge der zweiten Jahrestagung der GSW. Leipzig 1992

Weller, K.: Das Sexuelle in der deutsch-deutschen Vereinigung. Leipzig: Forum Verlag, 1991

Weller,K./Starke, K.: Veränderungen 1970-1990 (DDR). In: Schmidt, G. (Hrsg.): Jugendsexualität. Stuttgart: Enke, 1993

Umweltbewußtsein von Technikstudenten im Kontext der Wende

Elenor Volprich

Die Bedrohung durch Umweltverschmutzung beschäftigte seit Anfang der 80er Jahre immer mehr Bürger der DDR. In der Hierarchie der die Lebensqualität bestimmenden Werte rückte die Umweltbewahrung bis Mitte dieses Jahrzehntes nach dem Wunsch, den Weltfrieden zu erhalten, an die zweite Stelle, um danach den ersten Rangplatz einzunehmen.

Dieser scheinbar unerhebliche Rangwechsel kündigte aber einen qualitativen Denkumschwung in den Gesellschaftsvorstellungen und Zukunftsgestaltungen an.

Die vom Zentralinstitut für Jugendforschung (ZIJ) initiierten und kooperativ durchgeführten Untersuchungen bei Studenten widmeten sich in den 80er Jahren zunehmend Fragestellungen des Umweltbewußtseins der akademischen Jugend.[1]

Diese wurden im Rahmen des Forschungsthemas „Individuation und Sozialisation von Ingenieurstudenten" an der Technischen Universität Dresden vor allem im Zeitraum 1989/90 vertieft und komplettiert.[2]

Insbesondere sollen im folgenden zwei Thesen im Blickpunkt stehen:

Erstens: Die Wertpräferenz von Umwelt und Umweltschutz war politisch besetzt. Sie drückte den Rückzug aus vordergründiger und dominanter Politisierung und Ideologisierung in politisch scheinbar neutralere und zugleich existentiell grundsätzliche Bereiche der Gesellschaft aus.

Zweitens: Umweltbewußtsein wies große fachrichtungspezifische Unterschiede auf. Gegen Ende der 80er Jahre erhielten technische Fachrichtungen mit einem ausgeprägten Umweltprofil verstärkten Zulauf.

1 Studenten-Intervallstudie-Leistung (SIL; Beginn 1982, 4 Etappen, 4. Etappe 1987); „Student 1989"; „Student 1990": In allen diesen repräsentativen Untersuchungen des ZIJ wurden Teilberichte zu Teilpopulationen angefertigt, so zu Technikstudenten.

2 Die Untersuchung U 20/88 und U20/89 war als Intervallstudie an der Fachrichtung Wasserwesen der Technischen Universität Dresden konzipiert. Die erste Etappe wurde im Mai/Juni 1989 (85% des Immatrikulationsjahrganges 1988), die zweite im Mai/Juni 1990 (43% des Immatrikulationsjahrganges 1988 und 1989) durchgeführt.

1. Umweltbewußtsein als Ausdruck politischer Desintegration

Die Identifikation der Bevölkerung mit der DDR-Gesellschaft muß als eine Variable der Zeit aufgefaßt werden: Bis etwa Mitte/Ende der 70er Jahre gab es eine hohe Akzeptanz des gesellschaftlichen und politischen Systems der DDR insgesamt durch die Bevölkerung einschließlich der akademischen Jugend. Unterschiede, die z.T. drastisch waren, existierten bezüglich des jeweiligen Identifizierungsgegenstandes und verschiedener sozialer Gruppen.

Ende der 70er, Anfang der 80er Jahre setzte eine zunächst noch unspektakuläre, später aber eine massenhafte Aufkündigung der Loyalität zum herrschenden politischen Regime (was nicht identisch mit dem existierenden Gesellschaftssystem war) ein.

Das betraf in besonders harscher Art und Weise die Beziehungen zu den politischen Machtzentren (SED und von ihr dominierte gesellschaftliche Organisationen).

Die Verbundenheit zur DDR – in den vergangenen Jahren in allen diesbezüglichen Untersuchungen in der DDR erprobter Indikator für politisch stabiles Bewußtsein – wurde zusehends unverbindlicher.

Die Vorstellungen der Jugendlichen vom Sozialismus wurde kontrastreicher, grundlegend kritischer, unsicherer. Skepsis über das Vermögen der sozialistischen Ordnung, in absehbarer Zeit den wissenschaftlich-technischen Standard und die wissenschaftlich-technische Prosperität der kapitalistischen Industrieländer zu erreichen, war Ende der 80er Jahre bei ca. zwei Drittel der Studenten vorhanden – ein Zeichen dafür, daß der Anspruch auf Überlegenheit des Sozialismus zunehmend infrage gestellt wurde.

Waren 1985 noch 55% der Studierenden einschränkungslos vom Voranschreiten des Sozialismus überzeugt, so meinten das 1989 nur noch 12%. Damit war aber bei den meisten keine grundsätzliche Orientierung auf das kapitalistische Gesellschaftsmodell verbunden.

Interessant sind aber die bemerkenswerten Unterschiede innerhalb dieser Einstellungen vor allem im Hinblick auf die Struktur des Prozesses der Erosion bisheriger Wertvorstellungen.

Die von Anfang an relativ geringe Identifikation mit politischen Institutionen (1987 hatte hierzu mehr als 50% der Studierenden eine mehr oder weniger distanzierte Position) wurde schlagartig aufgekündigt. Die Ablehnungen übertrafen schon vor dem Herbst 1989 deutlich die Zustimmungen zu den Machtzentralen des politischen Systems.

Übrigens wird gerade darin deutlich, daß als persönlich bedeutsam anerkannte offizielle Wertorientierungen bei nicht wenigen Ausdruck eines provinziellen Dogmas einer un- bzw. kaum hinterfragten Identifikation mit Vorgegebenem war. Der Maßstab für Beurteilungen gesellschaftlicher Sachverhalte entstand ja nicht durch Vergleich. Die totale Abschottung vom kapitalistischen Gesellschaftssystem hatte fatale Folgen. Sie bewirkte die Begrenztheit und Beschränktheit der Sicht und der Beurteilung gesellschaftlich relevanter Fragen und produzierte über weite Strecken Kritikunfähigkeit und Einstellungsdestabilität. Die schnelle Aufkündigung bisher als stabil geltender politischer Einstellungen im Herbst 1989 ist Beleg dafür.

Dagegen unterschritt z.B. eine starke Verbundenheit mit der DDR nie – selbst bei ihrem dramatischen Verfall 1989 – die schwache bzw. aufgekündigte Akzeptanz der DDR. Das blieb selbst dann noch bestehen, als infolge der staatlichen Einheit 1990 die DDR aufgehört hatte, Völkerrechtssubjekt zu sein. Immerhin bekundete noch 1990 jeder zweite Student eine starke DDR-Verbundenheit.

In dem Maße, wie bestimmte Werte und Einstellungen zu den gesellschaftlichen Verhältnissen der DDR massenhaft individuellen Bedeutungsverlust erfuhren, wurden in bisher nicht bekannter Art bereits länger vorhandene gesellschaftliche Problemlagen bewußt artikuliert. Das betrifft einen ganzen Komplex von Wertorientierungen, von denen das Umweltbewußsein einen hervorgehobenen Problembereich darstellt.

Tabelle 1: Studentische Sicht auf die DDR-Umweltkompetenz („In unserem Land wird es gelingen, künftigen Generationen die Natur in einem besseren Zustand zu überlassen." 1=sehr wahrscheinlich ... 6=überhaupt nicht; hier: Antwortpositionen 1 + 2; Angaben in %)

Technikstudent 1987	27
Technikstudent 1988	20
Technikstudent 1989	15

Gerade der in Tabelle 1 ausgewiesene Indikator war in gewisser Weise besonders disponiert, die Komplexität von Umweltbewußtsein zu erfassen, weil er den *Zusammenhang von empfundener Umweltgefährdung, Zukunftserwartung und massiver Kritik an der Gesellschaft* enthält. Gestützt wurden diese Ergebnisse durch Daten der Untersuchung „Student 89" (kurz vor der Wende), wonach sich 81% der befragten Studenten (die Fachrichtungsunterschiede sind unerheblich) stark durch die Verschmutzung und Vergiftung der natürlichen Umwelt bedroht fühlten – ein in dieser Höhe unerwartetes Ergebnis.

Die Regimekritik setzte verhältnismäßig zeitig ein, nimmt man als einen Indikator dafür die Bewertung der umweltpolitischen Initiativen des Regimes. Bereits 1984/85 waren zwei von drei Studierenden der Auffassung, daß die DDR kaum oder keine Anstrengungen unternimmt, um die Umwelt zu schützen. Das Mißtrauensvotum erhielt die Umweltpolitik 1988 von 80%, 1989 von 90%.

Nur die Informationspolitik erhielt noch schärfere Ablehnung (95%). Dagegen bekamen Friedens- und Sozialpolitik der DDR, gefolgt von der Jugendpolitik, sehr hohe bzw. hohe Zustimmung (1988: Friedenspolitik 91%, Sozialpolitik 79%, Jugendpolitik 64%).

Die Forschungsergebnisse stützen die Auffassung, daß das Umweltbewußtsein als eine relevante geistige Quelle des Umbruchs im Herbst 1989 mit den dominanten Intentionen der Systemerneuerung, der Systemreformierung, jedoch nicht der Systemablösung fungierte.

Das Umweltbewußtsein entwickelte sich in einer Intensität und Dynamik, wie es für keinen anderen Bewußtseinsaspekt in diesem Tempo nachweisbar war. Daraus ist abzuleiten, daß sich Umweltbewußtsein in einer sehr konstruktiven Weise zu einem wichtigen Indikator des Nichtmehrfunktionierens alter und der Setzung neuer Werte entwickelte. Es artikulierte sich als politisches Problembewußtsein und war Zeichen der Widersetzung gegenüber einer permanenten Unterforderung der Initiativfähigkeit der Individuen, wie es alltäglich erlebbar war. Zugleich beförderte dies den Ausstieg aus Erstarrung im Denken und aus engen Handlungsspielräumen sowie die Herausbildung eines weiten Interessen-, Bedürfnis- und Aktionspotentials.

Die empirischen Ergebnisse verdeutlichen eine harsche Kritik am existierenden wirtschaftlichen und politischen System der DDR-Gesellschaft. Angeklagt wurde ein Produktionstyp, der durch verantwortungslose Inanspruchnahme der Natur gekennzeichnet war, mit ökologischer Verträglichkeit kollidierte und eine naturausbeuterische Lebensweise der Menschen implizierte. Politik wurde zunehmend an der Fähigkeit gemessen, ökologisch fundierte Wirtschaftskonzepte vorlegen und deren Verwirklichung durch umfassende Demokratie in allen gesellschaftlichen Bereichen sichern zu können.

Die in den 80er Jahren zu beobachtenden irreversiblen Umbrüche im Gesellschaftsbild der Studierenden (und nicht nur der Studierenden) signalisieren auch den in der DDR sich vollziehenden unumkehrbaren Wertewandel – ein Prozeß, der in den kapitalistischen Industriestaaten mindestens zehn Jahre früher einsetzte, der sich aber in der DDR – lange vorbereitet – um so intensiver und nachhaltiger, auch unerbittlicher vollzog.

Empirisch konstatierbar äußerte er sich in der Erosion jener bisher die Gesellschaft stabilisierender Werte. Der Wegfall bisheriger als Orientierung war jedoch nicht mit einem Wertevakuum verbunden. Und gerade diese gewissermaßen nahtlose Ersetzung durch andere stellte das politische Regime vor bis dahin unbekannte Probleme, die zu lösen es bekanntlich nicht fähig war.

Die neuen Wertorientierungen bildeten sich bereits in den späten 70er Jahren heraus, um dann in den 80ern volle Ausprägung zu zeigen: in einem hohen Individualisierungsanspruch, in ausgeprägterem Selbstbezug mit der Bereitschaft zu aktiver Lebensgestaltung, in einem Lebenskonzept, in dem Leistung nicht als Selbstzweck, sondern Bedingung für sinnvolles Arbeiten und entsprechende Freizeitgestaltung angesehen wird. Aber auch dezidierte

Forderungen nach demokratischer Mitbestimmung und vor allem Favorisierung der globalen Menschheitsprobleme – besonders die Sorge um die Erhaltung der natürlichen Umwelt – zeigten völlig neue soziale Inhalte der Wertorientierungen an und veränderten zugleich deren bisherige Struktur. (So verloren z.B. Ende der 80er Jahre auch sozialpolitische Fragen gegenüber globalen Fragen – an erster Stelle umweltbezogene – an Gewicht.)

Insgesamt markiert dies ein ganzes Spektrum von (im Prozeß des gesellschaftlichen Umbruchs im Herbst 1989 eingeklagten) Forderungen, die lange vorher im Bewußtsein der Bevölkerung – in besonders intensiver und markanter Weise bei den Studierenden – relativ stabil ausgeprägt waren. Sie zeigten Wertewandel und Wertekrise zugleich an. Insofern stellten sie Vorboten gesellschaftlicher Konfliktsituationen dar, deren Spengkraft absolut unterschätzt, auf gar keinen Fall jedoch auch nur in Ansätzen beherrscht wurde.

Es wurde total ignoriert, daß die globalen Menschheitsfragen – wie Umweltschutz, Friedenssicherung, Lösung der Probleme der dritten Welt – zur individuellen Erlebnisqualität nicht nur einer unbedeutenden Minderheit wurden. Damit entwickelte sich ein Kritikpotential, das mit der Thematisierung dieser globalen Probleme zugleich alles Bisherige auf den Prüfstand stellte, andere Beurteilungsmaßstäbe über das Wesen gesellschaftlicher Entwicklungsprozesse auf die Tagesordnung setzte und überhaupt DDR-übliche Mittel und Methoden im Umgang mit sozialen Problemen ablehnte.

Das Regime reagierte repressiv unter Einsatz der bekannten politischen Machtmittel. Die subtilere Methode, unterschiedlich angewandt, bestand – vor allem gegen Ende der 80er Jahre und insbesondere im akademischen Milieu – in dem Versuch, diese neuen Orientierungen zu vereinnahmen und sie in das bestehende konservative Wertekonzept zu integrieren, um so die neuen Leitbilder – über ihre Umfunktionierung – ihrer politischen Sprengkraft zu berauben.

Die hochgradige Sensibilisierung des Umweltbewußtseins kann mit als geistiger Wegbereiter des gesellschaftlichen Umbruchs vom Herbst 1989 gelten. Die Wertpräferenz von Umwelt und Umweltschutz (mit ihrem sozial relevanten Charakter) war eindeutig politisch konnotiert – und zwar sowohl im Bewußtsein der Studenten/Bevölkerung als auch in der Bewertung und den Reaktionen vonseiten des Systems.

In der DDR der 80er Jahre war Umweltbewußtsein ein starkes soziales Konflikt- und Protestpotential: gegen erstarrte politische Strukturen in ihrer Unfähigkeit, globale Menschheitsfragen in das Zentrum von Politik zu stellen, gegen eine ungezügelte Industrialisierung, gegen eine Gesellschaft, die die Kontrolle über die Technikentwicklung nicht mehr sicher ausüben und flächendeckende soziale Krisen verhindern kann.

Als Protesthaltung war Umweltbewußtsein zugleich ein Angebot an Demokratieentfaltung und tätige Mitbestimmung.

2. Fachrichtungsspezifische Aspekte umweltorientierter Einstellungen

Die o.a. Aussagen zum Umweltbewußtsein von Technikstudenten werden – unter spezifischem Blickwinkel – durch die Untersuchung in der Fachrichtung Wasserwesen der Technischen Universität Dresden insofern bestätigt, als diese (wie auch andere stark umweltorientierte Fachrichtungen) Ende der 80er Jahre einen starken Zulauf erhielt: Die Daten sprechen dafür, daß der Hauptgrund für die Beliebtheit dieser Fachrichtung weniger in einem engen Fachinteresse oder im instrumentellen Verständnis einer zukünftigen lebensversorgenden Berufstätigkeit lag; vielmehr induzierten die neuen Denk-, Bedürfnis- und Verhaltensstrukturen andere Lebensentwürfe und Handlungsmuster – hier in Gestalt des Hochschulzuganges, respektive der *Studienfachwahl.* Die Daten der Tabelle 2 verdeutlichen dies.

Tabelle 2: Präferierung ausgewählter Tätigkeiten bei Studenten der Fachrichtung Wasserwesen („In welchem Maße entsprechen die folgenden Tätigkeiten Ihren Neigungen?“ 1 = sehr stark...6 = überhaupt nicht; hier: Antwortpositionen 1 + 2; Angaben in %)

Tätigkeiten, die mit der natürlichen Umwelt, der Flora und Fauna zusammenhängen	85
Tätigkeiten, die an den unmittelbaren Umgang mit Menschen verbunden sind	72
Tätigkeiten, die mit technischen Objekten, Maschinen und Anlagen verbunden sind	28
Tätigkeiten, deren Gegenstand künstlerische Abbilder und ihre Elemente sind	27
Tätigkeiten, die mit gesellschaftlichen Erscheinungen und Prozessen verbunden sind	21
Tätigkeiten, deren Gegenstand hauptsächlich Zeichen, Zahlen, Symbole und ähnliches sind	16

Ein Vergleich mit Studierenden anderer technischer Fachrichtungen (Informatik, Werkzeugmaschinenbau und Fertigungstechnik sowie Technologie) verweist auf hochsignifikante Unterschiede in allen Positionen (mit Ausnahme der mit gesellschaftlichen Prozessen verbundenen Tätigkeiten, die bei allen diesen Fachrichtungen eine tendenziell unterentwickelte Neigung erkennen ließen). So beträgt – bezüglich der Neigung zu Tätigkeiten mit technischen Objeken – die Differenz zwischen den Studenten der Fachrichtungen Informatik und Wasserwesen 53%.

Demnach war der Student der Fachrichtung Wasserwesen ein Ingenieurstudent, der weniger zum Umgang mit technischen Objekten, Maschinen und Anlagen neigte, obwohl das Berufsbild dies erforderte. Favorisiert wurden Tätigkeiten, die vor allem mit der „grünen“ Umwelt und mit dem Umgang mit Menschen verbunden waren. Letzterer ging mit relativer Distanz zu gesellschaftlichen Prozessen einher. Offensichtlich existierte ein Individualisierungsanspruch, der alternativ (zumindest aber parallel) zu den ablaufenden gesellschaftlichen Prozessen gesehen wurde.

Bemerkenswerterweise waren 50% der Studierenden der Fachrichtung Wasserwesen *Frauen*, was im Ensemble der technischen Wissenschaftsdisziplinen eine Spitzenstellung darstellte.

Der Anteil *sehr guter Abiturprädikate* war mit 61% ebenfalls besonders hoch (der entsprechende Durchschnitt lag bei den Ingenieurstudenten bei 33%). Damit fällt die Zugangsgröße „Abiturnote" 1989 bei den Studenten der Fachrichtung Wasserwesen nicht nur aus dem Rahmen der Technikdisziplinen, sondern der Gesamtheit der Fachrichtungen überhaupt (auch derer, die traditionell sehr gute Abiturprädikate nachwiesen wie Medizin, Veterinärmedizin und Physik).

Als typisch für diese Untersuchungspopulation erwies sich außerdem eine *hohe Identifikation mit dem Studienfach* (die im allgemeinen bei Technikstudenten gering entwickelt war): 60% der Studierenden im ersten und 70% im zweiten Studienjahr bekannten eine feste Verbundenheit mit dem Studienfach; gleich hoch war der Anteil derer, die wieder dasselbe Studienfach wählen würde. (1987 hätten nur 43% der Studierenden anderer technischer Fachrichtungen wieder dasselbe Studienfach gewählt). Die Studienwahl wurde also sehr bewußt getroffen.

Darüber hinaus bestätigte die Untersuchung o.a. Ausführungen zum Umweltbewußtsein als politisches „Anti" zu tradierten Werten für den Zeitpunkt 1988/1989.

3. Veränderungen umweltorientierter Einstellungen zwischen Frühjahr 1989 und Frühjahr 1990

Zwar stellte die Untersuchung[3] Veränderungen im Umweltbewußtsein von Technikstudenten fest, jedoch spiegeln sie kaum die Dramatik des gesellschaftlichen Umbruchs wider, was in dieser Verhaltenheit so nicht zu erwarten war.

Die größten Veränderungen zeichneten sich in der *Gesamtpopulation* in der Haltung zum Ausbau der *Kernenergie* ab: Er wurde 1990 von rund 60% der Studenten abgelehnt (ein Jahr vorher nur knapp 40%).

Sowohl die Hoffnungen auf Bewahrung/Verbesserung der Natur für kommende Generationen als auch die Überzeugung vom engen Zusammen-

3 Die folgenden Aussagen beziehen sich wieder auf die o.a. Untersuchung unter den Studenten der Fachrichtung Wasserwesen.

hang von Technikentwicklung und Umweltschutz unterlagen in diesem Zeitraum kaum Veränderungen. Dem wissenschaftlich-technischen Fortschritt wurden nach wie vor Chancen für den Umweltschutz eingeräumt: 1990 wurde er mindestens genauso hoch als Quelle von Umweltbewahrung wie 1989 akzeptiert. Es gab Erwartungen, daß die neuen gesellschaftlichen Verhältnisse die Potenzen von Wissenschaft und Technik für den Umweltschutz mobilisieren würden. Das Prinzip Ökonomie versus Ökologie dominierte nicht die Umwelteinstellungen der Studenten.

Innerhalb des *Bedrohungserlebens* allerdings rangierte die Bedrohung durch Umweltverschmutzung mit 85% an erster Stelle – vor der durch Rechtsradikalismus (60%) und Aggression und Gewalt (46%).

Darüber hinaus nahm die pessimistische und skeptische Zukunftssicht sehr zu (1989: 33%, 1990: 52%).

Hoffnungen und Unsicherheiten bildeten 1990 eine widersprüchliche Gefühlslage, auch im politischen Bereich: So begrüßten Studenten die Möglichkeit, daß sie sich nach dem Herbst 1989 politisch ehrlicher äußern konnten und zum Mitwirken an Entscheidungsfindungen in wichtigen Fragen aufgefordert und z.T. an ihnen beteiligt waren. Gleichzeitig beklagten sie eine größere Intoleranz gegenüber anderen Auffassungen als vor dem Herbst 1989 sowie das Anwachsen rechtsradikaler Standpunkte und Aktivitäten.

Betrachtet man die Ergebnisse im *Intervallvergleich* des Immatrikulationsjahrgangs 1989, so lassen sich größere Veränderungen abheben. (s. Tabelle 3)

Tabelle 3: Studentische Sicht auf den künftigen Umweltschutz im Zusammenhang mit wissenschaftlich-technischem Fortschritt, ökonomischem Wachstum und Kernenergie (Immatrikulationsjahrgang 1989 der Fachrichtung Wasserwesen: Intervall 1989+1990; Statement 1+2: Das trifft ein 1=wahrscheinlich...6=wahrscheinlich überhaupt nicht; Statement 3+4: 1=ja, unbedingt...6=nein, überhaupt nicht; hier: Antwortpositionen 1 + 2; Angaben in %)

	1989	1990
1. Mit dem wiss.-techn. Fortschritt werden die Chancen wachsen, Natur und Umwelt zu schützen.	56	72
2. Technik und Chemie werden die Natur zerstören.	31	20
3. Halten Sie es für richtig, daß die Kernenergieerzeugung in unserem Land ausgebaut wird, um andere Energieträger abzulösen?	64	51
4. Lassen sich Ihrer Meinung nach ökonomisches Wachstum und Umweltschutz vereinbaren?	55	56

Der Vergleich macht einen deutlich gewachsenen Optimismus bezüglich der Lösung der Umweltprobleme deutlich.

Am Ende des vierten Semesters wurde dem wissenschaftlich-technischen Fortschritt eine größere Berechtigung und eine größere Aufgabe für den Schutz von Natur und Umwelt zuerkannt, als das 1989 noch eingeräumt wurde.

Die Befürchtungen nahmen ab, daß Technik und Chemie zunehmend die natürlichen Grundlagen der Gesellschaft zerstören würden, die Vereinbarkeit von ökonomischem Wachstum und Umweltschutz wurde ebenso gesehen wie ein Jahr früher, der Ausbau der Kernenergie aber deutlich distanzierter gesehen.

Noch im Juni 1989 bezweifelten zwei Drittel der Studenten mehr oder weniger stark die Möglichkeit, der zukünftigen Generation eine bessere Natur hinterlassen zu können. Ein Jahr später hatten nur noch zwei Fünftel diese Befürchtungen. Allerdings nahmen extrem pessimistische Standpunkte zu.

Die neuen gesellschaftlichen Verhältnisse erhielten also einen großen Vorschußbonus, der einzig und allein die mißlichen ökonomischen, ökologischen und wissenschaftlich-technischen Bedingungen der DDR als Erfahrungsgrundlage hatte, sich jedoch keinesfalls auf die Realität einer marktwirtschaftlich orientierten Gesellschaft beziehen konnte.

Bei einem *Vergleich der ersten Studienjahre des Immatrikulationsjahrgang 1988 und 1989* fällt die durchweg große Skepsis der Studenten des Immatrikulationsjahrgangs 1989 gegenüber fast allen obengenannten Problemlagen auf. (s. Tabelle 4)

Tabelle 4: Studentische Sicht auf den künftigen Umweltschutz im Zusammenhang mit wissenschaftlich-technischem Fortschritt, ökonomischem Wachstum, Verkehr und Kernenergie (Vergleich 1. Studienjahr der Immatrikulationsjahrgänge 1988 – 1989; Antwortmodell s. Tab. 3; hier: Antwortpositionen 1+2; Angaben in %)

	Immatr. 1988	Immatr. 1989
Mit dem wissensch.-technischen Fortschritt werden die Chancen wachsen, Natur und Umwelt zu schützen.	56	43
Technik und Chemie werden die Umwelt zerstören.	31	20
Halten Sie es für richtig, daß die Kernenergieerzeugung in unserem Land ausgebaut wird, um andere Energieträger abzulösen?	64	51
Würden Sie im Interesse des Umweltschutzes dem Ausbau der öffentlichen Personenverkehrsmittel gegenüber dem Individualverkehr den Vorrang geben?	79	100

Das Umweltbewußtsein der StudentInnen des Immatrikulationsjahrgangs 1989 war zu Studienbeginn durch ausgeprägte Widersprüchlichkeit gekennzeichnet. Die These, wonach der Zulauf zu dieser speziellen Fachrichtung eine Folge zunehmender Umweltsensibilisierung der jungen Intelligenz war, wird dadurch gestützt.

Die Rückhaltlosigkeit der Artikulation der Problemlagen des Zusammenhangs von Umweltbewahrung, Wissenschaft und Technik und Gesellschaft ist zu einem großen Teil den rasant verlaufenden gesellschaftlichen Prozessen geschuldet.

Literatur:

Brämer, R./Heublein, U.: Studenten in der Wende? Versuch einer deutsch-deutschen Typologie vor der Vereinigung. In: Aus Politik und Zeitgeschichte, Beilage zur Wochenzeitung Das Parlament B 44/1990

Brämer, R./Heublein, U.: Studenten im Abseits der Vereinigung – erste Befunde zur politischen Identität von Studierenden im deutsch-deutschen Umbruch. In: Deutschland-Archiv 9/1990

Friedrich, W.: Sozialwissenschaftliche Jugendforschung in der DDR. In: Jaufmann u. a., a.a.O.

Jaufmann, D., u.a. (Hrsg.): Empirische Sozialforschung im vereinten Deutschland – Bestandsaufnahmen und Perspektiven. Frankfurt/New York: Campus, 1992

Kasek, L.: Umweltbewußtsein und Persönlichkeit. In: Volprich, E. (Hrsg.): Ingenieurstudent und Ingenieurstudium im Wandel. 3. Interdisziplinäres Colloquium. Dresden: Technische Universität, 1990

Schauer, H., u.a.: Schichtenspezifische Veränderungen von Lebensorientierungen und Einstellungen zur Umwelt von 1980 (in der damaligen DDR) bis 1991 (in den neuen Bundesländern). Studie AG 5.9 im Auftrag der Kommission für die Erforschung des sozialen und politischen Wandels in den neuen Bundesländern 1992

Volprich, E./Rochlitz, M.: Weltanschauung, Leistung, Ingenieurstudent. In: Wissenschaftliche Zeitschrift der Hochschule für Verkehrswesen „Friedrich List" Dresden, Sonderheft 53, 1989

Volprich, E.: Technikeinstellungen im Wandel – Skizze zu Einstellungsänderungen. In: Jaufmann u.a., a.a.O.

Das Verhältnis Ostdeutscher zur Umwelt

Leonhard Kasek

1. Umweltbewußtsein

Sorgen der Ostdeutschen über die zunehmende und zum Teil katastrophale Umweltverschmutzung reichen historisch weit zurück. Bereits in den 20er Jahren gab es in den Dörfern südlich von Leipzig Widerstand gegen den Kohleabbau, der erst von den Nazis Mitte der 30er Jahre mit brutaler Gewalt gebrochen wurde. Seit Anfang der 50er bildeten sich in der DDR sowohl im Kulturbund als auch unter dem Dach der Kirche Gruppen vorwiegend junger Leute, die sich vor allem um Natur- und Artenschutz kümmerten. In den 70er Jahren machte sich die Einsicht breit, daß die schon lange vorher beklagten Umweltschäden mit den Jahren nicht weniger, sondern in raschem Tempo mehr wurden. Umweltengagement erhielt eine zunehmend systemkritische Note, und vor allem junge Leute begannen sich zunehmend zu engagieren. Bereits in den 70er Jahren war die katastrophale Umweltsituation ein wichtiges Motiv für junge Leute, aus dem Ballungsraum Halle-Leipzig-Bitterfeld wegzuziehen. In den 80er Jahren wurden die Sorgen um den Schutz der Umwelt ein Massenphänomen. Überall entstanden Umweltgruppen, in denen sich vor allem Jugendliche sammelten. Allein in Leipzig gab es Mitte 1989 mindestens 3 Kirchen und 5 Kulturbundgruppen, die sich umweltpolitisch engagierten, dazu kommen noch einige freie Gruppen. Zusammen hatten diese etwa 500 mehr oder weniger aktive Mitglieder.[1]

Nach dem Zusammenbruch der DDR wurden die Ostdeutschen vielfach erstmalig mit dem wahren Umfang der katastrophalen Umweltzerstörung bekanntgemacht; das Interesse, mehr zu wissen, war und ist groß. Als Folge der Schließung maroder Betriebe verbesserte sich die Umweltsituation sehr schnell spürbar. „Festzuhalten ist, daß der Zusammenbruch der Industriestrukturen nichts mit der Notwendigkeit der Umweltentlastung zu tun hatte, sondern allein den Konkurrenzverhältnissen auf den Märkten geschuldet war.“ (Petschow 1993: 6) Umweltschutz wurde generell nicht als Arbeitsplatzrisiko wahrgenommen, sondern im Gegenteil als Mittel, Arbeitsplätze zu schaffen. Uneingeschränkt zustimmen können wir der Einschätzung von Osterland und Warsewa (1993: 341): „Die Bevölkerung (Ostdeutschlands – L.K.) leidet massiv unter dieser Erbschaft (der katastrophalen Umweltzerstö-

1 Zum Vergleich: Der Ökolöwe hat heute in Leipzig etwa 180 Mitglieder, von denen aber höchstens die Hälfte wirklich aktiv ist. Der BUND in Leipzig hat ebenfalls nur etwa 80 Mitglieder.

rung – L.K.) des alten Systems. Deshalb scheint man kaum bereit zu sein, sich auf die Scheinalternative Ökonomie oder Ökologie einzulassen und die ökologischen Ansprüche in eine unbestimmte Zukunft zu verschieben, oder sich mit dem Vorrang des wirtschaftlichen Aufbaus vertrösten zu lassen, sondern versteht, wenn auch sicher nicht überall, den ökonomischen Umbau als ‚Chance'. Der Deindustrialisierung im Osten läßt sich so immerhin ein positiver Aspekt abgewinnen, wenngleich der Preis hoch ist."

Zunächst jedoch trat nach dem Zusammenbruch der DDR die Sorge um den Schutz der Umwelt etwas hinter andere Probleme zurück. Das ist vor allem der optimistischen Grundstimmung zu verdanken: Viele Ostdeutsche gingen davon aus, daß die Situation nun erst einmal besser werden würde, und tatsächlich sind Luft und Wasser spürbar weniger belastet als zu DDR-Zeiten – wenngleich immer noch stärker als in vergleichbaren Regionen der alten Länder. Allerdings ist von diesem naiven Optimismus nicht mehr viel übrig: „Mit der ungebrochenen Übertragung des westlichen Systems sind auch dessen Umweltprobleme in die neuen Bundesländer gebracht worden, insbesondere was die Müllproblematik, die Belastung durch den Verkehr und den Flächenverbrauch angeht." (Petschow 1993: 6) Diese neuen Probleme sind schockartig über die Ostdeutschen gekommen, und es blieb kaum Zeit, sich daran zu gewöhnen. Das hat dazu geführt, daß der naive Optimismus nunmehr langsam durch eine kritische Distanz zur herrschenden Umweltpolitik ersetzt wird.

Die folgende Übersicht führt wichtige Zukunftsängste Jugendlicher (Halbing u.a. 1991) an:

1. Umweltkatastrophen bzw. Havarien mit verheerenden Auswirkungen auf die Natur
2. unheilbar krank zu werden
3. Kriminalität und wachsende Gewalt
4. Unfälle und Havarien durch Rüstung und Militärtechnik
5. militärischer Konflikt in Mitteleuropa
6. allmähliche Zerstörung der natürlichen Voraussetzungen des Lebens der Menschen
7. Arbeitslosigkeit
8. militärischer Konflikt außerhalb Europas

Im Vergleich zu diesen Ergebnissen bei Jugendlichen haben bei Älteren Ängste vor Arbeitslosigkeit und vor Kriminalität einen höheren Stellenwert und liegen bei den über 40jährigen deutlich vor den Ängsten vor weiterer Umweltzerstörung. Ähnliche Relationen ergeben sich bei Erwerbstätigen (auch jüngeren), die damit rechnen, in absehbarer Zeit arbeitslos zu werden. (vgl. dazu auch Gärtner/Kasek 1995: 30 f.)

Wie eine Faktoranalyse zeigt, gibt es sehr enge Beziehungen zur Angst, unheilbar krank zu werden und zur Angst vor Havarien und Unfällen mit

Rüstungsgütern und Militärtechnik. Beziehungen gibt es zwischen einem Faktor, der Existenzangst beschreibt (dazu gehören vor allem die Angst vor Arbeitslosigkeit, Angst, daß sich der eigene Lebensstandard verschlechtert und Angst vor Verlust von Partner, Freunden und Bekannten) und den Sorgen über die Umweltzerstörung.

Allerdings verengt sich mit zunehmender Existenzangst der Horizont, und es werden nur noch Umweltgefahren wahrgenommen, von denen eine unmittelbare Bedrohung der eigenen Person ausgeht (z.B. Gefahren für die Gesundheit). Angst vor Arbeitslosigkeit sensibilisiert die Betroffenen für weitere Bedrohungen der eigenen Existenz, darunter auch Umweltgefahren. Zugleich geraten aber Probleme, die zunächst die Lebenslage des einzelnen nicht unmittelbar berühren, aus dem Blick. Außerdem blockiert massive Existenzangst das Handeln; schnell macht sich unter dem Eindruck massiver Bedrohungen der Eindruck breit, daß alles Handeln zur Abwendung der übermächtigen Gefahr sinnlos sei. Das Ergebnis ist eine bei Arbeitslosen und Personen, die fest damit rechnen, in absehbarer Zeit arbeitslos zu werden, oft zu beobachtende Lethargie. Offensichtlich spiegelt sich in den Umweltängsten ein Lebensgefühl wider, das durch eine permanente Bedrohung der eigenen Existenz geprägt ist. Über Umwelt werden allgemeine Risiken und Unsicherheiten und sich daraus ergebende Ängste thematisiert. Umwelt eignet sich besonders dazu, solche Ängste zu benennen, weil hier das eventuelle eigene Versagen ausgeblendet werden kann, die Folgen der Umweltzerstörung betreffen alle. Unterstützt wird das durch die Berichterstattung in den Medien, die – auf stetiger Jagd nach Publikum – Katastrophen in den Mittelpunkt stellen; dahinter verschwinden oft die Tausende vermeintlich kleinen alltäglichen Zerstörungen unserer Umwelt, die in der Summe oft problematischer sind als die großen Katastrophen. Anders z.B. bei der Arbeitslosigkeit, bei der bei vielen Betroffenen noch dazu ein Gefühl von Versagen und Schuld aufkommt, weil man im Wettlauf um knappe Arbeitsplätze verloren hat.

Umweltbewußtsein ist immer auch zukunftsbezogen, Sorgen über die Umweltzerstörung implizieren immer auch eine eher pessimistische Sicht auf die künftige Umweltsituation, wenn die gegenwärtige Entwicklung unverändert weiter läuft. Umweltbewußtsein begründet sich damit auch auf mehr oder weniger fundiertem Wissen bzw. Annahmen über Ursache-Wirkungsbeziehungen. Das wirft die Frage auf: Wie stellt sich in dem Wirrwarr einander widersprechender Experten, den vielen Unwägbarkeiten und unserem recht dürftigen Wissen um künftige Entwicklungen bei der Bevölkerung Umweltbewußtsein her? Wie kann bei dem Mangel an sicherem Wissen über die Folgen unseres Handelns die Gestaltung einer Zukunft, die es unseren Nachkommen auch in 50 oder 100 Jahren gestattet, wenigstens nicht schlechter zu leben, Maxime des Handelns in der Gegenwart werden?

Berichte aus den Medien über die Umweltzerstörung werden aufgegriffen, um eigene diffuse Ängste zu benennen und sie so der Reflexion zugänglich zu machen. Hier liegt auch eine wichtige Ursache dafür, daß Umweltängste nur schwach mit dem Handeln zum Schutz der Umwelt korrelieren. Ein weiteres Paradoxon, das auf diesem Hintergrund verständlich wird, ist, daß Umweltangst sich auch dann entwickeln kann, wenn kaum konkrete Kenntnisse vorhanden sind. Das Artensterben gehört z.B. zu den Problemen, das die von uns Befragten am stärksten beschäftigt. Dabei kennen viele Jugendliche kaum bei uns wild lebende Tier- und Pflanzenarten. Es versteht sich, daß ohne solide Kenntnisse aus der erlebten Bedrohung durch die Umweltzerstörung kein Handeln zum Schutz der Umwelt erwachsen kann.

Aus dieser Verflechtung von sozialen Ängsten und Angst vor der Umweltzerstörung ergibt sich auch, daß unter dem Druck drohender Arbeitslosigkeit die allgemeinen Sorgen um die Umwelt nicht zurückgehen, wie vielfach behauptet. Es ändert sich aber die Zeitperspektive des Handelns, sie wird verkürzt. Arbeitslose und von Entlassung Bedrohte interessieren sich vorwiegend für die nächsten Tage und Wochen; sobald aber weiter in der Zukunft liegende Perspektiven in den individuellen Entscheidungshorizont kommen, gewinnt der Umweltschutz an Relevanz. (vgl. auch Osterland/ Warsewa 1993: 338)

Welche Umweltprobleme bewegen die Ostdeutschen nun am stärksten? Abbildung 1 gibt dazu einen Überblick.

Abbildung 1: Umweltprobleme, die die Ostdeutschen beunruhigen

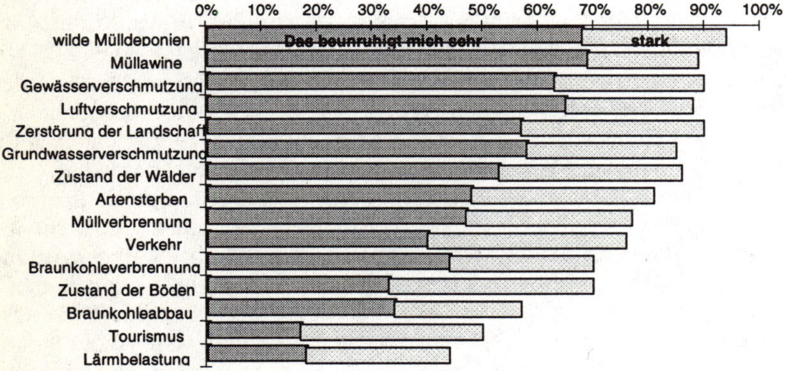

Besonders groß ist die Unzufriedenheit mit der ungelösten Müllproblematik. Das duale System kommt im Urteil der Ostdeutschen sehr schlecht weg, vor allem im Vergleich mit dem Serosystem der DDR. (Kasek 1993) Dazu hat nicht zuletzt beigetragen, daß der lawinenartig gewachsene Abfall einerseits zunächst die Kommunen überforderte (sie kamen mit dem Abtransport nicht nach); andererseits entledigten sich nicht wenige Ostdeutsche ihrer alten

Autos und Haushaltgeräte, indem sie diese einfach in der Landschaft stehenließen. Dazu kamen nicht enden wollende Veröffentlichungen über Risiken und Skandale um alte und neue Mülldeponien. Bei Interviews mit Kurzarbeitern aus der Leipziger Südregion im Frühjahr 1991 wurde auf die Frage, welche Umweltprobleme sie am meisten bewegen, am häufigsten das Müllproblem genannt – auch von wenig qualifizierten Arbeitnehmern und Älteren, die sich sonst recht wenig Gedanken um die Umwelt gemacht hatten. Begründet wurde das nicht selten (vor allem in den Dörfern) mit dem Dreck auf den Straßen, der jetzt überall herumliege. Zudem halten viele Jugendliche im Osten das Serosystem der DDR, das sie selbst noch zu Beginn ihrer Schulzeit durch von der Schule organisierte Sammelaktionen kennengelernt haben, für effizienter als das DSD.[2]

Die Sicht auf die Umwelt ist verflochten mit vielfältigen anderen Einstellungen. Entsprechende Analysen der mir zur Verfügung stehenden Daten ergeben *5 Typen von Lebensstilen*, die sich unter jeweils anderer Schwerpunktsetzung der Umwelt zuwenden:

Beim *Typ 1* herrscht eine *starke Orientierung auf Konsum und einen hohen Lebensstandard* vor. Umweltzerstörung wird hier primär als Störgröße empfunden, die die individuelle Lebensqualität beeinträchtigt. Hier zählen vor allem gesundheitliche Risiken, aber auch Landschaftszerstörung, Havarien und Lärm. Die Bereitschaft, seinen Konsum einzuschränken um die Umwelt zu schützen, ist nur schwach ausgeprägt. Für diese Menschen ist Umweltschutz vor allem Sache der anderen: des Staates, der Wirtschaft usw. Hierzu gehören vor allem Ältere, wenig Qualifizierte mit geringerem Einkommen (und demzufolge auch geringerem Wohlstand). Das Streben, den Wohlstand der Besserverdienenden wenigstens ansatzweise zu erreichen, blockiert partiell umweltbewußtes Handeln. Hierzu gehören etwa 35% – 40% der Jugendlichen und über die Hälfte der über 40jährigen.

Zum *Typ 2* gehören vor allem Jüngere, die nach einer *Alternative zum Leben der Älteren* suchen, die mehr emotionale Erfüllung verspricht. Der Sinn von deren harter Arbeit wird zunehmend in Frage gestellt. Ein gewisser Überdruß am Überfluß kommt auf. Es dominiert der Versuch, der Langeweile des Alltags zu entgehen, emotional tiefgehende Erlebnisse, Abenteuer werden gesucht. Umweltschutz ist bei diesem Typ vor allem Mittel, seinem Leben neuen Sinn zu geben, sich für Ziele einzusetzen, die der Gemeinschaft nutzen, über bloßen individuellen Konsum und Eigennutz hinausgehen. Die Natur ist für sie auch Medium, das Romantik und Abenteuer vermittelt, so daß auch von daher enge emotionale Bindungen bestehen. Diese Lebensorientierungen haben vor allem bei Jugendlichen in den letzten 10 Jahren stark zugenommen. Hierzu gehören etwa 25% – 30% der Jugendlichen.

2 DSD = Duales System Deutschland („Grüner Punkt")

Typ 3 umfaßt vor allem hochqualifizierte Bürger. Umweltbewußtsein ist bei ihnen primär eine Folge *theoretischer Einsicht in reale Risiken und Gefahren.* Sie haben meist einen relativ hohen Lebensstandard bzw. erwarten den für die Zukunft (Gymnasiasten und Studenten), so daß von einer weiteren Steigerung materiellen Konsums wenig Gewinn an emotionaler Befriedigung erwartet wird. Die Bereitschaft, den individuellen Lebensstil im Interesse des Umweltschutzes zu ändern, ist relativ groß. Hierzu gehören etwa 15% – 20% der Jugendlichen.

Typ 4 ist charakterisiert durch die Einstellung zum Umweltschutz als *tragender Norm von sozialen Gruppen.* Umwelt wird hier zum tragenden Integrationsfaktor von sozialen Gruppen mit engen sozialen Kontakten, in denen vor allem Jugendliche soziale Wärme, Geborgenheit, Anerkennung und Schutz suchen. Umweltgerechte Verhaltensweisen werden zum Ausdruck der Gruppenzugehörigkeit. Hier besteht die Gefahr, daß Umweltschutz zum Gruppenritual erstarrt, neue Entwicklungen und Erkenntnisse ungenügend aufgenommen werden und sich im Laufe der Zeit ausgesprochen irrationale Handlungsweisen entwickeln. Diese Tendenz wird noch verstärkt durch das Bestreben der Gruppen, sich von anderen, ähnlichen Gruppen deutlich abzuheben und so den inneren Zusammenhalt zu stärken. Für die Personen, die zu diesem Typ gehören, geht es erst in zweiter Linie um Umweltschutz (obwohl sie oft besonders radikal agieren), primär um Zugehörigkeit zu sozialen Gruppen, die sie toll finden. Oft spielen hier zufällige Erstkontakte eine Rolle. Beim Ausscheiden aus solchen Gruppen werden oft die vorher vertretenen radikalen Umweltschutzforderungen rasch wieder fallengelassen. Hierzu gehören etwa 8 – 10% der Jugendlichen.

Typ 5 interessiert sich nicht für Umweltschutz und hält das Gerede davon für überzogen. Das sind oft wenig gebildete und Personen unterhalb der Armutsgrenze, die von der Gesellschaft sozial ausgegrenzt werden. Hierzu gehören 5% bis 8% der Jugendlichen.

Auch wenn diese Typisierung relativ grob ist und es vielfältige Mischtypen gibt, zeigt sie doch, daß die Sicht auf die Umweltproblematik eng mit der sozialen Lage, dem sozialen Status und dem Lebensniveau verbunden ist. Die Bereitschaft, sich für Umweltschutz einzusetzen, endet im allgemeinen, wenn als Folge konsequenten Umweltschutzes eine Verschlechterung der sozialen Position im Vergleich zu anderen Gruppen in der Gesellschaft erwartet wird. Durch Umweltschutz will keiner verlieren. Dabei geht es oft nicht primär um Wohlstand und Besitz, sondern eher um soziale Anerkennung und Ansehen. Das Bekenntnis zum Umweltschutz ist ein wichtiges Mittel geworden, um soziales Kapital im Sinne von Bourdieu zu akkumulieren – wobei soziale Gewinne bzw. Verluste primär über soziale Vergleiche ausgemacht werden; insofern ist Umweltschutz eng mit sozialer Gerechtigkeit verbunden. Das hat Konsequenzen für das Verhalten, etwa die Bereitschaft, sein Auto weniger zu nutzen. Aus dieser Sicht wird auch ein anderes Befragungsergebnis verständlich, das auf den ersten Blick irrational wirkt: In vielen Großstädten, so auch in Leipzig, sprechen sich zwei Drittel bis drei Viertel der Befragten für autofreie Innenstädte, bevorzugten Ausbau des öffentlichen Nahverkehrs und auch Fahrverbote in Wohngebieten aus. Zugleich denken sie gar nicht daran, ihre PKW-Benutzung auch nur wenig einzuschränken. (siehe z.B. Roski 1995) Wenn die Last zum Wohle der Umwelt alle tragen müssen und spürbare Ergebnisse erwartet werden, ist man bereit, im Interesse der Umwelt Opfer zu bringen. Ist das nicht der Fall, sind nur wenige bereit, sich einzuschränken.

Hier liegt auch ein Kernproblem des ökologischen Umbaus der Industriegesellschaft: Die jetzt vorhandenen Besitzstände werden davon in unterschiedlichem Ausmaß betroffen. Gutverdienende bzw. Besitzende können Umweltauflagen meist besser durch entsprechende Investitionen abfangen. (Einem Hausbesitzer ist es beispielsweise erheblich leichter möglich, seinen Energieverbrauch durch entsprechende Investitionen zu reduzieren.) Der ökologische Umbau der Industriegesellschaft wird die einzelnen Branchen in unterschiedlichem Umfang betreffen. Selbst wenn in der Gesamtbilanz dadurch mehr Arbeitsplätze entstehen als verloren gehen, werden die sozialen Kosten bei der Aufnahme einer neuen Tätigkeit (z.B. Lernaufwand, Verunsicherung und Ängste zwischen angekündigter Entlassung und Aufnahme der neuen Tätigkeit, Statusverlust in der neuen Tätigkeit, oft auch Einkommensverlust) unterschiedlich verteilt. Personen, die über umfassende Kenntnisse zum Umweltschutz verfügen (überdurchschnittlich über umweltrelevantes kulturelles Kapital verfügen), können dies nutzen, um den Belastungen aus Ökosteuern, Gebühren und Abgaben durch entsprechendes Handeln auszuweichen. So ist es wohl auch kein Zufall, daß sich gerade sozial abgesicherte jüngere Akademiker verstärkt dem Umweltschutz zuwenden.

Diese status- und tätigkeitsabhängigen Wirkungen und die in Abhängigkeit vom finanziellen und kulturellen Kapital unterschiedlichen Kompensationsmöglichkeiten führen dazu, daß die sozial ohnehin Schwachen in der Gesamtbilanz ohne Ausgleichsmaßnahmen stärker belastet werden als die sozial Stärkeren. Damit kann Umweltschutz in Konflikt mit sozialer Gerechtigkeit geraten. Rigorose finanzielle Belastung von Umweltverbrauch, die alle Bürger gleichermaßen trifft, läuft Gefahr, daß Umweltverbrauch und Umweltzerstörung – z.B. durch extensive PKW-Nutzung – zum Luxus für die Reichen wird.

Insofern hat Umweltpolitik – vor allem in Ostdeutschland – in den nächsten Jahren nur eine ernstzunehmende Chance, wenn sie die sozialen Auswirkungen von Umweltschutz im Auge behält. Hier liegt auch ein Unterschied zwischen Ost- und Westdeutschland: Im Osten ist das Gerechtigkeitsempfinden wesentlich stärker durch egalitäre Orientierungen geprägt und wird Gruppenloyalität stärker betont. Sehr große Unterschiede in Besitz und

Einkommen werden noch wenig akzeptiert – auch nicht als Ergebnis individueller Leistung oder Tüchtigkeit. (vgl. dazu auch Wegner/Liebig 1993: 680f) Ein Staat, der individuelles Handeln und die Wirtschaft stärker reglementiert, dafür aber soziale Sicherheit schafft (notfalls auf Kosten individueller Freiheit), steht bei etwa ¾ der Ostdeutschen hoch im Kurs. Verletzungen sozialer Gerechtigkeit rufen oft starke Proteste hervor. Erinnert sei an die Demonstrationen gegen die Erhöhung der Abwassergebühren in weiten Teilen Sachsens. Ökologisch ist diese Preiserhöhung durchaus sinnvoll. Da sie aber durch Entscheidungen zustande gekommen sind, mit deren Hilfe die Planer und Baufirmen ihre Einkünfte zu verbessern trachteten, und weil sie verschiedene Bevölkerungsgruppen unterschiedlich trifft, wird das als Verletzung sozialer Gerechtigkeit erlebt und bekämpft.

Ein Bewußtsein für mögliche Zielkonflikte zwischen Umweltschutz und Wirtschaftsförderung ist allerdings bei vielen Ostdeutschen noch schwach ausgeprägt – vor allem bei Typ 1 (s. o.) – und beginnt sich erst zu entwikkeln. Besserer Umweltschutz wird von vielen als fast zwingende Konsequenz wirtschaftlichen Wachstums verstanden. Modernste Technologien seien sauberer als die maroden Anlagen aus DDR-Zeiten. Daß modernste Techniken nicht nur Vorteile bringen, sondern auch neue Risiken schaffen und z.B. Arbeitsplätze überflüssig machen, ist eine Erfahrung, die den Ostdeutschen noch bevorsteht. Probleme ergeben sich bisher fast nur umgekehrt: Der Arbeitsplatz geht verloren, weil die alten Anlagen es nicht gestatten, der Konkurrenz in Qualität und Kosten standzuhalten. Die Umwelt wird belastet, zerstört, vergiftet, weil die alte Technik ohne Filter arbeitet, zu viel Energie verbraucht, leck und morsch ist, so daß zuviel unkontrolliert entweicht. Ein relativ naiver Technikoptimismus und ein ebenso unkritischer Wissenschaftsglaube (an die Kraft naturwissenschaftlicher Rationalität) sind im Osten noch weit verbreitet.

Ebenfalls kaum entwickelt ist ein Bewußtsein über mögliche Zielkonflikte zwischen Umweltschutz und anderen Belangen. Deutlich wird das z.B. beim Verkehr: Der Vorrang des öffentlichen Nahverkehrs und Verkehrsberuhigung werden von den Ostdeutschen ebenso einvernehmlich unterstützt, wie der Aus- und Neubau von Straßen gefordert wird. Wachsender Lebensstandard wird kaum als umweltpolitisches Problem begriffen. Erst ganz allmählich greift auch bei den Ostdeutschen die Erkenntnis, daß – bei allen sozialen Problemen – auch in Ostdeutschland der Verbrauch an Energie, Fläche und Rohstoffen und der gegenwärtig damit verbundene Output an Abfällen und Giften zum sofortigen Kollaps der sozialen Strukturen und ökologischen Kreisläufe auf der Erde führen würde, wenn alle Staaten einen ähnlichen Verbrauch hätten. Die Bereitschaft, im Interesse der Umwelt bescheidener zu leben, ist daher vielfach noch gering. Den noch höheren Konsum des Westens vor Augen, soll jetzt aufgeholt werden. Das wird deutlich am Tempo der Motorisierung im Osten seit dem Mauerfall.

Dieses mangelnde Konfliktbewußtsein erleichtert einerseits ein (oft naives) Bekenntnis zum Umweltschutz und schläfert Handlungsantriebe zugleich ein. Engagement setzt offensichtlich eine Klärung der Standpunkte als Folge eines öffentlichen Diskurses über unterschiedliche Entwicklungsoptionen voraus und dieser wiederum eine bestimmte Reife mit Umwelt verbundener Zielkonflikte.

Auffällig ist die starke Bindung vieler Ostdeutscher an ihre Heimatlandschaft. Diese wird hartnäckig verteidigt, zum Teil auch gegen mögliche Investoren. Die größten Bürgerbewegungen zum Umweltschutz nach dem Zusammenbruch der DDR waren häufig auch Aktionen zum Schutz der bedrohten Heimatlandschaft. Allerdings spielen hier Abwägungen eine Rolle: Bekämpft wird Landschaftszerstörung dann, wenn dem Verlust an Heimat kein adäquater Nutzen gegenüber steht (z.B. in Form von Arbeitsplätzen). So wird etwa die geplante Autobahn Dresden – Prag quer durch das Elbsandsteingebirge von vielen Einwohnern akzeptiert, obwohl erhebliche Negativ-Wirkungen für das Elbsandsteingebirge befürchtet werden: Von der Autobahn wird ein kräftiger wirtschaftlicher Aufschwung erwartet. Nur in den meisten künftig der Autobahn benachbarten Orten[3] überwiegen die Ängste: Hier sind die Negativwirkungen am stärksten, und es wird erwartet, daß die Touristen in Zukunft die Orte an der Autobahn meiden.

Diese Abwägung (das Engagement gegen Umweltbelastung wächst dadurch nicht proportional zum wahrgenommenen oder befürchteten Umfang der Schäden) wurde auch deutlich beim Widerstand gegen die geplante Sonderabfalldeponie in Sachsen[4]. Die umliegenden Orten erwarteten von ihr – gemessen am eventuellen Nutzen (in Aussicht gestellte zusätzliche Fördermittel, Steuern, einige wenige Arbeitsplätze) – unangemessen viele Probleme und Belastungen. Dieselben Bürger nehmen hingegen die Ansiedlung von Unternehmen mit wahrscheinlich stärkerer Umweltbelastung hin, wenn von diesen Unternehmen deutlicher Nutzen für die wirtschaftliche Entwicklung der Region erhofft wird. Der Schutz der Umwelt ist für fast alle Bürger kein absoluter Wert, der anderen Handlungszielen kompromißlos entgegengesetzt wird.

3 Das gilt auch für Dresden: Die Bewohner der unmittelbar an die geplante Trasse angrenzenden Straßen lehnen die Autobahn wesentlich häufiger ab als die Bewohner autobahnferner Stadtteile.

4 Nicht zuletzt durch diesen Widerstand hat das sächsische Umweltministerium entsprechende Pläne vorerst fallen gelassen und nutzt jetzt eine Deponie in Thüringen mit. Zu dieser Entscheidung hat auch beigetragen, daß erste Schätzungen über das Sonderabfallaufkommen sehr schnell nach unten korrigiert werden mußten.

2. Umwelthandeln

Handeln formt sich unter aktuellen Sachzwängen und Handlungsspielräumen, so daß die Befriedigung vorhandener Bedürfnisse in einem mehr oder weniger langen Zeitraum bestmöglich gesichert werden kann. Handeln ist immer darauf ausgerichtet, die Bedingungen in den Griff zu bekommen, von denen die Befriedigung der vorhandenen Bedürfnisse abhängt. Einstellungen und moralische Überzeugungen sind dabei eine Art komprimierte Orientierungshilfen, die es erleichtern, sich in komplexen Situationen schnell und zuverlässig zu entscheiden. Durch Beschleunigungsgesetze und Verbürokratisierung werden gegenwärtig die Möglichkeiten der Bürger, ihre Interessen in Entscheidungsverfahren einzubringen, immer mehr beschnitten. Nach einer Untersuchung von Schneider-Wilkes (zitiert nach Cejka 1996: 50) sind die Erfolgschancen für Bürgerinitiativen im Umweltbereich in den letzten 20 Jahren erheblich zurückgegangen: Während 1970 noch 30% der Bürgerinitiativen erfolgreich waren, lag die Erfolgsquote 1993 nur noch bei 11%.

Damit ist auch gesagt: Wer keine Möglichkeit hat, selbst zu entscheiden (z.B. weil er mit seinen Fähigkeiten und seinem Wissen für ihn wichtige Existenzbedingungen nicht unter Kontrolle bekommt), oder wer zu wenig Geld und Macht mobilisieren kann, um sich gegen eine immer mächtiger werdende und mit der Wirtschaft verfilzte Bürokratie (vgl. Scheuch/Scheuch 1995) zu behaupten, der hat auch keine Möglichkeit, gemäß moralischen Einsichten zu handeln. Wer nehmen muß, was er bekommt, um seinen Unterhalt zu bestreiten, dem ist nicht vorzuwerfen, daß er nicht umweltfreundlich handelt. Darüber hinaus verleihen Einstellungen und Überzeugungen dem Handeln Konstanz und Berechenbarkeit. Damit wird Handeln in der Gemeinschaft und die Entwicklung stabiler sozialer Beziehungen überhaupt erst möglich. Diese soziale Funktion – Handeln für Interaktionspartner berechenbar zu machen – kann Einstellungen erheblich stabilisieren. Jede Person in einem Netzwerk sozialer Beziehungen wird auf bestimmte Handlungsmuster festgelegt. Werden diese geändert, dann müssen sich die bisherigen Interaktionspartner neu orientieren. In der Regel versuchen diese, das durch sozialen Druck in Richtung Erhalt des Status quo zu vermeiden (nicht selten sogar dann, wenn sie das bisher praktizierte Handeln eher ablehnen). Einstellungs- und Handlungsänderungen gelingen daher jenen Personen am leichtesten, die aufgrund ihres Status von diesen Stabilisierungsmechanismen am wenigsten erreicht werden: den Außenseitern, die wenig zu verlieren haben.

Ganz allgemein gibt es drei Möglichkeiten, die Bedingungen zu beeinflussen, von denen Bedürfnisbefriedigung abhängt (vgl. Bourdieu 1992: 49 ff): den Erwerb von ökonomischem Kapital (Besitz und Geld als universelles Tauschmittel), von sozialem Kapital (Zugehörigkeit zu sozialen Gruppen, soziale Position, Beziehungen und Kontakte zu anderen Menschen im weitesten Sinn) und/oder von kulturellem Kapital (Bildung, Qualifizierung und Erfahrung). Handeln zielt darauf ab, Bedürfnisbefriedigung in Zukunft zu sichern, in die Zukunft zu investieren (also zu säen, um genügend zu ernten, und trotz Hungers nicht das Saatgetreide zu essen). Durch diese Zukunftsorientierung entsteht überhaupt erst die Möglichkeit, für den Schutz der Umwelt zu handeln.

Ein Bewußtsein für die Probleme der Umwelt ist durchaus vorhanden, was aber unternehmen die Bürger selbst zur Problemlösung?

Am besten funktioniert das getrennte Sammeln von Abfall. (vgl. Kasek 1993) Auch zum Sparen von Energie und Wasser bekennen sich viele Ostdeutsche (zumindest verbal), und sie orientieren sich bei der Neuanschaffung von Haushaltsgeräten auch zunehmend an deren Energie- und Wasserverbrauch.

In der schon erwähnten Studie des Leipziger Umweltinstitutes (vgl. Halbing u.a. 1991) wurde allgemein gefragt, wo Handlungsbedarf zum Schutz der Umwelt gesehen wird. Abbildung 2 zeigt die Hauptergebnisse.

Abbildung 2: Einschätzung des Handlungsbedarfs zum Schutz der Umwelt

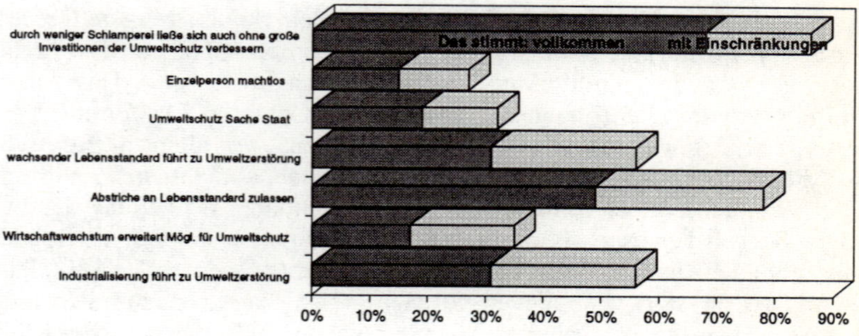

Etwas mehr als die Hälfte sagt, die Industrialisierung führe zwangsläufig zu Umweltzerstörung; nur etwa ein Drittel glaubt, daß Wirtschaftswachstum die Möglichkeiten für den Umweltschutz mehr oder weniger automatisch erweitere. Freie Interviews zeigen aber auch, daß es nach wie vor große Hoffnungen in neue Erfindungen und neue wissenschaftliche Erkenntnisse gibt. Gegen die schon verbreitete Erkenntnis, daß Wachstum in der gegenwärtigen Form mehr zerstört als Mittel zur Verfügung stellt, diese Zerstörung wenigstens zu reparieren, wird die Hoffnung auf die Wissenschaft und ihre Fähigkeit zu Mitteln für einen Ausweg gesetzt, der es gestatten soll, Umweltschutz und wachsenden Lebensstandard zusammenzubringen. So wird trotz der Einsicht, daß wer mehr Umweltschutz will, auch Abstriche an seinem jetzigen Lebensstandard zulassen muß, noch zu wenig entsprechend gehandelt.

Als Erklärung für die große Kluft zwischen Einsicht und Handeln wird diskutiert, daß vor allem der Staat in die Pflicht genommen werden muß und daß zunächst von ihm per Gesetz, Verordnungen, Steuern u.ä. Rahmenbedingungen erwartet werden, die Umweltschutz fördern. Die Ostdeutschen seien noch immer sehr staatsgläubig. Das läßt sich so allgemein durch die vorliegenden Ergebnisse nicht bestätigen. Nur ein reichliches Viertel sieht Umweltschutz vor allem als Sache des Staates, und kaum mehr meinen, daß der Einzelne machtlos sei. Dagegen meinen über 80%, daß sich der Umweltschutz auch ohne große Investitionen wesentlich verbessern ließe, wenn es gelänge, Sorglosigkeit und Schlamperei zu überwinden. Das zielt eindeutig auch auf das individuelle Handeln in Freizeit und Arbeit. Bei Einzelfragen gibt es aber durchaus eine ausgeprägte Erwartung an den Staat. So werden die Möglichkeiten des Einzelnen, durch Veränderung seiner Lebensweise zur Abfallverminderung einen nennenswerten Beitrag zu leisten, sehr skeptisch beurteilt und wird vom Staat erwartet, daß er Druck ausübt, Verpackungen u.a. Abfälle drastisch zu vermindern.

Eine Erklärung für die Kluft zwischen Einsicht und Handeln liegt in dem Glauben, daß nun, nach dem Zusammenbruch der DDR, mit der bis dahin allgegenwärtigen Schlamperei Schluß sei und zudem durch strengere Gesetze der gröbsten Zerstörung erst einmal ein Riegel vorgeschoben sei. Die Mehrheit erwartet davon allerdings noch keine dauerhafte Lösung. Das zeigen auch Fragen zu den Bedrohungen durch künftige Gefahren. Da dominiert die Angst vor der Umweltzerstörung und deren Folgen – vor allem in Form von Naturkatastrophen. Typisch ist, daß die schleichende, allmähliche Zerstörung der Umwelt, der Verlust von Natur in der unmittelbaren Umgebung deutlich weniger Sorgen auslösen als die Angst vor eventuellen Folgen: wachsende gesundheitliche Risiken, Verlust an Lebensqualität (z.B. durch Verkehrslärm und Abgase an stark befahrenen Straßen), Naturkatastrophen oder auch Wertverlust des eigenen Grundstücks in der Nähe von Tagebauen oder Mülldeponien. Gegenwärtig erwartet nur noch etwa ein Drittel, daß sich die Umweltsituation in absehbarer Zeit verbessern wird. Im Sommer 1993 waren das noch fast zwei Drittel. Das hat durchaus eine reale Grundlage: Durch Betriebsstillegungen oder Verkleinerungen (die Industrieproduktion lag Anfang 1994 bei reichlich 40% des Standes am Ende der DDR!), modernere Technik, härtere Gesetze und auch Marktmechanismen, die die in der DDR übliche Verschwendung von Material und Energie nicht mehr zulassen, hat sich die Situation wesentlich verbessert. Allerdings haben dafür andere Belastungen zugenommen; das betrifft vor allem den Verkehr (Lärm, Verbrauch bzw. Zerstörung von Grünflächen in und bei Kommunen, erhöhte Unfallgefahr, Abgase), die Landschaftszerstörung (durch Tagebaue – v.a. Kohle, Kies,

Sand, Steine – und insbesondere durch Verkehrsbau, Wirtschaftsbau, Freizeitindustrie und Siedlungsbau; die Abnahme der Tagebaue wird durch den Bau weit mehr als kompensiert) und das stark wachsende Müllaufkommen. Diese Probleme und das Handeln der Politiker ihnen gegenüber führen dazu, daß die Anzahl derjenigen, die in absehbarer Zeit eine Abnahme der Umweltprobleme erwartet, zurückgeht.

Die Schwierigkeit, im individuellen Verhalten einen Durchbruch zu mehr Umweltschutz zu erreichen, besteht darin, den Bürgern einen Lebensstil zu vermitteln, der Lust und Umweltschutz vereint. Solange umweltfreundliches Verhalten als Verlust an Lebensqualität, als Opfer für eine gute Sache erlebt wird, setzt sich im Alltag ein umweltverträglicher Lebensstil nur sehr schleppend durch. Daher ist es kein Zufall, daß sich vor allem bei Jugendlichen Umwelthandeln entwickelt in engem Verbund mit einer alternativen Lebensweise, die die Entwicklung der eigenen Fähigkeiten, Individualität, Bildung und Kultur, Pflege erfüllter zwischenmenschlicher Beziehungen bewußt der Karriere und dem Konsumdenken entgegensetzt. (vgl. Georg 1992: 279)

3. Exkurs: Auto

Der motorisierte Individualverkehr (MIV) ist in Deutschland im Moment die wichtigste Ursache weiterer Umweltzerstörung. Fortschritte sind hier nicht zu erkennen. Bescheidene technische Neuerungen, die Umweltlasten verringern helfen, werden durch die Zunahme des Fahraufkommens überkompensiert. Die extensive PKW-Nutzung ist aber für mich noch aus einem anderen Grund interessant: MIV-bedingte Umweltzerstörung läßt sich nicht mehr durch verbesserte Technik und eventuell höhere Kosten allein verhindern. Nur mit einer drastischen Reduzierung der per PKW gefahrenen Kilometer und der Zahl der zugelassenen PKW können hier Verbesserungen erwartet werden. Das ist ohne eine grundlegende Veränderung der Lebensweise nicht möglich. Bisher ist allerdings ein anderes Muster umweltbewußten Handelns typisch: Durch entsprechende Investitionen wird versucht, den gewohnten Lebensstil beizubehalten und Umweltschutz in das Gewohnte zu integrieren. Um Energie zu sparen, wird in moderne Heiztechnik investiert, werden energiesparende Maschinen und Geräte gekauft, Gebäude wärmegedämmt usw. Das hat zu großen Fortschritten geführt, stößt aber zunehmend an Grenzen. Zum einen entstehen bei der Herstellung der Umwelttechnik teilweise größere Schäden, als diese während ihres Betriebes im Vergleich zur alten weniger anrichtet (dafür ist der Katalysator bei PKWs ein typisches Beispiel). Zum anderen wird Umweltschutz auf diesem Weg langsam zum Luxus für Reiche und provoziert bei den Ärmeren gegen die Umwelt gerichtete Bumerangeffekte. Die Frage ist daher: Unter welchen Bedingungen sind die Menschen bereit, ihre Lebensweise zu ändern? Die Autonutzung ist dafür ein gutes Beispiel, um die komplexen Zusammenhänge zu beschreiben. Ihr gilt daher der letzte Teil dieses Aufsatzes.

Fährt Bürger X weniger PKW, können andere den Freiraum auf der Straße nutzen und mehr fahren. Für den Umweltschutz kommt dabei nichts heraus. Die verringerte PKW-Nutzung wird aber oft als Verlust an Komfort und Lebensqualität empfunden. X bringt dieses Opfer und erreicht nichts Wahrnehmbares; wozu sollte er also dieses Opfer bringen?

Wobei sich hier schnell ein Circulus vitiosus einschleift: Durch den PKW-Verkehr wird die Lebensqualität im Wohngebiet drastisch verschlechtert (Stichworte: Luftverschmutzung, Unfallgefahren, Lärm, Flächenversiegelung auf Kosten von Naherholung und Grünanlagen). Das führt dazu, daß man wenigstens in der Freizeit Natur, Ruhe und saubere Luft erleben möchte, man steigt ins Auto und muß immer weiter fahren, um das zu haben. Das Auto wird zum Fluchtmittel vor den Schäden, die es selbst mit zu verantworten hat! Läßt man alle Gründe gelten, wo das Auto wenigstens andeutungsweise Vorteile gegenüber anderen Verkehrsarten hat, so sind doch mindestens ein Drittel aller PKW-Touren zu vermeiden, wahrscheinlich sogar die Hälfte. Auch ansonsten Umweltbewußte fahren Auto: weil es Spaß macht, auch wenn sie dabei vielfach, zumindest in der Großstadt, keine nennenswerten Zeitgewinne haben und der PKW erheblich teurer ist als die öffentlichen Verkehrsmittel, wenn man Anschaffungspreis und fixe Unterhaltskosten mitrechnet. Damit wird ein häufig gebrauchtes Argument relativiert: Umweltfreundliches Handeln sei zu teuer, daher müsse man (noch) auf konventionelle Alternativen zurückgreifen.

Aus diesem Grund muß auch die Lenkungswirkung von Mineralölsteuern sehr skeptisch beurteilt werden. Wahrscheinlich wird allein mit einer Verteuerung des Autofahrens zumindest in dem Rahmen, in dem das gegenwärtig politisch im günstigsten Fall durchsetzbar wäre, leider keine nennenswerte Reduzierung des PKW-Verkehrs erreicht werden.

Ein sehr wichtiges Motiv für das Autofahren ist das Streben nach Prestige. Gerade das Auto gilt Statusbewußten als Ersatz für vieles, das früher einmal die Stände unterscheiden half: Feldzeichen und Wappenschild, Bratenrock und Zylinder, Generalsbiese und Achselklappe. Früher war Imponiergehabe weit umweltverträglicher als heute. Das gilt nicht nur für das Auto, sondern auch für viele andere Konsumgüter. Soziale Kreativität wäre hier gefragt, Statussymbole und Imponierutensilien zu entwickeln, in denen Geist steckt, aber möglichst wenig Stoff und Energie.

Solange das Auto Statussymbol und Prestigeobjekt ist, wird bei allem Umweltbewußtsein die Bereitschaft gering sein, individuell, ohne administrativen Druck, auf öffentliche Verkehrsmittel oder das Rad umzusteigen und wieder mehr zu Fuß zu gehen. Ein Ausweg wäre zu versuchen, über administrative Maßnahmen und Verteuerung des Autofahrens (die allerdings sichern müssen, daß Autofahren nicht zum Privileg der Reichen wird, sonst laufen umweltpolitisch vernünftige Maßnahmen Gefahr, durch die Forderung nach sozialer Gerechtigkeit blockiert zu werden) Druck auf alle auszuüben, so daß ein individuelles Opfer der einen nicht für andere Gewinn bringt und damit paralysiert wird. Der andere Weg wäre, das Auto zu entmystifizieren und zum reinen Gebrauchsgegenstand zu machen, der nur genutzt wird, wenn es meßbaren Gewinn bringt (an Zeit und Geld).

Ich bin da Optimist: Das Auto als Kult- und Imponierutensil, das ist typisch deutsch. In Frankreich z.B. ist das Auto ein Gegenstand, den man benutzt, wenn man ihn braucht, nicht mehr. (vgl. dazu auch Rivet 1996: 23) Karriere macht man im Beruf, nicht im Auto, schrieb Renault in einer an Deutsche adressierten Werbebroschüre.

Literatur:

Bourdieu, P.: Die verborgenen Mechanismen der Macht. Hamburg 1992

Cejka, R.: Bürgerinitiativen. In: Ökotest 1/1996, S. 48-56

Gärtner, P./Kasek, L.: Motivation und Handlungsstrategien von Arbeitnehmern in dem Versuch einer Betriebsausgründung. Gelsenkirchen 1995

Georg, W.: Jugendliche Lebensstile – ein Vergleich. In: Zinnecker, J. (Redaktion): Jugend '92. Band 2: Im Spiegel der Wissenschaft. Opladen 1992, S.265-286

Halbing, F./Kasek, L./Schauer, H./ Tardowski, U./Wenzel, C.: Umweltbefragung – Schüler, Lehrer, Eltern. Umweltinstitut Leipzig 1991

Kasek, L.: Einstellungen und Verhalten von Ostdeutschen zum Abfallproblem. In: Institut für ökologisches Recycling (Hrsg.): Neue Wege ohne Abfall. Berlin 1993, S. 213-220

Kasek, L.: Umweltbewußtsein und Umwelthandeln in Ostdeutschland. In: Jank, B./ Reyher, U. (Hrsg.): Ganz Aug' und Ohr. Obertshausen 1994, S. 26-42

Osterland, M./Warsewa, G.: Industriearbeiter und Umweltrisiken. In: WSI-Mitteilungen 6/1993, S. 337-343

Petschow, U.: Chancen und Risiken ökologischer Wirtschaftspolitik in Sachsen-Anhalt. In: IÖW-Informationsdienst 6/1993, S. 6-8

Rivet, S.: A votre avis. In: écoute 1/1996

Roski, G.: Autoarme Innenstadt. In: Leipziger Blätter 27/1995, S. 26-27

Scheuch, E./Scheuch, U.: Bürokraten in den Chefetagen. Hamburg 1995

Wegener, B./Liebig, S.: Eine Grid-Group-Analyse sozialer Gerechtigkeit. In: Kölner Zeitschrift für Soziologie und Sozialpsychologie 4/1993, S. 668-690

Umweltbewußtsein ostdeutscher Jugendlicher und Studenten vor und nach der „Wende“

Heinz Schauer

Mit der Industrieentwicklung und den technisch-technologischen Veränderungen geht notwendig die Vergesellschaftung der Natur einher, sie wird zur Umwelt, wobei eine Folge die Naturbelastung oder schlimmer, die Naturzerstörung ist (Beck 1986). Das trifft auch auf solche Systeme wie die DDR zu, die durch einen Produktionstyp in Industrie und Landwirtschaft mit übermäßiger Inanspruchnahme der Natur gekennzeichnet waren – bezüglich sowohl Boden als auch Wasser und Luft.

Ende der 70er und Anfang der 80er Jahre wirkte sich die Wahrnehmung solcher Entwicklungen in der DDR auf das Bewußtsein von Jugendlichen aus. 1982 war dieser Prozeß bereits so weit fortgeschritten, daß er wegen seiner Häufigkeit und Differenzierung bei Jugendlichen empirisch nachgewiesen werden konnte.

Mit Beginn der 80er Jahre fühlte sich ein Drittel der Jugendlichen (35%) durch Umweltprobleme stark belastet; ein weiteres Drittel spürte eine mittlere Umweltbelastung (34%); noch kaum oder gar nicht durch die Umwelt belastet fühlte sich das letzte Drittel (31%). (Kasek 1982)

Als Umweltprobleme im Sinne einer Rangreihe wurden von den Jugendlichen und Studenten gesehen:

1. Luftverschmutzung,
2. Umweltbelastung allgemein,
3. Vegetationsschäden, Waldschäden, Waldsterben,
4. Gewässerverschmutzung,
5. Umweltbelastung als Gesundheitsgefährdung,
6. Bodenverseuchung und Mülldeponien und
7. Lärmbelastung.

Vor allem sahen sich zwei Drittel der Jugendlichen in ihrer Berufstätigkeit mit Umweltbelastungen konfrontiert (63%). Sie waren der Meinung, daß ihre Arbeitstätigkeit durch solche Faktoren wie schlechte Luft, Staub, Lärm, Hitze, Kälte und Geruch erschwert sei.

Darüber hinaus war fast jeder fünfte Jugendliche (18%) mit dem Zustand der Gewässer sehr unzufrieden. Diese Alltagserfahrungen bezogen sich auch auf die Wohnumwelt und die unübersehbaren Schäden an den Gebäuden in den Großstädten.

Verwiesen sei in diesem Zusammenhang auf die Migrationsprozesse von Jugendlichen in solchen Ballungsgebieten wie Leipzig wegen Umweltschäden. Danach waren für jeden vierten jungen Migranten aus diesen Gebieten Umweltbelastungen der entscheidende Grund für einen Wohnungswechsel (Holzweißig 1982). Die Jugendlichen sahen also durchaus einen Zusammenhang zwischen Umweltbelastung und Gesundheitsgefährdung, waren auf der Grundlage ihrer *Alltagsbeobachtungen und -erfahrungen* in der Lage, lokale Umweltprobleme sensibel und kritisch zu reflektieren. 1982 wurden junge Berufstätige, Lehrlinge und Schüler befragt, welche Bedeutung das Lebensziel Umwelt für sie persönlich habe. Die überwiegende Mehrheit (83%) vertrat die Einstellung, daß die Umwelt als Wertorientierung für ihr Leben bedeutsam sei.

Nimmt man alle empirischen Ergebnisse zusammen, dann ergibt sich, daß sich in zunehmendem Maße werktätige Jugendliche, Schüler und Studenten sensibel gegenüber Umweltfragen und Umweltproblemen zeigten. Das korrespondiert mit der Ausprägung von Umweltängsten bei ihnen. Die Umweltprobleme und -risiken verwandelten sich bei ihnen in Sorgen, Ängste und Bedrohungen. So bildete sich ein Zusammenhang von Umweltsensibilität und Bedrohungserleben bei Jugendlichen und Studenten heraus. Das führte dazu, daß in den 80er Jahren vier Fünftel der Jugendlichen (83%) und Studenten (81%) eine starke Umweltbedrohung erlebten – erster Rangplatz einer 10er Rangreihe.

Umweltängste sind neben dem ökologischen Bewußtsein wesentliche Bestandteile des Umweltbewußtseins. Dieser Ansatz geht explizit davon aus, daß Umweltbewußtsein und ökologisches Handeln spezifische Komponenten der Persönlichkeit sind, die in deren Struktur eingebettet und deshalb auch nur aus diesen Gesamtzusammenhängen heraus erklärbar und nur innerhalb dieser formbar sind, was sich am deutlichsten in den Gewohnheiten zeigt. Es ist hier nicht der Raum, Umweltbewußtsein definitorisch zu diskutieren (siehe dazu Schauer 1992).

Was sind die *Determinanten für die Entwicklung des Umweltbewußtseins* bei Heranwachsenden, Schülern und Studenten? Wodurch werden die unterschiedlichen Ausprägungsgrade der Umweltbedrohungsangst und der Umwelt-Handlungsorientierungen bei ihnen hervorgerufen? Verallgemeinert man die vorliegenden empirischen Befunde, dann ergibt sich: Wegen der unterschiedlichen Umweltalltagserfahrungen und der mehr oder weniger vorhandenen eigenen Betroffenheit von Jugendlichen und Studenten konnte sich in der DDR auf der Grundlage der Sozialisationsmedien Umweltbewußtsein in unterschiedlichen Ausprägungsgraden entwickeln.

Die persönliche Betroffenheit der Jugendlichen und Studenten durch Umweltprobleme, die sich in unseren späteren Untersuchungen in dem Konstrukt des Gewissens darstellt, war eine wesentliche Ursache für das Entstehen eines relativ ausgeprägten ökologischen Bewußtseins bei ihnen.

Wenn man die Frage beantworten will, wieviel Umwelt haben Jugendliche und Studenten in der DDR wodurch erfahren, dann führt der Faktor der persönlichen Betroffenheit in Gestalt des Gewissens hin zur Wirkung der *familialen Sozialisation* (Genennig/Schauer/Schmidt 1992). Die Familien haben unter den realsozialistischen Bedingungen die Persönlichkeitsentwicklung der Kinder dadurch unterschiedlich beeinflußt, daß sie auf der Grundlage konkreter Bedingungen spezifische Beobachtungen und Aktivitäten förderten oder hemmten und bestimmte Einstellungen und Verhaltensweisen der Heranwachsenden anregten, organisierten und führten. So gaben vier Fünftel der Schüler und Jugendlichen (79%) an, daß ein hoher Konsens in den Einstellungen zwischen ihnen und ihren Eltern in Umweltfragen bestehe. Vom Familienklima hing weitgehend ab, ob und in welchem Maße die Umweltprobleme thematisiert wurden.

Auf der Grundlage der unterschiedlichen Verarbeitung der Umweltalltagserfahrungen in den Familien beobachteten und bewerteten auch die Kinder die Umweltprozesse unterschiedlich. Im Zusammenhang mit den allgemeinen familialen Wertorientierungen entwickelten sich in der familialen Sozialisation Umweltängste und ein mehr oder weniger ausgeprägtes Umweltbewußtsein. Dabei handelt es sich keineswegs um eine gleichartige Wirkung. Selbstverständlich spielte dabei das Alter der Kinder und Jugendlichen eine wesentliche Rolle bezüglich der Ausprägung des Umweltbewußtseins, worauf wir noch zurückkommen. Doch festzuhalten bleibt, in den Familien konnten sich mehr oder weniger Umweltsensibilität, Umwelteinstellungen und Umweltbeziehungen ausprägen. Denn trotz der angestrebten Dominanz staatlicher Einflüsse auf Bildung und Erziehung, die von den Eltern und den Heranwachsenden in ihren Zielen und Methoden nicht zu beeinflussen war, blieb in der DDR die primäre Bedeutung der Familie für die Persönlichkeitsentwicklung der Kinder und Jugendlichen bestehen. Das zeigte sich auch in den Wertorientierungen von Heranwachsenden und Studenten, wo die Familie immer einen der vorderen Rangplätze einnahm. An dieser Stelle muß die Wirkung der Heranwachsenden auf die Eltern bezüglich der Umweltprobleme noch zurückgestellt werden.

An die Wirkung der familialen Sozialisation bezüglich des Umweltbewußtseins konnte eine weitere Determinante, die *massenmediale Kultur*, anknüpfen. Dabei geht es nicht nur um die Informationsfunktion der Massenmedien, obwohl auch diese schon allein bedeutsam ist (Stiehler 1991). Zu denken ist beispielsweise an Kenntnisse über globale Umweltprobleme, insbesondere über das Ozonloch, die Vernichtung tropischer Regenwälder, den Treibhauseffekt, die Atomreaktorunfälle.

Insbesondere aber ist dabei die Sensibilisierungsfunktion der Massenmedien für Umweltprobleme hervorzuheben. In den zurückliegenden Jahren sind die Umweltbedrohungen weltweit über die Massenmedien ins öffentliche Bewußtsein gehoben worden. Sobald Kinder Zugang zu den Massenmedien haben, ist der Einfluß letzterer auf das Umweltbewußtsein nicht zu übersehen.

Es kann heute – auf der Grundlage zahlreicher empirischer Untersuchungen – als gesicherte Erkenntnis gelten, daß die Massenkommunikationsmittel eine der wesentlichen Umweltinformationsquellen und Determinanten für die Ausprägung des Umweltbewußtseins bei Kindern, Jugendlichen und Studenten sind, auch wenn das nicht immer beachtet wird. Die Umweltprobleme aber wurden in der offiziellen Propaganda entweder ignoriert oder verniedlicht und in den *DDR-Massenmedien* kaum dargestellt. So kam Schreiber nach seiner Analyse der Umweltberichterstattung in den DDR-Massenmedien zu dem Ergebnis, daß trotz großer Umweltinteressiertheit der Jugendlichen brisante Umweltthemen vermieden wurden und oberflächliche Darstellungen bestimmter Umweltthemen dominierten; insbesondere, daß wesentliche Umweltinformationen fehlten (Schreiber 1985). Das wurde damals mit den Geheimhaltungsvorschriften begründet, die nicht zuließen, daß über Umweltprobleme ein offener Diskurs geführt werden konnte.

Dadurch kam es zu einer wenig beachteten Besonderheit: Es waren bundesrepublikanische Massenmedien, die mehr oder weniger Einfluß auf die Entfaltung des Umweltbewußtseins von Jugendlichen und Studenten nahmen. Begünstigt wurde das dadurch, daß es keine Sprachbarrieren gab (Lindner 1990).

Auf den Umfang der Wirkung der Massenmedien bezüglich der Umwelt-Handlungsorientierung von Kindern, Jugendlichen und Studenten gehen wir später ein. Festgehalten sei nur, daß die Massenkommunikationsmittel unbestritten sowohl eine wesentliche Umweltinformationsquelle als auch Umwelt-Handlungsorientierung für Heranwachsende und Studenten sind. So ist auch zu erklären, warum zwischen westdeutschen und ostdeutschen Jugendlichen bezüglich globaler Umweltprobleme in den 80er Jahren nur ganz geringe Einstellungsunterschiede bestanden.

Auf der Grundlage der persönlichen Betroffenheit und in Wechselwirkung mit familialer Sozialisation und medienkultureller Einflußnahme konnten innerhalb der Schule – obwohl staatliche Sozialisationsinstanz – *Lehrer* einen mehr oder weniger großen Einfluß auf das Umweltbewußtsein nehmen, wodurch die Schule insgesamt eine widersprüchliche Wirkung hatte. Die Lehrer hatten einen gewissen Spielraum, auf der Grundlage des Gesetzeswerkes zu Landeskultur und Umwelt sowie des Fächerkanons und z.B. der Biologielehrpläne bestimmte Umweltprobleme anzusprechen, wodurch sich vor allem die *biologisch-naturwissenschaftliche Komponente* des Umweltbewußtseins bei den Schülern ausprägen konnte. Mit ihrer retrospektiven Umweltbewußtseinsuntersuchung bei Schülern und Studenten 1991/1992 haben Herrmann und Kalkbrenner gefunden, daß mehr als die Hälfte der ostdeutschen Jugendlichen (56%; Studenten 62%, Schüler 55%) bereits vor der Wende Umweltinformationen im Biologie-, Chemie- und Geographieunterricht erhalten haben, die mit zur Herausbildung von Umwelt-Handlungsorientierungen bei ihnen führten (Genennig/Schauer/Schmidt 1992).

Im Gegensatz dazu wurde vor allem im *Staatsbürgerkundeunterricht* die ideologische Behauptung vertreten, daß Umweltkonflikte nur im Imperialismus wegen des Profitstrebens auftreten und die Umweltprobleme im Realsozialismus lösbar seien und gelöst werden würden. Der Geheimhaltungsschutz bezüglich der Umweltdaten sei eine Notwendigkeit zur Verhinderung einer ideologischen Diversion durch die Feinde des Realsozialismus. Die herrschende Staatsideologie und politische Indoktrination bewirkten insbesondere bei Schülern und Studenten eine verzögerte Umwelt-Problemwahrnehmung und in der Regel eine von Widersprüchen bestimmte Sensibilisierung bezüglich der Umweltprobleme sowie einen übertriebenen Optimismus hinsichtlich deren Lösungsmöglichkeiten im Realsozialismus. Andererseits wurde die Beeinträchtigung der Umwelt immer sichtbarer und spürbarer, ihre Wirkungen auf das Leben immer erkennbarer, wodurch die Umweltprobleme auch in der DDR immer mehr in den Blickpunkt des Interesses und des ökologischen Diskurses (aber außerhalb der SED-Ideologie und deren Massenmedien) rückten. Die Heranwachsenden fragten sich beispielsweise, wieso der Smog in Westberlin haltmachen sollte, wo er doch auch in den ostdeutschen Städten zu spüren war; wieso die Auswirkungen von Tschernobyl einen Bogen um die DDR machen sollten. Weiterhin waren Jugendliche und Studenten unzufrieden mit der erlebten Diskrepanz zwischen dem Gesetzeswerk zur Umwelt und eigenen Beobachtungen von dessen massiven Verletzungen sowie der geringen Umweltschutzinvestitionen, der Nichtnutzung der wenigen vorhandenen Filteranlagen und dem Fehlen jeglicher präventiver Umweltpolitik. Der Geheimhaltungsschutz bezüglich der Umweltdaten erschien ihnen, sobald sie damit konfrontiert wurden, als Instrument der Verheimlichung von Umweltgefährdung, die sie als Bedrohung erlebten. Sie vermuteten dahinter in zunehmendem Maße Unaufrichtigkeit, Geheimniskrämerei und Staatsheuchelei.

Damit in Verbindung begannen die Jugendlichen und Studenten in zunehmendem Maße sowohl *Kritik an der Informationspolitik* der SED als auch an den Massenmedien, insbesondere bezüglich der Umweltthematik, zu üben. So begannen sich Antagonismen zwischen dem sich entwickelnden Umweltbewußtsein von Jugendlichen und Studenten und der herrschenden Politik und Ideologie zu entwickeln, wodurch das Umweltbewußtsein eine politische Komponente erhielt. Die Umweltproblematik begann sich als Thema der Artikulierung von politischer Unzufriedenheit zu eignen, wobei durch die globalen Prozesse der Umweltgefährdung über die Instanz der Moral die Distanzierung von der realsozialistischen Politik und Ideologie ermöglicht wurde.

In ähnlicher Weise verlief der Prozeß bei den sich bildenden *Umweltgruppen*. Anfangs wollten sie nur auf die Umweltgefährdung aufmerksam machen; aber die Konfrontation durch die Organe der Staatsmacht, ihre Abstempelung, Anfeindung (vor allem, wenn sie sich unter dem Dach der Kirche gefunden hatten) bewirkten eine Oppositionsrolle und eine Haltung, die ihnen immer mehr Sympathien bei den Jugendlichen und Studenten einbrachten, zumal ihre Auffassungen immer mehr den Umwelteinstellungen der Jugendlichen und Studenten entsprachen.

Wenn man unter diesem Gesichtswinkel das Mitte der 80er Jahre bei einem Teil der Jugendlichen und einem noch etwas geringerem Teil von Studenten in der DDR ausgeprägte Umweltbewußtsein analysiert, stößt man auf seinen Kompensationsaspekt. Es übte bei diesen Heranwachsenden und Studenten auch eine Ersatzfunktion für fehlende Möglichkeiten einer Kritik an der herrschenden Politik aus. Insofern signalisierte die Problematisierung der Umwelt, die Umweltkritik eine Erosion ehemals als stabil angenommener Bewußtseinslagen. 1986/87 begannen Umbrüche im Gesellschafts- und Politikbild eines bemerkenswerten Teils von Jugendlichen und Studenten der DDR.

Wenn auch noch 1986 nahezu zwei Drittel der Studenten (58% bis 64%) der Wissenschafts- und Technologiepolitik der SED folgten, wonach der wissenschaftlich-technische Fortschritt im Realsozialismus automatisch zur Umweltverbesserung führen sollte (insbesondere wegen der Möglichkeiten von Umwelttechnik sowie technologischen Verfahren zur Reinigung von Luft, Boden und Wasser) und sie damit Technikoptimismus und Fortschrittsgläubigkeit zeigten, so soll doch hervorgehoben werden, daß jeder dritte Student (35%) eine eher abwartende Haltung in dieser Frage einnahm. Auch wenn es nur eine Minderheit von Studenten war (7%), die sich von der Technologiepolitik der SED distanzierte und über das Ausmaß der Umweltschäden und Gesundheitsgefährdungen bestürzt war, so ist das ein nicht zu unterschätzender empirischer Sachverhalt. Zumindest diese Studenten begannen, die Wechselwirkung zwischen Technikentwicklung und Umweltgefährdung zu begreifen. Im Gegensatz zu den Tatsachen wurde in der offiziellen Propaganda die These des *Automatismus von Wirtschaftswachstum und Umweltschutz* im Realsozialismus vertreten. Dieser Auffassung folgte 1986 jeder dritte Student (34%) uneingeschränkt. Ein weiteres Drittel war im großen und ganzen bereit, die Einheit von Wirtschaftswachstum und Umweltschutz im Realsozialismus zu bejahen. Mit anderen Worten: Zwei Drittel der Studenten (64%) waren 1986 bereit, der Wirtschaftspolitik der DDR einen Nutzen für den Umweltschutz zuzubilligen und nahmen so eine unkritische Haltung gegenüber der ökonomischen Politik ein. Doch jeder fünfte Student (21%) war nur mit Einschränkungen bereit, der Einheit von Wirtschaftswachstum und Umweltschutz im Realsozialismus zu folgen. Immerhin lehnte wenigstens jeder siebente Student (15%) die Automatismus-Ideologie von Wirtschaftswachstum und Umweltschutz ab.

Sofern der Frieden und die Familie als Werte in den *Wertorientierungs*batterien der empirischen Untersuchungen bei Jugendlichen vorgegeben waren, rangierten diese an erster und zweiter Stelle. Danach kam in aller Regel die Umwelt auf den dritten Rangplatz. Damit rückte die Umwelt in der Rangreihe jener die Lebensqualität bestimmenden Werte bei den Jugendlichen in der Mitte der 80er Jahre auf einen der vorderen Rangplätze – ähnlich wie bei den westdeutschen Jugendlichen. Dabei ist zu beachten, daß in der DDR – wie bereits dargestellt – die Wertpräferenz von Umwelt politisch thematisiert war. Aus heutiger Sicht kann man sagen, daß diese Wertorientierung in gewisser Weise eine Kompensation der vordergründigen Politisierung und Ideologisierung und zugleich eine Orientierung auf scheinbar politisch weniger auffällige, aber zugleich grundsätzliche Bereiche der Gesellschaft darstellte.

In diesem Zusammenhang scheint es notwendig anzumerken, daß seit etwa 1985/86 bei Teilen von Jugendlichen und Studenten in der DDR ein Werte- und *Mentalitätswandel* einsetzte (Friedrich 1990 und in diesem Band). Bei diesen Jugendlichen führte das zu einer Distanzierung von der SED und ihrer Ideologie. Da sich der Antagonismus zwischen einerseits der von Jugendlichen erlebten Realität und andererseits Politik und Ideologie immer mehr auf andere Politikbereiche ausdehnte, hatte das wiederum Auswirkungen auf ihre Wertorientierungen. Dieser Prozeß begann zunächst vereinzelt und mit einer zeitlichen Verzögerung auf der Grundlage der Verstärkung der Subjektposition und konnte erst Ende der 80er Jahre als Wertewandel bei Jugendlichen und Studenten empirisch nachgewiesen werden. Es ist auch ein Zusammenhang zwischen dem damaligen Wertewandel und dem Verfall der politischen Wertorientierungen einerseits und der Umweltkritik sowie der Entwicklung von Umweltbewußtsein der Jugendlichen und Studenten andererseits zu sehen.

In der Untersuchung „Student 89“ wurden die ostdeutschen Studenten letztmalig nach ihrem Vertrauen in die Politik der SED befragt. Aber erstmalig wurde der Bereich Umweltpolitik einbezogen. Von elf möglichen Rangplätzen kam die Umweltpolitik auf den vorletzten Rangplatz, nur noch gefolgt von der Informationspolitik. Diese Bereiche waren die neuralgischen Punkte des Regimes. Die dargestellte mehrheitliche Zustimmung zu anderen Bereichen schlug hier um in eine mehr oder weniger starke Ablehnung der etablierten Politik. Hierin äußert sich das gesamte Spannungsfeld der Jugendlichen in der DDR Ende der 80er Jahre mit allen Widersprüchen, Problemen und Konflikten. Nur noch jeder zehnte Student gab an, großes Vertrauen in die Umweltpolitik der SED zu haben. Die Hälfte der Studenten (48%) machte bereits starke Einschränkungen hinsichtlich ihres Vertrauens in die Umweltpolitik. Jeder vierte Student (26%) bekundete kaum Vertrauen in die Umweltpolitik. Bedeutsam ist, daß bereits jeder sechste Student (16%) die Umweltpolitik der DDR entschieden ablehnte. Zusammenfassend ergibt sich, daß 1989 zwei Drittel der Studenten (68%) der Umweltpolitik der DDR mehr oder weniger ablehnend gegenüberstanden. Hinzuzufügen ist noch, daß sich 1989 gegenüber 1986 die Anzahl der Studenten verdoppelte (24% 1986;

51% 1989), die der aufgesetzten Fortschrittsideologie widersprach und der These von der Gefährdung der Umwelt durch Technik, Technologie und Chemie folgten. Diese Studenten sahen die Technik, Technologie und Chemie gefährdend für die Umwelt und hinterfragten kritisch das Verhältnis von Technikfortschritt und Ökologie. (vgl. dazu auch Volprich in diesem Band)

Weiterhin halbierte sich der Anteil der Studenten (27% 1986; 15% 1989), der der These vom umweltschonenden Umgang des Realsozialismus mit der Natur folgte. So werden die Prozesse des Begreifens der Umweltgefährdung und der Veränderung des Umweltbewußtseins bei Jugendlichen und Studenten, indem sie stärker die Gefahren wahrnahmen, die der Umwelt im Realsozialismus erwachsen, in diesem kurzen Zeitraum deutlich. Neben den bereits genannten Faktoren, die insgesamt noch intensiver wirksam wurden, kam eine höhere Umweltsensibilität bei diesen Jugendlichen und Studenten hinzu, die eine lebensfähige Natur und Umwelt als Lebensbedingung für die Menschheit für unerläßlich hält.

Zusammenfassend zu diesem Punkt sei festgestellt, daß sich das Kritikpotential der Studenten und Jugendlichen 1989 in der mehr oder weniger deutlichen Distanzierung von der Umweltpolitik der SED ausdrückte. Insofern scheint nunmehr die These begründet, daß sich das Umweltbewußtsein zu einem Indikator des Nicht-Mehr-Funktionierens alter Werte ausprägte und eine konstruktive Antwort auf Defizite bisheriger diesbezüglicher Einstellungen darstellte.

Durch die sozialen Erfahrungen in der DDR aufgrund der realsozialistischen Verhältnisse und der neuen Existenzsituation, die auch die Umbruchphase einschließt, gibt es einen weiteren Zugang zum Umweltbewußtsein von Schülern, Jugendlichen und Studenten, der auch eines weiteren Erklärungsansatzes für die empirischen Untersuchungsergebnisse bedarf.

Nach dem Zusammenbruch der DDR wurde für viele Menschen, auch Studenten, in den neuen Bundesländern durch die Krisensymptome und existentiellen Bedrohungspotentiale die soziale Zukunft nicht mehr berechenbar. Neue, noch nicht im Alltag erlebte Bedrohungen (z.B. soziale Unsicherheit, Arbeitslosigkeit, Konkurrenzkampf der Marktwirtschaft), verbunden mit dem Anpassungsdruck, traten auf. Mit der Wende und in der Transformationsphase ist durch das offene Wirksamwerden von sozialen Problemen, Spannungen und Konflikten – vor allem bei arbeitslosen jungen Werktätigen, aber auch bei Studenten wegen der sozialen Unsicherheiten – eine *Bündelung von Bedrohungen* auf der Grundlage einer unsicheren Existenzsituation eingetreten. Damit stoßen wir auf eine bisher wenig beachtete psychische Ursache, die vor allem bei sozialen Umbrüchen deutlich wird: daß sich auf der Grundlage des strukturellen Wandels auch ein habitueller Wandel als langfristiger, konfliktreicher geistiger Veränderungsprozeß bei Jugendlichen und Studenten vollzieht. Das kann auch dazu führen, daß gegenüber anderen Problemfeldern das Umweltbewußtsein etwas in den Hintergrund gedrängt wird. Doch belegte 1991 die Umweltangst bei

77% der Jugendlichen noch nach wie vor den ersten Rangplatz. Das trifft auch auf die einzelnen Teilpopulationen zu: junge Werktätige 82%, Schüler 83%, Studenten 78%, Lehrlinge 72% und junge Arbeitslose 71%. Allerdings folgen die Ängste bezüglich der Gewaltkriminalität (70%), Rechtsradikalismus (66%), Krieg (64%) und Arbeitslosigkeit (50%) dicht auf. 1992 aber nahm die Bedrohung durch den Rechtsradikalismus den ersten Rangplatz bei den Studenten ein und verdrängte die Gefährdung der Umwelt auf den zweiten Rangplatz, obwohl der Ausprägungsgrad der Umweltängste (80%) mindestens gleichgeblieben ist und mehr als die Hälfte der Studenten der Meinung war, daß die Wiedervereinigung im Bereich des Umweltschutzes Fortschritte gebracht hat. Aber sie sahen noch Umweltbedrohungspotentiale in der Technik (54%), hatten Zweifel bezüglich der Vereinbarkeit von ökonomischem Wachstum und Umweltschutz (28%) und daß der wissenschaftlich-technische Fortschritt die Chancen erhöhe, Natur und Umwelt zu schützen (19%). Entsprechend groß war auch ihre Skepsis, ob es gelingen könnte, den künftigen Generationen die Natur in einem verbesserten Zustand zu übergeben (54%). Zweifellos bedarf die Umweltthematik eines Wandels in den sozialen Einstellungen, Wertungen und Verhaltensweisen der Menschen. Dazu gehören solche Fragen nach dem Sinn des wirtschaftlichen Wachstums, nach dem Verhältnis von Ökologie und Ökonomie, Technik und Technologie, nach dem Verhältnis von Mensch und Natur. Diese Probleme stellen sich insbesondere den Heranwachsenden und Jugendlichen, die später die Gesellschaft gestalten werden. Die davon inspirierte sozialwissenschaftliche Forschung richtet dabei ihr Augenmerk sowohl auf die Analyse des Umweltbewußtseins als auch auf die Entwicklung von Modellen zur Umwelterziehung sowie auf notwendige Voraussetzungen und Rahmenbedingungen für umweltbewußtes Handeln (Eulefeld 1990).

Insbesondere bei Schülern interessierten uns 1991 die *Einflußfaktoren auf ihre Umwelt-Handlungsorientierungen.* Mit Ausnahme der Schüler bis einschließlich der 4. Klasse ist das persönliche Gewissen die stärkste Determinante (7. Klasse 73%, 10. Klasse 78%, 4. Klasse 70%). Erst durch die individuelle Wertung erhalten die Umweltinformationen – auf der Grundlage vorhandener Wertorientierungen, insbesondere der Einstellung des Individuums zu seiner sozialen Umwelt, seiner Einstellung zum Leben und zur Gesellschaft – spezifisches Gewicht als Umwelt-Handlungsorientierungen. Beachtenswert ist vor allem, daß zwischen dem persönlichen Gewissen als Quelle von Umwelt-Handlungsorientierungen einerseits und der Nutzung von Möglichkeiten in der Gestaltung des eigenen Lebens als Beitrag zum Umweltschutz andererseits enge Beziehungen bestehen. Aber auch als schlechtes Umweltgewissen ist dieser Faktor nicht zu unterschätzen.

Stehen bei den Schülern bis zur 4. Klasse die *Eltern* als Quelle bezüglich der Umwelt-Handlungsorientierungen an erster Stelle (4. Klasse 73%), so kommen diese in der 7. Klasse auf den 2. (72%) und in der 10. Klasse auf den 4. Platz (85%). Das hängt mit zwei Tendenzen zusammen: Zunächst werden Kinder gerade von ihren Eltern auf die Umwelt und umweltgemäßes Verhalten hingewiesen. Andererseits geht mit zunehmendem Alter der Kinder der Einfluß der Eltern bezüglich Umwelt zurück, während umgekehrt der Einfluß der Kinder auf die Eltern zunimmt. Das wird auch durch unsere Elternuntersuchungen bestätigt. Die Kinder belegen einen vorderen Rangplatz als Quelle für Umwelt-Handlungsorientierungen (77%), nach dem persönlichen Gewissen und den Massenmedien. Vor allem die Schüler höherer Klassen (ab 7. Klasse) bringen die Umweltdiskussion in ihre Familien. Es ist also auf der Grundlage unserer Untersuchungsergebnisse nicht möglich, generell zu behaupten, daß die Umweltthemen vor allem von den Eltern in die Familien eingebracht werden. Dies gilt höchstens bis zur vierten Klasse. Insgesamt geben drei Viertel der Eltern an, daß sie sich mindestens in starkem Maße von den Umwelthinweisen ihrer Kinder beeinflussen lassen. Das Wichtigste ist, daß genügend Zeit da sein muß, um in der Familie über Alltagsprobleme im Umgang mit der Umwelt zu reden (Kasek/Lehwald 1993).

Heutzutage vermitteln die *Massenmedien* den Heranwachsenden schon frühzeitig Umweltinformationen. Vor allem das Fernsehen kann den Kindern und Jugendlichen Umweltinformationen anschaulich darbieten. Die Fernsehbilder und -kommentare können emotionale Eindrücke hinterlassen, sensibilieren und motivieren. Darum dürfen die Massenmedien auch als Faktor der Ausprägung von Umwelt-Handlungsbereitschaft nicht unterschätzt werden, da sie bereits in der 4. Klasse den vierten Rangplatz (62%) gleich nach den Lehrern einnehmen und in den höheren Schuljahren mit dem dritten Rangplatz einen starken Einfluß auf die Umwelt-Handlungsorientierungen (7. Klasse 68%, 10. Klasse 65%) nehmen. Schon rein quantitativ ist der Einfluß der „Erzieher aus der Röhre“ eindrucksvoll, wobei auch nicht die Tatsache unterschätzt werden darf, daß die Schüler aus den Medien konkrete Hinweise für ihr Verhalten in Sachen Umweltschutz entnehmen: Jeder zweite Schüler (4. Klasse 52%, 7. Klasse 50%, 10. Klassse 41%) gab an, konkrete Hinweise für sein Umweltverhalten aus dem Fernsehen erhalten zu haben.

Eine wichtige Determinante zum Auslösen von Umwelt-Handlungsbereitschaften bei den Heranwachsenden sind auch die *Umweltschützer* (4. Klasse 58%, 7. Klasse 69%, 10. Klasse 62%). Insbesondere sind es die Aktivitäten von Greenpeace, die Aktivitäten der Umweltschützer und Greenteams vor Ort, die die Umweltphantasie und manchmal auch die Abenteuerlust der Kinder anregen und mit ihren Aktionen die Heranwachsenden zum Umwelthandeln mobilisieren.

Geringer, als wir erwartet hatten, aber dafür nahezu konstant, ist der Einfluß der *Freunde* auf die Umwelthandlungsorientierungen der Schüler. Jeder zweite Schüler aller Klassenstufen (4. Klasse 52%, 7. Klasse 55%, 10. Klasse 51%) bestätigt, daß er von seinen Freunden Anregungen für seine Umwelt-Handlungsbereitschaft erhalten habe.

Haben in der 4. Klasse die *Lehrer* den dritten Rangplatz bezüglich des Einflusses auf die Handlungsorientierungen der Schüler für die Umwelt (63%), so beeinflussen sie in der 7. Klasse nur noch jeden zweiten Schüler bezüglich seiner Umwelthandlungsbereitschaft (47%), und in der 10. Klasse vermitteln sie nur noch jedem dritten Schüler Anregungen für seine Umwelteinstellungen (32%). Trotzdem darf dabei nicht übersehen werden, daß die Lehrer gerade durch den Zusammenhang von Umweltinformationen und -bewußtsein einen wesentlichen Einfluß auf die Ausprägung von Umweltbewußtsein ausüben können. Übrigens wird der kritische Befund durch die Selbsteinschätzung der Lehrer bestätigt, die sich bezüglich des Umweltverhaltens der Schüler keine große Wirksamkeit und Vorbildrolle bescheinigen. Nur 40% der Lehrer meinten, daß ihre Schüler von ihnen Anregungen für ein umweltgemäßes Verhalten in der Freizeit aufgriffen. Das mahnt zu Bescheidenheit in den Erwartungen an den Einfluß der Schule auf die Haltung der Schüler zum Umweltschutz.

Analysieren wir die Ergebnisse im Zusammenhang mit den anderen Resultaten unserer Untersuchungen, dann zeigt sich bei Schülern ab der 7. Klasse, daß die eigenen Umwelteinstellungen gegenüber anderen davon abweichenden Wertungen ein erhebliches Gewicht haben; daraus folgt, daß die Heranwachsenden lernen wollen, mit der Umwelt umzugehen, während die Erwachsenen umlernen müssen, um mit der Umwelt richtig umzugehen.

Literatur:

Beck, U.: Risikogesellschaft. Auf dem Weg in eine andere Moderne. Frankfurt/M.: Suhrkamp, 1986, S. 10ff.

Eulefeld, G.: Modelle zur Umwelterziehung in der Bundesrepublik Deutschland Bd. 2. Kiel: IPN Verlag, 1990

Eulefeld, G.: Umwelterziehung. In: Kruse, L./Graumann, C.F./Landermann, E.D. (Hrsg.): Ein Handbuch in Schüsselbegriffen. München: Psychologie Verlags Union, 1990, S. 654

Friedrich, W.: Mentalitätswandel der Jugend in der DDR. In: Aus Politik und Zeitgeschichte. Beilage zur Wochenzeitung Das Parlament Nr. 16-17/1990, S. 25-37

Genennig, B./Schauer, H./Schmidt, L.: Schichtenspezifische Veränderungen von Lebensorientierungen und Einstellungen zur Umwelt von 1980 bis 1991. KSPW-Forschungsbericht 1992 (unveröff.)

Holzweißig, W.: Ergebnis der Untersuchung territorialer Mobilität der Jugend. ZIJ-Forschungsbericht 1982 (unveröff.)

Kasek, L.: Zum Ökologiebewußtsein junger Werktätiger und Studenten. ZIJ-Forschungsbericht 1982 (unveröff.)

Kasek, L./Lehwald, G.: Umwelterziehung in den neuen Bundesländern – Ergebnisse einer soziologischen Untersuchung. In: Modelle zur Umwelterziehung in der Bundesrepublik Deutschland Bd. 5. Kiel: IPN Verlag, 1993 S. 64-81

Lindner, B.: Erst die neuen Medien, dann die neuen Verhältnisse. In: Ju Lit Informationen 2/1990, S. 37

Schauer, H.: Umweltbewußtsein bei Studenten in Ostdeutschland. In: Kultursoziologie 3/1992, S. 58-68

Schreiber, J.: Das Verhältnis Jugendlicher zur natürlichen Umwelt als ein Bestandteil der sozialistischen Lebensweise. ZIJ-Forschungsbericht 1985 (unveröff.)

Stiehler, J.: Blick in den Medienalltag Jugendlicher. In: Hennig, W./Friedrich,W.: (Hrsg.): Jugend in der DDR. Weinheim/München: Juventa, 1991, S. 67

Einstellungen Chemnitzer Schuljugendlicher zum wissenschaftlich-technischen Fortschritt

Wolfgang Otto

1. Zu den Chemnitzer Jugendstudien

Die meisten Jugendstudien wollen Grundaussagen über Denken, Fühlen und Handeln junger Menschen in einem bestimmten Zeitabschnitt gewinnen und bemühen sich daher um eine Analyse des Erlebens und Verhaltens Jugendlicher in möglichst vielen Lebensbereichen. Dies hat oft den Nachteil, daß anwendungsbezogene Aussagen über das Verhalten junger Menschen (in einer spezifischen Region und/oder in einem speziellen Verhaltensbereich) nur begrenzt möglich sind: Wenn sich z.B. Lehrerstudenten naturwissenschaftlich-technischer Fachrichtungen in ihrer Ausbildung mit Entwicklungsproblemen Jugendlicher befaß(t)en und dabei teilweise selbst Ergebnisse bekannter Jugendstudien auswerteten, wurden häufig zwei Fragen gestellt:

- In welchem Maße treffen Aussagen für ein großes Territorium (z.B. BRD/DDR) auch für unser spezielles Industriegebiet Chemnitz zu?
- Wie differenziert sind die Einstellungen von Schülern zur Entwicklung der Technik und zur Nutzung ihrer Ergebnisse in der Gesellschaft?

Die zweite Frage beschäftigte gerade die technikorientierten Studenten, und zu diesem Problemfeld trafen die meisten Jugendstudien nur wenige Aussagen. Dieser Mangel veranlaßte uns, ein eigenes Projekt zu konzipieren und zu realisieren, das ein Porträt der Schuljugend einer Region zeichnen sollte. In Anlehnung an die Studien des Zentralinstituts für Jugendforschung (ZIJ) und mit vielfältiger Unterstützung durch seine Leitung und Mitarbeiter wurde ein Fragebogen entwickelt, der besonders das Verhältnis der Jugend zur Technik, aber auch individuelle Positionen zu anderen Lebensbereichen erfassen sollte.

Nach entsprechenden Vorstudien zur Indikatorauswahl begannen wir im Oktober 1982 mit der ersten empirischen Analyse. Obwohl unser Vorhaben nicht die notwendige Genehmigung der Zentralverwaltung für Statistik der DDR hatte, wurde unsere Arbeit von sehr vielen LehrerInnen, aber auch vielen Leitern von Schulbehörden unterstützt und gefördert. Ein Grund für dieses Engagement lag u.a. darin, daß in Chemnitz die Wiege der Polytechnischen Bildung und Erziehung stand und sich viele Pädagogen mit dem Grundanliegen dieser Bildungsstrategie identifizierten.

Unsere 1. Untersuchung erfaßte die Schüler der 6. bis 10. Klassen (11-16 Jahre) aus 4 Chemnitzer Schulen (N = 1.219; w = 640; m = 579) – 2 aus einem Neubau- und 2 aus einem Altbaugebiet, und alle 4 Schulen konnten ihren Schülern einen gut gestalteten Polytechnischen Unterricht bieten. Die Ergebnisse dieser 1. Analyse fanden ein beachtliches Interesse, und wir planten und realisierten für die gleiche Stichprobe die Fortsetzung unserer Studie bis 1986: Es entstand die 1. echte Längsschnittstudie (1. LSSt) zur Entwicklung von (technischen) Wertorientierungen bei Chemnitzer Schülern.

Durch die rasante Entwicklung der elektronischen Informationsverarbeitungs- und Kommunikationstechniken wurde ab Beginn der 80er Jahre verbreitet und verstärkt die Frage diskutiert, welche informationstechnische Grundbildung die Schule vermitteln sollte – mit u.a. dem Ergebnis in der BRD, daß die Bund-Länder-Kommission die Einführung einer informationstechnischen Bildung forderte, und in der DDR, daß das Politbüro der SED Ende 1985 der Schule die Aufgabe stellte, für alle Schüler einen informationstechnischen Unterricht zu organisieren. Im Kontext dieser neuen Anforderungen an das Bildungswesen entstand der Gedanke, deren Widerspiegelung durch die Schüler zu verfolgen: Im Oktober starteten wir unsere 2. Längsschnittstudie (2. LSSt). Einbezogen waren 831 Schüler der 9. Klassen mit Informationsunterricht in Theorie und Praxis. Dieselben Schüler wurden im Juni 1989 und Mai 1990 erneut befragt. Die bei dieser 2. Studie eingesetzten Fragebogen waren betont auf die Analyse von Bewertungen der informationsverarbeitenden Technik gerichtet, enthielten aber wie stets auch übergreifende Fragestellungen.

Veränderungen der gesellschaftlichen Verhältnisse in der DDR schlugen sich selbstverständlich auch im DDR-Bildungswesen nieder – wie beachtliche Umstellungen im personellen Bereich, aber auch Umbewertungen bestimmter Bildungsstrategien (z.B. Polytechnische Bildung), die ihrerseits zur Verunsicherung vieler Pädagogen führten; sie setzten sich im folgenden nicht mehr mit gleicher Energie für die Fortsetzung der Chemnitzer Jugendstudien ein. Dennoch konnte im Juni 1992 nochmals eine Stichprobe von 473 Schulabgängern (Kl. 10) ausgewählt werden, die besonders mit Blick auf die Bewertung des gesellschaftlichen Wandels untersucht wurden.

Unsere Bemühungen wurden belohnt: Die Kommission für die Erforschung des sozialen und politischen Wandels (KSPW) förderte im Rahmen ihrer ersten Förderphase („Kurzstudien“) auch die Chemnitzer Analysen, was es uns ermöglichte, 1993 zukunftsorientierte und technikbezogene Lebenseinstellungen der Jugend dieser Region zu untersuchen (N = 1.568, Kl. 8-11).

Danach konnten zwar diese Studien aus forschungsorganisatorischen Gründen nicht fortgesetzt, wohl aber kleine Kontrolluntersuchungen bei Schülern durchgeführt werden, die an Projekttagen zur Berufsfindung (organisiert von der Jugendberufshilfe Chemnitz e.V.) teilnahmen (1994: N = 254; 1995: N = 173). Die Chemnitzer Jugendlichen bleiben durch neue Studien Forschungsgegenstand an der Universität Chemnitz[1].

1 unter Leitung der Professoren Kabat vel Job (Entwicklungspsychologie) und Boehnke (Soziologie)

2. Technischer und gesellschaftlicher Fortschritt

„Ohne technischen Fortschritt kann es keinen gesellschaftlichen Fortschritt geben." Dieses Statement war Bestandteil unserer Fragebogen, und die Schüler hatten die Aufgabe, mit Hilfe eines 5stufigen Antwortmodells den Grad ihrer Identifikation mit dem vorgegebenen Standpunkt zu kennzeichnen (1 = völlige Zustimmung, 5 = völlige Ablehnung). Nun kann man – aus *heutiger* Perspektive – in Zweifel stellen, ob diese Aussage richtig ist. Auch harsche Technik-Kritik scheint fast eine Konstante in der Geschichte zu sein. Schon Agricola beschrieb 1556 die abwertenden Meinungen seiner Mitbürger über die neue Technik (hier die des Bergbaus) und kritisierte den (aus einschlägigen Zukunftsängsten gezogenen) Schluß, „die in der Tiefe versteckten Metalle nicht auszugraben" (nach Sieferle, 1989: 71). Nach über 400 Jahren lassen sich ähnliche Bewertungsmuster feststellen, vor allem dann, wenn neue Erkenntnisse auf speziellen Tätigkeitsfeldern umgesetzt werden sollen (z.B. informationsverarbeitende Technik, Kern- und Gentechnik).

Diese Diskussion Pro-Technik versus Technik-Kritik kann im Rahmen dieses Beitrags nicht geleistet werden. Für die Arbeit mit Jugendlichen ist es allerdings bedeutsam zu wissen, in welchem Maße junge Menschen in dieses Spannungsfeld integriert sind und sich selbst positionieren. Tabelle 1 beinhaltet die Positionierungen von Chemnitzer Jugendlichen im Zeitraum von 1982 bis 1993.

Tabelle 1: Position zum Statement „Ohne technischen Fortschritt kann es keinen gesellschaftlichen Fortschritt geben." ((zustimmende) Antwortpositionen 1 + 2; Angaben in %)

	1. LSSt					2. LSSt				
Jahr	82	83	84	85	86	88	89	90	92	93
Mädchen	70	70	73	74	81	91	92	79	65	60
Jungen	82	80	80	81	86	90	91	80	80	75

Rund 80% der in diesen 11 Jahren untersuchten SchülerInnen – bis 1990 Mädchen wie Jungen – stimmen dem Statement zu; die Geschlechtsunterschiede 1982 und 1983 sind altersbedingt (hier waren noch Schüler der Klassen 6 und 7 einbezogen, während alle späteren Analysen nur Schüler ab Klasse 8 erfaßten).

Besondere Aufmerksamkeit muß den Reaktionen nach 1989 gewidmet werden. Die Zustimmungen gehen kontinuierlich zurück: bei den Jungen um 16%, bei den Mädchen um 32%. Was ist geschehen? Welche neuen gesellschaftlichen Entwicklungen/Gedanken haben das Urteilen über die Bedeutung der Technik für den gesellschaftlichen Fortschritt beeinflußt? Wir kennen nicht alle Einflußgrößen für diesen Einstellungswandel. Einige differenzierte Analysen (z.B. Explorationen) führten uns jedoch zu den folgenden Erkenntnissen.

- Die SED und damit auch die Regierung der DDR haben der Entwicklung moderner Technik eine außerordentlich hohe Bedeutung beigemessen. Offiziell wurde mit Beginn der 80er Jahre der technische Fortschritt immer häufiger als *Hauptfaktor des gesellschaftlichen Fortschritts* gekennzeichnet, und die umfassende Propaganda ließ diese eine Seite der gesellschaftlichen Entwicklung fast als Deus ex machina erscheinen, der alle Probleme des Systems löst. Im Bewußtsein junger Menschen deckte sich nun der als Weg in die Zukunft beschriebene wissenschaftlich-technische Fortschritt mit ihren Vorstellungen über die Zukunft selbst, nämlich einer Zeit ähnlich der im Westen, durchdrungen mit High-Technik. Mit der Wende war das Ziel erreicht, eine besondere Betonung des technischen Fortschritts folglich nicht mehr vonnöten.
- Der angedeutete Bedeutungsverlust wurde nach der „Wende" in der öffentlichen Diskussion zur Neuordnung der Gesellschaft noch unterstützt, weil jetzt der Fortschritt der Gesellschaft häufig in Abhängigkeit von der Rentabilität der Betriebe, vom Absatz ihrer Erzeugnisse, von der erfolgreichen Eroberung von Märkten gesehen wird.
- Die Betonung von marktwirtschaftlichen Aspekten lassen die Entwicklung technischer Objekte und Systeme etwas in den Hintergrund treten. Werden sie einmal vordergründig dargestellt, dann häufig wieder unter marktwirtschaftlichen Gesichtspunkten, so z.B. der Einsparung von Personalkosten. Wenn dies geschieht, dann erscheint der technische Fortschritt auf einmal als *Jobkiller*, und seine fördernde Rolle bei der gesellschaftlichen Entwicklung wird immer fragwürdiger.

Es gibt noch andere Determinanten und Argumentationslinien, denen hier nicht nachgegangen werden kann[2], jedoch kann festgehalten werden: *Für Chemnitzer Jugendliche hat die Bedeutung des technischen Fortschritts für die Entwicklung der Gesellschaft an Wert verloren.*

3. Ausprägung des Interesses an Technik

Welche Bedeutung der Jugendliche dem technischen Fortschritt für den gesellschaftlichen Fortschritt beimißt, sagt noch wenig darüber aus, in welchem Maße sich der junge Mensch selbst für dieses Gebiet interessiert. Viele Jugendstudien lassen deshalb den Befragten das Ausmaß des eigenen technischen Interesses kennzeichnen. In unserer Untersuchung haben wir folgendes Statement (mit 5stufigem Antwortmodell) vorgegeben: „*Ich bin ein Mensch, der an technischen Problemen interessiert ist*".

2 vgl dazu auch Volprich in diesem Band

Tabelle 2: Selbsteinschätzung des technischen Interesses. („Ich bin ein Mensch, der an technischen Problemen interessiert ist." (positive) Antwortpositionen 1 + 2; Angaben in %)

	1. LSSt					2. LSSt				
Jahr	82	83	84	85	86	88	89	90	92	93
Mädchen	19	12	12	15	10	9	14	7	10	7
Jungen	72	69	70	70	65	57	64	57	57	59

Evident ist zunächst (s. Tabelle 2), daß sich die Jungen für technisch interessierter halten als die Mädchen. Technik ist eines der Interessengebiete, wo die Interessen der Geschlechter am weitesten auseinandergehen.[3] Das individuelle Verhältnis zur Technik scheint sich relativ frühzeitig zu profilieren und dann relativ stabil zu sein.

Die 11. Shell-Studie hat eine fast gleiche Fragestellung und Antwortvorgabe benutzt (Jugend 92, Bd. 4: 133), und es bietet sich hier ein Ost-West-Vergleich an. Die Jugendstudie 92 sagt verallgemeinernd, daß die Jugend im Osten technisch interessierter ist als die im Westen. Für die Mädchen trifft das nicht zu. Der Unterschied ist besonders auf die größere Interessiertheit der männlichen Jugendlichen der neuen Bundesländer zurückzuführen (Antwortposition 1 und 2: West 53% – Ost: 62%). Die Daten lassen jedoch einen exakten Vergleich nur bei der Altersgruppe der 13- bis 16jährigen zu. Auch hier (s. Tabelle 3) zeigt sich ein leicht ausgeprägteres Interesse bei den Ost-SchülerInnen der Jugendstudie 92.

Natürlich stellt sich die Frage, inwieweit die Aussagen dieser Gruppe auch die Auffassungen unserer Chemnitzer SchülerInnen repräsentieren. Ein Vergleich des Ergebnisses der Shell-Studie mit der Untersuchung von über 3.000 Schülern aus Chemnitz in der Zeit von 1988 bis 1993 ergibt, daß sich kontinuierlich jeder 3. Schüler als ein technisch interessierter Mensch einschätzt. Das technische Interesse der 13- bis 16jährigen männlichen Schüler aus Chemnitz ist vergleichsweise überdurchschnittlich ausgeprägt.

Tabelle 3: Ausprägung des technischen Interesses bei 13- bis 16jährigen Schülern (N = 343 Schüler NBL, davon 106 aus Sachsen; (positive) Antwortpositionen 1 + 2; Angaben in %)

	Shell-92		2. LSSt			Einzelstudie	
Jahr	West	Ost	88	89	90	92	93
	26	28	33	39	32	33	33

3 Allerdings überstiegen in der DDR – zumindest in einschlägigen Stereotypen (z.B. Statement „Männer sind Frauen in der Technik überlegen." (vgl. Schlegel/Gantz 1995: 82) – Einstellungsunterschiede im höheren Jugendalter nach dem Bildungsstand teilweise deutlich solche nach dem Geschlecht innerhalb des Bildungsstandes.

Erklärungsversuche zum geringen technischen Interesse bei Mädchen zielen nicht selten darauf ab, daß sich Jungen im gemeinsamen Lernprozeß als Experten in den Vordergrund schieben und dabei den Mädchen die technische Kompetenz und Notwendigkeit für den Alltag absprechen würden. Dies veranlaßte uns, folgendes Statement in unseren Fragebogen aufzunehmen: *„Für Mädchen ist es genauso wichtig wie für Jungen, sich mit technischen Dingen zu beschäftigen."*

Tabelle 4: Geschlechtstypische Zuschreibung von Beschäftigung mit Technik. („Für Mädchen ist es genauso wichtig wie für Jungen, sich mit technischen Dingen zu beschäftigen." (positive) Antwortpositionen 1 + 2; Angaben in %)

	1. LSSt				2. LSSt			Einzelstudie	
	83	84	85	86	88	89	90	92	93
Mädchen	70	68	66	60	72	20	60	53	53
Jungen	83	80	83	80	78	80	65	60	59

Die Ergebnisse über 10 Jahre hinweg (s. Tabelle 4) verdeutlichen verschiedene Sachverhalte:

Zum einen akzeptieren mehr Jungen als Mädchen das vorgegebene Statement. Nach tiefergehenden Explorationen ist ein Teil der Zurückhaltung bei Mädchen auf partielle Konnotation technischer Tätigkeiten mit schmutziger Arbeit – und damit nachteilig für ihr *Outfit* – zurückzuführen.

Zum anderen ist die Zustimmung zur Aussage im Prozeß des gesellschaftlichen Wandels zurückgegangen: im Juni 1989 noch 70% der Mädchen und 80% der Jungen – 1993 nur noch 53 bzw. 59%. Dies kann nicht zuletzt als Signal gewertet werden für die antizipierte veränderte Lebenslage der Frau[4] in der neuen Gesellschaft durch ostdeutsche Jugendliche und ihre Widerspiegelung in den Massenmedien mit ihrem Stereotyp „Mann = Technik".

4. Entwicklung des Interesses an der Computertechnik

Bisher haben wir lediglich Technikinteresse ganz allgemein erfaßt, was sehr verschiedene (Lebens-)Bereiche und technische Artikel meinen kann, z.B. Unterhaltungselektronik, Bergbau, Verkehrswesen, Raumfahrt, Medizin, Hauswirtschaft, Auto. Wie einleitend erwähnt, haben unsere Analysen aber stets aktuelle Probleme der pädagogischen Praxis berücksichtigt. Insofern bezogen wir ab Mitte der 80er Jahre über 7 Jahre hinweg eine Frage ein, wie sich Schülerinnen und Schüler im neuen Fach Informatik engagieren: *„Ich möchte den Umgang mit Computern erlernen."* (s. Tabelle 5)

4 vgl. dazu Schlegel in diesem Band

Tabelle 5: Bereitschaft von Schülern, den Umgang mit Computern zu erlernen (Antwortpositionen 1 + 2; Angaben in %)

Jahr	86	88	89	90	92	93
Mädchen	62	73	38	39	25	26
Jungen	77	84	56	53	30	26

Die Ergebnisse lassen folgendes erkennen:

- Eine Faktoranalyse (aller technikbezogenen Items) ergab, daß es Zusammenhänge gibt zwischen den in Tabellen 2 und 5 dargestellten Daten. Die in den beiden Tabellen ausgewiesene Identifikationsneigung ist nur bei den Jungen näherungsweise gleich (Durchschnitt des technischen Interesses von 1986 bis 1993: 60%, des Computerinteresses: 54%). Bei den Mädchen zeigt sich eine Schere zwischen dem technischen Interesse (10%) und dem Computerinteresse (44%). Viele bezeichnen sich als technisch nicht sonderlich interessiert, wollen aber den Umgang mit Computern erlernen – offensichtlich mitbedingt einerseits durch Computer als „saubere" Technik und andererseits als Instrument für vorwiegend Schreibarbeiten und damit traditionell weibliche (Berufs-)Tätigkeit.
- Tab. 5 zeigt eine besonders ausgeprägte Bereitschaft zum Erlernen des Umgangs mit Computern im Jahr 1988 – als mit großem propagandistischem Aufwand der Informatikunterricht in den 9. Klassen eingeführt wurde. Die Schüler identifizierten sich mit den propagierten Zielen, durch die Einführung der informationsverarbeitenden Technik die immer sichtbarer werdenden Mängel in der DDR-Wirtschaft zu überwinden. Mit diesem Prozeß waren auch einige Hoffnungen verbunden. Sie waren inhaltlich zwar recht diffus (z.B. das ist modern, wie im Westen), aber eben emotional positiv gestimmte Zukunftssichten.
- Am Ende der 9. Klasse (1989) war das Interesse beachtlich zurückgegangen: bei den Mädchen um 35%, den Jungen um 28%. Dafür ließen sich zwei Gründe ausmachen: Einmal waren bei vielen Schülern falsche Vorstellungen darüber entwickelt worden, was man alles für den Umgang mit Computern lernen muß. Die notwendigen Anforderungen schreckten dann doch einige ab, das zu schnell gesteckte Ziel weiter zu verfolgen. Vor allem aber zwang die geringe materielle Ausstattung der Schulen mit Computern zu einer überwiegend theoretischen Darstellung der Probleme. Diese „Kreidepädagogik" dämpfte beachtlich die vorhandene Begeisterung für das Fach.
- Der Rückgang des Computerinteresses hielt über das Jahr 1989 hinaus an. Bei den Jungen sank das Interesse am Computer weit unter das des allgemeinen Technikinteresses. Ein Vergleich der Daten von 1993 (Tab. 2 und 5) weist eine Differenz von 33% aus! Bei den Mädchen ging das Computerinteresse ebenfalls zurück, von 39% (1989) auf 26% (1993).

Aber über alle Untersuchungsjahre hinweg blieb bei den Mädchen das Interesse am Computer stets ausgeprägter als das allgemeine Technikinteresse.

- Auch der Anteil der Computerfans/-freaks (SchülerInnen auf der Antwortposition 1 „Das will ich ganz bestimmt.") ist mit nahezu 20% bei den Chemnitzer Mädchen (9. und 10. Klasse, 1986 – 1993) relativ hoch. Kirchhübel (1995) hat die Motive für das Erlernen des Umganges mit Computern untersucht, dabei ein besonderes Augenmerk auf die Computerfans gerichtet und u.a. gefunden, daß die Motive für diese spezifische Lerntätigkeit bei beiden Geschlechtern relativ gleich sind. Im Verlaufe der Beschäftigung mit Computern zeigte sich allerdings bei den weiblichen Fans eine besondere Schwerpunktverlagerung innerhalb des Motivgefüges: Die mehr lustbetonten Handlungsgründe verlieren an Bedeutung, die Zweck- und Nutzenorientierung (Vorteile für berufliche und persönliche Entwicklung) nehmen zu. Während die Jungen noch relativ lange mit dem Computer spielen, wollen die weiblichen Fans zielstrebiger ihre Kompetenzen für ihren späteren Beruf ausbauen.[5]

Zusammenfassend läßt sich für Chemnitzer Jugendliche allgemein sagen: Das Verhältnis Schuljugendlicher zur Technik hat sich merklich abgekühlt. Zwar haben sich die Technikgegner nicht „vermehrt", aber der Anteil Technikgläubiger und solcher, die sich auf dem Felde des technischen Fortschrittes engagieren wollen, ist stark zurückgegangen.

Literatur:

Jugend '92. 11. Jugendstudie der Deutschen Shell. Opladen: Leske + Budrich,1992, Bd. 1-4

Kirchhübel, R.: Das Schülerinteresse am Computer und seine Berücksichtigung bei der didaktisch-methodischen Gestaltung des informationstechnischen Unterrichtes. Dissertation 1995. Technische Universität Chemnitz-Zwickau/Philosophische Fakultät

Otto, W.: Einstellungen Jugendlicher zum wissenschaftlich-technischen Fortschritt. TH Karl-Marx-Stadt, Tagungsberichte 1979

Otto, W.: Anliegen und Gestaltung der Chemnitzer Längsschnittstudie „Entwicklung zukunftsorientierter und technikbezogener Lebenseinstellungen bei Jugendlichen." Wissenschaftliche Schriftenreihe Technische Universität Chemnitz-Zwickau 5/1991

Otto, W.: Lebenseinstellungen Chemnitzer Jugendlicher. Wissenschaftliche Schriftenreihe der Technischen Universität Chemnitz-Zwickau 9/1992

Schlegel, U.: Geschlechtstypische Beziehungen zur Technik. In: Kasek, L./Rochlitz, M./ Schlegel, U. (Hrsg.): Wissenschaftlich-technische Revolution und Persönlichkeit (Konferenzband). Leipzig: ZIJ, 1989, S. 118-122

5 Auch andere DDR-Untersuchungen belegen bezüglich Technik allgemein solche geschlechtstypischen „Zugangsweisen" (vgl. z.B. Schlegel 1989: 120)

Schlegel, U./Gantz, H.: Gesellschaftliche Erfordernisse – Lebensweise – Geschlecht. In: Schlegel, U. (Hrsg.): Jugendsoziologische Forschungen zum 4. Soziologie-Kongreß 1995 „Soziale Triebkräfte ökonomischen Wachstums". Leipzig: ZIJ, 1985

Sieferle, R. P.: Zwischen Fortschrittshoffnung und Zukunftsangst. IBM Nachrichten 7/1989

Von „Spaß am Dienstag“ bis „Miami Vice“ – Aspekte des Fernsehumgangs von Kindern und Jugendlichen vor und nach der Wende

Ute Karig/Hans-Jörg Stiehler

Auf die Frage, was von der DDR erhaltenswert gewesen wäre, nannten die Ostdeutschen (ca. 2.000 Jugendliche) schon in der IBM-Jugendstudie 1992 auf den ersten 6 Plätzen soziale Sachverhalte (Kinderbetreuung, Arbeitsplatzsicherung, Gesundheitswesen u.a.). Einen Verlust an Kulturangeboten reflektierten dagegen eher die westdeutschen Jugendlichen von außen (Institut für Empirische Psychologie 1992: 92f.). Das bedeutet nicht, daß die Heranwachsenden im Osten hier keine Verluste benennen (siehe Lindner 1992: 488ff.). Viele Studien belegen aber inzwischen, daß im Freizeit- und Medienbereich hingegen die alltagskulturellen „Gewinne“ – beispielsweise in Form vergrößerter medialer Auswahlmöglichkeiten und eines direkten Zugangs zu internationalen Märkten (wie in Unterhaltungselektronik, Musik und Mode) – offensichtlich anders gewichtet werden als beispielsweise „Verluste“ bei den kulturellen Optionen in der Wohnumgebung.

Für ein Land mit 16 Mio. Einwohnern hatte die DDR indes in quantitativen Dimensionen ein beachtliches Mediensystem installieren können. Niedrige, weil teilweise beträchtlich subventionierte Gebühren und Preise ermöglichten einen breiten Medienzugang (Kino, Theater, Plattenmarkt, Literatur eingeschlossen).

Beim Fernsehen war die praktische Vollversorgung mit zwei zentralen Programmen und eine entsprechende Haushaltsausstattung zu Beginn der 80er Jahre abgeschlossen. Zu dieser Zeit begann der Umstieg der Haushalte auf Farbfernsehempfänger in breiten Dimensionen. In der Hauptsendezeit folgte das DDR-Fernsehen (politische Sendungen und politisch motivierte Plazierungen ausgenommen) seit 1982 vermehrt einer „Einschaltquotenlogik“ – mit den Schwerpunkten Film, Serie, Show, Sport – und begann damit, der einstrahlenden Konkurrenz in den Programmstrukturen immer ähnlicher zu werden. Hinzu kamen die Fernsehprogramme der „alten“ BRD, deren Empfang schon in den 70er Jahren weitgehend enttabuisiert und liberalisiert wurde und für die – auf private Initiative und zunehmend mit wohlwollender Duldung kommunaler Einrichtungen – umfangreiche Empfangsmöglichkeiten geschaffen wurden (Einspeisung in Gemeinschaftsanlagen etc.).

Allerdings waren trotz dieser formalen Breite weder das inhaltliche Spektrum weit genug noch die Angebotsqualität derart, um als jugendlicher Rezipient permanent in Selektionszwänge zu geraten. Eher war vom permanenten Mangel zu sprechen: vom Mangel an Verständigung über die Probleme des Landes, vom Mangel an Erfahrungshaltigkeit der Medienangebote, vom Mangel an Wahrheit und Ehrlichkeit. Hörfunk und Fernsehen wie die Presse waren in den Händen von Parteien und gesellschaftlichen Organisationen bzw. staatlich verfaßt. Medien waren als „politische Machtinstrumente" und „Sprachrohr" von SED und Staat definiert und so auch vom Bereich Agitation und Propaganda in der SED-Führung geleitet, kontrolliert und zensiert. Dies betraf vor allem den Journalismus, dessen Charakter mit „Verlautbarungs-, Hofberichts- und Erfolgsjournalismus" kaum falsch bestimmt werden kann, sowie alle jene Bereiche der populären (Medien-)Künste, die in irgendeiner Weise politische Werte und Weltbilder tangierten. Kritische Realitätserkundung, die auf die Erfahrungen der Bürger setzte, blieb in Detail- und Teilbereiche verdrängt. Die öffentliche Kontroverse verblieb in Teilöffentlichkeiten der Literatur, Bildenden Kunst, in kommunikativen Nischen des Films, der Musik und des Journalismus. Dies führte zu den verschiedensten Formen immer neuer Produktion eines „widerspenstigen Publikums" (Bauer 1973), das seine kommunikativen Ansprüche anderweitig verwirklichte, nicht zum wenigsten in den BRD-Medien und in einer Zuwendung in Kommunikationsformen mit politischen Ersatz- und Ausgleichsfunktionen. Diese spontanen Ersatzleistungen bzw. die selektive Verweigerung gegenüber den herrschenden Medienverhältnissen untergruben das Funktionieren der DDR-Kommunikationssysteme noch zusätzlich. Die objektive Importabhängigkeit der DDR, die zunehmende internationale Verflechtung und Rücksichten auf manifeste Bedürfnisse der Bevölkerung führten indes im Bereich der Medienunterhaltung zu einer starken Internationalisierung (besser: Verwestlichung) der Programmangebote und -formate.

Unter diesen Bedingungen entwickelte sich – gestützt auf einen international durchaus vergleichbaren Ausstattungsgrad mit Empfangsgeräten – die Jugend in den 80er Jahren zu einer Multi-Media-Generation. Der allgemeine Trend zu einer frühen Selbständigkeit im Zugang zu den Medien wurde verstärkt durch familiäre Gewohnheiten und Bedingungen (wie die hohe Beschäftigungsrate von Frauen und Müttern).

Dabei haben wir die folgenden Merkmale im Blick:

1. In den 80er Jahren entwickelten sich insgesamt stabile zeitliche Dimensionen des Gebrauchs der Medien bei Jugendlichen, Stereotype der Medienzeitverwendung, die auch später den Rahmen für Veränderungen im Mediengebrauch unter den neuen Bedingungen bildeten.

Verschiedene Untersuchungsergebnisse zusammengefaßt, ließ sich für 14- bis 25jährige ein täglicher Medienkontakt von ca. fünf Stunden hochrechnen. Er wurde zu ca. 60% durch das Hören von Radio (ca. zwei Stunden) und Tonträgern (ca. eine Stunde), zu ca. 25% durch Fernsehen (ca. 1,2 bis 1,5 Std.) und zu ca. 15% durch das Lesen von Zeitungen, Zeitschriften bzw. Büchern (ca. je 0,4 bis 0,5 Std.) abgedeckt. Einzelne Altersgruppen wichen von diesem Durchschnitt naturgemäß erheblich ab.

Im internationalen Vergleich zeigten sich auf der Ebene von Zeitstrukturen und -umfängen im Mediengebrauch weitgehende Übereinstimmungen (s. auch Bonfadelli 1986). Diese beruhten auf verschiedenen Faktoren, vor allem auf analogen Zeitrhythmen des Alltags in verschiedenen Industrieländern (wir rechnen die DDR einmal dazu). Auch wenn exakte Vergleiche rar waren, konnte berechtigt vermutet werden, daß in den letzten zehn Jahren der DDR die zeitlichen Dimensionen des Mediengebrauchs keine grundlegenden Änderungen erfuhren und auf hohem Niveau konstant blieben.

2. Der Mediengebrauch von Jugendlichen in der DDR war hochgradig internationalisiert oder eben gesamtdeutsch (Hanke 1990). Das war zunächst ein Resultat des hohen Importanteils in den DDR-Medien und seiner überproportionalen Plazierung auf besten Programmplätzen z.B. im Fernsehen (Wiedemann/Stiehler 1990). Das ist weiterhin Resultat der in den 80er Jahren verstärkten Verschiebung des Mediengebrauchs auf die aus der BRD einstrahlenden Medien. Wir greifen hier auf Daten einer Intervallstudie des ZIJ Leipzig[1] – weitergeführt vom Deutschen Jugendinstitut München – zurück.

Beide Fernsehkanäle – aus Ost wie West – wurden nebeneinander in Abhängigkeit vom Genre mehr oder minder selektiv genutzt, wobei das Verhältnis der Nutzungsfrequenz etwa 1 (DDR) zu 3 (BRD) betrug und die Zahl der täglichen Nutzer des BRD-Fernsehens beständig einige Prozentpunkte zulegte.

Tabelle 1: Nutzungsfrequenz des DDR- bzw. BRD-Fernsehens (1=täglich, 2=mehrmals wöchentlich, 3=einmal wöchentlich, 4=seltener, 5=gar nicht; in %)

	1	2	3	4	5
DDR-TV					
1987	26	45	10	15	4
1988	26	45	9	17	3
1989	32	47	8	11	2
BRD-TV					
1987	64	25	2	5	4
1988	89	23	2	4	2
1989	77	19	2	1	1

Quelle: Intervallstudie „Fähigkeitsentwicklung im Schuljugendalter"; Welle 3-5; Klassenstufe 8-10

1 Die Intervallstudie „Fähigkeitsentwicklung im Schuljugendalter" (später „Leipziger Schülerstudie") begann 1985 und wurde an Leipziger Schulen durchgeführt. Die Anfangspopulation bestand aus 1.489 SchülerInnen der Klassenstufe 3 (jüngere Kohorte) und 1.327 SchülerInnen der Klassenstufe 6 (ältere Kohorte).

Dabei schloß das eine das andere nicht aus, d.h. 92% der täglichen Nutzer des DDR-Fernsehens sahen auch den anderen Kanal. Die Umkehrung allerdings traf auf nur 38% der Rezipienten zu. 1989 gab es nahezu niemand mehr, der die Sendungen aus dem anderen Teil Deutschlands nicht zur Kenntnis nahm. Die selektive Nutzung der Angebote aus Ost und West wird bei einem Vergleich der in der Untersuchung erfaßten TV-Genres nicht deutlich. Das BRD-Fernsehen wurde insgesamt häufiger genutzt, unabhängig von den verschiedenen TV-Genres, die es bedienen sollte.

3. Das „Überzeugungs"-Modell gesellschaftlicher Kommunikation von oben nach unten erwies sich, obwohl oder gerade weil es stark auf Stabilität (der Macht!) gerichtet war, zunehmend als Störfaktor eigener Art und Qualität. Eine Folge war die Übergabe der *„Informationshoheit" an die einstrahlenden Medien.* Wer kein „Westfernsehen" (und „Westradio") nutzte, wußte nicht Bescheid über das eigene Land – und konnte die landeseigenen Zeitungen in wichtigen Passagen nicht verstehen!

Tabelle 2: Mehrfache wöchentliche Mediennutzung zur Information über das politische Geschehen (in %)

	Fernsehen		Hörfunk	
	DDR	BRD	DDR	BRD
Schüler				
1988	45	83	35	74
1989	81	85	55	84
1990	58	80	29	72
Lehrlinge				
1988	59	66	29	72
1989	82	86	56	85
1990	49	–	38	70

Quelle: Schorb/Stiehler 1991: 55)

Dieser Trend zur beidseitigen Information machte das Fernsehen für viele zum „Fenster zur Welt" und stellte darüber hinaus die eigenen Lebenserfahrung in einen anderen Kontext. Diese „Horizonterweiterung" erwies sich nach der Vereinigung Deutschlands für Jugendliche häufig als sehr hilfreich. Aufgewachsen mit Westmedien, konnten sie von diesem „kulturellen Vorsprung" profitieren. Was auf anderen Gebieten zum Problem geriet, war im Freizeit- und Medienbereich meist schnell gelöst.

DDR- und BRD-Fernsehen erfüllten die Erwartungen der Rezipienten gleichermaßen, wenn auch auf einem anderen Niveau.

Bezüglich der Erwartungen der Jugendlichen unserer Intervall-Stichprobe gab es 1989 keine Differenzierungen zwischen den beiden Kanälen. Dominant war insgesamt der Wunsch nach Unterhaltung und Information (siehe Grafik 1).

Grafik 1: Erwartungen an das Fernsehen (in %) „Das ist für mich wichtig“

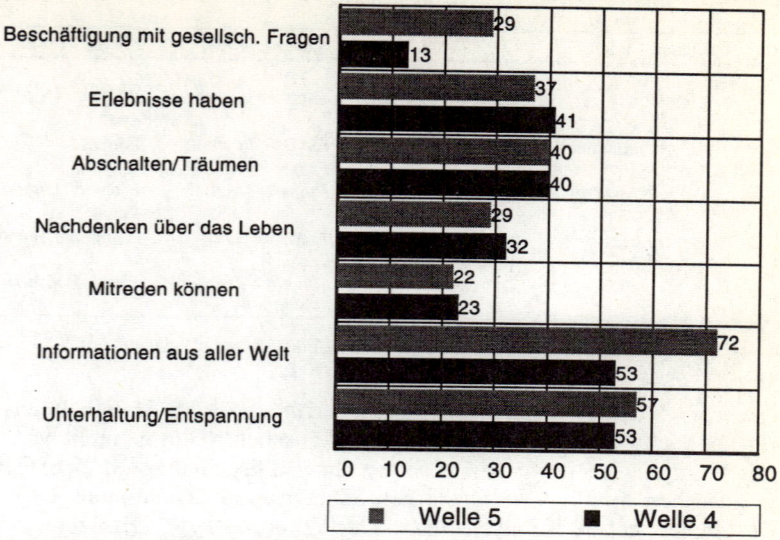

Quelle: Intervallstudie „Fähigkeitsentwicklung im Schuljugendalter“, (Welle 4+5, 1988 und 1989; Klassenmstufe 9 und 10)

Erwähnenswert sind die in Grafik 1 sehr augenfällige Zunahme der Informationsfunktion des Fernsehens und das gewachsene Bedürfnis nach Beschäftigung mit gesellschaftlichen Fragen und Problemen. Dieses Ergebnis ist weniger alters- als zeitgeschichtlich bedingt. Die eminente Politisierung großer Teile der ostdeutschen Bevölkerung im Herbst 1989 war jedoch nur von kurzer Dauer. Inzwischen dominiert wieder die Unterhaltungsfunktion des Fernsehens (s. Stiehler/Karig 1993).

4. Innerhalb des Mediengebrauchs dominierten eindeutig die *populären Gattungen und Genres der darstellenden Künste* (einschließlich ihrer Misch- und Nebenformen wie Mediensport, Videoclips etc.). Insbesondere das Fernsehen wurde vorrangig nur als Unterhaltungsmedium genutzt, ein Umstand, der sich auch in den Wendezeiten nur graduell veränderte. Auch hier greifen wir auf Ergebnisse der genannten Intervallstudie zurück.

Die Film- und Fernsehpräferenzen von Kindern im Alter von 9 bis 10 waren schon 1985 relativ eindeutig auf Unterhaltung und Spannung fixiert. Die „klassischen“ Kindersendungen hatten bereits bei Kindern in diesem Alter ihre Spitzenposition verloren.

Tabelle 3: Lieblingssendungen im Fernsehen 1985/86 (Rangfolge nach absoluten Zahlen)

Rang	Klasse 3 (1985)	Klasse 4 (1986)	Klasse 6 (1985)	Klasse 7 (1986)
1.	Winnetou	Spaß am Dienstag	Simon und Simon	Verstehen Sie Spaß?
2.	Simon und Simon	Verstehen Sie Spaß?	Ein Colt für alle Fälle	Formel 1
3.	Die verflixte 7	Die verflixte 7	Rudis Tagesshow	Filme mit Louis de Funes
4.	Neumanns Geschichten	Filme mit Bud Spencer	Formel 1	Kampf der Titanen
5.	Spaß am Dienstag	Das Boot	Filme mit Pierre Richard	Peters Popshow

Quelle: Intervallstudie „Fähigkeitsentwicklung im Schuljugendalter", Welle 1-3, 1985-86, jüngere und ältere Kohorte

Gesehen wurden in erster Linie Abenteuerfilme, Serien, Unterhaltungssendungen, auch – und vor allem – des Westfernsehens. Dies ist nicht neu, aber erklärt zumindest teilweise die geringen Unterschiede auf kulturellem Gebiet, die zwischen ost- und westdeutschen Schülern und Schülerinnen bestehen. Die Medien haben bereits in der „Vor-Wendezeit" zur „Horizonterweiterung" der Kinder und Jugendlichen im Ostteil Deutschlands beigetragen.

Tabelle 4: Fernsehpräferenzen in ihrer Veränderung vom 3. zum 7. Schuljahr („Das sehe ich sehr gern"; in %)

	Untersuchungswelle					
Genre	1	2	3	4	5	Differenz
Abenteuer-/Kriminal-/ Indianerfilm	78	80	80	75	63	-15
Gegenwartsfilm	33	36	39	41	37	+4
Kinderfilm	61	56	36	23	8	-53
Märchen	63	59	44	29	12	-51
Kriegsfilm	25	22	18	15	14	-11
Lustspiel	70	68	48	39	33	-37
Science Fiction	46	47	54	59	65	+21
Trickfilm	89	85	75	63	46	-43
TV-Serien	63	67	66	64	53	-10
Musiksendungen	34	34	36	40	45	+11
Nachrichten	16	13	11	11	12	-4
TV-Werbung	38	38	36	39	25	-13
Sport	45	43	40	38	29	-16

Quelle: Intervallstudie „Fähigkeitsentwicklung im Schuljugendalter", Welle 1-5, 1985-1989, Klassenstufe 3-7

Deutlich wird in Tabelle 4 – neben der altersbedingten deutlichen Abnahme der Beliebtheit von Kindersendungen, Trickfilmen und Märchen – auch, daß insbesondere das science-fiction-Genre und Musiksendungen beim Übergang in das Jugendalter bedient sein wollen. Erwähnenswert ist darüber hinaus die relative Konstanz bezüglich der Fernsehwerbung. Annähernd 40% der Kinder (Klasse 3 bis 7) favorisierten – nicht anders als heute – dieses Genre. Ein Ergebnis, was mit Sicherheit nicht den „Tausend Tele-Tips" des DDR-Fernsehens zu verdanken ist.

Auch anderswo beobachtete und von den Fernsehveranstaltern aufgegriffene und forcierte Trends – die Verdrängung von längeren thematischen Sendungen aus den Hauptnutzungszeiten und der Abschied von der „großen" TV-Show für die ganze Familie, der Bedeutungsgewinn von Fernsehserien und Musikangeboten – zeigten sich in den Fernsehinteressen Jugendlicher deutlich.

Neben dem erweiterten Medienmarkt haben sich nun zwei Grundvoraussetzungen für die Mediennutzung drastisch verändert und weitgehend dem Standard der Altbundesländer angeglichen. Es handelt sich um die technische Ausstattung mit audiovisuellen Geräten und um die Empfangbarkeit von Rundfunkprogrammen. Damit ähnelt die Bedingungslage für die Mediennutzung ostdeutscher Jugendlicher – wenige Jahre nach der Wende – in vielen Punkten geradezu auffallend der von gleichaltrigen Jugendlichen im Westen.

Bereits in den ersten Vergleichsstudien im vereinten Deutschland zählte jedoch die insgesamt stärkere Fernsehnutzung in den neuen Bundesländern im Vergleich zum Westen Deutschlands zu den bemerkenswerten Ergebnissen (Groebel/Klingler 1993; Berg/Kiefer 1992). Alle Generationen in den neuen Bundesländern wiesen demnach deutlich höhere Nutzungszeiten auf als im Westen. Dieses Ergebnis wird in neueren Untersuchungen bestätigt. Gründe für diese ausgeprägte Medienbindung in den neuen Bundesländern liegen nicht nur im Ausgleich von Defiziten des sozialen Umfeldes (Budgets, familiäre Lage, Orientierungen, kulturelle Infrastruktur etc.) nach der Wende oder in der Suche nach „neuen" Sicherheiten (Stiehler 1993: 209), sondern sie verweisen darüber hinaus auf Trends, die sich bereits in Ergebnissen der erwähnten Intervallstudie des ZIJ Leipzig manifestierten (siehe Wiedemann/Karig 1987; Karig/Wiedemann 1988; Karig 1994; Karig 1995). Bei der Analyse dieser Ergebnisse wird u.a. deutlich, daß eine Vielzahl von Verhaltensweisen und Erscheinungen beim Umgang der Kinder bzw. Jugendlichen mit den Medien – insbesondere dem Fernsehen – Veränderungen nicht zwangsläufig den Wendeereignissen zuzuschreiben sind, sondern vielmehr bereits zu DDR-Zeiten tendenziell abzusehen waren. Schon Ende der 80er konnte bei den Kindern von „kultureller Akzeleration" (Karig/Wiedemann 1989: 2) gesprochen werden, d.h., daß aufgrund der Vielzahl der gesehenen Fernsehsendungen und der damit gesammelten medialen Erfahrungen die Kinder zu diesem Zeitpunkt – aufgewachsen mit Medien aus Ost und West – früher einen bestimmten Sättigungsgrad erreichten, als das noch Jahre zuvor zu beobachten war. So wurden beispielsweise Filme, die zuvor noch als Domäne Jugendlicher galten, nun bereits von Kindern im mittleren Schulalter favorisiert (Günther/Karig/Lindner 1991: 193). Dieser bereits Ende der 80er Jahre beobachtete Trend ist durch die Wendeereignisse – Einführung des dualen Systems (öffentlich-rechtlicher vs. privater Medienbereich) im Osten Deutschlands und die damit verbundenen quantitativen und qualitativen Veränderungen im Programmangebot – nur noch verstärkt worden.

Auch in Untersuchungen nach der Wende zeigt sich, daß jugendkulturelle Verhaltensmuster von den politischen und sozialen Veränderungen offensichtlich weniger tangiert wurden als angenommen. So war in der Intervallstudie eine deutliche Zunahme der vor dem Fernseher verbrachten Zeit bis Ende der Mittelstufe (Klasse 8) zu verzeichnen. Dabei ist der Zeitaufwand bereits von der 8. zur 10. Klasse wieder rückläufig (siehe Tabelle 4), was auch Studien aus anderen Ländern entspricht (Murray 1980).

Tabelle 5: Zeitaufwand für das Fernsehen (Ich sehe fern ... 1=bis eine Stunde, 2=ein bis zwei Stunden, 3=zwei bis drei Stunden, 4=drei bis vier Stunden, 5=mehr als vier Stunden; in %)

	1	2	3	4	5	xq
werktags						
1991/Klasse 8	11	26	24	18	21	3.30
1993/Klasse 10	19	27	24	16	14	2.89
1995	22	41	25	10	2	2.29
an freien Tagen						
1991/Klasse 8	2	8	14	17	59	5.19
1993/Klasse 10	4	8	16	18	53	4.86
1995	6	18	26	28	22	3.42

Quelle: „Leipziger Schülerstudie“ – jüngere Kohorte, Welle 6, 8, 9)

Nach dem Abschluß der 10. Klasse gehen die Nutzungszeiten weiterhin zurück, was wahrscheinlich mit der Individualisierung der Lebenswege und den veränderten Zeitstrukturen zu tun hat.[2]

Deutlich wird inzwischen, daß sich um die TV-Nutzungszeiten kulturelle Stile bilden. Diese Vermutung wollen wir anhand neuerer Daten prüfen, indem wir – analog zu einer Analyse zur Vielseherproblematik in der Studie „Jugend und Medien 92“ (Karig 1993: 167ff.) – die beiden Extremgruppen Viel- und Wenigseher vergleichen. Dabei wird überdurchschnittlich häufiges Fernsehen keineswegs als Risikofaktor angesehen, sondern es wird der Versuch unternommen, mit Hilfe dieser Polarisierung der Untersuchungspopula-

2 Im Frühjahr 1995 befanden sich 54% unserer Probanden auf dem Gymnasium, 40% in einer Lehrlingsausbildung, 4% besuchten eine Fachoberschule bzw. Berufsfachschule. Die verbleibenden 6% der Probanden waren im Berufsgrundbildungsjahr, erwerbslos bzw. hatten “etwas anderes“ angegeben. Gymnasiasten sind damit zwar in der Stichprobe überrepräsentiert, was auf den in Tabelle 4 deutlich werdenden Trend aber keinen Einfluß hat.

tion soziostrukturelle Verankerungen des Wenig- und Vielsehens und – daraus resultierend – unterschiedliche Freizeitorientierungen herauszufinden. Zugrundegelegt werden dabei die u.E. wichtigsten Studien zur Vielseherproblematik (Buß 1985; Schulz 1987). Hier wird – zunächst ohne Wertung – die Frage aufgegriffen, ob Vielsehen einhergeht mit einem „ärmeren" Verhalten in anderen Bereichen der Freizeitnutzung. Ob es sich dabei um „Wirkungen" oder um den Ausgleich von „Defiziten" (z.B. in den kommunalen Kulturangeboten) handelt, kann schwer entschieden werden. Als Klassifizierungsmerkmal wird dabei die Fernsehdauer an Wochentagen bzw. -enden zugrundegelegt und mit verschiedenen Sozial- und Freizeitaspekten mit dem Ziel in Beziehung gesetzt, beide Gruppen näher zu charakterisieren.

Die durchschnittliche Sehdauer lag 1995 (jüngere Kohorte; siehe Fußnote 2) bei 2.29 Stunden pro Wochentag und 3.42 Stunden pro Samstag bzw. Sonntag. Wir definieren für unsere Zwecke drei Nutzergruppen: die Wenigseher (bis zu einer Stunde Fernsehen), die Durchschnittsseher (ein bis drei Stunden) und die Vielseher (mehr als drei Stunden).[3] Selbstverständlich sind auch andere Definitionen denkbar, wie sie beispielsweise in der Zuschauerforschung benutzt werden (Buß 1985). Derartige Auswertungen läßt aber die Anlage der Studie nicht zu.

Nach dieser Definition setzt sich unsere Stichprobe (9. Welle 1995) aus 21% Wenig-, 64% Durchschnitts- und 12% Vielsehern zusammen. 3% der Befragten sehen nach eigenen Aussagen in der Woche niemals fern (Nichtseher).

Tabelle 6: Zusammenhang der Fernsehdauer an Werktagen und und an Wochenendtagen (in %)

	Nutzergruppen Sa/So			
	Nicht-	Wenig-	Durchschnitts-	Vielseher
Nutzergruppen Mo-Fr				
Nichtseher	22	22	51	5
Wenigseher	5	11	74	10
Durchschnittsseher	1	4	49	46
Vielseher	0	2	35	63

Quelle: „Leipziger Schülerstudie", 9. Welle, 1995)

Aus Tabelle 6 sind zumindest drei Sachverhalte ablesbar:

1. Diejenigen, die wochentags zu den Nicht- oder Wenigsehern zählen, wechseln am Wochenende zumindest in die Gruppe der Durchschnittsseher über.
2. Jene Jugendlichen, die in der Woche nur zu den durchschnittlichen Fernsehnutzern gehören, steigen am Wochenende verstärkt auf überdurchschnittlichen Fernsehkonsum um.

3 Damit beziehen wir uns auf die jeweilige Sehdauer an Wochentagen (montags bis freitags). Diese Entscheidung ist forschungsmethodisch begründet, da die Sehdauer an Werk- bzw. Schultagen trennschärfer ist.

3. Die Gruppe der Vielseher wird aber im Grunde gebildet von Jugendlichen, die sowohl in der Woche als auch am Wochenende überdurchschnittlich viel fernsehen. Die genannten Nutzergruppen lassen sich nach soziodemografischen Merkmalen differenzieren (s. Tabelle 7).

Tabelle 7: Nutzergruppen nach soziodemografischen Merkmalen (in %)

	Nicht-	Wenig-	Durchschnitts-	Vielseher	xq
gesamt	3	19	64	12	2.29
männlich	4	20	66	10	2.23
weiblich	7	22	62	9	2.15
Sozialstatus					
Gymnasium	10	44	60	10	2.15
Auszubildende	3	20	68	8	2.23

Quelle: „Leipziger Schülerstudie“ 1995, 9. Welle)

Grafik 2: Nutzung öffentlicher Freizeitangebote durch Wenig- und Vielseher (in %; mindestens einmal innerhalb von vier Wochen)

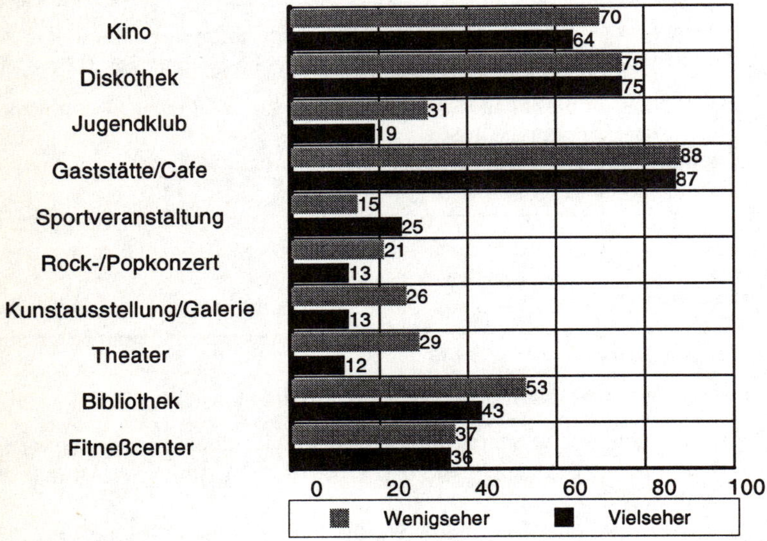

Quelle: Intervallstudie „Fähigkeitsentwicklung im Schuljugendalter“, Welle 9, 1995)

Das unterschiedliche Fernsehverhalten der beiden betrachteten Extremgruppen stand in der Studie „Jugend und Medien 92“ in deutlichen Zusammenhängen mit der Ausübung von musisch-kreativen Tätigkeiten wie beispielsweise Musikmachen, Malen, Schreiben von Gedichten oder Geschichten (Karig 1993: 174). Die Wenigseher waren hier deutlich die Aktiveren. Zwar wurden in der Intervallstudie andere Freizeit-Items untersucht, dennoch stand zu vermuten, daß auch hier – zumindest punktuell – Unterschiede nachzuweisen sind. Inwieweit das zutrifft, ist in Grafik 2 ersichtlich.

Aus den Ergebnissen wird vor allem folgendes deutlich:

1. Die Realisierung von geselligen, kommunikativen Formen der Freizeit (Kinobesuch, Diskobesuch, Besuch von Gaststätten oder Cafès) steht in ihrer Häufigkeit nahezu gleichauf. Ausgenommen ist lediglich der Besuch von Jugendklubeinrichtungen: Hier gibt es einen Unterschied von immerhin 12%, was seine Ursache in der jeweiligen Verfügbarkeit einer Einrichtung haben kann.
   Dennoch kann nach den Ergebnissen bei weitem nicht die Rede davon sein, daß Vereinzelungstendenzen zwangsläufig eine Folge von übermäßigem Fernsehkonsum sein müssen. In diesem Fall kommt eher das sozialisierende Moment zum Tragen, denn sowohl Wenig- als auch Vielseher nutzen alle Möglichkeiten der interpersonellen Kommunikation beinahe gleichermaßen.
2. Als einziger wichtiger Unterschied, der zwischen den beiden Gruppen festgestellt werden kann, erweist sich der folgende: Wenigseher nutzen häufiger die Angebote der sogenannten „Hochkultur“ (Galerien, Kunstausstellungen, Theatervorstellungen). Auch leihen sie häufiger Bücher in Bibliotheken aus. Das bestätigt Tendenzen, die bereits in früheren Wellen des Längsschnittes nachgewiesen werden konnten und einem kulturellen Muster entspricht, das sich auch in verschiedenen nationalen und internationalen Studien zeigte (siehe u.a. Baacke/Sander/Vollbrecht 1990). Zwar mögen sich aus verschiedenen Gründen Jugendliche aus den alten und den neuen Bundesländern noch im Ausmaß der Fernsehnutzung unterscheiden. Doch auf der Ebene der Muster des Fernsehumgangs können recht detailliert Übereinstimmungen festgestellt werden. Wie in anderen Teilen der Alltagskultur sind West-Ost-Unterschiede wahrscheinlich um so geringer, je jünger die Nutzer sind. Angesichts der Medienbiographien im östlichen Landesteil ist dies nicht verwunderlich.

Literatur:

Baacke, D./Sander, U./Vollbrecht, R.: Lebenswelten sind Medienwelten. Opladen 1990

Bauer, R.A.: Das widerspenstige Publikum. Der Einflußprozeß aus der Sicht sozialer Kommunikation. In: Prokop, D. (Hrsg.): Massenkommunikationsforschung, 2: Konsumtion. Frankfurt/M. 1973, S. 152-166

Berg, K./Kiefer, M.-L. (Hrsg.): Massenkommunikation IV. Eine Langzeitstudie zur Mediennutzung und Medienbewertung 1964-1990. Baden-Baden 1992 (= Schriftenreihe Media Perspektiven, Bd. 12)

Bonfadelli, H.: Jugend und Medien. Eine Studie der ARD/ZDF-Medienkommission und der Bertelsmann-Stiftung. Frankfurt/M. 1986 (= Schriftenreihe Media Perspektiven, Bd. 6)

Buß, M.: Die Vielseher. Fernsehzuschauerforschung in Deutschland. Theorie – Praxis – Ergebnisse. Frankfurt/M. 1985 (= Schriftenreihe Media Perspektiven, Bd. 4)

Groebel, J./Klingler, W.: Kinder und Medien. Baden-Baden 1993 (= Schriftenreihe Media Perspektiven, Bd. 13)

Günther, C./Karig, U./Lindner, B.: Wendezeit – Kulturwende? Zum Wandel von Freizeitverhalten und kulturellen Lebensstilen bei Heranwachsenden in Ostdeutschland. In: Büchner, P./Krüger, H.-H. (Hrsg.): Aufwachsen hüben und drüben. Opladen 1991, S. 187-202

Hanke, H.: Macht und Ohnmacht des Fernsehens. Wandel in Funktion und Gebrauch des DDR-Fernsehens. In: Burkhart, H. (Hrsg.): Sozialisation im Sozialismus. 1. Beiheft 1990 der Zeitschrift für Sozialisationsforschung und Erziehungssoziologie

Institut für Empirische Psychologie (Hrsg.): Die selbstbewußte Jugend. Orientierungen und Perspektiven 2 Jahre nach der Wiedervereinigung. Köln 1992

Karig, U./Wiedemann, D.: Zum Entwicklungsstand kulturell-künstlerischer Bedürfnisse und Verhaltensweisen bei Schülern des 3./4.Schuljahres: Teilbericht zur Intervallstudie „Fähigkeitsentwicklung im Schuljugendalter“, Leipzig: ZIJ, 1988 (unveröffentl. Forschungsbericht)

Karig, U./Wiedemann, D.: Zur Entwicklung kultureller Interessen und Verhaltensweisen im Schulkindalter. Überblicksbericht zur Intervallstudie „Fähigkeitsentwicklung im Schuljugendalter“, Leipzig: ZIJ, 1989 (unveröffentl. Forschungsbericht)

Karig, U.: Profile von Viel- und Wenigsehern. In: Stiehler, H.-J./Karig, U. (Hrsg.): angekommen?! Freizeit- und Medienwelten von Jugendlichen in den neuen Bundesländern. Berlin 1993, S. 167-180

Karig, U.: Freizeit zwischen Lust und Frust oder Jugend auf dem Markt der Möglichkeiten. In: Bien, W., u.a.: Cool bleiben – erwachsen werden im Osten. Ergebnisse der Leipziger Längsschnitt-Studie 1. München 1994, S. 137-164

Karig, U.: Betrachtung verschiedener Bereiche der Berufswahl bzw. Berufsfindung unter dem Aspekt von drei Freizeittyp-Konstrukten. In: Bundesinstitut für Berufsbildung (Hrsg.): Bildungsweg und Bewältigung der 1. und 2. Schwelle bei ostdeutschen Jugendlichen – Ergebnisse einer Längsschnittstudie bei Leipziger Jugendlichen. Berlin 1995, S. 109-141 (i.D.)

Lindner, B.: Medien- und Freizeitverhalten der ostdeutschen Jugendlichen. In: Geschichte – Erziehung – Politik 7-8/1992, S. 488-497

Murray, J. P. (ed.): Television & Youth. 25 Years of Scientific Research and Controversy. Boys Town/Stanford/Washington 1980

Schorb, B./Stiehler, H.-J. (Hrsg.): Neue Lebenswelt neue Medienwelt? Jugendliche aus der Ex- und Post-DDR im Transfer zu einer vereinten Medienkultur. Opladen 1991

Schulz, W.: Determinanten und Folgen der Mediennutzung. Daten zur Vielseherproblematik. In: Grewe-Partsch, M./Groebel, J. (Hrsg.): Mensch und Medien. München 1987, S. 9-32

Stiehler, H.-J.: Angekommen?! Zwischenbilanz und Ausblick. In: angekommen?! Freizeit- und Medienwelten von Jugendlichen in den neuen Bundesländern. Berlin 1993, S. 207-210

Stiehler, H.-J./Karig, U. (Hrsg.): angekommen?! Freizeit- und Medienwelten von Jugendlichen in den neuen Bundesländern. Berlin 1993

Wiedemann, D./Karig, U.: Zur Entwicklung der kulturellen Freizeitgestaltung älterer Schüler – Teilbericht zur Studie „Fähigkeitsentwicklung im Schuljugendalter", Leipzig: ZIJ, 1987 (unveröffentl. Forschungsbericht)

Wiedemann, D./Stiehler, H.-J.: Kino und Publikum in der DDR – der kurze Weg in eine neue Identität. In: Media Perspektiven 7/1990

Jugend reist – Freizeittourismus ostdeutscher Jugendlicher in den 90er Jahren

Harald Schmidt

Die deutsche Sprache fügt 115 Wortverbindungen mit „Reise" zusammen (Deutsches Wörterbuch, 1995) – sicher ein Zeichen dafür, daß die Deutschen viel von Mobilität halten. In der Tat belegt die Tourismusforschung seit Jahrzehnten das große Reiseinteresse – beruflich, aber vor allem in der freien Zeit – der Deutschen in Ost wie West.

1994 reisten zum Beispiel 78% der Deutschen mindestens einmal im Jahr von zu Hause (mindestens 4 Tage) weg, d. h., sie unternahmen mindestens eine Ferienreise (Urlaub + Reisen '95 1995). Das gilt für alle Altersgruppen – verstärkt aber für junge Leute.

Ziel dieses Beitrages ist es, einige Trends im Tourismus ostdeutscher Jugendlicher seit der Wende aufzuzeigen.

1. Jugend reist – Interesse und Verhalten

Jugend gilt als mobilste Bevölkerungsgruppe. Reisen – viel und weit – bezeichnet die Jugendforschung als wichtiges jugendspezifisches Merkmal. Ferien bzw. Urlaub – also die lange Frei(e)-Zeit – zu Hause zu verbringen war und ist für die meisten jungen Leute in den östlichen wie in den westlichen deutschen Ländern zunehmend uninteressant geworden. (Gayler/Unger 1989: 11; Schmidt 1990)

Der Wert Reisen steht bei Jugendlichen in den östlichen und westlichen deutschen Ländern gleichermaßen (!) an der Spitze der (Freizeit-)Interessen. Das ergeben die meisten einschlägigen Untersuchungen. Die Forschungsgruppe LEIF hat bei Gymnasiasten in (ausgewählten) deutschen Großstädten ermittelt:

- Für 83% der Gymnasiasten gehört das Reisen zum Lebensglück (Ost = 84%, West = 82%).
- Von 16 vorgegebenen Freizeitinteressen belegt in einer Rangreihe das Reisen bei den Gymnasiasten in Ost- und Westdeutschland den 1. Platz (siehe Tabelle 1): 87% interessieren sich in (sehr) starkem Maße für das Reisen. Erst mit weitem Abstand folgen Freizeitinteressen wie soziale Kontakte, Pop-Musik, Sport; bei denen gibt es in ihrer Wichtung mitun-

ter Unterschiede zwischen Deutschland Ost und West – Reisen steht einheitlich vorn.

Tabelle 1: Freizeitinteressen in den neuen (NBL) und alten Bundesländern (ABL) („Wie stark interessieren Sie sich für folgende Gebiete?" Das interessiert mich 1 = sehr stark ... 5 = überhaupt nicht; hier: Antwortpositionen 1+2; LEIF-Studie „Begegnung" 1993; N = 593 GymnasiastInnen ost- und westdeutscher Großstädte; Angaben in %)

Interessen	NBL	ABL	NBL Rang	ABL Rang
Reisen	87	87	1.	1.
Natur	76	76	4.	4.
Menschen	77	78	3.	2.
Kunst	37	37	10.	9.
Geschichte	43	45	7.	8.
Politik	22	28	16.	14.
aktiver Sport (selbst Sport treiben)	67	78	6.	2.
passiver Sport (wie Sportveranst.-Besuch)	33	30	12.	12.
(schöngeistige) Literatur	31	29	14.	13.
Ökologie	72	65	5.	6.
Technik	34	31	11.	11.
soziale Probleme in Deutschland	43	53	7.	7.
soziale Probleme in der 3. Welt	42	37	9.	9.
Pop-Musik	84	76	2.	4.
Klassische Musik	34	26	11.	15.

Die Reise-Interessen-Struktur ist vielschichtig. Wichtige Interessen sind:

- die Sozialisation und die Emanzipation junger Leute (Gayler 1978: 11); das Entdecken eigener Fähigkeiten und Fertigkeiten, das Erlernen des sozialen Umgangs mit anderen Menschen (Mitreisenden, Gastgebern u.a.) in einer zumeist fremden Umgebung;
- das „Erfahren" der Welt, das Entdecken von Neuem, Befriedigen der Neugier.

  Das Reiseinteresse wird begünstigt durch die konstitutionellen Voraussetzungen dieser jungen Altersgruppen (psychosomatische Befindlichkeit) sowie durch eine relative soziale Ungebundenheit (im Sinne noch keiner Familiengründung) der meisten jungen Leute im Alter bis 20 Jahre und zum Teil (vor allem bei Studenten) darüber hinaus.

Das Reiseverhalten entspricht diesem großen Reiseinteresse (siehe Tab. 2).

Tabelle 2: Ferien-Reisen der ostdeutschen Jugend (LEIF-Studien „Reise '93" und „Reisebarometer '95"; Angaben in %)

		bis 20 J.	21-25 Jahre
zu Hause geblieben	1992	27	31
	1994	14	19
kein Urlaub	1992	4	4
	1994	1	9
mindestens 1 Ferienreise pro Jahr	1992	69	65
	1994	85	72

Nach den LEIF-Untersuchungen der letzten Jahre können wir feststellen: Von den Bis-20-Jährigen unternahmen 1992 69% mindestens eine Ferienreise, 1994 waren es 85%. Der sogenannte „Reiseboom" der zurückliegenden Jahre in Deutschland ist in diesen Altersgruppen besonders rasant verlaufen.

Bei den 21- bis 25jährigen waren die Reiselustigen 1992 gleich 65% und 1994 72%. Ein Anstieg ist zwar auch zu verzeichnen, aber nicht so stark wie bei den jüngeren Jugendlichen.

Ein Vergleich mit den Altersgruppen ab 26 Jahre zeigt, daß Jugend tatsächlich mehr reist (s. Tabelle 3).

Junge Leute reisen zudem häufiger in den Ferien. Es deuten sich aber bereits in der Reisehäufigkeit Unterschiede zwischen Altersgruppen an. Es gibt eine Gruppe junger Erwachsener (21 bis 25 Jahre), die nicht so oft zu einer Urlaubsreise starten kann wie jüngere oder ältere Gruppen. Das hängt zum Teil mit der neuen Gebundenheit (Familiengründung), aber auch ihrem beruflichen Engagement zusammen.

Die Twens sind auch die Altersgruppe, die mit dem sozio-ökonomischen Wandel im Osten Deutschlands im Beruf mitunter sehr stark gefordert werden oder aber weder Arbeit noch Ausbildung haben. Dafür sprechen auch die 9% Nicht-Urlauber (s. Tabelle 2).

Tabelle 3: Anzahl der Ferienreisen pro Jahr (1994; LEIF-Studie „Reisebarometer '95"; Angaben in %)

		1	2	3	4 u. mehr
Jugend	bis 20 J.	41	39	16	4
	21 bis 25 J.	66	25	9	0
Erwachsene	ab 26 J.	53	33	11	3

2. Differenziertes Reisen

Junge Leute haben zwar altersbedingte Gemeinsamkeiten (Abschluß der Ausbildung, Vorbereitung und Start ins berufliche Leben, Liebes-Partnerschaft), aber diese vollziehen sich unterschiedlich hinsichtlich Art und Weise, Qualität, Zeitabläufen. Das gilt selbstverständlich auch für das Reisen – obwohl diese Tätigkeit (in der Freizeit) bei der Grundgesamtheit der deutschen Jugend so hohe Priorität genießt.

Unterschiede sind nach soziodemografischen Merkmalen erkennbar – auch traditionell. So reisen Studenten mehr als gleichaltrige Facharbeiter, Gymnasiasten und Lehrlinge. Zudem sind bei der deutschen Bevölkerung insgesamt und speziell auch bei der Jugend seit langem ein *Süd-Nord-Gefälle* sowie andere regionale Abhängigkeiten hinsichtlich Reisen erkennbar: Bewohner im Süden Deutschlands reisen mehr als im nördlichen Teil – ausgenommen Bewohner von Großstädten und Ballungsräumen. Diese Merkmale differenzieren das Reiseverhalten der Jugendlichen deutlich stärker als ihre Herkunft aus Ost- oder Westdeutschland.

Tabelle 4: Unterschiedliches Interesse am Reisen bei SchülerInnen („Wie stark interessieren Sie sich für Reisen?" Das interessiert mich 1 = sehr stark ... 5 = überhaupt nicht; LEIF-Studie „Begegnung 1993"; GymnasiastInnen ost- und westdeutscher Großstädte; Angaben in %)

		1	2	3	4	5
NBL	Jungen	40	38	17	2	3
	Mädchen	68	27	4	1	0
ABL	Jungen	41	39	12	6	2
	Mädchen	66	27	7	0	0

Es zeigt sich auch, daß männliche Jugendliche in Ost und West schwächer als die Mädchen bzw. junge Frauen an Reisen interessiert sind (siehe Tabelle 4). Es liegt die Vermutung nahe, daß männliche Jugendliche Reisen einen anderen Stellenwert als junge Frauen einräumen, das Mobile an sich und nicht – wie bei weiblichen Jugendlichen – der bereiste Ort in der Hauptorientierung des Interesses liegt. Denn männliche wie weibliche Jugendliche reisen tatsächlich gleichermaßen viel.

Eine kurze Reminiszenz auf das Reisen der Jugend in der DDR:

Ende der 80er Jahre stellte das Zentralinstitut für Jugendforschung ein unterschiedliches Reiseverhalten bei Schülern, Lehrlingen, Studenten, Arbeitern sowie Absolventen von Hoch- und Fachschulen fest: 1988 hatten 85% der

Schüler (9. und 10. Klasse), 83% der Lehrlinge oder 74% der Studenten innerhalb der DDR eine Ferienreise unternommen. Ins Ausland reisten 43% der Schüler, 39% der Lehrlinge und 65% der Studenten (Schmidt 1991).

Auslandsreisen zu DDR-Zeiten waren zwar auch fremdorganisiert (durch andere organisiert) möglich, wurden jedoch oft individuell durchgeführt. In jedem Fall waren sie relativ teuer und erforderten mehr Engagement als Reisen innerhalb des Landes bzw. Reisen heute. Trotzdem zeigt sich die hohe Reiseintensität bei Studenten im Vergleich zu gleichaltrigen Arbeitern (siehe Tabelle 5).

Tabelle 5: Anzahl von Auslandsreisen bei DDR-Jugendlichen bis 1989 (ZIJ-Studie „Tourist '89"; N = 3.064; Angaben in %)

	noch nie	1	2-3	4-5	6-9	10 u. mehr
Schüler (9.-12. Klasse)	17	18	27	16	14	8
Lehrlinge	20	22	27	12	13	6
Studenten	2	5	19	22	27	25
Arbeiter (bis 25 Jahre)	17	16	28	15	16	8

2.1 Reiseinteressen differenziert

Die Interessenstruktur für Ferientätigkeiten bzw. die Reisemotivstruktur verändert sich teilweise zwischen dem 14. und 25. Lebensjahr. (Schmidt 1991: 129)

Bei den Teenagern (bis 20 Jahre) sind bei Ferienreisen die sozialen Kontakte ein wichtiges Reisemotiv. Dazu gehören geselliges Beisammensein, andere Leute kennenlernen und Ausflüge unternehmen.

Mit Abstand folgen Interessen wie: Städte kennenlernen, Landschaft, Natur entdecken, sich verwöhnen lassen. Weniger relevant sind bei ostdeutschen Teenagern folgende Interessen: Geschichte, Sport und Wandern.

Bei den Twens gewinnen Interessen wie „Sehen und Entdecken" den Vorrang. Dazu gehören: Landschaften, Natur entdecken und Ausflüge unternehmen. Weniger interessant sind für die älteren Jugendlichen (ebenfalls wie bei Jüngeren): Sport treiben, Wandern, Geschichte. Das Interesse am Wandern und an Geschichte ist bei älteren Jugendlichen aber deutlich stärker als bei jüngeren.

Hinsichtlich möglicher *Ost-West-Übereinstimmungen bzw. -Unterschiede in den Reiseinteressen* stellte die bereits o.a. LEIF-Untersuchung unter GymnasiastInnen fest:

- Städte kennenlernen und Natur, Landschaften entdecken steht bei den Gymnasiasten in Ost und West an der Spitze der Reiseinteressenhierarchie. Sehen und Entdecken ist ein gesamtdeutsches jugendtypisches Reisemotiv.

- Ganz unten in der Interessenhierarchie steht bei ost- und westdeutschen GymnasiastInnen gleichermaßen „Jobben“.

Insgesamt werden Befunde von verschiedenen Freizeit-, Jugend- und Marktforschern bestätigt (z.B. Marktanalyse Jugendtourismus 1993: 21): Unterschiede *innerhalb* der jeweiligen Population von Ost und West fallen mitunter stärker ins Gewicht als *zwischen* Ost und West. Das hat weniger etwas mit dem „Zusammenwachsen“ zu tun als eher mit der stärkeren Wirkung von anderen Faktoren wie Alter, Geschlecht, Bildung, soziale Herkunft oder Wohnorttyp.

So ist kaum ein Interessenunterschied feststellbar in den Freizeittätigkeiten Sport (Ost = 44%; West = 43%) oder Disco (Ost = 38%; West = 36%).

Einige ost-west-deutsche Unterschiede bei der Gewichtung einiger Interessen und auch Teilen der Interessenstruktur sind aber durchaus vorhanden, z.B.: Westdeutsche Gymnasiasten wollen mehr Abschlaffen und Sonnenbaden am Strand (68% : 58%) und interessieren sich im Urlaub etwas mehr für Shopping (39% : 35%). Ostdeutsche Gymnasiasten sind mehr an Kontaktpflege mit Gastgebern (67% : 53%) interessiert. Kontakte mit anderen deutschen Mitreisenden (34% : 22%), Sprachen vervollkommnen (66% : 52%), Wandern (59% : 31%) gehören bei den ostdeutschen Schülern dazu.

Vereinfacht ausgedrückt: Ostdeutsche GymnasiastInnen wollen eher Kontakte haben und aktiv sein, westdeutsche Gymnasiasten wollen „abschlaffen“. Herkunft und Sozialisation hinterlassen hier Spuren.

2.2 Reiseziel – differenziert

Wesentliche Unterschiede in den Reise-Mustern lassen sich bei der Wahl der Reiseziele erkennen. Bei jungen Leuten bis 20 Jahren ist der Urlaub in Deutschland gleichrangig wie Ferien in Westeuropa. Bei diesen Altersgruppen ist im Vergleich zu 1992 ein deutlicher Anstieg der Westeuropa-Reisen erkennbar (1992 = 16%, 1994 = 31%). Trotzdem bleibt der Anteil der Reisen in die neuen deutschen Länder und nach Osteuropa gleich. Einen Rückgang haben die westdeutschen Länder „erfahren“. Wenn schon weiter fahren, dann ins Ausland.

Eine erhebliche Steigerung verzeichnen die Übersee-Reiseziele (1994: von 2% auf 8%), vor allem die USA.

Auch für die 21- bis 25jährigen ist der Urlaub in Westeuropa und Deutschland nahezu gleichrangig (Deutschland = 30%, Westeuropa = 27%). Es ist ein Rückgang der Osteuropa-Reisen zu erkennen. Reisen nach Osteuropa bzw. Mitteleuropa führen vor allem nach Tschechien und Ungarn.

Die wichtigsten Reiseländer der jungen Ostdeutschen ähneln (1994) denen ihrer Altersgefährten in Westdeutschland: Spanien, Frankreich, Italien, Skandinavien.

Ein Ost-West-Vergleich bei Gymnasiasten ergibt: Frankreich ist *das* westeuropäische Land, in das die meisten ostdeutschen Schüler bereits reisten (Stand 1993: mindestens einmal = 52%); bei den westdeutschen Schülern ist es Italien (mindestens einmal = 81%).

Tschechien/Slovakei ist *das* ost-/mitteleuropäische Reiseland, in dem die meisten ostdeutschen Schüler (mindestens einmal = 95%) waren, bei den westdeutschen Schülern ebenso (mindestens einmal = 26%). Dieser gewaltige Unterschied zwischen ost- und westdeutschen SchülerInnen – bei gleichwohl hoher Präferierung dieses Reiseziels – geht natürlich (wegen der kumulativen Angaben) z.T. auch auf die Reiseerfahrungen der Ostdeutschen bereits vor 1990 zurück: Für sie ist – von den ohnehin beschränkten Reisemöglichkeiten – die CSSR ein bevorzugtes Zielland gewesen.

Für die ostdeutsche Jugend insgesamt kann gesagt werden, daß sie wie die westdeutsche einen starken Reisedrang ins Ausland verspürt. Immerhin 52% der Teenager und 42% der 21- bis 25jährigen verbrachten 1994 ihre Ferien im Ausland. Dieses starke „gesamt-deutsche" Interesse an Auslandsreisen wird multifaktoriell von ökonomischen und sozialpsychologischen Faktoren bestimmt. Ein wesenlicher Faktor dürfte die jugendliche Reiseinteressenstruktur sein – der Drang, etwas Neues, Originelles, Exotisches zu sehen, zu entdecken, zu erleben. In Deutschland glauben deutsche Jugendliche offenbar diesen Drang in die reale oder relative Ferne und das Entdecken weniger realisieren zu können.

3. Die Art und Weise jugendlichen Reisens

Bei der Analyse der Art des Reisens (z.B. Reiseverkehrsmittel, Unterkunft in den Ferien, Reiseform: selbst oder fremdorganisiert) wird bei der Jugend der 90er Jahre ein deutlicher Trend zu mehr Komfort deutlich: Lange Radtouren zum Ferienort oder die selbstorganisierte Tour sind die Ausnahme. Junger Mann / junge Frau will die sogenannte „organisierte Freiheit beim Reisen", möglichst viel Zeit und wenig Geld am Ferienort aufwenden, aber ein Maximum an Spaß, Erlebnissen, Genuß (bei Westdeutschen) und Sehen (bei Ostdeutschen) konsumieren. Junge Leute wollen frei ihre Individualität, selten aber als Single (ohne andere junge Leute) ausleben. So erklären sich auch die folgenden Trends.

3.1 Trend: Fliegen gefragt!

Zwar ist auch bei jungen Leuten der Pkw das wichtigste Verkehrsmittel zum Ferienort (1994 = 58%). Aber erstaunlich ist doch der starke Zuspruch für Flugreisen. 21% der Bis-20-Jährigen und gar 30% der Bis-25-Jährigen starten per „Flieger" ins Ausland. Das sind 1994 vor allem bei den älteren Jugendlichen deutlich mehr als beim „Rest" der Bevölkerung. 1995/96 setzt sich diese Tendenz fort.

Insgesamt haben (1991-1994) erst 35% der jungen Leute bis 20 Jahre und 30% der älteren Jugendlichen mindestens eine Flugreise unternommen. Der Anteil der Mehrmals-Flieger ist bei den älteren Jugendlichen selbstverständlich höher. Bemerkenswert ist allerdings, daß sich mehr Jüngere als Jugendliche im Alter von 21 bis 25 Jahren in die Lüfte erhoben hatten.

Vergleichen wir die Jugend-Flugreisen 1995 mit den Anteil der anderen Altersgruppen, so wird deutlich: Jugend fliegt viel! (siehe Tabelle 6)

Tabelle 6: Anzahl der Ferienflugreisen 1991-1994 (LEIF-Studie „Reisebarometer '95"; Angaben in %)

		keine	1	2	3	mehr als 3
Jugend	bis 20 Jahre	65	23	6	5	1
	bis 25 Jahre	70	15	10	4	1

Noch nie zuvor ist Jugend so viel geflogen. Die Jugend der 90er Jahre fliegt mehr als die Altersgefährten vor 20 oder 30 Jahren.

Zum Beispiel ist der Anteil der Nicht-Flieger bei den jungen Leuten sogar kleiner (junge Leute 16-20 Jahre: 14%) als bei den älteren Altersgruppen (Nicht-Flugtouristen: 17-18%). Mindestens zweimal in die Ferien geflogen sind 23% der 16- bis 20jährigen, aber nur 12 bis 18% der anderen Altersgruppen (bis Senioren).

Dieses Anwachsen bei den Ferien-Flugreisen ist bei allen (ost- und west-) deutschen Touristen zu verzeichnen, aber Jugend ist prononciert dabei. Dafür gibt es viele Gründe. Die günstigen Preise für Flugreisen ins Ausland unterstützen den gewachsenen Auslandsreisewunsch vieler. Auch ältere Jugendliche reisen zum Teil (wieder bzw. noch) mit ihren Eltern, eher aus ökonomischen Gründen.

3.2 Trend: Jüngere machen Camping, Ältere ziehen ins Ferienhaus

Zwischen jüngeren und älteren Jugendlichen gibt es hinsichtlich der Beherbergung einen deutlichen Unterschied: Junge Leute bis 20 Jahre (1994: 21%) bevorzugen Camping. Bei den Bis-25-Jährigen ist dieser Anteil deutlich geringer (1994: 11%). Sie wollen mehr im Ferienhaus oder in der Ferienwohnung während des Urlaubs übernachten (27%: 20%). Was die Hotelübernachtung angeht, so sind die Interessen etwas ausgewogener (jüngere Jugendliche: 18%; ältere Jugendliche: 22%).

Tabelle 7: Reisebegleitung (LEIF-Studie „Reisebarometer '95"; Angaben in %)

		allein	m. Partner/in	m. Fremden/Bekannten
Jugend	bis 20 J.	11	14	75
	21-25 J.	17	46	37

3.3 Trend: Fremd- oder selbstorganisiert

Junge Leute reisen in den Ferien mehrheitlich nicht allein, sondern mit Freunden, Partner/Partnerin (s. Tabelle 7). Das hat seinen Grund: gemeinsam mit anderen Altersgefährten die Welt zu erfahren, soziale Kontakte und Kommunikation zu pflegen (Hartmann 1981: 156); bei Reisen in der Gruppe sind Kontaktwünsche leichter zu realisieren (Braun 1995).

Letzteres spricht auch für eine bevorzugte Teilnahme an fremdorganisierten (durch ein Reisebüro oder einen Reiseveranstalter) Ferienreisen. Zwar besteht in der höheren Präferierung dieser Reiseart ein Unterschied zu älteren Touristen, er ist aber geringer als vielleicht angenommen (siehe Tabelle 8).

Tabelle 8: Fremdorganisierte Ferienreisen 1994 (LEIF-Studie „Reisebarometer '95"; Angaben in %)

16	bis 19 Jahre	50
	bis 20 Jahre	54
	bis 35	64
	bis 50	62
	bis 65	62

Zwar liegt die Ablehnung von allem Organisierten nach wie vor im Trend, doch „wildes, spontanes" Auf-Tour-Gehen bzw. -Fahren ist heute (vielleicht auch früher?) nur von einem kleinen Teil der jungen Leute von Interesse. Die meisten jungen Leute wollen mit Gleichaltrigen die Welt erfahren, etwas Erleben und lernen, sich in der Welt zurechtfinden. Deshalb gilt für die Mehrheit beim Reisen die Devise „organisierte Freiheit" – wie auch ein Jugendreiseveranstalter erklärt (RUF-Reisen, Bielefeld). Gründe für die Teilnahme an fremdorganisierten Reisen sind (für Teenager) ökonomische (günstiger Preis, Zeitaufwand) oder/und sozial-psychologische (Kontaktmotiv, Sicherheitsbedürfnis).

4. Resümee

Jugendliche in den östlichen und westlichen deutschen Ländern reisen gern und viel. Die Welt erfahren, *sehen und erleben*, sind die wichtigsten Reisemotive – wenn es auch (je nach Zugehörigkeit zu jugendlichen Subgruppen) unterschiedliche Interessenstrukturen innerhalb der Frei- bzw. Ferienzeit gibt.

Junge Deutsche reisen zumeist nicht allein, sondern mit Freunden, Partner bzw. Partnerin – und in den 90er Jahren mehr denn je fremdorganisiert, obwohl die Ablehnung von derartigen Reisen keineswegs geringer geworden ist. Die Preis-Leistungs-Relation, das Bedürfnis nach sozialen Kontakten, Erlebnisse mit Gleichaltrigen, ein Sicherheitsbedürfnis u.a. Gründe lassen fremdorganisierte Reisen in der Realität doch attraktiv werden.

Einige Jugendreise-Trends in den 90er Jahren:

- Ein nach wie vor starkes Reiseinteresse, das allerdings mit der jugendlichen Einkommensentwicklung kollidiert.
- „Wildes Reisen" – auf eigene Faust, spontan und mit „bescheidenen" Transportmitteln (z.B. Fahrrad) – ist nicht der Trend bei Jugendlichen: Auch junge Leute haben heute wenig Zeit.
- Bei Ferienreisen will eine Mehrheit „organisierte" Freiheit genießen; d.h. Individualität ausprobieren, kollektiven Spaß erleben, aber sich auch zurückziehen können.
- Wenn sich viele der heutigen Teenager scheinbar zur „Fun-Generation" entwickeln – das Leitbild des „ausschließlichen Spaßes und Genusses" kann hinsichtlich des Reisens keineswegs verallgemeinert werden. Mehr denn je werden sich Interessen, auch die der Freizeit – in Abhängigkeit von Lebenslagen und Biographien – differenzieren.

Es gibt sehr konkrete Interessen in allen Lebensbereichen, Erlebnisfähigkeit, Interessiertheit, Engagement (was bei einem Teil der Jugendlichen Langeweile, Frust, Sattheit, Desinteresse oder Erlebnisunfähigkeit nicht ausschließt).

Die Jugend-Welt der Gegenwart ist keineswegs eintöniger, sondern farbiger geworden!

Literatur:

Braun, O.L.: Jugendreisestudie Sommer '94 und '95. Presseinformation anläßlich der Tourismusmesse in Leipzig, Universität Koblenz/Landau, 1995

Deutsches Wörterbuch Bd. 3, Mannheim: Brockhaus, 1995

Gayler, B.: Jugendtourismus – der inhaltliche Wandel eines Begriffes. Starnberg: Studienkreis für Tourismus, 1978

Gayler, B./Unger, K.: Jugendtourismus 1987. Starnberg: Studienkreis für Tourismus, 1989

Hartmann, K. D.: Wirkungen von Auslandsreisen junger Leute. Starnberg: Studienkreis für Tourismus, 1981

Marktanalyse Jugendtourismus. Wien: Österreich Werbung, 1993

Schmidt, H.: Der Deutsche Jugend-Tourist. Berlin: Verlag für Universitäre Kommunikation, 1990

Schmidt, H.: Jugend und Tourismus. In: Jugend in der DDR. Weinheim/München: Juventa Verlag, 1991

Schmidt, H.: Touristische Interessen von jungen Leuten der fünf neuen Bundesländer. In: Jahrbuch für Jugendreisen und Internationalen Jugendaustausch 1990, Bonn: Jugendbuchverlag, 1991

Schmidt, H.: Wandel des Freizeittourismus im Osten? In: Touristik & Verkehr 3/1992

Schmidt, H./Haas, W.: Interkulturelle Beziehungen zwischen Deutschen und Polen aus der Sicht von Jugendlichen. Forschungsgruppe LEIF, Leipzig, 1994

Schmidt, H.: Interesse an der Begegnung? In: erleben und lernen. Berlin: GBI-Verlag, 1996

Schmidt, H.: Mehr Ostdeutsche reisen anders. In: touristik aktuell 10/1995

Urlaub + Reisen '95. Hamburg: F.U.R., 1995

Interkulturelle Beziehungen zwischen Deutschen und Polen aus der Sicht von Jugendlichen

Winfried Haas

1. Zum Forschungsprojekt

Die Perspektiven des geeinten Europa hängen in hohem Maße mit von Frieden, Vertrauen, Verständnis und Zusammenarbeit geprägten Beziehungen zwischen den Völkern zusammen. Das geeinte Europa wird aber nicht nur das Werk von Regierungen, Organisationen und Institutionen sein können. Diese Vision muß in entscheidendem Maße von den Bürgern der europäischen Nationen getragen werden.

Dabei ist Mitteleuropa eine besonders sensible Region: Hier wachsen neue Bindungen zwischen den Völkern und Staaten aus Ost und West. Nicht wenige Vorurteile aus Unkennntnis und Unerfahrenheit gilt es abzubauen. Vergangenheit, die bis in die Gegenwart wirkt, muß bewältigt werden. In diesem Kontext ist auch die Gestaltung der Beziehungen zwischen Deutschland und Polen und den Menschen beider Länder zu betrachten.

Bereits 1990 entstand die Idee, die Entwicklung dieser Beziehungen zu erforschen. Als besondere Zielgruppe wurden die Jugendlichen beider Länder ausgewählt: Sie sind meist Kontakten und Begegnungen gegenüber aufgeschlossen und bestimmen als wichtige Akteure die Qualität und die Ausgestaltung der Beziehungen zwischen den Menschen heute und in Zukunft mit.

Das Forschungsprojekt „Interkulturelle Beziehungen zwischen Deutschen und Polen aus der Sicht von Jugendlichen“[1] wurde von Wissenschaftlern der Interessengemeinschaft Tourismussoziologie e.V. (IGT) Leipzig sowie des Leipziger Instituts für empirische Forschung e.V. (LEIF) konzipiert und vorbereitet und mit Partnern in Polen, in den alten und neuen Bundesländern durchgeführt.

In einer ersten Forschungsetappe bezogen die Wissenschaftler Schüler von Gymnasien und Lyzeen ausgewählter deutscher Großstädte in Ost- und Westdeutschland sowie in Polen in die empirische Analyse ein. Auf der Grundlage von standardisierten Fragebögen wurden 1993 insgesamt 860 deutsche und polnische Jugendliche im Alter von 15 bis 18 Jahren interviewt.

1 Haas, W./Schmidt, H.: Interkulturelle Beziehungen zwischen Deutschen und Polen aus der Sicht von Jugendlichen. IGT-Forschungsbericht. Leipzig 1994

2. Ergebnisse der empirischen Studie

Polen und Deutschland sind als Nachbarländer auf vielen Gebieten miteinander verbunden – darin eingeschlossen die vielschichtigen interpersonellen Beziehungen.

Die Zusammenarbeit zwischen den beiden Nachbarländern kann sich auf eine hohe Akzeptanz bei den Schülern an deutschen Gymnasien und polnischen Lyzeen stützen. 43% der deutschen und 51% der polnischen Jugendlichen unterstützen eine Kooperation beider Länder auf allen Gebieten. Ablehnend stehen dem jeweils 20% der Befragten gegenüber.

2.1 Das Wissen vom Nachbarn

Wichtiges Anliegen der deutsch-polnischen Beziehungen sollte die Vermittlung von Informationen über das Alltagsleben der Menschen sein. Die Befragungsergebnisse weisen in bezug auf Kenntnis und Wissen von der konkreten Lebenssituation und den konkreten Lebensbedingungen der Menschen im benachbarten Land erhebliche Defizite aus.

Immerhin sind drei Viertel der befragten deutschen Gymnasiasten und mehr als die Hälfte der polnischen Schüler der Meinung, zu wenig über das Alltagsleben der jeweils anderen zu wissen. Besonders für die westdeutschen Jugendlichen ist Polen (noch) eine „Terra incognita".

Diese Defizite können u.a. mittels Ausbau des deutsch-polnischen Jugendaustausches, durch Begegnungen und gemeinsame Erlebnisse abgebaut werden. Diese Möglichkeit sehen die Jugendlichen durchaus auch selbst. Mehrheitlich fordern die Befragten eine stärkere (finanzielle) Unterstützung für Begegnungen zwischen den Jugendlichen beider Länder: Immerhin sprechen sich dafür 60% der Heranwachsenden in Ost- und Westdeutschland und sogar 81% der polnischen Jugendlichen aus.

Allerdings ist die Bereitschaft, sich über das Leben im Nachbarland zu informieren, Kenntnisse zu sammeln und sich mit den (jungen) Menschen des Nachbarlandes zu treffen, sehr differenziert ausgeprägt. Nicht zu übersehen sind in dieser Hinsicht z.B. die Unterschiede zwischen den Jugendlichen beiderseits der Oder-Neiße-Grenze: Nur etwa jeder dritte deutsche Jugendliche (36%) äußerte Interesse an gemeinsamen Erlebnissen mit polnischen Altersgefährten. Demgegenüber ist dieser Wunsch bei den polnischen Jugendlichen stärker ausgeprägt – 60% zeigen sich entsprechend interessiert.

Die Befragungsergebnisse unterstützen die Annahme, daß auch in Zukunft die Reiseströme von Ost nach West (auch im Jugendaustausch) stärker sein dürften als in umgekehrter Richtung.

2.2 *Kontakte mit dem Nachbarn*

Interkulturelle Beziehungen realisieren sich besonders über alltägliches Verhalten und den Umgang miteinander. Der unmittelbare Kontakt mit den Menschen, individuelle und spontane Begegnungen und Beziehungen fördern interkulturelles Lernen und Verstehen. Der Wert von persönlichen Begegnungen liegt auch darin, ganz individuelle Erfahrungen machen zu können. Wie sich zeigt, können so Vorurteile relativiert und abgebaut werden. Kontakte mit anderen können zudem dazu beitragen, eigene Positionen und Einschätzungen zu überdenken und möglicherweise zu korrigieren. Angesichts des Stellenwertes persönlicher Kontakte für das Niveau interkultureller Beziehungen wurde auch in den Befragungen die Kontaktsituation zwischen den deutschen und polnischen Jugendlichen analysiert.

Was besagen die empirischen Befunde?

- Die polnischen Schüler sind auf Reisen ins Nachbarland deutlich kontaktfreudiger als die deutschen Jugendlichen auf einer Polenreise. Während 69% der jungen Polen in Deutschland Begegnungen mit einheimischen Altersgefährten aufweisen, berichteten nur 37% der Westdeutschen und jeder zweite Ostdeutsche von Kontakten mit polnischen Jugendlichen beim Aufenthalt im benachbarten Land.
- Bei den westdeutschen Jugendlichen fanden diese Kontakte überwiegend bei Familienbesuchen und beim Besuch von Freunden und Bekannten in Polen statt. Die befragten ostdeutschen Jugendlichen aus Leipzig und Dresden weisen demgegenüber eine breitgefächerte Kontaktpalette auf: Neben Begegnungen auf der familiären Ebene nannten sie auch Kontakte im Kino, in der Disco, im Feriencamp und bei anderen touristischen Aktivitäten (Stadtrundfahrten, Besichtigungen).
- Anders stellt sich das Bild bei Kontakten mit polnischen Bürgern in Deutschland dar. Hier zeigen sich die ostdeutschen Jugendlichen im Vergleich mit ihren westdeutschen Altersgefährten reservierter. Offensichtlich wohnen und leben in den alten Bundesländern mehr Bürger aus Polen als auf dem Boden der ehemaligen DDR. In den alten Bundesländern sind Polen vergleichsweise stärker in das Alltagsleben integriert. Die polnischen Bürger in Ostdeutschland setzen sich traditionell eher aus Arbeitspendlern und Besuchern auf Zeit zusammen. Dementsprechend unterschiedlich stellen sich auch die Kontaktmöglichkeiten dar: Mitschüler aus Polen sind für westdeutsche Jugendliche die häufigsten Kontaktpersonen. Ebenso wird der mögliche Kontakt zu polnischen Mitbürgern aus der Nachbarschaft als alltäglich empfunden. Zudem hat sich jeder dritte Jugendliche bereits im Rahmen von Jugendbegegnungen mit jungen Polen getroffen. Demgegenüber weisen die ostdeutschen Befragten in deutlich geringerem Maße Kontakte mit polnischen Bürgern in Schule und

Nachbarschaft auf. Gegenwärtig sind die organisierten deutsch-polnischen Jugendbegegnungen die häufigste Kontaktform für die jungen Ostdeutschen.

2.3 Die Bewertung der Nachbarn

In den Beziehungen zwischen den Menschen verschiedener Nationen spielen Stereotype seit jeher eine prägende Rolle. Unter Stereotypen werden allgemein stark vereinfachte, generalisierte, klischeehafte Vorstellungen verstanden, die sich auf Menschen und Menschengruppen beziehen. Sie bestimmen die Wahrnehmung und die Interpretation der sozialen Umwelt und steuern das Verhalten der Menschen.

In diesem Sinne beeinflussen die bei Deutschen und Polen vorhandenen, aufeinander bezogenen Stereotype sehr stark die Ausprägung der interkulturellen Beziehungen zwischen den Menschen beider Länder. Im Rahmen unserer Studie wurden die polnischen und deutschen Jugendlichen gebeten, den Menschen des jeweils anderen Landes mittels offener Fragestellungen positive und negative Merkmale zuzuordnen. Die Ergebnisse lassen folgende Aussagen zu:

- Wissen bzw. Nichtwissen über- und voneinander prägen sehr deutlich die Vorstellungen vom anderen mit. Nichtwissen ist dabei besonders problematisch. Es macht anfällig für unzulässige Verallgemeinerungen und diskriminierende Verkürzungen. Besonders deutlich wird das bei der Analyse der zugeordneten „negativen" Merkmale von Polen und Deutschen. Negative Vorstellungen über die polnischen Bürger haben vor allem diejenigen deutschen Jugendlichen geäußert, die noch keine persönlichen Erfahrungen mit Polen gemacht haben.
- Konkrete persönliche Erlebnisse als Grund für die negative Meinung über die Polen konnten nur wenige Jugendliche benennen. Typische „Meinungsquellen" spiegeln sich in den folgenden Antworten wider: „vom Hörensagen aus Polen" (Schüler aus Hannover); „von Bekannten und den Medien" (Schülerin aus München); „keine Erfahrungen" (Schüler aus Leipzig); „nur allgemeine Erfahrungen" (Schülerin aus Leipzig); „aus vielen Gesprächen" (Schüler aus Dresden).
- Besonders extrem fallen die Bewertungen bei denjenigen aus, die einmal schlechte Erfahrungen im anderen Land und mit den Bürgern gemacht haben. Als negativ prägende Erlebnisse wurden beispielsweise genannt: „auf der Reise Geldbörse gestohlen"; „Hakenkreuz am Auto"; „dreckiger Campingplatz"; „herumstreunende Kinder".
- Ausgehend von diesen erlebten oder beobachteten Details, wird oft generalisierend auf die gesamte Gesellschaft geschlossen. Dabei werden einfachste Bilder und Vorstellungen verwendet (Frage: Was gefällt Ihnen

nicht an polnischen Bürgern?): „sehr raffiniert“; „betrügen und stehlen“; „unsaubere Verhältnisse“; „feindlich gegen Deutsche“.

- Generell belegen die Befragungen von deutschen und polnischen Jugendlichen jedoch auch die positiv prägende Kraft von Reisen zum Nachbarn, von Begegnungen und gemeinsamen Erlebnissen die Einstellungen, Vorstellungen und Gefühle zum jeweils anderen. Bei denjenigen deutschen Schülern, die beispielsweise an Jugendfahrten teilnahmen, die Ausflüge miteinander organisierten oder mit polnischen Mitschülern und polnischen Bürgern in der Nachbarschaft Kontakt pflegen, waren die Bewertungen differenzierter, tendenziell positiver und weniger von Antipathie geprägt. Dafür sind folgende Aussagen kennzeichnend: „Polen sind wie alle Menschen – ganz normal“; „es gibt solche und solche“; „sind einfach, freundlich und natürlich“; „haben sehr familienbezogene Verhältnisse“; „im Ferienlager hat jeder jeden akzeptiert“.

Resümierend läßt sich feststellen:

- Die Vorstellungen und Bewertungen des jeweiligen Nachbarn sind aus der Sicht der polnischen und der deutschen Schüler sehr „durchwachsen“ und spiegeln oft auch allgemeine Stimmungen und Verstimmungen in den deutsch-polnischen Beziehungen wider, deren Einfluß stärker ist, wenn persönliche Kontakte und Erfahrungen fehlen.
- Nicht unproblematisch ist, daß bei vielen Jugendlichen eher klischeehafte und generalisierende Vorurteile das Bild vom anderen mit prägen.
- Die Förderung deutsch-polnischer Begegnungen und der Ausbau von Beziehungen zwischen Institutionen, Gruppen und Personen kann deshalb – wie sich zeigt – durchaus Nichtwissen, Vorurteile und Gleichgültigkeit abbauen helfen und die weitere Ausgestaltung der interkulturellen Beziehungen zwischen den beiden Staaten und den Menschen beiderseits der Oder-Neiße-Grenze befördern.

Ostdeutsche Jugendliche und Ausländer – Anmerkungen aus der Tourismussoziologie

Manfred Rochlitz

Ausländerfeindliche Reaktionen in deutschen Städten – Rostock, Hoyerswerda, Mölln und Solingen – blitzten wie Irrlichter in der Landschaft auf. Glaubte man nach Rostock und Hoyerswerda noch, daß dies vorrangig ein Problem der neuen Bundesländer sei, so mußte diese Aussage nach Mölln und Solingen schnell korrigiert werden. Schockierend wirkte die zutage tretende Brutalität und die oftmals demonstrative Sympathie „normaler“ Bürger mit den Gewalttaten. Das Bild vom „nazistischen“ bzw. „häßlichen“ Deutschen tauchte weltweit wieder auf und belastete die internen sowie die äußeren politischen Beziehungen. Die Frage nach den Ursachen für diese Erscheinungen war schnell gestellt. Die Antwort auf diese Ereignisse interessierte viele Menschen inner- und außerhalb Deutschlands.

Eine überzeugende Antwort konnte angesichts der Vielschichtigkeit und der politischen Brisanz des Themas – sollte die Antwort nicht populistisch ausfallen – nicht gefunden werden. Die Analyse blieb zunächst auch schwierig, weil zu dieser Thematik in der DDR sozialwissenschaftlich nicht oder nur sehr verdeckt geforscht werden konnte. Zumindest an der Oberfläche der DDR-Gesellschaft gab es keine massiven Anzeichen für Ausländerfeindlichkeit. Das ist selbstverständlich, weil das vorherrschende Freund-Feind-Bild in der DDR keine öffentlich vorgetragene Problematisierung dieses Themas zuließ und größere fremdenfeindliche Konflikte nicht auftraten.

Der mit der Wende bei vielen Jugendlichen und jungen Erwachsenen einsetzende Verlust an persönlicher und sozialer Identität, dem Fragwürdigwerden erprobter Lebensweisen und -stile hatte zur Folge, daß Defizite an Selbstwertgefühl entstanden, die durch die Abwertung und Diskriminierung anderer – Fremder und Ausländer – psychologisch kompensiert werden konnten. Dennoch reicht diese Feststellung angesichts empirischer Daten, die gleich mit Beginn der Wende zu diesem Thema von der Interessengemeinschaft Tourismussoziologie e.V. (IGT) gewonnen wurden (Rochlitz/Großmann 1991), und anderer empirischer Befunde und Erfahrungen nicht aus.

Ein Ergebnis der Studie war, daß rund 50% der befragten jungen Sachsen z.B. Türken als sehr unsympathisch auf einer sechsstufigen Intervallskala einstuften. Obwohl junge Sachsen zum damaligen Zeitpunkt türkische Bürger weder in Deutschland noch im Ausland kennengelernt hatten und sich auch mit dem Thema Türken in Deutschland nicht oder bislang kaum beschäftigen mußten (in der DDR gab es dafür keine Gründe und Anregungen), kommt eine Wertung zustande, die nicht auf aktuelle Berührungen Ostdeutscher mit Türken zurückzuführen ist.

Gleichermaßen unsympathisch werden in dieser Untersuchung Araber (45% sehr unsympathisch), Israelis (44% sehr unsympathisch) und Polen (42% sehr unsympathisch) eingeschätzt. Afrikaner und Vietnamesen werden mit rund 25% sehr unsympathisch schon deutlich seltener negativ eingeschätzt.

Die Ablehnung von Fremden durch junge Sachsen kurz nach der Wende konzentriert sich auf bestimmte Gruppen bzw. Rassen von Ausländern. Die negative Wertung ist deshalb in Verbindung mit Rassismus und Nationalismus zu sehen. Kanadier, Österreicher, Norweger, Schweden, Schweizer und Holländer stehen historisch und lebensweltlich den (Ost-) Deutschen deutlich näher als Türken und Araber. Sie wurden als sehr sympathisch eingestuft.

Polen wie auch Araber wurden, wenn auch nicht öffentlich, schon in der DDR kritisch und distanziert, von Vorurteilen belastet, bewertet.

Obwohl bis zur Wende zu Österreichern, Schweizern, Norwegern und Schweden weitgehend ebenso wenige persönliche Beziehungen und Kontakte bestanden wie zu Türken und Israelis, fallen die Urteile (aufgrund von Vorurteilen, Feindbildern, ideologischen Stereotypen, die sich als historisch recht stabil erweisen) deutlich unterschiedlich aus.

Das Interessante an den Ergebnissen ist, daß sie zu Beginn der Wende gewonnen wurden, zu einem Zeitpunkt, wo in der DDR erworbene Vorstellungen noch stark waren.

Die dramatischen Ereignisse in der unmittelbaren Wendezeit wirkten auf Vorurteile, Fremdenangst und -feindlichkeit ein. Für die Lebensorientierung notwendige stereotype Vorstellungen, d.h. Vorab-Urteile, unterlagen erheblichen Veränderungen. Negative Vorurteile und feindliche Gefühle gegenüber anderen (in Glauben und Lebensstil) nähren sich aus einem Bedürfnis nach Ordnung und persönlicher Sicherheit. Fremdes und Unbekanntes erzeugt Mißtrauen, weil die in der täglichen Routine eingespielten Denk- und Verhaltensmuster belastet werden.

In einer 1994/95 durchgeführten Studie der IGT zu „Jugendtourismus als Faktor interkulturellen Lernens“ wurden bestehende Vorurteile gegenüber anderen Nationen und deren Überprüfung/Bestätigung durch Urlaubsreisen untersucht. Gerade Reisende in die Türkei und in arabische Staaten gaben an, ihr Klischee bestätigt gefunden zu haben. Türken und Araber wurden als unsauber, „Händlerseelen“ und frauenfeindlich empfunden. Besonders weibliche Touristen fühlten sich dadurch belästigt und persönlich betroffen.

Emotionen, auf denen negative Vorurteile und feindliche Gefühle basieren, deuten immer auf konservative Positionen hin, nämlich auf den ausgeprägten Wunsch, Gewohntes zu erhalten bzw. auch, dies gewaltsam durchzusetzen.

Differenzierte Ergebnisse zu der Thematik Ausländerfeindlichkeit liefert eine 1993 vom Kölner Institut für Massenkommunikation e.V. in Zusammenarbeit mit dem Emnid-Institut Bielefeld in Ost- und Westdeutschland durchgeführte repräsentative Studie. (Hüsers 1995 und Hüsers/Silbermann 1995)

Die Zunahme komplizierter und vor allem neuartiger Lebenssituationen, die Konfrontation mit bisher weitgehend unbekannten Ereignissen (organisierte Kriminalität, brutale Aktionen mafiöser Organisationen etc.) läßt neue Konfliktfelder im Umgang mit bestimmten Gruppen von Ausländern sehr wahrscheinlich werden.

Daß Völker oder Nationen, Mehrheiten oder Minderheiten mobilisiert werden können, um für ihre „heiligsten“ Interessen gegen andere zu kämpfen, um den eigenen Wohlstand und die „Volksgesundheit“ und ähnlich demagogische „Werte“ zu sichern, demonstrieren die aktuellen Balkanereignisse in Europa.

Mit dem Anwachsen sozialer Verteilungskämpfe in Deutschland und dem zu erwartenden Strom von Wirtschafts- und Umweltflüchtlingen aus der dritten Welt sind ausländerfeindliche und rassistisch motivierte Konfliktsituationen beinahe unausweichlich. Eine optimistischere Prognose setzte voraus, daß die führenden Industrienationen bereits jetzt schon mit stark veränderten Konzepten auf diese zunehmenden Bedrohlichkeiten reagieren.

Literatur:

Hüsers, F.: Fremdenfeindlichkeit in Deutschland. Ergebnisse einer Repräsentativerhebung. In: Beilage zur Wochenzeitung Das Parlament B 48/1995

Hüsers, F./Silbermann, A.: Der „normale“ Haß auf die Fremden. München: Quintessenz, 1995

Rochlitz, M./Großmann, M.: Reisen nach der Wende. Eine repräsentative Untersuchung. IGT 1991 (unveröffentl. Manuskript)

Auf der Straße und ausgegrenzt – Ein sozio-kultureller Vergleich zwischen Gangs in den USA und Jugendkulturen in Deutschland

Gisela Thiele

1. Historische Einordnung von Gangs

Jugendgangs, wie wir sie bereits seit den 20er Jahren dieses Jahrhunderts in den Vereinigten Staaten kennen, sind in Deutschland bisher weniger stark verbreitet. Allerdings beobachten wir Gangs im Westteil Deutschlands verstärkt seit den 80er Jahren, erinnert sei beispielsweise in Berlin an die „Simsekler", „Earthquakes" und die „Rambo-Boys". In der Hamburger Vorortschlafstadt Billstedt sind es die „Champs" und im St. Pauli-Kiez die „Streetboys" (Farin/Seidel-Pielen 1993: 26). In den neuen Bundesländern beginnt deren Entwicklung gegenwärtig, wobei sich insbesondere in den großstädtischen Ballungsgebieten mit hoher Bevölkerungsdichte wie in Leipzig, Dresden oder Halle vermehrt typische Jugendgangs bilden. Bisher haben die genannten Gangs noch wenig mit den Jugendbanden, die wir heute aus Neapel, Kolumbien, Los Angeles oder Brasilien kennen, gemeinsam. Ihr Organisationsgrad ist nicht so hoch und ihr Handeln noch nicht gezielt auf kriminelle Aktionen ausgerichtet.

Um Unterschiede detailliert herausarbeiten zu können, ist es hier unser Anliegen, zunächst die Entstehungshintergründe der Gangs in den USA zu betrachten und die spezifischen Typen, bevor diese mit den deutschen Jugendkulturen und möglichen Entwicklungen der Jugendgangs in Deutschland verglichen werden.

Die Gespräche mit einzelnen Gang-Mitgliedern in den USA waren nur mit Hilfe eines afro-amerikanischen Professors möglich, der in diesem Milieu aufgewachsen ist und heute noch enge Verbindungen zu ihnen unterhält. Die Ausführungen beruhen teils auf eigenen Erlebnissen und Erfahrungen, die ich während einer viermonatigen Gastprofessur an der Michigan State University, im Norden der USA gelegen, sammeln konnte, teils aus Literaturauswertungen.

2. Entstehungsgeschichte der Jugendgangs in den Vereinigten Staaten

Die Entstehung der Jugendgangs in den USA ist verbunden mit der Entwicklung von der agrarwirtschaftlichen zur industriellen Gesellschaft. Von 1900 bis zur Mitte der 30er Jahre hatten insbesondere die Industriestädte ein drastisches Wachstum der Bevölkerung zu verzeichnen. Immigranten füllten die Ghettos von New York und anderen Städten im frühen 19. Jahrhundert mit Gruppen junger Leute in ihren spezifischen Nachbarschaften. Die Arbeit für Ungelernte war ein Anziehungspunkt für viele ethnische Gruppen, die ihre Sprache und Kultur beibehielten. Der Druck der heimatlichen Werte und Traditionen im Kampf gegen die Vorurteile ihrer neuen Umgebung forcierte die Verbundenheit der Immigranten, so daß viele Städte im frühen 19. Jahrhundert ein klassisches Beispiel der ethnischen Segregation repräsentierten (Taylor 1983).

Später beeinflußten Jugendkulturen wie die Hippies, die flower children und die Black Power Movement das traditionelle Amerika. Die soziale Kontrolle begann in den späten 60ern an Effektivität zu verlieren. Die einst mächtigen Kirchen verloren in dieser Zeit an Bedeutung. Die Schul- und Erwachsenen-Autoritäten wurden durch die Kinder und deren Eltern erschüttert.

In den 70ern war die ökonomische Lage in den USA schlechter denn je. Um 1970, in der Zeit hoher Arbeitslosigkeit und zurückgehenden wirtschaftlichen Wachstums, hatte sich die Stimmung unter den ethnischen Minderheiten geändert: Spanisch oder schwarz zu sein war nicht länger Quelle von Scham. Die Jugend erkannte die sozialen Disparitäten hinsichtlich der Ungleichheit der Arbeit und Ausbildung, der gesundheitlichen Versorgung, der Klassenlage und sozialen Verschiedenheit. Die ökonomische Situation, der Mangel an Arbeit wurde in der Steigerung der Kriminalität und im Anwachsen höherer Organisationsformen der Gangs reflektiert. Die Konsequenz: Die städtischen Jugendbanden haben die Haupterwerbsquellen gegen territorial besetzte Gebiete eingetauscht. Es entstehen „besetzte“ Städte – besetzt von den Gangs, die den „Krieg“ eigenen und anderen Gruppen außerhalb ihres Territoriums gegenüber ankündigen. Rivalisierende Gangs kämpfen um Ruhm, Ehre und Kontrolle über ihre als solche definierten Hoheitsgebiete. Gangs sind eine Möglichkeit, daß sich Jugendliche ohne Kontrolle und unabhängig von administrativen Vorgaben organisieren, um so leben zu können, wie sie wollen. Sie wollen nicht viel mehr aber auch nicht weniger als ein Leben wie das der Mittelklasse.

3. Definition und Organisationsformen der Gangs

Gangs sind eine auf engem Raum agierende, auf ein Territorium begrenzte, homogene Gruppe, die sich ursprünglisch spontan formiert hat und sich dann durch Konflikte integriert.

Es ist eine transfamiliale soziale Organisation, die ethnische Gruppen und Cliquen einschließen kann. Diese haben die „Herrschaft" über ein bestimmtes Territorium übernommen, indem sie jenes „Fremden" gegenüber schützen, sie insbesondere Waren und Drogen vertreiben, die oft nicht auf legalen Wegen erworben wurden (Taylor 1993: 14).

Auf Gangs treffen die folgenden Bedingungen zu:

1. Vorhandensein von Gesicht-zu-Gesicht-Interaktionen,
2. internale Strukturen, eingeschlossen Führerschaft und Rollenzuweisung,
3. Territorialität,
4. stabile Mitgliedschaft.

Sie existieren hauptsächlich als organisierte lokale Gruppen und rekrutieren sich aus ihrem eigenen Gebiet, welches sie meist deutlich sichtbar mit Graffities abstecken. In der Regel geben sich Jugendgangs Namen, beispielsweise „Black Gloves", Ghetto Sisters oder Rebels. Sie durchschreiten mit martialischem Outfit den Großstadtdschungel und zeigen so ihre Existenz.

Die einzige Gruppe, der sie vertrauen, ist die eigene Gang. Jeder jenseits dieser, eingeschlossen die Mitglieder der eigenen Nachbarschaft oder anderer Gangs, erscheinen als Außenseiter und damit als potentielle Opfer. Daß Gangs, wie bereits erwähnt, die überwiegende Ideologie der Gesellschaft akzeptieren, wird in der Struktur der Gruppen bewiesen.

Sie duplizieren in der Organisation die Hauptinstitutionen der amerikanischen Gesellschaft: die Familie, den Betrieb oder auch das Militär. Die Familienstrukturen sind teilweise evident in gemischten Geschlechtergangs, wo männliche und weibliche Führer die Leitung als „Pops" und „Moms" kennen. Ihre Rechte zur Disziplinierung der Mitglieder leiten sie aus dem gruppenegoistischen Anspruch ab, daß die gebotenen Normen und Vorschriften ungefragt akzeptiert werden.

Andere Gangs operieren nach dem Modell einer Gesellschaft (Körperschaft) mit Präsident, Vize-Präsident und Sprecher. Ihr Territorium definiert ihren Geschäftsbereich, und hier verkaufen sie Drogen, gestohlene Fahrzeuge, üben Betrug und Prostitution. Ihr Gebiet ist geschützt gegen das Eindringen anderer Gruppen, um Profit aus dem gleichen Gebiet zu verhindern.

Wieder andere haben militärische Führer, die verantwortlich sind für die Beziehungen zu anderen Gangs, die ihnen gegenüber unter bestimmten Umständen den Krieg erklären und die Waffen übernehmen.

4. Gang-Typen in den Vereinigten Staaten

Gangs können vergleichsweise in drei unterschiedliche motivationale und Entwicklungskategorien unterschieden werden (Taylor 1983): Scavenger, Territorial und Corporate Gangs. Scavenger und Territorial Gangs sind Entwicklungsformen, während die Corporate's eine organisierte Gang in der Wachstumsphase verkörpert. Im folgenden werden die genannten Typen kurz vorgestellt.

Die Scavenger Gangs

Die Scavanger Gang ist die erste Bewegung in den USA, die bereits von Frederick Trasher 1927 dokumentiert wurde. Die Mitglieder dieser Gang haben keine gemeinsamen Ziele und Werte, zeichnen sich durch ein impulsives Verhalten aus; ihre Führer wechseln täglich und wöchentlich. Die Kriminalität ist vergleichsweise unbedeutend, sinnlos und spontan. Beispielsweise stehen sie an öffentlichen Straßen, bitten um Arbeit, Geld oder Lebensmittel, stehlen Autos oder brechen sie auf und betreiben Vandalismus. Ihre Gewaltakte sind vom Spaß bestimmt. Sie sind eher zivile als kriminelle Gangs. Sie haben keine spezifischen Ziele, keinen Zweck, keine substantiellen Kameradschaften und neigen zur Gewalt und unberechenbarem Verhalten.

Scavenger sind generell arm, kommen fast ausschließlich aus der Unterklasse, sind meist Schüler, Außenseiter mit einer geringen Selbstachtung. Der kollektive Zusammenhalt gibt ihnen Kraft und Selbstbestätigung. Ihr Verhalten ist durch Impulsivität und Unberechenbarkeit charakterisiert.

Dewana, heute 20, beschrieb mir ihr Leben als Mitglied einer gemischten Mädchen-Jungen-Gang: Sie verließ die Schule im 7. Schuljahr und lebt seit dieser Zeit in einer Gang mit 6 Jungen und 4 Mädchen. Sie ist Meister im „shoplifting“ in ihrer Gang, was ihr von den anderen Mitgliedern Achtung und Anerkennung und eine besondere Stellung einbringt. Von ihrer Mutter wurde sie auf die Straße gesetzt, als sie 14 Jahre alt war, weil sie ihren Lebensunterhalt nicht mehr verdienen konnte. Die Mutter selbst war 13, als Dewana – und zwar bereits als zweites Kind – geboren wurde. Ihr Vater wurde in ihrer Anwesenheit von einer „Killer-Gang“ (Trasher 1927: 22) erschossen, als sie 3 oder 4 Jahre alt war. Sie sagte: „Well, this ist my crew, my family, my people or what ever you want.“

Die meisten Gang-Mitglieder starten bei den Scavengers und beginnen später ihr kriminelles Leben, ihre „Karriere“. Oft sind sie von der Gesellschaft isoliert, ebenso von ihrer Familie. Ihre Familie ist die Jugendgang. Sie wissen, mit dem Erfolg kommt das Geld, mit dem Geld die Macht – Macht, um Einfluß zu gewinnen, Macht, um zu kaufen und Macht, die einen höheren Status bringt. Das ist ihr letztliches Ziel.

Territorial Gangs

Wenn die Scavenger Gangs sich entwickeln und über eine Organisation und spezifische Ziele verfügen, treten sie in die „Territorial" Stufe ein. Während dieser Entwicklungsstufe definieren sie sich selbst und nehmen eine Führungsrolle ein. Es ist der Prozeß der Schaffung und Organisation spezifischer Ziele. Zunächst definieren die Gangs ihr eigenes Territorium, dann verteidigen sie es vor Außenseitern. In diesem Prozeß bekommen sie die Herrschaft, die Kontrolle. In den Straßen werden die Territorial-Gesetze mehr respektiert als die legalen und traditionellen. Das ist gut bekannt und wird akzeptiert – das Gesetz ist das spezifische Territorial-Gesetz. Die Gangs definieren ihr Gebiet insbesondere für den Rauschgifthandel – das ist Gang-Territorium – stay away (fernbleiben). Jede Straßenecke, spezifische Rauschgiftszenen, ebenso wie Verteiler oder Konsumenten sind Teil des Territoriums (Baron/Tindall 1993: 295). In der Zeit der Entstehung der Territorial Gangs wechselt die Stimmung auch innerhalb der anderen Gangs. Maskulines Aussehen, organisierte Kriminalität und Härte im Klassenkampf zwischen verschiedenen ethnischen Gruppen bestimmen von nun an den Mittelpunkt der Aktivitäten.

Ungleich der legitimen Geschäftswelt wenden die Gangs physische Gewalt an, um ihre Bedingungen zu diktieren. Drogen und Gewalt bestimmen ihre Handlungen und kreieren eine außergesetzliche Kultur; sie arbeiten häufig in der Rauschgiftindustrie – einer Industrie, die Geld produziert und damit Macht. Diese Macht erlaubt ihnen Mobilität, und sie führt zur Expansion der territorialen Bindungen in ihren geschlossenen („respektiven") Nachbarschaften. Heute – mit der Macht der organisierten Kriminalität, der Technologie und des eskalierenden Verdienstes – kann das Territorium zwischenstaatlich, innerstaatlich oder international sein. Demnach ist der Verbreitungsgrad unbegrenzt und stößt höchstens auf die „Territorial" Grenzen, die die Jugendgruppen für ihre Aktivitäten definiert haben.

Ich sprach mit Mona, einer 25jährigen afro-amerikanischen Frau, einer „Veteranin" der Straße seit ihrer frühesten Kindheit. Sie ist ledig, hat keine Kinder und lebt mit zwei anderen Frauen zusammen in einer Female Territorial Gang. Ihre Mutter lebt noch, ihr Vater ist unbekannt. Sie hatte fünf Brüder, die von der Mutter mehr geliebt wurden als sie. Deshalb ist sie oft geschlagen worden, und alle Schuld lastete auf ihr. Sie hing seit frühester Kindheit auf der Straße herum, ungeliebt und ausgestoßen. Auf die Frage, ob sie Angst vor Gewalt hat, antwortet sie: „Gewalt ist Teil unseres Lebens, sie ist täglich, ja stündlich sichtbar. Ich sehe Leute, die auf der Straße erschossen werden, sehe, wie Freundinnen niedergeschlagen werden usw. Das alles ist Teil des Geschäftes."

Corporate Gangs

Eine neue Ära der städtischen Jugendgangs begann Ende der 70er Jahre mit der Entstehung der Corporate Gangs, die andere Dimensionen der organisierten und Jugendkriminalität signalisierte. Diese gut organisierten Gruppen haben einen strengen Führer oder Manager und stellen die entwickeltste Form oder Stufe der Gangs dar. Ihr Hauptaugenmerk beruht auf der Teilnahme am illegalen Geldgeschäft. Die Mitgliedschaft basiert auf den Werten der Entwicklung von der Individualität zur Organisation und gründet sich auf den Verdienst als Beitrag für die Gruppe, nicht auf die einzelne Persönlichkeit. Jedes Mitglied versteht sich in seiner/ihrer Rolle und arbeitet als Teammitglied.

Die kriminellen Aktivitäten sind durch Profit motiviert und nur diesem Zweck unterworfen. Ihre Mitglieder rekrutieren sich aus der untersten und unteren Klasse, der Mittelklasse und oberen Mittelklasse.

Rauschgifthandel, Prostitution, offene Gewalt, Diebstähle und Einbrüche gehören in ihrer ausgeprägten und entwickelten Form zur Tagesordnung dieser Gang-Art. Mitglieder dieser Gang tragen gute Kleidung und Schmuck, fahren teure Autos und haben einen stadtweiten Ruhm, so daß jene, die den Scavanger angehörten, Mitglieder dieser neuen und populären Gang werden wollten.

Detroit beispielsweise, eine 4-Millionen-Stadt, eine Hochburg der Autoindustrie in den 70er Jahren, ist besetzt von den Corporate Gangs (s. Abbildung 1). Heute, nachdem die Autoindustrie an Gewicht verloren hat, viele Arbeitsplätze anderen Märkten geopfert werden mußten und dadurch über 70% der Schwarzen arbeitslos sind, ist es eine verfallene Stadt, die das Elend einer ehemaligen Industriemetropole vergegenwärtigt.

Ein Bericht eines Projektes zur Strategie-Planung in Detroit beschreibt die depressive Situation für die Detroiter Kinder: „Sehen Sie die hoffnungslose schwarze Zukunft, ohne Möglichkeit auf ein normales Leben. Viele der Kinder werden ein wertloses Leben führen müssen. So verlassen 51% der Detroiter high schoolers ohne Abschluß die Schule, und die Statistik zeigt, daß gerade sie wenig Erfolg haben, einen Job zu finden. Ihre Bildung ist nicht ausreichend für den technischen Arbeitsmarkt. Die Korrelation zwischen jungen Erwachsenen, Arbeitslosigkeit und Kriminalität ist unleugbar."

Ein Sozialarbeiter beschreibt die jugendlichen Corporate Gangs wie folgt: „Diese Kinder sind fürchterlich. Sie sind bereit, jeden zu ermorden, ihre Mutter, Freunde, die Polizei oder sich selbst. Jeder hier ist gedopt. Diese Kinder sind zu schnell erwachsen, haben zu viel Elend gesehen, und es gibt nichts für diese jungen Leute zu tun. Keiner kann guten und sauberen Sex bekommen, weil alle Mädchen Rauschgift nehmen. Heute gehen diese Youngster lachend herum und schießen auf jeden und finden das noch gut."

Das politische Bewußtsein vieler Gangs allerdings ist oberflächlich und die Koalitionen, die geschlossen werden, sind nur von kurzer Dauer. Eines eint jedoch alle Gangs: Die Kriegserklärung an die amerikanische Mehrheitsgesellschaft und die eigene Elterngeneration.

Abbildung 1: Subcommunities in the City of Detroit

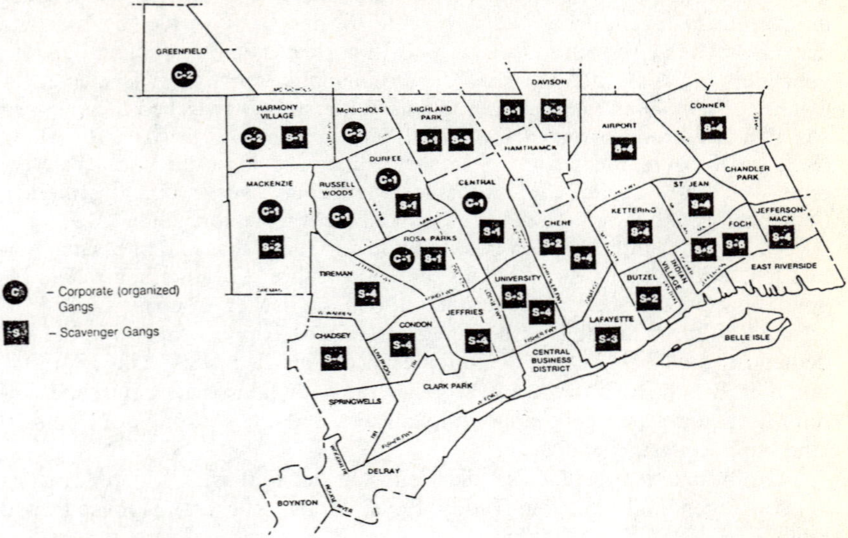

Quelle: Taylor 1983: 16

5. Entstehungsgeschichte der Jugendkulturen in Deutschland

Zum Bild der Jugend in Deutschland gehörten informelle Gruppen, Jugendkulturen, ebenso wie andere Gruppen und Gemeinschaften. In der DDR, wo die meisten Jugendlichen in der FDJ organisiert waren, fühlten sich viele durch diese nicht vertreten, fanden aber zu wenig Räume für Aktivitäten und artikulierten sich deshalb über Jugendkulturen. Sie fielen in der Öffentlichkeit schon durch ihr Outfit auf, obgleich sie, gemessen an den Jugendlichen insgesamt, eine zahlenmäßig relativ kleine Gruppe darstellten. Dennoch wuchs die Zahl bis 1989 stetig an, wobei die Ortsgröße und die damit verbundene soziale Kontrolle der Jugendlichen eine große Rolle spielten. Informelle Gruppen entwickelten gemeinsame Normen und Verhaltensmuster, die mit dem Äußeren Symbolkraft besaßen, eine Binnenidentität schufen und gleichzeitig eine Abgrenzung zu anderen Gruppen und zur Masse der Jugendlichen waren.

Die Entstehung der Jugendkulturen in Deutschland West wurde unbestreitbar durch zwei Richtungen bestimmt: Einmal durch die Entwicklung der jugendlichen Kulturen in den USA, zum anderen durch die in England. Es war die Jugend, die Amerika sowie England und seine Popmusik als ihr Ausdrucksmedium entdeckte und sie damit zu einem Organisations- und Bedeutungszentrum jugendlicher Praxis machte. In der DDR wurde die Existenz der informellen Gruppen immer gern als Importe aus den westlichen Ländern gehandelt, was natürlich am Kern der Problematik vorbeiging. Ursachen für das Entstehen waren vielmehr der latente Widerspruch zwischen den eigenen sozialen Erfahrungen und den offiziell vermittelten. Die Defizite im Alltag (Reisen, Konsumgüter) wurden versucht, über Ideologie zu kompensieren; ohne auf reale jugendliche Probleme einzugehen, wurde mit allgemeinen Sentenzen geantwortet, die die Wirklichkeit nicht widerspiegelten.

Nach den Gangs, die sich bereits Ende der 30er Jahre in den Staaten etablierten, entwickelten sich Anfang der 50er Jahre die amerikanischen Jugendkulturen, die aber im Gegensatz zu den englischen in erster Linie Mittelstandskulturen der Jugend dokumentierten. Die Hippies sind wohl die bedeutendste und bekannteste Kultur jener Zeit aus den USA. Die „Surfers“ und die „Beach Boys“ waren zwar gegen die Mittelklasse gerichtet, aber deren Mitglieder waren geographisch lokalisiert, und die Wirkung auf Deutschland blieb weitestgehend aus.

Großbritannien dagegen ist die Heimstatt der fünf wichtigsten Arbeiterklassen-Jugendkulturen: den Teddy Boys, Mods, Rockers, Skinheads und Punks.

Die Einflüsse der USA und Großbritanniens ließen – mit gewisser zeitlicher Verzögerung – die genannten Jugendkulturen trotz unterschiedlicher gesellschaftlicher Systeme sowohl im Westen als auch im Osten Deutschlands entstehen, wenn auch in unterschiedlicher Stärke und zu unterschiedlichen Zeiten.

6. Definition und Organisationsformen der Jugendkulturen

Unter Jugendkulturen verstehen wir relativ kohärente kulturelle Systeme, Teilsysteme der jugendlichen Population, die innerhalb des Gesamtsystems unserer nationalen Kultur eine „Welt für sich“ darstellen. Sie entwickeln strukturelle und funktionale Eigenheiten, die ihre Mitglieder in einem gewissen Grade von der übrigen Gesellschaft unterscheiden (Bell 1965: 112).

Jugendkulturen sind kulturelle Systeme, weil Jugendliche – z.B. wirtschaftlich, aber auch im Lernen und der Ausbildung – in die Gesellschaft eingegliedert bleiben, sich jedoch im Rahmen ihrer Freizeit eigene Symbole (wie Kleidung, Musik, Gruppen-Code) schaffen, in Peer-Groups Freundschaften schließen und Aktivitäten unternehmen. Die heutigen Jugendkulturen sind freizeitbezogen und stellen Absetzbewegungen auf der kulturellen Ebene dar. Kultur ist „geistige Welt", wie man vor sich und anderen dasteht, seine Individualität ausdrückt. „Kultur" meint aber auch die Schaffung von Stilen über Medien, Konsum, Pop, Mode sowie die Schaffung neuer sozialer Treffpunkte (Baacke 1993: 11).

Jugend- oder informelle Gruppen sind eine Möglichkeit, selbstbestimmte Handlungsräume zu besetzen, eigene Ideen zu verwirklichen. Eine besondere Anziehungskraft liegt in der Unmittelbarkeit der sozialen Beziehungen zwischen den Mitgliedern, die auf Gegenseitigkeit, Freiwilligkeit und Sympathie beruhen.

7. Zu den Gemeinsamkeiten und Unterschieden zwischen Gangs in den USA und Jugendkulturen in Deutschland

Zunächst haben beide, Jugendkulturen in Deutschland und Gangs in den USA, das soziale und ökonomische Klima um sie herum nicht unbeantwortet gelassen. Sie sind wohl beide ein Indikator für nationalstaatliche Regression und Polarisierung der Gesellschaften. Ihre Strukturen entspringen direkt aus den dominanten sozialen, kulturellen und politischen Systemen, in welchen sie verankert sind. Das Anderssein verstieß insbesondere in der DDR gegen Herkömmliches, wurde nicht nur nicht verstanden, sondern kriminalisiert, etikettiert, so daß – davon ausgehend und wie von selbstverständlich – Opposition gegen die Erwachsenenwelt und bestehende Strukturen entwickelt wurde.

Jugendkulturen sind kein Duplikat der Institutionen einer „normalen" Gesellschaft so wie die Familie oder ein Geschäftsbetrieb bei Gangs. Sie haben keine Rollenzuweisung, keine einführenden Riten. Es ist nicht Ziel, mit dem Status Erfolg zu erzielen, wie Geld, Job-Aussichten, Bildung und materiellen Besitz. Mitgliedschaft in Jugendkulturen ist Identität.

Sie betonen die Akzeptanz der alltäglichen Wichtigkeit der Freiheit über die Arbeit, kurzzeitigen Hedonismus eher als Leben, Spaß eher als Geld; sie erhalten diese fundamentalen Arbeiterklassenwerte in einer implizit politischen Ideologie gegen die Mittelklasse. Jugendliche motivieren ihre Feindbilder gegen das Establishment, den autoritären Charakter und die Reaktionäre. Sie sind auch Ausdruck eines neuen Selbstbewußtseins der Jugend, wo der Aufstand gegen den devoten Untertanengeist der Eltern und der Gesellschaft organisiert wird.

Die meisten Jugendkulturen verfügen nicht über voll entwickelte und funktional effektive Strukturen, stecken ihre Territorien im allgemeinen nicht ab. Die sogenannten Platzhirschrituale der Gangs sind auch ein Gradmesser für den aktuellen Entwicklungsstand der multikulturellen Gesellschaft. Sie sind unabhängig von Gesicht-zu-Gesicht-Interaktionen mit anderen Gruppenmitgliedern oder von rigiden Kriterien des Eintritts, der Mitgliedschaft oder sonstigen (insbesondere existentiellen und ökonomischen) Verpflichtungen.

Youth Culture ist nichts anderes als ein funktionaler Bestandteil unserer Gesellschaft, eine Art Selbsthilfeaktion der Jugend, die temporären Charakter hat und in der Reife und den Rollen des Erwachsenen schließlich aufgeht. Mitglied einer Gang zu sein ist dagegen nicht auf eine gewisse Zeit angelegt, etwa nur auf die Jugendphase. In der Regel werden hier die Kinder mit 11, 12 Jahren auf die Straße gesetzt, um den eigenen Lebensunterhalt und den der Familie zu verdienen. Der Lebensunterhalt besteht vor allem in der Beschaffung von Drogen, weil sehr viele Eltern seit der frühen Jugend abhängig und nun unfähig sind, das „Lebensnotwendige" zu besorgen.

Jugendkulturen haben ihren Ursprung nicht in Armut oder Arbeitslosigkeit, sondern sind eher Indikator für Wohlstand und ökonomischen Konsum, der der Jugend in prosperierenden Zeiten eine bestimmte Kraft verleiht (Thiele 1994: 5).

Gangs dagegen entwickeln sich nicht in wirtschaftlichen Wachstumszeiten, sie sind Ausdruck von hoher Arbeitslosigkeit, sinkenden ökonomischen Wachstums, großen ethnischen und/oder Klassenunterschieden sowie von Armut.

In den zuletzt genannten gesellschaftlichen Bedingungen sind auch die Wurzeln der beginnenden Entwicklung der Jugendgangs in Deutschland zu suchen, die gegenwärtig verstärkt im Osten beobachtet werden. Sie fallen bei jenen Teenies auf fruchtbaren Boden, die frühzeitig auf der Straße leben. Sie beginnen mit der Abgrenzung ihres Territoriums, schützen es gegenüber Fremden, um in diesem ihren materiellen Lebensunterhalt zu verdienen. Sie verüben Diebstähle, Erpressungen, die nicht vorrangig aus dem Gewaltmotiv heraus begründet sind, sondern vielmehr aus der existentiellen Absicherung ihres Lebens auf der Straße. Prostitution und Drogenhandel spielen keine unbedeutende Rolle. Entsprechende Aktivitäten sind meist von nicht vorausberechenbarer Intensität, haben keinen anderen Zweck, als sich selbst und anderen zu beweisen, daß sie verbrecherisch handeln können.

Die vereinzelten Einzelnen fristen mehr und mehr gegeneinander abgeschottete Existenzen, die nur noch zum Teil einen übergreifenden kollektiven Erfahrungszusammenhang besitzen. Die früher relativ stabilen „Zwischeninstanzen" zwischen Familie, Arbeitsteam und Nachbarschaft verlieren an Bedeutung. Die globalen gesellschaftlichen Probleme schlagen gewissermaßen direkt auf das vereinzelte Individuum durch, ohne daß irgendeine Abfederungsinstanz dazwischen eine effektive Hilfestellung anbieten könnte (Möller 1995: 60).

Literatur:

Baacke, D.: Jugend und Jugendkulturen. München: 1993

Baron, St. W./Tindall, D. B.: Network structure and delinquent attitudes within a juvenile gang. In: Social Networks 15/1993 (North Holland), S. 255-273

Bell, R. R.: Kultur der Jugendlichen. In: Friedeburg, L. v. (Hrsg.): Jugend in der modernen Gesellschaft. Köln: Instituts-Verlag, 1965, S. 112

Farin, K./Seidel-Pielen, E.: Krieg in den Städten. Berlin: Rotbuch-Verlag 1993, S. 26

Möller, K.: Jugend, Zukunft und Politik. In: Breuninger Kolleg (Hrsg.): Generation Y. Stuttgart: Breuninger Verlag, 1995, S. 60

Trasher, F. M.: The Gang: A Study of 1,313 Gangs in Chicago. Chicago: United Press, 1927

Taylor, C. S.: Danerous Society. Lansing (USA): Michigan State University Press, 1983

Taylor, C. S.: Girls, Gangs, Women and Drugs. Lansing (USA): Michigan State University Press, 1993, S. 14

Thiele, G.: Jugendkulturen im Osten Deutschlands – Kultur oder Unkultur. In: Wissenschaftliche Beiträge der Breuninger Stiftung (Symposium) 11/1994, S. 5-9

Teil 4

30 Jahre ostdeutsche Jugendforschung – Rückblicke und Ausblicke

Möglichkeiten der Ergebnisdarstellung bei Intervallstudien

Rolf Ludwig

Intervallstudien erlauben es, Entwicklungsprozesse abzubilden. Die Aufgabe der Statistik besteht nun darin, geeignete Verfahren und Koeffizienten zur Verfügung zu stellen, um diese Daten entsprechend interpretieren zu können.

Die nachfolgenden Betrachtungen stützen sich auf soziologische Studien, in denen die Antwortmodelle eine begrenzte Anzahl von Stufen (r) aufweisen. Wir betrachten zunächst zwei Erhebungen zu den Zeitpunkten t_k und t_{k+l}. Die Ergebnisse können in einer (r x r)-Tafel dargestellt werden. Für die Auswertung sollen nun einige Koeffizienten abgeleitet werden, die es erlauben, die Veränderungen vom Zeitpunkt t_k zum t_{k+l} zu kennzeichnen.

Tabelle 1: (r x r)-Tafel

		(k + l). Welle						
		y_1	y_2	...	y_j	...	y_r	
	x_1	f_{11}	f_{12}	...	f_{1j}	...	f_{1r}	$f_{1.}$
	x_2	f_{21}	f_{22}	...	f_{2j}	...	f_{2r}	$f_{2.}$
	.				.			.
	.				.			.
	.				.			.
k.Welle	x_i	f_{i1}	f_{i2}	...	f_{ij}	...	f_{ir}	$f_{i.}$
	.				.			.
	.				.			.
	.				.			.
	x_r	f_{r1}	f_{r2}	...	f_{rj}	...	f_{rr}	$f_{r.}$
		$f_{.1}$	$f_{.2}$	...	$f_{.j}$	...	$f_{.r}$	n.

Es werden folgende Annahmen gemacht:

1. Die Beziehungstafel ist quadratisch. Dies ist in der Regel gegeben, da es sich jeweils um den gleichen Indikator mit dem gleichen Antwortmodell handelt.
2. Im Antwortmodell wird der kleinere Skalenplatz als der positivere angenommen (ist der kleinere Skalenplatz der negative, muß dies bei der Interpretation beachtet werden).
3. Für einen Teil der Koeffizienten werden intervallskalierte Daten vorausgesetzt.

4. Die Antwortstufen der verwendeten Antwortmodelle sollten nicht größer als 8 sein. Für die Berechnung hat dies zwar keinen Einfluß, wohl aber auf die Interpretation einiger Koeffizienten.

Ausgangspunkt bildet eine (r x r)-Tafel (s. Tabelle 1).

Wir schreiben für die Doppelsumme

$$\sum_{i=x_u}^{r} \sum_{j=x_u}^{r} \quad \text{kurz} \quad \sum_{i,j}^{r} \qquad (x_u \text{ steht für unteren Merkmalswert})$$

Für die abzuleitenden Koeffizienten werden folgende Hilfsgrößen benötigt:

$$PO = \sum_{i,j}^{r} f_{ij} \quad i > j$$ Anzahl der sich positiv veränderten Apn

$$NE = \sum_{i,j}^{r} f_{ij} \quad i < j$$ Anzahl der sich negativ veränderten Apn

$$KO = \sum_{i,j}^{r} f_{ij} \quad i = j$$ Anzahl der konstant gebliebenen Apn

$$IPO = \sum_{i,j}^{r} f_{ij}(i-j) \quad i > j$$ Positive Veränderung in Skalenplätzen unter Einbeziehung der Größe der Veränderung

$$INE = \sum_{i,j}^{r} f_{ij}(j-i) \quad i < j$$ Negative Veränderung in Skalenplätzen unter Einbeziehung der Größe der Veränderung

$$MPO = \sum_{i,j}^{r} f_{ij}(i-x_u) \quad i > j$$ Maximal mögliche positive Veränderung der sich positiv veränderten Apn

$$MNE = \sum_{i,j}^{r} f_{ij}(r-i) \quad i < j$$ Maximal mögliche negative Veränderung der sich negativ veränderten Apn

$$GPO = \sum_{i}^{r} f_{i.}(i-x_u)$$ Mögliche positive Veränderung aller Apn

$$GNE = \sum_{i}^{r} f_{i.}(r-i)$$ Mögliche negative Veränderung aller Apn

$$MV = \sum_{i}^{r/2} f_{i.}(r-i) + \sum_{i>r/2}^{r}.$$ Mögliche Veränderung aller Apn

Aus diesen Hilfsgrößen lassen sich nun eine Reihe Koeffizienten ableiten:

(1)	$POP = 100 * PO / N$	Prozentualer Anteil der sich positiv veränderten Apn, bezogen auf die Gesamtzahl
(2)	$NEP = 100 * NE / N$	Prozentualer Anteil der sich negativ veränderten Apn, bezogen auf die Gesamtzahl
(3)	$KOP = 100 * KO / N$	Prozentualer Anteil der konstant gebliebenen Apn, bezogen auf die Gesamtzahl
(4)	$DIP = IPO / N$	Durchschnittliche Größe der Positivierung in Skalenplätzen für alle Apn
(5)	$DIN = INE / N$	Durchschnittliche Größe der Negativierung in Skalenplätzen für alle Apn
(6)	$RPG = 100 * IPO / GPO$	Prozentualer Anteil der positiven Veränderung, bezogen auf die maximal mögliche positive Veränderung aller Apn
(7)	$RNG = 100 * INE / GNE$	Prozentualer Anteil der negativen Veränderung, bezogen auf die maximal mögliche negative Veränderung aller Apn
(8)	$RPO = 100 * IPO / MPO$	Prozentualer Anteil der positiven Veränderung, bezogen auf die maximal mögliche positive Veränderung der sich positiv veränderten Apn
(9)	$RNE = 100 * INE / MNE$	Prozentualer Anteil der negativen Veränderung, bezogen auf die maximal mögliche negative Veränderung der sich negativ veränderten Apn
(10)	$EQ = \left(1 - \frac{IPO + INE}{MV}\right)^2$	Stabilität im Antwortverhalten der Apn

Für die Koeffizienten (4) bis (10) wird die Voraussetzung 3 gefordert. Liegen Rangdaten vor, deren Abstände zueinander annähernd als äquidistant angesehen werden können, sind die Koeffizienten (4) bis (10) noch aussagefähig. Ist Voraussetzung (2) nicht gegeben, ist also der höhere Skalenplatz der positivere, sind jeweils die Wortmarken positiv und negativ gegenseitig auszutauschen.

Die Koeffizienten POP, KOP und NEP sind zwar sehr einfach, berücksichtigen aber in keiner Weise die Anzahl der Stufen im Antwortmodell, deshalb sollte man diese Werte nur bei einer kleineren Anzahl von Stufen verwenden. Die obige Angabe von 8 Stufen ist eigentlich die oberste Grenze.

Als Beispiel, um die Interpretation der Koeffizienten etwas zu verdeutlichen, soll ein Indikator aus der Intervallstudie gewählt werden, die im Beitrag von Förster (in diesem Band) dargestellt wird. Aus der Welle 9 und Welle 10 soll folgende Frage betrachtet werden: „Freuen Sie sich darüber, daß die Einheit Deutschlands hergestellt ist?“ (s. Tabelle 2)

Tabelle 2: Kreuztabelle für E09_0405 und E10_0405
1 = sehr stark; 2 = stark; 3 = teils-teils; 4 = kaum;
5 = überhaupt nicht

E09_0405 by E10_0405 9. Freude über Einheit Deutschlands

E09_0405	Count	E10_0405 1	2	3	4	5	Row Total
	1	26	6	4			36 19,1
	2	11	21	8			40 21,3
	3	7	10	75	2		94 50,0
	4			10	4		14 7,4
	5			1	1	2	4 2,1
	Column Total	44 23,4	37 19,7	98 52,1	7 3,7	2 1,1	188 100,0

Tabelle 3: Intervallkoeffizienten der Merkmale X= E09_0405 und Y= E10_0405

POP	= 21,3%	DIP	= ,26	RPG	= 16,8%	RPO	= 57,8%
NEP	= 10,6%	DIN	= ,13	RNG	= 5,2%	RNE	= 35,3%
KOP	= 68,1%	EQ	= ,74	PN(Z)	= 0,00		

Bei der nachfolgenden Betrachtung setzen wir voraus, daß die Reliabilität des Meßinstruments gegeben ist.

Eine Gegenüberstellung der monovariablen Verteilungen, die in den Randsummen der Tabelle 2 enthalten sind, führt zu keinen nennenswerten

Unterschieden, d.h., man muß die korrelative Beziehung, die bei Intervallstudien das entscheidende Moment ist, für die Interpretation ausnutzen.

In der ersten Spalte von Tabelle 3 stehen Koeffizienten, die sehr einfach zu bewerten sind. POP weist aus, daß sich 21,3% der Analysepersonen in ihrem Anwortverhalten von Welle 9 zu Welle 10 positiv verändert haben, unabhängig davon, wie stark die Veränderungen waren. Mit NEP erhält man den Anteil der sich negativ veränderten Analysepersonen, in unserem Beispiel waren dies 10,6%. KOP gibt den Anteil der in ihrem Antwortverhalten von Welle 9 zu Welle 10 stabil gebliebenen, hier 68,1%, an. Eine Veränderung in positiver Richtung ist bei doppelt soviel Probanden zu beobachten, als eine Veränderung in negativer Richtung. Mit dem Vorzeichentest kann geprüft werden, ob dieser Unterschied signifikant ist. Dazu wird mit PN(Z) die Überschreitungswahrscheinlichkeit für den Vorzeichentest ausgewiesen.

Als Entscheidungsregel gilt:

$PN(Z) < \alpha \rightarrow$ Unterschied ist statistisch signifikant
$PN(Z) \geq \alpha \rightarrow$ Unterschied ist statistisch nicht signifikant.

Wenn $\alpha = 0{,}05$ gesetzt wird, kann in unserem Beispiel von einem statistisch signifikantem Unterschied gesprochen werden, d.h., der Anteil der Analysepersonen, die eine positivere Bewertung der Frage „Freude über die Einheit Deutschlands" gegenüber Zeitpunkt t_k zu Ausdruck bringen, ist signifikant größer als der Anteil derjenigen, die eine negativere Bewertung gegenüber Zeitpunkt t_k abgeben.

Wie bereits erwähnt, wird bei den beiden Werten POP und NEP die Größe der Veränderung nicht berücksichtigt, d.h., es wird eine Veränderung von Skalenplatz 4 auf 1 gleichgesetzt mit einer Veränderung von Skalenplatz 2 auf 1.

Mit den Koeffizienten DIP und DIN erhält man ein Maß für die Größe der Veränderung in Skalenplätzen. DIP weist aus, um wieviel Skalenplätze sich eine Veränderung in positiver Richtung bezogen auf alle Analysepersonen vollzogen hat. Analog gilt dies für DIN in negativer Richtung. In unserem Beispiel zeigt sich, daß sich eine positive Veränderung von Welle 9 zu Welle 10 um 0,26 Skalenplätze vollzogen hat, dagegen eine negative Veränderung um 0,13 Skalenplätze. Auch hier ist ein Überwiegen der positiveren Bewertung der Frage „Freude über die Einheit Deutschlands" von Welle 9 zu Welle 10 zu verzeichnen.

Bei den weiteren Koeffizienten wird die Möglichkeit der Ausschöpfung der Veränderungen in die Betrachtung einbezogen. Das Potential, das eine Veränderung überhaupt zuläßt, kann ja sehr unterschiedlich sein. Befinden sich zum Zeitpunkt t_k die Analysepersonen bereits im positiven Bereichen (sehr viele bei Antwortposition 1 oder 2), ist das Potential einer positiven Veränderung zum Zeitpunkt t_{k+1} geringer, als wenn die Analysepersonen sich zum Zeitpunkt t_k in negativen Bereichen (sehr viele bei Antwortposition

4 oder 5) befanden. Dieses Potential wird in den nachfolgenden Koeffizienten berücksichtigt.

Der Koeffizient PRG weist den prozentualen Anteil der positiven Veränderung, vom Zeitpunkt t_k zum Zeitpunkt t_{k+1} aus, bezogen auf die maximal mögliche positive Veränderung aller Analysepersonen. In unserem Beispiel werden 16,8% der maximal möglichen positiven Veränderung von Welle 9 zu Welle 10 ausgeschöpft. Der Koeffizient RNG bezieht sich entsprechend auf die negative Veränderung. Er liegt mit 5,2% deutlich niedriger als der Koeffizient RPG.

Beim Koeffizienten RPO wird im Gegensatz zum Koeffizienten RPG der prozentuale Anteil der positiven Veränderungen vom Zeitpunkt t_k zum Zeitpunkt t_{k+1} auf die maximal mögliche positive Veränderung der sich auch positiv veränderten Analysepersonen bezogen. Er stellt praktisch ein Maß dafür dar, inwieweit diese Gruppe ihr mögliches Potential ausschöpft. In unserem Beispiel liegt der Anteil der positiven Veränderung von Welle 9 zu Welle 10 bei 57,8%, d.h., die Gruppe der sich positiv veränderten schöpft ihr Potential zu 57,8% aus. Der Koeffizient RNE bezieht sich entsprechend auf die negative Veränderung. Hier wird das Potential nur zu 35,3% ausgeschöpft.

Als ein Maß für die Stabilität kann der Koeffizient EQ angesehen werden. Je größer der Wert von EQ ist, um so stabiler ist das Antwortverhalten der Analysepersonen.

Es ist nicht sinnvoll, alle Koeffizienten zur Interpretation heranzuziehen. Man sollte sich auf ein bzw. zwei Paare festlegen. Wichtiger, als eine einzelne Fragestellung zu beurteilen, ist der Vergleich der Koeffizienten für verschiedene Fragestellungen, um herauszustellen, bei welchen Fragestellungen sich Veränderungen in größerem Ausmaß abzeichnen.

Aussagen über mehrere Wellen gleichzeitig zu machen, kompliziert die Lage. Hier lassen sich mit dem als LISREL bekannten Verfahren, das als eigenständiges Programm in der Version 8 verfügbar bzw. in der Version 7 im Programmsystem SPSS enthalten ist, einige Ansätze realisieren.

Eine sehr einfache Methode, um Entwicklungsverläufe zu kennzeichnen, kann man erreichen, wenn man die möglichen Antwortkombinationen der Apn über mehrere Wellen bildet und deren Häufigkeiten dann ermittelt. Das Ergebnis ist sehr informativ, verlangt aber vom Forscher einen erheblichen Aufwand, vor allem, wenn die Anzahl der Welle p und die Anzahl der Antwortstufen r größer sind. Die theoretisch mögliche Anzahl der Kombinationen ergibt sich zu r^p. Das sind bei 5 Wellen und 4 Antwortstufen schon 1024 Möglichkeiten. Hat man eine größere Anzahl von Antwortstufen, kann man durch Zusammenfassung benachbarter Stufen die Anzahl der Kombinationen erheblich verringern.

Diese Form der Darstellung ist als eine Möglichkeit zu sehen, Kombinationen herauszufiltern, die eine besondere Häufung aufweisen und so etwas Typisches zum Ausdruck bringen.

Eine effektive Lösung bietet sich an, wenn eine Dichotomisierung sinnvoll ist, etwa „Zustimmung /Ablehnung". In diesem Fall kann durch eine anschließende Konfigurationsfrequenzanalyse (KFA) der statistische Nachweis von Typen erbracht werden.

Die Bildung der Kombinationen über die Wellen läßt sich sehr einfach realisieren, wobei die Anzahl der Antwortstufen kleiner gleich 9 voraussetzt wird.

Es soll das Item x über einen Zeitraum von p Wellen betrachtet werden. Dazu multipliziert man die Merkmalswerte x_k der einzelnen Wellen mit dem Faktor $10^{(k-1)}$ und addiert diese Werte. k ist die Nummer der Welle. Die so entstandene Zahl wird einer neuen Variablen zugeordnet. Man braucht dann nur noch die Häufigkeiten dieser Variablen zu bestimmen und hat somit die Besetzungen der einzelnen Kombinationen über alle Wellen.

Eine Auswertung in dieser Form kann sehr aufwendig sein, so daß es sich anbietet, einen Algorithmus aufzustellen, der einer Auswertungsintension gerecht wird.

Ein möglicher Ansatz könnte so aussehen: Wir betrachten zunächst drei Wellen und treffen folgende Festlegungen, wobei mit x_k der Merkmalswert der Welle k bezeichnet wird.

$x_1 = x_2 = x_3$	konstante Apn
$x_1 \geq x_2 \geq x_3$	positive veränderte Apn (nur ein = darf auftreten)
$x_1 \leq x_2 \leq x_3$	negativ veränderte Apn (nur ein = darf auftreten)
$x_1 \neq x_2 \vee x_1 \neq x_3 \vee x_2 \neq x_3$	Wechsler (oszillierende Apn)

Die Wechsler können unterschieden werden in

$x_1 < x_2 \vee x_2 > x_3$ und $x_1 > x_2 \vee x_2 < x_3.$

Es handelt sich hier um einen sehr einfachen Algorithmus. Wenn man mehrere Wellen in die Betrachtung einbezieht, muß man differenziertere Algorithmen aufstellen.

Wir nehmen ein Merkmal mit 4 Antwortstufen über p Wellen. Ein möglicher Algorithmus zur Definition von „Veränderungstypen" ist in Tabelle 4 beschrieben.

Tabelle 4: Algorithmus für Typen

Typ	Bezeichnung			Bildungsvorschrift
1	Konstanz	positiv	stark	p mal $x_k \in [1]$
2		positiv	schwach	(p-1) mal $x_k \in [1]$ p mal $x_k \in [2]$ (p-1) mal $x_k \in [1,2]$
3		negativ	stark	p mal $x_k \in [4]$
4		negativ	schwach	(p-1) mal $x_k \in [4]$ p mal $x_k \in [3]$ (p-1) mal $x_k \in [3,4]$
5	Veränderung	negativ	schwach	$x_k \leq x_{k+1}$ $x_k \in [1,3] \vee x_k \in [2,4]$ für k = 1,2,...,(p-1)
6		negativ	stark	$x_k \leq x_{k+1}$ $x_k \in [1,4]$ für k = 1,2,...,(p-1)
7		positiv	schwach	$x_k \geq x_{k+1}$ $x_k \in [1,3] \vee x_k \in [2,4]$ für k = 1,2,...,(p-1)
8		positiv	stark	$x_k \geq x_{k+1}$ $x_k \in [1,4]$ für k = 1,2,...,(p-1)
9	oszillierend			alle übrigen Kombinationen

Der Algorithmus, der in Tabelle 4 beschrieben ist, läßt sich in einem Programmsystem (z.B. SPSS) relativ leicht realisieren. Zu beachten ist natürlich die Reihenfolge der Abfragen, die aber abhängig ist von den verwendeten Progammierelementen. In SPSS z.B. sind die Typen in Reihenfolge: 9, 8, 7, 6, 5, 2, 1, 4 und 3 zu berechnen.

Zur Demonstration nehmen wir die Fragestellung „Liest Du die Zeitschrift ‚Neues Leben' " über die Wellen 1, 2, 3, 6, 7 und 8 der Intervallstudie „Schüler" des ZIJ, die in den Jahren 1968 bis 1978 mit insgesamt 11 Wellen durchgeführt worden ist. Die Schüler waren zu Beginn der Studie in der Klasse 6, also im Alter von 11 bis 12 Jahren.

Es ergab sich eine Verteilung, wie in Tabelle 5 dargestellt.

Tabelle 5: Besetzungen der Typen

Typ	1	2	3	4	5	6	7	8	9	ges.
Besetzung abs	2	10	9	69	3	0	50	50	104	298
in %	1	3	3	23	1	0	17	17	35	

Aus Tabelle 5 läßt sich ablesen, daß eigentlich nur die Typen 4, 7, 8 und 9 eine wesentliche Besetzung ausweisen. 23% weisen eine schwache Konstanz im negativen Bereich auf, d.h., sie lesen diese Zeitschrift nie oder nur manchmal. Bei 17% ist eine schwach positive Veränderung festzustellen, d.h., sie lesen mit zunehmendem Alter diese Zeitschrift häufiger. Ebenfalls 17% weisen eine starke positive Veränderung auf, d.h., mit zunehmendem Alter liest diese Gruppe die Zeitschrift regelmäßiger. Bei 48% ist über die Wellen hinweg ein Leseverhalten zu beobachten, das in den Jahren sehr schwankt. Diese Gruppe hatten wir als oszillierend bezeichnet.

Wer diese Veränderungen im einzelnen sichtbar machen will, kann die möglichen Kombinationen der Antwortstufen über alle Wellen erstellen und die Häufigkeiten dazu bestimmen. Wie die Kombinationen zu ermitteln sind, ist weiter oben beschrieben worden. Tabelle 6 zeigt einen SPSS-Ausdruck, der die Kombinationen mit den entsprechenden Häufigkeiten enthält. Für die Kombinationen gilt folgende Zuordnung von Ziffer und Welle: 1 – 1; 2 – 2; 3 – 3; 4 – 6; 5 – 7; 6 – 8.

Tabelle 6: Besetzung der Kombinationen

Value	Fre	Value	Fre	Value	Fre	Value	Fre	Value	Fre	Value	Fre	Value	Fre
111111	2	333114	1	344111	2	432324	1	434443	1	443333	7	444334	4
112234	1	333121	1	344234	1	433111	7	434444	1	443334	1	444343	1
133233	1	333123	1	344322	1	433112	1	441111	5	443343	2	444344	1
133333	1	333223	1	344333	1	433113	1	441113	1	443344	1	444411	1
143111	1	333233	3	344334	1	433211	2	441213	1	443422	1	444413	1
213333	1	333322	1	344343	1	433212	1	441323	1	443432	1	444423	2
223432	1	333332	1	344344	1	433223	4	441333	1	443443	2	444424	1
231111	1	333333	2	344411	1	433232	2	441344	1	444111	9	444432	1
232112	1	333343	1	344434	1	433233	1	442111	4	444114	1	444433	4
232212	1	333423	1	411232	1	433311	1	442123	1	444121	1	444434	3
233333	1	333434	1	411333	1	433323	1	442211	1	444123	1	444441	2
234223	1	333443	1	411344	1	433332	1	442222	1	444133	1	444442	2
241121	1	333444	1	411431	1	433333	10	442242	1	444211	1	444443	2
244111	1	334121	1	413333	1	433334	1	443111	9	444212	1	444444	9
311111	1	334124	1	422111	1	433342	1	443112	1	444222	2		
311112	1	334222	1	423233	1	433434	1	443113	1	444223	1		
313222	1	334333	1	424433	1	433444	1	443131	1	444231	1		
322111	2	334334	1	431111	1	434113	1	443132	1	444232	2		
322222	1	342111	1	431121	1	434234	1	443211	1	444233	3		
331111	2	342222	1	431322	1	434331	1	443213	1	444311	2		
332111	2	343111	2	431323	1	434332	1	443222	3	444313	1		
332112	1	343112	1	432111	3	434333	3	443233	3	444321	2		
332121	1	343313	1	432131	1	434334	1	443311	1	444322	5		
332331	1	343323	1	432212	1	434344	1	443322	1	444323	2		
332333	1	343331	1	432213	1	434433	1	443323	1	444331	2		
332334	1	343333	2	432222	1	434434	1	443324	1	444332	2		
333111	4	343433	1	432311	1	434442	1	443332	4	444333	15		

Aus Tabelle 6 kann man z.B. für den Typ 1, der durch die Kombination 111111 gebildet wird, eine Besetzung von 2 ablesen. Dieser Wert ist auch in Tabelle 5 zu finden. Ebenfalls noch leicht zu bestimmen ist der Typ 3, der durch die Kombination 444444 gebildet wird. Hier lesen wir jeweils die Besetzung 9 ab. Für die anderen Typen ist dies nicht mehr so augenfällig, so daß man schon auf einen Algorithmus zurückgreifen muß, um bestimmte Typen herauszufinden.

Übersicht über Längsschnitt- bzw. Intervallstudien (IS) des Zentralinstituts für Jugendforschung in Leipzig

(zusammengestellt von R. Kuhnke und F. Spichale)

Bezeichnung	Kürzel	Laufzeit	Anzahl der Wellen	Ausgangsstichprobe	Umfang Ausgangs-stichprobe	Altersspanne/ Entwicklungs-abschnitt	Verfügbarkeit der Daten
1. Leipziger Schülerlängs-schnittstudie	IS I	1968-1980	12	Leipziger Schüler	1325	von 12 bis 22 Jahren	Zentralarchiv Köln [1] (reduzierter Datensatz)
2. Leipziger Schülerlängs-schnittstudie	IS II	1980-1985	6	Leipziger Schüler 2 Kohorten	1030 860	13 bis 18 Jahre 15 bis 20 Jahre	Zentralarchiv Köln [1]
3. Leipziger Schülerlängs-schnittstudie	IS III (ISF)	1985-1990	5 6	Leipziger Schüler 2 Kohorten	jeweils 1300	9 bis 13 Jahre 12 bis 17 Jahre	Zentralarchiv Köln [2]
Fortführung d. Deutsches Jugendinstitut Regionale Arbeitsstelle Leipzig	IS III (ISR)	seit 1991	bisher 4 bzw. 3	Aufstockung der jüngeren Kohorte um ländliche Stichprobe	450	ab 14 Jahre ab 18 Jahre	Zentralarchiv Köln [3] bis 1992 (6.+ 7. Welle)
Intervallstudie „Spezialschüler“	ISF- S	1985-1989	4 bzw. 3	Schüler aus Spezial-schulen (9. Kl.) bzw. -klassen (11. Kl.) + Kontrollgruppe	340 180 225	14 bis 18 Jahre 16 bis 18 Jahre	Statistiksystem des ZIJ (DATANAL) ASCII-File
„Beckerstudie“ Fortführung eines Panels eines Forschungsprojekts der HUB	ISF- B	1985-1989	3 (4. bis 6.)	Kinder des Geburts-jahrganges 1975 Leipzig und Umland	630	insgesamt 3 bis 13 Jahre	Statistiksystem des ZIJ (DATANAL) ASCII-File
Intervallstudie „Grünau“	ISG	1981 - 1984	4 bzw. 3	Schüler aller 8. bis 10. Klassen aus Leipzig-Grünau	400 340	15 bis 17 Jahre 14 bis 17 Jahre 16 bis 18 Jahre	Daten aus Kapazitäts-gründen Mitte der 80er Jahre gelöscht
Intervallstudie „ABF-Studenten“	ISABF	1968-1970	2	Stud. d. Arbeiter- u. Bauernfak.:1./2.Stj	360	Stud.i.Vorbereitung auf Auslandsstudium	Daten aus Kapaz.gründen 1984 gelöscht

Bezeichnung	Kürzel	Laufzeit	Anzahl der Wellen	Ausgangsstichprobe	Umfang Ausgangs-stichprobe	Altersspanne/ Entwicklungs-abschnitt	Verfügbarkeit der Daten
Studentenintervallstudie	SIS	1970-1985	8	Studenten zu Studienbeginn	2200	Studienbeginn bis 10 Jahre n. Studienende	Zentralarchiv Köln [4)]
Studentenintervallstudie „Leistung“	SIL	1982-1988	4	Studenten zu Studienbeginn	4380	Studienbeginn bis Studienende	Zentralarchiv Köln [4)]
Fortführung durch Hochschulinformationssystem Hannover (HIS) Außenstelle Leipzig	SIL E	1991/ 1992	1			junge Akademiker	
Zentrale Intervallstudie „Junge Arbeiter“	ZIS	1976-1980	3	junge Werktätige Bezirke Halle und Leipzig	660	21 bis 25 Jahre	Daten aus Kapazitätsgründen gelöscht
Leistungsintervallstudie	LIS	1986-1987	3	Lehrlinge junge Arbeiter	2000		Statistiksystem des ZIJ (DATANAL) ASCII-File
Intervallstudie „Junge Ehe“	EIS	1976-1983	4	junge Eheleute im ersten Ehejahr	1000	1. bis 7. Ehejahr	Daten aus Kapazitätsgründen Mitte der 80er Jahre gelöscht
Intervallstudie „Jugendliche auf dem Lande“	LAT/ LAP	1983-1984	3	Jugendliche im Alter von 15 bis 30 Jahren	1300		Statistiksystem des ZIJ (DATANAL) ASCII-File
Zwillingsintervallstudie	ZWIS	1979-1982	2	Zwillingspaare im Alter von 13 bis15 Jahren	338		Statistiksystem des ZIJ (DATANAL) ASCII-File
Schülerintervallstudie Leipzig/ Zwickau (gemeinsam mit PH Zwickau und KMU Leipzig)	943	1983-1985	3	Schüler aus 8. Klassen aus der Region Leipzig und Zwickau	450	14 bis 16 Jahre	

Bezeichnung	Kürzel	Laufzeit	Anzahl der Wellen	Ausgangsstichprobe	Umfang Ausgangsstichprobe	Altersspanne/ Entwicklungsabschnitt	Verfügbarkeit der Daten
Sächsische Schülerstudie (gemeinsam mit PH Zwickau und KMU Leipzig)	KPI	1987-1989	3	Schüler aus 8. Klassen aus der Region Leipzig und Zwickau	1400	14 bis 17 Jahre	Zentralarchiv Köln 1)
Fortführung durch Forschungsstelle für Sozialanalysen/Leipziger Institut für praktische Sozialforschung		seit 1990	8			ab 18 Jahre	
GST-Studie	GSJ	1986-1988	3	männl. Lehrlinge Teilnehmer an der vormilitärischen Ausb.	600		Statistiksystem des ZIJ (DATANAL) ASCII-File

1) Die datentechnische Umsetzung erfolgte im Rahmen des DFG-Projektes „Politikorientierungen im Wandel“ an der regionalen Arbeitsstelle des Deutschen Jugendinstituts in Leipzig.

2) Die Umsetzung der Daten erfolgte 1992/93 im Rahmen eines vom BMFT geförderten Projektes an der Außenstelle des Deutschen Jugendinstituts in Leipzig.

3) voraussichtlich ab Sommer 1996

4) voraussichtlich ab Sommer 1996; die Umsetzung der Daten erfolgt im Rahmen des DFG-Projektes „Rollenverständnis“ an der regionalen Arbeitsstelle des Deutschen Jugendinstituts in Leipzig

Von gewollten und gestatteten „Nischen“: Die kino- und filmsoziologischen Forschungen am ZIJ

Dieter Wiedemann

Vorbemerkung

Wie nähert man sich einer Vergangenheit, die teils Legende geworden ist und teilweise verdrängt wird bzw. werden soll? Wie nähere ich mich also dem ZIJ, in dem ich fast zwei Jahrzehnte wissenschaftlich tätig war; wie gehe ich mit seiner realen – aber auch: wie gehe ich mit seiner legendären und mit meiner realen – Vergangenheit um? 1971 war ich als Absolvent der traditionsreichen Hochschule für Film und Fernsehen in Potsdam, ein Angebot der DEFA-Dramaturgie ausschlagend, an dieses Institut wegen eines Versprechens gekommen, nämlich empirische Film- und Kinoforschung betreiben zu können. Die theoretischen Beziehungen zwischen Gestalt(ung) und Wirkung im Kopf, war die Hoffnung, dies empirisch überprüfen zu können, Anreiz genug, von der Dramaturgie in die empirische Forschung zu wechseln. Bevor ich darauf eingehe, ob und inwieweit meine Forschungsambitionen aufgingen, noch ein paar Bemerkungen zur „Legendenbildung“ um die ZIJ-Vergangenheit.

Die Forschungen des ZIJ und damit das Forschungsinstitut selbst haben bis heute den Nimbus des Geheimnisvollen behalten: Der restriktiven Wissenschaftspolitik der SED mit ihrer nicht nachvollziehbaren „Geheimnistuerei“ um Sachverhalte, die fast immer die Mehrheit der DDR-Bevölkerung zumindest ahnte, sei dafür „gedankt“. Nicht ganz schuldlos an einer m.E. immer noch fehlenden Aufarbeitung dessen, was Jugendforschung zwischen 1966 und 1989 in der DDR geleistet und auch nicht geleistet bzw. verhindert hat, ist aber auch einem gewissen Desinteresse der bundesdeutschen Sozialwissenschaften an dem, was im anderen und nun dazugehörigen Teil passierte, geschuldet.

1. Filmtheater als Stätten der „kommunistischen Erziehung“ oder der „Alltagsfluchten“? – ein Gegenstand der Jugendforschung in der DDR

Filmtheater und Film (für Lenin war der Film die „wichtigste aller Künste“ und damit für uns als ideologische Forschungsbegründung gut zu gebrauchen!) wurden ab etwa Ende der 60er Jahre auch in der DDR immer eindeutiger zu Kommunikations- und Freizeitzentren junger Leute und damit zu einem attraktiven Forschungsgegenstand im neu gegründeten ZIJ.

Fragen nach der Häufigkeit des Kinobesuchs in bestimmten Zeiträumen und nach dafür wesentlichen Erwartungen und Motiven spielten seit 1967 in vielen Freizeituntersuchungen eine wichtige Rolle. Die auf diesem Forschungsgebiet arbeitenden Wissenschaftler konnten sowohl Erfahrungen der empirisch orientierten Filmpädagogik (Hamisch 1959 und Otto 1968) in der DDR und der filmsoziologischen Forschungseinrichtungen in der Sowjetunion, in Polen und in Ungarn nutzen als auch auf Publikationen zum Thema aus der Bundesrepublik zurückgreifen – auf letztere natürlich nur mit der verordneten oder auch gewollten „politisch-ideologischen" Distanz. (vgl. hierzu u.a. bei Stiehler 1995, Wiedemann 1994, Stiehler/Wiedemann 1977)

In den seit Ende der 50er Jahre durchgeführten Befragungen zur Häufigkeit des Kinobesuchs junger Leute konnte bis in die 80er Jahre hinein immer wieder die hohe quantitative und qualitative Bedeutung des Kinos als multifunktionales Freizeitmedium nachgewiesen werden.

Die (im Vergleich beispielsweise zur BRD) häufige Frequentierung der Freizeitstätte „Kino" durch Jugendliche in der DDR war u.a. durch die folgenden Gründe, Situationen und Faktoren beeinflußt:

1. Die DDR war auch kulturell eine „Mangelgesellschaft": Sie konnte oder wollte gerade jungen Leuten nur wenige attraktive und politisch nicht indoktrinierte Freizeitangebote zur individuellen Freizeitgestaltung anbieten. Neben den ökonomischen Beschränkungen (fehlende Devisen für Verwertungsrechte) waren es immer auch politisch gewollte, die die Freizeitgestaltung junger Leute in der DDR beeinträchtigten. Als Stichworte hierzu seien genannt: die Reisebeschränkungen auch in Richtung Osten und die Furcht der Herrschenden vor Videorecordern oder Kopiergeräten als „subversive Kulturgüter", weil damit ihr „Kultur- und Medienmonopol" potentiell unterlaufen werden konnte. Von diesem gewollten und manchmal auch nicht gewollten Mangel profitierten auch die Kinos in der DDR. Sie hatten bis zum Oktober 1989 kaum eine ernsthafte, territoriale „Medien- bzw. Freizeitkonkurrenz" (in Stichworten: Fehlen von Videotheken, Diskotheken, Fitness-Studios, Szene-Treffs usw.). Der auch in der DDR seit Ende der 50er Jahre mehr oder weniger dramatisch zurückgehende Kinobesuch war hauptsächlich den sich überhaupt verändert habenden Lebensbedingungen geschuldet, wie z.B. Verbesserung der Wohnbedingungen, zunehmende (wenn auch begrenzte) Mobilität, Entwicklung des Fernsehens zum wichtigsten Massenmedium).
2. Die Kinos in der DDR – und für junge Leute nicht selten auch solche in den östlichen Nachbarstaaten – stellten trotz aller ideologisch bzw. ökonomisch bedingten Programmbeschränkungen eine wichtige Möglichkeit zur Befriedigung sehr unterschiedlicher Bedürfnisse dar. Besonders in den 80er Jahren versuchte der staatliche Filmverleih der DDR mit einem

Mindestangebot an Filmen des internationalen Kommerzkinos, den BürgerInnen in der „eingeschlossenen DDR-Gesellschaft" etwas von der „großen, weiten (Film)Welt" zu bieten. Dies war natürlich politisch gewollt: Solche Filme sollten die Bevölkerung von den Sorgen und Problemen im „realen DDR-Sozialismus" ablenken. Pauschal formuliert: Die Filmangebote in den Kinos und teilweise auch die im DDR-Fernsehen ermöglichten einerseits, sich zeitweise – zumindest geistig – vom „sozialistischen Alltag" mit seiner Tristesse, seinem Frust und seinen Kränkungen zu verabschieden, gewissermaßen stundenweise zu emigrieren (z.B. bei Filmen des internationalen Kommerzkinos). Mit Hilfe des Filmangebots war es andererseits allerdings auch möglich, sich mit diesem Alltag und dem politischen System, das die Bedingungen zu seiner Gestaltung so restriktiv diktierte, auseinanderzusetzen und diese Bedingungen und Zwänge zu hinterfragen (zeitkritische DEFA- und andere osteuropäische Filme). Dabei spielten die Kinder- und Jugendfilme der DEFA und der osteuropäischen Filmstudios eine spezifische Rolle. (vgl. Wiedemann 1991, Beiträge 1991 u. 1992, Wiedemann/Lohmann 1991, Laufer/Röllecke/Wiedemann 1995)

3. Kinobesuche waren in der DDR relativ preiswert, weil als kulturelle Tätigkeiten und ideologische Erziehungsmöglichkeiten staatlich subventioniert. Der durchschnittliche Eintrittspreis betrug 1988 1,– Mark, d.h.: Einnahmen von rund 70 Millionen Mark standen Ausgaben in Höhe von 160 Millionen Mark gegenüber! Dieser niedrige Preis verlangte von den KinobesucherInnen allerdings einen weitgehenden Verzicht auf Ansprüche hinsichtlich der Ausstattung, des Service, der Werbung und nicht zuletzt des Angebots. Für die DDR-Jugendlichen waren ihre Kinobesuche also häufig eine Mischung aus Realitätsflucht und versuchter Auseinandersetzung mit eben dieser – nicht selten ungeliebten – Realität, aus Suche nach Identität und manchmal nach Möglichkeiten, diese zu verleugnen, aus Gesellschaftsprotest und manchmal auch nach Anpassung an eben diese Gesellschaft. Diese Suche junger Leute in der DDR nach einer anderen Lebensqualität vollzog sich meist in Räumen, die häufig von noch schlechterer Qualität waren als ihre unmittelbare Wohnumwelt.

2. Rezeptionsstudien zwischen „Auftrag" und „Hobbyforschung"

Von Anfang an galt das Interesse in der kulturorientierten Medienforschung am ZIJ auch den spezifischen Rezeptions- und Wirkungsbedingungen einzelner DEFA-Spiel- und Dokumentarfilme. Der bei den ForscherInnen durchaus vorhandene Wunsch, das methodische Instrumentarium auch an ausländischen Filmen zu erproben, die in den DDR-Kinos eingesetzt wurden, scheiterte regelmäßig an der dafür verweigerten Untersuchungsgenehmigung. Allerdings war die Nähe zu den DEFA-Produktionen in vielen Fällen so groß, daß ihre jeweiligen empirischen Analysen keinesfalls als „beauftragte Pflichtübung“ angesehen wurden!

Bis Ende der 70er Jahre wurden rezeptionssoziologische Studien zur Aneignung und – teilweise – zur Wirkung der folgenden DEFA-Spielfilme bei jeweils mehreren hundert KinobesucherInnen – nicht immer nur jugendlichen! – realisiert: „Ich war 19“ (Regie = RE: Konrad Wolf), „Zeit zu leben“ (RE: Horst Seemann), „Mohr und die Raben von London“ (RE: Helmut Dziuba), „Wolz – Leben und Verklärung eines deutschen Anarchisten“ (RE: Günter Reisch), „Aus meiner Kindheit“ (RE: Bernhard Stephan), „Die unverbesserliche Barbara“ (RE: Lothar Warnecke) und „Mama, ich lebe“ (RE: Konrad Wolf).

Die Vorbereitung und Durchführung der Forschungen erfolgte meist in Abstimmung bzw. Zusammenarbeit mit MitarbeiterInnen des jeweiligen Produktionsteams (häufig mit DramaturgInnen), mit dem Staatlichen Lichtspielwesen, mit intereressierten FilmwissenschaftlerInnen und mit dem zuständigen Kultusministerium. Diese Abstimmung bzw. Zusammenarbeit verlief nicht immer reibungslos und führte gelegentlich schon zu Eingriffen in das vorgesehene Forschungsinstrumentarium. Konflikte existentieller Natur sind mir eher mit dem damaligen Ministerium für Volksbildung und seiner Ministerin Margot Honecker in Erinnerung.

Ein wesentliches Ziel der in den 70er Jahren durchgeführten Projekte lag in der Ermittlung von Zusammenhängen zwischen – ebenfalls erst zu ermittelnden – Erwartungsmustern an Filme einerseits und der empirisch ermittelbaren Qualität filmkommunikativer Prozesse andererseits. So konnte u.a. nachgewiesen werden, daß in Abhängigkeit von jeweils dominierenden Erwartungsmustern (z.B. nach Unterhaltung, realistischer Darstellung, Lebensorientierungen oder künstlerischen Erlebnissen) ausgewählte Spielfilme des Kinoangebots nicht signifikant unterschiedlich genutzt, sondern auch ebenso unterschiedlich bewertet (Gefallensgrad) wurden. Die Bedeutung der Erwartungsmuster erwies sich dabei als bedeutsamer als die der ebenfalls ermittelten Genrepräferenzen. Gleichzeitig erwiesen sich – empirisch belegbar – künstlerisch und/oder sozial engagierte Filme in ihrer Aneignung stärker von solcherart Prädispositionen beeinflußt als primär unterhaltungsorientierte Angebote.

Mit diesen und mit den in den 80er Jahren folgenden Rezeptionsstudien wurde außerdem versucht, die Kompliziertheit und Differenziertheit filmbezogener Erlebnis- und Bewertungsprozesse (sowie Wirkungspotenzen bestimmter filmischer Gestaltungsmittel) empirisch nachweisbar zu beschreiben. Die dabei ermittelten Ergebnisse wurden primär zur Entwicklung bzw. Bestätigung kommunikationswissenschaftlich orientierter Rezeptions- und

Wirkungstheorien genutzt. Für die filmische Praxis konnten sie nur marginale Bedeutung erlangen – ein Umstand, der sowohl dem restriktiven Umgang mit empirischen Forschungsergebnissen in der DDR geschuldet war („offiziell" durften die FilmemacherInnen nichts von den Ergebnissen wissen, und die ihnen „inoffiziell" übermittelten Ergebnisse – z.B. in Vorträgen, persönlichen Gesprächen – konnten „offiziell" wiederum nicht verwendet werden!) als auch auf die verständliche Haltung der MacherInnen zurückzuführen war, lieber etwas Genaueres über ihr potentielles Publikum wissen zu wollen, als nachträglich über Gestaltungsweisen zu erfahren, die vom Publikum nicht angenommen wurden. Bestätigungen waren verständlicherweise eher erwünscht darüber, daß etwas in den Filmen vom Kinopublikum besonders gut bewertet wurde, bei ihm zu überraschenden Reaktionen und Erlebnissen führte u.ä.

3. „KINO-DDR 80" – der zeitweise Auszug aus der „Nische" als ein Schritt in die Kinoöffentlichkeit?

1980 wurde erstmals eine repräsentative Befragung zur Kinosituation in der DDR in 53 Filmtheatern bei mehr als 2.100 KinobesucherInnen (Auswahl nach Zufallszahlen) durchgeführt. Neben Angaben zur Sozialstruktur der KinobesucherInnen standen insbesondere die Nutzung und Bewertung der unterschiedlichen Filmangebote sowie das jeweilige Umfeld des Kinobesuchs im Zentrum der Studie. Die aufwendige Vorbereitung der Untersuchung (in ca. 50 Städten mußten Interviewer dafür vorbereitet werden, nach dem Zufallsprinzip in 866 Kinovorstellungen Fragebogen an KinobesucherInnen – mit frankiertem Rückumschlag – auszugeben und die BesucherInnen zur Beantwortung zu animieren etc.) brachte eine größere Öffentlichkeit als sonst bei ZIJ-Untersuchungen mit sich und verlangte auch eine Information dieser Öffentlichkeit über Ergebnisse dieser Studie. Dies wurde in gewissen Grenzen, bestimmt durch die „Zensurbehörden" des ZIJ, auch in Form von Publikationen und Vorträgen praktiziert. (vgl. hierzu z.B. bei Wiedemann u.a. 1983, Bisky/Wiedemann 1985) Publiziert werden konnten Ergebnisse zur Sozialstruktur der KinobesucherInnen, z.B. Anteil von 70% BesucherInnen zwischen 14 und 26 Jahren, solche zu unterschiedlichen Erwartungen von jungen und älteren KinogängerInnen oder Nutzungs- und Bewertungsdaten zu ausgewählten DEFA-Spielfilmen.

Ergebnissen, die die große Bedeutung von „westlichen Importen" in den DDR-Kinos belegten, mußte hingegen die informelle Informationsebene vorbehalten bleiben. Immerhin sahen 70% und wählten 73% der befragten BesucherInnen eine sogenannte NSW-Produktion[1] zum Lieblingsfilm (zum Vergleich: 1980 waren ca. 22% aller neu eingesetzten Filme Importe aus dem NSW!). Und: Es waren insbesondere junge Leute, die diese Filme favorisierten. Das Durchschnittsalter derjenigen, die westliche Unterhaltungsfilme favorisierten, lag etwa 5 Jahre unter dem der Liebhaber von DEFA-Filmen!

Ein „Nebenergebnis" der Studie erwies sich für weitere Forschungen allerdings als besonders bedeutungsvoll: Es stellte sich nämlich heraus, daß das Publikum von 5 Filmtheatern in wesentlichen sozio-demografischen und -kulturellen Merkmalen (Alter, Geschlecht, Tätigkeit, Kinointeresse usw.) aussagefähig für das Gesamtpublikum in den DDR-Kinos war.

4. Rückkehr in den Forschungsalltag

Nach dem eben skizzierten Analysemodell wurde in den 80er Jahren die Rezeption von weiteren 8 DEFA-Spielfilmen empirisch untersucht – wobei hier versucht wurde, aussagefähige Ergebnisse schon in den ersten Einsatzwochen (nach Möglichkeit in den ersten vier) zu gewinnen, um eventuell noch Verwertungsstrategien zu verändern. Außerdem gab es noch rezeptionssoziologische Studien zu populärwissenschaftlichen Filmen. Weitere Studien des ZIJ ermittelten darüber hinaus eine Vielzahl von Nutzungs- und Bewertungsdaten zu Filmen des jeweils aktuellen Kinoprogramms sowie (in regelmäßigen Abständen) die Kino-Hits der Befragten.

Dies geschah noch stärker als vorher in Kooperation mit MitarbeiterInnen der Studios selbst. Immerhin versuchten die DEFA-Studios seit Ende der 70er Jahre verstärkt, mit ihren Filmen den Bedürfnissen jugendlicher KinobesucherInnen gerecht zu werden, ohne die „gesellschaftlichen Erwartungen" zu vernachlässigen. Allein von den zwischen 1980 und 1989 fürs Kino produzierten etwa 150 Spielfilmen waren 40% vorrangig für ein junges Publikum konzipiert.

Mit Filmen wie „Sieben Sommersprossen", „Und nächstes Jahr am Balaton", „Bürgschaft für ein Jahr" (RE: jeweils Hermann Zschoche), „Solo Sunny" (RE: Konrad Wolf) hatte die DEFA zu Beginn der 80er Jahre ausgesprochene Publikumserfolge produziert (3 dieser Filme erreichten mehr als eine Million Besucher).

Diese Filme zeigten einen Individualitätsanspruch junger Leute, andere den von Erwachsenen, wie z.B. „Märkische Forschungen" (RE: Roland Gräf) oder „Die Beunruhigung" (RE: Lothar Warneke), der nicht so recht in die Vorstellungen der Herrschenden von der „kommunistischen Erziehung" der – insbesondere jungen – DDR-BürgerInnen paßte. In Untersuchungen zu den

1 NSW = Nichtsozialistisches Wirtschaftsgebiet

Filmen „Märkische Forschungen“, „Der Aufenthalt“ (RE: Frank Beyer), „schwierig, sich zu verloben“ (RE: Karl-Heinz Heymann), „Einer vom Rummel“ (RE: Lothar Großmann), „Insel der Schwäne“ (RE: Herrmann Zschoche) und „Bockshorn“ (RE: Frank Beyer) ging das ZIJ auch der Frage nach, inwieweit solche Individualitätsansprüche vom Kinopublikum ebenfalls vertreten wurden. Die folgenden – beispielhaft angeführten – Ergebnisse stehen als Belege für die *Individualitätsansprüche* und Träume des Kinopublikums zu Beginn der 80er Jahre:

- Den Wunsch des Filmhelden aus „schwierig, sich zu verloben“, ohne seine Freundin nach Afrika zu gehen, um dort etwas zu erleben, konnten in der „geschlossenen Gesellschaft“ 60% gut verstehen.
- Im Film „Märkische Forschungen“ sahen mehr als 90% der BesucherInnen u.a. eine Diskussion der Frage, „ob bisher Richtiges korrigiert werden soll, wenn es sich ... als fragwürdig erweist oder ob es des Erfolges wegen beibehalten werden soll“ – eine Frage, deren Beantwortung eigentlich auf der Tagesordnung des gesellschaftlichen Diskurses hätte stehen müssen, dort aber nicht stehen durfte und erst Ende der 80er Jahre auf den Straßen und in den Kirchen des Landes beantwortet wurde.
- In den Stellungnahmen zum Film „Bockshorn“ äußerte etwa ein Viertel der KinobesucherInnen, in erster Linie Konflikte zwischen Individuum und Umwelt/Gesellschaft u.a. bei der Verwirklichung individueller Lebensziele und Glücksansprüche gesehen zu haben.

Die in manchen DEFA-Filmen zu Beginn der 80er Jahre dargestellten Figuren, die von ihnen gelebten Haltungen und vertretenen Ansichten widersprachen nicht nur den Vorstellungen der Herrschenden von der sozialistischen Filmkunst, sondern auch den tradierten Erwartungen mancher KinobesucherInnen. Gleichzeitig stimmten diese Haltungen und Ansichten aber augenscheinlich mit denen großer – insbesondere jugendlicher – ZuschauerInnengruppen überein, zumindest auf deren Vorstellungen, Hoffnungen und Wünsche bezogen.

Die Herrschenden konnten deshalb zu Beginn der 80er Jahre nicht mehr so vordergründig auf diese Entwicklungen reagieren, wie es noch auf dem berüchtigten 11. Plenum 1965 oder bei der Biermann-Ausweisung 1977 geschah. Sie ließen stattdessen – unter Nutzung der durchaus vorhandenen (weil immer wieder geschürten) Intellektuellen- bzw. Künstlerfeindlichkeit in der Bevölkerung – das „Volk“ zu Wort kommen.

Am 17.11.1981 wurde auf der Kommentarseite (!) des ND ein sogenannter Leserbrief eines Hubert Vater unter der Überschrift „Was ich mir mehr von unseren Filmemachern wünsche“ veröffentlicht, der nicht nur den Film „Jadup und Boel“ (RE: Rainer Simon) für 7 Jahre in den „Filmkeller“ brachte, sondern das gesamte Filmschaffen auf Jahre hinaus beeinflußte.

Das mit diesem Brief geschaffene politische und kulturelle Klima motivierte nicht gerade zum Drehen zeit- und gesellschaftskritischer Filme; dennoch wurden solche Filme auch in den folgenden Jahren produziert – wenn auch vielleicht mit einer noch ausgeprägteren „Selbst- und Fremdzensur" als vorher! Nicht zu übersehen waren in den Folgejahren zumindest verstärkte Tendenzen einer Anpassung an das tatsächlich oder scheinbar Unvermeidliche und auch an das scheinbar immer noch Erfolgreiche – beobachtbar allerdings nicht nur bei FilmemacherInnen.

In diesem geistigen Klima kam 1983 ein weiterer DEFA-Film in die Kinos, für den das ZIJ schon frühzeitig ein Analyseinteresse geäußert hatte: „Insel der Schwäne".

Die offiziellen Reaktionen auf diesen nach einer Erzählung von Benno Pludra und von Ulrich Plenzdorf geschriebenen Film waren vernichtend. Die Zeitung der FDJ verkündete nach der Premiere: „Das ist wieder kein Film über uns" und beklagte, daß der Film „mit Betonbatzen" nach jungen Leuten werfe, die – aufwachsend in sozialistischen Großstädten – diese mitgestalten wollen. Der Kritiker des „Neuen Deutschland" und Präsident der Spielfilmjury in Karl-Marx-Stadt stellte unter der Überschrift „Verstellte Sicht auf unsere Wirklichkeit" die Frage, „was mit dem Strickmuster bürgerlichen Kinos an sozialistischer Wirklichkeit erhellt werden sollte".

Nach den Verrissen im ND und in der „Jungen Welt" begann eine Kampagne gegen den Film, die nicht wenige Kinoverantwortliche davon abhielt, ihn in der üblichen Weise einzusetzen – wodurch er nicht nur vielen potentiellen BesucherInnen vorenthalten, sondern auch der notwendige gesellschaftliche Diskurs über die angesprochenen Themen gestört bzw. verhindert wurde.

Der Film traf mit seiner Kritik an Wohnsilos nämlich nicht nur die Mentalität großer Gruppen und die blankliegenden Nerven mancher Funktionäre, er tat dies auch mit seinen Andeutungen zu Privilegien und zur ritualisierten und inhaltsleer gewordenen FDJ-Arbeit.

Zumindest belegte die Analyse des ZIJ, daß die jungen KinobesucherInnen „Insel der Schwäne" als Film über sich und ihre Probleme empfanden und ihn zudem außerordentlich gut bewerteten (1.66 auf einer vierstufigen Gefallensskala von sehr gut bis überhaupt nicht gefallen).

Es waren nicht so sehr die Gestaltungsmittel (wie die Musik, die Bilder), die diese außerordentlich gute Bewertung bewirkten, sondern in erster Linie die Story sowie die Aussage des Films. Etwa drei Viertel der – vorwiegend sehr jungen – BesucherInnen (Durchschnittsalter: 21 Jahre) hatte der Film zu Gesprächen darüber angeregt und nachdenklich über das Leben in der DDR gemacht.

In den zum Film geäußerten Meinungen artikulierten sich (1983) die Wünsche nach einem menschenwürdigen Leben, nach einer höheren Lebensqualität und nach sozialen Utopien, die in den Parteienmedien sonst nicht thematisiert wurden ...

Der Erfolg des Films beim jungen Publikum beruhte allerdings auch auf der Berücksichtigung traditioneller Erzählstrukturen: Die Hauptfigur des Films Stefan geht wie ein Westernheld durch den Film – unberührt von den Flirtversuchen seiner Klassenkameradinnen (die eine immerhin eine Diplomatentochter!) und den Drohungen seines Gegners „Windjacke“, der im Szenarium noch als Enkelkind von Widerstandskämpfern beschrieben wird. 95% der KinobesucherInnen fanden ihn sympathisch (60% davon sehr sympathisch), während seine „Gegner“ – der etwa gleichaltrige „Windjacke“ (von 69%) und der die „Macht“ vertretende Hausmeister (sogar von 85%) – als unsympathisch eingestuft wurden.

Das Bedienen des Spieler-Gegenspieler-Prinzips durch den Film wurde vom Publikum also belohnt. Es waren dann auch die Szenen, in denen Stefan als aktiv gezeigt wurde, die vom Publikum als besonders gelungen eingeschätzt wurden.

Die dem Film auferlegten Aufführungsbeschränkungen verhinderten damals nicht nur einen größeren Publikumserfolg (er erreichte 1983 „nur“ 129.232 BesucherInnen und bis Ende 1987 noch weitere 130.000), sondern auch die offensichtlich notwendige Diskussion über Lebens- und Gesellschaftskonzepte in dieser Gesellschaft.

Die 3 anderen Jugendfilme des Jahres 1983 erzielten zwar höhere Kinobesucherzahlen als „Insel der Schwäne“ – von den jugendlichen KinobesucherInnen wurden sie aber trotz erkennbarer „jugendgemäßer Gestaltungsmittel“ eher kritisch bewertet (s. Tabelle 1).

In den folgenden Jahren spielten rezeptionssoziologische Analysen zu Jugendfilmen innerhalb der DDR-Jugendforschung – aus verschiedenen Gründen – nicht mehr eine so große Rolle wie zu Beginn der 80er Jahre. Das Verbot einer Untersuchung zum Film „Erscheinen Pflicht“ (RE: Helmut Dziuba) wirkte hier ebenso hemmend, wie das entsprechende DEFA-Spielfilmangebot nicht gerade zu Analysen animierte. Trotzdem: Filme wie z.B. „Ete und Ali“, „Vorspiel“ (RE: jeweils Peter Kahane), „Stielke, Heinz, fünfzehn“, „Die Entfernung zwischen dir und mir und ihr“ (RE: jeweils Michael Kann) fielen durch ihre originellen Sicht- und Erzählweisen ebenso auf wie der Umstand, daß DokumentarfilmerInnen mit Langmetragefilmen die Kinos und das Publikum eroberten. Es sei hier an „Winter ade“ (RE: Helge Misselwitz) und „Flüstern und Schreien“ (RE: Dieter Schumann) erinnert.

Tabelle 1: Bewertung analysierter DEFA-Spielfilme in den 80er Jahren (Angaben in %)

Filmtitel				
Der jeweilige Film gefiel	sehr gut	gut	weniger gut	nicht
Märkische Forschungen	44	40	14	2
Der Aufenthalt	48	46	6	0
schwierig sich zu verloben	14	60	23	3
Einer vom Rummel	24	54	20	2
Insel der Schwäne	45	46	7	2
Bockshorn	39	44	13	4
Ich war 19 (WH)[2]	20	59	17	4
Wo andere schweigen	32	52	11	5
Wie die Alten sungen	30	46	19	5
Einer trage des anderen Last	72	23	4	1

Ein weiterer Grund für diese Forschungsabstinenz kam hinzu: Mit der – forschungstechnologisch allerdings erfolgreichen – Standardisierung der Erhebungsmaterialien konnten zwar relativ schnell Daten zur Nutzung und Bewertung von Filmen zur Verfügung gestellt, die Spezifik der Filme aber immer weniger filmgerecht untersucht werden.

Bleibt abschließend die Frage nach dem *Nutzen solcher Forschungen in der DDR.*

Die Beantwortung fällt nicht leicht, weil auch diese Forschungen wahrscheinlich sehr unterschiedliche Funktionen erfüllen mußten. Einige dieser Funktionen will ich hier skizzieren:

1. Diese rezeptionssoziologischen Studien waren – wie andere kultur- und kunstsoziologischen Forschungen – gleichermaßen „staatlich geförderte Spielwiesen“ für einzelne WissenschaftlerInnen wie auch eine Beruhigung von KünstlerInnen („Uns interessiert doch Euer Publikum!“).
2. Die Studien wurden als wissenschafliche und politische „Nische“ genutzt, um Spielräume zu erweitern und die Belastbarkeit des komplizier-

2 Hierbei handelt es sich um das Ergebnis einer Wiederholungsstudie (mit einem adaptierten Fragebogen der Untersuchung anläßlich der Premiere 1968, der ersten Filmrezeptionsstudie des ZIJ überhaupt), durchgeführt anläßlich der Wiederaufführung des Films.

ten Bedingungsgefüges zwischen politischer Macht und sozialwissenschaftlicher Forschung zu testen. In den 80er Jahren wurde eine bereits fertige Analyse verboten (zum Film „Erscheinen Pflicht“); häufiger allerdings wurden einzelne Fragen bzw. Fragenkomplexe gestrichen.

3. Die nicht bzw. nur sehr begrenzt gestattete „Öffentlichkeit“ für solche Forschungsergebnisse verhinderten (im Kontext mit den „Scheren im Kopf“ bei WissenschaftlerInnen und FilmemacherInnen) eine – aus den Forschungsergebnissen der 80er Jahre ablesbare – gesellschaftliche Wirkung, die das Gesamtsystem in Frage gestellt hätte: Im Blickfeld der beargwöhnten Filme und Forschungen stand eine Reformierung des Sozialismus.
4. Mit diesen Untersuchungen war es zumindest gelegentlich möglich, ansonsten für die sozialwissenschaftliche Forschung tabuisierte Themen aufzugreifen, z.B. Wohnen in Neubaugebieten, Schwangerschaftsunterbrechung („schwierig, sich zu verloben“), teilweise Akzeptanz faschistischer Idole durch das jugendliche Kinopublikum („Mama, ich lebe“ und Wiederholungsuntersuchung „Ich war 19“).
5. Film- wie auch theatersoziologische Forschungen stellten eine der wenigen Möglichkeiten der Zusammenarbeit von KünstlerInnen und WissenschaftlerInnen dar. Die Ergebnisse solcher Untersuchungen wurden nicht selten von KünstlerInnen als eine Art „Autoritätsbeweis“ genutzt für die Darstellung der von ihnen reflektierten Probleme und Schwierigkeiten in der „real-sozialistischen DDR-Gesellschaft“.
6. Die Forschungen dienten auch der Verifizierung theoretischer Modelle und Überlegungen, z.B. zu Rezeptions- und Wirkungstheorien, zum Generationskonflikt, zum kulturellen Alltag.

Literatur:

Beiträge zur Film- und Fernsehwissenschaft Hefte 40/1991 und 44/1992

Bisky, L./Wiedemann, D.: Der Spielfilm – Rezeption und Wirkung. Berlin 1985

Bisky, L./Wiedemann, D.: Jugend und Spielfilm. Aus Theorie und Praxis des Films 3/1977

Heimann, T.: DEFA, Künstler und SED-Kulturpolitik. In: König, I./Wiedemann, D./Wolf, L., a.a.O.

König, I./Wiedemann, D./Wolf, L. (Hrsg.): Zwischen Bluejeans und Blauhemden – Jugendfilm in Ost und West. Berlin 1995

Laufer, J./Röllecke, R./Wiedemann, D.: Aufgewachsen in getrennten Staaten. Deutsche Jugendfilme aus Ost und West. Bielefeld 1995

Lohmann, H./Wiedemann, D.: Der DEFA-Spielfilm zwischen Anpassung und Protest. In: Zeitschrift für Literaturwissenschaft und Linguistik 21/1991, S. 38-51

Stiehler, H.-J.: Jugendfilm und Jugendforschung – Zweckehe auf Zeit? In: König, I./Wiedemann, D./Wolf, L., a.a.O.

Stiehler, H.-J./Wiedemann, D.: Film und Zuschauer. Materialien zur Geschichte der Filmsoziologie in der DDR. Aus Theorie und Praxis des Films. Potsdam-Babelsberg 1977/1979

Stiehler, H.-J./Wiedemann, D.: Kino und Publikum in der DDR – der kurze Weg in eine neue Identität? In: Media-Perspektiven 7/1990, S. 417-429

Wiedemann, D.: Medien in der Ex-DDR in der Wende. Beiträge zur Film- und Fernsehwissenschaft 40/1991

Wiedemann, D.: Der DEFA-Spielfilm in den 80er Jahren – Chancen für die 90er? Beiträge zur Film- und Fernsehwissenschaft 44/1992

Wiedemann, D.: Traditionen, Probleme und Perspektiven der AV-Medienforschung in der DDR. In: Film und Fernsehen in Forschung und Lehre 12-13

Wiedemann, D.: Kommunikationskulturelle Spurensicherung. In: Handbuch der Medienpädagogik. Opladen 1994

Wiedemann, D., u.a.: Zur sozialen Funktion des Kinos in den 80er Jahren. Potsdam 1983

Kreativitätsschulen: Konsequenz langjähriger Begabungsforschung

Hans-Georg Mehlhorn

1. Die Ausgangssituation

Die Begabungsforschung am ZIJ fußte auf unterschiedlichen Forschungen zu verschiedenen, theoretisch eng verbundenen Gegenständen. Sie können differenziert werden in die Intelligenzforschung, in Bildungswegforschungen (speziell unter Schülern, Studenten, jungen Werktätigen, Wissenschaftlern und Erfindern) sowie in Forschungen zu Kreativität/Schöpfertum.

Mit der „Intervallstudie *Schüler*" 1968 begann am ZIJ die systematische Intelligenzforschung mittels international gebräuchlicher standardisierter Intelligenztests. Eine umfassende Auswertung dieser Forschungen erfolgte in Mehlhorn/Mehlhorn (1981). In zahlreichen weiteren Forschungen wurden Intelligenztests eingesetzt, speziell auch in allen nachfolgenden großen Schülerpopulationen bis hin zur Zwillingsforschung. Weiterführende praktische (speziell im Zusammenhang mit dem überraschenden Intelligenztestleistungsanstieg zwischen 1975 und 1980 unter DDR-Schülern) sowie theoretische Fragestellungen wurden aufgeworfen, so bei Weiß/Mehlhorn 1980 oder in Mehlhorn 1988.

Bildungswegforschungen unter Fragestellungen nach den Determinanten für die Entwicklung eines hohen Bildungspotentials erfolgten sowohl in der „Intervallstudie Schüler" anhand des Entwicklungsweges der Schüler vom 12. bis 24. Lebensjahr, in speziellen Bildungswegstudien (Forschungsleiter: H. Herzog), in Studien unter Mitgliedern der Leipziger Schülerakademie und unter Schülern von Spezialschulen mathematisch-naturwissenschaftlicher Richtungen, in Lehrlingsstudien, in Studien unter jungen Arbeitern, den Teilnehmern an den jährlichen Messen der Meister von Morgen (Messen von betrieblichen Neuerungen), den Betreuern der volkswirtschaftlich wertvollen Neuererleistungen (vgl. Mehlhorn/Mehlhorn 1982), in Studien der Abteilung Studentenforschung (speziell in den Studentenintervallstudien), in den Forschungen unter den besten Leistungsschauteilnehmern (vgl. Mehlhorn/Mehlhorn 1982), in Forschungen unter den Betreuern dieser Leistungsschauarbeiten (in der Regel hochqualifizierte Mitarbeiter an Hochschulen und Hochschullehrer), in Forschungen unter den DDR-besten Erfindern sowie in Forschungen unter den DDR-besten Teilnehmern an Mathematik- und naturwissenschaftlichen Olympiaden als Totalerfassung aller jener, die die Endstufe erreicht hatten sowie aller Teilnehmer an den Internationalen Mathematik-, Physik- und Chemie-Olympiaden.[1] Alle Populationen wurden entweder als

1 hinsichtlich Intervallstudien vgl. die Übersicht von Kuhnke/Spichale in diesem Band

Totalerfassung einer Subpopulation (Olympiadeteilnehmer) oder nach möglichst objektiven Kriterien ausgewählt. So wurden die DDR-besten Erfinder nach dem erzielten volkswirtschaftlichen Nutzen ihrer Erfindung(en) (in Mark) vom Patentamt der DDR ausgewählt, die Leistungsschauteilnehmer der DDR-Leistungsschauen total erfaßt (mit Ausnahme von größeren sogenannten Kollektivarbeiten, wo die Leistung des einzelnen nicht nachvollziehbar war) und ohne Leistungen auf fachfremden Gebieten, z.B. unter völligem Verzicht auf alle sogenannten gesellschaftswissenschaftlichen Themen mit Ausnahme von in engerem Sinne philosophischen Themen, bearbeitet von PhilosophiestudentInnen und jungen WissenschaftlerInnen dieses Faches.

Generell wurden die Fragen aller Forschungen konzentriert auf solche nach Determinanten für die Entstehung und Freisetzung eines hohen kreativen, schöpferischen Niveaus und auf die Ermittlung von Persönlichkeitsqualitäten für entsprechende schöpferische Leistungen. Methodisch folgten die Forschungen dem Prinzip, in jeder Population nach mindestens drei Gruppen von Personen unter dem Aspekt der Realisierung ihres aktuellen Intelligenz- und Begabungsniveaus sowie ihrer Bildungswegposition in schöpferische Leistungen zu fragen:

a) einer repräsentativen Population,
b) einer unter einem (unabhängig von der Forscherintention ausgewählten) Kriterium hervorgehobener schöpferischen Leistungsfähigkeit und
c) einer unter diesem Kriterium hervorgehobenen Extremgruppe und – sofern möglich: generell – einer Sicht auf die weitere Entwicklung in Intervallstudien oder in retrospektiven Studien.

Als Beispiele seien genannt die „Intervallstudie Schüler“ als repräsentative Population, die Untersuchung unter den Leipziger Schülerakademie-Mitgliedern als Gruppe besonders interessierter und in der Regel auch leistungsstarker Schüler mit Interesse an populärwissenschaftlichen und wissenschaftlichen Fragestellungen (Forschungsleiterin: J. Chalupsky) sowie – analog einer Untersuchung unter den Teilnehmern an der Leipziger mathematischen Schülergesellschaft an der Leipziger Universität (Forschungsleiterin: J. Chalupsky) – eine Forschung unter Spezialschülern (Forschungsleiter: V. Weiß) und als Retrospektive die Totalerfassung der genannten Olympioniken (Forschungsleiter: V. Weiß in Zusammenarbeit mit B. Haenschke, Zentralinstitut für Hochschulbildung Berlin).

Ganz analoge Forschungen gab es unter *jungen Werktätigen (Arbeiter und Ingenieure)* mit den großen Umfragen (Forschungsleiter: P. Förster) und darin enthaltenen speziellen Fragebögen zur MMM- und Neuerertätigkeit, den MMM- und Neuereruntersuchungen auf den jährlichen Zentralen MMM (Forschungsleiter: H.-G. Mehlhorn), der Untersuchung der Betreuer wiederum der besten dieser jungen Neuerer (Forschungsleiter: H.-G. Mehlhorn) und den Forschungen unter den DDR-besten Erfindern (Forschungsleiter: H.-G. Mehlhorn).

Unter *Studenten und jungen Wissenschaftlern* wurde – ausgehend von den großen Studentenuntersuchungen der Abt. Studentenforschung (Forschungsleiter: K. Starke) – zwei umfangreiche Untersuchungen der Teilnehmer zentraler Leistungsschauen vorgenommen (s.o.) sowie eine Untersuchung der Betreuer dieser Leistungsschauexponate, mehrheitlich hochengagierter Wissenschaftler.

Angestrebt wurde jeweils, dieselben Indikatumsbereiche mit denselben Indikatoren zu erfassen, um eine sichere Vergleichbarkeit zu gewährleisten. Bemerkenswert ist wohl, daß die Fragebögen der Spezialpopulationen zwischen 300 und 400 Indikatoren enthielten, die von den Befragten außerordentlich gründlich beantwortet wurden (wobei mit höherem schöpferischen Niveau und höherer Qualifikation wiederum auch die Rücklaufquote stieg und parallel dazu die Sorgfältigkeit der Beantwortung der gestellten Fragen). Die Rücklaufquoten bei Briefbefragungen lagen zwischen 65 und 82%.

Die umfangreichen Forschungen (vgl. hierzu Mehlhorn/Mehlhorn 1985 und Mehlhorn 1988) stellten die Basis dafür dar, eine andere langjährige Fragestellung des Autors differenzierter aufzuwerfen.

Mit Beginn der Tätigkeit des Autors am ZIJ (1970) standen Fragen der Kreativitätsentwicklung (Entwicklung des schöpferischen Denkens und Handelns der Persönlichkeit) aus pädagogischer und methodischer Sicht im Mittelpunkt seines Interesses.[2] Die Hauptzielstellung war die Entwicklung einer kreativen Technik, des Produktiven Prinzips, die unter Schülern, Lehrlingen sowie auch unter Studenten empirisch breit erprobt wurde. Zugleich wurde eine (für DDR-Verhältnisse) relativ gründliche Sicht der internationalen Literatur vorgenommen, die in dem Buch „Zur Kritik der bürgerlichen Kreativitätsforschung“ (Berlin 1977) publiziert wurde und recht differenziert den damaligen internationalen Erkenntnisstand darbot.[3]

Der Hauptteil der empirischen Forschungen zum Produktiven Prinzip erschien als Mehlhorn/Mehlhorn (1979); ergänzt wurden diese Publikationen durch die zwei populärwissenschaftlichen Darstellungen Mehlhorn/Mehlhorn (1975) zum Training der Basiskomponenten kreativen Denkens sowie Mehlhorn/Mehlhorn (1979), einer Zusammenstellung von heuristischen Methoden/Methoden des Erfindens/kreativer Techniken.

2 Gemeinsam mit G. Mehlhorn wurde dazu die Dissertation B (Habilschrift) erarbeitet (verteidigt 1975), die in 4 Publikationen ihren Niederschlag fand.

3 Ursprünglich sollte das Buch „Kreativität und Schöpfertum“ heißen; Publikationschancen hatte es aber nur – aufgrund der aus Angst vor westlichen Erkenntnissen rigiden Situation in der DDR – innerhalb der Reihe „Zur Kritik der bürgerlichen ... Forschung“ des Deutschen Verlags der Wissenschaften, der auf diese Weise dazu beitrug, wissenschaftliche Erkenntnisse westlicher Wissenschaftler erheblich zu verbreiten, die dem „normalen“ Leser nicht zugänglich waren. Generell boten solche Wertungsteile in Publikationen die Möglichkeit, international renommierte wissenschaftliche Ideen und Forschungsergebnisse zu referieren.

Der enge Anschluß an die *internationale Forschung* ließ immer stärker die Erkenntnis reifen, daß eine Fülle von Forschungen über die Entwicklung begabter Persönlichkeiten, über Determinanten von Intelligenz und Kreativität vorliegen und daß insbesondere der mittels sozialwissenschaftlicher Methoden mögliche weitere Erkenntnisfortschritt relativ gering und nur kleinschrittig ist. Sammelbände von internationalen Tagungen zum Problembereich erbrachten seit Jahren kaum erhebliche Fortschritte; kleine Forschungen zu eingeschränkten Fragestellungen dominierten; das theoretische Niveau war in der Regel gering oder von jeder empirischen Basis so weit abgekoppelt, daß die Grenze zwischen Theorien und Spekulationen fließend waren; die Sucht nach eigenen Spezifikationen und Bezeichnungen war stärker als die gründliche theoretische und empirische Forschung; eine wissenschaftliche Hypothesenbildung und eine empirische Überprüfung der Hypothesen erfolgten äußerst selten. Besonders auffällig war, daß sich langjährige Forschungen nur auf Querschnittserhebungen beschränkten; eine Einheit von langjähriger, theoretisch begründeter pädagogischer Einwirkung auf die Probanden und die Ermittlung der Veränderungseffekten unterblieb fast vollständig (und wenn sie erfolgte – wie in den USA in Zusammenhang mit dem Headstart-Projekt –, wurden vorzeitig Schlußfolgerungen gezogen, ohne langwirkende Effekte zu ermitteln).

Die vorliegenden Ergebnisse unserer und der internationalen Forschungen haben wir in drei Publikationen noch einmal konzentriert aufgearbeitet:

- in populärer Weise in Mehlhorn/Mehlhorn, Geheimnis des Erfolgs, Leipzig 1982 und in Mehlhorn/Mehlhorn, Man wird nicht als Genie geboren, Berlin 1987
- und in dem aus politischen Gründen über einen Zeitraum von sechs Jahren erarbeiteten internationalen Sammelband Mehlhorn/Urban (Hrsg.), Hochbegabtenforschung international, Berlin 1989.

Bereits Anfang der 80er Jahre erwuchs aus unseren pädagogischen und methodischen Erfahrungen mit der Entwicklung des Produktiven Prinzips und aus dieser generellen Forschungssituation die Idee, die international vorliegenden Erkenntnisse in ein langfristiges pädagogisches Programm zur Förderung von Begabung/Intelligenz/Kreativität umzusetzen. Was würde passieren, so unsere populär formulierte Fragestellung, wenn Kinder frühzeitig, über einen längeren Zeitraum und damit kontinuierlich in eine Lebensumwelt versetzt würden, die der Lebensumwelt später besonders kreativer Personen zumindest ähnlich ist?

Die einer solchen Fragestellung zugrundeliegenden Prämissen ließen sich folglich in die Schlagworte *frühzeitig, langfristig und kontinuierlich* bündeln, wobei als durchgängiges pädagogisches Prinzip darauf geachtet werden sollte, daß die soziale Umwelt der Zielstellung gegenüber aufgeschlossen ist und sich die Kinder in der aktiven Tätigkeit entwickeln, ihnen deshalb gezielt entsprechende Angebote zum Tätigwerden unterbreitet werden sollten.

Ein solches Projekt, das frühzeitig in der Biografie beginnen mußte (das heißt also spätestens im Kindergarten), war am ZIJ politisch nicht möglich, zumal alle Schuluntersuchungen bisher immer nur gegen große Widerstände des Volksbildungsministeriums durchgeführt werden konnten. Dazu kam, daß dies Pädagogen erforderte, die nach permanent zu erarbeitenden Umsetzungsstrategien mit den Kindern über einen längeren Zeitraum arbeiten. Die Methodik einer solchen Interventionsforschung wich also erheblich vom Forschungsstandard des ZIJ ab, obwohl sie diesen zugleich auch bereichern konnte und von diesem andererseits ergänzt würde. Das bedeutete beispielsweise, daß im Unterschied zu anderen Intervallstudien mehrmals wöchentlich mit den Kindern gearbeitet werden mußte – und das über mehrere Jahre, um entsprechende Effekte zu ermitteln.

Anfang/Mitte der 80er Jahre waren am ZIJ zwar grundlegende Voraussetzungen geschaffen, um eine solche Interventionsforschung, ergänzt durch Honorarkräfte, zu beginnen. Doch die Realität des Instituts, obwohl weit von Meinungsforschung und deren eingeschränkter Methodik entfernt, eingebettet in die politische Landschaft der DDR, ließ dies nicht zu.

Zur gleichen Zeit wurde in der DDR immer offensichtlicher, daß in vielen Bereichen begabte Persönlichkeiten fehlten, in Sonderheit dort, wo die Tatsache am unzweifelshaftesten war, daß Menschen von Natur aus unterschiedlich begabt sind (übrigens eine grundlegende Prämisse der Marxschen Theorie wie auch der Positionen von Engels bis Lenin und damit keineswegs im Widerspruch zur „reinen Lehre"): in den Künsten. Insbesondere begabte Musiker fehlten in den mehr als 80 Orchestern; der eigene Nachwuchs reichte nicht aus. Auch in anderen Künsten deutete sich ein Niveauabfall aufgrund fehlenden Nachwuchses an.

Ohne hier auf die gesamte Problematik einzugehen, ist in unserem Kontext und bezogen auf die musikalische Begabung von Interesse, daß der Autor 1985 an die Hochschule für Musik in Leipzig berufen wurde zur Übernahme eines neugegründeten Lehrstuhls für Pädagogische Psychologie (mit einem Lehr- und Forschungsbereich) – mit dem ausdrücklichen Ziel, unter dem Dach einer großen Kunsthochschule (und nicht dem Volksbildungsministerium verpflichtet!) eine solche Interventionsforschung aufzubauen. Die materiellen, finanziellen und personellen Schwierigkeiten waren jedoch enorm, wenn auch nicht unüberwindbar. Im Unterschied zum ZIJ mit seiner hervorragenden Forschungsorganisation und -methodik, seiner ausgefeilten Datenverarbeitung und der entwickelten Arbeitsteilung standen in dieser neuen Funktion lediglich ab dem zweiten Jahr meines Dortseins ca. 9 qm Dachkammer, ein paar klapprige Möbel und eine alte Schreibmaschine zur Verfügung. Doch: Es fanden sich schnell Verbündete (leider allerdings vorwiegend außerhalb der Hochschule), die sich von der Begeisterung anstecken ließen, eine solche Interventionsforschung – u.W. weltweit erstmals – anzugehen, dazu eine repräsentative Population auszuwählen und diese über mehrere Jahre (geplant waren 5) zu verfolgen.

2. Leipziger Forschungsprojekt zur Begabungsentwicklung

Von September 1985 bis Frühjahr 1988 erstreckte sich die inhaltliche Vorbereitungsphase der Forschung mit Erarbeitung der zu untersuchenden Fragestellungen, der Gewinnung von Partnern, der Installation ständiger Diskussionsrunden, der Festlegung strategischer Wege, der Bestimmung des Forschungsinstrumentariums und der fortwährenden theoretischen Vertiefung des Ansatzes sowie des Versuchs, den eigenen Ansatz permanent an neuen Erkenntnissen der internationalen Intelligenz-, Kreativitäts- und Begabungsforschung zu messen.

Die Ausgangsfragestellung lautete: Welche Einflüsse auf die Entwicklung von Kindern sind nachweisbar, wenn deren Umwelt so organisiert und angereichert wird wie die Umwelt später hochkreativer Persönlichkeiten? Diese Frage wurde auf die konkrete Situation von Kindern umgesetzt (die in der DDR zu weit mehr als 90% den Kindergarten besuchten), und zunehmend ausdifferenziert; zahlreiche Hypothesen wurden gebildet. Hauptstreitpunkte zahlreicher fachlicher Diskussionen waren die Gegenstände der Betätigung des Kindes und das Problem einer disziplinären oder interdisziplinären/projektbezogenen Herangehensweise.

Zweifelsfrei stand nach den eigenen Forschungen und der Literatursicht fest, daß Kreativität – das schöpferische Denken und Handeln des Menschen – der Kern seiner Begabung ist. Das trifft für jeden geistig gesunden Menschen zu und ist nicht auf Hochbegabte zu reduzieren, wenn auch die Reichweite einer schöpferischen Lösung in der Regel – abhängig vom generellen Begabungsniveau – unterschiedlich groß ist (wobei sich allerdings eine hohe oder höchste Begabung wiederum durch die Höhe einer schöpferischen Leistung definiert und wohl lediglich in vorwiegend kognitiven Bereichen in engerer Anlehnung an Intelligenztestleistungen).

Gegenstand dieses Beitrages kann es nicht sein, die theoretischen Prämissen weiter zu diskutieren, dazu wird andernorts Gelegenheit sein. Hier soll auf die Intervention näher eingegangen werden, die (nach einer Ausgangsuntersuchung und der Aufteilung der Population in Versuchs- und Kontrollgruppen) ab 1988 in den Vorschulgruppen von 8 Kindergärten durchgeführt (9 Gruppen in 4 Versuchs- und dazu alle Vorschulgruppen aus 4 jeweils benachbarten Kontrollkindergärten) und dann 1989 in 6 Klassen an 4 Leipziger Schulen fortgeführt wurde. An dieser Stelle sei noch einmal darauf aufmerksam gemacht, daß jede Leiterin eines der beteiligten Kindergärten und jede(r) DirektorIn ihre/seine Karriere gefährdete und berufliche Existenz aufs Spiel setzte, wenn das Volksbildungsministerium davon erfahren würde. Sie stellten sich alle dieser Gefährung und dieser Herausforderung – möglicherweise auch im Vertrauen auf den Schutz durch ihre fachlichen und politischen Leitungen, die dieses Projekt gegen das allgemein ungeliebte oder gar verhaßte Volksbildungsministerium unterstützten.

Die biografischen Analysen später hochkreativer Persönlichkeiten zeigten eine übergroße Orientierung auf frühe künstlerische Betätigungen, frühes Experimentieren, das Anlegen von Sammlungen und Systematisieren sowie andere vorwiegend das konkret-anschauliche Denken anregende Tätigkeiten. Sie stimmten überein mit neueren Forschungsergebnissen zur Hirnlateralisation, daß sich die traditionellen schulischen Anforderungen im europäischen Kulturraum vorwiegend auf die Entwicklung der in der linken Hirnhemisphäre angesiedelten Leistungspotenzen (insbesondere das logische Denken) konzentriert, die Potenz der rechten Hirnhälfte aber ausspart. Ergänzt wurde dies durch unser Wissen um frühe sensible Phasen in der Entwicklung der Kinder, die etwa um das Schulalter schon wieder enden. So entstand ein Curriculum, das sich auf fünf Künste und zwei kognitive Felder (ein weiteres Feld wurde zwar vorgesehen, allerdings bis heute nicht ausgearbeitet) bezog, wobei grundsätzlich alle Tätigkeiten primär der Entwicklung des individuellen Begabungspotentials mit seinem Kern, der Kreativität, dienten und nicht der spezifischen Förderung spezieller Begabungen innerhalb der einzelnen Richtungen. Dabei handelte es sich um folgende Disziplinen:

- bildkünstlerisches Gestalten
- Bewegung und Tanz
- darstellendes Spiel
- elementare Musikerziehung/ Rhythmik
- kreativer Umgang mit Sprache und Literatur/ kreatives Schreiben
- Nutzung des Computers zum Knobeln und Gestalten
- Erlernen des Schachspiels (und anderer das strategische Denken fördernder Spiele)

Bisher nicht entwickelt und damit bis heute innerhalb dieses Programms eine Leerstelle ist der kreative Umgang mit praktisch zu lösenden technischen Problemen.

Ergänzt wurde das Projekt durch eine sozialwissenschaftliche Begleitforschung. Sie bestand aus einer Ausgangsanalyse im Kindergarten am Ende der mittleren Altersgruppe – zugleich als Untersuchung zur Vergleichbarkeit der jeweils benachbarten Leipziger Kindergärten und der Einteilung in Kontroll- und Versuchsgruppen – und jährlichen Untersuchungsetappen zum Schuljahresende. (Methode: Fragebogen und Tests, inclusive Elternfragebögen, Kindergärtnerinnen- und Lehrerinnen- bzw. Horterzieherinnenfragebögen sowie Fragebögen für Kindergartenleiterinnen)

Die Forschung begann im Oktober 1988 mit in der Regel drei- bis vierstündiger Intervention pro Woche in der ältesten Kindergartengruppe, so daß bis Januar 1989 alle Disziplinen eingeführt worden waren. In den sogenannten Beschäftigungszeiten an den Vormittagen haben Mitarbeiter des Lehrstuhls (Aspiranten und Honorarkräfte – wobei ein Teil regelmäßig ohne Honorar arbeitete!) die entwickelte Konzeption fachspezifisch umgesetzt. Alle Kinder erhielten das Gesamtprogramm angeboten, es gab keine frühzeitige Spezialisierung, auch wenn ab 1. Schuljahr dann Ergänzungen für interessierte Schüler in Sprecherziehung, mathematisches Knobeln und Tanz angeboten wurden.

Elternabende und monatliche Elternsprechzeiten sowie zahlreiche schriftliche Informationen über die Kindergärten informierten die Eltern regelmäßig über Ziele, Inhalte und Ergebnisse der Forschung.

Im September 1989 wurde das Gesamtprogramm in 4 Schulen mit 6 Schulklassen fortgesetzt. Dazu wurden die Schulbezirksgrenzen aufgehoben, so daß alle Eltern, die dies wollten, ihre Kinder in jene Schule einführen konnten, in denen die meisten der Kinder der Kindergartengruppen unterrichtet wurden. Eine weitere Auswahl der Schulen wurde nicht vorgenommen. Da ab Januar 1989 die zukünftigen Klassenlehrer und Horterzieher bereits benannt worden waren, konnten diese (durch eine einwöchige Weiterbildung im Febraur 1989 und durch zahlreiche Hospitationen) mit dem Inhalt und der Zielstellung des Projekts mit zahlreichen methodischen Vorgehensweisen vertraut gemacht werden.

Mit Beginn des 1. Schuljahres wurde das Projekt in die Hortzeit der Kinder gelegt. Nachdem die Ergebnisse aus der Kindergartenzeit im September 1989 auf einer Konferenz des Ministeriums für Kultur in Berlin präsentiert worden waren, unternahm das Ministerium für Volksbildung hektische Anstrengungen, das Forschungsprojekt mit der Begründung zu verbieten, daß sich die Kinder zu positiv entwickeln und zur weiteren Förderung in der Schule Spezialklassen benötigen würden, die in Vorfeld des letzten Pädagogischen Kongresses vom Ministerium kategorisch zurückgewiesen worden waren.

Diese Verbote wurden aber mit Unterstützung der damaligen Leipziger politischen Leitungen nicht befolgt. Das Projekt überdauerte die „Wende“ und wurde, wie von vornherein geplant, bis zum Sommer 1993 fortgeführt. Planmäßig sollte es zum Ende der Unterstufe enden (und endete zum Ende der inzwischen eingeführten Grundschulzeit). Als Vorteil erwies sich die weitgehende Integration des gesamten Projekts in den Unterricht der Schüler ab Frühjahr 1990, nachdem sich im Januar 1990 der Bezirkstag Leipzig voll zu diesem Projekt bekannt und für das Jahr 1990 auch Forschungsmittel bereitgestellt hatte. Die Wende schuf den Schulen generell die einmalige und seither auch wieder verschlossene Möglichkeit, durch eigene Entscheidungen erhebliche Unterrichtsveränderungen zugunsten der Schüler vorzunehmen und insbesondere auf aktuelle Entwicklungen inhaltlich und methodisch adäquat zu reagieren. Eine solche Veränderung war die Integration dieses Projekts in den Unterricht als inhaltliche Ausgestaltung der einzelnen Unterrichtsfächer. Dies wurde bis zum Projektende beibehalten, obwohl dafür von keiner Seite nach der Einheit Deutschlands und der Gründung der Länder eine offizielle Genehmigung erteilt wurde. Zahlreiche materielle, personelle, organisatorische Schwierigkeiten hemmten zwar die weitere Durchführung, aber zu keinem Zeitpunkt mußte das Projekt unterbrochen oder gar abgebrochen werden. Zur freien und weitgehend privaten Weiterführung des Projekt verließ der Autor 1993 die Hochschule für Musik, die sich seit 1990 vehement dagegen wandte, daß unter ihrem Dach Arbeitskraft, Zeit und Geld dafür eingesetzt wurde, „außermusikalische“ bzw. generell wissenschaftliche Forschungen zu verfolgen, und die deshalb eine Einstellung bzw. Weiterführung außerhalb der Hochschule beschlossen hatte. Allerdings gab es dazu im Freistaat Sachsen keine Möglichkeit: Die einst gerade in Sachsen entwickelte Begabungsforschung – mit den institutionellen Schwerpunkten Zentralinstitut für Jugendforschung Leipzig, Hochschule für Musik Leipzig, Universität Leipzig und Technische Universität Karl-Marx-Stadt (Chemnitz) – wurde an keiner Einrichtung nach der Wende weitergeführt.

Damit stand die Frage der Fortführung der Forschung und vor allem der Umsetzung der Forschungsergebnisse in eine wie auch immer geartete pädagogische Praxis. Nach Aussagen aller uns bekannten Wissenschaftler aus den alten Bundesländern gab es dafür in Deutschland kein Modell der Umsetzung und auch keine Hoffnung auf Praxisanwendung dieser Forschungsergebnisse. Mit dieser Situation wollten wir uns nicht zufriedengeben. Auf Anregung des Kongresses des World Council for Gifted and Talented Children 1991 in Amsterdam (speziell auf Anregung von Erika Landau aus Tel Aviv) entschieden wir uns deshalb zur Verallgemeinerung der Ergebnisse durch den Aufbau von Schulen *analog den Musikschulen* unter dem Namen von Kreativitätsschulen, das heißt in der Freizeit der Schüler und im Rahmen eines mehrjährigen Kurssystems in allen o.g. Richtungen sowie parallel dazu – z.B. beim Erlernen von Musikinstrumenten – oder nach Abschluß dieser Kurse auf den speziellen Begabungs- oder Interessengebieten der Kinder an den Kreativitätsschulen oder an anderen Einrichtungen. Die umfangreichen Entlassungen von Lehrern und Erziehern im Osten boten die erste personelle Grundlage für solche Schulen. Das Leipziger Arbeitsamt ermöglichte als erstes ostdeutsches Arbeitsamt die fundierte Qualifizierung dieser Lehrkräfte im Rahmen einer eineinhalbjährigen Fortbildung, die später leider generell auf ein Jahr reduziert wurde. In der Regel gründeten die Absolventen eingetragene, gemeinnützig arbeitende Vereine zum Aufbau solcher Schulen. Arbeitsbeschaffungsmaßnahmen und unterschiedliche Förderungen wurden dazu genutzt, den Aufbau langfristig anzuschieben, so daß sich die Absolventen bei entsprechendem Engagement perspektivisch Dauerarbeitsplätze schaffen konnten. Allerdings ist dies unter dem Hintergrund schwierig, daß bis 1989 eine Ausbildung oder Fortbildung der Kinder in Freizeitbereich in all den genannten Richtungen bei entsprechenden Einzelangeboten mit Ausnahme eines eher symbolisch zu nennenden Musikschulbeitrages grundsätzlich kostenfrei war.

Im März 1992 entstand am neugegründeten Leipziger Kreativitätszentrum die erste Kreativitätsschule, im September die erste in Borna und in Halle. Seither entstanden Kreativitätsschulen in Leipzig, Zeitz, Dresden und in anderen Städten; die Idee breitet sich gegenwärtig aus, weitere Schulen befinden sich derzeit (April 1996) auf unterschiedlichem Entwicklungsstand (speziell in Brandenburg und Berlin). Neben den Schulen arbeiten einzelne Vereine nach diesem Projekt. Aufgrund hohen Elterninteresses wurden spontan Initiativvereine in Chemnitz und Kühlungsborn gegründet, da es dort bis zum heutigen Tag mangels ausgebildeter Kreativitätslehrer noch keine solche Schulen gibt. Einzelne Personen bemühen sich in mehreren Städten der alten Bundesländer um die Gründung solcher Schulen, doch allen fehlen entsprechend qualifizierte Pädagogen. Nach unserer vorsichtigen Schätzung wird gegenwärtig auf 10.000 Einwohner ein ausgebildeter Kreativitätspädagoge benötigt, der diese Ausbildung als Fortbildung nach einem abgeschlossenen erziehungswisenschaftlichen oder Kunststudium oder nach einer Ausbildung als Erzieher absolviert, d.h. immerhin für Gesamtdeutschland ca. 8.000 Pädagogen, die hier eine interessante berufliche Perspektive finden könnten. Die Qualifizierung ist sowohl als Vollzeitkurs als auch über einen bzw. mehrere berufsbegleitende Kurse möglich. Mehrere hundert Erzieher und Lehrer wie auch Eltern nutzen bisher einen berufsbegleitenden Kurs, um sich Kenntnisse für die eigene pädagogische Tätigkeit außerhalb von Kreativitätsschulen anzueignen und sich so vorwiegend für die eigene Arbeit weiter zu qualifizieren.

Trotzdem sind Kreativitätsschulen analog den Musikschulen als Freizeiteinrichtungen nur der „zweitbeste“ Weg. Wesentlich besser wäre es, wenn die vermittelten Inhalte grundsätzlich – so wie in unserem Schulversuch 1990 – zum Bestandteil des Unterrichts an den Grundschulen würden. Doch das ist gegenwärtig nicht in Sicht. Ein erster Weg dazu sind freie Ersatzschulen als Privatschulen.

Im Frühjahr 1996 hat das Kultusministerium des Freistaates Sachsen generell Zustimmung zur Gründung der ersten Kreativitätsschulen als freie und private Schulen ab Grundschulalter signalisiert; allerdings kann dies mangels ausgebildeter Kreativitätspädagogen frühestens 1997 beginnen; an der Kreativitätsschule Halle wird voraussichtlich eine Kreativitätsschule als Grundschule im August 1996 mit zwei ersten Klassen eröffnet.

Einige Ergebnisse des Projekts, die sich auch heute in der Arbeit der Kreativitätsschulen widerspiegeln, seien nachfolgend dargestellt. Einschränkend ist zu bemerken, daß das Gesamtmaterial bis heute nicht ausgewertet ist, daß dafür Zeit und qualifizierte Kräfte fehlen, daß wir auch keine Gelder und Möglichkeiten haben, die Kreativitätsschulen und deren Schüler wissenschaftlich zu begleiten, wie das erforderlich oder zumindest wünschenswert wäre. Angestrebt wird dies mit dem Aufbau der Ersatzschulen, doch ist auch hier bis heute nicht geklärt, ob uns dies gelingen wird.

Zu den Ergebnissen:

- Auf allen speziellen Tätigkeitsgebieten sind die Kinder befähigter.
- Hervorhebenswert ist, daß die Projektklassen, die im Kindergarten mit Knobeln am Computer begonnen hatten (anfangs am KC 85 nur alle 6 Wochen aufgrund begrenzter Kapazität), bis zum 4. Schuljahr in Basic programmierten. Die interessiertesten Kinder programmierten im 7. Schuljahr beispielsweise ein Schachspielprogramm.
- Besondere Begabungen wurden entdeckt und weiter gefördert, so beispielsweise bis zu frühen Spitzenleistungen im Schach (Deutsche Meisterin Cornelia Steiner, sächsische Meisterin Julia Meiler).
- Die Kinder sind in ihrem gesamten Verhalten auffallend aktiv, kennen wenig Langeweile, besitzen mehr Hobbies, die sie auch aktiv ausüben. Sie beziehen in der Regel stärker andere Personen (Freunde, Eltern, Geschwister, Verwandte, Lehrer) in ihre Interessen und Beschäftigungen ein und wählen Kontaktpersonen häufiger nach solchen inhaltlichen Kriterien.
- Die Kinder sind toleranter und offensichtlich auch liebevoller im Umgang miteinander. Heftige Auseinandersetzungen werden häufiger gewaltarm ausgetragen; sie sind stärker zu verbaler Konfliktlösung befähigt. Erscheinungen von Aggressivität sind seltener.
- Sie besitzen klarer ausgeprägte Vorstellungen über ihr späteres Leben und haben anspruchsvollere Lebensziele.
- Sie sind deutlich belastbarer und zu erheblicher und anhaltender Konzentration in ihren Tätigkeiten fähig.
- Diese Kinder sind generell geistig leistungsstärker und setzen ihre Leistungsfähigkeit auch besser in schulische Leistungen um. 80% der Projektklassen-SchülerInnen erhielten in Sachsen die Bildungsempfehlung für den Besuch eines Gymnasiums; 62% besuchen daraufhin ein Gymnasium (Durchschnitt in Sachsen: 33%).
- Die Kinder sind stärker an der Entwicklung ihrer Fähigkeiten interessiert, fühlen sich aber durch den begrenzten Freizeitraum bereits in diesem Alter häufiger in ihrer Persönlichkeitsentwicklung eingeschränkt und leiden teilweise darunter. Das kann zu erheblichen Konflikten mit der Schule führen, wenn der Unterricht sie geistig unterfordert.
- Die Kinder sind generell kognitiv aufgeschlossener, neugieriger, interessierter. Sie sehen ihr eigenes Selbst stärker in größeren weltpolitischen

Zusammenhängen, leiden stärker unter Weltproblemen, sind aber auch aktiv um konstruktive Lösungsvorschläge für globale Probleme bemüht.
- Deutliche Fortschritte weisen die Kinder in der sprachlichen Entwicklung auf, die auch über den gesamten Zeitraum gehalten wird.

Unser Bemühen wird weiter darauf gerichtet sein, die Ergebnisse dieser Forschungen und die daraus gewonnenen Erkenntnisse für alle Kinder in den staatlichen Schulen nutzbar zu machen. Die bisherigen Wege stellen das gegenwärtig Mögliche dar. Seit der deutschen Vereinigung ist auf dem vorliegenden Forschungsgebiet zumindest im Osten eine Forschungslücke entstanden – in den alten Ländern besitzt die Lücke bereits längere Tradition. Repräsentative Untersuchungen zur Entwicklung des Begabungspotentials, zur Intelligenz- und Kreativitätsentwicklung unter SchülerInnen, StudentInnen und jungen Erwebstätigen fehlen; die Auswirkungen der Umstellungen des Bildungswesens auf diese harten Daten fallen offensichtlich aus der Betrachtung der jetzigen staatlich finanzierten Wissenschaft. Trotzdem sind diese Forschungen dringend einzufordern.

Literatur:

Mehlhorn, G./ Mehlhorn, H.-G.: Ideenschule. Leipzig: Urania, 1975

Mehlhorn, G./Mehlhorn, H.-G.: Untersuchungen zum schöpferischen Denken bei Schülern, Lehrlingen und Studenten. Berlin: Volk und Wissen, 1979

Mehlhorn, G./Mehlhorn, H.-G.:Intelligenz. Berlin: Deutscher Verlag der Wissenschaften, 1981

Mehlhorn, G./Mehlhorn, H.-G.: Junge Neuerer im Prisma der Forschung, Berlin: Dietz, 1982

Mehlhorn, G./Mehlhorn, H.-G.: Geheimnis des Erfolgs. Leipzig: Fachbuchverlag, 1982

Mehlhorn, G./Mehlhorn, H.-G.: Spitzenleistungen im Studium. Berlin: Volk und Wissen, 1982

Mehlhorn, G./Mehlhorn, H.-G.: Begabung – Intelligenz – Persönlichkeit. Berlin: Akademie Verlag, 1985

Mehlhorn, G./Mehlhorn, H.-G.: Man wird nicht als Genie geboren. Berlin: Volk und Wissen, 1987

Mehlhorn, H.-G.: Die Bedeutung der biotischen Basiskomponenten für die menschliche Intelligenz im Rahmen einer zu entwickelnden dynamischen Intelligenztheorie. In. Geißler, E./Hörz, H. (Hrsg.): Vom Gen zum Verhalten. Berlin: Akademie Verlag, 1988

Mehlhorn, H.-G. (Hrsg.): Persönlichkeitsentwicklung Hochbegabter. Berlin: Volk und Wissen, 1988

Mehlhorn, H.-G./Urban, K. K. (Hrsg.): Hochbegabtenforschung international. Berlin/ Köln: Deutscher Verlag der Wissenschaften/Böhlau, 1989

Weiß, V./Mehlhorn, H.-G.: Der Hauptgenlocus der Allgemeinen Intelligenz: Diskrete und ganzzahlige Unterschiede in der zentralen Informationsverarbeitungsgeschwindigkeit. In: Biologisches Zentralblatt Bd. 99, 1980

Datensicherung und Dokumentation von ZIJ-Studien am Beispiel des Projekts „Rollenverständnis junger Frauen in Beruf und Familie"

Kerstin Schreier

Das Rollenverständnis und -verhalten junger Frauen gehört zu den auffälligsten Unterschieden im sozialen Verhalten zwischen Bürgern der DDR und der alten Bundesländer. Frauen in der DDR hatten weitestgehend die Möglichkeit, Partnerschaft, Kinder und Beruf in ihrem Lebenskonzept zu realisieren – und das zumeist gleichzeitig nebeneinander und nicht nacheinander. Durch diese traditionellen, mit dem DDR-Alltag verhafteten Erfahrungen und Vorstellungen sind auch heute noch viele Frauen der Überzeugung, daß sich die beiden Lebensbereiche Familie und Beruf durchaus nicht ausschließen müssen. Ihr Erwerbsanspruch ist ungebrochen, ihre Erwerbsneigung trotz eingeschränkter Möglichkeiten noch eine sehr hohe. Deshalb geht es den meisten ostdeutschen Frauen nach wie vor darum, Erwerbstätigkeit und eigene Familie im täglichen Leben vereinbaren zu können, und zwar ohne längere Phasen der Unterbrechung ihres Berufslebens. Doch die Realisierung dieses Ziels und damit letztendlich die Identität der Frau in Ostdeutschland – so differenziert sie auch zu sehen ist – ist in Gefahr geraten. Die Erfüllung einstiger Ansprüche an die Berufstätigkeit, die neben der Sicherung des eigenen Lebensunterhalts vor allem damit einhergehende wirtschaftliche Selbständigkeit, soziale Kontakte und gesellschaftliche Anerkennung gewährleistete, wird vielen Frauen erschwert bzw. ganz und gar strittig gemacht. Ihre Lebenswerte können von ihnen häufig nicht umgesetzt werden, da ihre gleichberechtigte Teilhabe am Berufsleben, am gesellschaftlichen Fortschritt nur unzureichend gegeben ist.

Angesichts der Widersprüche zwischen dem Anspruch ostdeutscher Frauen an Berufs- und Familienrollen und den Möglichkeiten in der bundesdeutschen Realität Mitte der 90er Jahre stellt sich die Frage nach den Ursachen, Bedingungen, Möglichkeiten und Entwicklungstrends von Geschlechterrollenverständnis und Handlungsstrategien junger Frauen in der DDR. Was bringt die ostdeutschen Frauen dazu, so hartnäckig auf Berufstätigkeit zu beharren; weshalb sträubt sich ein großer Teil von ihnen, dem Mann – sofern sie einen haben bzw. wollen – die alleinige Ernährerrolle zu überlassen? In Anbetracht der wachsenden Zahl alleinlebender Frauen und alleinerziehender Mütter stellt sich diese Frage eigentlich von selbst ad absurdum. Es bleibt daher, die Quellen ihrer Einstellungen gegenüber eigener Erwerbstätigkeit und ihres adäquaten Verhaltens zu hinterfragen.

Bei dem Versuch, ostdeutsche Realität und DDR-Vergangenheit zu interpretieren, um einzelne Facetten des Transformationsprozesses transparent und nachvollziehbar zu machen, kann auf die Analyse von Zeitdokumenten, wie sie die sozialwissenschaftliche Forschung der DDR erbracht hat, nicht verzichtet werden. In der DDR gab es eine Vielzahl qualitativ hochwertiger empirischer Forschungen mit einer sehr umfangreichen Themenbreite, die es – bei entsprechendem Zugang – ermöglichen, 40 Jahre DDR-Realität erneut zu belichten und damit einen Erklärungshintergrund für das Verständnis ablaufender Transformationsprozesse zu erhalten. Die Bestandsaufnahme der Befindlichkeit junger Frauen in der DDR und ostdeutscher Frauen zum Zeitpunkt des Untergangs der einen und des Beginns einer neuen Gesellschaftsordnung auf individueller Ebene, die „Null-Messung", kann zur Aufklärung sozialpolitischer und sozialpsychologischer Probleme beitragen, die mit dem Transformationsprozeß einhergehen und von allgemeinem gesellschaftlichen und politischen Interesse sind.

Mit dem umfangreichen Pool an empirischen Forschungen – über 400 größere Jugendstudien (vgl. Friedrich 1991a: 22) –, die im ehemaligen Zentralinstitut für Jugendforschung in Leipzig in fast 25 Jahren Existenz realisiert worden sind und die sich durch ein breites Themenspektrum zur Jugendentwicklung und überwiegend durch originelle Forschungsansätze auszeichnen, steht den Sozialwissenschaften ein einmaliges Forschungspotential zur sekundäranalytischen Bearbeitung zur Verfügung. Denn mit dem gesellschaftlichen Umbruch vor 5 Jahren bot sich auch für die sozialwissenschaftliche Forschung eine völlig neue Situation. Einst streng geheim gehaltene Daten, die nicht in Publikationen erscheinen durften, ehemals „Vertrauliche Verschlußsachen" bzw. „Geheime Verschlußsachen", konnten und können nun einem breiten Interessentenkreis zugänglich und damit transparent gemacht werden, insofern sie in einem datentechnisch aufgearbeiteten Zustand vorliegen. In den über Jahre hinweg erhobenen Daten, vor allem in den „methodisch aufwendigen und anspruchsvollen Längsschnittuntersuchungen der Leipziger", liegt „eine wahre Fundgrube für die historische Jugendforschung vor, die ihren Wert durch die geringe Zahl der Verweigerer noch erhöht" (Griese 1991: 218).

Seit nunmehr 5 Jahren wird der Transformationsprozeß im Osten Deutschlands von den Sozialwissenschaften sehr akribisch, systematisch begleitend erforscht. Die Einrichtung des *Schwerpunktprogramms „Sozialer und politischer Wandel im Zuge der Integration der DDR-Gesellschaft" bei der Deutschen Forschungsgemeinschaft* stellt *eine* Form der Dokumentation, der wissenschaftlichen Begleitung des sozialen Wandels historisch gewachsener Strukturen der ehemaligen Gesellschaftsformation der DDR dar. Sozialen Wandel zu beschreiben ist aber nur möglich, wenn von einer möglichst genauen Abbildung der sozialen und gesellschaftlichen Wirklichkeit ausgegangen werden kann. „Gerade weil sich so viel in Europa wandelt und erst recht, weil uns die

Lebenswelt in der alten DDR so wenig vertraut ist, benötigen wir eine große Kapazität an deskriptiver Forschung." (Scheuch 1991: 31)

Bei der wissenschaftlichen Begleitung des Transformationsprozesses im Osten Deutschlands erweist sich die Analyse von Zeitdokumenten der sozialwissenschaftlichen Forschung der DDR als wichtiger Erklärungshintergrund auch für das aktuelle Rollenverständnis und -verhalten junger Menschen in den neuen Bundesländern, das vor allem eben durch das starke Bestreben ostdeutscher junger Frauen nach Vereinbarkeit von Familie und Beruf gekennzeichnet ist. Dieser Problemstellung soll das von 1994 bis 1996 geförderte DFG-Projekt „Rollenverständnis und Handlungsstrategien junger Frauen in Beruf und Familie" – eine Studie zu den mikrosozialen Folgen des soziostrukturellen Wandels der DDR-Gesellschaft – im Rahmen des obengenannten Schwerpunktprogrammes der DFG über einen Zeitraum von mehr als zwei Jahrzehnten, von 1969 bis 1990, nachgehen. Die Entwicklung zur Vereinbarkeit von Erwerbstätigkeit und Familienleben wird dabei als Ausgangsinformation für das nach der Wiedervereinigung gezeigte Verhalten und Selbstverständnis ostdeutscher Frauen gesehen. Dabei wird der Zusammenhang zwischen staatlicher Sozialpolitik, den Wechselwirkungen zwischen Frauen- und Männerrollenverständnis und den makro- und mikrostrukturellen Bedingungen untersucht. Vergangenheitsanalysen sollen Auskunft über die Stabilität des Vereinbarkeitsmodells geben.

Die inhaltlichen Schwerpunkte des DFG-Projekts gliedern sich in Fragestellungen zur Erfassung *gesellschaftlicher Bedingungen* (z.B. sozialpolitische Maßnahmen, Arbeitsbedingungen), zum *Verhalten* von Frauen und Männern in Beruf und Familie (z.B. häusliche Arbeitsteilung, Heiratsalter, Kinderzahl, Scheidungsquote) sowie zu *subjektiven Einstellungen* junger Frauen in der DDR bis 1990 (z.B. Berufstätigkeit, Familie als Lebenswert, Partnerwunschbild, Heiratsgründe, Kinderwunsch, Einstellung zum Schwangerschaftsabbruch). Die ZIJ-Studien bilden dabei eine hervorragende Datengrundlage zur Beantwortung dieser Fragen, zumal in den meisten Untersuchungen geschlechtsspezifische Fragestellungen nicht ausgespart wurden.

„Die jahrelange methodisch abgesicherte und international angesehene empirische Jugendforschung des ZIJ hat einen ... ‚Datenfriedhof' produziert, der nunmehr ausgegraben, systematisiert und ausgewertet werden muß. Diese einmalige historische Chance der Jugendforschung sollte in jedem Fall im Forschungsverbund zwischen Ost und West ... realisiert werden." (Griese 1991: 221)

Daß dieses, zu Beginn einer neuen Wissenschaftsära formulierte Anliegen bereits in die Realität umgesetzt wurde und wird, ist nicht zuletzt den Aktivitäten des Zentralarchivs für Empirische Sozialforschung in Köln, dem Engagement des Deutschen Jugendinstituts in München und der Mitarbeiter der Regionalen Arbeitsstelle des DJI in Leipzig zu verdanken.

Mit der Gründung der Arbeitsgruppe „Datenaquisition und -aufbereitung Ostdeutschland" reagierte das Zentralarchiv Köln 1992 auf die historische

Notwendigkeit und die Stellungnahme des Wissenschaftsrats (1992) zu den außeruniversitären Forschungseinrichtungen der ehemaligen Akademie der Wissenschaften der DDR, die sich mit dem politischen Umbruch im Osten Deutschlands ergeben hatte. Die Arbeitsgruppe übernahm die Aufgabe, die sozialwissenschaftlichen Studien aus der DDR und den neuen Bundesländern zu sichern, datentechnisch aufzubereiten und inhaltlich und methodisch zu beschreiben, um einem Verlust der empirischen Ergebnisse der DDR-Sozialforschung entgegenzuwirken. Im Mittelpunkt der Aktivitäten des Zentralarchivs Köln stand dabei bis Ende 1993 die systematische Bestandsaufnahme und Sicherung der empirischen Forschungen ehemaliger, zum größten Teil „abgewickelter“ DDR-Institute. Diese Eile war ob der Befürchtung geboten, daß infolge der Auflösung der Wissenschaftseinrichtungen und Rechenzentren Daten bald nicht mehr zugänglich wären (vgl. ZA 1994: 7).

Auf diese akute Gefahr machte auch das Deutsche Jugendinstitut München aufmerksam, indem es 1990 an das BMFT einen „Antrag auf Förderung von Datentransformationen aus dem früheren Zentralinstitut für Jugendforschung in Leipzig in das Zentralarchiv für Empirische Sozialforschung in Köln und in das Informationssystem des Deutschen Jugendinstituts“ stellte. Die Notwendigkeit wurde mit der Einmaligkeit der vorliegenden Daten erklärt: „Der hierarchische Aufbau und die zentralistische Führung des Zentralinstituts erlaubte z.B. eine Kontrolle aller entwickelten Instrumente ... in einer Abteilung, die für die Konsistenz von Untersuchungsinstrumenten zu einem Zeitpunkt über mehrere Untersuchungen und für die Konsistenz über die Zeit bei Längsschnitten verantwortlich war. Die vorliegenden Untersuchungen sind in ihren Hauptindikatoren immer wieder aufeinander beziehbar. Die Formulierung ist jeweils gleichgehalten worden, so daß die Übertragbarkeit von Informationen einer Studie zu einer anderen möglich ist ... Sämtliche Instrumente sind in einem Instrumentenarchiv der Abteilung Methodik gelagert und stehen zur Verfügung. Damit können unterschiedliche Studien zu unterschiedlichen Zeiten zu unterschiedlichen Schwerpunkten über die gemeinsam erhobenen ... Indikatoren nahezu in beliebiger Art und Weise aufeinander bezogen werden.“ Bei der damaligen Antragstellung war vorgesehen, alle 200 datentechnisch noch erhaltenen Studien des ZIJ aufzubereiten. Dies konnte zum einen aufgrund der Laufzeitverkürzung des Projekts nicht realisiert werden. Andererseits erforderte die Bearbeitung der Studien erheblich mehr Zeitaufwand, als ursprünglich dafür vorgesehen war (Zwischenbericht 1992). Am Ende der Projektlaufzeit 1993 konnte auf 106 aufbereitete Studien, darunter auch 11 Wellen von zwei SchülerIntervall(Panel)studien, deren Daten ins Zentralarchiv nach Köln überführt wurden, verwiesen werden (Abschlußbericht 1993).

Die Aufbereitung eines weiteren entscheidenden Teils an Studien wird fortgesetzt durch die Bewilligung von den zwei zur Zeit laufenden DFG-Projekten – dem bereits erwähnten zu „Rollenverständnis und Handlungsstrategien junger Frauen in Beruf und Familie" und zum anderen eine „Langfristbetrachtungen des sozialstrukturellen Wandels im Zuge der Integration der DDR-Gesellschaft – Entwicklung zentraler politischer Orientierungen auf dem Hintergrund relevanter politischer Ereignisse sowie sich wandelnder Lebensbedingungen" im DFG-Schwerpunktprogramm „Kindheit und Jugend in Deutschland vor und nach der Vereinigung – Entwicklungsbedingungen und Lebenslagen im Wandel". Inzwischen sind bis Anfang 1996 ca. 150 empirische Studien, für die ein allgemeines wissenschaftliches Interesse vorlag, an das Zentralarchiv für Empirische Sozialforschung in Köln übergeben worden. Die Studien des Zentralinstituts für Jugendforschung Leipzig nahmen dabei bereits 1994 mit 40% den Hauptanteil an archivierten DDR-Studien ein (Zentralarchiv 1994).

Seit 1993 ist im Kontext der Transformationsforschung auch eine kontinuierlich gestiegene Nachfrage nach Studien des ZIJ für Reanalysen zu verzeichnen. Als Gründe hierfür wurden vom Zentralarchiv in einer Stellungnahme vom 12.4.1995 zum Benutzerinteresse einerseits der beachtliche Umfang und die Geschlossenheit dieser Studienkollektionen in einem guten technischen und methodischen Aufbereitungszustand hervorgehoben. Zum anderen sucht die Breite des abgedeckten Forschungszeitraums ab 1969, die thematische Vielfalt und der hohe Anteil an Replikationen ihresgleichen in der Sozialforschungslandschaft. Neben der Nutzung einzelner Studien für bestimmte Problemstellungen läßt die Homogenität der Fragestellungen, der Forschungsmethodik und insbesondere auch der Instrumente eine Nutzung quer über mehrere Studien zu.

Neben Einzelforschern nutzten bisher eine Vielzahl in- und ausländischer universitärer und anderer Forschungseinrichtungen die aufbereiteten Studien für ihre Recherchearbeiten: der Interessentenbogen spannt sich von Köln und Berlin, Potsdam und Erfurt, Mainz und Marburg, Wuppertal und München bis nach Utrecht, Pittsburgh, St. Louis, Newark und New York, um nur eine Auswahl zu treffen.

Des weiteren führte das Zentralarchiv in Köln gemeinsam mit der GESIS-Außenstelle in Berlin Veranstaltungen durch, in die auch die ZIJ-Studien einbezogen waren, Ergebnisse präsentiert wurden und über Forschungen des ZIJ informiert wurde.

Hier können die ZUMA-Workshops „Methoden zur Erforschung der sozialen Transformation in Ostdeutschland" im November 1993 und Mai 1994 sowie „Methoden zur Erforschung der sozialen Transformation in Osteuropa" vom 10.-22. April 1994 genannt werden. Auch die beiden GESIS-Workshops zu „Familie und Partnerschaft" im Oktober 1994 und ein Jahr später zu „Jugend im Osten"[1], in deren Mittelpunkt beide Male „Studienkollektionen

1 Dazu ist inzwischen eine Publikation erschienen: Brislinger, E./Hausstein, B./Riedel, E. (Hrsg.): Jugend im Osten. Sozialwissenschaftliche Daten und Kontextwissen aus der DDR sowie den neuen Bundesländern. Berlin; trafo verlag dr. W. Weist, 1997

und Sekundäranalysepotentiale für die Transformationsforschung" standen, wurden zu außerordentlich interessanten Informationsveranstaltungen vor allem für ZIJ-Außenstehende, die damit einen Einblick in die DDR-Jugendforschung erhielten bzw. ihren soziologischen Blickwinkel gen Osten erweitern konnten.

Auch in der ZA-Information „Studien aus der Jugendforschung der DDR im Datenbestand des ZA", Heft 31/1992, „Studien aus ostdeutschen Instituten im ZA", Heft 34/1994 und der ZA-Information zum 27. Kongreß der DGS in Halle 1995 finden die ZIJ-Studien Erwähnung. Außerdem gibt es eine Dokumentation: „Sicherung, Aufbereitung und Bereitstellung sozialwissenschaftlicher Daten aus der DDR und den neuen Bundesländern" vom Juni 1994: Teil 1: Dokumentation von ca. 300 Studien, Teil 2: Computergestütztes Retrievalsystem (Brislinger/Hausstein/Riedel 1994).

Diese Präsentation von ZIJ-Studien war letztendlich vor allem durch die datentechnische Aufbereitung der vorliegenden Datensätze möglich. Der Realisierung des Zugriffs auf diese ehemaligen ZIJ-Datensätze für Reanalysen dient neben dem generellen Konzept der Datenhaltung in den Sozialwissenschaften (Bender/Bien 1991) die Entwicklung eines theoretischen Konzepts (Bender 1993) für die Sozialberichterstattung am DJI, das es erlaubt, unterschiedliche Datensätze für Reanalysen sauber dokumentiert zu speichern und für unterschiedliche Analyseinstrumente aufbereitet zur Verfügung zu stellen.

An dieser Stelle sei kurz auf die Ausgangssituation des Datenbestandes des ZIJ verwiesen, um das Ausmaß der Aufbereitungsarbeit zu dokumentieren:

Die Datensätze der ZIJ-Studien lagen ursprünglich als Systemfiles eines speziellen Datenanalyseprogramms DATANAL auf einem Robotron-Rechner der Universität Leipzig vor. Ein Teil dieser Datensätze wurde als EBCDIC Files in einem IBM kompatiblen Format auf Bänder ausgegeben und dann in ASCII Files auf Data Cartridges (Wechselplatten) umgeschrieben. Die vorhandenen, teils handschriftlichen Beschreibungen sowie das Wissen der noch in der Außenstelle tätigen einstigen ZIJ-Kolleginnen und -Kollegen wurde in dem erwähnten BMFT-Projekt genutzt, um sowohl die Daten als auch die dazugehörigen Beschreibungen in das DJI-Informationssystem maschinenlesbar aufzunehmen. Durch ein WordPerfekt-Makro wird das automatische Konvertieren der Codebücher und deren Studienbeschreibungen in WordPerfekt-Dateien der Version 5.1 für den PC realisiert. Die Codebücher beinhalten neben den Angaben zur verantwortlichen Abteilung des ZIJ für die betreffende Studie den Erfassungszeitraum, den Forschungsschwerpunkt, die Themenkomplexe, die Grundgesamtheit, Auswahl und Größe der Population, die eingesetzten Erhebungsverfahren, die Anzahl der Variablen und die Größe der Dateien. In einem Codebuch sind alle im Originalfragebogen enthaltenen Fragetexte mit Antwortmodell bzw. bei aggregierten Variablen die Bildungsvorschrift vollständig enthalten. Nach einem Verzeichnis aller vorhandenen Variablen ist für die Items jeweils die absolute und die prozentuale Häufigkeitsverteilung angegeben. Neben Itembeschreibung, SPSS-Strukturaufbau und schreibtechnischer Bearbeitung der Fragebogen werden für die umgesetzten Studien Dokumentationsmappen erstellt, die Informationen über die Studien, wie z.B. Forschungskonzeption und das eingesetzte Fragebogenkompendium, enthalten. So konnten bisher vor allem Studien der Themenbereiche „Familie“, „Partnerschaft“, „Politik“, „Kultur und Medien“ und „Umfragen und Meinungen“ zu aktuellen gesellschaftlichen und politischen Geschehnissen und Entscheidungen an das ZA gegeben werden.

Erster Schritt in dem zur Zeit laufenden Projekt zum „Rollenverständnis“ und damit Voraussetzung für alle weiteren erforderlichen Arbeiten zu dessen Realisierung war eine Bestandssichtung bzgl. der Aufbereitungsphase, in der sich die Gesamtheit der ehemaligen ZIJ-Studien befand, im weitesten Sinne also eine Bestandsaufnahme bzw. eine Standortbestimmung. Dazu dienten umfangreiche Recherchearbeiten in ZIJ-Unterlagen und ZA-Materialien. Diese bestanden vorwiegend aus der Sichtung von ca. 120 über diese Studien bereits angefertigten Codebüchern. In der ersten Projektphase erfolgte dann auch die endgültige Auswahl und damit die Präzisierung der in das Projekt aufzunehmenden bereits fertiggestellten und der noch zu bearbeitenden empirischen ZIJ-Studien als *ein* Erklärungshintergrund für das Verständnis der ablaufenden Transformationsprozesse, die vor allem die Lebensweise junger Frauen tangieren bzw. in einigen Lebensbereichen zu gravierenden Veränderungen, zu biographischen Brüchen führen. Diese Studien eignen sich als Analysebasis für die inhaltliche Zielstellung.

Nach der Bestandsaufnahme der bisher an das Zentralarchiv in Köln übergebenen aufgearbeiteten Studien in Form von SPSS-Files und den dazugehörigen Codebüchern wurden die für das DFG-Projekt „Rollenverständnis“ relevanten, aber noch unaufbereiteten Studien zur Datenarchivierung ausgewählt, für die bisher noch kein öffentlicher Zugang besteht. Unter anderem werden dabei außer von 12 Querschnittsuntersuchungen auch von den beiden Studenten-Intervall(Panel)studien (*S*tudenten-*I*ntervall*s*tudie *SIS* /1970-1984) und *S*tudenten-*I*ntervallstudie *L*eistung *SIL*) im Rahmen des Projekts SPSS-Files erstellt und Codebücher angefertigt.

Die zweite Zielstellung beinhaltet die Auswahl von bereits aufbereiteten, in SPSS-Format vorliegenden Studien, die neben den noch aufzuarbeitenden Studien die Grundlage für die Erstellung einer *inhaltsspezifischen Datenbank* bilden sollen. Durch diese soll es potentiellen Nutzern möglich sein, für einzelne Fragestellungen, wie eben z.B. zum Rollenverständnis und Handlungsstrategien junger Menschen in der DDR, über lange Zeiträume entweder auf sozialen Wandel (kohortenspezifische Analyse replikativer Fragebereiche) oder auf Entwicklungen (Paneldaten) bezogen zu analysieren.

Die letztendlich ausgewählten Studien lassen sich nach ihrer Priorität für diese Projektthematik in drei Gruppen gliedern:

1. Studien, die vorrangig entsprechend der Thematik des DFG-Projekts Themenkomplexe zum Rollenverständnis und -verhalten, zur Berufstätigkeit von Frauen, zu Partnerschaft, Kind(ern), Familie und zur Vereinbarkeitsproblematik als ausdrückliche Forschungsschwerpunkte enthalten;
2. Studien, die innerhalb spezifischer Populationen durchgeführt wurden (z.B. Hochschulstudenten-, Kunststudenten-Studien) oder einer abgegrenzten Thematik nachgingen (z.B. Leben auf dem Land) und neben ihrem Untersuchungsschwerpunkt relativ umfangreich auch Fragestellungen zu den Themenkomplexen Partnerschaft, Familie, Frauen und Berufstätigkeit, Elternschaft und Studium enthielten;
3. Studien, die vor allem allgemeine politische und ideologische Einstellungen und Verhaltensweisen abbilden und nur am Rande biographische Orientierungen und Wertorientierungen, individuelle Lebenspläne, aktuelle Partnerschaftsbeziehungen und ausgeübte Berufstätigkeit sowie das Vereinbarkeitsstreben von Frauen erfassen.

Bei den Recherchearbeiten wurden hauptsächlich in der Regionalen Arbeitsstelle Leipzig noch vorhandene Forschungsunterlagen und Forschungs- bzw. Durchführungsberichte herangezogen. In einigen Fällen konnten durch persönliche Rücksprachen mit ehemaligen Forschungsleitern aufgetretene offene forschungstechnologische Fragen und Probleme geklärt werden. Dadurch gelang es, den Informationsverlust so gering wie möglich zu halten. Überhaupt erweist sich bei der Aufbereitung des zum Teil außergewöhnlich umfangreichen Datenmaterials die qualifizierte Bearbeitung und Unterstützung durch langjährige Datenverarbeitungsexperten (Rolf Ludwig, Hartmut Mittag, Friederike Spichale), die diese Studien schon am ZIJ datentechnisch betreuten, zweifellos als Vorteil. Auch meine einstige Mitwirkung an diesen Studien ist mir in vielerlei Hinsicht von Nutzen.

Am Ende dieser Recherchearbeiten wurden über 90 Querschnittsstudien und 4 Längsschnitte für eine künftige mögliche inhaltliche Analyse des Rollenverständnisses und -verhalten junger Frauen und Männer der 70er bis 80er Jahre in der DDR ausgewählt. Bei diesen Studien kann davon ausgegangen werden, daß sie vergleichbare Items hinsichtlich der Klärung der projektrelevanten Fragestellungen enthalten.

Diese Items lassen sich den folgenden Merkmalskomplexen zuordnen:

- Frauen/Rollenverständnis/-verhalten;
- Familie/Partnerschaft/Kind/Beruf/Arbeit/Ausbildung/Studium;
- Sozialpolitik – Erfahrungen/Reflexion von Bedingungen;
- allgemeine Orientierungen/Einstellungen;
- soziodemographische Angaben.

Der thematisch spezifizierte Datenpool aus den bereits vollständig in SPSS-Format vorliegenden und den noch aufzubereitenden Studien bildet die Basis für den Aufbau einer Itemdatenbank, die als Experteninformationssystem „Rollenverständnis und Handlungsstrategien junger Menschen in der DDR" eine weitestgehend lückenlose und zugleich effektive Selektion von vergleichbaren, auf das Rollenverständnis und Handlungsstrategien junger Frauen und Männer von Ende der 60er bis Ende der 80er Jahre in der DDR bezogenen Items für die statistische Analyse ermöglichen soll.

Für diese Itemdatenbank konnten die Struktur und zum Teil auch Einträge der im DFG-Projekt „Politikorientierungen im Wandel" entwickelten Itemdatenbank übernommen werden. Zu diesem DFG-Projekt, das etwa zeitgleich gefördert wird, gibt es im Forschungsdesign viele Parallelen. Es bieten sich somit gute Möglichkeiten der Zusammenarbeit, da viele Studien in beide Projekte einbezogen werden.

Wichtigste Grundlage und Voraussetzung für die Erstellung des Informationssystems ist die methodologische Orientierung des ehemaligen ZIJ, für zeitgeschichtliche Sozialisationsforschung und ontogenetische Personalisationsforschung – seine prinzipiellen Herangehensweisen – weitgehend konstante Indikatoren, sogenannte Standardindikatoren, immer wiederkehrend in Untersuchungen an vergleichbaren Populationen über einen langen Zeitraum einzusetzen. Dadurch konnten und können historische Veränderungstrends und Wandlungsprozesse bei Wert- und Lebensorientierungen der verschiedenen Jugendschichten, in ihrem Denken und Verhalten in den unterschiedlichsten Lebensbereichen nachgewiesen werden (vgl. Friedrich/Griese 1991).

Diese Forschungstechnologie, die sich durch eine bemerkenswerte und selten anzutreffende Homogenität des eingesetzten Forschungsinstrumentariums auszeichnet (meist ein konstanter Erhebungsteil, gekoppelt mit einem populations- und themenspezifischen), liefert mit über 100 bei Projektende datentechnisch aufgearbeiteten Querschnittsuntersuchungen und den Längsschnitten eine für das Projekt „Rollenverständnis" einmalige Datenbasis. Durch die gute Vergleichsfähigkeit der ZIJ-Studien hinsichtlich der Population, der Methodik als auch der Versuchssituation werden Aussagen über die zeitgeschichtliche Abhängigkeit von biographischen Entwicklungsprozessen möglich. Durch dieses DFG-Projekt können somit Zeitreihen für thematisch relevante Indikatoren über die letzten 20 Jahre der gesellschaftlichen Entwicklung der DDR gebildet werden.

Der zu berücksichtigende Datenpool der für das Thema „Rollenverständnis" relevanten ca. 100 Studien umfaßt ca. 25.000 Variablen bezogen auf ca. 250.000 Probanden. Um diesen außergewöhnlich großen Datenumfang beherrschbar zu machen, werden die verschiedenen Indikatoren der einzelnen Studien über homogene Strukturmerkmale bzw. Schlüsselvariablen, wie Erhebungszeitraum (Jahr, z.T. Monat), Erhebungsregionen (DDR; ehemaliger Verwaltungsbezirk der DDR), Alter, Geschlecht, sozialer Status/berufliche Qualifikation der Probanden in dieser Datenbank verbunden. Die Grundstruktur dieser Metadatenbank wird unter FOXBASE, einem Datenbank-Management-System für relationale Datenbanken, realisiert. Sie beinhaltet keine Primärdaten unter SPSS, sondern Daten bzw. Zusatzinformationen zu den Indikatoren und zu den Studien, in denen die in der Datenbank enthaltenen Indikatoren jeweils eingesetzt wurden.

Mit der Übergabe des im Rahmen dieses DFG-Projekts erstellten Informationssystems an das Zentralarchiv für Empirische Sozialforschung in Köln steht neben den Codebüchern und den SPSS-Files zu den ZIJ-Studien einem großen Kreis von interessierten Sozialwissenschaftlern ein weiteres wichtiges Instrumentarium zur Verfügung, das durch einen methodisch effektiven Zugriff Hintergrunddaten zur DDR-Geschichte bietet. Erklärungen und Analysen zu spezifisch ausgeprägten Einstellungen und Wertorientierungen, zu Erscheinungen und Prozessen des Alltagslebens, vor allem junger Frauen im Osten Deutschlands, werden somit mittels der empirischen Daten des ehemaligen Zentralinstituts für Jugendforschung Leipzig ermöglicht. Damit bestünde eine wirkungsvolle Bereicherung der Daten aus der amtlichen Statistik. Sozialisationsprozesse können transparenter gemacht werden; den Ursachen des starken Bestrebens der meisten Frauen in der DDR und im heutigen Osten Deutschlands, Beruf und Familie zu vereinbaren, ließe sich noch gezielter und intensiver nachgehen.

Um eine annähernd vollständige Aufbereitung aller für das Thema „Rollenverständnis und Handlungsstrategien junger Menschen in der DDR“ relevanten Studien zu gewährleisten, wurde bei der DFG die Fortsetzung dieses Projekts beantragt und inzwischen für weitere 2 Jahre bewilligt mit dem Ziel des Abschlusses aller Aufbereitungsarbeiten.

Es liegt auf der Hand, daß bedeutende, historisch wertvolle Informationen der Jugendforschung – „solide und allen wissenschaftlichen Standards entsprechende interessante und langjährige Jugendforschungsarbeit des ZIJ“ (Griese 1991: 10) – verlorengingen, wenn nicht relativ kurzfristig die Archivierung der noch für die Datenaufbereitung ausstehenden ZIJ-Studien vorgenommen wird. Dringlichkeit ist auch deshalb geboten, weil im Moment die personellen Voraussetzungen für die Umsetzung noch recht günstig sind. Häufig erweisen sich Recherchen nach notwendigen Untersuchungsunterlagen letztendlich doch als erfolgreich, gelingt die Datensicherung trotz gelegentlich auftretender Schwierigkeiten bei der Suche nach wichtigen forschungsmethodischen und -organisatorischen Unterlagen durch bestehende Kontakte zu einstigen Primärforschern, die sich heute in anderen beruflichen Situationen befinden. Auf diese Weise, durch Kooperationen von ehemaligen Insidern, ist eine optimale Sicherstellung und Dokumentation der an der Regionalen Arbeitsstelle Leipzig vorhandenen Untersuchungsmaterialien möglich. Schon in wenigen Jahren wird sich mit Sicherheit eine andere Situation bezüglich personeller Voraussetzungen für die ZIJ-Studien-Archivierung bieten. Bei der Sicherung des ursprünglichen Datenbestandes wäre mit größeren Verlusten zu rechnen, da vielfach bestimmte Kontextinformationen einfach nicht vorhanden sein werden. Solche „Schwachstellen“ können durch die Beteiligung ehemaliger ZIJ-Mitarbeiter an der ZIJ-Studienaufbereitung vermieden und die damit erforderlichen Rechercheaufwendungen in einem zeitlich vertretbaren Rahmen gehalten werden.

Nach der Realisierung dieses von der DFG geförderten Vorhabens steht der interessierten, gegenüber der DDR-Jugendforschung aufgeschlossenen sozialwissenschaftlichen Fachöffentlichkeit ein umfangreiches Datenmaterial für Reanalysen zur Verfügung, das eine weitere, sich anschließende Forschung, z.B. zu der hier angesprochenen Thematik, ermöglicht. Schließlich sollte eine adäquate Nutzung der Daten erfolgen. Deshalb seien an dieser Stelle zum „Rollenverständnis junger Frauen und Männer“ forschende Wissenschaftlerinnen und Wissenschaftler im Osten und im Westen Deutschlands ermuntert, Fragestellungen und Analysen vorzubereiten, um die weitere Datennutzung der aufbereiteten ZIJ-Studien zu gewährleisten und letztendlich damit zu einem besseren gegenseitigen Verständnis gegenwärtiger Ansprüche an das Leben der Menschen in Ost und West im vereinten Deutschland beizutragen.

Literatur:

Bender, D./Bien, W.: Data bases in social sciences. Integration, needs of today and resulting concepts for the future. In: Best, Mochmann,Thaler (eds.): Computers in Humantities and the Social Sciences. München 1991, p. 181-183.

Bender, D.: Datenbanksysteme in den Sozialwissenschaften. Dissertation. DJI München, 1993

Brislinger, E./Riedel, E./Hausstein, B.: Sicherung, Aufbereitung und Bereitstellung sozialwissenschaftlicher Daten aus der DDR und den neuen Bundesländern. Köln: Zentralarchiv für Empirische Sozialforschung; Berlin: GESIS-Außenstelle, Bereich Zentralarchiv, Juni 1994

Brislinger, E./Riedel, E./Hausstein, B.: Studien aus der Jugendforschung der DDR im Datenbestand des Zentralarchivs. In: ZA-Information, 1993, Nr. 32, S. 25 ff.

Datenbestandsverzeichnis 1993. Hgg. v. Zentralarchiv für Empirische Sozialforschung an der Universität zu Köln. Köln 1993

Familie und Partnerschaft. Datensätze aus der DDR und den neuen Bundesländern. Material zum GESIS-Workshop „Familie und Partnerschaft“. Berlin, 26. bis 28. Oktober 1994

Friedrich, W.: DDR-Jugendforschung – zwischen wissenschaftlichem Anspruch und politischer Bevormundung. In: Friedrich, W. /Griese, H. (Hrsg.): Jugend und Jugendforschung in der DDR. Gesellschaftspolitische Situationen, Sozialisation und Mentalitätsentwicklung in den achtziger Jahren. Opladen: Leske+Budrich, 1991a, S. 11-26

Friedrich, W.: Zur Einleitung: Fast 25 Jahre Zentralinstitut für Jugendforschung. In: Hennig, W./Friedrich, W. (Hrsg.): Jugend in der DDR. Daten und Ergebnisse der Jugendforschung vor der Wende. Weinheim und München: Juventa, 1991b

Friedrich, W./Griese, H. (Hrsg.): Jugend und Jugendforschung in der DDR. Gesellschaftspolitische Situationen, Sozialisation und Mentalitätsentwicklung in den achtziger Jahren. Opladen: Leske+Budrich, 1991

Griese, H. M.: Ausblick: Das ZIJ und seine Forschung in der DDR. In: Friedrich, W./ Griese, H. (Hrsg.): Jugend und Jugendforschung in der DDR. Gesellschaftspolitische

Situationen, Sozialisation und Mentalitätsentwicklung in den achtziger Jahren. Opladen: Leske + Budrich, 1991, S. 211-224

Scheuch, E. K.: Perspektiven der Sozialforschung: Deutschland und Europa. In: Sahner, H. (Hrsg.): Sozialforschung im vereinten Deutschland und in Europa. Oldenbourg, München, 1991, S. 31

Studien aus der DDR (1977-1990) und den neuen Bundesländern (1990-1992). Eine Zusammenstellung ausgewählter Neuaufnahmen in das Archiv. Zentralarchiv für Empirische Sozialforschung an der Universität zu Köln. November 1992

Wissenschaftsrat: Stellungnahme zu den außeruniversitären Forschungseinrichtungen der ehemaligen Akademie der Wissenschaften der DDR auf dem Gebiet der Wirtschafts- und Sozialwissenschaften, Köln 1992

ZA-Jahresbericht 1992/93. Hrsg.: ZA Köln und GESIS-Außenstelle Berlin 1994

Zum Stand des Aufbaus von Forschungseinrichtungen in den neuen Ländern. Hrsg. vom ZA Köln 1993

Zum Stand der Neugründung von Forschungseinrichtungen in den neuen Ländern und Berlin. Hrsg. v. ZA Köln 1992

Zeiten des Wandels und der neuen Möglichkeiten – ein Dokument 1989/90

Hartmut M. Griese

Vorbemerkung

Der folgende Beitrag vom Herbst 1990 war ursprünglich als möglichst authentisches Vorwort gedacht zum Reader *Friedrich, W./Griese, H. M. (Hrsg.): Jugend und Jugendforschung in der DDR – Gesellschaftspolitische Situationen, Sozialisation und Mentalitätsentwicklung in den achtziger Jahren. Opladen: Leske + Budrich, 1991* und hatte damals den Titel *„Wie der Band entstand oder: Bergwandern wäre eine prima Alternative"*.

Auf Intervention des Verlegers verfaßte ich dann unter Termin- und Zeitdruck (das Buch sollte so schnell wie möglich erscheinen) ein kurzes Kompromißvorwort von zwei Seiten ohne Titel (vgl. ebd.: 9f). Sicher gehören private Dinge wie Briefwechsel und darin bekundete Wünsche wie „gemeinsam Bergwandern" nach Ansicht von Verlegern nicht in den Bereich „wissenschaftliches Sachbuch". Für mich war – und ist – das Buch eine einmalige Zeit- und Kompetenzdokumentation des ZIJ und des für die Forschung verantwortlichen Direktors Walter Friedrich. Der Reader – dem der Verleger bemerkenswerterweise eine „Bauchbinde" umlegte „Die letzten Arbeitsergebnisse des Zentralinstituts für Jugendforschung" – war rasch nach gut einem Jahr vergriffen und wurde nicht mehr neu aufgelegt. Zur „Rettung" des ZIJ konnte er nichts beitragen. Das ZIJ wurde zum 31. Dezember 1990 „abgewickelt". Über den Verbleib seiner Mitarbeiter informiert Uta Schlegel, die am Zustandekommen und an der Herausgabe des damaligen Readers maßgeblich beteiligt war, anhand ihrer empirischen Studie dazu in diesem Band. Dieser Band stellt etwas Überraschendes – für mich nicht überraschend – dar: 5 Jahre nach der Auflösung des ZIJ finden sich seine Akteure (und ihre DDR-Kooperationspartner) – inzwischen alle in neuen und auseinanderlaufenden Arbeits- und Lebenszusammenhängen – mehrheitlich zu einem Publikationsprojekt zusammen, zwar initiiert von einigen wenigen – doch viele tun mit, sicher nicht zuletzt aus dem Gefühl der Zugehörigkeit zur scientific community der DDR-Jugendforschung.

Im folgenden der Originaltext meines im damaligen Reader nicht erschienenen Vorworts – 1996 schon eine Art historischer Dokumentation meiner Beziehungen zum ZIJ vor, während und nach der „Wende" (und auf dem Hintergrund ihrer Ereignisse) sowie der Entstehung des Buches.

Ich freue mich, daß ich es durch meine Kontakte zum Zentralinstitut für Jugendforschung (ZIJ) in Leipzig, vor allem zu seinem Direktor, Professor Dr. Walter Friedrich, und zu einigen seiner Mitarbeiter, ermöglichen konnte, daß dieser Sammelband in seiner vorliegenden Form und mit entsprechenden Inhalten, Forschungsergebnissen und ausgewählten Autor/innen in so kurzer – und wohl auch zur passenden – Zeit (Anfang 1991) in einem für Jugendfragen (Forschung, Jugendarbeit und politische Bildung) so renommierten Verlag erscheinen kann.

Ich will an dieser Stelle nicht über den Veränderungsprozeß (und seine unterschiedlichen Bezeichnungen je nach Erfahrung und Interessenlage: „Wende“, „Umbruch“, „Zusammenbruch“, „Aufbruch“ etc.) in der DDR und ihrer Wissenschafts-/Forschungslandschaft nachdenken bzw. berichten, da dies aus bundesrepublikanischer Sicht nur unzutreffend und daher unzureichend geschehen kann. Ich will dagegen – möglichst authentisch und den Originalbriefwechsel mit Walter Friedrich, Dieter Wiedemann, Uta Schlegel, dem Verleger u.a. dokumentierend – über meinen Prozeß des Kennenlernens von Jugendforschern aus Ostdeutschland informieren, über ein Kennenlernen und Sich-Austauschen, wodurch dann auch die Idee eines Buches, enge freundschaftliche Beziehungen und Kooperationen (vor allem auch zu Uta Schlegel) und schließlich diese Publikation hervorgingen.

Vorwegnehmen will ich jedoch, daß es m.E. mit diesem Buch gelungen ist, in einmaliger und ausgewiesener Weise die wissenschaftliche Forschungsarbeit des ZIJ, die überwiegend das Verdienst seines Direktors, Prof. Dr. Walter Friedrich, ist – und die nahezu identisch ist mit der DDR-Jugendforschung – und ihre Ergebnisse in ihrer konzeptionellen und theoretisch-methodischen Anlage ausgebreitet und mit spezifisch ausgewählten Ergebnissen vorgelegt zu haben, wodurch umfassende Informationen und grundlegende Er-Kenntnisse über den Wandel der DDR-Jugend und ihrer Mentalität in den achtziger Jahren gegeben werden. Der Band liefert damit eine Fundgrube für Jugendforscher/innen, für allgemein DDR-Interessierte, für in der Jugendarbeit und politischen Bildung Engagierte – und natürlich und vor allem auch für junge Menschen, besonders wenn sie in der Bundesrepublik aufgewachsen sind.

Es ist nur schade, außerordentlich bedauernswert und aus wissenschaftlich-forscherischer Perspektive *unverantwortlich*, daß die – hier dokumentierte und zusammengefaßte – solide, den wissenschaftlichen Standards entsprechende hochinteressante und langjährige Jugendforschungsarbeit des ZIJ höchstwahrscheinlich mit dem Erscheinen dieses Buches keinen Auftrieb erfährt, sondern in dieser Form nicht mehr weiterexistieren wird.

Im *September 1988* fand in Zürich erstmals ein gemeinsamer Kongreß der Gesellschaften für Soziologie der Schweiz (8. Treffen), Österreichs (11. Treffen) und der Bundesrepublik Deutschland (24. Deutscher Soziologentag) zum Thema „Kultur und Gesellschaft“ statt – in der Regel treffen sich die Gesellschaften für Soziologie alle zwei Jahre in ihrem eigenen Land. Die Neutralität der Schweiz und der internationale Anspruch haben es dann wohl ermöglicht, daß erstmals zu einem Soziologentag eine *offizielle DDR-Delegation von Soziologen/innen* als Referenten auftreten konnte.

Da ich auf dem Kongreß selbst zum Thema „Trendreport Jugendsubkultur“ referierte, interessierten mich im Rahmen der DDR-Referate vor allem vergleichbare Themen – und die jeweiligen Referenten. Es war Dr. Dieter Wiedemann vom ZIJ, der in Zürich zu den Themen „Forschungen zur kulturellen Lebensgestaltung Jugendlicher in der DDR – methodische Erfahrungen und empirische Ergebnisse“ sowie zu „Lebensweise der Jugend in der DDR“ referierte (vgl. Hoffmann-Nowotny 1989: 79-82, 379-380, 601-603). Ich sprach ihn kurz an, wir tauschten uns kurz aus, und Dieter Wiedemann gab mir ein druckfrisches Dokument zur Kritik an der „Jugendkultur“-Diskussion in der Bundesrepublik, von zwei seiner Mitarbeiter aus der „Abteilung Jugend und Kultur“ des ZIJ, die er damals leitete, angefertigt (Lindner/Stiehler 1988). Dies war mein erster, äußerst knapper und distanzierter Kontakt zum ZIJ. (Vielleicht sollte ich an dieser Stelle auch erwähnen, daß meine Kontakte zur DDR-Erwachsenenbildung – vgl. Döge/Griese 1990 – auch nur über „Umwege“ ins nicht-deutsche Ausland und durch eine „Hintertür“ möglich wurden: Den Kollegen Döge habe ich in Polen auf einer internationalen Konferenz kennengelernt.)

Aus Zürich zurückgekehrt, schrieb ich am 1. Oktober 1988 an Dieter Wiedemann: „... Im Dezember wird in der BRD in der Akademie in Loccum eine Tagung über ‚Jugendforschung in Osteuropa‘ stattfinden ... Ich weiß nicht, ob ein Vertreter der DDR kommen wird (es kam niemand, H.G.)! Warum schreibe ich? Ich werde voraussichtlich *April/Mai 1989* für einige Tage an die Humboldt-Universität nach Berlin kommen ... Ich möchte diese DDR-Reise gerne, wenn möglich, mit einem *Besuch in Leipzig, dem Zentrum der DDR-Jugendforschung*, verbinden. Geht das? Brauche ich dafür eine extra Einladung? Wenn ja, könnten Sie mir so etwas besorgen? ... Ich lege Ihnen mal heute drei Beiträge zum Thema ‚Jugend(forschung)‘ bei, damit Sie sich etwas mehr orientieren können, was ich so schreibe.“

Im Antwortschreiben zu Weihnachten/Neujahr war zu lesen: „Ich hoffe, daß wir uns im Jahr 1989 in Berlin oder Leipzig treffen können. Ihre Artikel haben *mich neugierig auf weitere Gespräche* gemacht“. Ich habe darauf u.a. geantwortet: „Ihr Schreiben kam just an dem Tag, an dem ich per Telefonat mit Ihrem Kollegen Dr. Döge von der Humboldt-Universität alles klar gemacht habe für eine Einladung im Frühjahr nach Ost-Berlin! Das *Jahr 1989* begann also äußerst erfreulich, was eine *Zusammenarbeit mit DDR-Kollegen* betrifft ... Ich würde gerne mit Ihnen und anderen Kollegen des ZIJ zusammentreffen, um sich in lockeren Gespräche und Diskussionen austauschen zu können. *Vielleicht entstehen ja dabei interessante Anregungen für eventuelle Zusammenarbeit* ... Das wär’s in Eile als sofortige Reaktion auf Ihr Schreiben. Daran können Sie auch sehen, daß mich Kontakte zu Ihnen und dem ZIJ sehr interessieren.“ (*8.1.1989*)

Im Schreiben von Dieter Wiedemann vom *14.2.1989* stand: „Falls Sie aber ein DDR-Visum erhalten, würde ich Sie gerne zu einer Diskussion in das Schulungs- und Ferienobjekt unseres Institutes ... *einladen* ... Ich lege Ihnen einen Überblick über Veröffentlichungen unseres Instituts bei ... An dem von Ihnen vorgeschlagenen *Publikationsvorhaben* würden wir uns gerne beteiligen ... Den für mich hochinteressanten Beitrag von Ihnen zu *'Jugend und Gesellschaft'* will ich für unseren Referatedienst besprechen ..."

In der Zwischenzeit hatte ich Kontakt zu meinem Verleger aufgenommen, der mir am *7. April 1989* zu meinen Vorschlägen antwortete: „ ... versuche ich vergebens, Sie telefonisch zu erreichen. Damit nichts anbrennt, nun also schriftlich: ... Das mit dem DDR-Sammelband klingt interessant. Ich würde den sofort machen. Gute Reise und schöne Grüße ..."

Von meiner DDR-Studienreise nach Berlin (Humboldt-Universität) und Leipzig (ZIJ) zurückgekehrt, schrieb ich an den Verlag: „ ... Es ist leider so, daß der Direktor des ZIJ, Herr Prof. Dr. W. Friedrich (ein sehr offener, sympathischer und engagierter Mann; er leitet das Institut seit seiner Gründung vor 22 Jahren) in einem mehrstündigen Gespräch mit mir (was angeblich eine große Ehre ist, wie mir seine Mitarbeiter sagten!) darlegte, daß es *gegenwärtig unmöglich* ist, einen solchen Band *'Jugend und Jugendforschung in der DDR'* in der BRD zu publizieren!

Das Institut ist der einzige Bereich in der DDR, wo überhaupt Jugendforschung stattfindet. Es ist daher isoliert, ohne Diskussion mit anderen Bereichen. Die Ergebnisse werden in der Regel nicht publiziert. Publiziert wird unter Eingriff von außen (Zensur, Kontrolle, Zwang) das Nichtssagende oder immer mehr Themen und Inhalte ohne direkten Jugendbezug ... Die interessanten (heißen) Ergebnisse des Instituts sind noch nicht publizierbar! Mir wurde dann auch ein *'Stahlschrank'* symbolisch gezeigt. Herr Prof. Friedrich (der mit Abstand bekannteste und profilierteste Jugendforscher der DDR) meint, *man müsse wohl noch ca. zwei Jahre abwarten, was geschieht – Perestrojka ante portas!?*

Seine Mitarbeiter, mit denen ich ein etwa dreistündiges Kolloquium zur Jugendforschung hatte, meinten dagegen, dies sei die *utopische Hoffnung eines (Älteren) Mannes,* der dies noch erleben möchte, bevor er als 65jähriger in wenigen Jahren pensioniert wird. Das gesamte ZIJ scheine gefährdet, wenn Friedrich gehen würde ... Er habe auch schon zurücktreten wollen; dann wäre das Institut aber vielleicht geschlossen worden! Im Kolloquium habe ich dann erfahren, daß dort sehr interessante Forschung von qualifizierten, engagierten und kritischen Soziologen, Psychologen und Pädagogen durchgeführt wird – nur: wofür, wozu, wenn kaum publiziert wird?

So weit der Bericht. Ich bleibe mit Herrn Friedrich in Kontakt; wir wollen uns wieder sehen und sprechen ... *Vielleicht, und das war unsere Hoffnung, läßt sich ein solches Projekt in zwei bis drei Jahren wirklich realisieren."*

Am *18. Juli 1989*, zu Beginn unserer Semesterferien, habe ich an Walter Friedrich geschrieben: „Lieber Herr Friedrich ... So hat eben jedes Land seine Probleme ... Wann kommen Sie mal wieder in die BRD? ... Wir wollten doch mal an den Tegernsee, wandern und 'auf den Spuren meiner Kindheit' die

Berge durchstreifen ... Ich würde mich freuen, wenn ich alsbald von Ihnen und Ihren Plänen und Ansichten hören würde."

Wandern statt Wissenschaft war das Ergebnis unseres Strebens! Unsere ersten Kontakte und Pläne für die wissenschaftliche Zusammenarbeit und die Konzipierung gemeinsamer Projekte waren nach meinem Besuch im Frühjahr 1989 in Leipzig im ZIJ einer realistischen Auffassung gewichen, die *Enttäuschung über die Grenzen des Machbaren* versuchten wir durch wissenschaftsferne und realisierbare Wünsche wie „gemeinsam wandern" zu kompensieren.

Die Andeutung einer Art *„Wende"* geschah dann mit dem Schreiben von Walter Friedrich vom *27. September 1989*: „Lieber Kollege Griese! Über Ihren Brief, der mich vor einigen Wochen erreichte, habe ich mich sehr gefreut. Das leider so kurze Gespräch mit Ihnen hat doch tiefe ‚mnestische Spuren' hinterlassen. Ich erinnere mich gern daran, auch an Ihr verlockendes Angebot, die Berge am Tegernsee mit Ihnen zu durchstreifen. Aber so gleich wird das wohl von meiner Seite nicht zu machen sein. Hier gibt es – wie Sie wissen – *allerhand aufregende Prozesse, über die man sprechen müßte* ... Zur Information über die Aufgaben, Struktur und ausgewählte Publikationen unseres Instituts lege ich Ihnen zwei Broschüren bei."

Am *18. Oktober 1989* – die große Protestdemonstration in Leipzig war am *9. Oktober 1989* – schrieb ich erstmals an W. Friedrich und D. Wiedemann gemeinsam: „Lieber Herr Kollege Friedrich, lieber Dieter ... Ich habe mittlerweile sechs neuere Publikationen vom ZIJ ... die *Basis für eine Publikation* (von Schriften, die bereits publiziert und daher unproblematisch sind) sein könnten ... Ich bin diese Woche wieder von der Humboldt-Universität zu einer Tagung eingeladen worden ... würde dann aber sehr gerne die Einladung nach Leipzig wahrnehmen ... Alles wird sicher nicht gehen, aber Leipzig wird drin sein (nicht nur wegen der Nicolai-Kirche) (die mir W. Friedrich bei meinem ersten Besuch in Leipzig gezeigt hatte, als wir gemeinsam einen Stadtbummel machten) ... Wenn sich die Gesamtlage erst entspannt und die Reisemöglichkeiten verbessert haben, könnte man sicher eine Menge machen ... Herzliche Grüße nach Leipzig und alles Gute für die Zukunft..."

Dann der Brief aus Leipzig vom *15.11.1989*: „Lieber Kollege Griese! Besten Dank für Ihren Brief vom 18.10. *Das war der Tag der Wende: Sie wissen, daß ich, wie auch die Kollegen des Instituts, diesen Tag herbeigesehnt und auch herbeigearbeitet haben.* Doch ist es, wie es sich jetzt schon zeigt, in der Tat zu spät gekommen. *Hier überstürzen sich die Ereignisse.* Nach einem kurzen Zwischenhoch des Optimismus hat aber eine *Talfahrt* eingesetzt (am *9. November 1989* wurde die ‚Mauer' in Berlin geöffnet, H.G.). Ich danke Ihnen sehr für Ihre (schon in Leipzig) geäußerte Idee, eine kleine Publikation von uns herauszubringen. *Heute gibt es keine Schranken mehr.* Aber ich würde doch vorschlagen, noch ein paar Monate zu warten, um die neuen Entwicklungen schon reflektieren zu können. Ältere Publikationen geben heute ein verzerrtes Bild von der DDR und ihrer Jugend. *Die Denk-, Wertungs- und Lebensweisen unserer Jugend befinden sich wirklich in einem Umbruch, sind heute ganz anders als vor einigen Monaten oder Jahren. Und wer in einiger Zeit über die DDR spricht, der muß die Wende/Erneuerung reflektieren, möglichst auch die Zeit danach.* Natürlich ist das, wie gerade Sie sich gut vorstellen können, eine *einmalige Chance für den Sozialwissenschaftler*, solche Umbruchsphasen, solche ,Mentalitätswandlungen' zu beobachten und festzuhalten. Eine solche Chance gibt es – wenn überhaupt – *nur einmal im Leben.* Sehr gerne würde ich mich mit Ihnen mal wieder unterhalten. Der 7./8. März (1990, H.G., an denen ich nach Leipzig kommen wollte) liegt für mich aber schon ,Äonen' voraus."

Es waren die Wochen gekommen, in denen wir alle Abend für Abend am Fernseher saßen und den Berichten aus Leipzig, Berlin, Dresden und anderen Orten in der DDR lauschten.

Am *3. Januar 1990* habe ich W. Friedrich geantwortet: „Lieber Kollege Friedrich! Ich glaube, ich habe Ihnen immer noch nicht auf Ihren Brief vom 15. November 1989 geantwortet. Aber in *turbulenten Zeiten* redet man viel ... und schreibt weniger... Hier haben wir viel über die Lage in der DDR, in Leipzig, den *neuen Nationalismus* (,Deutschland einig Vaterland' – vielleicht wäre besser ,Nie wieder Vereinigung'?) usw. und natürlich auch über das ZIJ und eventuelle gemeinsame Projekte geredet. Dieter Wiedemann wollte sich im Januar mit einem Konzept/Plan für eine Publikation melden ...*Ich habe mehr Interesse daran, daß das ZIJ hier in der BRD zu Wort kommt! Und das ist ja jetzt kein Problem mehr.*

Ich würde es daher begrüßen, wenn es möglich wäre, einen Band *mit Untersuchungsergebnissen zur DDR-Jugend* herausgeben zu können, welche bisher nicht veröffentlicht wurden (werden durften) ... Vielleicht schreiben Sie mir mal, was Sie von der Idee eines gemeinsamen Readers Friedrich/ Griese (Hrsg): *Jugend in der DDR* ... halten!? ... Die Textauswahl liegt beim ZIJ bzw. bei Ihnen. Ich würde dann nur eine Art Schlußwort/Ausblick dazu schreiben ... aus der Ferne sozusagen. In einem Vorwort würde ich nur kurz auf unser Kennenlernen eingehen ... und die *neuen Möglichkeiten, alte Pläne zu realisieren* (dazu gehört dann auch die Bergwanderung am Tegernsee, wenn der Band erschienen ist!?) ... Natürlich wäre auch interessant, Ihren Vorschlag aufzunehmen und einen Band *mit neueren Erkenntnissen, Reflexionen, Umfrageergebnissen zum Thema ,Jugend'* herauszugeben. Aber gerade dafür wären die ,alten' Ergebnisse/Erkenntnisse wichtig, um den Wandel beschreiben, erklären und verstehen, reflektieren zu können. Möglich wäre also auch ein etwas *umfangreicherer Band mit ,alten' und ,neuen' Erkenntnissen zur ,Jugend in der DDR vor und nach* ... Dann wäre auch *Theorie* gefragt und sehr wichtig! ...

Beste und herzliche Grüße und alles Gute, für Sie persönlich und beruflich, für das Institut und seine Mitarbeiter und für die DDR ... damit sie (uns allen in Europa) *erhalten bleiben ...*'

Mit Datum vom *25. Januar 1990* erreichte mich eine *Einladung* von W. Friedrich ans ZIJ: „Ich komme auf unsere Gespräche und Korrespondenz im letzten Jahr zurück und möchte Sie hiermit zu einem Besuch an unser Institut einladen.

Die politischen Prozesse haben – wie Ihnen gut bekannt ist – *völlig neue Bedingungen für die wissenschaftliche Zusammenarbeit* geschaffen. Ich wäre sehr daran interessiert, mit Ihnen künftig Projekte gemeinsamer Forschungen, besonders auch *gemeinsame Publikationen* zu beraten."

Im weiteren Prozeß folgten Briefe an den Verleger, vom Verleger Herrn Budrich an mich, von mir ans ZIJ usw., in denen Vorschläge für eine Konzeption bzw. für Inhalt und Aufbau eines Bandes gemacht wurden. Von Verlagsseite aus hatten wir vollkommen freie Hand.

Am *13. Februar 1990* schrieb Walter Friedrich: *„Ihre Ideen und Angebote finde ich sehr gut, und ich freue mich schon sehr auf die Diskussion mit Ihnen."*

Danach erfolgte mein Besuch in Leipzig beim ZIJ, bei dem ich allerdings Herrn Friedrich nicht antreffen konnte, da dieser, wie mir kurz vorher mitgeteilt wurde, dringend zu Projektabsprachen in die Bundesrepublik reisen mußte – jedes gemeinsame Projekt schien *die Existenz des ZIJ* zusätzlich zu legitimieren; und die Existenz war auch jetzt – nach der Wende und im *Frühjahr 1990*, kurz vor der Wahl zur DDR-Volkskammer – noch *gefährdet.*

Mit Datum vom *25. April 1990* erhielt ich dann von Walter Friedrich eine Konzeption für den hier vorliegenden Reader. Titelvorschlag war „Jugend in den Mauern. Beiträge über Jugendentwicklung und Jugendforschung in der DDR".

Im Brief stand u.a. zu lesen: „Bitte teilen Sie mir mit, wie Sie und der Leske-Budrich-Verlag darüber denken ... Die konzeptionellen Überlegungen habe ich kurz gehalten ... selbstverständlich würde ich mich sehr freuen und wäre Ihnen dankbar, wenn die Einleitung bzw. ein Vorwort, besser noch ein längeres Nachwort, von Ihnen übernommen werden könnte. *Wie denken Sie darüber?"*

Nach einigen Überlegungen zu Inhalt und Einzelthemen schloß ich mein Antwortschreiben mit folgenden Worten *(6. Mai 1990):* „Das sind meine wenigen und marginalen Fragen und Vorschläge zum Konzept, das ansonsten wohl einen *einmaligen und hochinteressanten Überblick über die DDR-Jugend und DDR-Jugendforschung* (und ihre Ergebnisse) liefert, und ich wäre froh und glücklich, wenn der Band so zustandekommt."

Ende Mai 1990 traf ich in Leipzig mit Walter Friedrich zusammen. Die ersten Beiträge zum Reader wurden mir übergeben, die Konzeption zusammen besprochen und bejaht – alle Hürden waren beseitigt: es war jetzt nur noch eine Frage der Zeit.

Am *20. Juli 1990* konnte ich dem Verleger mitteilen: „Den neuen Katalog mit der Ankündigung unseres Buches Friedrich/Griese (Hg.): *„Jugend in* *den Mauern"* habe ich erhalten. Herzlichen Dank, alles ist bestens ... Diese Woche habe ich von Herrn Friedrich bereits 10 Beiträge zum Reader zugeschickt bekommen – alles läuft gut ... Ende August bin ich wieder in Leipzig. Da können wir die letzten Feinabsprachen treffen."

Ab Sommerurlaub von Herrn Friedrich hatte Frau Dr. Uta Schlegel die Arbeiten am Reader übernommen, wofür ich mich an dieser Stelle ganz besonders bei ihr bedanken will. Am *31. Juli 1990* konnte dann W. Friedrich verkünden: „Jetzt wird im Schreibbüro die Endfassung hergestellt ... wenn Sie, was ich vermute, weitere kritische Hinweise haben, dann teilen Sie mir dies doch bald mit, damit wir sie hier noch berücksichtigen können."

Mit Datum vom *10. August 1990* erhielt ich von Uta Schlegel vom ZIJ einen Brief, zusammen mit drei weiteren Manuskripten: „Haben Sie vielen Dank für Ihren umfänglichen und freundlichen Brief vom *3.8.1990* mit vielen nützlichen Bemerkungen ... ist es sicher zweckmäßig, ein Autorenverzeichnis zusammenzustellen. Nach Schluß der ... Arbeiten fiel mir doch ein deutliches inhaltliches ‚Loch' auf: die weiblichen Jugendlichen, was ich nun – in Absprache mit Prof. Friedrich – selbst noch verzapft habe, zunächst nicht ahnend, daß ich mich damit auch gleichzeitig auf eine Bewertung der DDR-Frauen-Politik, der Rolle des Frauenverbandes u.ä. eingelassen habe ...

Ein nunmehr aktualisiertes Inhaltsverzeichnis lege ich Ihnen bei ... wir beide würden z.B. am *27.8.1990* das Manuskript fertigmachen. Jedenfalls freue ich mich auf diese Arbeit mit Ihnen, auf Ihre Sicht der Dinge und überhaupt auf die ‚Preßwehen' an dem Band!"

Ende August 1990 war ich dann einige Tage in Leipzig, wo Uta Schlegel und ich zuerst unsere redaktionellen Anmerkungen wechselseitig überprüften und aufeinander abstimmten, bevor wir zur abschließenden redaktionellen Dreierkonferenz mit Walter Friedrich ins ZIJ fuhren. Einige Passagen, so in der Einleitung von Friedrich, waren noch zu aktualisieren, neueste empirische Daten vom August 1990 (!) waren noch zu ergänzen und einige allgemeine Aspekte zu diskutieren (Begriffe, Autorenbiographien, noch zu liefernde Beiträge usw.).

Abgeschlossene Manuskripte wollte mir Uta Schlegel direkt nach Jena bringen (dort hatte ich im Sommersemester 1990 eine Gastprofessur an der Friedrich-Schiller-Universität), damit ich es direkt und unter Ausschluß des manchmal nicht unproblematischen Postweges mitnehmen könnte. Ihr Anruf in Jena am *4. September 1990* ergab jedoch, daß noch nicht alle Arbeiten abgeschlossen waren. So vereinbarten wir, daß sie das nunmehr fertige Endmanuskript am Samstag, dem *8. September 1990*, mit dem Auto zu mir nach Hause bringt, weil dann Uta Schlegel diese Reise zugleich mit einem Privatbesuch bei meiner Familie und endlich mit dem Besuch ihrer „Lieblingskusine" in der Nähe verbinden konnte (ihre Treffen waren in den letzten 20 Jahren nur in umgekehrter Richtung in Leipzig möglich gewesen!). So geschah es dann auch.

Zuvor erreichte mich noch der Brief vom *5.9.1990*:

„Lieber Hartmut,...es war schon *bemerkenswert* an unserem Dreiergespräch zum Manuskript und weit darüber hinaus, daß wir doch in allen *Fragen ziemlich auf einer ‚Wellenlänge‘* lagen und daß insofern nicht zufällig Walter Friedrich Dir nach wenigen Minuten spontan das *‚Du‘* angeboten hat – und wir uns auch. *So etwas dauert bei ihm sonst Jahre* ... Ganz interessant fand ich, daß unsere (d.h. Deine, Walters und meine) Veränderungen in den Beiträgen zu 80% übereinstimmten und daß 20% mittlerweile *ausgeprägte Unterschiede in den Sprach- und damit Denkgewohnheiten im deutschen Osten und Westen* ausmachten – wie Du beispielsweise über DDR-typische Wörter wie *„Tonnen-Ideologie“, „Kommando-Pädagogik“, „bekritteln“, „Mittelmaß-Praxis“* usw. gestolpert bist ...

Einen Beitrag zur Intelligenzentwicklung im Jugendalter haben wir doch noch aufgenommen, weil sie (wie besprochen) einen wichtigen Forschungsgegenstand im ZIJ darstellte – wohl wissend, daß das für die BRD-Jugendforschung nicht ... der Fall ist ... Mein eigener Beitrag über weibliche Jugendliche ist auch dabei (das Thema wird uns in Zukunft wohl sehr bewegen!)...*Übrigens, Du und Deine Familie, Ihr seid jederzeit herzlichst bei uns willkommen.“*

Wiedensahl, den 13. September 1990 Hartmut M. Griese

Literatur:

Döge, K./Griese, H. M. (Hrsg.): Erwachsenenbildung in der DDR – im Umbruch. Allgemeinpädagogische und berufspraktische Überlegungen. Baltmannsweiler 1991

Hoffmann-Novotny, H.-J. (Hrsg.): Kultur und Gesellschaft. Beiträge der Forschungskomitees, Sektionen und Ad-hoc-Gruppen. Gemeinsamer Kongreß der Deutschen, der Österreichischen und der Schweizerischen Gesellschaft für Soziologie. Zürich 1988, Zürich 1989

Lindner, B./Stiehler, H.-J.: Jugend = Kultur? Zum Stellenwert kultureller Verhaltensweisen in neueren jugendsoziologischen Publikationen in der BRD. In: Weimarer Beiträge 4/1988

Zum Verbleib der Forschungsfelder und WissenschaftlerInnen der DDR-Jugendforschung

Uta Schlegel

Das Zentrum der DDR-Jugendforschung war das Zentralinstitut für Jugendforschung (ZIJ) in Leipzig. Die darüber hinaus zu Jugend Forschenden[1] waren mehrheitlich im universitären Bereich angesiedelt.[2]

Die folgenden Aussagen gründen sich – neben Gesetzestexten und offiziellen Dokumenten – vor allem auf eine eigene empirische Untersuchung zum Verbleib der Forschungsfelder und WissenschaftlerInnen der DDR-Jugendforschung, eine Totalerhebung per Fragebogen Ende 1993/Anfang 1994 (N = 60, davon 53 ZIJ)[3], zu der wir zusätzlich den Verbleib der wenigen ZIJ-WissenschaftlerInnen, die in der Studie nicht geantwortet hatten, ermittelt sowie berufliche Veränderungen seit dem Zeitpunkt der Erhebung bis jetzt (Frühjahr 1996) nachrecherchiert haben.

1 Quantitativ machten sie insgesamt rund ein Sechstel der DDR-Jugendforscher aus, und zu ihnen unterhielt das ZIJ enge Kommunikations- und Kooperationsbeziehungen – teilweise bis hin zu gemeinsamen Methodiken und Auswertungsverfahren; inhaltlich betraf das insbesondere Forschungen über die Studentenschaft.

2 Wissenschaftliche Einrichtungen in der DDR mit Forschungsthemen zur Jugend (ohne Anspruch auf Vollständigkeit):
- Akademie der Pädagogischen Wissenschaften (APW) / Institut für Erziehung / Abt. Soziologie des Bildungswesens – insbes. Untersuchungen zu Schülern
- Zentralinstitut für Hochschulbildung – insbes. Untersuchungen zu Studenten
- Karl-Marx-Universität Leipzig – insbes. Untersuchungen zu Studenten und Schülern
- Wilhelm-Pieck-Universität Rostock – insbes. zur Geschichte der Jugendbewegung
- Akademie der Wissenschaften (AdW) / Institut für Soziologie und Sozialpolitik (ISS) – insbes. zu Familie, Jugend und Frieden
- Akademie für Gesellschaftswissenschaften beim ZK der SED (AfG) – insbes. zu Jugendpolitik
- Ingenieurhochschule für Seefahrt Rostock-Warnemünde
- Pädagogische Hochschule Güstrow – insbes. zum Verhältnis der Jugend zu Kirche
- Akademie für Staats- und Rechtswissenschaft – insbes. zu Jugendkriminalität
- Hochschule der Deutschen Volkspolizei – dto.
- Humboldt-Universität zu Berlin
- Medizinische Akademien – insbes. zu suizidalem Verhalten im Kindes- und Jugendalter
- Institut für die Hygiene des Kindes- und Jugendalters
- Zentralvorstand der Gesellschaft für Sport und Technik (GST)/Abteilung Wissenschaft, insbes. zur Wehrerziehung

3 Der Forschungsbericht dazu ist erschienen unter Schlegel 1996, ein Kapitel in Bolz/Griese 1995 sowie ein darüber hinausgehender Beitrag – unter dem Aspekt der Transformation der außeruniversitären soziologischen Forschung in Ostdeutschland – unter Schlegel 1997.

1. Forschungsthemen

1.1 Die Forschungsfelder zu DDR-Zeiten

1.1.1 Thematische Schwerpunkte

Das Zentralinstitut für Jugendforschung (ZIJ) wurde 1966 gegründet. Nach der Periodisierung der DDR-Soziologie nach Wolf (1992) bzw. Kollmorgen (1995) fällt dies nicht zufällig – nach der „Tauwetter-Periode" – in die 4. Periode (1964/65 – 1969), die Periode der Etablierung der Soziologie der DDR.

Natürlich gab es davor – insbesondere von Pädagogen und Psychologen seit Ende der 50er Jahre – empirische Untersuchungen zu verschiedenen Lebensbereichen Jugendlicher, beispielsweise zur Jugendpsychologie, zu Berufswahl/-ausbildung und Arbeitsbeziehungen, zu Werten, zu deviantem Verhalten, zum Sexualverhalten Jugendlicher. (vgl. im einzelnen dazu Schlegel 1991: 372f.)

In den ersten Jahren nach der Gründung des ZIJ war die Jugendforschung noch stark von der Psychologie geprägt – nicht zuletzt deshalb, weil diese damals in der DDR als Disziplin schon legitimiert war –, wurde jedoch rasch und zunehmend sozialwissenschaftlich, und zwar interdisziplinär sozialwissenschaftlich.

Gemäß „Gesetz" (GBl. II Nr. 72 vom 7. Juli 1966) wurde das ZIJ als das „wissenschaftliche Zentrum der Jugendforschung" der DDR ausgewiesen und hatte die „Grundtendenzen, Grundprobleme und Grundprozesse der Entwicklung und sozialistischen Erziehung der jungen Generation sowie die Hauptmethoden der Jugendforschung zu erarbeiten und dadurch die Entwicklung der Jugendforschung der Deutschen Demokratischen Republik inhaltlich und methodisch zu fördern". (ebd.: 464)

Eine deutliche Modifizierung erfolgte nach ersten (unerwünschten) Forschungsergebnisse des ZIJ (Erich Honecker, damals Sekretär im ZK der SED, verantwortlich für Jugendpolitik, zog erstmalig eine Schließung des ZIJ ins Kalkül) schon 1973 mit einem neuen Gesetzblatt und einer Änderung des Statuts des ZIJ mit folgenden bemerkenswerten Beschränkungen: „Das ZIJ ... nimmt Einfluß auf Inhalt, Methoden und Organisation der Jugendforschung (mit Ausnahme von Untersuchungen im Bereich der bewaffneten Organe, der Volksbildung und der gesellschaftlichen Organisationen)." (Gesetzblatt 1973: 372 ff.)

Die inhaltliche Fokussierung und gleichzeitig Breite der empirischen Forschung war geeignet, daß zentrale und ideologisch induzierte soziologische Forschungskategorien in der DDR (Beispiel: Lebensweise, Sozialstruktur) am ZIJ nicht direkt und massiv thematisiert wurden, obwohl auch das

ZIJ – wie andere gesellschaftswissenschaftliche Forschungseinrichtungen – in den „Zentralen Plan der Gesellschaftswissenschaften“ eingebunden war.

Seit Anfang der 70er Jahre hatte das ZIJ einen klar definierten Aufbau (im Laufe der Jahre nur punktuell modifiziert/erweitert), der zum einen strukturiert war nach bestimmten Forschungsfeldern und zum anderen nach der Forschungstechnologie[4].

Insofern lassen sich die Forschungsthemen zunächst relativ gut festmachen an solchen Struktureinheiten des ZIJ. Auf darüber hinausgehende bzw. „querliegende“ gehen wir anschließend ein.

Vorab sind dazu – angesichts bestimmter *Besonderheiten* gegenüber dem westdeutschen Wissenschaftsbetrieb – einige Bemerkungen vonnöten:

1. ist anzumerken, daß das *Jugendalter* in der DDR anders als das in der BRD (in Wissenschaft, Politik und sozialer Praxis) definiert war; insbesondere grenzte der Jugendbegriff mehrheitlich die Kindheit aus (zumal nachdem 1970 die Akademie der Pädagogischen Wissenschaften APW gegründet und dem ZIJ Forschungen in Schulen untersagt wurden) und war nach oben – im Sinne des Jugendgesetzes – mit der Vollendung des 25. Lebensjahres begrenzt.
2. Wenn auch mittlerweile bekannt ist, daß die DDR-Soziologie insgesamt einen sehr geringen und (thematisch) selektiven *publizierten Verschriftungsgrad* hatte und darüber hinaus auch noch rigiden Zensierungsmechanismen ausgesetzt war, so gilt das in extremer Weise für das ZIJ – bis hin zu mehrfachen formalisierten Publikationsverboten, gerichtet zum einen an das ZIJ und zum anderen direkt an die einschlägigen Verlage und Redaktionen. Insofern geben die Publikationen naturgemäß die Forschungsfelder des ZIJ nur sehr unvollständig bzw. verzerrt wider und grenzen einige sogar aus (z.B. deviantes Verhalten, Verteidigungsbereitschaft, Rezeption der BRD-Massenmedien).
3. Besser bilden dies die *ZIJ-Forschungsberichte* ab, die fast von Anfang an allesamt den Geheimhaltungsbestimmungen[5] unterlagen und einen verbindlich festgelegten Verteiler hatten (zentrale Leitungen von Staat, Partei, FDJ). Quantifiziert spiegelt sich dieses wissenschaftliche Output innerhalb des Insgesamts soziologischer Forschung in der DDR deutlich

4 Die forschungstechnologischen Abteilungen waren orientiert am sozialwissenschaftlichen Forschungsprozeß (s. Friedrich/Hennig 1975; Friedrich/Hennig 1976): Forschungsorganisation (mit u.a. der Verantwortung für die Feldarbeit, die Stichprobenauswahl und Repräsentativität), der Forschungsmethodik (mit u.a. der Erarbeitung gegenstandsadäquater Analyseinstrumente, Standardisierung von Verfahren, methodenkritischen Analysen), Information/Dokumentation (einschl. Bibliothek und Übersetzer), Statistik und Informationsverarbeitung (einschl. der Erarbeitung statistischer Auswertungsverfahren und der rechentechnischen Bearbeitung der empirischen Untersuchungen).

5 mit verschiedenen Geheimhaltungsstufen: NfD = Nur für den Dienstgebrauch, VD = Vertrauliche Dienstsache, VVS = Vertrauliche Verschlußsache, GVS = Geheime Verschlußsache)

wider in den durch das Informationszentrum (IZ) Sozialwissenschaften Bonn seit der „Wende" erfaßten Dateneinheiten (d.h. vor allem: nichtveröffentlichter Forschungsberichte) und auch in den aufbereiteten Daten-Archivierungen des Zentralarchivs für Empirische Sozialforschung in Köln mit seinem speziellen Informationssystem „Jugend im Osten", dessen umfangreichster Bestand (135 Studien) aus dem ZIJ kommt (siehe dazu ausführlicher ZA-Information 38/1996: 54ff.).

Vom IZ Sozialwissenschaften erfaßte Dateneinheiten: Verteilung nach Teildisziplinen und nach Regionen (Stand: Dezember 1993; Quelle: Jahresbericht des IZ 1994) – in %

Teildisziplin		Region	
Jugendsoziologie	29	Berlin	48
Industrie / Betriebe	16	Leipzig	30
Grundlagen/Methodologie/allg.	9	Potsdam	7
Beruf/Bildung	8	Dresden	4
sonstiges	8	Halle	4
Wissenschaftssoziologie	5	sonst. erm. Orte	3
Siedlungssoziologie	4	Jena	2
Familie/Freizeit	4	Rostock	2
Kunst/Kultur	4	Greifswald	1
Sozialpsychologie	4		
Agrarsoziologie	3		
Wirtschaft	2		
Medizinsoziologie	2		
politische Soziologie	2		

– Die *Dissertationen* aus dem ZIJ haben offensichtlich einen Sonderstatus hinsichtlich ihrer Generierung. Das ZIJ hatte kein eigenständiges Promotionsrecht. In diesem Punkt ist Klinkmann (1991) und Kaase (1994) deutlich zu widersprechen, wenn sie die weitgehende Auslagerung von Forschung in der DDR an außeruniversitäre Einrichtungen mit eigenständigem Promotionsrecht begründet sehen in deren systematischeren Plan- und Kontrollierbarkeit, weil sie außeruniversitäre Forschung unzulässig reduzieren auf die Akademien. Vielmehr sind am ZIJ wissenschaftliche Themen für akademische Graduierungen (Dissertationen A und B) durchaus endogen und individuell generiert worden – wenn auch aus dem Kontext der theoretischen, methodischen und empirischen Forschungsarbeit und ihren Ergebnissen. Dies implizierte allerdings auch (teilweise erhebliche) Prozedere-Schwierigkeiten bei der Logistik von Dissertationen: einerseits keine Freistellungen, Aspiranturen, Befristungen, formale Betreuung von Dissertationen; andererseits jeweils eigenständige Suche nach geeigneten wissenschaftlichen Einrichtungen (Universitäten, Hochschulen, Akademien) mit Promotionsrecht für die (mehrheitlich selbstverständlich nichtöffentlichen) Promotionsverfahren. Andererseits hatten die betreffenden universitären und außeruniversitären Einrichtungen mit Promotionsrecht ein deutliches Interesse an Dissertationen A und B (sowie Dozenten- und Professorenrufen) aus dem ZIJ, weil sie dies mehrheitlich damit verknüpfen konnten, ZIJ-WissenschaftlerInnen für ihre Lehre bzw. Forschung zu gewinnen.

- Last but not least ist in diesem Zusammenhang darauf hinzuweisen, daß innerhalb der *wissenschaftlichen Kommunikation die „orale“* eine ganz wesentliche Rolle spielte. Diese läßt sich aus heutiger Perspektive natürlich am schlechtesten erfassen und dokumentieren, wird aber beispielsweise daran erkennbar, daß Konferenzbeiträge (im In- und Ausland), die in aller Regel vorab vorzulegen und zu überarbeiten waren, mehrheitlich deutlich von der mündlich vorgetragenen Version abwichen, aber in der „genehmigten“ Fassung in das eventuell publizierte Konferenzprotokoll eingingen.[6]

Die Struktureinheiten (Forschungsabteilungen) des ZIJ waren zum einen definiert nach den verschiedenen *Jugendpopulationen*, zum anderen nach verschiedenen *Lebensbereichen der Jugend*:

Struktur des ZIJ (1990)

Direktor
(Prof. Walter Friedrich)

Sekretariat

Wissenschaftlicher Sekretär

Sekretär für internationale Verbindungen

stellvertretender Direktor	stellvertretender Direktor
Forschungsbereiche	*Bereiche Forschungstechnologie*
Jugend und Arbeit	
Landjugend	Forschungsorganisation
Studenten	
Jugend und Bildung	Forschungsmethodik
Jugend und Familie	
Partner- und Sexualforschung	Statistik und Informationsverarbeitung
Kultur- und Medienforschung	
Jugend und Recht	Information/Dokumentation
Jugend und Tourismus	
Jugend und Politik	Schreibbüro
Meinungsforschung	

6 Im „Klartext“ wurde auch bei weniger „offiziellen“ Beratungen und Problemdiskussionen auf „zentraler“ Ebene (Zentralrat der FDJ, GST, NVA) gesprochen – auf mittlerer und unterer sowieso –, was allerdings auch zu reglementierendem Feedback führen konnte.

- *Jugend und Arbeit:* Sie war eine der ältesten Abteilungen und untersuchte Personalisations- und Sozialisationsprozesse bei Lehrlingen und jungen Arbeitern (später auch bei jungen Hoch- und Fachschulabsolventen): Berufswahl/-ausbildung, Berufsintegration, Weiterbildung, Übergangsprobleme Schule – Berufsausbildung – Erwerbsarbeit; Leistungsbereitschaft/-ähigkeit im Beruf, Erwerbsarbeit innerhalb der Lebensziele; Haltungen zu Technik/wissenschaftlich-technischen Innovationen; Persönlichkeit von/Beziehungen zu Leitern; Arbeitseinstellungen; innerbetriebliche Mitbestimmung; zuletzt auch Probleme der Jugendarbeitslosigkeit (WissenschaftlerInnen: Bertram, Kasek, Gerth, Kaftan, Ronneberg, Ulrich). Nach einer ersten großen Studie zu Mädchen und jungen Frauen (Bertram/Schlegel) als Sekundäranalyse 1974/75 zum Internationalen Jahr der Frau und kontinuierlicher Mituntersuchung von Geschlechtsunterschieden und Gleichberechtigungsprozessen wandte sich die Abteilung Mitte der 80er Jahre auch spezieller Frauenforschung zu, insbesondere der Erwerbstätigkeit junger Frauen (Bertram, Schlegel, Kabat vel Job)
- *Landjugend:* Über die spezifischen Lebenswege, Arbeits- und Lebensbedingungen der Landjugend (im Sinne der auf dem Lande arbeitenden oder/und wohnenden) hinaus beschäftigte sich die Abteilung mit demographischen Prozessen der Jugend (Migration, Pendler) und jugendlichem Umweltbewußtsein (Süße, Gericke, Holzweißig).
- *Studenten:* Über 20 Jahre lang untersuchte die Abteilung unter den Studenten – als Teil der Jugend und künftige Intelligenz – insbesondere folgende Fragen: Studienwahl und Hochschulzugang, soziale Herkunft und Bedeutung des Elternhauses, Studieneinstellungen und Fachverbundenheit, Lehrkörper-Studenten-Beziehungen, politische Orientierungen/Partizipation, Studienbedingungen, Studentenehe/-familie, Student(in) mit Kind, Kultur-, Sport-, Freizeit-, Gesundheitsverhalten der Studenten (Starke, Bathke, Weller, Mehlhorn, Schauer, Hoffmann, Lange, Heublein, Schreiber).
- *Jugend und Bildung:* Sie befaßte sich insbesondere mit Fragen der kognitiven Entwicklung der Jugend: Bildung als Wert, neue Technologien und Bildung, Intelligenzentwicklung, Kreativität, Hochbegabte (Mehlhorn, Hoffmann, Friedrich, Pollmer, Chalupsky, Gläser).
- *Jugend und Familie:* Die Abteilung untersuchte sowohl die Sozialisation Jugendlicher in der Herkunftsfamilie als auch die Gestaltung eigener Partnerbeziehungen: Wirkungen der Eltern auf die Wertorientierungen und Lebensziele sowie die Leistungs- und Verhaltensentwicklung der Jugendlichen, Geschwisterbeziehungen, familiäre Lebensentwürfe/-formen Jugendlicher: Ehe, Lebensgemeinschaft, Kinderwunsch, Scheidung, Singles, Alleinerziehende (Pinther, Rentzsch, Kabat vel Job, L. Schmidt). Darüber hinaus beschäftigte sich hier ein Bereich mit der kör-

perlichen Entwicklung Jugendlicher (einschl. Akzeleration, Psychosomatik) sowie ihrem Gesundheitsverhalten (einschl. Ernährung, Genußmittel) (insbes. M. Reißig).

- *Partner- und Sexualforschung:* Nach langjährigen einschlägigen Untersuchungen innerhalb der Abteilung Studenten (Partnerstudien I, II und III; Starke) wurde 1990 diese selbständige Abteilung installiert mit den Schwerpunkten: Stellenwert von Liebe und Sexualität im Leben Jugendlicher, Partnerbeziehungen und Ehe, Jugendsexualität (einschl. Partnermobilität, Kontrazeption, Schwangerschaftsabbruch, Homosexualität), AIDS (Starke, Friedrich, Weller).
- *Kultur- und Medienforschung*: Ausgegliedert aus der älteren Abteilung „Jugend und Freizeit", hatte sie vor allem folgende Forschungsthemen: die jugendliche Nutzung und die Funktion der Künste (bes. ihre populären Genres wie Film, Literatur und Musik), der Medien, der Freizeiteinrichtungen und -angebote, ausgewählte Formen kultureller Selbstdarstellung (Mode, Zimmergestaltung), Zeit- und Freizeitbudget (Bisky, Wiedemann, Voß, Stiehler, Ulrich, Lindner, Günther).
- *Jugend und Recht/Jugendkriminologie*: Zuerst untersuchte die Abteilung Rechtsaneignung/-kenntnisse/-bewußtsein im Jugendalter, dann auch abweichendes, aggressives, kriminelles Verhalten Jugendlicher und Gefährdungen sowie die Durchsetzung des DDR-Jugendgesetzes und Jugendliche im Arbeitsrecht, später Probleme des Rechtsextremismus, Okkultismus/Sekten und informelle Gruppen/Skinheads (Brück, Dorn).
- *Jugend und Politik*: Sie untersuchte die politische Sozialisation der Jugendlichen, ihre weltanschaulichen Positionen (einschl. Religiosität), ihre politischen Ansichten, ihr Geschichtsbewußtsein und ihre nationale Identität und Verteidigungsbereitschaft (Förster, Lange, Dennhardt, Schubarth, Roski).
- *Meinungsforschung*: Hervorgegangen aus der ursprünglichen Abteilung „Komplexe Forschungen" (Forschungen mit komplex angelegten Querschnittsuntersuchungen bei gleichzeitig allen sozialen Teilgruppen der Jugend in regelmäßigen Abständen), führte diese Abteilung seit November 1989 – beginnend mit den Leipziger Montagsdemo-Untersuchungen – Studien unter der Gesamtbevölkerung der DDR über 14 Jahre durch und erfaßte so durch Meinungsumfragen (M1 – M9) in kurzen Abständen über die Umbruchzeit die Einstellungsänderungen in den Wertorientierungen („Meinungsbarometer"), zur deutschen Einheit, politische Identität, Parteipräferenzen, Problemerleben beim Übergang von der Plan- zur Marktwirtschaft (Förster, Roski, Hennig, Kaftan).
- Ein kleiner Bereich *„Jugend und Tourismus"* untersuchte seit 1990 unter den neuen gesellschaftlichen Bedingungen die Reisewünsche/-inhalte/-ziele Jugendlicher, den individuellen und organisierten Tourismus und touristische Dienstleistungen (H. Schmidt).

Über diese institutionalisierten Forschungsschwerpunkte hinaus beschäftigten sich Arbeitsgruppen oder einzelne Wissenschaftler des ZIJ – besonders (aber nicht nur) in restriktiven Phasen gegen die empirische Jugendforschung – mit Themen, die nicht eng auf Jugend bezogen waren, sondern weit über sie hinausreichten, beispielsweise:

- die „Auseinandersetzung" mit „bürgerlichen" Theorien (Buchreihe im Deutschen Verlag der Wissenschaften, Berlin): dem Behaviorismus, mit Intelligenz-, Begabungs- und Gruppentheorien, der Psychoanalyse und biologistischen Konzeptionen.[7]
- mit Methodologie, Methodik und Begriffen der Jugendforschung bzw. Sozialwissenschaften (z.B. Friedrich/Hennig „Der sozialwissenschaftliche Forschungsprozeß" 1975 und 1980; Hennig/Schlegel „Begriffe der Jugendforschung"; Schreiber 1973 u. 1980 zur Methode der schriftlichen Befragung und zu Antwortverhalten und Skalierung; Lohse/Ludwig zu statistischen Analyseverfahren);
- die Zuwendung zu Forschungsthemen, die nur mittelbar mit Jugend zu tun hatten, wie etwa: Zwillingsforschung, Geschlecht, Sexualität.

1.1.2 Methodologisch-methodische Prinzipien und Voraussetzungen

Einige methodologisch-methodische Prinzipien aus der Praxis der DDR-Jugendforschung sollen hier in diesem Rahmen wenigstens angerissen (können jedoch nicht in angemessener Weise ausgeführt) werden; dies aus wenigstens zwei Gründen:

- zum einen wegen gewisser Unterschiede zur überwiegenden Praxis der Jugendforschung in der alten Bundesrepublik
- und zum anderen, weil sie später – wie sich retrospektiv herausstellen wird – positive Effekte haben werden für die Berufsbiographien der ostdeutschen JugendforscherInnen nach der „Wende".

- *disziplinäre Herkunft der JugendforscherInnen*: Die wenigsten DDR-JugendsoziologInnen (wie überhaupt alle SoziologInnen) hatten zunächst – angesichts der bekannten (im Verhältnis zu den alten Bundesländern) späten Etablierung des Faches Soziologie in der DDR – den normalen Studiengang Soziologie absolviert (das gilt generell für die Gründergeneration und damit für die „Chefetagen" der soziologischen Lehre und Forschung). Vielmehr haben sie im Regelfall nach dem Studium einer

7 Die „Auseinandersetzung" mit/die „Kritik" an westlichen sozialwissenschaftlichen Theorien und empirischen Arbeiten war quasi die einzig mögliche Beschäftigung mit wissenschaftlichen Ergebnissen aus der Bundesrepublik und anderen westlichen Ländern. (vgl. dazu auch den Beitrag von Mehlhorn in diesem Band)

„Nachbar"disziplin (wie Psychologie, Pädagogik, Philosophie, Ökonomie, Kulturwissenschaft, Medizin, Jura) entweder ein postgraduales Soziologiestudium absolviert oder aber/und sich in jedem Fall durch Dissertationen A bzw. B an soziologischen Fakultäten zur Soziologie graduiert. Im Unterschied zu den SoziologInnen an Berliner wissenschaftlichen Einrichtungen (eher WirtschaftswissenschaftlerInnen) waren unter den JugendsoziologInnen die „Herkunfts"disziplinen Psychologie und Pädagogik überrepräsentiert.[8] Daraus folgte offensichtlich – im Zusammenhang mit den Prinzipien der Forschungstechnologie am ZIJ – eine vergleichsweise hohe methodische Qualifikation seiner WissenschaftlerInnen.

- *Interdisziplinarität:* Abgesehen von der differenzierten disziplinären Herkunft der JugendforscherInnen, war Interdisziplinarität von Anfang an bewußte Maxime der Jugendforschung – in Erkennung und Ableitung deren Adäquatheit zum Forschungsgegenstand. Viele Forschungsthemen (wie Sexualität, Zwillingsforschung, Hochbegabung) erheischen gleichberechtigte integrative Ansätze verschiedener Disziplinen, um entsprechende psychische, soziale, biologische Determinanten angemessen analysieren zu können. Solche interdisziplinäre Kooperation wurde nicht nur innerhalb des ZIJ praktiziert, sondern auch hinsichtlich seiner ständigen Kooperationspartner und bei der Einbeziehung entsprechender Disziplinen in spezielle Untersuchungen (Beispiel: Mediziner bei der Eiigkeitsbestimmung von Zwillingen). (ausführlicher dazu s. Friedrich in Friedrich/Hennig 1976 und 1975/1980; Bisky/Hennig/Starke 1979)
- *Längsschnittanalysen:* Längsschnittanalysen – unbestritten der „Königsweg der Entwicklungspsychologie" und quasi unabdingbar für die sozialwissenschaftliche Analyse von Verschränkungen von Persönlichkeitsentwicklung und gesellschaftlichem Wandel (ganz besonders in Umbruchzeiten)/von nur langfristig zu bearbeitenden Forschungsthemen (wie generatives Verhalten, Altersstruktur der Gesellschaft, Geschlechterverhältnisse) und ihren Auswirkungen/Prognosen – sind von Anfang an methodologisches Prinzip der Jugendforschung am ZIJ gewesen. Retrospektiv und im internationalen Vergleich kann dies als *die* Stärke der ostdeutschen Jugendforschung bewertet werden – nicht nur unter dem aktuellen Aspekt des Umbruchs in den neuen Bundesländern, innerhalb dessen intraindividueller Wandel vs. Kontinuität (bei Menschen und sozialen Gruppen) idealerweise nur abbildbar sind in Fortsetzung von Längsschnittanalysen, die schon vor der „Wende" begonnen worden sind. Diese internationale Spitzenposition hat natürlich seine strukturellen Gründe, da die Realisierung von Längsschnittstudien – vor allem über vergleichweise lange Zeiträume – methodisch außerordentlich aufwendig ist (wie die

8 Zum gleichen Ergebnis kommt eine einschlägige Untersuchung der Deutschen Gesellschaft für Soziologie. (Lohr u.a. 1994: 11)

Pflege der Stichproben, methodenkritische Arbeiten zum Wandel des Antwortverhaltens, zur Vergleichbarkeit von Items, zu ihren semantischen Veränderungen in der Gesellschaft und in der Ontogenese) und bestimmte ökonomische, institutionelle, personelle und andere langfristige Kontinuitäten voraussetzt, die am ZIJ (im Rahmen der zentralistischen Wissenschaftsstrukturen der DDR) gegeben waren.

- *habituelle Kooperationsformen:* Von Bedeutung waren temporäre oder auch ständige interdisziplinäre, intra- und interinstitutionelle (letztere in Sonderheit zwischen universitären und außeruniversitären Einrichtungen) themenbezogene Arbeitsformen. Zudem sei hingewiesen auf langjährige Kooperation mit osteuropäischen Jugendforschern (gemeinsame Forschungskonzeptionen, vergleichende Jugenduntersuchungen, regelmäßige Konferenzen zur osteuropäischen Jugend in Leipzig und Primorsko/Bulgarien; z.B. mit Schubkin, Lisovski, Titma, Holda, Dubsky, Mitev, Mahler, den polnischen Jugendforscherinnen).

1.2 Zum Verbleib der Forschungsfelder des ZIJ seit der Wende

Die Forschungsfelder des ZIJ sind teilweise bis heute in der sozialwissenschaftlichen Forschungslandschaft des vereinten Deutschland auszumachen – zum Teil in direkter Fortführung von Intervallstudien oder über Wissenschaftler, die ihren Forschungsgegenstand oder ihre Herkunftsdisziplin in ihrer Nachwende-Biographie (in e.V., an Universitäten oder freischaffend als Projektnehmer) beibehalten konnten, bzw. zum Teil durch Heranziehung von ZIJ-Daten zu Vergleichszwecken (zum „Vorher“) bei einschlägigen Untersuchungen zum Transformationsprozeß. Andere Forschungsthemen sind – mehr oder weniger – auf der Strecke geblieben. Beides war klar in erster Linie determiniert von den (zum Zeitpunkt der Abwicklung) nicht hinterfragten etablierten Wissenschaftsstrukturen und Forschungsfeldern in den alten Ländern, nämlich nach dem Kriterium, inwieweit jene zu diesen paßfähig waren oder nicht. Zum zweiten spielte – im Falle einer Paßfähigkeit – hinsichtlich der wissenschaftlichen Akteure solcher Forschungsfelder eine Reihe subjektiver Faktoren eine Rolle wie: Qualifikations- und Standortvorteile, Lehrerfahrung, politische oder wissenschaftliche Vorbehalte[9].

Einigen Karrieren von ehemaligen Forschungsthemen soll im folgenden nachgegangen werden.

– Die empirischen Daten und die Forschungsberichte des ZIJ sind an das Zentralarchiv Köln bzw. an das Informationszentrum Sozialwissenschaf-

9 im Sinne von Vorurteilen bezüglich Professsionalität („Sie haben das nicht gelernt!“) oder bezüglich Methodik (z.B. Antwortverhalten in Fragen wie Weltanschauung und Religiosität, was sich später angesichts der Verläufe entsprechender Einstellungen als unrichtig herausstellte.

ten Bonn/Berlin überführt worden (ein vom Bundesministerium für Forschung und Technologie gefördertes Projekt, angesiedelt an der Außenstelle Leipzig des Deutschen Jugendinstituts München), so daß eine *sekundäranalytische Nutzung* (insbesondere für aktuelle Analysen sozialen Wandels) möglich ist. Solche Nutzung schlägt sich deutlich in der jugendsoziologischen Literatur (aber auch darüber hinaus) nieder.

– Über den Weg der ZIJler nach Auflösung des ZIJ setzen sich bis heute bestimmte Themen in den Forschungsschwerpunkten sozialwissenschaftlicher Vereine fort. Am direktesten geschah dies erstens hinsichtlich der *Studentenforschung*, deren Abteilung (wissenschaftliches Personal und Daten) fast komplett vom Hochschulinformationssystem (HIS) GmbH Hannover als Außenstelle Leipzig übernommen worden ist, das so ihre erklärte bildungsstatistische Funktion sofort auf die ostdeutsche Universitätslandschaft ausdehnen konnte. Und zweitens sind einige *Jugend-Längsschnitte* – inhaltlich modifiziert mit Blick auf die neuen gesellschaftlichen Verhältnisse – über die „Wende“ und teilweise bis heute fortgeführt worden, insbesondere durch die Außen- bzw. später Regionalstelle Leipzig des Deutschen Jugendinstituts München für bestimmte Bereiche *(Risikolagen/-verhalten, berufsbiografische Verläufe, Kultur- und Medienverhalten, politische Kultur, Wertewandel, Wandel familialer Lebensführung)*, aber auch durch Förster und Friedrich hinsichtlich *politischer Haltungen/Partizipation und Rechtsextremismus.*[10]

– DDR-JugendforscherInnen waren signifikant hoch und frühzeitig an der Gründung von *sozialwissenschaftlichen Vereinen* – hauptsächlich in Leipzig, neben Berlin die Hochburg sozialwissenschaftlicher Forschung in der DDR – beteiligt. Wilsdorf (1993: 3f.) fand in einer Untersuchung vom Januar 1993, daß in Leipzig die meisten sozialwissenschaftlichen Vereinsgründungen 1989 und (schwerpunktmäßig 1990) von ZIJ-MitarbeiterInnen initiiert wurden.[11] Deren Mitarbeiter hatten fast ausschließ-

10 Allerdings ist bedauerlicherweise für die Zukunft z.T. deren Abbruch mangels weiterer Förderung absehbar.

11 Zur Beteiligung der DDR-Jugendforscherinnen (ZIJ) an Vereinsgründungen (vorwiegend 1990; außer 2 Berliner ausschließlich Leipziger Vereine):

– *Gesellschaft für Jugend- und Sozialforschung e.V.* (gegründet 11/1990 von 50 Sozialwissenschaftlern) mit u.a. folgenden Forschungsschwerpunkten: Ausbildungs- und Berufsforschung, Frauenforschung, Massenmedien und soziale Integration, Sportsoziologie

– *Forschungsstelle Sozialanalysen Leipzig e.V.* (gegründet Ende 1990) mit u.a. folgenden Forschungsschwerpunkten: Jugendforschung, politische und soziale Sozialisation in den NBL, Rechtsextremismus und Ausländerfeindlichkeit, berufliche Orientierungen und Karrieren, Migrationsprobleme, Jugendgefährdung (Drogen, Alkohol) und Präventionsstrategien, Marktforschung, repräsentative Bevölkerungsstudien NBL, Längsschnittstudien

– *Zentrum für Arbeits- und Organisationsforschung e:V./ZAROF* (gegründet 11/1990) mit u.a. folgenden Arbeitsschwerpunkten: Arbeitsforschung, Frauenerwerbsarbeit, Industriesoziologie, Jugendforschung, Osteuropa sowie Weiterbildungsveranstaltungen

lich ABM-Stellen, und sie waren auch – da sehr zeitig bewilligt – relativ gut ausgestattet mit Sachmitteln. Diese Vereine haben mehrheitlich auch die weitere Bearbeitung von verschiedenen *Jugend-Themen* als einen ihrer Arbeitsschwerpunkte aufgenommen.

Angesichts des bekannten Sachverhalts, daß sich die ostdeutschen sozialwissenschaftlichen Vereine auf Berlin und Leipzig konzentrieren und damit die regionalen Disparitäten der DDR-Soziologie quasi fortschreiben – soll hier angemerkt werden, daß sich die Berliner und Leipziger Vereine deutlich unterscheiden sowohl hinsichtlich ihrer Forschungsthemen (Berlin: Arbeitsmarkt, Sozialstruktur, Transformationstheorie; Leipzig: Jugend, Sex, Frauen, Medien, Touristik) als auch – damit korrespondierend – der Herkunftsdisziplin der beteiligten WissenschaftlerInnen (Berlin: Ökonomie, Philosophie, Jura; Leipzig: Psychologie, Sozialpsychologie, Kulturwissenschaft, Pädagogik).

Nach der Typologie freier sozialwissenschaftlicher Institute in den neuen Bundesländern von Lohr/Simon/Sparschuh/Wilsdorff (1994)[12] sind die von DDR-JugendforscherInnen (mit)gegründeten Vereine dem 1. oder 2. Typ zuzuordnen bzw. sind Mischformen beider.

– Andere „mitgenommene" Forschungsfelder haben schlicht gesellschaftspolitisch geboomt (z.B. *ostdeutsche Frauen*), so daß diese Vereine bzw.

- *Umweltinstitut Leipzig e.V./UIL* (gegründet 5/1990) mit folgenden Projektgruppen: Umwelt/Energie, Altlasten/Abwasser und Sozialökologie (Wertorientierungen, Umweltbewußtsein) sowie Weiterbildungsangeboten
- *Leipziger Institut für praktische Sozialforschung e.V./LIPS* (Gesellschaft und Umwelt, Arbeit und Technik, Stadt und Region, Tourismus und Freizeit)
- *Interessengemeinschaft Tourismussoziologie e.V. Leipzig/igt*
- *Medienstadt Leipzig e.V./Netcon – Institut der Medienstadt Leipzig e.V.*
- *Gesellschaft für Sexualwissenschaft e.V./Forschungsstelle Partner- und Sexualforschung*
- *alma / Frauen in der Wissenschaft e.V.* (Frauenforschung und -beratung)
- *Beratungsstelle für arbeitsorientierte Strukturentwicklung in Sachsen e.V. / BASIS*
- *Gesellschaft für Kultursoziologie e.V.*
- *Sozio-kulturelles Zentrum e.V.*
- *Leipziger Institut für empirische Forschung (LEIF)*

12 Autoren klassifizieren – nach Gründungsmotivation, personeller Zusammensetzung und Selbstverständnis bezüglich Forschungsfeldern und Aufgabenstruktur – drei Typen, die sich verkürzt wie folgt charakterisieren lassen:
- „Institute nach Plan": ehemalige sozialwissenschaftliche Elite mit hoher formaler Qualifikation und methodischer Kompetenz, Fortschreibung früherer theoretischer und empirischer Forschungen, theoretischer Anspruch Transformationsprozeß, internationale Debatte
- „Institute nach Plan mit Ausrichtung auf den Markt": zwischen Auftragsforschung und Politikberatung, heterogene Qualifikation der MitarbeiterInnen, Interdisziplinarität, regionale Orientierung, verschiedene „Standbeine" (Forschung, Beratung, Weiterbildung)
- „Institut als ungeplantes Ereignis": primär Kommunikationszusammenhänge, große Offenheit nach außen, Distanz zum alten und zum neuen System, nicht gerichtet auf die Schaffung/Erhaltung von Arbeitsplätzen

WissenschaftlerInnen an der Vergabe von Fördermitteln (beispielsweise durch die DFG und die KSPW) relativ hoch beteiligt waren, zumal die Auftraggeber – über die Fachkompetenz der ForscherInnen hinaus – mit Recht einen zusätzlichen Erkenntnisgewinn erwarten konnten angesichts deren Erfahrungshintergrunds, z.B. zu Veränderungen in Einstellungen, Verhaltensmustern, Lebenslagen seit vor der „Wende".

- Bestimmte Themen, die das ZIJ – als eines der größten sozialwissenschaftlichen Forschungseinrichtungen – auch über Jugend hinaus mit bearbeitet hat (z.B. *Meinungs-, Sozialstruktur-, Tourismusforschung)* fallen nunmehr entweder in andere wissenschaftliche Kontexte (wie sie Sozialstrukturforschung in die soziale Ungleichheit), werden von kommerziellen Unternehmen professionell abgedeckt (wie Wahl-, Markt- und Meinungsforschung) oder aber von Einrichtungen des Bundes bzw. Kommunen bearbeitet (z.B. demographische Prozesse: Bundesinstitut für Bevölkerungsforschung, Ämter für Statistik und Wahlen).
- Andere Forschungsfelder – beispielhaft sei hier die interdisziplinäre *Partner- und Sexualforschung* genannt – konnten trotz kompetenter Akteure und Relevanz des Gegenstandes für eine gesamtdeutsche sozialwissenschaftliche Forschungslandschaft keinen neuen Platz in der gegebenen Wissenschaftsstruktur finden. Nach anfänglichem Hangeln von Projekt zu Projekt ist ihr Aus offensichtlich vorprogrammiert.
- Anders verhält es sich mit dem Forschungsthema *Kreativität und (Hoch-) Begabung:* Es traf auf eine scientific community und gesellschaftspolitische Situation mit großen Vorbehalten und mußte sofort abgebrochen werden. (s. dazu Mehlhorn in diesem Band)

2. Zum Verbleib der ZIJ-WissenschaftlerInnen

Zum Zeitpunkt der Abwicklung des ZIJ (mit dem 31.12.1990) bzw. kurz davor waren noch 53 Wissenschaftler am ZIJ beschäftigt, alle mit unbefristeten Arbeitsverträgen.

Eine spezielle Maßnahme – wie für die Akademien das Wissenschaftler-Integrationsprogramm (WIP) – gab es für das ZIJ als außeruniversitäre Einrichtung nicht.

Das Deutsche Jugendinstitut e.V. München – beauftragt von der Bundesregierung – übernahm einige (wissenschaftliche und technische) MitarbeiterInnen in eine Leipziger Außenstelle des DJI, um für die Dauer von 3 Jahren Abwicklungsaufgaben zu erledigen.

2.1 *Die Wege seit der „Wende"*

- Nur rund ein Drittel der ZIJ-WissenschaftlerInnen ist in die sog. *„Warteschleife"* gegangen. Das war eine Regelung ausschließlich für das Jahr 1991 und beschränkt auf maximal 6 bzw. 9 Monate (bis Ende Juni bzw. Ende September 1991) in Abhängigkeit vom Lebensalter. Die Verweildauer der ZIJlerInnen lag zwischen 3 und 9 Monaten, im Mittel bei 6,5 Monaten. Von der (subjektiv unfreiwilligen) Maßnahme der Warteschleife waren überproportional die Älteren (ab 51 Jahre, Durchschnittsalter 53 Jahre) und Hochgraduierten (Professoren) betroffen.
- Arbeitsplätze im Rahmen von *ABM* hatten seit der „Abwicklung" insgesamt 30% der JugendforscherInnen, und zwar zwischen 11 und 27 Monaten (im Mittel 16 Monate); über die Hälfte von ihnen erhielt solchen Arbeitsplatz direkt im Anschluß an die Warteschleife.
- Zwischendurch *arbeitslos* waren insgesamt (nur) 10% der WissenschaftlerInnen, und zwar eher die Älteren (mit einem Durchschnittsalter von 58 Jahren).
- Keiner der ZIJ-WissenschaftlerInnen hat die Regelung des *„Vorruhestands"* gewählt und in Anspruch genommen.
- Für das Ausmaß ihres *Arbeitsstellenwechsels* seit der „Wende" ergibt sich insgesamt folgendes Bild: Die überwiegende Mehrheit von ihnen (85%) hat die Arbeitsstelle seitdem überhaupt nicht (37,5%) oder nur einmal (47,5%) gewechselt, 15% von ihnen 2- bzw. 3mal.

2.2 *Berufliche Situation 1996*

Zunächst ist festzustellen, daß keiner der ZIJ-JugendforscherInnen heute (Frühjahr 1996) arbeitslos ist. Ihre Arbeitsrechtsverhältnisse stellen sich nach folgenden 6 Gruppen dar:

1. Die größte Gruppe mit einem Drittel (30%) hat gegenwärtig *befristete Arbeitsverträge in Projektstellen* an Universitäten oder in außeruniversitären Einrichtungen (zu letzteren gehören auch die noch an der Regionalstelle Leipzig des DJI München Beschäftigten).
2. Die zweitgrößte Gruppe (20%) hat inzwischen eine *feste Stelle außerhalb der Wissenschaft:* bei Bund, Land, Kommune o.ä., davon mehr als die Hälfte aber quasi nahe ihrem ehemaligen Forschungsgegenstand (z.B. Amt für Statistik und Wahlen, Jugendamt).
3. Eine dritte Gruppe (15%) hat *feste Stellen im universitären Bereich*, verbunden mit Rufen als Professor oder Hochschullehrer neuen Rechts (8).
4. 13% der ZIJler sind gegenwärtig *freischaffend* bzw. selbständig tätig, und zwar – im weiteren Sinne – in der Sozialwissenschaft und in ihrem alten Forschungsfeld.

5. 12% der ZIJler sind *„Aussteiger“* in dem Sinne, daß sie außerhalb von Wissenschaft tätig sind (Vertreter, Makler, Handel)
6. 10% haben das *Rentenalter* erreicht bzw. sind verstorben.

Bezüglich beruflicher Abstiegs- bzw. Aufstiegsmobilität lassen sich bei den ZIJlern folgende *vier Typen von Erwerbsverläufen* seit der „Wende“ ausmachen:

1. die wissenschaftliche Führungsschicht/die Hochgraduierten mit deutlicher Abstiegsmobilität: Hier handelt es sich mehrheitlich um Professoren, die nunmehr in Projekten oder universitären Stellen arbeiten mit BAT-O-Bezahlung oder aber (unfreiwillig) in die Rente gegangen sind. Gleichzeitig ist diese Gruppe davon charakterisiert, daß ihre Vorwende-Stellen noch auf die Gründerjahre des ZIJ zurückgehen (Mitte der 60er Jahre) und sie die älteste Gruppe der DDR-Jugendforscher sind.
2. ein relativ großer Teil des „kompetenten Mittelbaus“ mit Aufstiegsmobilität: A- und B-promovierte Wissenschaftler (zwischen 40 und 50 Jahren) schafften den Sprung an Universitäten (Professoren neuen Rechts). Für sie hat es sich offensichtlich u.a. als Kompetenzvorteil erwiesen, daß sie – im Unterschied zu anderen außeruniversitären sozialwissenschaftlichen Forschungseinrichtungen der DDR – schon vorher langjährige Erfahrungen in der Lehre hatten.
3. Ein anderer Teil des kompetenten Mittelbaus konnte bisher – teilweise mit gewissen Abstrichen – seinen beruflichen Status in der Wissenschaft in etwa halten oder aber ist (erfolgreich) aus der Wissenschaft „ausgestiegen“. Erstere haben gegenwärtig mehrheitlich befristete Projektstellen oder aber feste Stellen in Institutionen der Kommunen oder des Bundes. Letztere sind wohl ausgestiegen vor allem in Anbetracht ihres wissenschaftlichen Untersuchungsfeldes (z.B. Ideologie-Bereich, Hochbegabung).
4. Für die kleine Gruppe der jüngeren, noch nicht promovierten Wissenschaftler deutet sich an, daß sie noch ihre Optionen und Chancen haben auf der Folie der westdeutschen Normalbiographie des Wissenschaftlers (klein deshalb, weil der Altersdurchschnitt der DDR-JugendforscherInnen – durch Einstellungsbeschränkungen in den letzten Jahren der DDR – sehr hoch war).

Diese Typen – wie wahrscheinlich überhaupt die Chancen und Risiken sozialwissenschaftlicher Erwerbsverläufe über die Wende – sind im wesentlichen determiniert von folgenden 4 Kriterien:

1. vom biologischen Alter (auf dem Hintergrund der westdeutschen Normal-Wissenschaftler-Karriere bzw. -Biographie),
2. von den existierenden Wissenschaftsstrukturen in Westdeutschland, die nicht zuletzt an Wissenschaftlerbiographien festgemacht sind (z.B. halbe

DFG-Projektstellen für Absolventen/junge Sozialwissenschaftler vor der Promotion),
3. davon, welche Forschungsfelder der/die WissenschaftlerIn früher bearbeitet hat (auf dem Hintergrund etablierter vs. fehlender sozialwissenschaftlicher Thematisierung in den alten Ländern),
4. von – zum Zeitpunkt der Abwicklung – pauschalisierter politischer Ausgrenzung (was korreliert mit Alter/hoher Stellung in der Wissenschaftshierarchie).

Die noch wissenschaftlich arbeitenden ehemaligen ZIJlerInnen sind mehrheitlich noch in ihren früheren Forschungsfeldern tätig. Sie haben seit der Wende überproportional viele Publikationen in der Fachliteratur vorgelegt (überproportional, wenn man die Untersuchung von Czerwon 1995 zur Publikationsaktivität der Universitäten und Hochschulen der neuen Bundesländer als Maßstab nimmt).

3. Versuch einer Diskussion und Schlußfolgerungen

Was die Transformation des außeruniversitären Forschungsbereich der DDR betrifft, so ist dieser von Anfang an (Artikel 38 des Einigungsvertrages) unzulässig auf die DDR-Akademien reduziert und bis heute wahrgenommen worden (vgl. Klinkmann 1991, Kaase 1994). Dafür wurde 1991 das Wissenschaftler-Integrations-Programm eingerichtet – zunächst für einen Zeitraum von zwei Jahren – mit dem erklärten Ziel, die WissenschaftlerInnen aus den Instituten der DDR-Akademien[13] in die Universitäten zu integrieren. Ob dieses tatsächlich erreicht wurde, wird unterschiedlich bewertet und ist eher zu bezweifeln.

Alle anderen staatlichen Forschungseinrichtungen – Zentralinstitute und Institute – blieben außen vor und wurden kurzfristig abgewickelt.

Interessant sind die heute sichtbaren Effekte solch unterschiedlicher „Strategien“ von Wissenschaftstransformation im außeruniversitären Bereich. Vergleicht man den Verbleib der Forschungsfelder und die Berufsbiographien der WissenschaftlerInnen seit der „Wende“, so fällt auf, daß sich offensichtlich die ZIJ-WissenschaftlerInnen und -Forschungsfelder sehr viel besser in die gesamtdeutsche sozialwissenschaftliche Forschungslandschaft integrieren und bis heute (noch) behaupten konnten.

13 Es handelt sich dabei um folgende drei: Akademie der Wissenschaften der DDR (AdW), Akademie der Landwirtschaftswissenschaften der DDR und die Bauakademie der DDR; nicht einbezogen waren die Akademie der Pädagogischen Wissenschaften (APW) – unterstehend der Ministerin für Volksbildung Margot Honecker – und die Akademie für Gesellschaftswissenschaften – unterstehend dem ZK der SED.

Daraus könnte man schließen, daß in Transformationsprozessen

- finanzaufwendige Auffang- und Integrationsprogramme für WissenschaftlerInnen eher wirkungsloser seien als eine „Schocktherapie“;
- daß sich gesellschaftsrelevante Forschungsfelder und -themen im „Selbstlauf“ durchsetzen, indem WissenschaftlerInnen sich ihnen automatisch zuwenden oder aber über Mechanismen des Wissenschaftsmarktes.

Beides Folgerungen stimmen so aus zweierlei Perspektive nicht:

Erstens, wenn man die besonderen Bedingungen für die Nach-Wende-Entwicklungen der Forschungsfelder und WissenschaftlerInnen des ZIJ genauer betrachtet, die sich zu folgenden 5 Determinanten[14] zusammenfassen lassen:

a) *regionaler* Standortvorteil: Leipzig gegenüber Berlin (mit extremer Ballung von WissenschaftlerInnenpotential und hohen Konkurrenzbedingungen mit westdeutschen/-berliner wissenschaftlichen Potentialen und Einrichtungen);
b) teilweise Übernahme von Wissenschaftlern und Fortführung von Studien durch das *DJI München*;
c) *individuelle Qualifikationsvoraussetzungen* der ZIJ-WissenschaftlerInnen (wie: methodische, sehr lange Beschäftigung mit einem Forschungsthema, interdisziplinäre und interinstitutionelle Kooperation, theoriegeleitete wie praxisrelevante Untersuchungen, Erfahrungen mit Längsschnittuntersuchungen);
d) *disziplinäre Herkunft der WissenschaftlerInnen*: vorwiegend PsychologInnen, Sozialpsychologinnen, KulturwissenschaftlerInnen. Die Differenzierungsbedeutung der Herkunftsdisziplin für sozialwissenschaftliche Berufsbiographien in der Transformation ist sicher noch präziser zu hinterfragen.
e) *Karriere von Forschungsthemen* seit der Wende, die vom ZIJ bzw. seinen WissenschaftlerInnen belegt waren (wie Jugend, Rechtsextremismus, ostdeutsche Frauen) und für die dort weit zurückreichende Vergleichsdaten vorlagen;

Und ***zweitens,*** wenn man die künftigen Perspektiven in Betracht zieht: Die größte von uns ermittelte Gruppe von WissenschaftlerInnen (nämlich die in befristeten Arbeitsrechtsverhältnissen in Projekten an Universitäten und vorwiegend in e.V./GmbH) ist genau die mit der unsichersten bzw. aussichtslosesten Perspektive, zum einen, weil mit Ende des derzeitigen Projekts ein weiteres kaum wahrscheinlich ist, zum anderen, weil gerade forschungskompetente ostdeutsche e.V. und GmbH aller Voraussicht nach ein baldiges Auslaufmodell sind.

14 a) und b) eher strukturelle, c) und d) eher persönliche und e) beides

Was aus unserer Perspektive – insbesondere für die künftige Wahrnehmung der Aufklärungsfunktion der Soziologie – mit dem ZIJ auf der Strecke geblieben ist, sind insbesondere methodologische Erfahrungen (die allerdings bestimmte wissenschaftsorganisatorische Voraussetzungen implizieren), die hier abschließend nur als 3 Wortmarken genannt werden können:

- *Interdisziplinarität* als zunehmend gegestandsadäquate Bearbeitung bestimmter gesellschaftsrelevanter Forschungsgegenstände (wie etwa demografische Entwicklung, Geschlechterverhältnis, Sexualität) – auch unter dem Aspekt des Zusammenhangs Biologisches – Soziales – Psychisches;
- *Längsschnittanalysen* bei insbesondere notwendigerweise langfristig zu bearbeitenden Themen (wie generatives Verhalten) und zu Zusammenhängen von sozialem und Wandel in der Persönlichkeitsentwicklung;
- *themenbezogene temporäre Arbeitsformen*, dabei insbesondere interdisziplinäre intra- und interinstitutionelle (letztere in Sonderheit zwischen universitären und außeruniversitären).

Literatur:

Bertram, H.: Strukturwandel der Lebensbedingungen – Strukturwandel der Wissenschaft. Vortrag auf der 27. Kongreß der Deutschen Gesellschaft für Soziologie „Gesellschaften im Umbruch". Halle, 4.4.1995

Bisky, L./Hennig, W./Starke, K.: Jugendforschung als Interdisziplin. In: Schlegel, U./Süße, H. (Red.) 1979, a.a.O.

Bolz, A./Griese, H. M.: Deutsch-deutsche Jugendforschung. Theoretische und empirische Studien zur Lage der Jugend aus ostdeutscher Sicht. München: Juventa, 1995

Brämer, R./Heublein, U.: Studenten in der Wende. In: Aus Politik und Zeitgeschichte. Beilage zur Wochenzeitung Das Parlament B 44/1990

Deutsche Schüler im Sommer 1990 – skeptische Demokraten auf dem Weg in ein vereintes Deutschland. Deutsch-deutsche Schülerbefragung 1990. DJI-Arbeitspapier 3-019. München: DJI, 1990

Förster, P.: Jugendliche in Sachsen auf dem Weg in das vereinte Deutschland. Dokumentation einer Intervallstudie. Hrsg.: Friedrich-Ebert-Stiftung/Büro Leipzig. Leipzig 1992

Förster, P.: Exkurs: Spurensuche – Ergebnisse einer Intervalluntersuchung zwischen 1987 und 1992. In: Förster, P./Friedrich, W./Müller, H./Schubarth, W.: Jugend Ost – Zwischen Hoffnung und Gewalt. Opladen. Leske + Budrich, 1993

Friedrich, W./Hennig, W.: Jugendforschung – Methodologische Grundlagen, Methoden und Techniken. Berlin: Deutscher Verlag der Wissenschaften, 1976

Friedrich, W./Hennig, W. (Hrsg.): Der sozialwissenschaftliche Forschungsprozeß – Zur Methodologie, Methodik und Organisation der marxistisch-leninistischen Sozialforschung. Berlin: Deutscher Verlag der Wissenschaften, 1975 und 1980; Moskau 1975

Friedrich, W.: Sozialwissenschaftliche Jugendforschung in der DDR. In: Jaufmann/Kistler/Meier/Strech, a.a.O., S. 109-119

Glatzer, W. (Hrsg.): 25. Deutscher Soziologentag 1990 „Die Modernisierung moderner Gesellschaften“: Sektionen, Arbeits- und Ad-hoc-Gruppen. Opladen 1991; s. die Beiträge Ad-hoc-Gruppe I „DDR-Soziologie aktuell“, S. 579-589

Griese, H.: „Und dann kam die Abwicklung... Es war wie ein kalter Schlag.“ Teilbiographisch-narrative Interviews mit Hochschullehrern der Ex-DDR zur sogenannten ‚Transformation der Wissenschaftslandschaft‘. In: Das Hochschulwesen 1/1995, S. 40-44

Hauß, F./Kollmorgen, R.: Die KSPW im Transformationsprozeß – Geschichte, Aufgaben, Arbeitsweise und erste Ergebnisse. In: INITIAL 4/1993, S. 35-53

Hauß, F./Kollmorgen, R.: Die KSPW zwischen Kontinuität und Zäsur – Zur Entwicklung der KSPW und ihrer sozialwissenschaftlichen Klientel 1993/94. In: INITIAL 5/1994, S. 114-128

Information über Studien aus der DDR und den neuen Bundesländern – Workshops und Informationssysteme. In: ZA-Information 38/Mai 1996, S. 54-58

Jaufmann, D./Kistler, E./Meier, K./Strech, K.-H: (Hrsg.): Empirische Sozialforschung im vereinten Deutschland – Bestandsaufnahme und Perspektiven. Frankfurt/New York: Campus, 1992

Jahresbericht 1993 des Informationszentrums für Sozialwissenschaften. Bonn: IZ, 1994, S. 65

Kocka, J.: Die Auswirkungen der deutschen Einigung auf die Geschichts- und Sozialwissenschaften. Gesprächskreis Geschichte Heft 1. Bonn: Forschungsinstitut der Friedrich-Ebert-Stiftung/Zentrum für sozial- und zeitgeschichtliche Forschung, 1992

Kollmorgen, R.: Soziologie und Sozialwissenschaften in der DDR und den neuen Bundesländern. Ms., März 1995

Kon, I.: Einführung in die Sexuologie. Redaktion der Ausgabe in deutscher Sprache W. Friedrich u. Kurt Starke. Berlin: VEB Deutscher Verlag der Wissenschaften, 1995

Lepsius, M. R.: Zur Lage der Soziologie an den Universitäten der DDR. In: Kölner Zeitschrift für Soziologie und Sozialpsychologie 2/1990, S. 313-323

Lepsius, M. R.: Zur Entwicklung der Soziologie in den neuen Bundesländern. In: Kölner Zeitschrift für Soziologie und Sozialpsychologie 1/1991, S. 138-145

Lepsius, M. R.: Zum Aufbau der Soziologie in Ostdeutschland. In: Kölner Zeitschrift für Soziologie und Sozialpsychologie 2/1993, S. 305-337

Lohr, K./Simon, D./Sparschuh, V./Wilsdorf, S.: Zur Lage außeruniversitärer sozialwissenschaftlicher Institute in den neuen Bundesländern. Anlage 2 zum Abschlußbericht der Deutschen Gesellschaft für Soziologie/Ausschuß für wissenschafts- und berufspolitische Fragen der Transformation. Dez. 1994 (unveröff.); vgl. auch Referat Lohr „Zur Entwicklung freier sozialwissenschaftlicher Institute in den neuen Bundesländern“ auf der Tagung der KSPW „Außeruniversitäre soziologische Forschung in den neuen Bundesländern: Themen, Ansätze, Institutionen und Personal im Übergang“ 16.-18.5.1996 in Halle

Meyer, H. (Hrsg. i. A. der Gesellschaft für Soziologie): Soziologie in Deutschland und die Transformation großer gesellschaftlicher Syteme. Soziologentag Leipzig 1991. Berlin: Akademie-Verlag, 1992

Meyer, H.: Soziologie in der DDR – Erfahrungen mit einer erodierten Disziplin. In: WZB-Mitteilungen 65/Sept. 1994, S. 27-31

Nochmals: Sozialwissenschaften in Ostdeutschland – Die Sicht eines Betroffenen. In: Kölner Zeitschrift für Soziologie und Sozialpsychologie 2/1993, S. 338-349

Rappensperger, G./v. Rosenstiel, L./Zwarg, I.: Erwartungen an die berufliche Tätigkeit bei Hochschulabsolventen aus den neuen Bundesländern. In: Trommsdorff, G. (Hrsg.): Psychologische aspekte des sozio-politischen Wandels in Ostdeutschland. Berlin; New York: de Gruyter, 1994, S. 183-199

Schlegel, U./Süße, H. (Red.): Aus der Arbeit des ZIJ. Festschrift für w. Friedrich. Leipzig: ZIJ, 1979

Schlegel, U.: Das Zentralinstitut für Jugendforschung – Abteilungsstruktur und Forschungsbereiche. Leipzig: ZIJ, 1990

Schlegel, U.: Zur Entwicklung der Jugendforschung in der DDR. In: Recht der Jugend und des Bildungswesens 4/1991, S. 372-383

Schlegel, U.: Wo sind sie geblieben? Berufsbiographien ostdeutscher Jugendforscher seit der „Wende". In: Bolz, A./Griese, H. M. (Hrsg.) 1995, a.a.O.

Schlegel, U.: Ostdeutsche Jugendforschung im Transformationsprozeß – Forschungsfelder, WissenschaftlerInnen, Institutionen. Berlin: trafo verlag dr. wolfgang weist, 1996

Schlegel, U.: Ostdeutsche Jugendforschung in der Transformation: Forschungsfelder, Wissenschaftler, Institutionen. In: Bertram, H. (Hrsg.): Soziologie und Soziologen im Übergang. Beiträge zur Transformation der außeruniversitären soziologischen Forschung in Ostdeutschland. Opladen: Leske + Budrich, 1997, S. 75-113

Six, U./Schlegel, U.: Empirische Jugendforschung im Osten Deutschlands vor und nach der deutschen Vereinigung. In: Jaufmann/Kistler/Meier/Strech, a.a.O., S. 131-143

Wilsdorf, S. H.: Zur Situation neugegründeter außeruniversitärer Forschungsinstitute in Ostdeutschland: Der Standort Leipzig. Unveröffentl. Bericht, April 1993. 11 S. u. 5 Anlagen

Wissenschaftsrat: Stellungnahmen zu den außeruniversitären Forschungseinrichtungen in den neuen Ländern und in Berlin. Allgemeiner Teil: Charakteristika der Forschungssituation in der ehemaligen DDR und künftige Entwicklungsmöglichkeiten einzelner Fachgebiete. O. O., 1992

Wolf, H. F.: Zur Periodisierung der Soziologieentwicklung in der DDR. In: Meyer, H. (Hrsg.): Soziologen-Tag Leipzig 1991 „Soziologie in Deutschland und die Transformation großer gesellschaftlicher Systeme". Berlin: Akademie Verlag, 1992, S. 519-533

Die Autoren des Bandes

Bathke, Gustav-Wilhelm, Doz. Dr. sc., geb. 1945; Abitur und Lehre als Rinderzüchter 1964-1968, Lehrerstudium an der Friedrich-Schiller-Universität Jena; 1968-1978 Aspirant, Assistent und Oberassistent daselbst/Institut für Pädagogik/Wissenschaftbereich Hochschulpädagogik (1976 Promotion A); 1978-1990 Zentralinstitut für Jugendforschung/Abteilung Studentenforschung (ab Jan. 1990 Abteilungsleiter); 1985 Promotion B; ab 1988 Honorardozent an der Karl-Marx-Universität Leipzig; 1991-1995 Hochschul-Informations-System GmbH Hannover/Leiter der HIS-Außenstelle Leipzig; seit 1991 Vorsitzender der Gesellschaft für Jugend- und Sozialforschung e.V.; seit SS 1995 an der Martin-Luther-Universität Halle-Wittenberg/Institut für Pädagogik/Fachbereich Erziehungswissenschaften/Funktionsstelle für Methoden der empirischen Sozialforschung.

Fobe, Karin, Dr. paed., Dipl.-Psychologin, Dipl.-Pädagogin, geb. 1954; bis 1992 Sportpsychologin an der Deutschen Hochschule für Körperkultur (DHfK) in Leipzig, insbesondere auf dem Gebiet der sozialpsychologischen Forschung und der sportpsychologischen Lehre; seit Juni 1992 Leiterin der Arbeitsgruppe Jugendforschung am Zentrum für Arbeits- und Organisationsforschung e.V. (ZAROF), befaßt vor allem mit theoretischen und empirisch-sozialwissenschaftlichen Themen der Identitäts- und Lebensentwurfsforschung von Jugendlichen an der Schwelle zur Berufsausbildung bzw. zum Übergang in die Erwerbstätigkeit sowie mit sozial- und arbeitswissenschaftlichen Themen in der Frauen- und Geschlechterforschung; im Ehrenamt seit 1993 Vorstandsmitglied und seit 1995 geschäftsführende Vorsitzende des ZAROF.

Förster, Peter, Prof. Dr. sc. paed., geb. 1932; ab 1953 Unterstufen- und Mittelstufenlehrer; 1959-1964 wissenschaftlicher Assistent/Oberassistent an der Karl-Marx-Universität Leipzig/Institut für Pädagogik; 1964 Promotion A; 1966-1990 wissenschaftlicher Mitarbeiter/Abteilungsleiter am Zentralinstitut für Jugendforschung Leipzig/Abt. Komplexe Forschungen bzw. Abt. Meinungsforschung; 1971 Promotion B; 1983 Professor für Erziehungstheorie; seit 1991 Mitarbeiter der Forschungsstelle Sozialanalysen Leipzig bzw. des Leipziger Instituts für praktische Sozialforschung.

Friedrich, Walter, Prof. Dr. habil., geb. 1929; 1956 Psychologie-Diplom an der Karl-Marx-Universität Leipzig; dort 1962 Promotion und 1964 Habilitation; 1966-1990 Direktor des Zentralinstituts für Jugendforschung in Leipzig; nach Unterbrechungen durch Phasen der Arbeitslosigkeit (1991/92 und 1994/95) in Forschungsprojekten (ABM, DFG, KSPW) zur ostdeutschen Jugend.

Gericke, Thomas, Dr. sc., geb. 1952; Studium der Landwirtschaftslehre und der Agrarwissenschaften an der Karl-Marx-Universität Leipzig; 1981 Promotion A (zur Bevölkerungsbewegung im ländlichen Raum); 1988 Promotion B (zur sozialwissenschaftlichen Folgenabschätzung des Intensivierungsprozesses in der Landwirtschaft); 1986-1990 wissenschaftlicher Mitarbeiter am Zentralinstitut für Jugendforschung (Arbeitsschwerpunkt: Jugend im ländlichen Raum); 1991-1993 wissenschaftlicher Mitarbeiter am Deutschen Jugendinstitut/Außenstelle Leipzig (Arbeitsschwerpunkt: Zugang zu beruflicher Bildung und berufliche Erstplacierung bei ostdeutschen Jugendlichen); seit 1993 wissenschaftlicher Mitarbeiter an der Universität Leipzig/Fakultät für Erziehungswissenschaften (Arbeitsschwerpunkt: Migrationsprozesse bei Jugendlichen).

Griese, Hartmut M., Dr. phil. habil., Hochschuldozent und apl. Professor; geb. 1944; 1966-1971 Studium der Soziologie, Psychologie und Pädagogik in Münster; 1975 Promotion und 1979 Habilitation in Münster; Forschungs- und Lehrtätigkeit an der GHS Duisburg und der Universität Hannover, Lehrstuhlvertretung in Hamburg (1980) und Gastprofessur Universität Jena (1991); tätig an der Universität Hannover/Fachbereich Erziehungswissenschaften I/Soziologie.

Haas, Winfried, Dr. oec, geb. 1951; 1971-1975 Studium der Soziologie und Volkswirtschaft an der Martin-Luther-Universität Halle; 10jährige Tätigkeit als Industriesoziologe in der Industrie; 1984-1988 Forschungen zu sozialen Problemgruppen in der DDR; 1990 Zentralinstitut für Jugendforschung und Mitbegründer und Vorstandsmitglied der Interessengemeinschaft Tourismussoziologie e.V. (igt); 1991 (gemeinsam mit Harald Schmidt) Gründung des Leipziger Instituts für empirische Forschung (LEIF); Leitung von verschiedenen Forschungsprojekten auf den Gebieten Tourismus, Freizeit und Wohnen.

Heublein, Ulrich, Dr. phil., geb. 1958; 1965-1977 Studium der Journalistik an der Karl-Marx-Universität Leipig; 1978-1985 dort Redakteur der Universitätszeitung; 1986 Promotion A; 1988-1990 wissenschaftlicher Mitarbeiter am Zentralinstitut für Jugendforschung/Abteilung Studentenforschung; seit 1991 wissenschaftlicher Mitarbeiter im Hochschul-Informationssystem (HIS) Hannover/Außenstelle Universität Leipzig.

Kabat vel Job, Otmar, Prof. Dr. habil., geb. 1943; 1965 Lehrerstaatsexamen; 1971 Diplom für Pädagogische Psychologie; 1970-1972 Dozent für Psychologie am Institut für Lehrerbildung Weißenfels; 1972-1990 wissenschaftlicher Mitarbeiter/Abteilungsleiter am Zentralinstitut für Jugendforschung/Abteilung Ehe und Familie; 1976 Dissertation A zur Herausbildung von Geschlechtstypik in der Herkunftsfamilie; 1988 Promotion B zur Zwillingsforschung; 1990 Professur für Allgemeine und Persönlichkeitspsychologie an der PH Halle-Köthen; seit 1993 Professur für Entwicklungspsychologie an der TU Chemnitz-Zwickau.

Karig, Ute, Diplom-Pädagogin und -Psychologin, geb. 1959; wissenschaftliche Mitarbeiterin am Zentralinstitut für Jugendforschung/Freizeit- und Medienforschung und nach Auflösung am Deutschen Jugendinstitut/Regionale Arbeitsstelle Leipzig, z. Zt. beschäftigt im Projekt „Migration von Jugendlichen aus Sachsen".

Kasek, Leonhard, Dr. phil., geb. 1950; 1968-1972 Studium (Lehrer Biologie/Chemie) an der Martin-Luther-Universität Halle; 1972-1990 wissenschaftlicher Mitarbeiter/Abteilungsleiter am Zentralinstitut für Jugendforschung (bis 1982: Abteilung Studentenforschung, danach Abteilung Arbeiterjugend); dazwischen 1973-1975 Armee; 1981 Dissertation A zu Studenten; 1991 Warteschleife und ABM; Mitgründer der Umweltinstituts Leipzig (UIL) und des ZAROF; Nov. 1991-Herbst 1993 am SOFI Göttingen (Analyse von Umschulung und Fortbildung); danach freier Mitarbeiter/Mitarbeiter bei BASIS; seit Nov. 1995 freiberuflich tätig mit Schwerpunkten Arbeit und Umwelt.

Kuhnke, Ralf, Diplom-Psychologe (Karl-Marx-Universität Leipzig 1981), geb. 1952; 1981-1990 wissenschaftlicher Mitarbeiter am Zentralinstitut für Jugendforschung/Forschungsmethodik; seit 1991 wissenschaftlicher Mitarbeiter am Deutschen Jugendinstitut München/Außenstelle Leipzig im Längsschnittprojekt „Risikolagen und Risikoverhalten Jugendlicher in den östlichen Bundesländern" bzw. Anschlußprojekt „Chancen und Risiken des Erwachsenwerdens" mit den Arbeitsschwerpunkten „Verhaltensorientierung und Problemverhalten Jugendlicher".

Lindner, Bernd, PD Dr. habil.; geb. 1952; 1974-1978 Studium der Kulturwissenschaften und Soziologie an der Humboldt-Universität zu Berlin; 1978-1990 wissenschaftlicher Mitarbeiter am Zentralinstitut für Jugendforschung/ Kultur- und Medienforschung (zuletzt verstärkt Analysen zum gesellschaftlichen Umbruch) und am Deutschen Jugendinstitut München/Außenstelle Leipzig; 1985 Promotion A an der Humboldt-Universität zu Berlin; 1992-1994 Habilitand der DFG; 1995 Habilitation an der Universität Karlsruhe;

seitdem dort Lehrbeauftragter; 1994 Projektleiter der Ausstellung „Zum Herbst '89: Demokratische Bewegung in der DDR"; seit Mitte 1995 kommissarischer Leiter des in Leipzig im Aufbau befindlichen Dokumentations-, Informations- und Ausstellungszentrums zur Deutschen Einheit beim Haus der Geschichte der Bundesrepublik Deutschland.

Ludwig, Rolf, Prof. Dr. rer. nat. et Dr. phil., geb. 1937; 1955-1959 Studium der Mathematik und Physik (Staatsexamen für das höhere Lehramt), 1959-1961 Lehrer; 1961-1966 Assistent an der Karl-Marx-Universität Leipzig/Institut für Mathematische Statistik; 1966-1990 wissenschaftlicher Mitarbeiter/Abteilungsleiter am Zentralinstitut für Jugendforschung; 1964 und 1985 Promotion; 1981 Dozent und 1985 Professor; 1991-1993 wissenschaftlicher Mitarbeiter am Deutschen Jugendinstitut/Außenstelle Leipzig; seit 1993 wissenschaftlicher Mitarbeiter an der Universität Leipzig/Institut für Soziologie, tätig in der Ausbildung in Statistik und Informatik.

Mehlhorn, Hans-Georg, Prof. Dr. sc., geb. 1940; 1961-1965 Studium der Geschichte und Germanistik an der Karl-Marx-Universität Leipzig; 1966-1969 Wissenschaftlicher Assitent daselbst; 1969 Promotion A; 1970-1985 wissenschaftlicher Mitarbeiter und Abteilungsleiter am Zentralinstitut für Jugendforschung (ab 1978 Leiter der Abt. Jugend und Bildung); 1975 Promotion B; 1985 Professor für Pädagogische Psychologie an der Hochschule für Musik Leipzig; 1991 Gründung des Bildungs- und Forschungsinstituts Mehlhorn und des Leipziger Kreativitätszentrums; Gründung der ersten Kreativitätsschule in Leipzig; 1993 Abberufung vom Lehrstuhl Hochschule für Musik auf eigenen Wunsch; 1993 Gründung der Verlagsbuchhandlung und Agentur Mehlhorn und des BIP Kreativitätszentrums Leipzig gGmbH mit Niederlassung in Brandenburg (seit 1995).

Mittag, Hartmut, Studium der Informatik an der TU Dresden (Diplom 1978), geb. 1940; 1971-1990 wissenschaftlicher Mitarbeiter am Zentralinstitut für Jugendforschung (Datenmanagement und Statistik, Softwareentwicklung), seit 1991 wissenschaftlicher Mitarbeiter am Deutschen Jugendinstitut München/Außenstelle Leipzig im Längsschnittprojekt „Risikolagen und Risikoverhalten Jugendlicher in den östlichen Bundesländern" bzw. Anschlußprojekt „Chancen und Risiken des Erwachsenwerdens" (Datenmanagement und Statistik, Netzwerkadministration).

Otto, Wolfgang, Dr. paed. habil., geb. 1929; 1948-1953 Lehrer (Geographie); 1953-1955 Institut für Lehrerbildung (Lehrer für Pädagogik); 1955-1959 Studium der Pädagogischen Psychologie an der Humboldt-Universität; 1959-1994 Lehrtätigkeit (Pädagogische Psychologie) an der Universität Chemnitz (seit 1970 Dozent); 1969 Dissertation A (Jugend und Film) und

1985 Dissertation B (Berufsverbundenheit von Studenten technischer Fachrichtungen); Kooperation mit dem ZIJ (ab 1968 zum Film- und Fernseherleben Jugendlicher und ab 1970 in der Studentenforschung); seit 1994 Rentner.

Reißig, Monika, Dr. sc., geb. 1939; Studium der Medizin an der Karl-Marx-Universität Leipzig und anschließend 1964 Promotion zum Dr. med.; nach einer Tätigkeit als Assistenzärztin Zusatzstudium Soziologie an der Karl-Marx-Universität Leipzig; 1973-1990 wissenschaftliche Mitarbeiterin am Zentralinstitut für Jugendforschung, insbes. zu gesundheitsrelevanten Forschungsfragen; 1981 Promotion B zur Akzeleration an der Akademie für Ärztliche Fortbildung in Berlin; seit 1991 wissenschaftliche Mitarbeiterin am Deutschen Jugendinstitut München/Regionale Arbeitsstelle Leipzig im Längsschnittprojekt „Chancen und Risiken des Erwachsenwerdens".

Rochlitz, Manfred, Prof. Dr. sc., geb. 1936; 1956-1961 Studium der Philosophie/Soziologie an der Karl-Marx-Universität Leipzig; ab 1961 wissenschaftlicher Assistent/Dozent an der Hochschule für Verkehrswesen (HfV) Dresden; 1967 Promotion A (Universität Leipzig) und 1980 Promotion B (HfV) zur Studenten-/Absolventenforschung; 1982-1991 Professor für Soziologie an der HfV (enge Kooperation mit dem ZIJ/Studentenforschung); seit 1992 freiberuflich, insbes. Verkehrs- und Tourismussoziologie.

Schauer, Heinz, Dr. phil., geb. 1932; 1952-1956 Studium der Geschichte und Philosophie an den Universitäten Leipzig und Greifswald; 1956-1973 wissenschaftlicher Mitarbeiter/Hochschuldozent an der Technischen Universität Dresden; 1965 Promotion A; 1974-1990 wissenschaftlicher Mitarbeiter am Zentralinstitut für Jugendforschung/Studentenforschung; 1991-1993 wissenschaftlicher Mitarbeiter am Umweltinstitut Leipzig (UIL)/Sozialökologie; anschließend 1 Jahr arbeitslos; seit 1994 Rentner.

Schlegel, Uta, Dr. phil., geb. 1943; 1961-1965 Studium der Pädagogik an der Pädagogischen Hochschule Leipzig, 1975-1977 der Informationswissenschaft an der Humboldt-Universität zu Berlin, der Philosophie bis 1983 an den Universitäten Dresden und Jena; 1972-1992 wissenschaftliche Mitarbeiterin/Sektorleiterin/Abteilungsleiterin am Zentralinstitut für Jugendforschung in Leipzig bzw. (nach Auflösung 1990) am Deutschen Jugendinstitut München/Außenstelle Leipzig; 1982/1983 Promotion A zu Geschlechtsunterschieden und Gleichberechtigung im Jugendalter an der TU Dresden; seit 1992 wissenschaftliche Mitarbeiterin in der Kommission für die Erforschung des sozialen und politischen Wandels in den neuen Bundesländern (KSPW) mit dem Schwerpunkt „Individuelle Verarbeitung des sozialen Wandels, insbes. bei ostdeutschen Jugendlichen und Frauen".

Schmidt, Harald, Dr. oec, geb. 1950; 1971-1975 Studium der Soziologie und Volkswirtschaft an der Martin-Luther-Universität Halle-Wittenberg; 1975-1980 Rundfunkreporter und Redakteur, 1980-1990 wissenschaftlicher Mitarbeiter am Zentralinstitut für Jugendforschung/Studentenforschung; 1991 Gründung des Leipziger Instituts für empirische Forschung (LEIF) in Leipzig; 1991 Mitbegründer der Interessengemeinschaft Tourismussoziologie e.V. (igt) und dort tätig.

Schreiber, Jochen, Dr. phil., geb. 1950; 1972-1977 Studium der Philosophie an der Friedrich-Schiller-Universität Jena; 1980-1990 wissenschaftlicher Mitarbeiter am Zentralinstitut für Jugendforschung Leipzig/Abteilung Freizeit bzw. Studentenforschung; seit 1991 wissenschaftlicher Mitarbeiter im Hochschul-Informationssystem (HIS) Hannover/Außenstelle Universität Leipzig.

Schreier, Kerstin, Dipl.-Päd., geb. 1954; 1973-1977 Studium der Pädagogik an der Pädagogischen Hochschule Erfurt; 1977-1990 Mitarbeiterin am Zentralinstitut für Jugendforschung/Abt. Studentenforschung bzw. Partner- und Sexualforschung; 1991-1993 Mitarbeiterin an der Forschungsstelle Partner- und Sexualforschung der Gesellschaft für Sexualwissenschaft in Leipzig; 1993-1994 Weiterbildung zur Bürger-Sozialberaterin; seit 1994 Mitarbeiterin am Deutschen Jugendinstitut/Regionale Arbeitsstelle Leipzig im DFG-Projekt „Rollenverständnis und Handlungsstrategien junger Frauen in Beruf und Familie“ (Datensicherung und Dokumentation von ZIJ-Studien).

Schubarth, Wilfried, Dr. paed., geb. 1955; Diplomlehrer- und Forschungsstudium an der Karl-Marx-Universität Leipzig; 1986-1990 wissenschaftlicher Mitarbeiter am Zentralinstitut für Jugendforschung, danach am Deutschen Jugendinstitut München/Außenstelle Leipzig; seit 1993 wissenschaftlicher Assistent an der Technischen Universität Dresden/Fakultät Erziehungswissenschaften; Arbeitsschwerpunkte Sozialisations-, Schul- und Jugendforschung.

Starke, Kurt, Prof. Dr. sc. pol., geb. 1938; 1958-1962 Studium an der Karl-Marx-Universität Leipzig; 1962-1967 wiss. Assistent/Oberassistent daselbst; 1967-1990 wiss. Mitarbeiter/Abteilungsleiter/Forschungsdirektor am Zentralinstitut für Jugendforschung in Leipzig; seit 1990 Gründungsvorsitzender der Gesellschaft für Sexualwissenschaft e.V. Leipzig; seit 1990 Gründungsvorsitzender/Sprecher der Gesellschaft für Jugend- und Sozialforschung e.V. Leipzig; seit Jan. 1991 Leiter der Forschungsstelle Partner- und Sexualforschung Leipzig; seit Febr. 1995 selbständig/freischaffend; seit Jan.1996 im DFG-Projekt „Studentensexualität“ an der Universität Hamburg/Abt. Sexualforschung.

Starke, Uta, Dr. rer. pol. habil., geb. 1938; 1958-1962 Studium der Journalistik an der Karl-Marx-Universität Leipzig, daselbst wiss. Assistentin, Aspirantin und Oberassistentin, 1969 Promotion, Fernstudium Pädagogische Psychologie daselbst (1974 Dipl.-Päd.), 1975 Facultas docendi, 1986 Habilitation, 1974-1990 Leiterin des Laboratoriums für Studentenforschung daselbst, seit 1988 Dozentin für Soziologie, jetzt Mitarbeiterin im Institut für Soziologie der Universität Leipzig, seit 1990 Leiterin verschiedener Forschungsprojekte in der Gesellschaft für Jugend- und Sozialforschung e.V. Leipzig.

Stiehler, Hans-Jörg, Prof. Dr. sc. phil., geb. 1951; Diplompsychologe; 1975-1990 wiss. Mitarbeiter/Abteilungsleiter am Zentralinstitut für Jugendforschung in Leipzig; seit 1993 Professor für Empirische Kommunikations- und Medienforschung an der Universität Leipzig/Institut für Kommunikations- und Medienwissenschaft.

Thiele, Gisela, Prof. Dr. habil., geb. 1953; 1972-1976 Studium an der Karl-Marx-Universität Leipzig/Fachbereich Wirtschaftswissenschaften; 1977-1981 wissenschaftliche Assistentin daselbst; 1981 Promotion zum Dr. oec.; 1984-1990 wissenschaftliche Mitarbeiterin am Zentralinstitut für Jugendforschung; 1991 Habilitation auf dem Gebiet der Soziologie an der Martin-Luther-Universität Halle; 1/1991-3/1991 Deutsches Jugendinstitut München/ Außenstelle Leipzig; 4/1991-9/1991 Stipendiatin der Alexander-von-Humboldt-Stiftung an der Universität Gießen; 10/1991-9/1992 Abteilungsleiterin für Empirische Sozialforschung am Institut der Deutschen Wirtschaft Köln; 10/1992 Professorin für Jugend- und Familiensoziologie und Gerontologie an der Hochschule für Technik, Wirtschaft und Sozialwesen Zittau/Görlitz (FH).

Trier, Matthias, Dr. paed. habil., geb 1938; Studienabschluß als Lehrer 1960 in Leipzig; Friedrich-Schiller-Universität Jena/Hoch- und Fachschuldidaktik, Erwachsenenbildung; 1973 dort Promotion A und 1985 Promotion B; Kooperation mit dem ZIJ/Studentenforschung; 1991/1992 in Forschungsprojekten zur beruflichen Weiterbildung in Ostdeutschland im Rahmen der Arbeitsgemeinschaft Betriebliche Weiterbildungsforschung; Forschungskooperation mit dem SOFI Göttingen.

Volprich, Elenor, Prof. Dr. habil., geb. 1939; Studium der Geschichte und Philosophie an der Karl-Marx-Universität Leipzig; 1969 Promotion A und 1975 Promotion B; 1979-1990 Professorin an der Technischen Universität Dresden (Forschungen auf dem Gebiet der Jugend-, Studenten- und Ingenieursoziologie); Kooperation mit dem ZIJ; danach Forschungsarbeiten zur Sozialisation und Individuation von Hochschulstudenten und -absolventen, Technikeinstellungen, Umweltbewußtsein, Arbeitslosigkeit; seit 1/1994 geschäftsführende Direktorin der Kulturakademie Dresden.

Wächter, Detlef-Dieter, Prof. Dr. rer. nat. Dr. phil.; geb. 1946; 1964-1971 Studium der Physik und der Soziologie; 1971-1991 wissenschaftlicher Mitarbeiter/Hochschullehrer an der Friedrich-Schiller-Universität Jena; 1991-1992 Bereichsleiter in einem Baubetrieb; seit 1992 Geschäftsführer in einem Jenaer Autohaus.

Weller, Konrad, Prof. Dr. phil., geb. 1954; 1976-1981 Studium der Psychologie an der Friedrich-Schiller-Universität Jena; 1981-1990 wissenschaftlicher Mitarbeiter am Zentralinstitut für Jugendforschung/Studentenforschung bzw. Partner- und Sexualforschung; 1991 Mitarbeiter der Forschungsstelle der Gesellschaft für Sexualwissenschaft; 1992-1995 Mitarbeiter der Pro-Familia-Beratungsstelle Erfurt; seit 1995 Professor an der Fachhochschule Merseburg/Fachbereich Sozialwesen.

Wiedemann, Dieter, Prof. Dr. sc., geb. 1946; 1967-1975 Studium der Dramaturgie und Theaterwissenschaft, der Filmwissenschaft und der Pädagogischen Psychologie in Leipzig und Potsdam; 1991-1989 wissenschaftlicher Mitarbeiter/Abteilungsleiter am Zentralinstitut für Jugendforschung; 1980 Dissertation A und 1988 Dissertation B zu Themen der Film- bzw. Kunstwirkungsforschung; seit 1990 Tätigkeit an der Hochschule für Film und Fernsehen „Konrad Wolf“ (HFF), bis 1992 Direktor des Instituts für Medienforschung; 3/1995 Professor für „AV-Medienwissenschaft“; 7/1995 Wahl zum Rektor der HFF; seit 1991 Mitglied des Vorstands der GMK.

Namensregister